Kaufmann, Georg Heinrich
Die geschichte der deutschen universitäten

1. Band ; Vorgeschichte

Kaufmann, Georg Heinrich

Die geschichte der deutschen universitäten

1. Band ; Vorgeschichte

MV-History ist ein Imprint der
Verlagsgruppe MusketierVerlag GmbH, Bremen,
Copyright © by MusketierVerlag, Bremen,
Konsul-Smidt- Straße 92
28217 Bremen
www.musketierverlag.de
Alle Rechte vorbehalten

ISBN/EAN: 9783753644110

Die Geschichte

der

Deutschen Universitäten

von

Georg Kaufmann.

Erster Band:

Vorgeschichte.

Stuttgart.

Verlag der J. G. Cotta'schen Buchhandlung.

1888.

Der

Universität Bologna,

welche zuerst der akademischen Freiheit rechtliche Formen gab, zur Jubelfeier des Jahres 1888 ehrerbietigst dargebracht.

Vorwort.

Die Anregung zu dem Werke, dessen erster Band hiermit erscheint, geht von dem königlich preußischen Minister der geistlichen, Unterrichts= und Medizinalangelegenheiten, Herrn Dr. von Goßler, aus. Im Auftrag desselben richtete zu Anfang des Jahres 1884 der Geheime Regierungs= und vortragende Rat Dr. Althoff an den Professor Dr. Sohm und den Unterzeichneten die Aufforderung, den Plan zu einer Geschichte der deutschen Universitäten zu entwerfen. Die reizvolle Aufgabe bildete alsbald einen Hauptgegenstand unseres freundschaftlichen Verkehrs, und ich übernahm es, ein ausführliches, auf eine Prüfung der vorhandenen Litteratur gegründetes Gutachten auszuarbeiten. Als es mir dann aber nahe gelegt wurde, selbst den Versuch der Ausführung zu wagen, mußte ich darauf hinweisen, daß die Aufgabe zu groß sei für die Mußestunden neben der amtlichen Thätigkeit, wenn ich nicht wenigstens ein Jahr lang die ganze Kraft an die Vorarbeiten setzen könne. Von dem Wunsche geleitet, diesem Bedenken abzuhelfen, wandte sich Herr Minister Dr. von Goßler an den kaiserlichen Statthalter in Elsaß=Lothringen, Feldmarschall Frei=herrn von Manteuffel, und fand bei demselben ein so bereitwilliges Entgegenkommen, daß ich, dank auch der Befürwortung durch den Staatssekretär Herrn Minister von Hofmann, sowie den Direktor des kaiserlichen Oberschulrats, Herrn Ministerialrat Richter, und Herrn Oberschulrat Dr. Albrecht, von Ostern 1885 bis zum Herbst 1886 von meinen amtlichen Geschäften entbunden wurde. Wenn also meine Arbeit, wie ich hoffe, die Wissenschaft fördert, so ist es in erster Linie diesen hohen Behörden zu danken, daß sie unternommen werden konnte.

Auch weiterhin hat dann der Herr Minister Dr. von Goßler dem Fortgang der Arbeit jederzeit seine Teilnahme zugewandt, aber dabei behielt ich volle Freiheit: ich bin nur veranlaßt und unterstützt, aber ich bin nicht beschränkt worden. Die Verantwortung für die Darstellung fällt also mir allein zu.

Im Sommer 1886 war die Arbeit so weit gefördert, daß ich den Druck des ersten Bandes zu beginnen hoffte, aber eine Erkrankung und die Fülle der nach Beendigung des Urlaubs besonders stark andrängenden amtlichen Geschäfte haben die Vollendung noch mehr als ein Jahr hinausgeschoben.

Es erübrigt noch den Dank auszusprechen an die zahlreichen Gelehrten, welche mir auf meine Anfragen Auskunft erteilt oder Bücher und Handschriften, die mir nicht zugänglich waren, eingesehen haben, im besonderen nenne ich die Herren Professor Adamo Rossi in Perugia und Professor Andrea Gloria in Padua. Die Straßburger Bibliothek hat mir nicht nur ihre reichen Bücherschätze zur bequemsten Benutzung bereitgestellt, sondern Herr Oberbibliothekar Dr. Barack hat sich auch bemüht, alles Erreichbare zu beschaffen, was noch fehlte; in gleicher Weise habe ich der Göttinger Bibliothek zu danken, in deren Sälen und Katalogen ich lange Zeit mit gleicher Freiheit arbeiten durfte, einige Werke benutzte ich auf der Berliner Bibliothek, andere sandte mir München. Bei der Korrektur endlich hat mir Herr Dr. Markwald, Hilfsarbeiter der kaiserlichen Universitäts- und Landesbibliothek hierselbst, in liebenswürdigster Weise geholfen. In das Verzeichnis der Verbesserungen sind auch einige weitere litterarische Nachweisungen aufgenommen worden.

Straßburg i. E., Februar 1888.

Georg Kaufmann.

Inhaltsverzeichnis.

Erstes Kapitel.

Die Scholastik . . . . 1—97
  1. Wesen der Scholastik S. 2—37.
  2. Ueberblick über die Geschichte der Scholastik S. 37—62.
  3. Die wissenschaftlichen Leistungen der Scholastik S. 62—97.

Zweites Kapitel.

Die Entwicklung der Universitäten aus den Schulen des 12. Jahrhunderts . . . . 98—156
  1. Name und Begriff einer Universität S. 98—106.
      Stellung des Staates und der Kirche zu der Schule des Mittelalters S. 106—118.
  2. Die Bedürfnisse, welche eine Organisation forderten S. 118 bis 139.
  3. Die Schulzucht und die akademische Freiheit S. 139—156.

Drittes Kapitel.

Die Stadtuniversitäten Italiens . . . . 157—239
  1. Die Entstehung der Universität S. 157—183.
      Allgemeines. Der Anteil der Länder. Deutschlands Zurückbleiben S. 158 f. Die Habita Kaiser Friedrichs S. 163 f. Bolognas Anfänge S. 167 f. Die Konstitution „Omnem" S. 173 f. Der Vertrag mit Bercelli S. 176. Kämpfe Bolognas mit den Scholaren S. 179 f.
  2. Die Organisation S. 184—239.
      Die Scholarenkorporation und die Stadt S. 184 f. Nationen, Fakultäten und Doktorenkollegien S. 189 f. Gesamtcharakter der Verfassung S. 194. Die Professoren S. 195—211. Oberaufsicht der Stadt S. 212. Die Studienordnung S. 213 f. Alter der Scholaren S. 216 f. Ergänzungen aus Padua, Perugia und Florenz S. 217 f. Die Doktorenkollegien, namentlich ihre abweichende Stellung in Arezzo S. 232—239. Anhang.

Inhaltsverzeichnis.

Viertes Kapitel.

Die Kanzleruniversitäten in Frankreich und England . . . . . 240—323
  Allgemeines. Die Anfänge von Paris S. 246 f. Die Auswanderung von 1229 S. 256 f. Die Verfassung S. 261—275. Kampf der Universität mit den Bettelorden S. 275—286. Die Folgen des Kampfes S. 286 f. Schulwesen der Orden S. 288 f. Die Kollegien S. 291 f. Ihr Einfluß auf die Verwaltung S. 301 f. Die Zucht S. 305 f. Die englischen Universitäten S. 308—322.

Fünftes Kapitel.

Die Staatsuniversitäten und die spanischen Universitäten . . . . 323—343
  Neapel S. 323—335. Die spanischen Universitäten S. 335 bis 343.

Sechstes Kapitel.

Die Gleichartigkeit in der Entwicklung der Universitäten, im besonderen die akademischen Grade und die Stiftungsbriefe . . . . 344—409
  Die Gruppierung der Universitäten S. 344 f. Die Gleichartigkeit der Entwicklung S. 346 f. Die akademischen Grade S. 352 f. Die Abstufung derselben an den Kanzleruniversitäten S. 353 f. Bologna bildete sie nicht so bestimmt aus S. 362 f. Die Anerkennung der akademischen Grade auf anderen Universitäten S. 366 f. Die Stiftungsbriefe der Kaiser und Päpste S. 371—397. Andere Privilegien S. 397 f.

Anhang . . . . 410—431
  Beilage 1. Zu S. 217. Die Statuten von Bologna S. 410 f.
  Beilage 2. Zu S. 239 und 376. Reggio und Siena S. 418 f.
  Beilage 3. Zu S. 345. Toulouse, Montpellier und Orleans S. 420 f.
  Beilage 4. Zu S. 306 Note 1. (Strafen) S. 425 f.
  Beilage 5. Zu S. 365 und 366.
  Beilage 6. Zu S. 366. Abdruck von Lib. II, 30 der Statuta dom. Artistarum ac. Patav. S. 427 f.
  Beilage 7. Abdruck des S. 287 Note 1 erwähnten Briefs S. 428.
  Beilage 8. Die Beschwerde der Scholaren von Montpellier S. 428 f.
  Nachträge zu den Anmerkungen.

Alphabetisches Register der citierten Werke . . . . 432—442

Einleitung.

Die Universitäten des Mittelalters waren Produkt und Träger der mittelalterlichen Wissenschaft, der Scholastik, und diese Universitäten waren in allen Ländern gleichartig. Auch die deutschen Universitäten bildeten nur ein Glied in dieser Reihe, und zwar ein spät entwickeltes Glied, eine Nachbildung vorzugsweise nach dem Muster von Paris. Als aber jene mittelalterliche Wissenschaft durch den Humanismus und die Reformation erschüttert wurde und einer von neuem Geist erfüllten Wissenschaft Platz machte, welche sich dann im Laufe der Zeit zu der freien Forschung der Gegenwart entfaltete: da hat Deutschland für diese in neuen Bahnen wandelnde Wissenschaft die mittelalterlichen Universitäten zu der Universität der Gegenwart entwickelt, während in den Mutterländern der mittelalterlichen Universität ihre Formen länger erhalten und weniger gründlich umgestaltet wurden. Die Völker lösten sich gleichsam ab in der fruchtbaren Arbeit auf diesem Gebiete. Wie aber dieser neue Geist der Wissenschaft in der Reformation sich zuerst an einer großen Aufgabe bethätigte und deshalb auch durch die Reformation zuerst festere Wurzeln schlug, so liegen auch in dieser Zeit die Anfänge des Prozesses, durch den die eigentümliche Form der heutigen deutschen Universität aus den mittelalterlichen Universitäten hervorging. Im 16. und 17. Jahrhundert kam diese Bildung noch nicht zum Abschluß. Diese Jahrhunderte bilden eine Uebergangsperiode, wesentlich beherrscht durch den Gegensatz der protestantischen und der katholischen Universitäten und bedrückt durch die Not der Zeit und das Kleinliche der deutschen Zustände. Mit der Gründung von Halle 1694 und Göttingen 1737 wurden endlich die alten Fesseln vollständiger abgestreift; diese Universitäten erwuchsen zu weithin wirkenden Mittelpunkten des wissenschaftlichen Geistes der Neuzeit, und dieser Geist wurde dann, unterstützt durch die allgemeine Steigerung des geistigen Lebens der Nation und ihrer staatlichen Kraft, namentlich in Königsberg, Jena und Berlin so mächtig, daß er auch die ihm länger widerstrebenden katholischen Universitäten mit fortriß und umgestaltete. Es charakterisiert die deutschen Universitäten der Gegenwart, daß der die Uebergangszeit beherrschende Gegensatz von protestantischen und katholischen Universitäten bis auf dürftige Reste überwunden ist; und sollten Versuche gemacht werden, ihn zu erneuern, so hieße das, in überlebte Entwicklungsstufen zurückfallen. Ohne Widerspruch erkennen heute die übrigen Völker den eigentümlichen Vorzug der deutschen Universitäten an und bemühen sich auch vielfach, ihre Einrichtungen nach diesem Muster zu verbessern.

Aus diesen Erwägungen ergeben sich drei Perioden für die Geschichte der deutschen Universitäten; die erste umfaßt das Mittelalter, die zweite das sechzehnte und siebzehnte, die dritte die beiden letzten Jahrhunderte. Der Plan dieser Darstellung ging zunächst dahin, jeder dieser Perioden einen Band zu widmen und also die Geschichte der deutschen Universitäten des Mittelalters in dem ersten Bande abzuschließen; aber dabei erhob sich eine Schwierigkeit der Anordnung. Es war nicht möglich, Wesen und Bedeutung der nach Deutschland übertragenen Einrichtungen zur Anschauung zu bringen, ohne vorher ihre Entstehung in Frankreich, Italien, England und Spanien zu schildern, und der Stand der Forschung nötigte mich, dies nicht bloß im Ueberblick zu thun. Ueber eine Reihe von wichtigen Fragen herrscht Unklarheit oder Streit, und die Darstellung von Savigny, welche bisher als Grundlage diente, hat einen großen Teil der jetzt zugänglichen Quellen und Hilfsmittel noch nicht benutzen können und ist ferner in der neuesten Bearbeitung des Gegenstandes von Denifle so abschätzig behandelt worden, daß ich, obschon dies Urteil durchaus unbegründet ist, selbst für diejenigen Punkte nicht einfach auf Savigny verweisen durfte, in denen ich zu keinem anderen Ergebnis gekommen war. Vor allem aber forderte das Werk Denifles selbst eine neue

Untersuchung heraus; denn so wertvoll es ist durch Sammlung des Materials und viele Einzeluntersuchungen, so hat es doch in wesentlichen Punkten sogar die bereits gebahnten Wege wieder verbaut. Und weil Denifle die Werkstücke zu seinen willkürlichen Aufstellungen aus umfassender Gelehrsamkeit genommen hat, so bedarf es der eingehenden Untersuchung, um nachzuweisen, daß diese Steine nur künstlich in den Weg gewälzt worden sind. Auf zwei Punkte ist vor allem hinzuweisen. Denifle hat den richtigen Standpunkt verlassen, den Savigny den päpstlichen Stiftungsbriefen gegenüber zwar nicht näher begründet, aber eingenommen hatte, und erkennt deshalb mehrere Universitäten nicht an, die in ihrer Zeit als solche anerkannt waren, und was noch verhängnisvoller ist, er reißt die zusammengehörigen auseinander und bringt sie in künstliche, das Verständnis ihrer Entwicklung nicht unterstützende, sondern störende Gruppen. Oxford ist von Cambridge, Toulouse von Paris und Orleans, Perugia und Florenz sind von Padua und Bologna, Valladolid ist von Alcala getrennt und zwischen Cambridge und Heidelberg gestellt, und Heidelberg ist von Prag und Wien getrennt. Der andere Punkt ist, daß Denifle das 15. Jahrhundert nicht mehr zu der Periode des Mittelalters rechnet. Er begründet dies Bd. I. S. XXVI so: „Weshalb ich mir das Jahr 1400 als Grenze festgesetzt habe, über welche hinaus die Universitäten keine Besprechung erhalten, hat darin seinen Grund, daß eben das 15. Jahrhundert überall neue Verhältnisse aufweist. Allerdings kommen diese nicht gerade mit dem Jahre 1400 zum Vorschein. Hätte ich z. B. bloß die deutschen Universitäten berücksichtigt, so würde ich ungefähr mit der Mitte des 15. Jahrhunderts geschlossen haben, während ich die italienischen nicht weit über die Mitte des 14. Jahrhunderts hinaus in Betracht gezogen hätte." Schon die Geschichte der Statuten von Bologna, Perugia, Padua und Florenz zeigt die Grundlosigkeit dieser Behauptung, und auf meine Einrede (in den Göttinger Gelehrten Anzeigen 1886, S. 100 Anm.) hat Denifle diese seine Ansicht nicht nur nicht verteidigt, sondern zu ignorieren versucht (Archiv II, 350), aber sie ist unzweideutig ausgesprochen, und die ganze Anlage des durch Gelehrsamkeit imponierenden Werkes wirkt als Zeugnis für sie. So werden ihr denn auch viele folgen; und es ist schon für die allgemeine Geschichte, besonders aber für den Zusammenhang der Universitätsgeschichte mit der übrigen Entwicklung von großer Bedeutung, ob für die Universitätsgeschichte der Anfang der Neuzeit nicht um 1500, sondern um 1400 anzusetzen sei.

Die beiden ersten Kapitel (S. 1—156) wurden von dieser Rücksicht nicht berührt, aber indem ich namentlich die drei folgenden ausführlicher behandelte, ergab sich eine Darstellung, die auch als ein Ganzes, als eine Vorgeschichte der deutschen Universitäten betrachtet werden kann, und die ich gern dem Läuterungsfeuer der Kritik überlassen möchte, ehe ich weiter gehe. Wird, wo ich irrte, dann von einem andern das Rechte gefunden, so wird das meiner weiteren Forschung zu gute kommen. Zur Geschichte der deutschen Universitäten des Mittelalters enthält dieser Band also alles das, was ihnen mit den anderen gemeinsam ist und nur im Hinblick auf alle Länder erörtert werden konnte. Das Besondere wird sich hiernach in Kürze sagen lassen. Noch ein anderer Umstand sprach für diese Teilung. Wenn auf diese in mancher Beziehung sehr ausführlich behandelten auswärtigen Universitäten ein Abschnitt über die deutschen folgte, so konnte der Schein entstehen, als sollten sie nach dem gleichen Gesichtspunkt behandelt werden. Das ist aber nicht der Fall. Manches, worauf bei Bologna, Paris, Oxford besonders geachtet werden mußte, wird bei Heidelberg und Tübingen kurz erledigt werden, dagegen wird z. B. die Bedeutung dieser Universitäten für das nationale Leben zu schildern sein[1]), auf die ich bei den Universitäten der anderen Länder nicht eingehen konnte, so oft auch die Gelegenheit auf dies bedeutende Gebiet verlockte. Ferner hoffe ich, daß diese Anordnung es erleichtert, den Zusammenhang der Universitäten des Mittelalters mit denen des 16. und 17. Jahrhunderts nachzuweisen, und so wird dann mit dem Erscheinen des zweiten Bandes deutlich werden, ob diese Einteilung zweckmäßig gewählt wurde. Für diesen zweiten Band sind schon erhebliche Vorarbeiten gemacht worden, und hoffe ich, ihn in etwa zwei Jahren beenden zu können, wenn meine Arbeit nicht wieder von

---

[1]) Bezüglich anderer Gesichtspunkte vgl. Paulsen, Die Gründung der deutschen Universitäten. Histor. Zeitschr. Bd. 45 (1881).

so ungewöhnlichen Störungen unterbrochen wird, wie bei diesem ersten Bande. Der dritte Band wird mit Halle und Göttingen beginnen und bis zur Gründung von Straßburg führen.

Als Anhang soll ihm eine kritische Ueberschau über die seit Kant und Schleiermacher sich immer erneuenden Reformvorschläge beigegeben werden, um festzustellen, welche Vorschläge sich in den verschiedenen Zeiten wiederholen und von welchen Richtungen oder Interessenkreisen sie ausgehen.

Für diejenigen Verhältnisse, welche ich im ersten Bande zu untersuchen hatte, lag in Briefen und Schriften wie in Urkunden und Statuten ein so reiches Material im Druck vor, daß ich oft daran verzweifelte, es zu bewältigen, und ich habe sehr verschiedene Wege der Forschung wie der Auswahl und Anordnung des Stoffes eingeschlagen, ehe ich mich für die vorliegende entschied. Neben dieser Massenhaftigkeit im ganzen herrscht freilich oft gerade an entscheidender Stelle empfindlicher Mangel, so für wichtige Verhältnisse von Bologna wie von Paris. Für Bologna ist nun allerdings noch viel Material ungedruckt, aber die mir während des Druckes zugegangenen Acta nationis germanicae und die auf dies ungedruckte Material gestützten Arbeiten, wie die Untersuchung von Malagola: I Rettori delle Università dello studio Bolognese in den Atti e Memorie della R. Deputazione di storia patria per le provinzie di Romagna 1887, Vol. V, 244 f. beweisen, daß jenes Material die Auffassung der wichtigeren Aemter und Einrichtungen nur verschärfen und nicht wesentlich verändern werden. Eine Geschichte der Universität Bologna wird freilich erst auf Grund weiterer Veröffentlichungen geschrieben werden können. Für Paris hat Denifle die Ausgabe eines Urkundenbuches in Arbeit, und eine Notiz von Rashdall über von ihm in Oxford entdeckte, bisher unbekannte Pariser Statuten aus dem 13. Jahrhundert (Academy 1887, No. 788, p. 415 f.), sowie das von Spirgatis aufgefundene und in vortrefflicher Weise herausgegebene Bruchstück einer Matrikel sind Beispiele von neuen Funden, und viele, namentlich bei Buläus fehlerhaft mitgeteilte Urkunden werden dann in besserem Druck zu benutzen sein; aber die Pariser Archive sind bereits von so hervorragenden Forschern durchsucht worden, daß eine die Auffassung wesentlich ändernde Vermehrung des Materials nicht zu erwarten ist, namentlich nicht für die ersten Jahrzehnte des 13. Jahrhunderts, für welche wir nur wenig haben. An mancher Stelle lag die Versuchung nahe, weiter in das Einzelne einzugehen, und namentlich verlockte das in den Acta nationis germanicae gebotene neue Material dazu, die eigentümliche Stellung der deutschen Nation in Bologna zu untersuchen; allein damit würde der Rahmen des Buches zu sehr überschritten worden sein.

Das Verzeichnis der Litteratur umfaßt nur die in diesem Bande citierten Bücher, nicht alle benutzten, es will nicht die Litteratur geben, sondern das Auffuchen der Stellen erleichtern; citiert aber wurde, wo nicht besondere Gründe vorlagen, nur das Buch, dessen ausführlichere Erörterung mir kürzer zu sein erlaubte, oder wo das Material abgedruckt ist, auf das sich meine Darstellung stützt.

Verbesserungen und Zusätze.

S. 7 Z. 10 ist zu lesen: Leriba. S. 26 Z. 5 v. u.: ward. S. 29 Z. 12: misstatt aus=. S. 35 Anm. 4: Am besten hersg. v. W. Meyer in den Münch. Sitzungsber. 1882. S. 36 Anm. 2 lies: Revelationen. S. 39: Liudpranb von Cremona. S. 41 Anm.: Vgl. Neues Archiv XI, 185. Das Gedicht stammt a. d. J. 1095. S. 46: für Beccum auch Bec. S. 46 l. Z.: nicht lange nach 875. S. 50 Anm. 1: IV, 408. S. 74: Freising. S. 108 Anm.: Schlußsatz zu streichen, denn scolasticus bedeutet hier einfach Schüler. S. 109 lies: Heinrich III. statt Konrad II. S. 111: Gudenus. S. 124 Anm. 1: Siehe auch M. G. SS. XIV, 274. S. 132 Z. 3 lies: Bis zum dreißigsten Jahre widmete er sich vorzugsweise ꝛc. S. 136 Anm. 2: Die Summa des B. ist von Rockinger in den Quellen der bayr. u. deutsch. Gesch. IX, 1 f. herausgegeben. S. 140 Anm. 2 statt I, 66 lies I, 641 f. besonders p. 687 f. S. 144 Anm. 1: Wilmanns. S. 145 Z. 23: erfüllte. S. 163: Am Schluß des Absatzes ist „ertrugen" an das Ende zu stellen. S. 164 l. Z.: oder statt über. S. 169 Z. 2 v. u.: und das. S. 172 Z. 14: Bologna. S. 175 Kolumne: richtige. S. 176 Anm. 2: della. S. 190 Anm. Z. 1: statt Provinzialuniversitäten lies „Provinzen (auch ebenfalls Nationen genannt)". S. 192 Z. 6: statt in diesen lies innerhalb dieser. S. 204 Anm. Z. 2 v. u.: bachalariorum. S. 214 Z. 2 v. u.: selbst noch im. S. 245 Anm. 1: 139 statt 239. S. 253 l. Z.: Entfaltung. S. 295 Z. 6 v. u.: ; statt ,. S. 302 Anm. 1: Anteil statt Einfluß. S. 304 Z. 2 v. u. ist der Satz: „Der Boden ... Fouarre" einzuklammern.

Erstes Kapitel.

Die Scholastik.

1. Wesen der Scholastik.

Die Vorstellung, daß die Wissenschaft eine selbständige Macht im Leben sei, weder von der Kirche noch von dem Staate abhängig, hat der Menschheit erst durch eine lange Arbeit gewonnen werden müssen. Das Altertum kannte sie nicht. Das Altertum hatte eine Reihe von ausgezeichneten Denkern, gewährte ihnen auch Ruhm und Ehre — aber der Staat kannte keinerlei Schranken seiner Befugnis, fühlte sich zu allem berechtigt, und auch dazu, das Denken unter Kontrolle zu stellen. Das war nicht bloß in Rom so, sondern auch in den griechischen Staaten, selbst in Athen, „der Mutter der Künste". Sokrates starb im Kerker und Aristoteles wie Anaxagoras[1] mußten aus Athen fliehen.

Die christliche Kirche war die erste Macht, welche diese Schranken durchbrach, indem sie dem Staate das Gebiet des Gewissens entzog. Die Parteien, in welche die Kirche zerfiel, gefährdeten zwar diesen Grundsatz wieder, indem die eine den Staat zur Verfolgung der anderen aufrief — aber das sind Widersprüche, wie sie von dem Thun der Menschen nun einmal unzertrennlich sind, dem Staate als solchem wurde trotzdem durch die Kirche das Recht über die Geister grund=

---

[1] Ed. Zeller, Die Philosophie der Griechen in ihrer geschichtlichen Ent= wickelung. 4. Aufl. 1876. Bd. I S. 872 Note 2 gibt die bezüglichen Quellenstellen über die Verfolgung des Anaxagoras und ib. Bd. II, 2 (3. Aufl. 1879) S. 38 über Aristoteles' Flucht.

säßlich abgesprochen und entzogen. Nach der Weise des Mittelalters geschah dies nicht durch eine Verfeinerung der Verwaltungsgrundsätze des Staates und genauere Begrenzung seiner Aufgabe, sondern dadurch, daß die Kirche selbst staatliche Form gewann. Diese Entwicklung vollendete sich in den auf römischem Boden gegründeten germano=romanischen Staaten, während in dem byzantinischen Reiche die Vorstellung von der Freiheit der Kirche wieder verdunkelt wurde und mit dem Cäsaropapismus zu kämpfen hatte. Mit dem 9. Jahrhundert gehörte diese Vorstellung in dem christlichen Abendlande zu den selbstverständlichen Voraussetzungen aller, die in öffentlichen Angelegenheiten redeten und handelten.

Neben diesen beiden Gewalten erhob sich im Laufe des Mittelalters als dritte die Wissenschaft. Sie ist eine geistige Macht, als solche der Kirche verwandt, vorzugsweise in Anlehnung an sie entwickelte sie sich, die Einrichtungen, Lehren und Legenden der Kirche bildeten ein Hauptobjekt ihrer Arbeit, und sie wurde zunächst als eine Dienerin der Kirche aufgefaßt. Es war eine verbreitete Vorstellung, daß die Wissenschaft deshalb zu pflegen sei, daß der Mensch deshalb einen Teil seiner Kraft den frommen Uebungen und der religiösen Meditation entziehen und dem Studium zuwenden dürfe, weil die Kirche Waffen nötig habe zum Kampfe gegen die Ketzer. Auch der Staat erkannte den Nutzen der Wissenschaft, indes das Verhältnis zur Kirche überwog. Nun entwickelte sich aber das wissenschaftliche Treiben seit dem 10. Jahrhundert mit solcher Kraft, daß es sich in dieser dienenden Stellung nicht halten ließ[1]). Einen Höhepunkt erreichte diese Bewegung im 12. und 13. Jahrhundert; da war die Wissenschaft von dem frischesten Zuge erfüllt und von glänzenden Talenten getragen, also in derselben Periode, in der die Kunst des Mittelalters die Lieder schuf und die Kirchen baute, welche einen

---

[1]) Den Streit lassen Aeußerungen wie die von Prantl, Geschichte der Logik II, 68 citierte Stelle des Petrus Damiani erkennen: Quae tamen artis humanae peritia si quando tractandis sacris eloquiis adhibetur, non debet jus magisterii sibi arripere sed velut ancilla dominae quodam famulatus obsequio subservire, ne si praecedit oberret. Prantl citiert sie nach Petri D. opp. ed. Cajetani, Paris. 1743 fol. III, 312. Mir ist nur die Ausgabe studio et labore Cajetani Parisiis 1642 fol. 4 tomi zugänglich, aber ähnliche Gedanken finden sich in Petri Damiani De sancta simplicitate ib. III, 316 f. Schärfer Hohn ib. p. 313 De decem plagis Aegypti c. 4.

dauernden Besitz unserer Kultur ausmachen. Das war aber zugleich die Zeit, da sich die Kirche als Herrin fühlte, die Kräfte des ganzen Abendlandes zu den Kreuzzügen in Bewegung setzte und trotz innerer Konflikte mit Ketzern und Schismatikern die Könige und Kaiser als Vasallen behandelte und sich in alle Verhältnisse aller Länder ent= scheidend einmischte[1]). In diesem Kraftgefühl fürchtete die Kirche von der Wissenschaft nichts; gerade einer ihrer stolzesten Vertreter, der Papst Alexander III., hat wesentlich dazu geholfen, daß die Wissen= schaft selbständig wurde[2]). Dies geschah aber wiederum nicht durch Verfeinerung der Verwaltungsgrundsätze der beiden alten Mächte und nicht durch eine Begrenzung ihrer Aufgaben und Befugnisse, sondern es geschah wieder so, daß der Wissenschaft ein eigenes Organ geschaffen wurde, das ähnlich wie die Kirche einen Staat im Staate bildete; und dieses Organ waren die Universitäten. Man hat oft gestritten, ob eine solche Universität als ein corpus laicum oder als ein corpus ecclesiasticum zu betrachten sei. In Frankreich entstand über diese Frage ein langwieriger Prozeß[3]), weil von ihr die Ent= scheidung über die Grundsätze abhing, nach denen die mit der Universität verbundenen Pfründen zu behandeln waren. Der Grund des Streites

---

[1]) Dieser Anspruch beschränkte sich nicht etwa auf theoretische Aeußerungen der Gregore und Innocenze, er war sehr ernsthaft gemeint und wurde lange Zeit in ausgedehntem Maße zur Geltung gebracht. Den Zeitgenossen war dabei besonders auffallend, daß die in fremden Staaten so gewaltig gebietenden Päpste in Rom selbst oftmals der Spielball der Parteien und kleinlichen Gegnern nicht gewachsen waren. Bezeichnend ist ein Spruch des Giraldus Cambrensis, eines vielerfahrenen Gelehrten und Diplomaten, den er beim Abschied aus Rom ca. 1203 verfaßte:
Mirum quae Romae modicos sententia Papae,
Non movet, haec Regum sceptra movere potest.
Quae minimos minime censura coercet in urbe,
Saevit in orbe fremens celsaque loca premens.
Cui male sublatus Romae non cederet hortus,
Nititur ad nutum flectere regna suum.
Opp. ed. Brewer I, 374. Wharton, Anglia sacra. Londini 1691, fol. II, 434.
[2]) In der kanonistischen Wissenschaft glänzte er als magister Rolandus.
[3]) Beachtenswert ist, daß Thomas von Aquino die universitas magistrorum von Paris nicht als collegium ecclesiasticum ansehen wollte. Contra impugna- tores . . . ed. Parmae 1864 fol. XV p. 11 cap. 3: Unde cum collegium scholasti- cum (den Anlaß bot die Pariser universitas) non sit collegium ecclesiasticum, nihil prohibet eum qui est de collegio aliquo religioso vel saeculari esse simul de collegio scholastico.

lag darin, daß die Universitäten keines von beiden waren. Sie waren etwas Neues, und in diesem Gefühl konnte man die für das alte Recht maßgebende Scheidung in geistliche und weltliche Dinge nicht widerspruchslos auf sie anwenden; bei einigen überwogen unzweideutig die Merkmale des geistlichen, bei anderen — den spanischen und italienischen — traten die Merkmale des weltlichen Charakters stärker hervor. Nach Zeiten und Ländern und in ihnen nach Orten war dies verschieden. Nicht auf einmal setzte sich diese Vorstellung von der Selbständigkeit der Wissenschaft durch, und auch auf das von ihr gebildete Organ der Universitäten versuchten sowohl die Kirche wie der Staat die Hand zu legen, wie sich denn bei der thatsächlichen Berührung und Verbindung zahlreiche Veranlassungen ergaben, die dahin drängten. Besonders schwierig war die Auseinandersetzung mit der Kirche. Wiederholt wurde der Versuch gemacht, die Gebiete abzugrenzen, ohne daß es gelang; aber unter all den Schwankungen und Kämpfen erneute sich doch immer die Vorstellung[1]) von der Selbständigkeit der Wissenschaft und schlug in einer Generation nach der anderen festere Wurzel. In den Tagen des Humanismus und der Reformation konnte diese Idee schon Großes durchsetzen und in den folgenden Jahrhunderten wurde sie zum unverlierbaren Besitz der Weltanschauung aller Gebildeten. Im Mittelalter trat sie erst nur schüchtern auf und unter allerlei Verhüllungen, flüchtete aus dem Konflikte mit der mächtigen Kirche sogar zu dem wunderlichen Satze, daß etwas nach der Philosophie wahr sein könne, was nach der ebenfalls als Wahrheit anzunehmenden Lehre der Kirche falsch sei,

---

[1]) Scharf kam sie zum Ausdruck in der Denkschrift, durch welche die Pariser Universität ihre Bitte um die Gebeine des Thomas von Aquino begründete. Da heißt es, wie die Kirche die Gebeine und Reliquien der Heiligen ehre, so erscheine es als Pflicht der Universität, den Leichnam eines so großen Lehrers für immer bei sich zu bewahren. Sie findet sich abgedruckt in Bulaeus, Historia Universitatis Parisiensis III, 408: Quoniam omnino est indecens et indignum ut altera natio aut locus, quam omnium studiorum nobilissima Parisiensis civitas, quae ipsum prius educavit, nutrivit et fovit et postmodum ab eodem doctrinae monumenta et ineffabilia fomenta succepit, ossa . . . habeat . . . Si enim Ecclesia merito ossa et reliquias sanctorum honorat, nobis non sine causa videtur honestum et sanctum tanti Doctoris corpus in perpetuum penes nos haberi in honore. Ferner erbitten sie etwaige Aufzeichnungen des Toten ad philosophiam pertinentia et spectantia und ad logicam pertinentia.

und umgekehrt. Man gab die Einheit der Wahrheit verloren, um die Selbständigkeit der Wissenschaft behaupten zu können, aber man griff zu solcher Ausflucht nur für den Augenblick der Not, ohne den Glauben an die Einheit der Wahrheit dauernd aufzugeben. Der sonderbare Einfall war nichts als die schützende Hülle, unter welcher die neugeborene Idee der selbständigen Wissenschaft heranwuchs.

Die Wissenschaft des Mittelalters, aus welcher diese Idee und die Universitäten als Organ derselben hervorgingen, war die Scho=
lastik. Auf ihrem Namen ruht noch immer etwas von dem Haß und der Verachtung, welche die Humanisten[1]) gegen sie entfesselt haben. Das geschah, als sich die Scholastik selbst überlebt hatte und mit ihren erstarrten Formen doch noch das Leben der Wissenschaft be=
herrschen und den neuen Richtungen die Mittel und die einflußreichen Ehrenstellen derselben verschließen wollte. Erhalten aber hat sich dieser Haß namentlich deshalb, weil bis in unsere Tage hinein[2]) der Versuch wiederholt wird, mit Formeln und Methoden der Scho=
lastik die mit einem ganz anderen Material arbeitende moderne Wissenschaft zu umschränken und zu beherrschen. Aber die Scholastik war keineswegs immer so tot. Sie hat eine von leidenschaftlichen Kämpfen bewegte und an Früchten reiche Geschichte. Auch richteten sich die Angriffe der Humanisten vorzugsweise gegen die Behandlung der Grammatik bei den Scholastikern und gegen die unvernünftige

---

[1]) Petrarca, De vita solitaria I, sect. IV c. 1 in den opera Basi-
leae 1554 I, 267, ähnlich de remedio utr. fortun. Praefat. u. a. a. Stellen. Vgl. Thurot, Extraits p. 496, und G. Voigt, Wiederbelebung des klassischen Altertums. 2. Aufl. 1881. II, 457 f. Vives, De causis corruptarum artium. Brugis 1531. 12. Rud. Agricola, Lucubrationes. Coloniae 1491, ein Brief von 1484. Luther hat gelegentlich sehr grobe Worte. Die eigentliche Kriegserklärung aber enthält sein Sendschreiben an den Abel deutscher Nation.

[2]) Const. Schaezler, Divus Thomas contra liberalismum invictus assertor. Romae 1874, stellt sich geradezu die Aufgabe, zu zeigen, wie die Reform der Wissenschaft durch den heiligen Thomas herbeizuführen sei. Mit dem gleichen Wunsch schließt A. Stöckl seine Geschichte der Philosophie des Mittelalters, 3 Bde. Mainz 1866. 1879 erließ endlich Leo XIII. eine Encyclica in diesem Sinne. Acta S. Sedis, Jahrgang 1879 S. 97 ff. Dazu d. Breve ib. 1880 S. 56. Beweise für die ungemeine Steigerung des Interesses für scholastische Litteratur bietet ein Aufsatz des P. Ehrle, Die Scholastik auf dem antiquarischen Büchermarkt. Zeitschr. für kathol. Theologie. 1885. Innsbruck p. 178. Ferner p. 337 über Bibliotheca Theologiae et Philosophiae scholasticae sel. atque comp. a Fr. Ehrle. p. 4. Parisiis 1885.

Art des Schulbetriebs, während die heutigen Tadler daran am wenigsten denken. Heute verbindet man mit dem Namen zunächst die Vorstellung, als sei die Scholastik nichts als eine schlechte Art der Philosophie, eine durch den Zwang der Dogmen zur logischen Spielerei verderbte Philosophie, oder, wie es eine spitze Feder formuliert hat, ein Versuch, das Kamel des Glaubens durch das Nadelöhr der Vernunft zu jagen [1].

Allein diese schalkhafte Wendung ist ihrerseits mehr nur ein Versuch, die Fülle des Lebens durch das Nadelöhr eines Witzwortes zu drängen und sich ihrer so billig zu entlasten. Man erwäge nur folgende Thatsachen. Eine große Anzahl der angesehensten Scholastiker, wie Abälard, Petrus Lombardus, Gilbertus Porretanus, Occam, Wiclif [2], selbst Thomas von Aquino und Bernhard von Clairvaux wurden wegen falscher Lehren angegriffen, oder unter

---

[1] Dergleichen Urteile werden von sonst scharfsinnigen und gelehrten Leuten wiederholt gefällt, z. B. von E. Dühring, Geschichte der Philosophie, 3. Aufl. 1878, S. 180 f., und von Schopenhauer bei verschiedenen Gelegenheiten. Das Schopenhauer=Lexikon stellt S. 302 solche Urteile aus seinen Werken zusammen. Im ganzen aber mehren sich in den letzten Jahren, abgesehen von den schlechtweg bewundernden und die Scholastik erneuernden Schriften, die Darstellungen, welche die Werke der Scholastiker von ihrem Standpunkt und den Bedürfnissen ihrer Zeit aus zu verstehen und zu würdigen versuchen. Ein Teil derselben wird in den Noten erwähnt werden, andere in dem Litteraturverzeichnis.

[2] Bernhard von Clairvaux wurde wegen seines Widerstandes gegen das Dogma von der unbefleckten Empfängnis noch nach seinem Tode durch eine zu dem Zweck erfundene Legende verfolgt. S. Hartwig, Heinrich von Langenstein S. 78. Er hatte freilich auch sehr energisch gegen das Dogma angekämpft. S. opera in Migne, Patres latini Nr. 182 S. 334. Quid si alius propter eandem causam utrique parenti ejus festos honores asserat deferendos? Sed de avis et pro avis id ipsum posset pro simili quilibet flagitare. Im übrigen wartete er die päpstliche Entscheidung ab. Joh. Wiclif riß sich erst in den Streitschriften der letzten Jahre von der Manier und Methode der Scholastik los. Noch seine These gegen die Transsubstantiation (1381) ist scholastisch gedacht und gestellt: substantia panis in eucharistia non annihilatur propter remanentiam accidentium citiert aus dem Manuskript von Buddensieg, Johann Wiclif und seine Zeit, S. 181 Note 1. Wiclif schrieb über seine Befreiung von der scholastischen Recht= haberei: unde de ista vana gloria confiteor: sepe tam arguendo quam respondendo prolapsus sum a doctrina scripture, cupiens simul apparenciam fame in populo et denudationem arrogantie sophistarum. Buddensieg ib. p. 196 Note 1. Wiclif war ein glänzender Professor von Oxford gewesen, d. h. also vor allem ein schlagfertiger Disputator.

kirchliche Censur gestellt. Sie und mit ihnen zahllose andere gaben vielfach Proben kühnen Freimuts und energischer Verteidigung ihrer Art zu denken. An dem Mut der Meinung hat es der Scholastik nie gefehlt, über die Rücksichtslosigkeit wurde mit mehr Recht geklagt und über die Sucht, etwas Neues, Eigenartiges zu lehren. Damals war ja die Dogmenbildung der Kirche in manchen Stücken noch im Fluß, und es herrschte noch nicht die dogmatische Gebundenheit der heutigen römischen Kirche. Ferner: Viele Universitäten hatten bei voller Herrschaft der scholastischen Wissenschaft keinen theologischen Lehrstuhl, so lange Zeit Bologna, Montpellier, Wien, Salamanca, Ilerda, Orleans, Coïmbra u. a. Ferner: Die Kirche hat das Studium der Metaphysik 2c. des Aristoteles wiederholt verboten, und Aristoteles blieb trotzdem der Mittelpunkt der scholastischen Studien. Ferner: Ein Scholastiker empfahl das Buch der Natur (librum naturae) als Grundlage der Forschung[1]). Scholastiker haben den sogenannten ontologischen Beweis für das Dasein Gottes in ähnlicher Weise wie später Kant widerlegt, haben den Unterschied von Glauben und Wissen und die Grenze dieser Erkenntnisgebiete festzustellen versucht, und Scholastiker haben die Frage erörtert, ob die Theologie eine Wissenschaft sei, und haben sie teils bejaht, teils verneint.

Die Scholastik war also keineswegs bloß ein durch Theologie verderbtes Philosophieren, und sie war überhaupt nicht bloß Theologie und Philosophie. Die Scholastik war eine wissenschaftliche Richtung, welche das geistige Leben einer großen Periode beherrschte, die von 1050 bis 1500 reichte. Sie fällt also zusammen mit der Zeit von der Erhebung des Papsttums unter Gregor VII. bis zum Versinken desselben in den Interessen eines italienischen Partikularstaates und der sich damit vorbereitenden Umwälzung. In dieser Periode fühlte sich die abendländische Christenheit nicht nur theoretisch als eine Einheit unter Kaiser und Papst, sondern wurde auch in kirchlicher Beziehung — und diese Beziehung reichte damals sehr weit — thatsächlich als eine Einheit regiert, andererseits aber begannen sich gerade in dieser Zeit die Individualitäten der abendländischen

---

[1]) Raymund von Sabunde. Siehe Huttler, Die Religionsphilosophie des Raymund von Sabunde. 1851. Vgl. auch die These des Nicolaus de Ultricuria, der 1348 empfahl, daß homines intellectum suum convertant ad res non ad intellectum Aristotelis et Commentatoris. Bulaeus IV, 308.

Völker je mehr und mehr auszuprägen. Damit hängt es zusammen, daß die Scholastik in den verschiedenen Ländern nicht immer die gleichen Wissenschaften beherrschte und nicht die gleiche Entwicklungsstufe zeigte. Einige Landschaften und Völker pflegten überhaupt mehr die juristischen, andere die theologischen und philosophischen Studien. Aber im ganzen betrachtet gehörte die Scholastik nicht einer Nation an, sondern allen Nationen des abendländischen Kulturkreises, und nicht einer Wissenschaft, sondern allen. Es gab in dieser Periode eine scholastische Behandlung der Theologie wie der Philosophie, wie der Grammatik, des Rechts und der Naturwissenschaften. Die eine Wissenschaft ist nach der Natur ihres Gegenstandes und dem Gange ihrer Entwicklung dieser Richtung früher und stärker anheimgefallen als die andere — aber ihre Zeichen trugen sie alle.

Worin ist dies Zeichen zu suchen? Man hat es in der Abhängigkeit von der Tradition gefunden, und zwar von der zweifachen Tradition, der kirchlichen und der klassischen. Darin liegt auch ein wesentliches Merkmal. Das Mittelalter fühlte sich in Fragen der Moral und des Glaubens an die Lehre und die heiligen Schriften der Kirche gebunden, und andererseits verehrte es in den Schriften der Alten die reichste Quelle seiner Kultur. In jeder Kunst und Wissenschaft, bei jeder Erörterung ging man auf sie zurück. Es war die herrschende Ansicht, daß man auch die heilige Schrift nicht recht erklären, die Dogmen der Kirche nicht verstehen und nicht verteidigen könne ohne die Anleitung des Aristoteles und die Uebung an Virgil und Ovid. Die Alten boten aber eine andere Weltanschauung als die Kirche, sie glaubten nicht an die Trinität, sondern an die Götter oder an das Göttliche, der christliche Begriff der Sünde fehlte[1]), die Lehre von der Erlösung und den Heilsmitteln fand bei ihnen keinen Platz. Den gleichen Gegensatz zeigte die Moral: hier Askese, dort Weltlust. Das Mittelalter hat zahlreiche Versuche gemacht, den Gegensatz bald zu überbrücken, bald zu verschleiern, Virgil ist für einen heiligen Propheten und Aristoteles zu einem Vorläufer Christi erklärt worden, es gab sogar eine Legende von seiner Himmelfahrt,

---

[1]) Th. Ziegler, Geschichte der christlichen Ethik. Bd. II. 1886, weist in der Einleitung auf diesen Gegensatz christlicher und antiker Sittlichkeit nachdrücklich hin. Ebenso in der Abhandlung über Abälards Ethica in den Straßburger Abhandlungen zur Philosophie. Straßburg 1884.

aber man blieb sich des Gegensatzes doch immer bewußt. Hundertmal wurde die Beschäftigung mit den Alten als eine gefährliche Verführung und ein Strick des Teufels bezeichnet, aber immer wieder kehrte man zu ihnen zurück. Man konnte sie nicht entbehren und sprach es aus, daß es nicht gehe.

Nicht darin jedoch ist das Charakteristische zu suchen, daß das Mittelalter so widerstreitende Anschauungen vereinte, das thut jede Zeit, auch hat die Scholastik diesen besonderen Gegensatz nicht selbst geschaffen, sondern bereits überkommen: die großen Gelehrten der ersten christlichen Jahrhunderte haben ihn in gleicher Weise empfunden. Bekannt ist die Erzählung des heiligen Hieronymus, wie er im Traume vor den Thron Gottes entrückt ward und da das Urteil empfing: „Du bist kein Christianus, sondern ein Ciceronianus!" und wie er dann gelobte, fortan die Lektüre der heidnischen Autoren zu lassen und seine Zeit den göttlichen Schriften zu widmen. Aehnliche Aeußerungen sind aus dem 5., 6. und den folgenden Jahrhunderten vielfach erhalten, am gröbsten vielleicht in der Ermahnung des Sidonius Apollinaris, solange man jung sei, solle man die klassischen Autoren studieren, es komme das Alter, da man an seiner Seelen Seligkeit denken müsse [1].

Bereits unter dem Kaiser Theodosius wurde der Versuch gemacht, die heidnischen Dichter durch christliche Nachbildungen zu ersetzen [2], besonders für Schulzwecke, und diese Versuche haben bis in unsere Zeit hinein Nachwirkung gehabt. Der Streit zwischen den antiken und den christlichen Anschauungen bildete ferner einen wesentlichen Bestandteil in den Anschauungen des die Scholastik bekämpfenden Humanismus. Eigentümlich aber ist der Scholastik die Vorstellung, daß der Glaube seine Vollendung erreiche, wenn er sich in Erkenntnis umsetze, und die Ueberzeugung, daß dies mittels der auf Grund der Aristotelischen Schriften entwickelten Philosophie möglich sei. Neben dem Gegensatz der christlichen und der antiken Litteratur stand diese Ueberzeugung von dem höchsten Gut, das durch richtige Benutzung beider zu erreichen sei. Das unklare Verhältnis der christlichen zu

---

[1] Ueber Sidonius Apollinaris meine Dissertation, Göttingen 1864, die Abhandlung im Neuen Schweizer Museum 1865 S. 1 f. und die folgende Note.

[2] Vgl. meine Abhandlung: Rhetorenschulen und Klosterschulen. (Raumers Historisches Taschenbuch, IV. Folge, 10. Jahrg., S. 1—94.)

der klassischen Litteratur, die verschämte und mit Gewissensbissen begleitete Benutzung derselben, wie sie jene Wendungen des Hieronymus und Sidonius verraten, sollte durch ein offenes Verhältnis ersetzt werden, und zwar ein solches Verhältnis, das die klassische Kultur nicht bloß als Dienerin[1]), sondern als gleichberechtigte Genossin setzte. Vierhundert Jahre hindurch wurden Versuche in dieser Richtung angestellt und sie führten dazu, die beiden Kulturen als Erzeugnisse von zwei verschiedenen Formen der Erkenntnis zu betrachten, die eine als das Gebiet des Wissens, die andere als das Gebiet des Glaubens. Man ging aus von der Ueberzeugung, daß Wissen und Glauben zu den gleichen Zielen führen müsse, da die Wahrheit doch nur eine sein könne, aber indem man dies an den einzelnen Dogmen nachzuweisen suchte, kam man dazu, anzuerkennen, daß die Methode des Wissens nicht ausreicht, alle Wahrheiten des Glaubens zu erweisen: man suchte nach der Grenze zwischen den Gebieten und nach Erklärung der Thatsache, daß eine Reihe von Glaubenswahrheiten nach den Regeln des Wissens, der Logik, unmöglich und widerspruchsvoll waren. In der verschiedensten Weise hat man sich aus dem Konflikt gezogen. Einige verwarfen jeden Versuch, die Glaubenswahrheiten nach der menschlichen Logik zu untersuchen, andere beschränkten ihn auf einige Dogmen, indem sie andere als über oder außerhalb der Natur liegend ausschieden, und einige wagten die Schwierigkeiten dadurch zu erleichtern, daß sie alle nicht in der Schrift selbst begründeten Lehren der Kirche, auch diejenigen, welche durch Beschlüsse von Synoden und Erlasse der Päpste anerkannt waren, für nicht verbindlich erklärten, mit ihnen brauchte also die Philosophie die Uebereinstimmung nicht nachzuweisen[2]).

[1]) Daß diese Auffassung als ancilla theologiae oftmals auch vertreten ward, widerspricht der Thatsache nicht, daß die Scholastik über diese Auffassung hinausging.

[2]) Dies ist der Sinn in Occams Dialogus (Goldast de Monarchia II, 410). Illae solae veritates sunt catholicae reputandae et de necessitate salutis credendae, quae in canone Bibliae explicite vel implicite asseruntur, ita quod si aliquae veritates in Biblia sub forma propria minime continentur, ex solis tamen contentis in ea consequentia necessaria et formali possunt inferri, sunt inter catholicas connumerandae. Sicut haec veritas: Christus est verus Deus et verus homo: in tota scriptura divina sub hac serie verborum non invenitur, quia tamen ex contentis in scriptura sacra consequentia necessaria et formali concluditur, catholica est censenda et eam

Jene Forderung (Anselms von Canterbury), den Glauben zum Wissen zu steigern, bezeichnet also nur die eine Fassung des Problems, das diesem Teil der scholastischen Arbeiten zu Grunde liegt, andere faßten es anders, und es ist deshalb allgemein zu bezeichnen als das Verhältnis von Glauben und Wissen. Lösen konnte die Scholastik dies Problem freilich nicht, und nicht bloß insofern von den Grund≈ verhältnissen und Kräften des menschlichen Wesens der letzte Schleier überhaupt nicht gelüftet werden kann, sondern vor allem deshalb nicht, weil die Verhältnisse der Kirche und der Stand der philo≈ logischen und historischen Hilfswissenschaften unüberwindliche Hinder≈ nisse bereiteten: aber die Fragen wurden doch gestellt. Der Humanis≈ mus öffnete dann den Weg zu den Quellen freier Erkenntnis und stärkte die wissenschaftliche Kraft, wenn er auch dem Problem selbst gegenüber nicht viel weiter kam. Der Protestantismus hatte erst lange mit anderen Aufgaben zu thun, dann aber wurde auf seinem Boden diese Arbeit der Scholastik wieder aufgenommen und führte zu dem gegenwärtigen Stande der historisch=kritischen Forschung. Sie hat dem Glauben weite Gebiete entzogen, die ihm das Mittelalter zuwies, aber nur solche, die ihm dem Wesen nach fremdartig sind. Was Produkt der geschichtlichen Entwicklung ist, kann nur in den Formen des Wissens beherrscht werden. Will hier der Glaube gebieten, so muß er die Formen des Wissens nachahmen, sich zu einer unvollkommenen Stufe wissenschaftlicher Erkenntnis erniedrigen, während er an reiner Wärme und befreiender Kraft gewinnt, wenn er sich der falschen Aufgaben entlastet. Auf katholischer Seite sucht man dagegen den Standpunkt festzuhalten, den Thomas von Aquino in dieser Frage erreicht hatte. Wie man darüber auch urteilen möge, die Thatsache, daß es möglich ist, diesen Versuch zu machen, ist an sich schon ein Zeugnis dafür, daß das Mittelalter die einschlägigen

---

credere est necessarium ad salutem: omnes autem aliae veritates, quae nec in Biblia sunt insertae nec ex contentis in ea cons. form. et necessaria possunt inferri, licet in scripturis sanctorum et in diffinitionibus summorum pontificum asserantur et etiam ab omnibus fidelibus teneantur, non sunt catholicae reputandae, nec est necessarium ad salutem eis per fidem firmiter adhaerere vel propter eas rationem vel humanum intellectum capti‑ vare. Occam gibt diese Sätze als Ansicht, der Andere andere Meinungen gegen≈ überstellten: aber er brachte sie doch scharf zum Ausdruck. Die Methode der Scholastik liebte diese Gegenüberstellung.

Fragen von vielen Seiten in Angriff genommen und einen umfassenden gelehrten Apparat zu denselben geliefert haben muß.

Diese Bemühungen der Scholastik erscheinen als ein rationalistischer Zug in ihrem Wesen, und dieser Zug war so stark und trat trotz aller in den Verhältnissen liegenden Hindernisse immer wieder mit neuer Kraft auf, weil die Kultur der Zeit auf den Arbeitsergebnissen der römischen Welt beruhte. Er war deshalb auch immer begleitet von einer humanistischen Sehnsucht nach dem idealisierten Zeitalter der antiken Kultur. Diese Sehnsucht stand seit dem Siege der Scholastik nicht mehr so im Vordergrund wie in dem Jahrhundert vorher, aber sie wurde auch in ihr nicht ganz unterdrückt und fand in der Pflege des römischen Rechts, sowie in der Verherrlichung des Aristoteles ein zeitgemäßes Gewand. Die Autorität, welche man ihm beimaß, wurde auch nicht immer bloß als eine diesem einzelnen Manne, sondern als eine dem durch ihn vertretenen Geiste der Griechen und der ihnen von Gott gewordenen Gabe zukommende Huldigung aufgefaßt. Wie Abälard am Anfang der Periode die Klassiker verehrte als Träger göttlichen Geistes, so urteilte am Ende der Periode Nicolaus de Clemanges[1]). Scheinbar im Widerspruch mit dieser Richtung zeigte die Wissenschaft der Periode zugleich einen mystischen Zug. Die Mystik sucht das credere in vivere und videre umzusetzen, die Scholastik in scire und intelligere. Erleben und Schauen sind die Stichworte der Mystik, Begreifen und Wissen die der Scholastik: so wird man sagen, wenn man die beiden zu verschiedenen Zeiten vorherrschenden Richtungen einander entgegensetzt; aber sie waren in der Periode der Scholastik miteinander verknüpft.

Der Rationalismus der Scholastik scheidet sich von dem Rationalismus der Neuzeit dadurch, daß er zugleich mystisch war[2]). In einzelnen Persönlichkeiten überwog das eine[3]), in anderen das andere Element — aber die Periode und die einzelnen Vertreter derselben sind charakterisiert durch diese Mischung. Der heilige Bernhard war

---

[1]) ep. V. citiert bei Schwab, Gerson p. 80.
[2]) Diese Mischung mystischer und rationalistischer Elemente betont vortrefflich Erdmann im Dante-Jahrbuch III, 79 f.
[3]) In Abälard überwog z. B. das rationalistische Element; aber er „hat sicher nicht bloß den Willen, sondern auch das Bedürfnis" gehabt, die Selbstgewißheit des Glaubens anzuerkennen. H. Reuter, Geschichte der religiösen Aufklärung im Mittelalter 1875 I, 239.

ein Führer der mystischen Partei, welche in dem durch Anselm und Abälard herbeigeführten Uebergewicht der Dialektik Gefahr für den Glauben sah, aber über die Bedeutung des Wissens für diesen Glauben äußerte er sich ähnlich wie Anselm von Canterbury. Die mystische wie die rationalistische Richtung durchbrachen beide mehrfach die Schranken der Kirche — die Ketzer waren zahlreich. Aber sie blieben Ketzer, d. h. sie blieben in der Minderzahl und wurden unterdrückt. Die herrschende Masse der Periode blieb kirchlich, auch diejenigen blieben es und wollten es bleiben, bei welchen wie bei Abälard und Duns Scotus das begriffliche Interesse überwog.

Der Begriff der Abhängigkeit von der Tradition bezeichnet demnach die Stellung der Scholastik nicht ganz zutreffend. Die Periode der Scholastik erkannte das Altertum als ein ihr unentbehrliches Kulturmoment, aber sie wollte sich nicht an das Altertum verlieren, sie wollte ihre eigene Gedankenwelt nicht aufgeben, sondern mit den Gedanken und Begriffen der Alten ordnen und bereichern. Es machte sich dafür neben und in den theoretischen Erörterungen ein praktisches Bedürfnis geltend. Man glaubte die Kirchenlehre, von der die Alten nichts wußten, aber man entwickelte sie zum Dogmensystem mit Hilfe des Aristoteles. Man studierte das römische Recht und man lebte nach deutschem Recht, nach französischen coutumes, nach spanischen und italienischen Lokalrechten und neben all den nationalen Rechten nach dem kanonischen Recht. Das römische Recht hatte eine wissenschaftliche Sprache und eine ausgebildete Systematik und war getragen von der Autorität des römischen Namens. Es schien, als sei hier nicht ein Recht, nicht das Recht einer gewissen Zeit und eines gewissen Volkes, sondern das Recht, die absolute Form, wie sie jedes Recht gewinnen werde, wenn es auf seine Grundgedanken untersucht und nach diesen Grundgedanken geordnet werde. Trotzdem erwehrte man sich der praktischen Einführung des römischen Rechtes, auch als die Arbeit der Glossatoren zur Herrschaft über das System desselben geführt hatte, und bediente sich desselben nur, um das Gewirr der kanonistischen Bestimmungen zum System des kanonischen Rechtes zu ordnen und die Entwickelung der Lokalrechte zu fördern und zu ergänzen.

Aehnliche Erscheinungen zeigen die Grammatiker, Poeten, Philosophen. Die Scholastiker trieben nicht bloß lateinische Grammatik und lateinische Versifikation nach klassischem Muster und begnügten sich nicht mit dem Lesen und Nachahmen der alten Dichter und Schriftsteller, auch die Gegenwart lag ihnen am Herzen. Die lebenden Sprachen fanden Berücksichtigung, das Latein, wie es damals gesprochen wurde oder wie es in der Vulgata vorlag, wurde dem Gebrauch der ciceronischen Zeit gleichwertig behandelt, und auch Johannes von Salisbury, den man nach seiner Gelehrsamkeit wohl den Erasmus des 12. Jahrhunderts nennen möchte, sprach es als Grundsatz aus, daß die Ansichten der Modernen besonders hochzustellen seien [1].

Aber das bunte Leben einer Zeit ist niemals das Produkt einer einzigen Kraft und Neigung, vielfach wirken geradezu entgegengesetzte Richtungen neben- und miteinander. So waren auch jenem praktischen Zuge der Scholastik, welcher die Kultur der Alten mit den Ansichten und Lehren der Zeit verbinden und für dieselben nutzbar zu machen suchte, zwei andere Merkmale mehr formaler Natur und in gewisser Weise entgegengesetzter Richtung verbunden. Sie waren zum Teil unmittelbar hervorgerufen, jedenfalls stark beeinflußt durch die Notlage, in welche der Christ geriet, der sich bemühte, die verschiedenartigen Vorstellungen der antiken und mittelalterlichen Weltanschauung zu vereinigen. Das eine dieser Merkmale wird durch den Namen der Scholastik angedeutet. Scholastica levitate res tractare wurde von ihrem Treiben bereits im 12. Jahrhundert gesagt (Bulaeus II, 462), d. h. es wurde der Scholastik vorgeworfen, daß sie die praktische Bedeutung der von ihr behandelten Gegenstände übersehe, daß sie nur ihren Schulwitz daran übe, sie als Doktorfragen behandle. Es fehlte den Studien der Zwang der Examina und des Brotstudiums, man studierte, um zu studieren. In voller Reinheit ist das Freisein von solchen persönlichen Zwecken [2] allerdings das Höchste, was von einer wissenschaftlichen Richtung gesagt werden kann — es heißt die Wissen-

---

[1] Prolog des Metalogicus: Migne 199 p. 825. Non dedignatus sum modernorum proferre sententias, quos antiquis in plerisque praeferre non dubito ... Ueber ihn Scharschmidt, Johannes Saresberiensis, Leipzig 1862, und R. Pauli, Ueber die kirchenpolitische Wirksamkeit des Johannes Saresberiensis in Dove-Friedberg, Ztschr. XVI 1881 p. 266. Hinsichtlich der Teilnahme an den kirchlich-politischen Kämpfen der Zeit paßt der Vergleich mit Erasmus nicht. Johannes von Salisbury hat sich viel selbständiger und kräftiger daran beteiligt. Er gehörte zu der hierarchischen Partei.

[2] Im 13. und noch mehr im 14. und 15. Jahrhundert knüpfte sich an gewisse Studien die Aussicht auf bestimmte bevorzugte Laufbahnen, aber im ganzen blieb, wenigstens für die Artisten, der im Text gegebene Zustand.

schaft treiben um ihrer selbst willen. Die Scholastik hat auch ihre beste Kraft aus diesem idealen Zuge empfangen — aber er ist zu ideal, um die Masse zu erfüllen, und setzte sich in jener Periode für gewöhnlich in scholastica levitas um: weil nicht für das Leben studiert wurde, so wurde für die Schule studiert. Das Ziel war thatsächlich meistens nur die Fertigkeit, in der Disputation dem ähnlich geschulten Gegner widerstehen zu können. Dieser Tadel ward in der Zeit selbst oft und nachdrücklich erhoben; aber die Notwendigkeit einer Uebung zur Verteidigung des Glaubens gegen die Ungläubigen bot den schönklingenden Vorwand, der auch die Verirrungen des Schul= betriebs deckte.

Die wissenschaftliche Bewegung war dazu in ganz anderer Weise als heute von den Schulen und Universitäten getragen, sie lebte in der Anleitung der Lehrer und den Uebungen der Schüler, wurde beeinflußt von ihren Bedürfnissen und ihrem Gezänk. Die Schule bildete eine Welt für sich und die Scholaren einen Stand für sich — sie organisierten sich eben deshalb auch als „Schulstaaten", d. i. als Universitäten — die Litteratur war überwiegend Schullitteratur, Lese= bücher, Kompendien, anfangs als Sententiae, dann als Summae, Summulae bezeichnet, und Kommentare über dieselben. Statt in zusammenhängender Darstellung schritten sie meistens durch Fragen, Lösungen, Zweifel, Auflösungen weiter, und in verschiedenen Werken behandelten sie denselben Gegenstand, hier kürzer, dort länger, hier durch diese Zuhörerschaft oder dieses Schulereignis wie Promotions= reden c. veranlaßt, dort durch ein anderes. Weil sich auch die Forschung in diese Bücher ablagerte, so wurden die Lehrbücher so ungeheuerlich, und weil die Gelehrsamkeit sich in die Schule begab, so machte die Lehre meist keinen Versuch, sich den Schülern anzu= passen. Die Ueberladung der Lehrbücher mit Material, das in Monographieen gehörte, ist das zunächst ins Auge fallende Merkmal scholastischer Litteratur[1], und die Ueberschüttung der Anfänger mit gelehrtem Detail war schon im 12. und 13. Jahrhundert die Klage der Einsichtigen wie Gegenstand der Warnungen der Behörden, und

---

[1] Leicht zugängliche Beispiele bieten die lateinischen Grammatiken, wie sie noch um 1500 gedruckt wurden. Warnungen und bezügliche Vorschriften der Behörden finden sich z. B. in den Kontrakten von Perugia und Florenz mit den Professoren. S. unten Kapitel 3.

später die schärfste Waffe des Humanismus gegen die Scholastik. In diesem Mangel größerer praktischer Ziele, wie sie heute den gelehrten Schulen in den Forderungen des Staates und des Lebens gestellt sind, lag die Stärke, aber zugleich und in höherem Grade die Schwäche der Scholastik.

Damit hängt noch ein anderes Moment zusammen, das den Stoff betrifft. Die Scholastiker beschäftigten sich mehr mit den Meinungen ihrer Vorgänger über den Gegenstand, als mit dem Gegenstande selbst. Diese Beobachtung ist ebenso allgemein wie jene über den Charakter ihrer Summen und Sentenzen. Das kam vor allem daher, daß Jahrhunderte hindurch immer wieder die gleiche Aufgabe behandelt wurde. Gerson und Nicolaus von Cusa quälten sich teilweise mit den gleichen Problemen wie Anselm und Abälard. Eine Veränderung der Stoffe kam nur hier und da, am stärksten war die Zufuhr neuen Materials in der Logik durch das Bekanntwerden bisher unbekannter Teile des Aristoteles, sodann durch die jüdisch-mohammedanischen Philosophen, und auf der Verarbeitung dieses neuen Materials ruhte vorzugsweise das gesteigerte Leben, das diese Studien im 13. Jahrhundert zeigten. In der Theologie konnte keine Veränderung kommen, höchstens solche Einzelheiten, wie das Dogma von der unbefleckten Empfängnis; in dem römischen Recht ebensowenig. Es fanden sich wohl Anfänge zu einer Erneuerung des Stoffes durch Berücksichtigung der geltenden Rechte, und die praktische Bedeutung des Rechtes bildete ein gegen diese Ausartung der Scholastik ankämpfendes Element, aber im allgemeinen bildete es das charakteristische Merkmal des römischen Rechtes in der scholastischen Periode, daß die Gelehrten mehr über Bartolus und Balbus handelten, als über den Text der leges. Roger Baco war gerade dadurch ein Vorläufer der neuen Zeit und Träger einer die Scholastik aufhebenden Richtung, daß er die Einzelwissenschaften, die Sprachstudien, die Mathematik und alle Teile des von der Scholastik vernachlässigten Quadrivium pflegte und dadurch der Untersuchung einen großen Kreis von bisher vernachlässigten sachlichen Vorwürfen wieder nahelegte. Diese Gebundenheit an die Schule und das Schulgezänk drückte der Scholastik vorzugsweise den Stempel des Kleinlichen und Spielenden auf, der häufig das ganze Urteil über sie bestimmte.

Das andere Merkmal formaler Natur ist das Uebergewicht der logischen Interessen, die dialektische Behandlung der Fragen, die

Bemühung, weniger die Thatsachen zu sammeln und zu erkennen, als die Thatsachen in Begriffe umzusetzen und aus diesen Begriffen über die Thatsachen zu urteilen, ihren Wert oder Unwert zu bestimmen und die Folgen zu erschließen, die aus ihnen zu erwarten sind. Dies Merkmal ist das vorwiegende und zumeist charakteristische und wird gewählt werden müssen, wenn nur eins genannt werden soll. Alle Wissenschaften zeigen es in dieser Periode. Die Grammatiker sammelten nicht Beispiele, um den Sprachgebrauch festzustellen, sondern suchten nach der ratio, nach dem Grunde, warum denn hier dieser Kasus und nicht jener anzuwenden sei, die Juristen, die Philosophen, die Theologen — sie alle sammelten nicht, sondern machten Distinktionen, suchten Argumente und logische Schlupfwinkel. Die oben erwähnte Form der Bücher und der Vorträge gibt den greifbaren Beleg für die allgemeine Herrschaft dieser Methode, und wo von den Leistungen der Scholastik auf den verschiedenen Gebieten der Wissenschaft die Rede ist, werden Beispiele aller Art begegnen.

Diese Richtung hing zusammen mit der von der alten Philosophie überkommenen Neigung, die Bedeutung der Operationen an und mit den Begriffen zu überschätzen, Denken und Sein zu verwechseln[1]), eine Erscheinung zu erklären durch logische Zergliederung ihres thatsächlichen Inhalts, einen Vorgang zu beweisen oder zu beurteilen durch eine Kombination von Begriffen und Vorstellungen, die in dieser Nacktheit dem Leben unbekannt sind und für den thatsächlichen Zustand nur in den besonderen Verbindungen und Abstufungen wirksam werden, welche man abstreift, um die Vorstellung für den gleichsam im leeren Raume sich vollziehenden Akt der Schullogik verwendbar zu machen. Die fruchtbare Wissenschaft aber vollzieht wie das Leben ihre Schlüsse, indem sie die Richtigkeit der Prä-

---

[1]) Lotze, Mikrokosmus III, S. 206. „Das Altertum hat sehr allgemein darin geirrt, daß es metaphysische Fragen durch logische Zergliederung der Vorstellungen beantworten zu können glaubte. Hierin liegt der Grund der Unfruchtbarkeit, deren Eindruck wir, sobald wir um Förderung sachlicher Erkenntnis uns an die antike Philosophie wenden, stets zugleich mit dem eines bewunderungswürdigen Aufwandes an geistiger Kraft empfangen." Ib. S. 215 findet sich ein Beispiel, in welchem „logische Zergliederung und Vergleichung unserer Begriffe für sachliche Erklärung ihres Inhalts geboten wird". Recht nachdrücklich hat dies erörtert E. Rehnisch in: Zeitschrift für Philosophie und philosophische Kritik Bd. 76, S. 1—63 und ib. 224—248, um die Gegenwart hinausführen zu helfen aus diesen „Schatten des Altertums, die uns noch breit umlagern", wie er mit Lotze sagt.

missen erwägt, nicht bloß die Korrektheit ihrer Aufstellung. Um den allgemeinen wissenschaftlichen Wert logischer Untersuchungen handelt es sich hier nicht, und gewiß hilft die Kenntnis der möglichen Formen über die Fehler eines Schlusses klar werden und namentlich andere von der Fehlerhaftigkeit überzeugen; aber die Gewöhnung, auf die Richtigkeit der Form zu achten, macht leicht blind gegen die Richtigkeit des Inhalts der Prämissen. Wenigstens haben gerade die Philosophen die ungeheuerlichsten Trugschlüsse vollzogen, wie allemal zugestanden wird, wenn ein System das andere verdrängt. Und waren es nicht die Philosophen der Zeit, diejenigen, die sich berufsmäßig oder aus Liebhaberei mit logischen Untersuchungen befaßten, welche sich in die Irrgärten der Fichte=, Hegel=, Schellingschen Systeme locken ließen, während diejenigen, welche die von Natur empfangene, höchstens in elementarer Weise geschulte Fähigkeit im praktischen Leben oder an einer Spezialwissenschaft ausgebildet hatten, sich der Versuchung leichter erwehrten und von den großen Denkern nur mehr Anregung empfingen?

Dem Wesen des Mittelalters war solche Subtiliät im Grunde zuwider, das Mittelalter offenbarte sonst das Bedürfnis nach Anschauung, nach Fleisch und Bein, war an den Augenblick hingegeben wie jede unentwickelte Gesellschaft. Durch kein Versicherungswesen geschützt vor Brand und Blitz, durch die Verkehrsmittel nicht instandgesetzt, die Folgen einer Mißernte zu mildern, durch keine geregelte Verwaltung befreit von den Bedrängungen der Nachbarfehde und der Selbsthilfe, nicht einmal durch Teilung der Arbeit genügend entlastet von der Beschaffung der tausend Gegenstände, welche auch das bürftige Leben fordert — so fühlte sich der mittelalterliche Mensch in ganz anderer Weise als Einzelner den einzelnen Dingen gegenüber. Selbst wo man das Allgemeine bezeichnen wollte, bezeichnete man es gern symbolisch durch ein Einzelnes. Das Gesetz verbot dem Unberechtigten nicht, Holz aus dem Walde zu holen, sondern verbot, mehr zu holen, als auf seinem Schilde liegen bleibe, wenn er durch den Wald reite, und der Sachsenspiegel gab den Spielleuten als Wergeld „den Schatten eines Mannes" oder „den Blick von einem Schilde in der Sonne", statt zu sagen, sie haben kein Wergeld, und wenn jemand verflucht ward, so ward ihm gern ein besonderes Unheil angeflucht [1]).

---

[1]) Grimm, Rechtsaltertümer, S. 677. Ein Beispiel derartiger Verfluchung bietet die Urkunde bei W. Schäffner, Geschichte der Rechtsverfassung Frank=

Nun trat in der Dialektik eine Kunst auf, die da lehrte, nicht den einzelnen Gegenstand, das einzelne Tier, den einzelnen Menschen ins Auge zu fassen, sondern ihr Verhältnis zu der Gattung und weiter zu dem Ganzen der Welt, zu Gott. Man lernte sich hinwegsetzen über die erdrückende Fülle des Einzelnen, die Massen verschwanden, ein Wörtchen genügte, sie zu beseitigen, sie ihres Inhaltes zu berauben, sie zum Werkzeug, ja zum Spielball der Rede zu machen. Es war wie ein Zauber und wirkte wie ein Zauber. Man wurde sich einer ungeahnten Kraft des Geistes bewußt und wurde darüber ergriffen von dem Staunen, das den Menschen bei allem Außerordentlichen erfaßt. Es entwickelte sich ein förmlicher Uebermut der Dialektik. Kaum hatten sie die Technik derselben üben gelernt, so glaubten die Schüler aller weiteren Kenntnisse der Einzelwissenschaft entraten zu können und vergaßen selbst die Ehrerbietung vor ihren Lehrern[1]). Habe ich die Kenntnis des Begriffs, zu dessen Bereich die tausend Dinge gehören, so habe ich auch Kenntnis von diesen tausend Dingen, — kann sagen, was sie mir leisten oder nicht leisten, kann wissen, was sie wert sind im Vergleich zu den anderen. Auf der Leiter der Begriffe erhebe ich mich über das Einzelne zum Allgemeinen, bringe zum Urgrund der Dinge und zum Quell der Weisheit. Freilich rannten sie dann an die Schranken, die dem Menschen gesetzt sind, aber läßt sich der Mensch entmutigen durch Mißerfolg? Muß nicht erst jede Möglichkeit versucht sein? Und hat nicht in unseren Tagen der verführerische Schimmer der gleichen Hoffnung die ganze geistig hochbegabte Generation getäuscht, welche der Hegelschen Philosophie

---

reichs II, 240, Anm. 16. Si quis vero hoc — opus calumniari aliquando praesumpserit cum Nerone, qui Petrum apostolum crucis stipite extinxit et coapostolum ejus Paulum gladio necavit, in inferno transeus perpetuis ignibus nisi resipuerit, crucietur et a vermibus nunquam morituris sine fine conrodatur.

[1]) Die Klagen bei Johannes von Salisbury namentlich im Metalogicus und im Entheticus B. 39 ff. sind oft citiert worden, aber die gleichen Klagen wurden damals von vielen erhoben. Vgl. Carmina burana Nr. 69. Siehe Näheres Kap. 2. Um von den gelehrten Interessen, dem wissenschaftlichen Getriebe und dem darin herrschenden Geiste eine Vorstellung zu gewinnen, empfiehlt es sich vor allem, die zahlreichen Briefe zu lesen, die uns erhalten sind, so des Petrus Blesensis, des Petrus Venerabilis, Petrus Cellensis u. s. w. Diese und andere sind bei Migne abgedruckt, andere in b'Achery Spicilegium und den ähnlichen Sammlungen.

huldigte? Das Mittelalter ergab sich seit dem 12. Jahrhundert dieser Richtung mit steigender Leidenschaft.

Raimundus Lullus glaubte durch seine „große Kunst" sogar zu lehren, wie man alle Einzelkenntnisse durch Ableitung aus wenigen allgemeinen Sätzen gewinnen könne, selbst die Rechtswissenschaft, deren Gegenstand doch Gesetze sind, die nur durch die besondere Form ihrer Entstehung Kraft erlangen. „Weil das Leben der Menschen kurz ist und die Rechtswissenschaft weitschichtig, deshalb ist diese Kunst erfunden, damit man mit Hilfe eines knappen Büchleins die Rechtswissenschaft begreifen[1]) und aus den allgemeinen Rechtsgrundsätzen gewinnen könne. . . . Diese Kunst ist in der Absicht erfunden worden, damit auch die Rechtswissenschaft, welche mehr als alle anderen in positiv gegebenen Sätzen überliefert wird, zu einer Wissenschaft umgewandelt werde (reducatur ad artem) in der Weise, daß durch diese Wissenschaft oder Kunst, welche die Einzelbestimmungen auf die notwendigen Gründe und Schlüsse zurückführt, alle thatsächlich gegebenen (positive tradita) einzelnen Rechtssätze in den wenigen allgemeinen Sätzen gelehrt werden, welche ihre notwendigen Voraussetzungen sind. Damit hängen auch seine methodischen Ueberschwenglichkeiten zusammen. In drei Monaten wollte er einen Schüler mittlerer Begabung durch seine Kunst zum Juristen ausbilden, den besser begabten in zwei Monaten, den hervorragend begabten in vier Wochen. „Und diese Kunst ist unfehlbar," schließt er. Diese Manier fand allerdings neben begeisterten Verehrern noch nachdrücklicheren Widerspruch, und ferner

---

[1]) speculari, der Ausdruck sagt mehr als begreifen, aber es fehlt ein deutscher Ausdruck, der diese Besonderheit ausdrückte, ohne zugleich mit dem folgenden eine Tautologie zu bilden. S. den Auszug bei Savigny (2. Aufl.) V, 640, Anhang IX: Ars juris particularis. Quoniam vita hominis brevis est et scientia juris multum est prolixa: idcirco ars ista inventa est hac intentione ut sub compendioso tractatu juris scientia speculari possit atque ex principiis universalibus juris particularia artificialiter inveniri possint et etiam jurista per artificium jura scripta recolere intelligere et diligere sciat. Etiam hac intentione ars ista inventa est, ut juris scientia quae potius quam omnes aliae positive tradita est, reducatur ad artem, ut per artem, quae positiones ad necessarias conclusiones reducit quae in juris scientia positive tradita sunt ad conclusiones necessarias artificialiter reducantur ut manifestatur in doctrina tradita in hac arte . . . Den gleichen Gedanken behandelt die Vorrede der ars utriusque juris, Savigny V, 643, Beilage X. Der Text sucht nur den Sinn zu geben.

hat Lullus selbst durch Forderung des Unterrichts in griechischer und arabischer Sprache und durch Beschränkung der Disputationen im Schulbetrieb die Schranken des scholastischen Unterrichts kräftig durchbrochen; aber der Grundzug seiner Methode war die Vorliebe für Abstraktion und Deduktion, und diese Neigung beherrschte die Forschung wie den Unterricht der ganzen Zeit. Selbst jene Träumereien des Schnellpädagogen kehren auch bei anderen wieder. Analog den Versprechungen der ars magna versicherte auch Roger Baco, in drei Tagen Hebräisch zu lehren, in drei Tagen Griechisch und in sieben Tagen Mathematik. Johannes von Salesbury bezeichnete es schon im 12. Jahrhundert als typisch für die Dialektiker, daß sie vorgäben, einen ohne Studien in kurzer Zeit zum Redner und ohne Anstrengung zum Philosophen machen zu können[1]).

Ein größeren Kreisen bekanntes Beispiel scholastischer Methode bieten Dantes Abhandlungen. Im Convito erörtert er die Gründe, aus denen er den Kommentar zu den Kanzonen nicht in lateinischer, sondern in italienischer Sprache geschrieben habe. Aber die entscheidenden Behauptungen stellt er nicht als Erfahrungsthatsachen fest, sondern leitet sie aus allgemeinen Behauptungen ab, obwohl mancher, der die Behauptung, auf welche es ankommt, als richtig annimmt, diese Ableitung verwerfen muß. Schließlich wird der Satz, daß die lateinische Sprache für die vorliegende Aufgabe ungeeignet sei, in eine Erörterung über den wahren Gehorsam hinausgespielt.

Die Schrift „Von der Monarchie" bildet ein noch bedeutsameres Beispiel, weil Dante mit ihr eine wichtige praktische Aufgabe zu lösen suchte. Es war die letzte große Anstrengung des Verbannten für seine Partei[2]). Dante wollte die Menschen überzeugen, daß die kaiserliche Gewalt ebensogut wie die päpstliche unmittelbar von Gott stamme und nicht vom Papste abhängig sei. Aber statt einer historischen Untersuchung, statt der Erörterung der Thatsachen wird von dem Zweck der menschlichen Gesellschaft gehandelt und nach einem Prinzip geforscht, aus dem über die Form ihrer staatlichen Ordnung zu entscheiden sei. Es werden Analogien herbeigeholt und Autoritäten

---

[1]) Metalogicus I, 3, sine artis beneficio.
[2]) Scheffer-Boichorst, Aus Dantes Verbannung, Straßburg 1882, hat nachgewiesen, daß Dante die Monarchie gegen Ende seines Lebens schrieb. Aber auch wer eine frühere Abfassung annimmt, kann die praktische Tendenz nicht verkennen, es war keine Schulschrift, aber die Methode war dieselbe.

angerufen, welche eine andere Tendenz im entgegengesetzten Sinne ausbeuten wird. Dergleichen Behauptungen und Worte aus der Bibel oder den Klassikern oder die aus ihnen abgeleiteten Begriffe werden dann zu Schlußreihen verbunden, auch wird wohl die Form des Schlusses selbst erörtert ¹). Vor allem ist zu beobachten, daß er so verfährt, als ob der von ihm aufgestellte Begriff des Monarcha mit der Anerkennung des Kaisers verwirklicht sein würde: statt der historischen Erscheinungen behandelt der Scholastiker Dante den von ihnen abgezogenen Begriff. Mit demselben Gegenstand beschäftigt sich Thomas von Aquino ²) de regimine principum, und so verschieden die von ihm vertretenen Ansichten sind, die Methode ist die gleiche. Das Kapitel, welches die Pflicht und Aufgabe (officium) des Königs feststellen will, beginnt mit dem Satz: „Weil die Werke der Kunst die Gebilde der Natur nachahmen und wir von ihnen lernen, der Vernunft gemäß zu verfahren, so scheint es richtig zu sein, die Aufgabe des Regenten dem Muster des Weltregiments zu entnehmen. In dieser Weise wird die bestimmte Einzelfrage auf die allgemeinsten Verhältnisse und Behauptungen zurückgeführt, und weil Gott die Welt erschaffen hat, so wird auch ausdrücklich erörtert, was ein König bei Gründung eines Staates und einer Stadt zu thun habe. Thomas von Aquino macht sich dabei selbst den Einwand, daß ja keineswegs jeder König den Staat zu gründen habe, aber die Schulerinnerungen an Ninus und Romulus helfen ihm dann doch über diesen Zweifel hinweg und er erörtert, auf welche Verhältnisse bei Anlage einer Stadt zu achten sei. Dann drängt ihm allerdings der Kampf des Lebens die im höchsten Sinne praktische Frage auf, ob der Kaiser dem Papste untergeordnet sei, aber rasch gelangt er auch hier wieder zur Entscheidung durch einen allgemeinen Satz: Die Leitung steht um so höher, je höher das Ziel ist, auf das sie gerichtet ist, tanto autem est regimen sublimius quanto ad finem ulteriorem ordinatur.

Nicht anders ist die Behandlung in Gersons de potestate ecclesiastica ³), und Bonifacius VIII. begründete in der berühmten

---

¹) So 1, 13. Opere minori ed. Fraticelli, ed. 4, 1882. 2, p. 296.

²) S. Thomae Aquinatis doctoris angelici ordinis Praedicatorum opera omnia. Parmae 1865. Tom. XVI p. 225. Dazu Baumann, Die Staatslehre des Thomas von Aquino. Leipzig 1873.

³) Man lese die Consideratio prima. J. Gersonii opera. Parisiis 1606 fol. I, p. 111 oder nur die Inhaltsangabe der Kapitel p. 110. Da heißt es z. B.

Bulle Unam Sanctam seinen Anspruch auf die Übergewalt über die Könige durch die Analogie des ungenähten Rockes und durch den Schluß: ein Tier mit zwei Häuptern ist ein Ungeheuer, da die Kirche kein Ungeheuer ist, so kann sie auch nicht zwei Häupter haben, so muß also der Papst das einzige Haupt der Christenheit sein, die Könige können nicht als ihm gleich, sondern nur als ihm untergeordnet angesehen werden. Eine derartige Beweisführung erscheint uns heute als ebenso abgeschmackt wie nichtig und eines so hochgestellten Mannes und so ernster Sache unwürdig — aber sie ist doch nur eine der gewöhnlichen Aeußerungen der scholastischen Denkweise. Bonifacius schrieb in einer geistigen Atmosphäre, in der man an derartige Deutungen von Bibelstellen und an Beweise aus unpassenden Analogien so gewöhnt war, daß man mit dem Brustton der Ueberzeugung sprechen konnte, wenn man auch nur dergleichen Spielereien als Gründe vorzubringen hatte[1]). Dieser Methode zahlten alle Wissenschaften ihren Tribut, und in einem Umfang, von dem nur durch mannigfaltige Beispiele eine genügende Vorstellung gewonnen werden kann.

Die Grammatik und die Erklärung der Texte.

Eine Sprache will gelernt werden, die grammatischen Regeln sind aus den Beispielen der mustergültigen Autoren zu entnehmen — das scheint selbstverständlich, aber die Grammatiker des 12. und noch mehr die des 13. und 14. Jahrhunderts sammelten in ihren Erläuterungen der von den alten Grammatikern überkommenen Regeln nicht Beispiele aus Cicero und Livius, sondern sie fragten, warum dies so sei, sie erörterten das Wesen und den Begriff der Redeteile, sie

---

In octava: quid dicendum sit de ecclesiastica potestate prout consideratur respective et quodammodo materialiter seu subjective. Ich benutze diese Gelegenheit, um auf die merkwürdige Erörterung über das Recht des Kaisers hinzuweisen in der Glosse des Codex Hallensis Ye 52, welche den um 1200—1210 entstandenen Apparat des Alanus enthält. J. F. v. Schulte, Litteraturgeschichte der Compilationes Antiquae, besonders der drei ersten (Sitzungsberichte der Wiener Akademie Bd. 66 [1870] S. 89 sub p) zu c. si duobus 7 de appellat. v. juris. Dazu ib. S. 112.

[1]) Eine gleichartige Verwertung fand die Analogie von dem Ungeheuer mit zwei Köpfen z. B. in der Klageschrift der Pariser Universität gegen ihren Kanzler 1283. Jourdain Nro. 274 p. 49 a.

beseitigten den Widerspruch, daß ein Wort in der Vulgata anders konstruiert wird, ein anderes Geschlecht habe als in den Regeln der Alten, mit dem Schluß, daß die heilige Schrift die Wahrheit verkündet, ihr ergo auch in diesem Fall höhere Autorität zukomme, oder sie zerlegten die Begriffe, an denen der Widerspruch der beiden Autoritäten haftete, so lange, bis der Widerspruch von den logischen Staubwolken verhüllt war. Die ersten Elemente der Grammatik lernte der Knabe allerdings nach einem Handbuch, dem Donatus Minor, das nüchtern die Thatsachen bot, und mit Zuhilfenahme der Laiensprache; aber hatten die 10—15jährigen Knaben diese ersten Kenntnisse, dann wurden sie in endlose Erörterungen über Substanz und Accidens, über die Formen des Seins u. s. w. verwickelt, welche auch die einfachsten Dinge schwer verständlich machten. Die Grammatik war nur noch Vorwand und Anlaß, um logische Fertigkeit zu üben [1]. Das ist das, was Hugo von S. Victor meinte, wenn er

[1] Ein gutes Beispiel bietet die Erörterung über den Ablativus absolutus aus Siger de Brabant, welche bei Thurot, Extraits p. 318—325, 6 Quartseiten füllt. Diese Behandlung grammatischer Fragen hat Thurot zu folgender Schilderung Anlaß gegeben. Extraits p. 117 f.: Cette disposition à raisonner sur les faits au lieu de les observer se remarque déjà dans les auteurs de l'époque carlovingienne. Elle ne fit que se fortifier au XII siècle où les controverses de logique et de metaphysique, qui passionnaient les écoles de Paris, exercèrent une influence profonde sur l'enseignement de la grammaire.... Au 13 siècle le péripatétisme dont Pierre Hélie usait encore sobrement, envahit la grammaire tout entière et la pénétra jusque dans les formes de l'exposition. Les ouvrages d'Aristote se répandirent et s'accréditèrent au point d'imprégner toutes les sciences que l'on cultivait. En même temps la dispute devint l'exercice à peu près unique de la vie scolastique et universitaire. La science n'était pas séparée de l'enseignement et depuis le 13 siècle la grammaire n'était enseignée que par des Maîtres ès arts étudiants en théologie, qui ne lisaient qu'Aristote et passaient tout leur temps à argumenter. Ils citent à propos de tout la métaphysique, la physique, le De Anima. L'autorité d'Aristote est invoqué à l'appui des propositions les plus simples par exemple pour dire qu'on ne peut donner à autrui ce qu'on n'a pas. Les formes mêmes de l'expositions qui dans leur aride prolixité étaient encore assez libres chez P. Hélie, Abélard et ses contemporains, sont desormais assujettis rigoureusement à celles de la dispute. Tout est mis en question et on discute la négative des propositions les plus évidents. On donne les raisons pour. les raisons contre, puis on propose sa solution et on réfuse les raisons contraires. Chaque argument est mis en forme: on détache la majeure et la mineure en les

sagte, sie wollen nicht lehren, sondern ihre Künste zeigen. Dazu kam der mystische Zug der Zeit. Das Uebersinnliche ward sinnlich lebendig angeschaut und jedes Sinnliche als Symbol für einen übersinnlichen Vorgang oder für eine moralische Thatsache gedeutet. Selbst bei den Personen der Conjugation wußte man Erörterungen über den mystischen Zusammenhang zwischen dieser Dreizahl und der Dreizahl in dem Dogma der Trinität anzuknüpfen.

Das war aber nicht eine vereinzelte Spielerei, sondern nur eine Anwendung der allgemein herrschenden Methode der drei oder vierfachen Interpretation der Texte. Neben dem Wortverstande wurde noch eine allegorische Deutung gegeben — z. B. eine Niederlage der Juden auf eine Niederlage der Franzosen, Engländer, dieser oder jener Stadt in der Gegenwart — und ferner eine moralische Deutung auf seelische und religiöse Vorgänge. Diese Methode[1]) wurde als biblische gerechtfertigt und auch von den Kirchenvätern geübt; das Mittelalter setzte dies fort in endlosen Wiederholungen, und bei der Stellung der Zeit zu den beiden so verschiedenartigen Traditionen war diese Methode auch ein unentbehrliches Hilfsmittel, aber freilich auch eine Quelle der gröbsten Verirrungen. Vorzugsweise wurde die Bibel so behandelt, und ein Gedicht des 12. Jahrhunderts umschrieb den Begriff Theologen geradezu durch Leute, welche die virga Jesse auf den partus virgineus, den Zug durchs Rote Meer auf die Taufe u. s. w. deuten[2]). Aber auch auf die alte Litteratur wandte man die Manier

---

appuyant sur des prosyllogismes. Les questions de grammaire ainsi discutées sont souvent appelées sophismata. On prend toujours son point de départ dans les abstractions, généralement dans des propositions d'Aristote, jamais dans l'étude de l'usage... Ce qui dominait exclusivement c'était la méthode déductive. La grammaire n'était plus l'art de parler et d'écrire correctement. Elle était devenue une science purement spéculative qui avait pour but, non d'exposer les faits mais d'en expliquer les raisons par les premiers principes.

[1]) Abaelard bei Migne Patrologia. Patres latini 178 p. 1159. Siquis autem me quasi importunum ac violentum expositorem causetur eo quod nimis improba expositione ad fidem nostram verba philosophorum detorqueam et hoc eis imponam quod nequaquam ipsi senserint: attendat illam Caiphae prophetiam quam spiritus sanctus per eum protulit longe ad alium sensum eam accomodans quam prolator ipse senserit. Nam et s. prophetae cum aliqua spiritus sanctus per eos loquitur non omnes sententias ad quas se habent verba sua — auf welche ihre Worte Bezug haben — intelligunt.

[2]) Mülbener, Zehn Gedichte. 1859. Nr. 8 S. 48.

26   Die allegorische Auslegung.

an. Ein Kommentar z. B. zu Ovids Metamorphosen[1]) ließ in der Erzählung von Apollo und Daphne Apollo bald die Begierde nach Ruhm bezeichnen und Daphne den Ruhm, bald Daphne die Seele und Apollo den Teufel u. s. w. und des Vegetius Handbuch der Kriegskunst wurde in ein Buch von den Seelenkämpfen umgeschrieben, das epitome rei militaris wurde ein liber de re bellica spirituali. Auch die Beispiele der Grammatik wurden allegorisch umgedeutet, ja Donat selbst zum Lehrbuch der vitae spiritalis[2]). Diese Auslegungskünste in Verbindung mit jener dialektischen Leidenschaft haben böse Dinge hervorgebracht, haben namentlich den historischen Sinn, die Achtung vor der thatsächlichen Wahrheit empfindlich geschwächt, und wenn die massenhaften Urkundenfälschungen des Mittelalters zunächst durch die Mangelhaftigkeit der Archive und den häufigen Verlust der echten Urkunden zu entschuldigen sind, so hat doch dieser wissenschaftliche Zustand auch einen Anteil daran. Mit einer geradezu komischen Dreistigkeit wurden ganze Geschichten erfunden, um eine Anspielung zu erklären, die man nicht kannte und die man bisweilen wohl gar ohne Grund vermutete. Eberhard von Bethune hatte in einer Aufzählung der griechischen Dialekte Ethicus statt Atticus geschrieben. Ein Glossator bemerkt dazu: Ethica sei eine Landschaft Griechenlands, und nun kommt ihm noch die etymologische Idee, daß der Name der Ethik davon hergenommen sei, und diese erzeugt nun mit jener ersten Annahme folgende Theorie. Es gab eine Landschaft Ethica, in welcher gute Sitten blühten, weshalb die Schrift des Aristoteles über Tugend und Sitte das Buch von Ethica benannt wird. In jener Landschaft wird ein besonderer Dialekt des Griechischen gesprochen[3]).

Bücher waren selten und kostbar, auch wer in einem Kloster oder Kollegium mit guter Bibliothek lebte, konnte oft nur nach Erfüllung vieler und störender Formalitäten die Handschriften benutzen,

---

[1]) Haase, De medii aevi studiis philologicis 1856 p. 14 f.
[2]) Haase S. 22, nach einem Codex des 15. Jahrhunderts.
[3]) Haase a. a. O. S. 24, Note 41. Beispiele der Opposition gegen diesen Unfug bei Othlon († gegen Ende des 11. Jahrhunderts) im Dialogus de tribus quaestionibus, Migne Patrologia, Patres latini 146 p. 60, und in den Statuten der Stadt Bologna (1245—1267) Monumenti Istorici pertinenti alle provincie della Romagna, Tom. III ed. Luigi Frati p. 674. Glossar, sub Jacet litera. Hier wird eingeschärft, die Statuten nicht anders zu deuten, als sicut litera jacet.

und vor allem fehlten die bequemen Handbücher, in denen heute auch der Anfänger sichere Kenntnis der hauptsächlichsten Angaben aus den Gebieten der Geographie, der Geschichte und Litteraturgeschichte finden kann. Da half man sich denn mit Vermutungen. Apollo, Aeskulap, Kadmus, Jason wurden als Verfasser von Schriften genannt; ja sogar Parnassi Poemata[1]) wurden gesucht. Kecke Fälscher fabrizierten auch dergleichen, und dann galten sie den meisten als echt[2]). Die Sprache ward als Erfindung der Grammatiker oder der Philosophen angesehen, und deshalb schien es auch richtig, den usus nach der ratio zu korrigieren[3]). Ein Autor des 13. Jahrhunderts grübelte darüber, ob der Erfinder so oder so zu bezeichnen sei. Als Philosoph untersuchte er das Wesen der Dinge und die Arten ihres Verhaltens. Soweit er aber diese Begriffe und Sachen an das Wort band und die Sachen und die Zustände derselben in Worte und Wortformen umsetzte, soweit handelte er als Grammatiker. Daneben stand die Ansicht, die Grammatik aller Sprachen sei im wesentlichen die gleiche[4]), weil die Natur der Dinge und die Formen des Seins und des Verhaltens dieselben seien, aber ein Volk könne das andere nicht verstehen, weil die Worte verschieden seien und ebenso die nicht wesentlichen, sondern accidentellen Teile der Grammatik. Diese Erwägungen kehrten oft wieder und in einem Breslauer Kodex findet sich denn auch als ein Produkt derselben eine naive Erzählung über die Anfertigung der lateinischen Sprache, in der sich zugleich jene oben erwähnte Sicherheit des Fabulierens und Erfindens charakterisiert. In

---

[1]) Und dies that kein Geringerer als der eifrige Sammler und begeisterte Vorkämpfer philologischer Studien, Richardus de Bury. Siehe Kap. 7 seines Philobiblion ed. H. Cocheris. Paris. 8. 1856 p. 232 f.

[2]) Ein Kommentar zum Virgil aus dem 9. Jahrhundert (Haase a. a. O. S. 7) beginnt mit folgendem Wirrwarr: In jener Zeit, als Julius Cäsar das Reich regierte, regierte Brutus Cassius über zwölf Völker der Etrusker. Und es entstand ein Krieg zwischen Julius Cäsar und Brutus Cassius. Virgil hielt zu der Partei des Brutus Cassius, aber dieser wurde von Julius besiegt. Danach wurde Julius von dem Senat mit Fußschemeln erschlagen. — Ueber den Grammatiker Donatus wurden ähnliche Fabeleien verbreitet.

[3]) Schon ein Grammatiker des 6. Jahrhunderts schalt auf diejenigen, welche dem hartnäckigen usus, der obstinata consuetudo mehr Gewicht beilegten als dem „guten Grunde", der certa ratio.

[4]) Duns Scotus, Grammatica speculativa in der gewöhnlich nach Wadding bezeichneten Ausgabe Tom. I p. 43—74.

der Kaiserchronik steht zu lesen, daß die Römer damals einmal sich durch Klugheit, Weisheit und Macht die ganze Welt unterwarfen und den Beschluß faßten, zum Zeichen ihrer Herrschaft eine neue Sprache zu erfinden, die feiner und zur Weltsprache geeigneter sei, als alle anderen Sprachen. Sie schickten deshalb nach Athen und ließen sich die in den freien Künsten erfahrensten Magistri kommen, versprachen ihnen einen guten Lohn für ihre Mühe, damit sie ihnen eine neue Sprache erfänden, die brauchbarer sei, als alle anderen. Die machten sich denn an die Komposition, indem sie das Material aus allen fünf griechischen Dialekten nahmen, den einen Worten etwas anfügten, den anderen etwas abnahmen, bei einigen einen Buchstaben veränderten, bald am Anfang, bald in der Mitte, bald am Ende. So änderten sie einen Teil der griechischen Worte und einige erfanden sie ganz neu. Daher kommt es, daß die lateinische Sprache mit der griechischen so viel Verwandtes hat. ... Damit stimmt auch die Behauptung Priscians: omne genus et decus eloquentiae e fontibus graecorum est exortum. Als die Römer nun diese kunstreiche und fein erfundene Sprache hatten, da gaben sie Befehl, daß man sich ihrer zu bedienen habe. Einige ältere Leute und Leute von schwerem Kopf machten jedoch allerlei Fehler. ... Daher denn der Ursprung der Barbarismen und Solöcismen [1]).

Verirrte sich so die begriffliche Neigung der Scholastik in der Grammatik oft sehr weit, so wurde sie doch auch gerade hier auf eine bedeutende Aufgabe hingewiesen. Die Scholastiker eigneten sich nicht nur die grammatischen Arbeiten der Alten an, sondern sie machten den Versuch, der von den Alten geschaffenen Formenlehre eine Syntax an die Seite zu stellen [2]). Hier fand jene begriffliche Richtung die

---

[1]) Mitgeteilt von Haase a. a. O. Jene Bemerkung Priscians hat vermutlich den Anstoß zu der ganzen Fabel gegeben.

[2]) Haase, De medii aevi studiis philologicis p. 37, urteilt über diese Leistungen wohl zu überschwenglich. Eine neuere Untersuchung fehlt, sie hätte eine dankbare Aufgabe. Thurot hat sie in seiner großartigen Arbeit Extraits de divers manuscripts latins. Paris 1869. 4, auf das fruchtbarste vorbereitet, aber nicht zum eigentlichen Gegenstande der Untersuchung gemacht, namentlich nicht das Verhältnis der Grammatiken des Humanismus und der neueren Zeit zu diesen syntaktischen Arbeiten der Scholastiker. Sein Urteil gibt er S. 499 und es lautet wesentlich anders als das von Haase: Si on ne rencontrait pas dans les nouvelles grammaires (der Humanisten) appositio, substantivum, regimen, regere, ablativus absolutus — il semblerait que les travaux des gram-

entsprechende Aufgabe. Eine Verstärkung der in ihr liegenden Gefahr
kam dagegen durch den Umstand, daß als Schriftsprache das Latein
in Gebrauch war und daß damit verbunden eine rhetorische, eine
schillernde und spielende Schreibweise herrschte. Das Latein war
allerdings im Mittelalter gewissermaßen eine lebende Sprache, mehr
als in irgend einer anderen Periode, namentlich mehr als in der Zeit
des Humanismus; aber eben doch nur gewissermaßen. Ihr Leben
stand unter beständiger Korrektur der abgeschlossenen Litteratur, und
wer sich eines sorgfältigeren Ausdruckes bedienen wollte, der sammelte
in dem Sprachschatz der Alten Worte, Wendungen und Bilder, die
meist nicht oder doch nicht ganz nachempfunden und nachgedacht
wurden. Dergleichen tote Wortschalen lassen sich aber leichter aus=
brauchen zu dem Spiel mit Scheinbegriffen und willkürlichen Alle=
gorien [1]), lingua latina non erubescit [2]). Und noch verhängnisvoller
wirkte die Art des Schulbetriebs, wie denn in dessen Mittelpunkt die
Disputation stand. Der Lehrer mußte antworten auf die Zweifel und
Fragen, die ihm aus der Mitte der Schüler kamen, und die Schüler
disputierten unter seiner Leitung. Schlagfertigkeit in der Disputation
war ein Hauptziel des Studiums, wie denn die großen Feierlichkeiten
der Universitäten mit Quodlibetica [3]), d. h. mit Disputationen eines

mairiens antérieurs n'aient pas existé pour leurs auteurs. Ces termes et
quelques autres sont tout ce que le moyen âge a légué à la science gram-
maticale, et comme ils ont été inventés à la fin du XI s. et au comm. du XII, il en
resulte que tout ce qui a été fait en grammaire depuis Priscien jusqu'à cette
époque et depuis cette époque jusqu'à la renaissance est nul et non avenu.

[1]) Daher auch die Neigung zu paradoxen Formulierungen, wie Deus debet
servire Diabolo. cf. Buddensieg, J. Wiclef und seine Zeit. Halle 1885.

[2]) Ein Analogon bietet die zur Manier gewordene Schulsprache der Hegel=
schen Schule. Es ist undenkbar, daß jemand ohne den verstandbetäubenden Zwang
der Manier einen Satz schriebe wie den aus Brockhaus, Spezielle Erörterung der
in Hegels Einleitung enthaltenen Prinzipien. Königsberg 1846 S. 1, bei Prantl,
Die Bedeutung der Logik für den jetzigen Standpunkt der Philosophie, 1849 S. 46,
abgedruckten.

[3]) Die Quodlibetica des Duns Scotus, Opera ed. Wadding tom. XII,
sind, wie die des Thomas von Aquino, noch sämtlich ernsthaft. Daß die
21 Quaestiones, welche Duns Scotus hier erledigt, ihm in einer einzigen Dis=
putation gestellt worden seien, wie der Herausgeber vermutet, ist wohl kaum anzu=
nehmen. Die Quaestiones beziehen sich auf das Wesen Gottes, das Erkenntnis=
vermögen, die Freiheit des Willens u. s. w. Bezeichnend ist, daß der Editor zwei
Abhandlungen anfügen mußte, in denen eine Konkordanz der contradictionum

Redners über verschiedene Probleme begangen wurden. Im Laufe der Zeit wurden mit Vorliebe scherzhafte Aufgaben gewählt, bei denen es auf berbe Witzworte und logische Kalauer abgesehen war. Auf der Gewandtheit der Disputation ruhte zum guten Teil der Ruhm der philosophischen Größen, so namentlich des Abälard, Lanfranc, Duns Scotus u. a. Darum galt es im Unterricht vor allem, massenhaft Fragen aufzuwerfen, die den Scharfsinn reizten und an denen sich die Fertigkeit im Definieren, Unterscheiden, Schließen u. s. w. üben ließ. Das Interesse der Uebung überwog so, daß man auch solche Probleme nicht verschmähte, die keinen ernsthaften Sinn hatten, die nicht zu lösen waren und deren Lösung ohne Wert war. So gewöhnte man sich aber, auch bergleichen unter dem Namen Wissenschaft mitzubefassen.

Die Theologie und Philosophie.

Die gefährlichste Nahrung bot dieser Methode die Theologie und Philosophie. Petrus Pictaviensis, der berühmte Schüler und Nachfolger des Petrus Lombardus an der Pariser Schule, handelt im ersten Buch seiner Sententiae[1]), Kapitel 20, von den Begriffen der Weisheit des Vaters und des Sohnes, geht dabei aus von der Stelle des Korintherbriefs Christus est Dei virtus et sapientia und wirft die Frage auf: Wenn der Vater weise ist, der Sohn aber die Weisheit des Vaters ist, dann ist ja der Vater weise durch den Sohn. Und weil bei dem Vater Sein und Weisesein dasselbe ist, so ist also der Vater durch den Sohn. Dem wird eine andere Schlußreihe entgegengehalten: Der Vater ist weise durch irgend eine Weisheit, d. i. entweder durch die eigene oder durch die eines anderen. Das letztere ist nicht der Fall, also ist er weise durch eigene Weisheit. Das geht noch in verschiedenen Modifikationen weiter, unter denen besonders die aus dem Verhältnis der Personen der Trinität hergenommenen Begriffe „ungeboren" und „geboren" (ingenita, genita) eine Rolle

---

apparentium versucht wird. Ueber die scherzhaften Quodlibetica s. Zarncke, Die deutschen Universitäten im Mittelalter, über ihren kläglichen Ausgang s. A. Huber, Die englischen Universitäten. Cassel 1839 II, 424.

[1]) Migne, Patres latini 211, p. 868—871. Diese Sententiarum libri V machen den Eindruck, als seien sie im wesentlichen aus Vorlesungen hervorgegangen.

spielen. (Wenn die Weisheit des Vaters und des Sohnes dieselbe ist), „dann ist also die geborene und die ungeborene Weisheit dieselbe, und weiter ist dann dieselbe Weisheit geboren und ungeboren".

Der Redner bricht diese Erörterung selbst unwillig ab mit der richtigen Mahnung, derartige Wiederholungen erzeugten nur Verwirrung, allein er nimmt sie dann doch wieder auf und setzt sie noch eine Quartseite hindurch fort.

Es klingt das einem modernen Verstande so sinnlos, daß man zunächst geneigt ist, zu vermuten, es sei dies wohl nur eine vereinzelte Verirrung eines besonders spitzfindigen Kopfes. Aber das ist keineswegs der Fall. Nicht anders ist die Frage Anselms von Canterbury in seiner berühmten Schrift Cur deus homo? Warum keine andere Person der Trinität, als der Sohn, Mensch wurde? Die Antwort ist der Frage würdig. Dann hätte man ja in der Trinität einen Sohn Gottes neben dem Sohne der Jungfrau gehabt und also zwei Söhne[1]). Und zwischen den beiden hätte eine Ungleichheit der Würde stattgefunden, denn der Geburt nach hätte doch der Sohn Gottes größer sein müssen als der Sohn der Jungfrau. Wäre aber Gott Vater Mensch geworden, so hätte man in der Trinität auch zwei Enkel gehabt. Denn Gott Vater wäre dann der Enkel der Eltern der Maria gewesen und das Wort, obschon es nicht Mensch geworden sei, wäre doch der Enkel der Maria gewesen, denn es wäre ja der Sohn des Sohnes der Maria.

Bonaventura untersuchte gar die Frage, warum denn die Maria, wenn sie doch Jungfrau bleiben sollte, einem Manne angetraut ward. Drei Gründe weiß er, zwei sind menschlich naheliegend, wenn man sich in die Märchenstimmung versetzt, in welcher Bonaventura schreibt[2]).

---

[1]) S. Anselmi opp. Migne, Patres latini 158, p. 407: Cur Deus homo? II, IX. Si quaelibet alia persona incarnetur, erunt duo filii in Trinitate, filius scilicet Dei, qui et ante incarnationem filius est et ille, qui per incarnationem filius erit Virginis: et erit in personis quae semper aequales esse debent inaequalitas secundum dignitatem nativitatum. Digniorem namque nativitatem habebit natus ex Deo quam natus ex Virgine. Item si pater fuerit incarnatus, erunt duo nepotes in Trinitate, quin Pater erit nepos parentum Virginis per hominem assumptum, et Verbum cum nihil habet de homine, nepos tamen Virginis quin filii ejus erit filius. Und so geht es fort.

[2]) Opera ed. Lugduni 1668 fol. Tom. 6, 336 f. Meditationes vitae Christi. In Kap. 4 erhält Gabriel den Befehl, der Jungfrau Maria zu melden, quod filius

Maria würde sonst in schlechten Ruf gekommen sein und auch der Stütze und des Trostes entbehrt haben — aber dazu kommt noch der dritte: es galt den Teufel irrezuleiten, damit dieser nicht merke, daß der Herr geboren werde. Einen breiten Raum füllten die peinlichen Erörterungen über Empfängnis und Geburt Christi, über das intrat uterum virginis janua clausa und natus est porta clausa. Auch in die kirchliche Poesie drang diese absurde Dialektik. In dem ludus scenicus de nativitate Domini kehrt das clausa erunt virginis sic pudoris ostia — sugens ubera intactae virginis u. s. w. in mannigfacher Variation wieder [1]). Dazu kommen dann Fragen wie die über die Nacktheit der Engel, ob sie sich bewegen könnten? Kann Gott mehr wissen als er weiß? Konnte Christus auch als Weib geboren werden? Diese Fragen und Erörterungen waren Gemeingut der damaligen Bildung, ein Bestandteil des Gesprächsstoffs, der Vorstellungen und des Bilderschatzes des Volkes geworden, so daß die Poesie sie in ungenierter Weise verwertete [2]). Und am Ende der Periode konnte ein Mann wie der Kanzler Gerson selbst in einer Predigt jene Frage erneuern, warum Christus als Mann und nicht als Weib geboren sei, und in einer anderen gar die Frage aufwerfen,

---

meus concupivit speciem suam et sibi eam elegit in matrem. Der Engel macht sich auf und steht im Nu in dem Gemache der Maria. Sed nec cito sic volavit quin praeveniretur a Deo et sanctam ibi Trinitatem invenit, quae praevenit nuntium suum. Es folgt ein Gespräch, tunc filius Dei statim totus et sine mora intravit uterum Virginis et ex ea carnem assumsit et totus remansit in sinu patris … ib. Kap. 6: ut scilicet ne gravida infamaretur, ut viri ministerio et societate frueretur et diabolo partus filii Dei occultaretur.

[1]) Carmina burana, Bibliothek des Litterarischen Vereins, Bd. XVI, 1847, Nro. 202. Das Ueberwuchern des logischen Interesses zeigt ib. p. 83 folgender Vers:
Archisynagogus dicat:
    Homo mortuus in adjecto ponitur
    quod in Aristotele pueris exprimitur,
    sed haec vestra regula tunc repulsam patitur,
    cum de matre virgine sermo nobis oritur.

[2]) In einer Art Fabeldichtung des 12. Jahrhunderts entschuldigt sich eine junge Frau, die dem nach jahrelanger Abwesenheit zurückkehrenden Manne einen Säugling zeigen muß, indem sie sagt:
    Concepi non passa virum neque foedere laeso
    Degustata dedit nix mihi ventris onus.
Notices et Extraits XXIX, 2 (1880 p. 240) und Zeitschr. f. Deutsch. Alt. XIX, 119.

ob Christus beschnitten oder unbeschnitten auferstanden sei. Viele dieser Spielereien sind in Handbüchern¹) zusammengestellt, und da sie für unser heutiges Denken und Empfinden ganz unbegreiflich, absurd und widersinnig sind, so prägen sie sich jedem ein, der nur einmal davon hört. Daher kommt es, daß viele von der Scholastik nichts anderes kennen als diese Verirrungen und in diesen Verirrungen das Wesen der Scholastik finden, statt in jener dialektischen Neigung, deren Nebenprodukt sie sind. Die Männer fühlten sich als Virtuosen der Dialektik, und die Leidenschaft der Kunst ließ sie vergessen, mit welchem Objekte sie zu thun hatten. Um 1200 war Simon von Tournay einer der gefeiertsten Dialektiker in Paris. Eines Tages hatte er über die Trinität eine Reihe von gewagten Fragen aufgeworfen und erörtert, aber die Lösung auf den folgenden Tag verschoben. Da strömten nun die Scharen der Theologen zusammen und hörten staunend, wie der Magister die unlösbar scheinenden Fragen so klar, so elegant und so ganz im Sinne der Kirche (tam dilucide, tam eleganter, tam catholice) löste. Als dann aber nach dem Schluß einige Freunde und besonders eifrige Schüler zu ihm traten und ihn baten, diese glänzende Erörterung doch aufzuzeichnen, damit sie nicht verloren gehe, da brach er in ein Gelächter aus und sagte in seinem Uebermut: „O Jesulein, o Jesulein, wie habe ich heute deine Lehre verteidigt und erhöht, aber wahrlich, wenn ich sie in böser Absicht angreifen wollte, dann würde ich noch viel stärkere Gründe und Beweise dagegen anzuführen wissen." O Jesule, Jesule, quantum in hac quaestione confirmavi legem tuam et exaltavi! profecto si malignando et adversando vellem fortioribus rationibus et argumentis scirem illam infirmare et deprimendo improbare²). Bei der Ehrfurcht, die den Namen Jesu umgab, ist eine solche Aeußerung das Zeichen einer geradezu verwegenen Stimmung. Die fromme Scheu ist in der Leidenschaft des Disputierens untergegangen, das Dogma zum Gegenstand rabulistischer Argumentation erniedrigt. Und mit der frommen Scheu ging gleichzeitig auch der Sinn für Wahrheit verloren. Nicht darauf kam es an, zu erweisen, was richtig ist, sondern darauf, daß man zeige, wie gewandt man disputiere und jede beliebige Position zu verteidigen wisse, τὸν ἥττω λόγον κρείττω

---

¹) So bei Tennemann, Geschichte der Philosophie, Bd. 8. S. 236 f.
²) Bulaeus III, 8.

πολεύ. Selbst ein so ernsthafter Mann wie Wiclif ließ sich, ehe es ihm gelang, grundsätzlich über die Scholastik hinauszukommen, von ihrer Manier dazu fortreißen, den Gegner auch mit sophistischen Gründen zu bedrängen [1]).

Die Opposition.

Dies Treiben fand denn auch in der Zeit selbst scharfen Tadel. Schon Abälard, der den Sieg dieser überwiegend dialektischen Richtung begründete, wies bestimmt auf die Grenzen dieser Methode hin. „Unser Verstand kann das Wesen Gottes nicht begreifen, und unsere Sprache hat keinen zureichenden Ausdruck für jenes ‚unaussprechbare Gut', ineffabile bonum [2])." Er spricht von der arrogantia der professores dialecticae, welche da wähnen, mit ihren Definitiönchen und Schlüßchen alles begreifen und erörtern zu können [3]). Die Frage, warum Gott die Welt erschuf, will er mit Augustins Worten: „Weil er es gewollt hat" zurückweisen [4]). Auch bei dem Lombarden, Duns Scotus, Bonaventura u. a. begegnen ähnliche Urteile, wenn sie trotzdem auch wider die Träumereien der Mystik, die dunkelsten Fragen des Dogma und die heikelsten Themata der christlichen Legende zu absurden Fragen und logischen Spielereien mißbrauchen. Robertus Pullus (12. Jahrhundert) verhöhnte die Logiker, die das Dunkle mit Dunklem erklären wollen. Bernhard von Clairvaux sagte in seiner spitzen Weise, Abälard zerstöre die Vernunft ebenso wie den

---

[1]) R. Buddensieg, Johann Wiclif und seine Zeit, S. 196 Note 1: unde de ista vana gloria confiteor: sepe tam arguendo quam respondendo prolapsus sum ... Siehe o. S. 6 Note 2.
[2]) Citiert bei Prantl II, 166 Note 253.
[3]) Theolog. Christiana III. Migne, Patr. lat. 178 p. 1218: Ad quod tanto facilius professores dialecticae pertrahi solent quanto se amplius rationibus armatos esse autumant et tanto securiores liberius quodlibet aut defendere aut impugnare praesumunt.
[4]) ib. p. 1222. Besonders wichtig ist die Ausführung am Schlusse des lib. IV bei Migne, Patr. lat. 178 p. 1314: Haec nos de altissima et in comprehensibili philosophia divinitatis coacti frequenter et provocati ab importunitate infidelium scribere ausi sumus, nihil asserentes de eis quae dicimus nec veritatem docere intendentes quam neque nos posse scire profitemur. Sed neque hi qui fidem nostram impugnare gloriantur, veritatem quaerunt sed pugnam ...

Glauben¹). Papst Alexander III., selbst ein eifriger Träger der wissenschaftlichen Bewegung, wies die opiniones ex superfluitate meditationis venientes mit vornehmer Schärfe ab²). Wilhelm von Occam schied bestimmt das Gebiet der Logik von der Theologie ab, indem er dann für ihr Gebiet volle Freiheit der Untersuchung forderte, quia in talibus quilibet debet esse liber, ut libere dicat quod sibi placet, und Johann Buridan, neben Wilhelm von Occam einer der berühmtesten Scholastiker des 14. Jahrhunderts, setzte in ähnlicher Weise auseinander, daß man die Metaphysik nicht vermischen dürfe mit der Theologie. Beide handelten von Gott und göttlichen Dingen, aber die Metaphysik berücksichtige nur, was sich mit Schlüssen gewinnen und beweisen lasse; die Theologie habe zur Grundlage Glaubenssätze, die ohne Beweis stehen³). Gerson und andere forderten geradezu die Anwendung einer besonderen theologischen Logik, einer logica fidei, weil die göttlichen Dinge sich nicht mit der gewöhnlichen Logik begreifen ließen, oder wie sich Richard von S. Victor ausdrückte, weil sie Gegenstand einer besonderen und zwar der höchsten Art der Kontemplation seien. Diese Forderung bezeichnet deutlich das Bedürfnis, die Wissenschaft zu retten und zugleich die Kirchenlehre vor ihren gefährlichen Erörterungen zu schützen; es ist nur eine andere Form des Satzes von der doppelten Wahrheit.

Dieser Widerspruch fand auch in der Poesie vielfachen Ausdruck, besonders kräftig und zugleich mit deutschnationaler Färbung in der merkwürdigen dramatischen Dichtung vom heiligen Reich und seinem Kampfe wider den Antichrist. Der Dichter bezeichnet die französischen Scholastiker geradezu als Vorläufer des Antichrists. Sie bereiten ihm den Weg und schaffen den Ritus für seinen Kultus:

„Hi nostro ritui formam adinvenere,
Nostro adventui viam praeparavere,
Horum subtilitas nobis elaboravit,
Tronum conscendere quem virtus occupavit⁴).

---

¹) Opera, ed. Mabillon I, 644 ep. 190. Dieser Brief ist eine Abhandlung gegen Abälard.
²) Summa magistri Rolandi, ed. Fr. Thaner, Innsbruck 1874, p. 179, cf. p. XXI.
³) Prooemium J. Buridani. Ausgabe von 1489, citiert bei Prantl, Geschichte der Logik IV, 15.
⁴) Das Drama vom römischen Kaisertum, hrsg. v. Zeschwitz. 1877. 3. übersetzt jedoch S. 118 das nobis elaboravit nicht richtig. Uebers. von Webbe 1878.

Von anderer Seite griffen die Humanisten der Zeit die Scholastik an. Sie beklagten das Uebergewicht, das der Logik in dem Studiengange zugewiesen sei. Diese Klagen werden unten behandelt werden, sie wiederholen sich im ganzen Laufe der Periode, von Johannes von Salisbury im 12. Jahrhundert bis auf Robert de Bury und auf Nicolaus von Clemanges, der am Ende des 14. Jahrhunderts die ars oratoria, d. h. die philologischen Studien wieder zu heben suchte. Das sind Beispiele der Opposition gegen dies Treiben der Scholastiker aus allen Jahrhunderten ihrer Periode und aus allen Gruppen ihrer Vertreter; noch besonders ist aber der Zorn zu erwähnen, mit dem sich die Schule von S. Victor über die Philosophen äußerte, „welche an den unaussprechlichen Geheimnissen der Trinität und der Menschwerdung ihren Schulwitz übten" (scholastica levitate tractarent), über die Dialektiker, welche den Aristoteles als ihr Haupt verehrten, aus Schlüssen Netze bildeten und für ihr rhetorisches Geschwätz jede Freiheit beanspruchten. Diese Schule wurde von Wilhelm von Champeaux, dem Lehrer und Gegner Abälards, recht eigentlich zum Kampf gegen die durch Abälard siegreiche Scholastik gegründet. Der gefeierte Richard von S. Victor rief sein Wehe! über die „fürchterliche Zeit, in der wir leben", und sein Nachfolger Magister Walter verhöhnte und verfluchte die berühmtesten Lehrer der Pariser Schule: Abälard, Petrus Lombardus, Peter von Poitiers und Gilbertus Porretanus, als die vier Labyrinthe Frankreichs[1]). Die Mystik, welche den dialektischen Spielereien so gefährliche Nahrung bot, bildete also doch auch ein Gegengewicht gegen dieselbe. Nun erinnere man sich, daß die Periode der Scholastik zugleich eine Periode der Mystik war — Bernhard von Clairvaux und die Nonne Hildegard[2]) waren Zeitgenossen von Abälard,

---

[1]) Bulaeus II, 402: Quisquis hoc legerit non dubitabit quatuor labyrinthos Franciae id. Abaelardum et Lombardum, Petrum Pictavinum et Gilbertum Porretanum uno spiritu Aristotelico afflatos dum ineffabilia Trinitatis et Incarnationis scholastica levitate tractarent multas haereses .. vomuisse . . . Sicut enim rerum ita propositionum infinita conversio est, unum idemque verum est et falsum et neutrum adhibitis mille differentiis facillime negat et probat. Andere Beispiele sind leicht hinzuzufügen. So Guillelmi Abbatis disputatio adversus Petrum Abaelardum und De erroribus Guillelmi de Conchis in Migne, Patres latini Nro. 180, 250 f., namentlich p. 340.

[2]) Ihre Relevationen bei Migne, Patres latini Nro. 197.

Meister Eckhart von Albertus Magnus und Duns Scotus, Tauler von Occam und Buridan — und kein Scholastiker ist zu nennen, der nicht einen mystischen Zug und Verständnis für mystische Einwürfe hatte. Häufig wurden Scholastiker, welche jahrelang durch den Scharfsinn geglänzt hatten, mit dem sie die logischen Kunststücke variierten, von förmlichem Ekel über ihr Geschäft erfüllt, legten ihr Amt nieder und suchten in einer praktischen Wissenschaft wie Medizin oder im Kloster unter frommen Uebungen und Meditationen die verlorene Befriedigung zu finden. Einer von diesen schloß seine letzte Vorlesung[1]) mit den bitteren Worten: Linquo coax ranis, cra corvis, vanaque vanis. Ich überlasse den Fröschen das Quaken, das Krächzen den Raben, das Schwatzen den Schwätzern.

2. Aeberblick über die Geschichte der Scholastik.

In seiner auf gründlichen Forschungen beruhenden Geschichte der scholastischen Philosophie kommt Erdmann[2]) zu dem Ergebnis, daß die Scholastik schon nach der kurzen Blüte unter Anselm und Abälard in eine Periode der Zersetzung eintrat, aus der sie sich aber zu einer neuen Blüte erhob, die in Thomas von Aquino ihre volle Entwicklung hatte, und daß dann mit Roger Baco und Duns Scotus wiederum eine Periode des Verfalls begann. Erdmann sieht bei dieser Betrachtung das Wesen der Scholastik ausschließlich in der Vereinigung der Kirchenlehre und der Philosophie und versteht unter Verfall der Scholastik die Trennung dieser Arbeiten und den Verzicht auf den Nachweis, daß die Philosophie mit der Kirchenlehre übereinstimme. Allein auch bei dieser Beschränkung des Begriffs ist in der Zeit nach Abälard kein Verfall der Scholastik anzusetzen. Mochten sich einige ausschließlich den theologischen Studien zuwenden und die Anwendung der Philosophie auf die Theologie verwerfen: das

---

[1]) Hauréau in Notices et Extraits des Manuscrits 1880 Bd. XXIX, 2 p. 235. Vgl. Pet. Dam., De decem plagis Aeg. c. 4.

[2]) J. Ed. Erdmann, Grundriß der Geschichte der Philosophie. Berlin 1866. I, 276 u. 403 ff.

ist in allen Jahrhunderten der Scholastik geschehen, und im ganzen verzichtete die auf Abälard folgende Generation nicht auf jene Bestrebungen. Statt aller Zeugen genügt es, auf Petrus Lombardus hinzuweisen, der ein Schüler Abälards war und sein einflußreichster Nachfolger in Paris. Seine Sententiae blieben Jahrhunderte hindurch das wichtigste theologische Handbuch der Scholastiker, und eine Zeit, die dies Lehrbuch erzeugte und den Verfasser an so einflußreicher Stelle lehren ließ, läßt sich doch wohl nicht als eine Periode des Verfalles der Scholastik bezeichnen.

Nach dieser Korrektur kommt Erdmanns Einteilung der Scholastik mit der allgemein üblichen überein, wonach also die Scholastik von Anselm und Abälard bis auf Albertus Magnus und Thomas von Aquino eine steigende Entwicklung durchlaufe, in Thomas von Aquino den Höhepunkt erreiche und dann mit Roger Baco und Duns Scotus in eine Periode des Verfalles oder der Zersetzung eintrete. Indessen auch diese Einteilung ist nur unter einem bestimmten Gesichtspunkt zulässig, wie ein Ueberblick über die Entwicklung der Scholastik ergeben wird.

Der Sieg der Scholastik im 12. Jahrhundert.

Gegenstand des Studiums waren auf den Schulen und Universitäten des Mittelalters neben Theologie, Recht und Medizin die „sieben freien Künste", meist als Trivium (Grammatik, Rhetorik, Dialektik) und Quadrivium (Arithmetik, Geometrie, Astronomie und Musik) bezeichnet. Zu einer jener Spezialwissenschaften oder „oberen Fakultäten", wie sie genannt wurden, durfte der Scholar regelmäßig nicht herantreten, ehe er nicht eine Reihe von Jahren diese artes studiert hatte. Die vier Künste des Quadriviums wurden aber von den meisten nicht oder nur kurz und flüchtig getrieben, und die drei artes des Triviums: Grammatik, Rhetorik und Dialektik oder Logik, wurden in den verschiedenen Perioden des Mittelalters nicht gleichmäßig gepflegt. In diesem Wechsel begründet sich der Unterschied der Perioden. Im 10. und 11. Jahrhundert bildete die Grammatik, verbunden mit der fleißigen Lektüre der klassischen Schriftsteller, den Kern der Studien, und begabte Dichter bemühten sich, mit den klassischen Vorbildern zu wetteifern. Groß war der Ruhm der Schulen von St. Gallen, Reichenau, Magdeburg, der Dichter Marbod¹), Hildebert von Le Mans²), des Archipoeten, des Lambert von Hersfeld, des Gunther, Baldrich (Baudri) von Dol u. s. w. Die Schule von Chartres hatte noch im 12. Jahrhundert den Ruhm, daß die Grammatik im Anschluß an die Lektüre gelehrt werde. Es war eine Zeit der Hingabe an das Altertum, dem Humanismus der Renaissance vergleichbar. In der Wiederbelebung des römischen Rechtes, in den Dichtungen der Hrotsuith, in den phantastischen Gedanken Kaiser Ottos III., in der Verherrlichung der Weisen des Altertums und ähnlichen Aeußerungen trat dieser Charakter der Zeit hervor. Es gewann dieses Treiben in manchen Persönlichkeiten Italiens geradezu eine heidnische Form. Die Schilderungen der Bischöfe Rather von Verona und Luidprand von Vercelli, und die Erzählung des Glaber Rabulfus über Vilgard von Ravenna geben Zeugnis davon. Dieser Vilgard behandelte Virgil und Horaz als seine Hausbibel. Den Höhepunkt erreichte diese paganisierende Strömung etwa unter Papst Johann XII., und eben dieser Uebermut half dann den Rückschlag in der Ausbreitung der kirchlichen Reformpartei der Cluniacenser erzeugen, deren Werk später die Cistercienser aufnahmen. Die humanistischen Studien selbst fanden jedoch auch in den Kreisen dieser mönchischen Opposition eifrige Pflege, und oftmals mischten sich kirchliche und antike Vorstellungen in sonderbarster Weise. Petrus Damiani war ein Hauptvertreter dieser asketischen Richtung des 11. Jahrhunderts, aber er schloß seinen Traktat über das Verhältnis von Kaisertum und Papsttum mit dem Hinweis auf das Beispiel, daß die Könige Attalus und Nicomedes das römische Volk zu Erben einsetzten³). In einem Liede jener Tage

---

¹) C. Ferry, De Marbodi Rhedonensis episcopi vita et carminibus. Nemausi 1877.

²) B. Hauréau, Les mélanges poétiques d'Hildebert de Lavardin. Paris 1882. E. Dümmler, Anselm der Peripatetiker. 1872. Man erhält von dem Elaborat dieses Rhetors den Eindruck eines unfreien Geistes, der unendlich begeistert ist von dem, was er gelernt, der aber über ein Spiel mit Worten nicht hinauskommt. Aehnlich ist das Spezimen, welches Hümer, Z. Gesch. d. mittellat. Dicht. 1880, S. 37 von Hugo Ribomontensis mitteilt.

³) Goldast, De Monarchia II, 66: Ille (Papa) tanquam parens paterno semper jure praemineat, iste (rex) velut unicus ac singularis filius in amoris illius amplexibus requiescat. Attalus plene Rex Asiae et Nicomedes Rex Bythiniae in tantum Romanam rem publicam dilexere, ut uterque

stimmt die christliche Kirche einen Klagegesang darüber an, daß ihre Säulen wanken, ruft aber statt der christlichen Helden die Catonen und Scipionen auf, sie zu stützen. In Gebeten wurde Jupiter statt Gott genannt und das Wort: „Gott schauet das Herz an" ward zu: Homo videt faciem, sed cor patet Jovi [1]). Der eifrige Gregorianer Alphanus behandelte die Kirchenreform des Investiturstreits als einen Versuch, „den Barbaren das alte Joch Roms" wieder aufzulegen, und Gregors VII. Erfolg verglich er mit den Siegen des Marius und des Cäsar.

> Nimm des ersten Apostels Schwert,
> Petri glühendes Schwert zur Hand!
> Brich die Macht und den Ungestüm
> Der Barbaren: das alte Joch
> Laß sie tragen für immerdar.
> Sieh, wie groß die Gewalt des Banns:
> Was mit Strömen von Kriegerblut
> Einstmals Marius' Heldenmut
> Und des Julius Kraft erreicht,
> Wirkst du jetzt durch ein leises Wort [2]).

moriens Romanum populum testamenti reliquerit haeredem. Sanctae ergo Ecclesiae Principes quam propensiori invicem debent charitate congruere...

[1]) Hubatsch p. 22. Das Gedicht ist später, wie denn die Richtung längere Zeit anhielt.

[2]) Giesebrechts Uebersetzung, Kaiserzeit III, 54. Text bei Migne, Patres latini 147 p. 1262 Ad Hildebrandum archidiaconum mit dem Anfange Quanta gloria publicam. Die entscheidenden Worte stehen Strophe 9 und 10:

> 9) His et archiapostoli
>   Fervido gladio Petri
>   Frange robur et impetus
>   Illius (d. i. der saeva barbaries Str. 8) vetus ut jugum
>   Usque sentiat ultimum.
>
> 10) Quanta vis anathematis!
>   Quidquid et Marius prius
>   Quodque Julius egerant,
>   Maxima nece militum
>   Voce tu modica facis.

Man vergleiche die beiden Gedichte über Roms Stellung bei Hauréau, Les Mélanges, p. 60:

> Par tibi Roma nihil cum sis prope tota ruina.

und p. 64 das zweite über das christliche Rom, welches schließt:

> studiis et legibus horum (der Kaiser, Redner 2c.)
> obtinui terras, crux dedit una polum.

Ein anderer Gregorianer gab dem Schmerz über den Rückgang seiner Partei um 1097 in einem Gedichte Ausdruck, das zu den vollendetsten Produkten mittelalterlicher Poesie gehört, in dem aber die Mischung antiker Formeln mit Dogmen und Personen der christlichen Lehre und Legende so weit getrieben ist, daß ein modernes Auge zunächst erschrickt[1]). Die Kirche klagt ihren Bräutigam Christus unter anderem folgendermaßen an:

> Olim quando juvencula,
> Dixit sponsa, virens eram,
> Tunc quaerebar ego placens,
> Et tunc pro foribus meis
> Sponsi pulsus erat frequens.
> Carus tunc thalamus meus.
> At nunc, quando senilibus
> Annis primus abit nitor,
> Effoetum quoniam meum
> Laxae corpus arant rugae,
> Clausum non resonat meum
> Totis noctibus ostium . . .

Die größte Leistung dieser humanistischen Versenkung in das Altertum war die Wiedererweckung der Wissenschaft des römischen Rechtes. Sie vollzog sich in engster Verbindung mit den sprachlichen Studien der Zeit. Irnerius, an dessen Namen sich der Uebergang von der alten, oberflächlichen zu der wissenschaftlichen Behandlung des römischen Rechtes knüpft, soll Lehrer der Grammatik gewesen sein. Weil die humanistische Richtung in dem Corpus juris ein so bedeutsames Objekt hatte, so erhielt sie sich in der Rechtsschule noch lange Zeit, als sie in den übrigen Disziplinen bereits der Scholastik den Sieg gelassen hatte.

Diese Periode der mittelalterlichen Renaissance reicht von der Zeit der Ottonen bis in die Zeit der Kreuzzüge, aber als sich im 12. Jahrhundert der Sieg der neuen scholastischen Richtung entschied, da geschah dies nicht infolge einer Erschlaffung des wissenschaftlichen Sinnes der Zeit. Die wissenschaftliche Bewegung wurde im Gegenteil stärker, und auch die philologischen Studien machten im ganzen betrachtet Fortschritte. Einen Gelehrten wie Johann von Salisbury hatte das 11. Jahrhundert nicht, und wenn er die falschen Richtungen

---

[1]) Hauréau hat es Notices et Extraits 1886 Tome 31 p. 165 ff. herausgegeben und erläutert. Es ist halb dramatisch. Die angeführte Stelle steht S. 178.

der Zeit beklagt und geißelt, so bekennt er doch auch freudig, daß frische Bewegung in den Studien sei; er ist stolz auf seine Zeit. „Ich scheue mich[1]) nicht, die Meinungen von Zeitgenossen anzuführen, ja, ich trage kein Bedenken, sie denjenigen der Alten in den meisten Fällen vorzuziehen. Ich lebe der Hoffnung, daß die Nachwelt bereinst den Ruhm der gegenwärtigen Zeit preisen wird, denn es zeigen viele eine bewunderungswürdige Begabung, Schärfe der Forschung, ausdauernden Fleiß, glückliches Gedächtnis, fruchtbare Gedanken und Fülle der Rede." Durch seine Worte klingt ein Ton, der an Huttens berühmten Ausspruch erinnert: „Es ist eine Lust zu leben."

Um so stärker wiegt seine Klage über die Vernachlässigung der Alten. Wenn auch im 12. und 13. Jahrhundert noch einzelne Gelehrte ihr Leben mit Lektüre der Alten und lateinischer Versifikation oder mit der Anleitung dazu ausfüllten, so standen doch diese humanistischen Studien nicht mehr im Vordergrunde des Interesses, und im blinden Eifer wollten bald gar manche Zöglinge der neuen Richtung die klassischen Studien verachten. Der Haufe der Unfähigen freute sich des Vorwandes, mit seiner Ignoranz sich zu brüsten, statt sich ihrer zu schämen. Das war es, weshalb die Freunde der alten Litteratur im 12. Jahrhundert mit schmerzlicher Bewunderung auf den Eifer und die Liebe zurückblickten, welche das 10. Jahrhundert und die erste Hälfte des 11. erfüllt hatten. Wie der Renaissance des 15. Jahrhunderts die Reformation des 16. Jahrhunderts mit ihren überwiegend theologischen Interessen folgte, so folgte die Scholastik mit ihrem überwiegend philosophisch-theologischen Interesse der Renaissance des 10. und 11. Jahrhunderts, und wie im 16., so wichen auch im 12. Jahrhundert die humanistischen Studien nicht ohne lebhaften Widerstand. Johannes von Salisbury erhob um 1160 ähnliche Klagen und Anklagen wie Erasmus um 1520. Das wissenschaftliche Leben der scholastischen Periode war viel zu frisch, als daß sich nicht die Gegensätze, die es erzeugte, gegenseitig scharf beleuchtet hätten. Neben der milderen Ermahnung wie in dem Satze: „Wer die partes (d. i. die Grammatik) nicht kennt, kann die artes

---

[1]) Prolog des Metalogicus: Non dedignatus sum modernorum proferre sententias, quos antiquis in plerisque praeferre non dubito. Spero equidem, quod gloriam eorum, qui nunc sunt, posteritas celebrabit, eo quod multorum nobilia miror ingenia, investigandi subtilitatem, diligentiam studii, felicitatem memoriae, fecunditatem mentis et oris facultatem et copiam verbi.

(Philosophie) nicht treiben," begegnet bitterer Spott. Ein englisches Gedicht¹) aus dem 13. Jahrhundert geißelte die Leere und Unwahrheit der logischen Klopffechterei:

> Now o clerk seiith: Nego
> And that other: dubito
> Seiith another: concedo
> And another: obligo
> Verum falsum sette therto (nimm hinzu) ...
> Thus the false clerks of har hevid (So verwirren die Sophisten)
> Makith men trewth of ham berevid (einen ehrlichen Mann).

Gleichzeitig machte ein französischer Dichter den Kampf der Richtungen selbst zum Gegenstand eines halbdramatischen Gedichts: La bataille des sept-arts. Es schildert, wie die in Paris überwiegenden philosophischen Studien die philologischen bedrängen, welche nach hartem Kampfe aus ganz Frankreich weichen und sich in ihren Hauptsitz zwischen Orleans und Blois zurückziehen müssen²). Der Führer der humanistisch Gesinnten war Johannes von Salisbury. Er geißelte die Thorheit der Lehrer, unreife Knaben, die kaum die Elemente der Grammatik begriffen hätten, in die Subtilitäten der ontologischen und logischen Untersuchungen einzuführen. Die Unterweisung nach dem logischen Elementarbuch des Porphyrius sei zu billigen, wenn sie vernünftig betrieben werde, wenn man nicht künstlich die Sache verdunkele. Aber es sei eine Schmach, daß man mit diesen Elementen den besten Teil des Lebens hinbringe und dann keine Zeit mehr habe, um sich mit den Werken der Alten zu beschäftigen, um derentwillen doch jene Vorstudien betrieben würden. Davon wolle jedoch die

---

¹) The politic. Songs of England, ed. Th. Wright, Camden Soc. 1839, p. 211.
²) Oeuvres complètes de Rutebeuf trouvère du XIII siècle recueillies et mises au jour pour la première fois par Achille Jubinal. 2 Bde. Paris 1839. Bd. 2. Additions p. 415 f. Das Gedicht nennt eine Reihe der hervorragenden Lehrer von Paris, die Künste erscheinen als Personen. Die Niederlage der artes und ihre Flucht wird p. 434 geschildert:

> Et li autorel sen fuirent
> Qui la gramaire déguerpirent
> Versifières li cortois
> S'enfui entre Orliens et Blois
> Il n'ose mès aler par France
> Qu'il n'i a nule connoissance
> Quar arcien et discretistre
> N'ont mès que fère de lor gistre.

Jugend nichts wissen, in ihrem logischen Uebermut wolle sie nichts lernen und alles mit Schwatzen machen¹). Diesen Wahnsinn der Methode personifizierte er in einem Magister Cornificius und überschüttete ihn mit immer erneutem Spott, etwa wie die Humanisten die Dunkelmänner. Ego quidem omnino non miror, si credulos auditores suos multa mercede conductus et multo tempore aerem verberans docuit nihil scire, cum et ipse sic edoctus sit a magistris... Mit Thorheiten füllt er den Schülern den Kopf (fabellis... et nugis suos pascit auditores) und verspricht ihnen, er werde sie ohne weitere Kenntnis der Kunst zu Rednern und in kurzer Zeit und ohne Anstrengung zu Philosophen machen (quos sine artis beneficio, si vera sunt, quae promittit, faciet eloquentes et tramite compendioso sine labore philosophos). Die Poeten und Geschichtschreiber liest man nicht mehr, diesem Geschlecht gelten sie nichts, und in kürzester Frist treten die als Lehrer auf, die als illitterati zur Schule kamen. Aber freilich wissen sie auch nichts zu lehren, als von convenientia, ratio und argumentum zu schwatzen²).

¹) Metalogicus II, 16 Ende (Migne p. 875): recte quidem, si recte doceatur id est, ut tenebras non inducat nec consumat aetatem. Indignum enim est, si in quinque vocabulis (den fünf Begriffen, welche jenes Elementarbuch der Logik behandelt) addiscendis quis vitam terat, ut ei desit spatium procedendi ad illa, quorum gratia debuerant haec praedoceri. Im Entheticus B. 41 ff. hat er noch härtere Worte für diese garrula turba puerorum:
    Si sapis autores, veterum si scripta recenses,
    Ut statuas siquid forte probare velis,
    Undique clamabunt: vetus hic quo tendit asellus?
    Cur veterum nobis dicta vel acta refert?
    A nobis sapimus, docuit se nostra juventus.
    Non recipit veterum dogmata nostra cohors.
    Non onus accipimus, ut eorum verba sequamur.
²) Solam convenientiam sive rationem loquebantur, argumentum sonabat in ore omnium. Ib. Kap. 4 preist er dann eine Reihe von Gelehrten, die noch die alte Tradition verteidigten und fleißig in den Autoren arbeiteten, und nennt sich einen Schüler solcher Männer:
    neque enim ut Cornificius me ipsum docui.
Die gleiche Klage erhebt das Lied Nro. 69 der Carmina Burana:
    Florebat olim Studium
    Nunc vertitur in tedium.
    . . . .
    Sed retroactis seculis
    Vix licuit discipulis

Indessen konnte sein Spott die Entwicklung nicht aufhalten, so wenig Melanchthon Humanist bleiben konnte, als die Zeit der Reformation gekommen war. Beide haben schließlich doch selbst den besten Teil ihrer Kraft, teils litterarisch, teils politisch, den neuen Interessen widmen müssen. Man war an der Hand der Alten so weit herangewachsen, daß man sich mit der Nachahmung klassischer Vorbilder und ähnlichen litterarischen Tändeleien nicht länger begnügen konnte, man fühlte sich gedrängt, mit der gewonnenen Bildung ernsthafte Aufgaben zu lösen, und in beiden Fällen, in dem 12. wie im 16. Jahrhundert bot sich zunächst eine theologische und eine kirchliche. Die Reformation zerstörte allerdings das theologische Werk der Scholastik, aber unter einem allgemeineren Gesichtspunkt erscheint die Aufgabe der beiden Perioden in der Entwicklung des geistigen Lebens doch analog. Die Scholastik gab der Lehre der Kirche eine Form, welche sie einreihte in die übrigen wissenschaftlichen Bestrebungen der Zeit, und befähigte sie, die Forscher, welche die Gedanken des Aristoteles nachdachten und erneuerten, zu dulden, ja zu ehren. Die gleiche Arbeit leistete die Reformation. Der Kirche wurde eine Form gegeben, in welcher sie der neu auftretenden Wissenschaft freiere Bewegung gestattete. Man konnte wieder der Kirche angehören und zugleich dem Aufschwung der Wissenschaft folgen. Die scholastische Theologie hat zwar wiederholt Gelehrte und Bücher unter Zensur gestellt — aber nur, um vielfach dieselben Gedanken und Systeme bald wieder zu erzeugen und jedenfalls ohne den Mut der Forschung zu brechen. Ebenso die protestantische Theologie. Hat sie auch Strauß verketzert und Wolf vertrieben: der Protestantismus hat doch den Boden gebildet, auf dem die moderne Wissenschaft und Litteratur erwachsen ist. Ohne ihn würde der Syllabus herrschen und der Index librorum prohibitorum, der jetzt auch in streng katholischen Kreisen nur eine beschränkte Wirkung übt[1]).

Der Sieg der Scholastik über die vorwiegend humanistische und

---

Tandem nonagenarium
Quiescere post studium,
At nunc decennes pueri
Decusso jugo liberi
Se nunc magistros jactitant,
Ceci cecos precipitant.

[1]) Reusch, Der Index der verbotenen Bücher. 2 Bde. Bonn 1883 u. 1885.

litterarische Periode des 11. Jahrhunderts wurde durch Peter Abälard († 1142) herbeigeführt. Er übte die dialektische Kunst in so glänzender Weise, daß er die lebhaft erregte und hochbegabte Generation des 12. Jahrhunderts ganz dafür gewann. Bei ihm traten auch die erwähnten Mängel nicht hervor. Er besaß eine umfassende Bildung und verehrte die Alten, aber mit seiner Dialektik hofften die Schüler auch zu gewinnen, was er an Kenntnissen besaß[1]), und warfen sich erfolgssicher auf die einseitige Pflege der Logik. Mit ihm und den leidenschaftlichen Kämpfen, die sein Auftreten veranlaßte, begann die dialektische Fertigkeit das vorwaltende Interesse zu gewinnen, es begann die Vernachlässigung der Grammatik und der Schriften der Alten mit Ausnahme der Uebersetzungen, Auszüge und Kommentare einiger Schriften des Aristoteles, und im Unterricht der Grammatik selbst das Vorwiegen der dialektischen Uebung an metaphysischen Problemen, die an die grammatischen Kategorien angeknüpft wurden. Aber Abälard vollendete nur den Sieg der Richtung, im wesentlichen fertig erschien sie bereits im 11. Jahrhundert in dem Kampf der Schule des Klosters Beccum unter Lanfranc und Anselm von Canterbury gegen Berengar in Tours. Anselm von Canterbury im besonderen wird der Vater der Scholastik genannt. Indem er für die Theologie, die im Mittelalter für die vornehmste aller Wissenschaften galt, die dialektische Behandlung forderte und in großem Maßstabe durchführte, gewann die scholastische Richtung jene Kraft und jene das sachliche Interesse gefährdende Herrschaft über den Sinn der Zeit. Allerdings hatten schon die Kirchenväter die Glaubenslehre philosophisch zu begründen oder zu verteidigen gesucht, und in der karolingischen Periode und im 10. Jahrhundert hat es ebenfalls nicht an solchen Versuchen gefehlt. Benedict von Aniane († 821) klagte bereits über den Mißbrauch der Dialektik in Fragen des Glaubens, und Scotus Erigena († 875) war ein großer Philosoph im Sinne der Scholastik.

---

[1]) Wie sehr Abälard die Alten bewunderte, zeigen seine Ausführungen: Migne, Patres latini Nro. 178 p. 1139 ff. Gern lehnte er dabei seine Ansicht an Worte des heil. Augustin an. Namentlich verweist er auf De civitate Dei, wo Augustin sagt, Plato stimme so auffallend mit der christlichen Wahrheit überein, daß einige die Vermutung ausgesprochen hätten, Plato habe auf seinen Reisen nach Aegypten den Jeremias kennen gelernt oder dessen Schriften. Allein Jeremias sei gestorben, ehe Plato geboren wurde, und seine Schriften seien zu Platos Zeit noch nicht ins Griechische übertragen gewesen.

Er formulierte in aller Schärfe den Satz, daß die wahre Philosophie die wahre Religion, und umgekehrt die wahre Religion die wahre Philosophie sei, und verstand dabei unter der wahren Religion die Lehre der Kirche. Er war überzeugt, daß jeder Zweifel gegen die geoffenbarte Religion durch die wahre Philosophie könnte beseitigt werden, und hat bei diesem Vertrauen sich dem Fluge seiner Gedanken so kühn überlassen, daß er zwar vielfach Anstoß erregte, aber auch Staunen und Bewunderung. Sie wird ihm auch heute noch zu teil. Neben und nach Scotus Erigena waren auch andere in dieser Richtung thätig, aber es waren doch immer nur einzelne, und als in der Zeit der Ottonen das wissenschaftliche Leben einen größeren Aufschwung nahm und weitere Kreise ergriff, da hatte es, wie oben gezeigt wurde, zunächst einen anderen, mehr humanistischen Charakter, als in der Zeit, die mit Anselm begann.

Anselms erste größere Schrift war das Monologium, in welcher er die Lehre von Gott begrifflich zu entwickeln suchte. Sie entstand in der zweiten Hälfte des 11. Jahrhunderts[1]). Sein Auftreten fiel also zusammen mit dem Investiturstreit, und er hat selbst eine Hauptrolle in demselben gespielt. Es war die Zeit, da Gregor VII. es unternahm, Kaiser und Könige abzusetzen und durch eine Verbindung schwärmerischer Mystik und rücksichtsloser Syllogistik der bestehenden Ordnung den Boden zu entziehen. Er entschied die Umwandlung der Kirche in einen selbständigen Staat, gab ihr das Vollgefühl der Kraft und die Ueberzeugung von der Notwendigkeit ihrer Ansprüche und von der Gewißheit ihres Sieges. Es ist ein Ausdruck dieser Stimmung und ein Gegenstück zu dem Kampf um die Weltherrschaft, wenn nun Anselm die Wissenschaft in die Kirche aufzunehmen versuchte. Sein Standpunkt war von dem ängstlichen Grundsatz, die Wissenschaft als Magd der Kirche zuzulassen, der von Augustin bis auf Anselms älteren Zeitgenossen Petrus Damiani vorherrschte, wesentlich verschieden. Die Wissenschaft sollte ein Teil der Kirche, des kirchlichen Lebens, des religiösen Genießens werden. Anselm stand so hoch über jener früheren Ansicht, wie Gregors VII. Verhalten zum Staat zu der Auffassung Augustins. Gregor VII. sah im Staat nicht, wie Augustin, ein notwendiges Uebel, dessen man nur für gewisse Dienste

---

[1]) Migne, Patres latini Nro. 158 p. 142 f. Dazu Hasse, Anselm von Canterbury, 1852.

nicht entraten könne, wenigstens verharrte er nicht bei dem Gedanken. In der Oberleitung der Staaten durch die Kirche vollendete sich ihm die Kirche. Der Staat war ihm ein Teil der Kirche, die weltlichen Fürsten sollten die Vasallen des Priesterfürsten sein. Dem analog pflegte Anselm die Wissenschaft nicht, um die Wahrheit der Kirche zu verteidigen; sein Glaube sagte ihm: sie bedarf dessen nicht. Das wäre, als wolle man den Olymp mit Pflöcken und Seilen befestigen, aus Furcht, er könne stürzen[1]). Die Wissenschaft kann gelegentlich dienen, Angriffe der Ketzer und Heiden abzuschlagen, aber die eigentliche Aufgabe seiner Studien sah Anselm darin nicht. Anselm erklärte es geradezu für die höchste Aufgabe des Christen, den Glauben in begriffliche Erkenntnis umzusetzen.

Die logische Behandlung der Lehre ist eine Gnadengabe, die dem Menschen verliehen ist, nicht um die Wahrheit zu finden, diese ist ihm ohne das verkündigt, sondern um das, was er im Glauben erfaßt hat, nun auch denkend zu begreifen, um von dem Glauben an Gott zur Erkenntnis Gottes durchzubringen. Der Glaube liefert dem Verstande den erhabensten Inhalt, an dem er sich üben und zu dem er sich erheben kann. Fides quaerens intellectum, der Glaube, der sein Geheimnis zu begreifen sucht, ist der Titel einer Schrift Anselms, und mit diesem Titel ist die Aufgabe bezeichnet, welche die Scholastik, soweit sie die Philosophie auf die Theologie anwandte, während der mehr als 400 Jahre ihrer Herrschaft in mannigfach erneuerter Weise und unter dem Einfluß der verschiedenartigsten Anregungen und Persönlichkeiten zu lösen versucht hat. Unter ungünstigen Umständen, gegenüber den Angriffen auf die Wissenschaft, wurde natürlich gern der praktische, leichter einleuchtende Wert der Wissenschaft zur Verteidigung des Glaubens gegen Ketzer und Ungläubige betont, aber jenes ideale Ziel, ihr Wert für die Vollendung des Glaubens blieb doch der Hauptgedanke der Zeit. Christianus per fidem debet ad intellectum procedere, non per intellectum ad fidem accedere aut, si intelligere non valet, a fide recedere. Sed cum ad intellectum valet pertingere delectatur, cum vero nequit, quod capere non potest veneratur. In diesen Worten hat Anselm seine Auffassung noch ausführlicher formuliert. Der Glaube muß da sein, ehe der Versuch unternommen

---

[1]) Gleich kräftig äußert sich Thomas von Aquino. Parmesaner Ausgabe XVI, 86.

werden darf, zur Erkenntnis zu gelangen. Wenn unsere Kraft nicht ausreicht, so haben wir nicht zu bezweifeln, was wir nicht verstehen, sondern zu verehren; gelingt es uns aber, vom Glauben zum Begreifen zu gelangen, so ist das ein hoher Genuß für uns.

Das oben erwähnte Gedicht La bataille des sept-arts schildert den Kampf der Philologie mit der Logik als einen Kampf von Orleans mit Paris[1]), und dieser Hinweis auf Paris ist nicht nebensächlich. Es ist ein wesentliches Merkmal der Scholastik, daß Paris der leitende Hochsitz der Wissenschaft war. Auch dies war teilweise Abälards Werk, denn in Paris hatte er seine bedeutendste Wirksamkeit, dort fand er aber auch Gegner, die bei ähnlicher dialektischer Fertigkeit andere Auffassungen vertraten, und daraus entspann sich ein logischer Krieg, ein Eifer der Forschung und Uebung, der das bereits schon sehr entwickelte Schulleben von Paris zu einer Bedeutung erhob wie an keinem anderen Ort. Seit der Zeit war es entschieden, daß Paris als der Mittelpunkt der logischen Studien und des vorwiegend formalen Interesses an den Wissenschaften anzusehen sei. Die Norditaliener Lanfranc und Anselm hatten in dem normännischen Kloster

---

[1]) Oeuvres complètes de Ruteboeuf par A. Jubinal, Paris 1839, t. 2. Additions p. 415. La bataille des VII Ars. Der Anfang lautet:

>Paris et Orliens ce sont . ij:
>C'est granz domages et granz deuls
>Que li uns à l'autre n'acorde.
>Savez por qui est la descorde?
>Qu'il ne sont pas d'une science
>Car Logique, qui toz jors tence,
>Claime les auctors autoriaus
>Et les clers d'Orliens glomerians.
>Si vant bien chascuns . iiij . Omers,
>Quar il boivent à granz gomers
>Et sevent bien versiefier,
>Que d'une fueille d'un figuier
>Vous feront-il . 1 . vers,
>Mès il redient que por vers
>Qu'il claiment la dyaletique
>Par mal despit qulquelique etc.

Ueber die Theologen hat der Dichter die satirische Bemerkung (Madame la Haute Science):

>A Paris s'en vint ce me semble
>Boivre les vins de son celier.

Die Mediziner höhnt er wegen der Geldschneiderei. Vgl. die Anmerkung p. 422.

Beccum südlich von Rouen gelehrt und hatten dort auch schon auf weite Kreise Einfluß, aber erst von Paris aus machte die Scholastik den Siegeszug durch das Abendland, unterwarf sich selbst die bei eigener Methode zu großem Ruhm gelangte Jurisprudenz zu Bologna, und umgekehrt gewann durch die Scholastik die Pariser Schule ihre Bedeutung. In den früheren Jahrhunderten hatte bald dieser, bald jener Ort eine hervorragende Schule, in der Zeit der Scholastik behauptete Paris dauernd die Ehre des tonangebenden Einflusses. Bologna, Oxford, Salamanca, Toulouse u. a. hatten auch später noch in vielen Dingen größere wissenschaftliche Kraft, und Paris entbehrte der zivilistischen Fakultät ganz; aber Paris galt trotzdem auch in dieser Zeit als der Hauptsitz der Studien. Es begann das um 1100, wurde im Laufe des 12. Jahrhunderts zum Dogma und erhielt sich die drei folgenden Jahrhunderte hindurch. Ein geflügeltes Wort jener Zeit erklärte die Thatsache gewissermaßen als einen Akt der göttlichen Gerechtigkeit; so seien die Gaben verteilt: den Deutschen das Kaisertum, den Italienern das Papsttum, den Franzosen das Studium[1]). Und gegen Ende des 12. Jahrhunderts sagte ein in der Mitte des wissenschaftlichen Treibens stehender Mann: Jede wissenschaftliche Bestrebung gewinnt größere Bedeutung, wenn sie nach Paris gebracht wird[2]). Man kann die Scholastik geradezu charakterisieren als die Periode, in der Paris als das wissenschaftliche Haupt des Abendlandes galt und in welcher dieser Einfluß von Paris sich dadurch geltend machte, daß die logischen Studien überwogen und die Methoden aller Fächer von der dialektischen Richtung ergriffen wurden. Dies war auch nicht ohne Einfluß darauf, daß die Gelehrten in dem Streit zwischen Kaiser und Papst überwiegend für den Papst Partei nahmen. Denn Frank-

---

[1]) Oft citiert ist die bezügliche Aeußerung des Jordanus von Osnabrück, hrsg. v. G. Waitz, Abhandlgn. d. Gött. Ges. d. Wiss. XIV, 1 ff. 1869. Besonders merkwürdig ist die Erörterung, durch welche die französische Regierung den Papst im Jahre 1366 abzuhalten suchte, seine Residenz wieder von Avignon nach Rom zu verlegen. Im allgemeinen komme es auf den Ort nicht an, sonst müsse jedenfalls Jerusalem vor Rom den Vorzug haben. Für Frankreich spreche, daß in Paris die hohe Schule sei, Studium translatum fuit a Roma Parisiis per Beatum Carolum Magnum quod etiam diutius ante fidem conceptam erat praefiguratum. Als Beleg dafür dienen dann Cäsars Angaben über die Druiden. Bulaeus IV, 406.

[2]) Mitgeteilt von Giraldus Cambrensis, De rebus a se gestis in Wharton, Anglia sacra II und in den Opera, ed. Brewer, tom. 1, p. 46.

reich war eine Hauptstütze der Päpste und die Eindrücke der Studienzeit pflegen zu haften. Es fehlte allerdings nicht an Ausnahmen. Der große Dichter Gunther[1]) wie der Verfasser des Isengrimus waren kaiserlich gesinnt, aber die Mehrzahl war hierarchisch. Einige Gedichte des 12. Jahrhunderts bezeichneten Friedrich Barbarossa und den König von England geradezu als „Vorläufer des Antichrists"[2]).

Die Logik wurde auch Dialektik genannt und umfaßte zugleich die metaphysischen Grundlagen des Denkens. Man hatte daneben den strengeren Sprachgebrauch, welcher unter Logik nur die Lehre von der Technik des Denkens verstand, aber der Schulbetrieb umfaßte immer beides. In diesen philosophischen Bemühungen der Scholastik traten sich dieselben Gegensätze gegenüber, die sich heute mutatis mutandis als Idealisten, Materialisten, Positivisten bekämpfen. Die einen faßten nur die Einzeldinge als objektiv gegeben oder wirklich vorhanden, die Allgemeinbegriffe (Universalien), das sind die Bezeichnungen der Arten, Familien, Eigenschaften als Abstraktionen der Sprache und des Denkens. Sie wurden Nominalisten oder Terministen genannt, von nomen oder terminus. Die anderen faßten die Universalien als Sachen, res, und hießen danach Realisten. Mit diesem Gegensatz ist aber nur angedeutet, in welcher Richtung sich die Parteien bewegten; es waren nicht zwei Parteien, es war eine Fülle von Schattierungen, und in der mannigfaltigsten Weise wurden diese Auffassungen an den von den Einzelwissenschaften und dem Leben gebotenen Problemen versucht. Es gehört zur Charakteristik der Perioden der Scholastik, daß in ihnen die eine oder die andere Richtung vorherrschte.

Diese scholastische Periode währte von der Zeit Abälards ab noch 400 Jahre. Erschienen doch von dem seit dem 13. Jahrhundert maßgebenden Lehrbuch der Logik, der Summa des Petrus Hispanus,

---

[1]) Es wird immer als eine der glücklichsten Leistungen scharfsinniger Kritik gerühmt werden, daß es gelang, diesen großen Autor des 12. Jahrhunderts sicherzustellen, dessen Hauptwerk lange als Fälschung verachtet wurde. Dies Verdienst von Pannenborgs Untersuchungen ist allgemein anerkannt worden. Ob der Autor mit dem Mönch Gunther identisch, wie Pannenborg, Der Verfasser des Ligurinus, Göttingen 1883, Programm, ausgeführt hat, wird nicht so allgemein zugestanden. Mir scheint die Beweisführung einen hohen Grad von Wahrscheinlichkeit zu haben. Vgl. meinen Aufsatz „Alsatica", Allgemeine Zeitung 1884, Nro. 342.

[2]) Müldener, Zehn Gedichte, Nro. 5, 6, 7.

noch zwischen 1480 und 1516 über 40 verschiedene Ausgaben¹), und die um 1500 gedruckten Grammatiken zeigen ebenfalls noch ganz den Stempel der scholastischen Methode. Die Periode zerfiel in Abschnitte, die sich in den verschiedenen Wissenschaften in verschiedener Weise abgrenzten. In der Philosophie unterschieden sie sich zunächst durch das Material²), das den tonangebenden logischen Untersuchungen zu Grunde gelegt wurde. Abälard und seine Vorgänger hatten nur einige Schriften des Aristoteles benutzt. Um die Mitte des 12. Jahrhunderts wurden dem Abendlande auch die bisher unbekannten zugänglich, und im 13. Jahrhundert kam neue Anregung durch die byzantinische Logik und die Schriften der mohammedanischen und jüdischen Philosophen in Spanien und Nordafrika, welche von derselben wissenschaftlichen Strömung ergriffen waren. Sie bemühten sich um das im wesentlichen gleiche Problem, die Vorstellungen von Gott und Welt, welche ihnen ihr Glaube und ihr Schicksal darbot, mit den philosophischen Lehren in Einklang zu setzen, welche sie auf Grund der Aristotelischen Schriften entwickelten, und zerfielen auch in ganz entsprechende Parteien und Schattierungen, wie die christlichen Scholastiker. Jehuda ha Levi³) erhob um 1140 in dem Dialog Chosari in geistvoller Weise denselben Protest gegen den Versuch, zu den Geheimnissen des Glaubens mit Vernunftschlüssen vorzudringen, wie die gleichzeitige Schule von S. Victor gegen Abälard und Petrus Lombardus. Beweise für das Dasein Gottes zu verlangen und zu suchen, nannte er eine Thorheit. Saadja († 942) formulierte die Aufgabe der Wissenschaft in derselben Weise wie später Anselm von Canterbury, und Maimonides handhabte die allegorische Deutung der Bibel wie Bonaventura. Es waren unter ihnen glänzende Geister, von großer Innigkeit des religiösen Empfindens und Schärfe der

---

¹) Aufgezählt bei Prantl, Geschichte der Logik III, 35, Note 143.

²) Nach Prantl wäre dies die einzig mögliche Art der Periodisierung: allein für die Scholastik im allgemeinen ist diese Behauptung keinesfalls zutreffend. Die Stellung der verschiedenen Wissenschaften zu der dialektischen Methode, das Verhalten der Kirche zu der Scholastik, die Entwicklung der Schulen und Universitäten, welche Träger der Scholastik waren, die Stellung der Mystik und der humanistischen Strömungen sind ebenfalls zu berücksichtigen.

³) Er sang: O, höre nur auf ihren Lügenmund,
    Trau ihrem Bau, der ruht auf schlechtem Grund,
    Mit ödem Herzen wirst zurück du kommen,
    Wenn du den leeren Schwall erst satt bekommen.

Argumentation, auch verbunden mit reicher poetischer Begabung. Diese spanischen Mohammedaner und Juden haben deshalb auch auf die christliche Scholastik einen starken Einfluß geübt[1]), und manche Beurteiler verraten die Neigung, die jüdisch-mohammedanische Scholastik höher zu stellen als die christliche. Allein gleichviel, wie die Kenner von der Bedeutung und den schriftstellerischen Leistungen einzelner Autoren urteilen mögen, im ganzen betrachtet erscheint die christliche Scholastik ungleich bedeutender. Den Juden und Mohammedanern fehlte der großartige Hintergrund der mittelalterlichen Kirche, ferner die Fülle der Interessen, Ideen, Probleme und Kämpfe, welche die Rivalität von Kaiser- und Papsttum und die kräftige Entwicklung der romanischen und germanischen Völker bot. So blieben sie in ihrem Lande mehr für sich, in der Wirkung mehr auf kleine Kreise beschränkt, während den christlichen Scholastikern ein bedeutender Anteil an der geistigen Ausbildung der Völker zu teil ward, welche die Träger der neuen Geschichte bildet. Damit hing zusammen, daß diesen christlichen Scholastikern in den Universitäten die Bildung eines auf weite Kreise, auf Staat und Kirche mächtig einwirkenden Organs gelang, dem die Mohammedaner und Juden nichts an die Seite zu stellen haben.

Diese Bildung war ein Produkt der wissenschaftlichen Bewegung, aber zugleich ein starkes Ferment derselben. Eine Menge von Antrieben war mit den neuen Titeln, Lehrstellen und Aufgaben gegeben, auseinanderstrebende Kräfte wurden zu gemeinsamer Arbeit vereinigt und schlummernde geweckt. Die Wissenschaft fühlte, daß sie eine Macht sei, und die Welt fühlte es ebenfalls. Die historische Bedeutung der jüdisch-mohammedanischen Philosophie ist dagegen vorzugsweise in dem Einfluß zu suchen, den sie auf die eigentümliche Blüte der scholastischen Studien im 13. Jahrhundert hatte und auf die Art, wie die neugewonnenen Bücher des Aristoteles benutzt wurden.

In den ersten Dezennien des 13. Jahrhunderts wurde das Studium des Aristoteles von der Kirche immer noch mit einem gewissen Verdachte angesehen und teilweise verboten[2]). Im Laufe des

---

[1]) So durch das berühmte Buch Fons vitae des Ibn Gabirol († um 1070): Munk, Mélanges und Kämpf, Nichtandalusische Poesie I, 175, Anm. u. II, 199.

[2]) 1210 durch ein Provinzialkonzil für Paris. 1215 wurde dies durch den päpstlichen Legaten wiederholt, 1231 durch den Papst selbst. Jourdains Index

Jahrhunderts wurde dieses Verbot erst thatsächlich durchbrochen und dann beseitigt. Die Anerkennung, welche die wesentlich auf Aristoteles begründeten Werke des Thomas von Aquino und seines Lehrers bei der Kirche fanden, entschieden den Sieg der Ansicht, daß keine Feindschaft sei zwischen dem „Philosophen" und der „Offenbarung" oder, wie man damals auch sagte, zwischen der „Vernunft" (ratio) und dem „Glauben" (auctoritas) ¹). Nicht als ob alle Gegner dieser Versuche zum Schweigen gebracht worden wären, aber Thomas von Aquino ²) und seine Lehre gewannen vorherrschenden Einfluß, und so

---

12, 17 u. 34. Vgl. Launoius, De varia Aristotelis in Academia Parisiensi fortuna. Opera, ed. 1732. fol. tom. IV, 173—245.

¹) Diese Unterscheidung war nicht nur in wissenschaftlichen Werken üblich, sondern auch in populären. Vgl. Political Songs II, 18: And pray them to ground their answers In reason and in holy writ.

²) Als Einführung in die Schriften des heil. Thomas von Aquino mag K. Werner, Der heilige Thomas von Aquino, 3 Bde., 1858—1859, dienen, im besonderen hat Bd. 1 diese Aufgabe. Der zweite Band stellt die Lehre des heil. Thomas dar, der dritte gibt eine Geschichte des Thomismus. Die neuere Litteratur, welche die Bewunderung zu vermehren und die Herrschaft des Philosophen zu erneuern sucht, ist zahlreich, sowohl in selbständigen Werken wie in Abhandlungen. Von größeren Werken nenne ich Gonzalez (übersetzt von Nolte), Die Philosophie des heil. Thomas, 3 Bde., 1885, und Cacheux, La philosophie de S. Thomas, 1858. Die Einleitung enthält p. XX—XXVIII eine Apotheose. Dazu A. Goudin (Bruchard), Philosophie suivant les principes de S. Thomas. 4 Bde., Paris 1864; Kleutgen, Die Philosophie der Vorzeit, 2 Bde., 2. Aufl. 1878. Unter den Monographien außer der schon erwähnten von Schäzler noch Leitner, Der heilige Thomas und das unfehlbare Lehramt 1872; Récéjac, La resurrection de la Chair devant la raison et la science selon la doctrine de saint Thomas d'Aquin. Bordeaux 1883. p. 11 heißt es: La voie ... fut trop bien frayée par S. Thomas, le prince universellement préféré de la théologie chrétienne. Ferner L. C. Bourquard, Membre de l'Académie Romaine de saint Thomas d'Aquin, L'Encyclique Aeterni Patris, Strasbourg 1883, und Franz Morgott, Die Mariologie des heiligen Thomas von Aquino, Freiburg 1879. Diese Schrift sucht die unbequeme Thatsache zu beseitigen, daß Thomas die Lehre von der unbefleckten Empfängnis der Jungfrau Maria nicht angenommen hat. S. 87 führt Morgott aus des heil. Thomas Expos. in Salut. Ang. die Stelle an: Christus excellit B. Virginem in hoc, quod sine originali conceptus et natus est, beata autem Virgo in originali est conceptus sed non nata. Trotzdem glaubt Morgott, nur eine oberflächliche Auffassung könne den heil. Thomas zu einem Gegner der bez. Lehre machen. Er sagt p. 95: „Daß ehedem viele Schüler und Ordensgenossen des englischen Lehrers, an die Oberfläche seiner Worte sich haltend, seinen glänzenden Namen auf die Fahne schrieben, unter der sie das große Privilegium

bezeichnen sie den Zeitpunkt, in welchem die Ausgleichung von Glauben und Wissen am vollständigsten erreicht zu sein schien und die darauf gerichtete Methode am kräftigsten überzeugt war von ihrem Erfolg. In diesem Sinne darf man Albertus Magnus und Thomas von Aquino als den Höhepunkt der Scholastik bezeichnen, und da im 14. Jahrhundert ihre Auffassungen nicht die gleiche Geltung behaupteten, aber auch kein anderes System eine ähnliche Herrschaft errang und den Einklang der Theologie und Philosophie darstellte, so kann man auch von einem mit Roger Baco u. s. w. beginnenden Verfall oder

---

der Gottesmutter (unbefleckte Empfängnis) bekämpften, beweist nichts gegen die gegebene Erklärung."

Ob Thomas von Aquino diesen außerordentlichen Ruhm seiner wirklichen Ueberlegenheit dankte oder mehr seiner Persönlichkeit, litterarischem Geschick und dem habent sua fata libelli — darüber gehen die Meinungen auseinander. Gegenüber der Vergötterung, die mit ihm getrieben ward und wird, stellt Prantl, Geschichte der Logik III, 108, die wissenschaftliche Bedeutung seiner logischen Arbeiten sehr niedrig, „denn nur Sache eines unklaren Verstandes kann es sein, wenn man den Aristotelischen Substanzbegriff neben der Trinitätslehre festhalten zu können glaubt, oder wenn man die Aristotelische Ethik in christliche Moraltheologie verballhornt". Es schwächt den Eindruck dieses Räsonnements, daß es andere Urteile in die Frage hineinzieht. Der wunde Punkt hätte ohne jeden Beisatz bezeichnet werden sollen; er liegt darin, daß Thomas die von der christlichen so grundverschiedene Auffassung des Aristoteles mit der christlichen verknüpft. Die ethischen Arbeiten des Thomas wertet Ziegler, Geschichte der Ethik II, 282—301, nicht höher. Ungleich bedeutender erscheint die wissenschaftliche Kraft desselben in dem Urteil von Eucken, Die Philosophie des Thomas von Aquino und die Kultur der Neuzeit, Halle 1886. Diese sehr bemerkenswerte Abhandlung geht in die Art und Weise des mittelalterlichen Denkers auf das liebevollste ein; in der Bemühung, ihm gerecht zu werden, wird sie gewissermaßen ungerecht gegen die Vorgänger und Mitarbeiter. Das System des Thomas wird behandelt, als sei es seine originale Arbeit; aber trotzdem kommt Eucken zu dem Schluß, daß Thomas nicht zu den schaffenden Geistern gehört, sondern zu den ordnenden (S. 4), und sodann, daß Thomas' ganze Arbeit auf ein unmögliches Ziel gerichtet war, da er die grundverschiedenen Weltauffassungen des Aristotelismus und des Christentums als übereinstimmend nachzuweisen suchte und dadurch fortwährend gezwungen wurde, die allerorten sich aufthuende Kluft durch logische Begriffsspielereien, durch Worte zu überbrücken. Euckens Urteil weicht also in diesem Punkte mehr in der Form als in der Sache von Prantl ab. Der Kern seiner Schrift richtet sich gegen den Versuch, die Philosophie des Thomas in der Gegenwart erneuern zu wollen. Er zeigt, daß die für Thomas wesentlichsten Anschauungen und Vorstellungen durch den thatsächlichen Gang der Dinge beseitigt worden sind: „mag es viele geben, die Thomisten zu sein glauben, Thomisten im Sinne des Thomas gibt es nicht

einer Zersetzung der Scholastik sprechen. Nur ist der Ausdruck nicht so zu verstehen, als zeigte das 14. Jahrhundert einen Rückschritt in der wissenschaftlichen Bewegung und Mangel an wissenschaftlicher Kraft. Das war durchaus nicht der Fall. Die Behandlung der großen Streitfrage über das Verhältnis von Kirche und Staat drang mit Occam, seinen Freunden und seinen Gegnern ungleich tiefer in den Gegenstand ein als die gerühmte Abhandlung des Thomas von Aquino. Auf dem Gebiete der Theologie ging die Kirche wesentlich unter dem Einfluß von Duns Scotus, dem Gegner des Thomas, in der Lehre von der unbefleckten Empfängnis über Thomas von Aquino hinaus. Mag man dies rühmen oder bemängeln — vom Standpunkt der Kirche wird man es als einen Fortschritt ansehen müssen. Die juristische Scholastik verehrte in Bartolus und Balbus ihre Meister, die ein Jahrhundert später lebten als Albertus Magnus und Thomas von Aquino, und endlich ist auch für die philosophischen Disziplinen kein Rückgang zu verzeichnen. Vielmehr verfügten schon Roger Baco und Duns Scotus über bessere philologische Kenntnis des Aristoteles als

---

mehr" (S. 53). Ich füge hinzu, daß ich in den wichtigen Traktaten des Thomas, mit denen ich mich zu beschäftigen hatte, nichts gefunden habe, was den Eindruck einer genialen Natur, einer wirklich großartigen wissenschaftlichen Kraft machte. Die scholastische Form erschwert solchen Eindruck allerdings, hindert ihn aber nicht. Bei Abälard hat ihn wohl noch jeder empfangen, und bei Hugo von S. Victor hatte ich ihn wiederholt sehr stark. Oft wird Thomas gerühmt, daß er immer Maß halte und Takt zeige. So unbedingt möchte ich auch dies Urteil nicht wiederholen, wenn ich z. B. in seinen Quodlibeticae (in der ed. Parm. tom. IX, Quaestio X, Articulus 18) lese: Utrum aliquis possit esse naturaliter vel miraculose simul virgo et pater? Et videtur quod hoc possit esse miraculose. Quia pater et mater simul sunt generationis principia. Sed aliqua mulier fuit simul virgo et mater. Ergo pari ratione aliquis vir miraculose potest simul esse virgo et pater. Item videtur quod hoc possit esse absque miraculo. Quia daemon incubus potest furari semen viri virginis in somnis polluti et transfundere in matricem mulieris, ex quo quidem semine potest concipi proles . . . In diesem Tone geht es weiter. Unter anderem untersucht Thomas, ob Christus auch aus dem Fuß oder der Hand der Maria hätte geboren werden können. Seine Darstellung unterscheidet sich hier in nichts von der geschmacklosen Sophistik anderer Scholastiker. Man wende nicht ein, daß in den Quodlibeticae oft ein scherzhafter Ton herrsche. Die Quodlibeticae des Thomas sind ernsthaft, und im besonderen ist er hier ernsthaft. Wenn das, was er sagt, wie eine Satire klingt auf ernsthaftes Denken, so hatte doch Thomas keineswegs die Absicht, eine solche Satire zu schreiben.

Thomas von Aquino, und die Logik erlebte im 14. Jahrhundert eine gewaltige, alle Seiten berührende Erneuerung. Unter den Gegnern des Thomas von Aquino hatte Duns Scotus den größten Namen[1]) und um 1300 wurden die feindlichen Schulen als Thomisten und Scotisten bezeichnet. Der Kampf bezog sich wohl im einzelnen auf philologische Fragen sowie auf Definitionen und Formeln — aber darin erschöpfte sich der Gegensatz nicht. In dem ehemals wichtigsten Streite über die Definition der Universalien standen die Parteien einander nicht einmal fern und ebenso im Verhältnis zu Aristoteles: es waren verschieden geartete Geister, die für ihr philosophisches Bedürfnis Befriedigung suchten, und dies Bedürfnis war stark genug, um selbst in den schweren Fesseln der scholastischen Methode und unter dem Druck der durch die großen Namen zu mehr oder weniger allgemeiner Anerkennung gelangten Formeln und Auffassungen nicht zu ersticken.

Stark trat der Gegensatz namentlich bei der Frage nach der Freiheit des Willens hervor und bei dem Streit um die Grenzen der Erkenntnis. Die einen wagten auch die heikelsten Dogmen logisch zu konstruieren, die anderen wiesen der Logik mehr nur eine elementare, vorbildende Stellung an. Dabei handelte es sich nicht sowohl um Gegensätze der großen Gruppen, sondern der Einzelnen.

Im Lauf des 14. Jahrhunderts kamen dazu noch von verschiedenen Seiten neue Antriebe stärkerer Bewegung. Einmal gewann die von der Scholastik sich allmählich lösende Mystik immer steigende Bedeutung. Sie bediente sich auch mehr und mehr der Volkssprachen und gewann nationale Färbung. Das war um so wichtiger, als die Einheit der abendländischen Christenheit fast nur noch in der Theorie festgehalten wurde. Thatsächlich waren die Einzelvölker sich ihres Gegensatzes kräftig bewußt, der Papst verlor das Regiment, wie es die Kaiser verloren hatten. Auch das allen gemeinsame Lehenwesen zerfiel, die Formen und Einrichtungen der modernen Staatsordnung traten hier früher, dort später, aber doch allerorten in kräftigen und der verschiedenartigen Entwicklung gemäß verschiedenartigen Anfängen an seine Stelle. Es war die Uebergangszeit aus dem Mittelalter

---

[1]) K. Werner, Die Scholastik des späteren Mittelalters. Bd. 1: Joh. Duns Scotus. Wien 1881. Bd. 2: Die nachscotische Philosophie. Wien 1883. Bd. 3: Der Augustinismus in der Scholastik des späteren Mittelalters. Wien 1883.

in die neue Zeit. — Dante war noch ein überwiegend mittelalterlicher Mensch, aber in ihm und stärker noch in anderen Zeitgenossen, wie Albertino Mussato und in der folgenden Generation der Petrarca, Boccaccio, und ferner in Männern wie Johann von Paris, Konrad von Megenberg[1]) regte sich auch auf dem Gebiete der Litteratur und Wissenschaft die neue Zeit, welche durch Aenderungen der politischen und militärischen Verhältnisse, Einrichtungen und Anschauungen, durch die steigende Bedeutung des Geldes, durch mancherlei Erfindungen und neue Handelswege das Mittelalter verdrängte. Der Bann des Papstes verlor seine Kraft und die lateinische Sprache ihre Herrschaft[2]). In allen Zungen wurde von dem Mißbrauch der päpstlichen Gewalt gepredigt, und selbst Bettelmönche ertrugen es, im Banne zu leben. Päpste wurden abgesetzt und ihre Prozesse vor aller Welt verhandelt, in England und Frankreich vereinigten sich die Völker und ihre Könige zum Widerstande gegen die finanzielle Ausbeutung durch die Kurie. Die hussitische Ketzerei blieb unbesiegt, die zunehmende Kenntnis der griechischen Sprache eröffnete neue Quellen des Wissens, welche geeignet waren, den Aristoteles zu verdrängen, und die Buchdruckerkunst[3]) beseitigte das wichtigste Hindernis ihrer raschen Verbreitung.

Dem wissenschaftlichen Leben kamen so mannigfaltige Anregungen; von besonderer Bedeutung war dann aber noch, daß innerhalb der Scholastik der lange schlummernde Streit um die Universalien wieder erwachte. Bei den Juden und Mohammedanern hatte man früh die

---

[1]) In seiner Oeconomica erhob er um 1360 gegen Marsilius von Padua und andere, welche behaupteten, quod imperator habeat constituere papam, den Einwand: magna differentia est inter imperatorem olim et inter nunc reges et imperatores. Das ist eine Erwägung, welche die Konstruktionen der Scholastiker durchbricht. Vgl. Riezler, Die litterar. Widersacher, S. 290.

[2]) Ist es für die Scholastik überhaupt charakteristisch, daß neben der lateinischen Litteratur eine Litteratur in den Volkssprachen nebenherging, so gilt dies für das 14. und 15. Jahrhundert noch in ungleich höherem Maße wie für das 13. Jahrhundert. Gerson hielt schon amtliche Reden französisch.

[3]) Ein interessantes Zeugnis von der Begeisterung, mit welcher sie aufgenommen wurde, bietet ein Brief des J. B. Ascensius an den bekannten Abt Joh. von Trittenheim bei Gelegenheit des Druckes großer Abschnitte von Occams Dialogus (Goldast, Monarchia II, 392). Er nennt sie divina imprimendi facultas und sagt, sie sei inventa aut ut melius dicam in meliorem formam revocata.

zwischen Realisten und Nominalisten vermittelnde Formel gefunden, welche von den Universalien eine dreifache Existenz aussagte: 1) ein Dasein vor der Erscheinung an den Einzeldingen (ante rem) als Gedanken Gottes, entsprechend der Forderung der Realisten; 2) an den Einzeldingen (in re); 3) post rem abstrahiert von den Einzeldingen, in den Gedanken und Worten der Menschen, also entsprechend der Lehre der Nominalisten. Diese Formel wurde von den christlichen Aristotelikern übernommen und neu gedacht — aber sie vereinigte die Gegensätze ohne sie aufzuheben, an den einzelnen Problemen traten sie wieder hervor. Indessen hatte im ganzen doch im 13. Jahrhundert ein gemäßigter Realismus vorgeherrscht. Durch Wilhelm von Occam († 1347) kam eine neue nominalistische Richtung zu Einfluß, und es erhob sich darüber ein Streit, in dem die Schlagworte der via antiqua und moderna geschaffen wurden, mit denen sich die Parteien namentlich an den Universitäten bekämpften[1]). Es ist zu Fakultäts- und Universitätsbeschlüssen gekommen, welche der Gegenpartei verboten, Vorlesungen zu halten, auch die Bücher ihrer Richtung in den Bibliotheken außer Gebrauch stellten, und besonders heftig entbrannte der Kampf bei Besetzung erledigter Stellen. In die Debatte um diese abstrakten Theorien mischte sich dann der Gegensatz zahlreicher Parteien, welche damals in den verschiedenen Landen miteinander um Herrschaft und Besitzungen rangen. Der große Krieg zwischen Frankreich und England, der Thronstreit in Deutschland, das Schisma, diese und ähnliche Gärungen erfüllten die Länder, und die hervorragenden Scholastiker wurden in diesen Kämpfen hin und her geworfen. Die Verhandlungen des Konstanzer Konzils über Jean Petits Lehre vom Tyrannenmorde zeigen, wie sich Politik und Logik vermischten. Wer die eine Schlußreihe für richtig hielt, war ein Freund von Burgund, wer die andere vertrat, ein Feind[2]). Ihr Schicksal drängte die Gelehrten zu dieser Untersuchung und hielt sie

---

[1]) Prantl IV, 185 ff. Der Gegensatz der via antiqua und via moderna löste den Gegensatz der Scotisten und Thomisten ab, deckte sich aber nicht mit ihm, wurzelte ferner auch nicht direkt in der Universalienfrage, sondern zunächst in dem Material, welches beim Unterricht gebraucht wurde. Eine Denkschrift der Universität Köln von 1425 rechnete zur via antiqua: Albertus Magnus, Thomas, Bonaventura, Scotus c., zur via moderna vor allem: Buridan und Marsilius.

[2]) Schwab, Gerson, S. 609 ff.

von jener zurück, öffnete ihren Blick für diese und verdunkelte ihn für jene Verhältnisse.

Wilhelm von Occam, der in der Logik die neue Richtung zum Siege brachte, gewann auch in den politischen Kämpfen hervorragende Bedeutung. „Er war feurigen Geistes und von unglaublicher Kühnheit, so daß er ganz zuversichtlich und mit Ausführlichkeit die Fragen erörterte, über welche andere auch nur ein wenig zu murren für ein Verbrechen hielten" [1]). Die Universität Paris galt als Hort der rechten Lehre und der via antiqua in der Philosophie, aber es war keineswegs so, daß die Häretiker nur vom Nominalismus ausgegangen wären, Wiclif war ein schroffer Gegner desselben.

Die logischen Untersuchungen wurden im Verlauf dieser Wiederholung der alten Kämpfe so spitzfindig, daß die Grundlagen des Denkens in Frage gestellt wurden. Die ars insolubilis des Stephanus de Monte lehrte, wie man an jeden Satz irgend ein „insolubile" anhängen könne. Wenn nun auch insolubilis nicht als „unlösbar", sondern als ein schwer zu lösendes Dilemma definiert ward [2]) — so war denn doch das Vertrauen auf die Logik der Thatsachen genommen [3]), und das Vertrauen auf die Kunststücke konnte keinen Ersatz bieten. Die Schwächen der dialektischen Methode traten um so stärker hervor, je länger sie auf den zahlreichen Universitäten geübt wurde. Dazu kam der offenkundige Mißbrauch, der mit den für die Erwerbung der akademischen Grade erforderlichen Prüfungen und Disputationen getrieben wurde. Die scholastischen Uebungen wurden oft genug zu bloßen Spielereien erniedrigt, um unter dem Vorwande wissenschaftlicher Anerkennung Ehren und Rechte zu verkaufen. Die Gegner der Scholastik versäumten nicht, diese Anschuldigung zu verallgemeinern, und wenn die Scholastik im 15. Jahrhundert auf Schulen und Universitäten noch in ähnlicher Weise herrschte wie im 13. und 14. Jahrhundert, so herrschte sie doch nicht mehr durch sie über die Welt. Es läßt sich kein Grenzjahr angeben, auch keine Persönlichkeit, welche die

---

[1]) J. B. Ascensius (Goldast, Monarchia II, 392): Vir ille acri ingenio et incredibili animositate praeditus fuit, ut qui ea disertissime et cum summa fiducia disquisiverit, de quibus alii fere vel modicum mutire piaculum duxerant.

[2]) Prantl IV, 238.

[3]) Das war es, was schon Bernhard von Clairvaux dem Abälard entgegenhielt. S. o. S. 34.

Perioden trennte. Sah das 14. Jahrhundert schon Männer, welche mit der Scholastik so entschieden brachen wie Wiclif in seiner späteren Zeit, so hatte sie im 15. Jahrhundert noch so große und einflußreiche Vertreter wie Peter d'Ailly, Gerson und Nicolaus von Cusa.

Die aufeinanderfolgenden Perioden schoben sich ineinander. Der Humanismus hatte in Petrarca seinen glänzenden Bannerträger um dieselbe Zeit, in welcher die Scholastik durch Occam eine neue Bahn einschlug und in welcher sie in Deutschland, Ungarn, Polen, Schweden, Schottland, Dänemark durch Gründung der hier bis dahin fehlenden Universitäten ihre Herrschaft weiter auszubreiten und zu sichern unternahm. Aber es mehrten sich im 15. Jahrhundert die Zeichen, daß die Scholastik in diesem Kampfe unterliegen werde. Der Geist hatte sich an ihren Problemen und an ihrer Methode zur Genüge geübt, erst mußte ihm durch die Erneuerung der kirchlichen und politischen Ordnungen wie durch die Arbeiten der Einzelwissenschaften eine reiche Fülle neuen Stoffes zugeführt werden, bis daß die rein philosophischen Studien wieder den Mittelpunkt seiner Thätigkeit bilden konnten. Auf dem Gebiete der Rechtswissenschaft entwickelte sich stärker die volkstümliche Richtung, welche nicht lateinisch schrieb, sondern in der Volkssprache, und die Subtilitäten der Glossatoren vermied, und in der Theologie gewannen diejenigen die größte Wirkung, welche von der Mystik ausgingen oder wie Marsilius von Padua, Laurentius Valla u. a. sachliche Fragen wie den Aufenthalt des Petrus in Rom, die Konstantinische Schenkung, den Text des Neuen Testaments mit der beginnenden philologischen Kritik untersuchten. Diese rhetorisch=philologischen Studien gewannen im 14. und 15. Jahrhundert den scholastischen Uebungen gegenüber stetig an Boden, und es ist bezeichnend, daß gleichzeitig Paris seinen maßgebenden Einfluß verlor. Auf den großen Konzilien des 15. Jahrhunderts, auf denen es besonders deutlich hervortrat, daß die Wissenschaft neben dem Staate und neben der Kirche als eine Macht für sich angesehen ward, hatte Paris noch an der Spitze seiner Tochter= und Schwesteruniversitäten die Repräsentanz der Wissenschaft, aber der offiziellen Anerkennung entspricht das Leben oftmals nicht. Die Schriften, welche eine neue Aera in der Theologie einleiteten, erschienen nicht in Paris, sondern in England, in Prag, in den Niederlanden, in Deutschland, in der Schweiz, und die neue Behandlung der Sprache und der Schriften der Alten hatte ihren Sitz in Italien. Hatte man im 12. und 13. Jahrhundert Frankreich gepriesen als das Land, dem die besondere Gabe des Studiums zugeteilt worden sei, so mußten im 14. und 15. Jahrhundert die Franzosen von den Italienern hören, daß man die Alten und ihre Wissenschaft nur in Italien verstehen könne¹).

So machte die Scholastik der Wissenschaft der neuen Zeit Platz, und mit der Scholastik schienen auch die Universitäten ihr Ende finden zu müssen. Die Humanisten ergossen ihren Spott über alle Einrichtungen der Universität, wollten nichts wissen von ihren Ehren und Aemtern, ihren Disputationen und Lektionen, wollten für die neue Wissenschaft auch eine neue Form finden. Erasmus selbst, der maßvollere Führer der stürmischen Generation, konnte nicht aufhören mit seinen Angriffen. In den Briefen, den Colloquia, dem Enchiridion u. s. w. kehren sie wieder. Recht deutlich zeigte sich, daß die scholastische Wissenschaft die Schöpferin der Universität war und die Universität die Form des scholastischen Betriebs der Wissenschaft. Jene humanistischen Versuche kamen nicht über Wünsche²) hinaus; in den Landen, in denen die alte Kirche die Herrschaft behielt, wurde eine Neubelebung der scholastischen Lehrbücher und Lehrweisen versucht, und da erhielten sich denn auch die Universitäten wesentlich in der Form des Mittelalters. Die Wissenschaft der Neuzeit wurde in diesen Landen überwiegend von der Litteratur und den freien, mit dem Lehramt nicht betrauten Akademien getragen. In Deutschland rang sich neben der neuen Form der Kirche auch eine neue Universität empor, Träger des Lehramts und Träger der vom Geist der neuen Zeit belebten Forschung zugleich.

---

3. Die wissenschaftlichen Leistungen der Scholastik.

So waren die Grundzüge der wissenschaftlichen Bewegung, aus welcher die Universitäten hervorgingen, und so ihr Verlauf. Indessen zur Beurteilung des Geistes und der Kraft dieser Bewegung bedarf es noch eines weiteren Blickes auf die wissenschaftlichen Leistungen

---

¹) Voigt, Wiederbelebung I, 349 und 356.
²) Soweit nicht die Akademien als ihr Produkt anzusehen sind.

der Scholastik und auf die Momente, welche dem zersetzenden Einfluß der dialektischen Leidenschaft und der damit verbundenen Art des Schulbetriebs hinreichendes Gegengewicht hielten, um solche Leistungen zu ermöglichen. Es wurde bereits darauf hingewiesen, daß die meisten Scholaren sich dem Studium aus Neigung widmeten, daß der Begriff des Brotstudiums namentlich im 12. und 13. Jahrhundert zurücktrat und daß darin für die wissenschaftliche Bewegung eine gewisse Gefahr lag, aber auch eine Quelle der Kraft. Was man wissen mußte, um ein Pfarramt zu erhalten, war verschwindend wenig, und viele erhielten fette Pfründen, obschon sie nichts lernten. Die weltlichen Stellungen waren ebenfalls zum geringsten Teil an den Besitz von Kenntnissen geknüpft, die Jurisprudenz und Medizin lockten wohl durch Gewinn und einflußreiche Stellungen — dat Galenus opes et Justinianus honores ist ein mittelalterlicher Spruch — aber die meistgepflegten philologischen und philosophischen Studien brachten in der Regel wenig ein. Jener Spruch fährt fort: Sed genus et species (die Logik) cogitur ire pedes. Ein Studentenlied[1]) variiert den Gedanken:

> „Wer sich mit der Logik müht,
> Traus nur Dorn und Distel zieht,
> Wird sein Brot im Schweiße essen
> Und auch das nur knapp gemessen."

Nur wer zu der hohen Aristokratie gehört, wird dann weiter aus= geführt, große Güter besitzt oder Renten verzehrt, nur der darf es wagen, sich mit Dialektik zu beschäftigen. Kommt der Jurist, so

---

[1]) Abgedruckt in The political Songs of England, ed. Th. Wright (Camden Society) 1839 S. 206. Song against the scholastic studies. Anfang: Meum est propositum gentis imperitae. Die bezügliche Strophe lautet:
> Nonne, circa logicam si quis laborabit,
> Spinas atque tribulos illi germinabit?
> In sudore nimio panem manducabit,
> Vix tamen hos illi garrula lingua dabit.

Aehnlich die folgenden Strophen:
> Circa dialecticam tempus cur consumis,
> Tu qui nullos reditus aliunde sumis?
> Colat, qui per patriam natus est e summis,
> Dives agro, dives positis in faenore nummis.
> Atria nobilium video patere,
> Cum legista venerit, dissolvuntur cerae,
> Exclusus ad januam poteris sedere,
> Ipse licet venias musis comitatus Homere.

öffnen sich die Thore der Paläste, und die Urkunden werden ihm gezeigt, wenn aber Homer selbst käme in Begleitung der Musen, so müßte er draußen vor der Thüre stehen. Berühmte Lehrer der Philosophie und der Theologie wurden allerdings häufig zu Bischöfen und Kardinälen erhoben, aber die meisten mußten sich doch mit der Freude am Studium begnügen. Trotzdem drängten sich immer neue Massen herzu, und auch aus den angesehensten und einflußreichsten Stellungen kehrten die Männer wieder auf Jahre zu den Studien zurück. Es war das so häufig und wurde so vielfach von Päpsten und Korporationen durch Privilegien gestattet, daß es allmählich zu einer allgemeinen Rechtsüberzeugung wurde: wer Studien halber die mit einer Pfründe verbundenen Pflichten nicht erfülle, der dürfe trotzdem eine Reihe von Jahren seine Pfründe unverkürzt genießen. Bei Ausbildung der Universitätsstatuten hat diese Rechtsüberzeugung wiederholt gesetzliche Kraft gewonnen. Die verschwenderische Fülle von kirchlichen Stiftungen drängte so wie so schon dahin, einzelnen Männern mehrere zu entfernten Kirchen und Stiftern gehörige Aemter oder vielmehr Pfründen zu geben und den Kanonikern zu gestatten, außerhalb des Ortes ihres Stifts zu leben, jetzt kam diese Gewohnheit zu segensreichster Wirkung. Es wurden im Laufe der Zeit für die Studien auch besondere Stiftungen gemacht, Päpste, Fürsten und Städte leisteten viel dafür — aber das Wichtigste blieb, daß jene Ueberfülle von kirchlichen Stiftungen eine Aristokratie erzeugte, eine Art von großen und kleinen Rentnern, die in der Lage waren, frei den Studien zu leben, und es ist ihr Ruhm, daß sie diese günstige Lage zahlreich so edel verwerteten. Die höchsten Würdenträger endlich widmeten sich teils ebenfalls selbst den Studien, teils gewährten sie den Gelehrten reiche Bezahlung für die Erziehung ihrer Verwandten, einträgliche Stellungen an ihrem Hofe als Sekretäre etwa, oder auch ohne bestimmtes Amt im Gefolge, sorgenlose Existenz als Gäste in ihren Klöstern und auf sonstigen Gütern ihrer Kirchen. Das war es, was sich Johannes von Salisbury vor allem wünschte: „Geh ins Kloster, aber ohne die Kutte anzuziehen, damit du dein eigener Herr bist, wenn du Lust hast, wieder hinauszugehen[1]". Auch diejenigen,

---

[1] Entheticus v. 1643:
Intrabis claustrum, sed si potes absque cucullo.
Ut post, si libeat, egrediare tuus.

Der encyklopädische Charakter der Studien.

welche hohe Aemter in Staat und Kirche verwalteten, blieben vielfach im Geist Scholaren, fühlten sich als Kommilitonen mit denen, die noch am Ort der Studien lebten, es war wie eine Blutsfreundschaft, ein Lebensband, ganz wie heute der Traum der akademischen Freiheit und der Gedanke gemeinsamer Studien die Last der Jahre und die Reserve der Würden vergessen macht und den Minister oder Präsidenten in Reihe und Glied mit den jüngsten Semestern den Salamander reiben läßt. Auf dem päpstlichen Throne, inmitten der Sorgen der Weltregierung und des Kampfes um die Weltherrschaft mit dem gewaltigen Barbarossa bewahrte Alexander III. eine herzliche, fast zärtliche Liebe für die Pariser Schule und Scholaren. Er sprach es nicht nur aus, sondern bethätigte es vielfach. Zu Gunsten des Pariser Kanzlers Petrus Comestor erließ er sogar eine Verfügung[1]), die eigentlich mit seinen Grundsätzen im Widerspruch stand, die er auch jedem anderen versagt hätte und nur zögernd und unter Kautelen ergehen lassen mochte, aber den Wünschen des gefeierten Gelehrten wollte er gern nachgeben, soweit es mit der Ehre irgend verträglich sei.

Dies Festhalten der Erinnerungen an die Zeit der Studien und der Liebe zu denselben hatte damals noch eine weit kräftigere Wurzel als den romantischen Zug, der sie heute wohl vorzugsweise nährt. Diese Wurzel war das encyklopädische Interesse des Mittelalters, der Wunsch, alles Wissen zu umfassen. Hatte jemand nach vieljährigem Studium den Ruhm eines gewandten Lateiners, besonders eines fertigen Poeten und eines scharfen Logikers errungen, dann setzte er wieder eine neue Reihe von Jahren daran, um Theologie oder Jurisprudenz oder Medizin zu treiben. Giraldus Cambrensis brachte sein halbes Leben damit hin[2]), daß er immer nach einigen Jahren praktischer Thätigkeit wieder einige Jahre bald lehrend, bald lernend den Studien lebte, und viele machten es ähnlich. Der encyklopädische Charakter der damaligen Wissenschaft lag zum Teil darin begründet, daß die von

---

[1]) Bulaeus II, 370: Alexander Episcopus Servus Servorum Dei ... Licet mandaverimus, ut si qui volunt docere, nihil pro scholis regendis ab aliquo exigatur juxta illud „veni et audi", volentes tamen honestati et litteraturae M. Petri Cancellarii Parisiensis quantum salva honestate possumus prompta benignitate deferre, quem speciali praerogativa diligimus et volumus honorare ... Bei Migne, Patres latini Nro. 200 p. 998.

[2]) De rebus a se gestis bei Wharton, Anglia sacra II und Opera ed. Brewer (Rerum Britann. scriptor. med. aevi), Tom. I.

den Alten erhaltenen Lehrbücher die Basis bildeten, daß jede Wissenschaft eine Art Philologie war, aber doch nicht bloß darin, denn über diesen Büchern war eine große Litteratur erwachsen und das Corpus juris, die Dekretalen, die Grammatiker und die philosophischen Schriften des Aristoteles, des Averroes, Avicenna u. s. w. bildeten doch schon je für sich große Stoffmassen, zu geschweigen der Kirchenväter, von denen einige sehr viel studiert wurden. Aber die Zeit war von einem wissenschaftlichen Heißhunger erfüllt, der freilich die größten Massen des Stoffes auch unverdaut ließ und nur eben in neue Kompilationen ablagerte. Die Kehrseite der Vielseitigkeit war regelmäßig Oberflächlichkeit, es wäre schlechterdings unmöglich, daß ein Mensch die Massen von verschiedenartigen Dingen, die z. B. Albertus Magnus in seinen 21 Folianten über Steine, Pflanzen und Tiere wie über logische und theologische Gegenstände aufgespeichert hat, alle wirklich geistig verarbeitete. Es fehlte ferner meistens an der Genauigkeit der Behandlung und durchaus an der Vollständigkeit in der Benutzung des Materials, die wir selbst bei schärfster Beschränkung auf die bedeutenderen Arbeiten der noch lebendigen Litteratur zu fordern gewöhnt sind[1]). Hervorragenden Gelehrten waren bisweilen Bücher fremd, die zu den wichtigsten Grundlagen und gefeiertsten Arbeiten über den Gegenstand ihres Studiums gehörten. Hugo von S. Victor war eine wissenschaftliche Kraft ersten Ranges; auch wer an seiner Denkweise keinen Gefallen hat, fühlt sich oftmals gefesselt durch die Schärfe und Tiefe dieses Geistes, aber er macht über Schriften des Sokrates und Plato die bedenklichsten Bemerkungen. Odarbus, einer der berühmtesten Lehrer des 11. Jahrhunderts, der Tournay zu einem Sammelpunkt von Schülern aller Länder erhob, hatte bereits fünf Jahre doziert, ohne von Augustins Schrift De libero arbitrio Kunde zu haben. Ja, auch als sie ihm mitgeteilt wurde, beeilte er sich nicht, sie zu studieren, sondern erst, als er in der Erklärung von Boetius' De consolatione an das vierte Buch kam, da ließ er sich das Werk bringen, weil er sich zufällig wieder daran erinnerte,

---

[1]) Einer der berühmtesten Autoren war Raimundus de Pennaforte, der 1230 von dem Papste Gregor IX. mit einer Sammlung der Dekretalen zu einem kirchlichen Gesetzbuch beauftragt wurde. Wie wenig aber selbst er heutigen Ansprüchen an Sorgfalt genügte, zeigt E. Friedberg, Zeitschrift für Kirchenrecht Bd. 18 (Jahrgang 1883) S. 119 f.

ob er darin vielleicht etwas finde, was zu behalten würdig sei¹). Bei dem großen Ansehen Augustins und dem Ruhme des Odarbus ist dieser Vorgang ein klassisches Zeugnis für die Regellosigkeit der damaligen Ausbildung. Dieser Odo oder Odarbus ist zugleich ein Beispiel der vielseitigen Interessen der Schule; hatte er am Tage mit den Schülern gelesen und disputiert, so setzte er sich am Abend vor die Schule und lehrte sie die Gestirne kennen.

Es entstanden damals auch vielfach Encyklopädien des Wissens in Prosa und in Versen, kleine wie der Elucidarius des Honorius²) und große wie das Speculum des Vincenz von Beauvais. Das ausgehende Altertum hatte dazu die Vorbilder gegeben, aber das Mittelalter führte diese Idee in umfassender Weise aus, keineswegs bloß aus Nachahmung, sondern weil ein starkes Bedürfnis nach solchen eine ganze Bibliothek ersetzenden Büchern vorhanden war. Vincenz von Beauvais bot in seinem „Spiegel" Handbücher der verschiedenen Wissenschaften und Künste, für die Grammatik nahm er z. B. das Buch des Petrus Helias auf, und auch über Baukunst, Bienenzucht und Fischerei enthält das Riesenwerk ausführliche Belehrung. An solchem Buche, wie an den zahlreichen Bänden des Albertus Magnus u. s. w. erkennt man recht deutlich, daß die Scholastik nicht einseitig aufging in Aristoteles und Dogmatik.

Dieses encyklopädische Interesse bildete ein Gegengewicht gegen die dialektische Neigung, führte dem Studium Stoffe zu, die nicht mit bloßer garrulitas bewältigt werden konnten. In derselben Richtung wirkte der Umstand, daß die hervorragenden Scholastiker vielfach auch bedeutende praktische Stellungen einnahmen. Mehrere Päpste hatten den Grundsatz, alljährlich einige wichtige Aemter, selbst Bistümer und Kardinalate, an hervorragende Magister zu verleihen. Die Kaiser und ihre Räte, weltliche und geistliche Fürsten zogen sie in ihre Umgebung, vertrauten ihnen die Erziehung ihrer Kinder an,

---

¹) Si quid dignum memoria in eo possit inveniri. D'Achery, Spicilegium II. 889 f. Es wäre eine lohnende Aufgabe, die Entstehung dieses Berichts näher zu untersuchen.

²) Honorius von „Augustodunum", vermutlich nicht Autun, sondern Augsburg. S. in der Allgemeinen deutschen Biographie den gelehrten Artikel (von Stanonik) über diesen merkwürdigen und ungewöhnlich selbstbewußten Autor des 12. Jahrhunderts. Heinrich der Löwe veranlaßte eine deutsche Bearbeitung, welche demnächst von K. Schorbach herausgegeben werden wird.

die Ausarbeitung ihrer Staatsschriften, Gesandtschaften, Vertrauens=
posten aller Art. Anselm wurde von dem Kloster Beccum und seiner
Schule zum Erzbischof von Canterbury erhoben, und ähnlich wie sein
Nachfolger Thomas Becket so setzte auch Anselm durch seine Ansprüche
und durch den Widerstand gegen die kirchlichen Forderungen das
ganze Land in Bewegung. Johannes von Salisbury wurde von
Thomas Becket zu seinem Gehilfen berufen, hatte ihn zeitweise in
der Ausübung seines hohen Richteramtes zu vertreten, wiederholt
wichtige Gesandtschaften nach Rom zu übernehmen und längere Zeit
einen großen Teil der englischen Staatsverwaltung zu tragen. Petrus
Blesensis erhielt mit der Erziehung des Prinzen von Sicilien auch
eine Art Ministerstellung in Palermo. In den mannigfaltigsten
Geschäften war Giraldus Cambrensis thätig, in Irland, in Wales,
in Rom; Bernhard von Clairvaux, die großen Dominikaner, Stephan
von Tempiers u. s. w. standen alle im stärksten Getriebe der Zeit.
Auch beschränkte sich diese praktische Thätigkeit durchaus nicht auf die
berühmtesten Vertreter der Wissenschaft; selbst diejenigen, welche sich auf
die Lehrthätigkeit beschränkten, waren in eine Menge Geschäfte verwickelt,
von denen ein Professor heutzutage nichts weiß. Statt eines festen Ge=
haltes bezogen sie Einnahmen aus Pfründen, die ihnen oft von anderen
streitig gemacht wurden, namentlich wenn sie die mit der Pfründe
verbundenen Pflichten nicht erfüllen konnten, oder sie waren ganz auf
die Einkünfte aus dem Schulgeld angewiesen. Die Scholaren hatten
großenteils kein Bürgerrecht, und ehe die korporative Verfassung der
Universität ausgebildet war, hatte der Lehrer, der den Scholaren
aufgenommen, die nächste Verpflichtung, für ihn einzutreten. Nach
der Bildung der Korporation aber entstanden aus dem Leben der=
selben mannigfaltige Geschäfte, gegen deren Bedeutung, Umfang und
Gefahr alles verschwindet, was heute von Geschäften einem Gelehrten
aufgebürdet wird. Die vielen Auswanderungen aus Paris, Oxford,
Bologna und anderen Orten, die Kämpfe der Universität Paris mit
dem Kanzler, dann mit den Dominikanern, mit dem Papste, mit der
königlichen Regierung, die Kämpfe der Nationen in Oxford, die Ver=
drängung der nichtregulierten durch die regulierten Chorherren in
S. Genovefa, die Schicksale eines Schriftstellers wie Gerhoh von
Reichersberg, die Kämpfe der Richtungen in Hersfeld, die Abtswahlen
in Corvey und Fulda zur Zeit Konrads III. ermahnen uns, das
Leben der damaligen Gelehrten nicht mit dem durch geregelte Staats=

Einfluß dieser praktischen Thätigkeit. 69

verwaltung eingefriedigten und durch zuverlässige Bezahlung aus Staatsmitteln gesicherten Gelehrtenleben von heute zu vergleichen. Vor allem hatten die Mönche damals keineswegs immer den Genuß solcher Ruhe. Wer in einem Kloster oder gar in einem Orden Einfluß hatte, der sah sich allezeit mit wichtigen Geschäften überhäuft. Die Orden waren großartige Organisationen, gebildet um Schäden der Kirche zu heilen und falsche Richtungen zu bekämpfen — dieser Kampf begann mit Lehre und Beispiel, mußte aber zuletzt mit Geld und Einfluß ausgetragen werden, und so hatten die Albert und Thomas, die Jordan und Bernhard Güter und Ansprüche zu gewinnen und zu verteidigen, und zwar auch gegen gleicheifrige, ebenfalls mit dem Schwert der Heiligkeit, aber unter einer anderen Uniform kämpfende Gegner: die vestis alba und vestis pulla, hie schwarze und hie weiße Mönche[1]) (Cluniacenser und Cistercienser), zählen zu den am lautesten und häufigsten gebrauchten Schlagwörtern und Parolen des 12. Jahrhunderts. In dem Arbeitszimmer des Scholastikers herrschte meistens nicht weltfremde Ruhe, er mochte noch so sehr sich den Gefühlen überlassen und die Sachen als Begriffe zu betrachten streben: die Thatsachen drängten sich ihm in ganzer Härte auf und zwangen ihn, sie anzuerkennen. Wenn im 13. und 14. Jahrhundert die Anhänger des Dominikaners Thomas von Aquino überwiegend dem Dominikanerorden angehörten, und die Anhänger seines Gegners, des Franziskaners Duns Scotus, den Franziskanern[2]), so war das kein Zufall; aber die Rivalität der Orden ist nur der anschaulichste, keineswegs der bedeutendste Faktor, der aus dem Leben in die Wissenschaft eingriff. Die Männer, die in diesen Schulen gebildet wurden oder ihr Leben an den Schulen hinbrachten, gingen daher auch nachdrücklich auf die großen Tagesfragen ein, und ihr Ausdruck gewann in der Polemik oftmals eine Schärfe, welche selbst verbrauchte Wendungen und Worte erneuerte und die ganze Rücksichtslosigkeit an sich trug, welche den Thatsachen entstammte.

Den Gregorianern rief ein kaiserlich gesinnter Mann zu: „Was ist das für eine verkehrte Welt, daß die Mönche, die doch tot sind,

---

[1]) Joh. von Salisbury, Entheticus v. 1829. Vgl. den Briefwechsel Bernhards von Clairvaux mit seinem Neffen.

[2]) Es ist damit nicht gesagt, daß nicht auch Dominikaner dem Scotus folgten und umgekehrt.

über die Lebenden herrschen wollen?" ut monachi qui sunt mortui superponantur vivis [1]). Und die Männer der anderen Partei zeigen die gleiche Kraft und Schärfe. Der mystische Beter Bernhard von Clairvaux war in den Dingen dieser Welt wohl bewandert und wußte die Menschen nicht bloß durch große Gedanken zu erschüttern, sondern auch an ihren Schwächen zu leiten. In Liedern, in Visionen wie die, welche den Stoff der göttlichen Komödie bildeten, in Dichtungen wie die Tiersage, in falschen Urkunden, in juristischen Deduktionen, in fingierten Briefen, in historischen Darstellungen, kurz in allen möglichen Formen wußten die Parteien einander anzugreifen.

Ein weiterer Quell der Kraft und Frische und ein Gegengewicht gegen die Veröbung der Manier lag darin, daß in dieser Periode neben dem Klerus laienhafte Elemente an der Litteratur teilnahmen. Die Kirche blieb allerdings noch immer vorzugsweise der Träger des geistigen Lebens und der wissenschaftlichen Thätigkeit, und die lateinische Kirchensprache blieb die regelmäßige Sprache der Wissenschaft, aber weder das eine noch das andere in dem Maße, wie vom 8. bis 10. Jahrhundert. In der Zeit der Scholastik trat eine bedeutende Litteratur in den Volkssprachen neben die Litteratur in der Kirchensprache, das römische Recht fand vorzugsweise von Laien wissenschaftliche Bearbeitung, und auch sonst erhoben sich unter den Laien in dem Ritter= und Bürgerstande die höher gebildeten Elemente, deren Führer sich mit dem gelehrten Klerus messen konnten und denen sich gebildete Kleriker anschlossen. Der Laie Eicke von Repgowe hat durch seinen Sachsenspiegel in Deutschland einen Einfluß geübt, wie er selten einem Schriftsteller zu teil wird. Dasselbe gilt von Beaumanoir Boutillier und den übrigen Praktikern, welche in Frankreich im 13. und 14. Jahrhundert die Coutumes bearbeiteten und Richtsteige schrieben. Rutebeuf war ein Pariser Kind geringen Standes, aber voll lebhaften Interesses für die Lehrer und die Rechte der Universität; seine französischen Verse bildeten eine der schärfsten Waffen in dem Kampfe der Pariser Universität gegen die Ansprüche der Dominikaner (um 1256).

---

[1]) Vgl. die ähnliche Wendung eines Liedes aus dem 14. Jahrhundert, Wright, Political Songs II, 20:
>Why make yee so costly houses
>To dwell in, sith Christ did not so,
>And dede men shuld have but graves,
>Ai falleth it to dede men.

Umgekehrt mischte ein Schüler Abälards (gegen 1140) in sein lateinisches Klagelied über ein Schulereignis einen französischen Refrain. Auch die Trink- und Liebeslieder der Scholaren zeigen nicht selten romanische und deutsche Zeilen, und bei manchen Autoren bleibt man im Zweifel, ob sie Laien oder Kleriker waren. Der Name Kleriker verlor seine Bedeutung, er bezeichnete nicht mehr nur die Priester, sondern alle, welche litterarische Bildung hatten[1]), daher denn später auch der Name dem Schreiber und Bureaugehilfen geblieben ist. Gleichzeitig begann die lateinische Sprache ihr Monopol für Behandlung gelehrter Gegenstände zu verlieren[2]). Grammatische, philosophische, juristische und theologische Fragen wurden auch in den Volkssprachen erörtert und selbst die römischen Rechtsquellen in das Französische übersetzt. Manche Dichter schrieben bald in der lateinischen und bald in der Volkssprache, und die aus den Laien hervorgegangenen Spielleute und Troubadours lassen sich nicht streng scheiden von den aus dem Klerus herstammenden Vaganten oder Goliarden. Namentlich begegnen sie sich in den Klagen über die Korruption der übermächtig gewordenen Kirche. Der Mißbrauch der geistlichen Waffen, die Bestechlichkeit Roms,

---

[1]) So in dem Roman de la Rose (Orléans 1878 in 5 Bänden) Bd. IV p. 67 ff. in der berühmten Ausführung, daß nicht die Geburt Adel verleihe, sondern die Bildung:
  Plus d'avantage a donc cent fois
  Le clerc d'ètre noble et courtois q'un rois ...
  Car le clerc ...

[2]) Beispiele sind die Schriften Notkers von St. Gallen, die deutsche Bearbeitung der Encyklopädie des Elucidarius (Mitte des 12. Jahrhunderts), il Convito Dantes, die Abhandlungen des Spaniers Raimundus Lullus, die Schriften der deutschen Mystiker, die französischen Uebersetzungen der Sammlungen des römischen wie des kanonischen Rechts. Siehe darüber W. Schäffner, Geschichte der Rechtsverfassung Frankreichs, 2. Aufl. 1859, III S. 14, Anm. 17 u. III, 21 f. Ueber eine französische Uebersetzung der Summa Azzonis aus dem 14. Jahrhundert siehe Mélanges d'Archéologie et d'Histoire (École française de Rome), Rome 1885, V⁰ année. Auch die ib. p. 55 mitgeteilte Disputation De Dieu et de sa Mère aus dem Jahre 1417 ist dahin zu rechnen. Jesus beklagt sich, daß seiner Mutter alle die großen Kirchen ꝛc. geweiht werden und daß ihm nur die Spitäler bleiben. Der Papst ist Richter. Dem heutigen Leser klingen diese 200 Verse wie eine Satire, aber es ist keine Satire, das prozessualistische Interesse überwiegt ähnlich wie bei den Satansprozessen. Um 1400 hatte diese französische Litteratur bereits ein sehr weites Feld. Man nehme nur die Schriften von Gerson oder das Somnium Viridarii. Siehe die Abhandlung von Karl Müller, Das Somnium Viridarii eine Kompilation, in Ztschr. f. Kirchenr. XIV, 134 f.

die Täuschung der Frommen durch gefälschte Wunder wurden von Laien und Klerikern in der Kirchensprache wie im Volksdialekt gegeißelt. Das Drama vom römischen Reich und dem Antichrist ist ein Zeugnis dafür, welch hohen Flug dies volkstümliche Denken in der Zeit Barbarossas nahm. Es ist in lateinischer Sprache und mit einem Apparat von Personen und Vorstellungen gedichtet, die der kirchlichen Tradition angehören, aber nicht vom Standpunkt des Klerikers, sondern von dem des deutschen Patrioten, des Reichsbürgers. Dieser Umstand hindert keineswegs die Annahme, daß der Verfasser Kleriker war oder Mönch — es ist ein Zeichen der Zeit, daß man das nicht erkennen kann. Recht eigentlich das Produkt dieser Stimmungen und Verhältnisse aber ist die Tiersage[1]). Sie wurde ebenfalls bald in lateinischer, bald in der Volkssprache bearbeitet, und von der großartigen Form derselben im Ysengrimus ist es ebenfalls nicht zu sagen, ob der Verfasser ein Laie oder ein Kleriker war. Er hatte die Bildung des gelehrten Klerus empfangen, er war auch wahrscheinlich Vorstand einer Schule oder nacheinander verschiedener Schulen an Kirchen und Klöstern, aber es ist leicht möglich, daß er die Weihen nicht empfangen und kein Gelübde abgelegt hatte. Denn so standen damals Viele lange Zeit an einflußreichen Stellen in dem Schultreiben, wie Abälard, der bis zu seiner Katastrophe Laie war, und wie Johannes von Salisbury. Jedenfalls war die Gesinnung des Verfassers ganz volkstümlich. Besonders zahlreich zeigten sich in den Kämpfen der Staufer, Ludwig des Bayern, Philipps des Schönen, der englischen Könige und der Städte mit den kirchlichen Gewalten Kleriker und Laien nebeneinander als kundige Kritiker der mit Dogmen, Dekretalen, wirklichen und erdichteten Präzedenzfällen begründeten Ansprüche des Klerus. Endlich und vor allem aber vollzog sich in den seit dem 11. Jahrhundert in Masse auftretenden Ketzergemeinden und dann in der Mystik eine Verschmelzung von laienhaften und klerikalen Elementen, welche den Gegensatz dieser Stände in Interessen, Bildung und Ansichten vielfach überbrückten. Wurde doch schon von Petrus Damiani im 11. Jahrhundert die Klage

---

[1]) Die früher von Grimm vertretene Ansicht, daß sie urgermanischer Besitz sei, ist wohl aufgegeben. Aber auch wer an ihr festhalten wollte, würde doch an die Entwicklung dieser Sagen im 12. Jahrhundert die gleiche Betrachtung über die Stellung von Laien und Klerus knüpfen. Vgl. die treffliche Ausgabe des Ysengrimus von E. Voigt, 1884.

erhoben, daß Bauern und beliebige Leute ohne gelehrte Bildung sich nicht entblödeten, auf Kreuzwegen und wo es gerade sei vor Weibern und Hirten über Stellen der heiligen Schrift zu disputieren. Im 12. und 13. Jahrhundert erfüllten Sekten und Konventikel große Gebiete. Dieser Hintergrund eines teilnehmenden Publikums nicht bloß aus geistlichem Stande und die ähnliche Mischung auch unter den Autoren, diese Verbindung der Publizistik mit den gelehrten Interessen und Anwendung der Volkssprachen neben dem Latein: das alles bildet einen wichtigen, vielfach maßgebenden Zug in dem Wesen der Periode der Scholastik und ein unterscheidendes Merkmal von dem ihr vorauf= gehenden Humanismus des 10. und 11. Jahrhunderts, der für sich stand. Darin kündigte sich auch der große Umschwung an, der sich während derselben in der politischen Welt vollzog. Rom stand noch im Mittelpunkt der Kräfte und Gedanken. Das römische Reich und die römische Kirche galten noch als die beherrschenden Formen und gebietenden Mächte des politischen Lebens[1]); aber die Idee des römischen Reichs trat mehr und mehr zurück vor den aufstrebenden Nationalstaaten, und der Herrschaft der römischen Kirche stellten sich individuelle Meinungen und Richtungen entgegen. Noch hatte Rom das Uebergewicht, noch ward Kleriker genannt, wer gelehrte Studien trieb; aber viele trieben sie, ohne als Glieder dieses eximierten Standes zu leben oder auch nur die Weihen zu empfangen, die ihn äußerlich von den Laien trennen würden. Die Scholastik war noch eine Wissen= schaft des Klerus, aber sie durchbrach zugleich die Schranken, welche den Klerus von den Laien trennten.

Diese Verhältnisse trugen dazu bei, daß es trotz des Uebergewichts der Logik auch in den positiven Wissenschaften nicht an Fortschritten fehlte. Die Verdienste der Scholastiker um die lateinische Syntax wurden bereits erwähnt, und Dantes berühmte Abhandlung über die italienische Sprache[2]) zeigt, daß man den Sinn für sprachliche Er= scheinungen vielseitig gebildet hatte. Die eigentümlichen Züge der scholastischen Methode treten deutlich hervor, auch die Ansicht von der

---

[1]) Gierke, Johannes Althusius (Untersuchungen zur deutschen Staats= und Rechtsgeschichte, VII). Breslau 1880. S. 60 ff. Note 10 ff. gibt die Ent= wicklung dieser Vorstellungen und die bezügliche Litteratur.

[2]) Dantis Aligherii De vulgari eloquio sive idiomate libri duo in Opere minori di Dante Alighieri, ed. Fraticelli. 4. ed. Firenze 1882. Bd. 2, 139 ff.

„Erfindung der Grammatik"¹) fehlt nicht, aber es findet sich auch ein wirkliches Eindringen in den schwierigen Gegenstand, und welche Kühnheit liegt nicht schon an und für sich in dem Versuche, in diesen Anfängen des Gebrauchs der italienischen Dialekte als Schriftsprache eine gemeinsame italienische Schriftsprache zu schaffen und diese durch grammatische Regeln zu sichern. Unmittelbar sieht man hier die Frucht der langen Pflege grammatischer Wissenschaft.

Der Geschichtschreibung war der Geist der Scholastik nicht günstig und die Entwicklung derselben in dieser Periode ist hier nicht weiter zu schildern. Es genügt, darauf hinzuweisen, daß sich z. B. in dem Memoirenwerke des Joinville die Teilnahme der Laien an der Litteratur glänzend bethätigte, und daß sich bei einigen Autoren der Einfluß des gesteigerten wissenschaftlichen Lebens bemerklich machte. Otto von Freisingen war ein eifriger Schüler des Gilbertus Porretanus²), und seine Schriften zusammen mit seinen Fortsetzern sind doch wohl als die vollendetsten Erzeugnisse der mittelalterlichen Historiographie anzusehen.

Die Kunst Briefe und Urkunden abzufassen fand besondere Pflege. Sie lehrte das Elementarste, wie die heutigen Briefsteller, sie berührte sich aber auch mit der Rechtswissenschaft und bedurfte der Rhetorik. Es sind förmliche Richtungen und Schulen zu unterscheiden, die einander ablösten und bekämpften. Auch das ist charakteristisch für die Zeit, daß die Form des Briefes für wissenschaftliche Abhandlungen und rechtliche Deduktionen benutzt wurde. Ein großes Beispiel bieten die Briefe von Abälard und Heloise aus der Zeit nach der Katastrophe³).

Von epochemachender Bedeutung waren die Leistungen dieser Jahrhunderte auf dem Gebiete der Musik. Das Bedürfnis des Kultus forderte allerorten wenigstens eine elementare Uebung im Gesang. Aber dieser handwerksmäßigen Fertigkeit gegenüber erhob sich im 11. Jahrhundert namentlich durch Guido von Arezzo eine selbständige

---

¹) a. a. O. S. 164 f.

²) E. Bernheim in den Mitteilungen d. Instit. f. österr. Geschichtsforsch. 1885 S. 1 ff.

³) Die verliebte Korrespondenz des unglücklichen Paares ist nicht auf uns gekommen, auch nicht die Liebeslieder Abälards, obschon sie viel gesungen wurden und also nicht von Abälard selbst vernichtet sein können.

Wissenschaft der Musik[1]). Auf die gewöhnlichen Gesangkünstler sah Guido stolz herab — einen Haufen abgeschmackter Narren schalt er sie, bewußt suchte er nach Erkenntnis der Gesetze der Kunst. Diese theoretischen Untersuchungen ruhten auf denjenigen der Alten, und zwar waren sie dem Mittelalter durch denselben Boetius überliefert, dem es die grammatischen und philosophischen Handbücher dankte. Aber über diese Grundlage gingen Guido von Arezzo und seine Nachfolger weit hinaus und zwar mit Bewußtsein über den Wert ihrer Entdeckungen. Sie schufen den mehrstimmigen Gesang und damit die Grundlage für die Entwicklung der modernen Musik.

Die großen Arbeiten auf dem Gebiete des römischen Rechts, welche von der unsicheren Benutzung einzelner Stellen im 9. und 10. Jahrhundert zu einer wissenschaftlichen Beherrschung des ganzen Corpus juris fortschritten, gehören zumeist der Schule der Glossatoren an, in der noch der Geist des der Scholastik vorausgehenden Humanismus vorherrschte. Aber der Zeit nach fallen sie in die Periode der Scholastik, und es bildet ein wesentliches Merkmal der wissenschaftlichen Bewegung des ersten Jahrhunderts der Scholastik, daß in demselben das Studium des römischen Rechts zu solcher Blüte gedieh. Schon deshalb, weil die Vorstellungen von der Unabhängigkeit der weltlichen Gewalt erst in den Gesetzen der römischen Kaiser und den Definitionen der Juristen die scharfe Formulirung fanden, ohne welche sie sich im Kampf mit den die Welt erfüllenden und durch die Dialektik der Scholastiker mächtig geförderten hierarchischen Ideen nicht hätten führen können[2]). Die Kenner haben die Arbeit dieser Glossatoren immer mit Bewunderung geschildert. Ein Jahrhundert hindurch haben hervorragende Geister eine heute kaum begreifliche Kraft des Geistes und vor allem des Gedächtnisses aufgeboten, um ohne die Erleichterungen unserer Ausgaben, Register, Lexika u. s. w. die zahllosen Stellen des Corpus grammatisch zu verstehen und durch

---

[1]) Migne, Patres latini Nro. 141. Die Vorrede seines Micrologus de disciplina artis musicae p. 381 zeigt das starke, aber auf dem Bewußtsein erheblicher Leistungen beruhende Selbstgefühl des Mannes. Sodann die Vorrede zu dem Tractatus correctorius ib. 431.

[2]) S. Abhandlungen der Wiener Akademie, 1857, S. 68 Note 1. Huguccio, der Freund und Lehrer Innocenz' III., vertrat doch die Selbständigkeit der kaiserlichen Gewalt. Ante enim fuit imperator quam papa. Und Bernhard von Pavia sagte: orbis major urbi.

einander zu erklären, bis dann endlich diese Arbeiten in der sichtenden Sammlung der Glossa ordinaria des Accursius ihren Abschluß fanden. Daneben scheint die Leistung der Postglossatoren[1]), der eigentlichen Scholastiker der Rechtswissenschaft, zurückzutreten. „Die scholastische Exegese schlug sich durch zahllose Quästionen und Distinktionen eigener und fremder Erfindung hindurch, um schließlich für den Text selber keine Zeit übrig zu behalten. Wenn es vorkam, daß auf die Auslegung eines Pandektenfragmentes Monate verwendet und kaum mehr als fünf Stellen im Jahre absolviert wurden (Alciati oratio Bonon. habita 1537. Savigny 3, 547e. Panzirol. l. 2, c. 4), daß selbst der Institutionarius mit seiner einleitenden Vorlesung fünf bis sieben Jahre verbrachte, so sind zwar solche exorbitante Fälle auch in jener Zeit als Ausnahmen zu betrachten. Allein ihre Möglichkeit gibt einen Anhalt, um auf die Regel zu schließen, welche durch die überlieferten Lekturen und Kollegienhefte bestätigt wird[2])."

Wie dem Studium der Theologie die Sentenzen des Lombarden, so wurden seit dem 14. Jahrhundert dem Studium des römischen Rechts vorzugsweise die Kommentare zweier Autoritäten zu Grunde gelegt, des Bartolus und Balbus, deren Namen in den Kreisen der populären Kenntnis schlechtweg für das römische Recht gesetzt wurden[3]). Die juristische Unterweisung artete bisweilen geradezu in ein Spiel aus, ähnlich den Rätselfragen, wie sie Kinder zur Uebung des Scharfsinns lösen. Die Lekturen über die Erbfolge[4]) enthielten als Beigaben Enigmata und Casus, in denen eheliche Verbindungen als möglich gesetzt wurden, die nach dem geltenden Recht nicht möglich waren, sondern als blutschänderisch galten und also auch diejenigen verwandtschaftlichen Verbindungen rechtlich nicht bewirkten, mit denen

---

[1]) B. Brugi, Alcune osservazioni sul periodo storico dei Postglossatori in Italia im Archivio giuridico 26 p. 401—439 (1881).

[2]) Stintzing, Geschichte der populären Litteratur des römisch-kanonischen Rechts S. XXVIII. Aehnliche Fälle aus der Theologie bei O. Hartwig, Heinrich von Langenstein S. 85. Dreizehn Jahre auf vier Kapitel der Genesis!

[3]) Die bekannte Anekdote von den Schöffen zu Frauenfeld im Thurgau, welche einen Doctor juris zur Thüre hinauswarfen mit den Worten: „Wir fragen nichts nach deinem Bartele und Balde." Stintzing a. a. O. S. XXV, und Zöpfl, Rechtsgeschichte 208.

[4]) Stintzing a. a. O. S. 167 f. gibt Beispiele.

Die Postglossatoren. 77

doch operiert wurde, um das Rätsel zu lösen. Es war ein Kombinationsspiel mit juristischen Begriffen, ähnlich dem Spiel der Dialektiker mit logischen Begriffen, die ihres Inhalts, ihrer im Leben wirksamen Attribute beraubt waren, oder dem Treiben der Grammatiker, welche, unbekümmert um den Sprachgebrauch, eine ratio erklügelten und etwa ein Wort einer Kasusregel unterwarfen, weil diese Regel für ein anderes Wort ähnlicher Bedeutung galt. Im 15. Jahrhundert schien die Jurisprudenz in diesen Verirrungen ganz zu versinken und verharrte auch noch im 16. Jahrhundert darin[1]), nachdem die Herrschaft der Scholastik auf dem Gebiete der Sprache und der Theologie bereits gebrochen war. Für die wissenschaftliche Erkenntnis des römischen Rechts hat diese scholastische Behandlung also weniger geleistet, aber um so größer war ihre praktische Bedeutung[2]).

Durch Aufnahme und Berücksichtigung der auf dem Boden des römischen Rechts unter germanischen und kanonistischen Einflüssen erwachsenen italienischen Lokalrechte, durch die Verarbeitung derselben mit dem Recht des Corpus juris gestalteten die Scholastiker das römische Recht zu einem in wesentlichen Auffassungen den thatsächlichen Zuständen mehr entsprechenden System. Dieser Mischungsprozeß wurde dann für Deutschland in noch umfassenderer Weise fortgesetzt durch die Masse von Gelehrten, welche dem encyklopädischen Zuge der Scholastik folgend nach den artes eine Zeitlang auch römisches Recht studiert hatten. Nur wenige hatten so reiche Mittel, daß sie nach den Jahren, welche die artes in Anspruch nahmen, den Spezialwissenschaften oder oberen Fakultäten genügende Zeit widmen konnten, aber gerade diejenigen, welche nur die eine und andere Vorlesung gehört hatten und durch die unverstandene Gelehr-

---

[1]) Der Reformator des kanonischen Rechts, der Spanier Agustin, welcher über die Kommentare und Exzerpte des Decretum Gratiani hinweg zu den ursprünglichen Quellen zurückging, schrieb 1536: „Wir leben in einer Zeit, in der jemand für einen um so schlechteren Juristen gilt, je mehr er von den humanistischen Wissenschaften versteht." Maaßen a. a. O. S. XXI und wörtlich ib. Note 2: Namque ita ajunt, civilem scientiam totos homines desiderare, qui nihil aliud agant . . ., quam ut quid Accursio, Bartolo . . . visum fuerit, defendant, legum verba ignorent licet.

[2]) E. Landsberg, Die Glosse des Accursius und ihre Lehre vom Eigentum, 1883 S. 65 f.

famkeit mit stummem Staunen erfüllt waren vor der Weisheit, welche sie hinter dem Stolz der professores legum vermuteten[1]), besaßen die Rücksichtslosigkeit der Ignoranz, welche dazu gehörte, Rechts=geschäfte, die nach deutsch=rechtlichen Grundsätzen abgeschlossen waren, nach römisch=rechtlichen Definitionen zu beurteilen. Der Gegensatz der beiden Rechtsanschauungen war ihnen nur unvollkommen deutlich, unzweifelhaft aber war ihnen dagegen die Vorstellung, daß das Recht der Römer von Rechts wegen herrschen müsse im Reiche des römischen Kaisers, ja daß es das Recht schlechthin sei. Nur wo die deutsche Rechtsüberzeugung noch zu schroff widersprach, statuierten sie eine Ausnahme. Was sie sonst von Begriffen und Rechtssätzen in dem Studium oder aus den populären Handbüchern in sich aufgenommen hatten, das vertraten sie mit dem Eifer der Neophyten auf der Schöffenbank, im Rat der Städte und der Fürsten, in Gutachten und populär=juristischen Schriften. Die staatlichen und kirchlichen Ge=walten verboten wohl das Studium des römischen Rechts, und die ungelehrten Schöffen erhoben mehrfach Protest gegen jene Geltend=machung fremdartiger Grundsätze[2]), aber die Männer der Wissen=schaft gewannen doch leicht Einfluß, zumal wenn sie in Paris oder gar in Bologna studiert hatten. So erfüllten diese Scholastiker ähnlich wie die Kanonisten namentlich in Deutschland einen Kreis des Volkes, seiner Rechtsideen und Institute nach dem anderen mit römisch=rechtlichen Vorstellungen und verliehen zugleich dem System des römischen Rechts durch Aufnahme mittelalterlicher und deutsch=rechtlicher Anschauungen diejenige Gestalt, welche es erst zur Rezeption fähig machte. In seiner reinen Gestalt, ohne diese Verdunkelungen und Beimischungen würde der Gegensatz gegen die deutsche Rechts=überzeugung zu schroff gewesen sein. Durch die praktische Thätigkeit der Scholastiker war die Rezeption des römischen Rechts in vielen Stücken schon thatsächlich vollzogen, ehe sie gesetzlich angeordnet ward, und auch für diese gesetzliche Einführung war durch die Scholastiker die unentbehrliche Vorarbeit geleistet worden.

Die Verdrängung der hergebrachten Rechtsordnung durch die

---

[1]) Auf den Logicus sah der Dekretist verächtlich herab. Schon im 12. Jahr=hundert klagte man über den Hochmut der professores legum. So Petrus Blesensis ep. 141. Opera, Parisiis 1667, p. 218.
[2]) S. o. Note 3 auf Seite 76.

Rezeption des römischen Rechts war mit großen Härten verbunden, hatte auch sehr bedenkliche Folgen namentlich sozialer Natur — allein die ruhigen Beurteiler sind doch immer zu dem Schlusse gekommen, daß in dieser Rezeption ein großer Kulturfortschritt vermittelt worden ist. Nicht ohne Berechtigung ist der Vergleich mit der freilich gewaltigeren Umwälzung unseres Denkens und ganzen geistigen Wesens, welche mit der Einführung der römischen Kirche, ihrer Lehre und Verfassung unter den fränkischen Königen eingeleitet wurde. Mag man aber loben oder anklagen, in jedem Fall erwies sich die Scholastik in ihrer juristischen Arbeit als eine große Lebensordnungen umgestaltende Macht. Von jenen scholastischen Beimischungen wurde übrigens das rezipierte Recht auch nicht durch die humanistisch gebildeten Juristen des 16. und 17. Jahrhunderts befreit. Die Kraft des Humanismus wurde in Deutschland vorzugsweise nur in der Reform von Kirche und Schule wirksam.

In den übrigen Landen gestaltete sich der Einfluß des römischen Rechts anders als in Deutschland, besonders wichtig ist die Vergleichung mit Frankreich, weil hier ebenfalls auf dem Boden des fränkischen Rechts erwachsene Gewohnheitsrechte galten. Hier erfuhren diese Gewohnheiten, Coutumes, durch Juristen, die in dem römischen Recht geschult waren, eine solche Ordnung, Ergänzung und Verarbeitung, daß diese Coutumes imstande waren, den Bedürfnissen des entwickelteren Lebens zu genügen. Frankreich dankte es also dieser Leistung seiner Rechtswissenschaft, daß es vor den schweren Opfern bewahrt wurde, welche mit der Rezeption des römischen Rechts in Deutschland verknüpft waren. Der erste, der es versuchte, den widerspruchsvollen Stoff der Coutumes nach dem Vorbilde des römischen Rechts, seinen Begriffen und Rubriken zu ordnen, war Pierre Defontaines (Petrus Fontanus) um 1250, am glänzendsten aber löste diese Aufgabe Philipp Beaumanoir, der 1283 die Coutumes de Beauvoisis sammelte. „Da ihm auch die Coutumes anderer Landschaften kundig waren, und da er durch die Beschäftigung mit dem römischen Recht geübt war, der allgemeinen Rechtsregel nachzuspüren, welche den besonderen Bestimmungen zu Grunde lag, so gelang es ihm, in den Coutumes seiner Landschaft das Bild einer gewissen allgemeinen Coutume von Nordfrankreich zu entwerfen. Er flickte nicht römisches Recht zwischen die Lücken der Coutumes, sondern suchte nur die eminente Logik und treffliche Methode nutzbar zu machen, welche er in dem römischen Rechtskörper fand"[1]). Eine ähnliche Bearbeitung fand das normännische Recht etwas früher, 1270—1275, in der Summa[2]) de legibus consuetudinum Normaniae, auch Grand Coutumier de Normandie genannt, und das englische Recht in Henrici de Bracton de legibus et consuetudinibus Angliae libri quinque um 1256—1259. Es sind das große Leistungen der Wissenschaft, den bedeutendsten zu vergleichen, welche die Bedürfnisse des Lebens von ihr gefordert und von ihr empfangen haben. Weshalb es in Deutschland zu einer solchen wissenschaftlichen Behandlung nicht kam, ist schwer zu sagen. Der Zustand der deutschen Lokalrechte war es nicht. Wenn man die Gewaltsamkeit erwägt, mit der die Wissenschaft das kanonische Recht von seinen Widersprüchen befreite, so wird man nicht zweifeln, daß eine so rücksichtslose Verarbeitung auch mit dem von dem deutschen Recht gebotenen Stoffe fertig geworden wäre. Ein Grund lag wohl darin, daß in Deutschland die Universitäten erst in der zweiten Hälfte des 14. Jahrhunderts gegründet wurden und dem wissenschaftlichen Leben bis dahin die festen Mittelpunkte fehlten. Ein anderer aber lag in der Auffassung, daß das römische Recht das Kaiserrecht sei, und daß also eine Verarbeitung des weltlichen Rechts im deutschen Reiche zunächst als eine Einordnung der deutschen Rechtssätze in das System des römischen Rechts gedacht werden mußte. Das hätte sich aber bei jedem umfangreicheren Versuch als undurchführbar gezeigt. In Frankreich lastete diese Vorstellung nicht so schwer.

Das kanonische Recht.

Die Pflege des römischen Rechts bildete die Schule, in welcher die Kanonisten oder Dekretisten zu einer wissenschaftlichen Behandlung des kanonischen Rechts herangebildet[3]) wurden. In der Anlehnung

---

[1]) Schäffner II, 54 f. H. Brunner in Holtzendorffs Encyklopädie, Ueberblick über die Geschichte der französischen, normännischen und englischen Rechtsquellen, S. 285.

[2]) Brunner a. a. O. 299 f. im Anschluß an Warnkönigs Urteil: „Der Coutumier ist in Auffassung, Gruppierung und Behandlung ein durchaus originelles Werk wie aus einem Gusse, frei von kompilatorischer Mosaik, das vollendetste Rechtsbuch, ebenso wissenschaftlich als praktisch zweckmäßig geschrieben."

[3]) Fr. Maaßen, Geschichte der Quellen und Litteratur des kanonischen Rechts im Abendlande I, Graz 1870. J. F. v. Schulte, Geschichte der Quellen

an die Methoden der Legisten lösten sie sich von der Theologie, mit der ihre Thätigkeit ursprünglich verbunden war. Die Arbeit der Kanonisten hatte zunächst einen praktischen Zweck. Aus den sich vielfach widersprechenden Grundsätzen, welche von Päpsten, Konzilien, heiligen Vätern aufgestellt oder angewendet waren oder doch sein sollten, galt es, ein Handbuch für den praktischen Gebrauch herzustellen. Den ersten einflußreichen Versuch dazu machte Gratian mit seinem Dekretum (um 1150), das dann die Bedeutung des ältesten Rechtsbuchs der Kirche gewann. Ein alter Kanonist sagte von ihm: „Den Gegenstand der Arbeit Gratians bilden canones, decreta, constitutiones et verba sc. patrum vim canonum habentia. Seine Hauptabsicht geht dahin, alles dies in ein Buch zu sammeln und ihre Widersprüche auszugleichen. Daneben leitete ihn noch die weitere Absicht, die Kleriker zu erziehen und für ihre Amtshandlungen anzuleiten. Veranlaßt wurde er durch die herrschende Verwirrung im Recht"[1]). Frühzeitig wurde deshalb dieses Decretum Gratiani „Concordantia discordantium canonum" genannt. Diese canones waren so widersprechend, weil sie unter verschiedenen Auffassungen und Verhältnissen zustande gekommen waren. Eine wissenschaftliche Behandlung im heutigen Sinne würde den Inhalt eines jeden Kanon objektiv feststellen, Zeit, Anlaß und Entstehung, die Persönlichkeit des bezüglichen Papstes u. s. w. untersuchen, und so würde man erkennen, wie und warum die Kirche zu verschiedenen Zeiten über die gleiche Sache verschiedene Regeln aufgestellt habe. Eine derartige Behandlung lag dem Mittelalter fern und war auch schon durch das drängende praktische Bedürfnis ausgeschlossen. Gratian und seine Nachfolger gingen deshalb an ihre Aufgabe mit der Voraussetzung, daß ein Widerspruch unter den canones u. s. w. nicht vorliegen dürfe, und beseitigten diejenigen, welche ihnen aufstießen. „Die Vermittlung der

---

und Litteratur des kanonischen Rechts von Gratian bis auf die Gegenwart, I, 1875, II, 1877, III, 1880. Stuttgart.

[1]) Sicardus in seiner Summa: Materia Gratiani sunt canones ... (s. o.). Intentio ejus est principalis, hec in unum colligere et eorum discordiam ad concordiam revocare. Secundaria, viros ecclesiasticos moribus informare et in ministeriis, negotiis et sacramentis instruere. Causa fuit desuetudo juris canonici, venerat enim in desuetudinem, ut ecclesiastica negotia potius consuetudinibus quam canonibus regerentur. Philipps, Kirchenrecht IV, 140 Note 3.

canones zur Rechtseinheit geschah nicht auf historischem Wege; höchstens daß die Magister eine widersprechende Bestimmung kurz beseitigten, weil sie ex tempore, d. i. nur für eine bestimmte Frist erlassen worden sei; vielmehr erfolgte sie durchaus rationalistisch. Wenn nämlich zwei Kapitel oder zwei Gruppen von Kapiteln über denselben Gegenstand Verschiedenes festsetzten und dieselben ließen sich nicht durch die Annahme vereinen, daß die eine Bestimmung nur „ex loco et causa" oder „ex persona" gegeben sei, so schritten die Kanonisten zu der Behauptung, daß sie gar nicht über denselben Gegenstand handelten. Sie „distinguierten" nur, d. h. teilten den einen Gegenstand in zwei voneinander verschiedene und spielten so den Gegensatz der canones auf den Gegensatz der Objekte hinüber" [1]). Diese Methode[2]) artete bisweilen in willkürliche Spielerei aus, indem die canones mit verwerflicher Kasuistik nach dem Bedürfnis des vorliegenden Falles zurechtgelegt wurden — aber die Kanonisten einer Kirchenprovinz waren doch im ganzen von dem Streben beherrscht, „die Konkordanz im Sinne der consuetudo dieser Kirchenprovinz herzustellen und schließlich im Sinne der römischen consuetudo." Und dabei haben sie eine bedeutende wissenschaftliche Kraft entfaltet. Mit förmlicher Begeisterung schildert J. F. v. Schulte[3]) die wissenschaftliche Kraft, welche Johannes Hispanus um 1240 in seiner Summa super titulis decretalium bewährte: „Von der umfassenden Litteraturkenntnis gaben die Citate ein glänzendes Zeugnis. Johannes ist mit allen Kontroversen des Civil= und kanonischen Rechts aufs innigste vertraut, seine Arbeit bildet eine beständige Kritik fremder Ansichten. Diese ist, wie schon viele einzelne Stellen gezeigt haben und viele

---

[1]) Thaner, Summa Rolandi p. V f. Vgl. Maassen, Geschichte der Quellen u. L. I, S. VIII f.

[2]) Die scholastische Manier in der Behandlung kanonistischer Stoffe zeigt der Satansprozeß in der Bearbeitung des Jacobus de Theramo (1382), gewöhnlich kurz Belial genannt. Ausgaben bei Stintzing, Geschichte der populären Litteratur S. 271 ff. Daselbst auch Inhaltsangabe und Charakteristik des Werkes. Es wird der Beweis erbracht, daß Christus die Macht des Teufels überwunden und die Sünder seiner Gewalt entrissen habe. Salomo ist Richter, Belial Kläger, Jesus Angeklagter. Objekt der Klage: Quidam dictus Jesus habe den Kläger aus dem Besitz der Hölle verdrängt. Der Prozeß wird so in den Formen des kanonischen Rechts geführt, daß er ein Handbuch desselben darstellt.

[3]) Schulte, Abhandl. d. Wiener Akademie. Bd. 68. 1871. S. 80 f. Diese Samma ist erhalten in einem Kodex der Leipziger Universitätsbibliothek.

andere beweisen, oft rücksichtslos, aber durchaus selbständig. Deshalb gibt er auf Autoritäten wenig, tritt oft den Ansichten der tüchtigsten entgegen, stellt eine eigene auf, begründet aber regelmäßig sowohl die eigene, als auch, weshalb er die fremde annimmt. Hat er auch bisweilen eigentümliche Anschauungen, so ist er doch im ganzen ein scharfer Kopf. Diese Dinge, die Lebhaftigkeit und Lebendigkeit der Darstellung, die Exaktheit der Forschung, die beständige Rücksichtnahme auf praktische Zustände, Gewohnheiten u. s. w., die Präzision der Darstellung, die scharfen Definitionen, der historische Sinn, sein persönlicher entschiedener Standpunkt, alle diese Momente geben der Lesung einen wirklichen Reiz." Und eine ähnliche Bewunderung zollt Stintzing[1]) in seiner vortrefflichen Geschichte der populären Litteratur des römisch-kanonischen Rechts in Deutschland der Summa Raimunds de Pennaforte, der ungefähr gleichzeitig mit Johannes Hispanus schrieb. Die Kanonisten kamen bei diesen Versuchen oft zu abweichenden Meinungen[2]), bisweilen bot sogar derselbe Sammler mehrere einander ausschließende Lösungen nebeneinander. Aber indem die Widersprüche zum Bewußtsein gebracht wurden, begann auch ihre Beseitigung, teils dadurch, daß einige Kanonisten überwiegende Autorität gewannen, teils so, daß die Päpste, welche kanonistisch gebildet waren, ihre Auffassung zur maßgebenden erhoben. In diesem Prozesse bildeten die durch die logischen Untersuchungen erworbene Gewandtheit im Definieren und Unterscheiden und die an dem

---

[1]) Leipzig 1867 S. 497. Außer diesen Werken wurden zu der im Text gegebenen Darstellung namentlich noch mehrere Abhandlungen von Maassen und Schulte benutzt, die in den Sitzungsberichten der Wiener Akademie erschienen sind. So: Maassen, Glossen des kanonischen Rechts aus dem karolingischen Zeitalter, Bd. 84 (1876) S. 235 ff., namentlich 254 f. Vgl. Bd. 24 S. 35 über Huguccio. Schulte, Die Kompilationen Gilberts und Alanus, Bd. 65 (1870) S. 595 ff. Schulte, Zur Geschichte der Litteratur über das Dekret Gratians, Bd. 65 S. 21 ff. Schulte, Litteraturgeschichte der Compilationes antiquae, Bd. 66 (1871) S. 51. Schulte, Die Summa Decreti Lipsiensis, Bd. 68 S. 37. Ferner Schulte, Roberti Flamesburiensis Summa de matrimonio et de usuris. Giessae 1868.
[2]) Johannes Hispanus sagt Fol. 156 des Leipziger Kodex (Schulte Bd. 68 S. 177): De jure jurando: Sciendum est, quod in ista materia quot fuerunt summi doctores, fere fuerunt tot opiniones. Ib. 74 hebt er hervor: nec etiam hic est aliqua contradictio inter modernos doctores. Das Nebeneinandergehen solcher Gegensätze erinnert an Abälards Sic et non.

römischen Recht gewonnene Schulung juristischen Denkens die wichtigsten Werkzeuge[1]), das Ergebnis aber dieser Arbeit liegt vor in dem System des katholischen Kirchenrechts, das einen der einflußreichsten Faktoren in dem Getriebe der abendländischen Kulturwelt bildet. Tausende, die von dem kanonischen Recht nichts wissen und nichts wissen wollen, denken mit Begriffen, leben in Vorstellungen über Ehe, Eigentum, Grenze der öffentlichen Gewalt, Recht der Individualität, Handel und Verkehr u. s. w., welche unter dem maßgebenden Einfluß des kanonischen Rechts und der Erörterungen der Kanonisten ausgebildet worden sind.

Diese wissenschaftliche Bearbeitung gab der Kirche die Einheit in Brauch und Gesetz, an deren Stelle bis zum 11. Jahrhundert vielfach lokale Gewohnheit gebot[2]), und schuf so die Voraussetzung und Unterlage für die Durchführung der gregorianischen Ideen. In diesem Rechtssystem der Kirche[3]) offenbarte sich der Gedanke von der Stellung der Kirche als einer staatlichen Organisation in, neben und über den weltlichen Staaten am deutlichsten, und durch dieses Rechtssystem übte die Kirche ihren erziehenden Einfluß auf die in barbarischen Vorstellungen wurzelnden Rechtsordnungen der Völker, vor allem auf die Ehe, die sozialen Verhältnisse und das Strafrecht. Das kanonische Recht brach die rohe Gewalt, die der Mann über die Frau übte, erhob sie von der Rechtlosigkeit zur Genossin, gab ihrer Klage Gehör gegen den Mächtigsten und schuf die Vorstellungen, auf denen die moderne Anschauung von der Rechtsgleichheit der in der Ehe Vereinigten erwachsen ist. Das kanonische Recht gab der Verehrung für Mönch und Priester die rechtliche Form und verlieh den zahlreichen Unfreien, die in diesen Stand eintraten, ein Ansehen, das den Mangel der Freiheit ergänzte und so eine der Brücken bildete, welche aus der Starrheit der alten Ständeverhältnisse in mildere Formen hinüberführten. Ebenso bildeten die unter dem Einfluß des

---

[1]) Auch in der ganzen Art, eine Aufgabe anzufassen, bildete das Studium der artes die Schule. Vgl. z. B. das Prooemium jener Summa des Johannes Hispanus bei Schulte a. a. O. S. 62.

[2]) Ficker, Mitteil. d. österr. J. II. Ergänzungsband S. 4. „Die kirchlichen Vorschriften und der kirchliche Brauch ... waren je nach Zeit und Ort sehr verschieden, bis da durch das Dekretalenrecht eine festere und allgemein gültige Grundlage geschaffen wurde."

[3]) Stintzing a. a. O. S. 494.

kanonischen Rechts erfolgenden Regelungen der Verhältnisse der Unfreien auf den Kirchengütern einen wesentlichen Faktor in dem Ausgleich der Stände.

Das kanonische Recht schuf endlich im Reiche der Franken wie in den anderen Staaten eine erwünschte Ergänzung des Strafrechts, bot durch seine geistlichen Strafen einen Ersatz für die fehlenden oder doch wenig entwickelten Freiheitsstrafen, strafte viele, die sonst frei Gewaltthat übten, gab mittelbar und unmittelbar Anstoß zur Aenderung des Prozeßgangs, war ein wichtiger Vermittler römischer Rechtsanschauungen u. s. w.

Es lassen sich allerdings dieser Reihe von fördernden Einwirkungen gegenüber eine Reihe von Klagen erheben über den Mißbrauch, den die Kirche mit der heiligen Scheu getrieben hat, die ihr und ihrem Rechte entgegengebracht wurde. Durch spitzfindige Deutung, schroffere Anwendung oder Weiterbildung der kanonischen Bestimmungen wurden Ehen als Konkubinate behandelt und aufgelöst, welche in gutem Glauben geschlossen waren und lange Jahre glückbringend bestanden hatten. Ordnungen des Eigentums, Begriffe des Rechts, die Grundlagen des Staats sind durch das kanonische Recht erschüttert worden. Es hat der frommen Habsucht die Waffen geliehen und damit zugleich ihre Begierde noch weiter entfesselt. Viel unrecht erworbenes und trügerisch erschlichenes Gut ist mit diesem Recht von der Kirche in Anspruch genommen und behauptet worden. Wie bei der Rezeption des römischen Rechts wird man von dem kanonischen Rechte sagen, daß der Gang dieser Macht durch die Welt über Ruinen und Leichenfelder ging, aber hier gilt es nur zu erkennen, daß es eine Weltmacht war und daß es die Scholastiker waren, welche den Ausbau dieses machtvollen Rechtssystems vollendeten.

Die Politik.

Der Jurisprudenz ist die Politik verwandt. Die Schriften des Aristoteles sowie des Plato, des Cicero und anderer klassischer Autoren, die den Scholastikern teils selbst, teils durch Anführung bei Augustin und anderen Kirchenvätern zugänglich wurden, sowie die theokratischen Ideen der jüdisch-christlichen Traditionen waren die Vorbilder und das Material für die politischen Untersuchungen des Mittelalters. Anlaß dazu gab vor allem die Entwicklung des Papsttums, sein Kampf gegen das Kaisertum, die Ausübung seiner Weltherrschaft und der Widerspruch, der in solcher Herrschaft und dem geistlichen Charakter lag, und durch die kräftige Ausbildung der großen und kleinen Einzelstaaten. Diese Kämpfe wurden nicht nur mit dem Schwert, sondern auch mit der Feder geführt, und die Feder war mächtiger als das Schwert. Der Sieg der gregorianischen Ideen in den gelehrten Kreisen rief Scharen von Predigern auf, welche die Massen überzeugten, daß der bis dahin unerhörte Anspruch des Papstes Gottes Wille sei. Die Erkenntnis von dem Widersinn solcher Forderungen und die Entrüstung über die gemeine Ausbeutung des Glaubens durch die Hofleute und Verwandten der Päpste trieb die Massen wieder auf die Seite der weltlichen Ordnung, der Stadtmagistrate, der Könige und Kaiser. Scholastiker waren es, welche diese Neigungen und Abneigungen als Thatsachen und Voraussetzungen wissenschaftlich verwerteten und ihnen in politischen Systemen einen Platz anwiesen, von dem aus sie mit größter Autorität in Verhandlungen und Deduktionen angezogen wurden. Das Altertum hatte eine Wissenschaft der Politik — aber sie hatte nur geringe Bedeutung für die Gestaltung der politischen Verhältnisse, erst im Mittelalter wurde diese Wissenschaft und die auf ihr ruhende Streitschriftenlitteratur eine staatenumwandelnde Macht. Von Augustin bis zu den Schulen und Parteien des letzten Jahrhunderts, den Rotteck und Stahl, den Freihändlern und Sozialisten läuft eine lange Kette von Schriften und Schriftstellern, die direkt und indirekt das Denken über die Einrichtungen des öffentlichen Lebens und bald dann diese Einrichtungen selbst umgestalten, und unter ihnen nehmen die Scholastiker einen großen Platz ein. Die Idee des Rechtsstaats, der Gleichheit vor dem Gesetz, der Beschränkung des Eigentums, die Frage, ob der König oder das Volk Träger der Staatsgewalt sei, ob und welche Grenzen die Staatsgewalt einschränken, die Mittel und Formen der Vertretung bei größeren Staaten, die Grundlage und die Entstehung des Staats — alle diese Fragen sind von den Scholastikern erörtert worden und vielfach mit Tiefsinn und mit rücksichtsloser Kühnheit[1]). Es begegnen bei Männern des 14. Jahrhunderts Gedanken,

---

[1]) Marsilius von Padua unterwarf sogar die Petruslegende einer Kritik und das Recht, mit dem Rom seine Ansprüche darauf stütze. Er bestreitet nicht, daß Petrus nach Rom gekommen sei, aber er zeigt, daß er jedenfalls erst nach

welche im vorigen Jahrhundert durch den Reiz der Neuheit blendeten, und sie blieben nicht bloß auf die Vorlesungen an den Universitäten oder auf die eigentlichen politischen Schriften beschränkt, sondern durch Predigten, Lieder und Romane wurden sie in die weitesten Kreise getragen und wirkten nach. Die Monarchomachen wie die Absolutisten und die sozialistischen Utopisten des 16. und 17. Jahrhunderts standen auf den Schultern scholastischer Vorgänger, und auch heute ist diese Litteratur noch nicht tot[1]). Noch heute stehen sich ja auch die Anschauungen gegenüber, die im Gegensatz der Staufer und der Innocenze, des Bonifacius und des Königs Philipp miteinander rangen, und sie sind damals mit solcher Schärfe zum Ausdruck gebracht worden und die Thatsachen haben an den Theorien so lehrreiche Kritik geübt, daß die Schriften dieser Scholastiker und unter den Scholastikern gebildeten Publizisten noch heute mit großem Nutzen und großer Wirkung gelesen werden.

Naturwissenschaften.

Für die mathematischen und naturwissenschaftlichen Fächer war die scholastische Weise besonders ungeeignet, auch fanden sie meist nur dürftige Pflege. Wenn es aber einen Botaniker sonderbar anmuten wird, in seinem Fache den scholastischen Formeln und Quästionen zu begegnen[2]), so haben doch die Geschichtschreiber der Botanik z. B. den Arbeiten des Albertus Magnus ein großes Verdienst beigemessen. Als Pouchet[3]) in seinem Lobe die Schranken überschritt,

---

Paulus gekommen sein könne. Paulus sei also der Gründer der römischen Gemeinde, und nur auf ihn und seine Stellung sei Roms Stellung zu gründen, nicht auf Petrus, der jedenfalls eher Bischof von Antiochien gewesen sei, als von Rom. Neben Marsilius von Padua ist aber eine ganze Reihe von Schriftstellern zu nennen, die ähnliche Schärfe und Kühnheit entfalteten, und zwar von beiden Parteien. Ich erinnere an die Art, wie der Dominikaner Johann von Paris die Selbständigkeit der weltlichen Gewalt gegen Bonifacius VIII. verteidigte.

[1]) Eine vorzügliche Einführung in diese Litteratur gewährt O. Gierke, Johannes Althusius (Untersuchungen zur deutschen Rechtsgeschichte, Bd. VII), 1880. Dazu s. von Bezold, Historische Zeitschrift 1876, die bekannten Werke von Riezler und K. Müller. Gierke gibt S. 2, Note, und in der Beilage S. 50 die Litteratur an.

[2]) Beispiele bei Ernst Meyer, Geschichte der Botanik, Königsberg 1857 IV, 62 aus des Albertus Magnus De vegetabilibus V, 1, capp. 4 und 6.

[3]) Histoire des sciences naturelles au moyen âge ou Albert le Grand

trat ihm Ernst Meyer im vierten Bande seiner Geschichte der Botanik entgegen, aber auch sein Urteil ist sehr anerkennend [1]). „Von Aristoteles, dem Schöpfer wissenschaftlicher Botanik, bis auf seine (des Albertus Magnus) Zeit sank diese Wissenschaft je länger desto tiefer, mit ihm erstand sie wie der Phönix aus seiner Asche."

Auf dem Gebiete der Naturwissenschaften wurden trotz der Hemmungen, welche Vorurteil und die herrschende Geistesrichtung verursachten, nicht nur die von den Alten überlieferten Schriften, sowie die auf denselben beruhenden arabischen denkend durchgearbeitet, sondern auch durch eigene Forschung vermehrt. Roger Baco forderte bereits im 13. Jahrhundert die Verbesserung des Julianischen Kalenders, die am Ende des 16. Jahrhunderts aufs neue nachgewiesen und durchgeführt wurde. Um dieselbe Zeit versammelte König Alfons von Kastilien eine Kommission zur Korrektur der Planetentafeln des Ptolemäus, und die Arbeiten dieser Kommission zeigen, daß die Ueberlieferung der Alten nicht kritiklos aufgenommen wurde. Dazu brachte diese Periode in den belegten Glasspiegeln und den Brillen, in der Erfindung des Pulvers, der Konstruktion des Kompaß u. s. w. Bereicherungen der physikalischen Kenntnisse, welche zeigen, daß das Zeitalter der Erfindungen und Entdeckungen von dem Zeitalter der Scholastik nicht einfach durch eine Kluft getrennt ist. Auch mancher Abschnitt der Encyklopädie des Vincenz von Beauvais beweist für wirkliche Beobachtung der Natur. So die Art, wie im Speculum doctrinale 18, 27. de modo audiendi, die durch den Ton bewegte Luft mit den Wellen des durch einen Steinwurf bewegten Wassers verglichen wird. In der Polemik gegen die, welche das Firmament als reinen Aether sehen zu können behaupten, gewinnt er den klassischen Ausdruck: Wo unser Blick versagt, da irrt ihn eine Sinnestäuschung, daß er zu sehen glaubt, was er nicht sieht, gleichwie die Finsternis zu sehen glaubt, wer die Augen schließt [2]).

---

et son époque considéré comme point de départ de l'école expérimentale. Paris 1853.

[1]) Ernst Meyer a. a. O. IV, 40. Vgl. S. 8 ff.
[2]) Speculi majoris Tomi 4, Venetiis 1591. Bd. 1. Fol. 28 b. (Speculi naturalis, lib. III, cap. 4): ubi noster visus deficit, ibi error sensui dat imaginationem videndi quod non videt, sicut aliquis oculis clausis videtur sibi tenebras videre. Der Satz ist vermutlich von einem Vorgänger übernommen, vielleicht klassischen Ursprungs — aber das wäre nebensächlich. Es kommt zunächst

Aus den mathematischen und astronomischen Studien gingen ferner, namentlich im 14. Jahrhundert, Männer hervor, welche die astrologischen Träumereien und den Prophetenschwindel aufdeckten und mit nachhaltiger Energie bekämpften. Ein Autor, der in Paris nach 1350 schrieb, erklärte, er habe seit 20 Jahren alle anerkannten Schriften dieser Art studiert und die Ueberzeugung gewonnen, daß die Astrologie nur auf leeren Vermutungen und Träumereien beruhe, sie sei weder eine Wissenschaft noch eine Kunst. Wie könnte man, wendet er ein, aus Planetenkonjunktionen die Zukunft vorhersagen, während sich doch diese Konjunktionen aus den Tafeln (des Königs Alfons) für alle Zeiten voraus berechnen ließen. Die Autorität des angeblichen Briefes, den Christus de indiciis astrorum an den Apostel Paulus geschrieben haben sollte, beseitigte er durch die Erklärung, daß der Brief eine unsinnige Fälschung sei¹). In gleichem Sinne schrieb der berühmte Theologe und Mathematiker Heinrich von Langenstein um 1374 contra astrologos conjunctionistas, als die Astrologen dem Volke Krieg, Hungersnot und andere Plagen prophezeiten. Langenstein schrieb im Namen der Universität Paris und, wenn er auch nicht geradezu die Möglichkeit astrologischer Untersuchungen leugnete, so erklärte er doch, daß die bisherige Astrologie zum größten Teile „nicht allein irreligiös, sondern auch unvernünftig sei. Sie beruhe nur auf Unkenntnis der astronomischen Gesetze, und wenn man sich auf das Eintreffen verschiedener Vorherbestimmungen berufe, so beweise das nichts, weil es zufällig sei. Man habe ja eine solche Menge siderischer Vorgänge angemerkt, daß man für jedes auf Erden stattfindende Ereignis einen solchen anführen könne. Den Kausalzusammenhang zwischen beiden aber habe man nicht nachgewiesen"²).

Diese Kritik hat die Astrologie nicht beseitigen können, aber es bleibt doch die Thatsache, daß die scholastische Wissenschaft auf diesem Gebiete zu solcher Klarheit durchbrang und daß sie in dem Gefühl der so gewonnenen Ueberzeugung einen von den Fürsten und Herren,

---

darauf an, daß solche Ansicht, von einem Hauptvertreter der Scholastik ausgesprochen, in das maßgebende Sammelwerk aufgenommen wurde.

¹) O. Hartwig, Henricus de Langenstein, Marburg 1857, Abhandlung 1, S. 27 ff.

²) O. Hartwig, a. a. O., S. 32. Vgl. auch S. 85 über die Bedeutung Wiens im 14. und 15. Jahrhundert für mathematische Studien. Daselbst citiert Petrus Ramus, Math. schol., 1569. lib. II. p. 64.

wie von der furchterfüllten Masse gestützten Aberglauben so schneidig bekämpfte. Als die Scholastik dem Humanismus weichen mußte, da gewannen die astrologischen Träumereien auch in den gelehrten Kreisen zunächst wieder die Oberhand. Es ist das einer von den Punkten, in denen der Humanismus keinen direkten Fortschritt brachte.

Die Medizin.

Die Medizin fand vor allem in Salerno und Montpellier Pflege, aber doch nicht bloß hier, auch in Florenz, Perugia, Padua, Neapel und an anderen Orten. Man unterscheidet die ältere Periode, welche die Schriften der Griechen, vor allem Galenus, und die spätere, welche die Araber zu Grunde legte. Die Araber ruhten auf den Griechen und hatten weniger die Beobachtungen derselben bereichert, als die Formen der Arzneimittel vervielfältigt. Besonders nutzten sie den Zucker aus, um verschiedene Formen der Medikamente zu schaffen, die berühmten Sirupe. Der Bruch mit dieser Schule vollzog sich deshalb durch eine Schrift De Syrupis. Sie wurde von dem Humanisten Servet verfaßt, steht aber noch auf dem Standpunkt der mittelalterlichen Medizin und ist eins der Zeugnisse dafür, daß die in ihren Bahnen Wandelnden doch nicht bloß wiederholten, was sie in ihren Autoritäten fanden. Zu einem größeren Fortschritte fehlten der Medizin allerdings die unentbehrlichen Methoden und Hilfen der Untersuchung, vor allem eine ordentliche Chirurgie. Diese wurde von der wissenschaftlichen Medizin vielfach getrennt und den Badern überlassen[1]), indessen doch nicht ganz. Die Universitäten hatten auch Lehrstühle für die Chirurgie, und wenn z. B. in Perugia Auswärtige zum Tode verurteilt wurden, so konnten ihre Leichen dem Chirurgen pro noctomia facienda saltem bis in anno ausgeliefert werden ad petitionem Rectoris[2]). Eine ähnliche Bestimmung trafen andere

---

[1]) Lehrreich ist der Kontrakt eines Arztes mit der Stadt Bologna von 1214 bei Sarti, De claris Archigymnasii Bononiensis Professoribus. Bononiae 1769, Tom. I, Pars 2. Appendix p. 147. Er bedingt sich aus, daß er wohl Wunden aller Art zu behandeln habe, exceptis habentibus crepaturam inferius, unde sequitur ernia tempore precedente. Die Leidenden sollten also den „Bruchschneidern" verfallen bleiben, über deren Unwesen f. H. Krukenberg, Ueber d. Radikaloperation d. Leistenbrüche, Bonn 1886, S. 8.

[2]) Rossi, Documenti No. 148, Rubr. 276.

Städte, so Florenz 1388 mit der Begründung: weil niemand ein guter Arzt sein kann, wenn er nicht die Anatomie des menschlichen Körpers gut kennt ¹).

Unterricht und Litteratur litten ferner durch die scholastischen Gewohnheiten und Formen. Abgesehen von denen, welche ihre oberflächliche Weisheit in Verse brachten ²), so herrschte doch allgemein die Sitte, medizinische Fragen als Problemata und Quaestiones, als Uebungsstücke der dialektischen Fertigkeit zu behandeln ³). Daher wurden auch Fragen behandelt, wie die klassische: ob Adam einen Nabel hatte? die für die Medizin keinen Wert haben, für die Disputation aber eine unerschöpfliche Quelle bildeten.

Indessen, es wurde daneben doch mit wirklichem Eifer gearbeitet. In Salerno ergriff er sogar die Frauen, so daß im 12. und 13. Jahrhundert mehrere mit Ruhm doziert haben sollen. Von großer Bedeutung waren diese medizinischen Studien ferner für die Milderung des Gegensatzes der Bekenntnisse, indem in ihnen die christlichen Scholastiker mit Juden und Mohammedanern noch mehr zusammen gearbeitet haben, als in der Philosophie. Es ist in dieser Behandlung des kranken Körpers von der Scholastik gewiß viel und schwer

---

¹) Gherardi-Morelli, Stat. c. 62: Quia nullus potest esse bonus nec perfectus medicus, nisi bene cognoscat anatomiam corporis humani...

²) Aegidius, Liber de virtutibus et laudibus medicaminum bei Leyser, S. 502.

³) Diese scholastische Behandlung herrschte noch im 16. und 17. Jahrhundert. In dem 1629 zu Venedig gedruckten Buche Sanctorii Sanctorini, olim in Patavino gymnasio medicinae theoricam ordinariam primo loco profitentis, Commentaria. In primam sectionem Aphorismorum Hippocratis etc. De inventione remediorum 4 heißt die Inhaltsangabe Index Quaestionum, und Qu. 11 auf Columna 34 lautet z. B.: Sed cur argumentum desumptum ab experimento sit fallax non omnes intelligunt. Primo dicimus, quod sit fallax, quia experimentum efficit formam arguendi fallacem: ratio est quia subjectum quaesiti, quod est minor terminus, non subjicitur medio. Medius enim in experimento est particularis et particulare non potest continere aliud particulare, unde conclusio infertur vana: eatenus enim conclusio est conclusio, quatenus ejus subjectum sub medio continetur estque conculosa. Secundo experimentum est fallax, quia caret dicto de omni, sine quo nihil inferri potest, quia dictum de omni est basis et fundamentum humanae ratiocinationis: omnia enim argumenta, quorum medius terminus est particularis, carent dicto de omni vel de nullo... So geht es noch länger fort. Das sachliche Interesse verschwindet vor formal-logischen Erörterungen.

gesündigt worden — aber die Geschichte der Medizin wird diese Klage
über manche Periode erheben, wenn auch nicht in gleichem Maße —
und man darf die Sache auch nicht so ansehen, als sei in der
kommentierenden und disputierenden Thätigkeit der Scholastik und
ihrer Neigung zum Wunderbaren der gesunde Menschenverstand und
die Beobachtung gänzlich verloren gegangen. Der Rat, den das
Speculum des Vincentius Bellovacensis an Nervenleidende giebt, lautet
nicht viel anders, als der Rat des heutigen Arztes auch lauten wird.

Theologie und Philosophie.

Die wichtigste Frage bei dieser Würdigung der Leistungen der
Scholastik ist aber, wie es mit ihren Arbeiten auf theologischem und
philosophischem Gebiete steht, denn diese nahmen die Hauptkraft in
Anspruch. Der Einfluß, den die scholastische Methode auf diese
Wissenschaften hatte, ist oben schon geschildert worden, um durch
diese Beispiele gewisse Seiten ihrer Methode zu verdeutlichen. Dabei
wurden die Leistungen derselben aber nur gestreift. Dem modernen
Menschen, nicht bloß dem Skeptiker, auch dem gläubigen Katholiken
muß die Masse jener theologisch=philosophischen Litteratur wenig
genießbar erscheinen, wenn nicht das Interesse der Forschung oder
der Partei die Beschäftigung würzt. Man mag sich im einzelnen
von dem frommen Sinne angesprochen fühlen, die Schärfe und Tiefe
der Gedanken, die Kühnheit der Kombination bewundern: aber diese
Gebäude von phantastischen Vorstellungen und haarspaltenden Argu-
mentationen, errichtet auf einer Grundlage, welche durch die philologische und historische Kritik noch nicht geebnet und gefestet war,
sind keine Stätten der Wissenschaft im heutigen Sinne. Es ist eine
künstliche Begeisterung, wie deren die Geschichte der Litteratur so
viele kennt, wenn jemand, der in der modernen Wissenschaft steht,
diese Thatsache leugnen will.

Selbst die Zahl derjenigen wird klein sein, welche den Gedanken=
inhalt der Scholastik in dem poetischen Gewande der göttlichen
Komödie wirklich genießen können, und diese wenigen werden meistens
solche sein, die ein langes Studium auf diese Dichtung verwandt
haben und bei denen die philologische Begeisterung und die Freude
der Arbeit dem ästhetischen Vergnügen zu Hilfe kommt.

Aber etwas anderes ist das Urteil über die historische Bedeutung

Ihre historische Bedeutung.

dieser scholastischen Arbeiten. Um den Maßstab für solche Unterscheidung zu gewinnen, erinnere man sich wieder des schon angezogenen Beispiels der philosophischen Bewegung in den ersten Dezennien dieses Jahrhunderts. Wer liest noch ohne besonderen Zweck die Schriften von Schelling, Hegel, Fichte und ihrer Schulen, einige wenige Bücher ausgenommen? Sind uns diese Kämpfe um die Definition des Undefinierbaren, diese in dem Aufdecken der Blößen des Vorgängers siegreichen, aber doch in gleicher Weise, nur an einer anderen Klippe scheiternden Systeme nicht ebenfalls fremdartig? Trotzdem wissen wir, daß sie in der uns noch naheliegenden Zeit eine große Bedeutung hatten. Sie haben einem hervorragenden Bruchteil einer begabten Generation den Dienst geleistet, in ihrer Weise den Versuch zu machen, die Welt denkend zu begreifen. Das ist aber eine, wenn nicht die Hauptaufgabe der Philosophie, und diese Aufgabe hat für das Mittelalter die Scholastik gelöst.

Denn die Kirche und ihre Lehre war die größte geistige Macht der Zeit, die Philosophie mußte sich mit ihr auseinandersetzen, wenn sie ihre Aufgabe erfüllen wollte, so wie sie heute die Ergebnisse der Naturwissenschaft, der Sprachwissenschaft, der Forschung über die Entwicklung der gesellschaftlichen Organisation, der politischen Verfassung, des Rechts, der Kunst, der Religion zum Vorwurf ihrer Spekulation nehmen muß, wenn sie die Gebildeten und die Vertreter der Fachwissenschaften fesseln und fördern will.

Aber auch die heutige Wissenschaft ist der Scholastik noch zu Danke verpflichtet. Sie hat zum erstenmal das große Problem des Verhältnisses von Wissen und Glauben behandelt und so behandelt, daß es nicht wieder verschwinden kann aus dem Besitz der menschlichen Bildung. Oder ist ein Problem kein Besitz, solange es keine Lösung fand? Müssen wir uns doch bei allen tieferen Fragen mit dem Gewinn begnügen, den die schärfere Stellung der Frage und die Arbeit um die Lösung einträgt!

Einen dauernden Gewinn brachten ferner die logischen Arbeiten der Scholastik. Wir haben ihre Spielereien, ihre einseitige Betonung der Form der Schlüsse kennen gelernt, die sie absurde Fragen mit feierlichem Ernst behandeln ließ. Aber einmal hat die Scholastik diese Kritik schon mit großer Schärfe an sich selbst geübt, und dann erschöpft jener Tadel das Urteil über diese Spielereien nicht. Gerade diese Ausbildung der Logik gab der neuen Vorstellung einer selb=

ständigen philosophischen Wissenschaft den bedeutenden Inhalt, ohne den sie sich neben der von der Kirche abhängigen Theologie kein Gewicht verschaffen konnte. Der heutigen Wissenschaft und ihrer freien Wertschätzung wurde damit der Platz bereitet. Und noch ein anderes, mehr direktes Verdienst erwarben sich jene Theologen und Philosophen um die heutige Wissenschaft. Knüpft die wissenschaftliche Behandlung der Logik auch noch immer an Aristoteles an, so steht sie doch nicht mehr auf dem Standpunkt des Aristoteles, so ist das kein Beweis, daß die nachfolgenden Arbeiten und also vor allem die scholastischen ohne Frucht geblieben seien. Die logische Arbeit der Scholastiker war kein bloßes Ausspinnen in nutzlose Subtilitäten, sondern eine Anwendung der griechischen Weisheit auf das neue Gebiet der christlichen Dogmen, auf dem sie in allerlei Absurditäten, aber auch in tiefe Gedanken geführt wurden. Sie waren ferner allerdings bereit, im Falle ihnen ein Widerspruch mit der Lehre der Kirche nachgewiesen wurde, einen Irrtum des Denkens anzunehmen und sich der Autorität der Kirche zu unterwerfen, aber sie waren darum keine unfreien Geister. Sie thaten nur den Dogmen der Kirche gegenüber, was heute die meisten Forscher den Grundlagen der gesellschaftlichen und staatlichen Ordnung gegenüber thun, sie sahen in ihnen Thatsachen, die unter allen Umständen als solche anzuerkennen und zu erhalten seien. Aber an dem Mut der Meinung, an dem Streben nach selbständiger Ueberzeugung fehlte es nicht. Wir sahen oben, daß eher über unruhige Neuerungssucht geklagt wurde, und daß die angesehensten Scholastiker den Verdacht der Ketzerei erfuhren. Paris, Oxford und andere Universitäten erlebten vielfach Untersuchungen über ketzerische Behauptungen ihrer Magister und feierliche Revokationen[1]. Es bildete sich die Vorstellung heraus, daß der Wissenschaft ein größerer Spielraum zu lassen sei, und daß die Verirrung zu falscher Lehre auf dem Wege wissenschaftlicher Untersuchung von gewöhnlicher Ketzerei zu unterscheiden sei. In diesem Zusammenhang ist noch einmal an das Schicksal des Aristoteles zu erinnern. In den Jahren 1210, 1215 und 1231 verbot die Kirche das Studium der Metaphysik und der Philosophia naturalis des Aristoteles, speziell in Paris, aber in derselben Zeit wandten selbst eifrige

---

[1] Jourdain Nro. 448 a. 1318, Nro. 459 a. 1321, Nro. 694, 698, 699, 700, 836, 843, 844, 847 u. s. w. bieten Beispiele solcher Untersuchungen.

Größere Freiheit der wissenschaftlichen Untersuchung.

Männer der Kirche dem Studium des alten Heiden und auch der verbotenen Schriften ihre Kraft zu. Das letzte Verbot, 1231, ließ schon vermuten, daß die Freigabe des Studiums in Aussicht genommen war, und bereits 1233 duldete die Kirche, daß die Universität Toulouse verkündete, dort dürften auch die in Paris verbotenen Bücher des Aristoteles gelesen werden[1]), und 1254 behandelte auch die Universität Paris[2]) jene verbotenen Bücher als Bestandteile des regelmäßigen Studienplans. Die Kraft der wissenschaftlichen Bewegung durchbrach und überwand das kirchliche Verbot. Nicht weniger merkwürdig ist die Thatsache, daß diese christlichen Philosophen Bücher von Juden und Mohammedanern studierten und ihren Vorlesungen zu Grunde legten. Die Studien dienten so dem Ausgleich der weltbewegenden Gegensätze der christlichen und mohammedanischen Welt — wie viel oder wie wenig damit erreicht wurde, immer lag darin die Erfüllung einer der wichtigsten Aufgaben echter Wissenschaft und zugleich ein Beweis der Stärke des wissenschaftlichen Bedürfnisses und der Kraft des wissenschaftlichen Gedankens.

Und diese Kraft erlahmte nie ganz, von Abälard bis Occam, Buridan und Nikolaus von Cusa. Darum sind auch die endlosen Uebungen der logischen Zergliederung, obwohl sie vielfach in Absurditäten und Spielereien ausarteten, nicht ohne eine große Wirkung geblieben. Einmal bieten sie ein reiches Material für den Einblick in das Wesen und den Wert der formalen Logik, das um so wertvoller ist, als der Kampf der Meinungen über den Wert der Schullogik noch keineswegs beendet ist. Wenn sich aber das Denken frei macht von der befangenen Bewunderung seines eigenen Mechanismus und aus „diesem Schatten des Altertums" heraustreten lernt, so danken wir das nicht zum wenigsten der Einsicht, welche aus der Betrachtung der auf diesem Irrwege sich mühenden, geistig hochbegabten Männer der Scholastik gewonnen wird. Auch sind manche von ihnen schon selbst zu der Erkenntnis gelangt, daß diesen Untersuchungen über die Formen des Denkens nur ein beschränkter Wert

---

[1]) Siehe Jean de Garlande, De triumphis ecclesiae (Roxburgh Club.), 1856. London. „Libros naturales, qui fuerunt Parisiis prohibiti, poterunt illic (hier, zu Toulouse) audiri."

[2]) Das Verbot findet sich noch in der berühmten Bulle Parens scientiarum Jourdain, Index Nro. 34, und Buläus III, 140. Das angezogene Statut der Pariser Universität steht Buläus III, 280.

zukomme, daß vor allen Dingen die Kenntnis von diesen Formen nicht notwendig sei, um richtig denken zu können. Roger Baco sagte geradezu, daß uns von Natur gegeben sei, was wir von Logik nötig haben¹). Dazu kommt noch ein zweites Verdienst. Jene scholastischen Uebungen haben die Schule gebildet, in welcher der menschliche Geist diejenige Fähigkeit der Abstraktion, die Leichtigkeit und Sicherheit der logischen Operationen, die Gewöhnung an begriffliche Unterscheidung gewonnen hat, welche das wichtigste Werkzeug der heutigen Wissenschaft bildet. Von dem ungeheuren Fortschritt, der in der Beziehung gemacht ist, gewinnt man eine Vorstellung, wenn man sich erinnert, wie weitläufig und umständlich Plato arbeitete, um Begriffe von den Einzeldingen abzuziehen. Es scheint heute auch einem langsamen Geiste ein nutzloses Bemühen, weil jeder von vornherein ohne Schwierigkeit die Abstraktion vornimmt.

Man kann verstehen, daß ein moderner Mensch, der es unternimmt, die Schriften der Scholastiker durchzuarbeiten und miteinander zu vergleichen, von Aerger, ja von Zorn erfüllt wird über die Berge von Unsinn, durch die er sich hindurchwühlen muß, und dann das Facit mit groben Worten zieht²): aber es ist nicht richtig. Im ganzen betrachtet bieten diese Schriften und die von Tausenden lange Jahre hindurch fortgesetzten Uebungen das ehrfurchtgebietende Bild einer großen Schule, welche die Völker dazu erzog, die Masse des widerstrebenden Stoffes, welchen das heidnische Altertum, die christliche Kirche und das bewegte Leben der mittelalterlichen wie der modernen

---

¹) Roger Baco bei Prantl III, 123: Ergo aliud regimen arguendi habemus quam per artem Aristotelis datum, sed non est aliud quam innatum, relinquitur igitur quod a natura arguere et similiter dissolvere argumenta . . . Quapropter de logica et grammatica non est necessaria instructio humana nisi propter vocabula linguarum . . . Prantl behandelt die Aeußerung doch etwas zu geringschätzig. Mag man sie auf einen älteren Vertreter zurückführen, Roger Baco hat den Gedanken jedenfalls von neuem gedacht. Er hat sich übrigens trotzdem an den logischen Subtilitäten beteiligt. Manche behandelten alle Logik als Geschwätz der garrula lingua.

²) So ist Prantls hartes Urteil zu erklären. Die großen Verdienste seiner auf umfassender Einzelarbeit ruhenden Geschichte der Logik wird jeder anerkennen, der an ihrer Hand sich in dieses Gebiet der Scholastik hineinzuarbeiten sucht, auch wenn er sich manchem Urteil gegenüber skeptisch verhält. Thomas von Aquino z. B. und Albertus Magnus erscheinen als dumme Teufel, nicht wenige moderne Philosophen freilich auch.

Welt zusammenführte, zu bewältigen, und welche dabei zugleich ihre Sprache mit einer Menge dazu nötiger Vorstellungen und Worte ausstattete. Die Scholastik war nicht nur eine Wissenschaft der Schule, sie war auch die Schule des modernen Geistes und die Schöpferin der Idee der Wissenschaft als einer selbständigen Macht. Die Universitäten aber sind das vorzüglichste Organ, das die Scholastik für diese neue Macht ausbildete, und durch welches die Wissenschaft neben den alten Mächten, Staat und Kirche, ihren Platz einnahm und behauptete [1]).

---

[1]) Vortrefflich hat dies Hauréau, Histoire de la philosophie scolastique Bd. I 1872, Bd. II 1882 in dem Schlußkapitel ausgeführt: Le génie moderne est préparé lentement dans le gymnase de la scolastique du moyen-âge. Si cette première lui a communiqué une disposition à une sorte de rigorisme logique ... il a contracté aussi sous cette rude discipline des habitudes sévères de raison, un tact admirable pour l'ordonnance et l'économie des idées, une supériorité de méthode dont les grandes productions des trois dernières siècles portent particulièrement l'empreinte.

Zweites Kapitel.

Die Entwicklung der Universitäten aus den Schulen des 12. Jahrhunderts.

1. Name und Begriff einer Universität.

Heute verbinden wir mit dem Begriff Universität die Vorstellung der universitas litterarum, b. h. einer hohen Schule, an welcher alle vier Fakultäten vorhanden sind. Wir sprechen von unvollständigen Universitäten, wenn die eine oder andere der vier Fakultäten fehlt[1]). Zu der Zeit, in welcher sich aus allerlei Schulen in Italien, England, Frankreich und Spanien die Universitäten entwickelten, bedeutete dagegen der Name universitas dasselbe, was Genossenschaft, Zunft, Gemeinde[2]). Besonders ist zu beachten, daß Stadtgemeinden ganz gewöhnlich als universitates civium bezeichnet wurden. Universitas scholarium oder universitas magistrorum et scholarium oder studentium, d. i. Genossenschaft der an einem Orte den Studien Lebenden, also die Schulgemeinde des Orts wurde durch diesen Namen der Bürgergemeinde, der Genossenschaft

---

[1]) Es begegnet diese Vorstellung in der Urkunde für Wittenberg universitatem quatuor facultatum generalem bei Grohmann p. 14, und noch früher. Mun. Oxon. II, 367: Omnium inter Latinos nunc extantium studiorum universitas Oxoniensis ... quadam scientiarum pluralitate generalior, und ib. 368: Ne igitur tam antiqui tam generalis ... studii.

[2]) Nicht selten wurde universitas auch gebraucht, um eine Mehrheit von Adressaten zusammenzufassen, welche nur durch ein gelegentliches Interesse und durch keinerlei Organisation verbunden waren.

der ortsangesessenen Bürger gegenübergestellt¹). In Bologna und einigen anderen Universitäten wurden die aus der Stadt stammenden Professoren und Studenten zu der universitas scholarium nicht (oder doch nur in beschränkter Weise) zugerechnet. Sie gehörten zu der universitas civium. In Bologna, Montpellier u. s. w. wurde ferner der Name universitas nicht bloß für die Gesamtheit aller Lehrer und Scholaren gebraucht, sondern auch für die nach Fakultäten oder Nationalitäten in engerer Vereinigung verbundenen Gruppen. Man sagt deshalb, es hätten an diesen Orten mehrere Universitäten bestanden, zumal ihre Vorsteher teilweise auch den Namen Rektoren führten. Indem diese dann aber doch wieder unter sich einen gewissen Zusammenhang hatten und schon durch den Gegensatz der Bürgergemeinde und infolge der gemeinsamen Privilegien als eine große Korporation erschienen und bei wichtigen Anlässen als ein einheitliches Ganze²) auftraten und behandelt wurden, so ergab sich der gleiche Zustand wie in Paris und anderen Orten, nur daß die Teilkorporationen der Fakultäten und Nationen hier nicht den Namen universitates führten, sondern facultates und nationes.

Der Name universitas trat deshalb für Schulen erst auf mit der Ausbildung der Formen der Genossenschaft für Lehrer und Schüler und ihrer Anerkennung seitens der zuständigen öffentlichen Gewalten. Es wurde aber der Name der Genossenschaft zum Namen der Schule, weil die Genossenschaft einen wesentlichen Bestandteil dieser Schulorganisation darstellte, und weil sie die Leitung oder doch einen regelmäßigen und wesentlichen Anteil an der Leitung der Schule hatte. Die Ausbildung dieser Formen der Scholarengenossenschaften vollzog sich zuerst in den letzten Dezennien des 12. und den ersten des 13. Jahrhunderts, und gleichzeitig vollzog sich die Ausbildung der Formen, unter denen der Name des Lehrers — magister oder

---

¹) Vgl. Laval, Cartulaire, p. 10. Urkunde Karls II. für Avignon 1303. Zu der Wohnungskommission sollen tres viri bestimmt werden, quorum unus per universitatem civitatis ipsius, alius per universitatem doctorum et scolarium eorumdem et tertius per nostram curiam statuatur.

²) Statt universitas wurde auch communitas gesagt, auch rectoria. In Montpellier standen Mediziner und Juristen sehr selbständig nebeneinander, aber es gab gemeinsame Privilegien und man sprach von dem studium, quod Montepessulani solemniter regitur. Die Ausbildung dieser Beziehungen war zu verschiedenen Zeiten verschieden.

doctor — als Titel verliehen wurde; bis dahin bezeichneten diese Namen nur die Thätigkeit, kamen jedem zu, der eine Schule leitete, wurden jedoch auch von denen gebraucht, die früher als Lehrer thätig gewesen waren. Doctor stand auch einfach im Sinne von Gelehrter, im Wechsel mit professor, scholasticus, scholasticissimus, jurisperitus, jurisprudens u. s. w.

Es hatte jedem freigestanden, eine Schule zu eröffnen; an den geordneten Schulen (Universitäten) durfte man es nur nach Erfüllung der von den Statuten vorgeschriebenen Formen. Damit verknüpfte sich die Verleihung der akademischen Titel. Diese Verleihung erfolgte wenigstens in Paris, Oxford und der zugehörigen Gruppe in Stufen; allmählich stieg der Schüler zum Lehrer auf, und so gestaltete sich die Regelung des Lehramts (licentia docendi) zu einer Verleihung von Graden[1]). Mit dieser Ausbildung wurde auch der Unterschied zwischen Lehrern und Schülern schärfer und für die Verfassung bedeutsamer. Scholares (scolares), studentes, clerici bezeichneten im 12. wie im 13. Jahrhundert zwar auch in amtlicher Sprache sowohl Studenten wie Professoren im heutigen Sinne, aber daneben bestand der Gebrauch, magistri et scolares zu sagen, in den Pariser Akten ist es das Gewöhnliche, und dann wurden unter scolares die Schüler im Gegensatz zu den Lehrern gemeint; in den Statuten der Stadt Bologna steht häufiger scolares allein, bisweilen mit dem Zusatz qui studet Bononiae docendo et addiscendo[2]). In Urkunden der Stadt

---

[1]) In Bologna kam es nicht zu gleich bestimmter Ausbildung der Stufen. Darüber in dem Kapitel, welches von dem Doktorat handelt.

[2]) Statuti di Bologna von 1245—1267, ed. Luigi Frati, Bologna 1869. (Bd. II der Monumenti istorici pertinenti alle provincie della Romagna) p. 25 f. Rubrica 12: Placet — quod nulli Bon. studenti — in civili jure seu qualibet alia litterarum scientia seu facultate — tam docendo quam addiscendo. Ebenso in Paris. Schreiben Urbans IV. 1262 bei Jourdain Nro. 188 p. 27: illorum, qui dantes operam sapientiae querunt docendo pariter et discendo in agro studii scientie margaritam. Für die Lehrer war in Italien meist der Titel doctor üblich, weniger magister, aber magister begegnet doch ebenfalls. Vgl. Monumenti di storia patria delle provincie Modenesi. Statuten von Modena ib. I p. 470 Rubr. 161. Et nemo scolaris civis hujus civitatis solvere cogatur dona promissa alicui magistro legum vel decretorum, etiamsi promiserit. Den Wechsel des Ausdrucks bietet das Privileg Johanns XXII. für Perugia 1318, August. A. Rossi, Documenti Nro. 28. Näheres in dem Kapitel über das Doktorat.

Perugia wurde studere geradezu von der Thätigkeit des Lehrers gebraucht = studium regere[1]), und auch die Pariser Universität gebrauchte (1253) den Ausdruck magistri — Parisius studentes[2]).

Die Genossenschaften an den Schulen wurden deshalb sowohl universitates scholarium wie universitates magistrorum et scholarium genannt; beide Formen des Ausdrucks begegnen für Paris, doch die erstere selten, während in Bologna regelmäßig universitas scolarium gesagt wurde. Es hing dies einmal damit zusammen, daß die Wahl der Beamten der universitas in der Hand der Schüler, der scolares im engeren Sinne, lag, zugleich aber damit, daß in Bologna und den ähnlichen Universitäten der Gegensatz zu der universitas civium im Vordergrund stand, während in Paris die magistri die Wahl der Vorsteher und die sonstigen Geschäfte der Korporation zu leiten hatten, und die Stellung der universitas zu dem bischöflichen Kanzler bedeutender war als die Beziehungen zu der städtischen Gemeinde.

So verschieden sich diese Korporationen an den verschiedenen Orten gestalteten, sie hatten überall die gleiche Aufgabe, und diese war zweifacher Natur. Einmal galt es, Privilegien zu erwerben und Verträge abzuschließen, welche den meist aus der Fremde zum Studium gewanderten und deshalb des Schutzes, den der Bürger genoß, entbehrenden Scholaren diesen Schutz ersetzten und ihnen den Aufenthalt erleichterten. Dieser Zweck stand in Bologna und den anderen italienischen Universitäten so sehr im Vordergrund, daß deshalb die ortsbürtigen Scholaren nicht oder nicht zu vollem Recht zur universitas gerechnet wurden. In Paris wurde dieser Unterschied nicht gemacht, weil hier der geistliche Charakter der Universität stärker hervortrat und die ortsbürtigen Scholaren dadurch sich von den cives trennten, daß sie, auch wenn sie Laien waren, Kleriker genannt und den Laien entgegengesetzt wurden. Hier wie in Oxford ꝛc. erschienen die Privilegien der Scholaren mehr als Privilegien von Klerikern, in Bologna, Vercelli, Siena, Perugia, Avignon u. a. als Privilegien einer bevorzugten Gruppe von Fremden. Die andere Aufgabe war

---

[1]) A. Rossi, Documenti Nro. 2 a. 1276: Cum unus doctor legum velit studere in civitate Perusii, ebenso Nro. 3 von demselben Jahre. Gedruckt im Giornale di erudizione artistica Bd. IV und im Estratto p. 4.

[2]) Bulaeus III, 255. Universitas magistrorum et scholarium Parisius studentium. Dies Attribut geht auf magistrorum wie auf scholarium.

die Sorge für die Blüte der Anstalt, Beseitigung von schlechten resp. überlebten Einrichtungen, Anerkennung resp. Regelung von Neubildungen, Ausschluß von störenden Mitgliedern, Abwehr von Angriff, Bekämpfung falscher Richtungen u. s. w. Diese Geschäfte wurden jedoch nur teilweise von der großen Korporation, der eigentlichen universitas, erledigt; je weiter die Ausbildung der Formen fortschritt, je mehr wurden bestimmte Reihen von Geschäften einzelnen Beamten und Teilkorporationen — Fakultäten und Nationen — überwiesen.

Universitas war aber nicht der einzige, auch nicht der älteste und nicht der zumeist gebrauchte Name der so geordneten Lehranstalten, das war vielmehr studium generale oder, jedoch seltener, scholae generales. Beide Ausdrücke begegnen auch ohne Attribut, wie sie schon für die Schulen einzelner Lehrer üblich waren. In Paris und Bologna und an allen Orten, an denen sich Universitäten spontan entwickelten, fanden sich ja schon lange vorher zahlreiche Schulen einzelner Lehrer, und in Paris erfolgte auch noch lange nach der Bildung der Universität die Immatrikulation bei den einzelnen Lehrern, die Matrikel der Universität setzte sich aus den Matrikeln der einzelnen Lehrer zusammen[1]). Es war eine wesentliche Folge der Ausbildung der Universität, daß die Lehrer fortan nicht mehr für sich standen, sondern an die Bestimmungen der Genossenschaft gebunden waren, und man könnte vermuten, daß dieser Umstand die Veranlassung bildete, weshalb man die Universitäten studium generale nannte. Für diese Auffassung sprechen die nicht selten gebrauchten Synonyme universale oder commune, welche das studium als das studium einer universitas oder communitas charakterisieren, sowie daß der Pedell der Anstalt bisweilen als bidellus generalis bezeichnet ward, im Gegensatz zu den Pedellen der einzelnen Professoren oder auch der Teilkorporationen, und ebenso der Rektor als rector generalis[2]), es begegnet sogar generalitas studii[3]). Diese Auffassung scheint auch zu

---

[1]) Im Jahre 1279 ordnete die Fakultät der Artisten an, daß jeder Magister ein Verzeichnis seiner Schüler führen müsse, um ihn als solchen reklamieren zu können. Jourdain, Index Nro. 260. Bulaeus III, 449.

[2]) So in Florenz: Statuti della Università e Studio fiorentino p. 298 a. 1364 generalis rector studii florentini per bidellum generalem dicti studii, cf. p. 383 a. 1404, und in Padua: Mélanges d'archéologie et d'histoire 1885 p. 53: Florianus, bidellus generalis universitatum scholarium.

[3]) In Avignon, und zwar gebraucht ihn die Stadt. Papon III, Preuves Nro. XXX.

Grunde zu liegen, wenn die Philosophen zu Paris in einem Statut des Jahres 1244 sagten¹): „pro utilitate communis studii artium et ejusdem reparatione de communi assensu artistarum ... provisum est,“ also: zu Nutz und Frommen des gemeinsamen Studiums wurde durch gemeinsamen Beschluß der Artisten festgesetzt. Ebenso in der Wendung, welche Papst Alexander IV. in einem Schreiben vom Jahre 1257 zur Bezeichnung des Begriffs einer Universität wählte: „vel alibi ubi generalis in ea (sc. sacra pagina) viget scolastici studii disciplina.“ Denn das scheint doch zu sagen: „oder wo sonst eine allgemeine Ordnung des Studiums dieser Wissenschaft besteht²),“ im Gegensatz zu den Orten, an denen wohl einzelne Lehrer wirkten, aber nicht nach gemeinsamer Ordnung. Eine Glosse des 14. Jahrhunderts erklärt noch bestimmter: „Ein studium ist dann als ein studium generale anzusehen, si generaliter sacra pagina, jura et artes ibi doceantur, d. h. wenn in Gemeinschaft (und nach den Vorschriften der Gemeinschaft) Theologie, Jurisprudenz u. s. w. gelehrt wird“³). Indessen mit voller Sicherheit läßt sich nicht nachweisen, daß das Wort generalis ursprünglich in diesem Sinne gewählt wurde, um diese entwickeltere Form der Schule zu benennen, und wenn es der Fall sein sollte, so ward doch dieser Ursprung bald vergessen. Meist wurden diese Attribute als technischer Ausdruck ohne Erwägung des eigentlichen Wortsinns, also in dem allgemeinen Sinne gebraucht, wie wir heute „hoch“ in der Bezeichnung „hohe Schule“ verwenden⁴). Darum wurden neben generale, universale, commune auch die Attribute solemne und eminentius gebraucht, ja commune und generale erfuhren sogar die Steigerung in communius und generalius⁵).

---

¹) Bulaeus III, 194.
²) Die Stelle ist mitgeteilt bei Denifle S. 226.
³) Aus Paulus de Liazariis, In Clement. De Sepulturis. Dudum. mitgeteilt von Denifle 17. Que studia autem dicantur generalia, relinquitur arbitrio judicis, ut videat si generaliter etc. Zu beachten ist dabei, daß Paulus (seit 1321) Professor in Bologna war.
⁴) S. m. Erörterung in den Göttinger Gel. Anz. 1886. S. 97 f.
⁵) Vgl. Note 1 dieses Kapitels. Denifle, Die Universitäten I, 13 ff. vermutet, generale soll heißen, daß das Studium für alle, nicht bloß für die Ortsansässigen bestimmt sei. Allein die italienischen Städte resp. die einzelnen Lehrer in denselben rechneten auf Zuzug von außen, auch ehe sie ein studium generale einrichteten. Die Städte ließen wiederholt Einladungen ergehen, in denen sie die

War von der einzelnen Schule die Rede, so überwog der Gebrauch studium ohne Attribut zu sagen — studium hujus civitatis, st. Bononiense, st. quod viget Parisius etc.; wenn man aber von dieser Klasse von Lehranstalten, von den Universitäten sprach, so setzte man meistens das Attribut generalia oder universalia zu studia hinzu. Daneben, wenn auch seltener, begegnet in der Periode der Bildung der Universitäten der Name gymnasium mit und ohne litterarum oder scolarum, dagegen wurde dieser Name oder archigymnasium[1]) später sehr häufig amtlich gebraucht.

Vor der Ausbildung dieser Formen der Genossenschaft, der Erteilung der Grade und der Ausbildung gewisser allgemein anerkannter Anschauungen über die Wirkung dieser Formen und die Rechte dieser Genossenschaften, sowie der Privilegien, die ihnen verliehen wurden, gab es zwar mancherlei Schulen, aber keine Universitäten; die Entstehung der Universitäten fällt mit der Ausbildung dieser Formen zusammen, also in die Zeit um 1200. In älteren Darstellungen wurde die Entstehung der Universitäten gern in unvordenkliche Zeiten zurückverlegt. In einer Wittenberger Dissertation aus dem Jahre 1695 heißt es gar, daß die älteste Schule im Jahre 30 nach Erschaffung der Welt, im Jahre der Geburt Abels erstand[2]). Bologna wollte vom Kaiser Theodosius[3]), Paris von Karl dem Großen, Oxford und Cambridge von Fürsten der keltischen Urzeit oder wenigstens von König Alfred gegründet sein. Lokalpatriotismus und Gelehrteneitelkeit haben die seltsamsten Einfälle hervorgebracht und mit weitschichtigem Apparat entlegener Gelehrsamkeit so umbaut, daß sie dem Laien als bewiesen gelten mochten. Diese Fabeln sind jedoch längst

---

Fremden aufforderten, in ihrer Stadt diesen oder jenen Lehrer zu hören. Ueber „Landesschule" und die Wandelung in den Begriff „studium privilegiatum", wie über studium particulare s. Kap. 5.

[1]) Die Ausgabe der Bologneser Statuten von 1561 nennt sich Statuta et Privilegia almae Universitatis Juristarum Gymnasii Bononiensis. Aehnlich in Padua rc.

[2]) Georg Roth, Dissertatio politica de jure majestatis circa erigendas et confirmandas academias, Wittenbergae 1695. Ferner heißt es: Ingevon, Germanorum rex, ut subditos humaniores efficeret, publica bonarum artium gymnasia instituisse fertur.

[3]) Angelus Gaggius, Collegii Bononiensis, pontificii scilicet et caesarei juris ... origo 1710, klein 4, ohne Seitenzahl. Bl. 33ᵃ druckt Gaggius das angebliche Diplom Theodosius II.

Die Zeit der Entstehung. Die Autonomie.

widerlegt und in den Annals of Oxford hat Jeaffreson diese gelehrten Spielereien mit demjenigen Humor geschildert, der den Leser am raschesten von solchem Ballast befreit¹). Das Wahre an diesen Fabeln ist nur, daß es an diesen wie an anderen Orten bereits lange vor dem Beginn des 13. Jahrhunderts Schulen gab, die in gleicher Weise wie die Universitäten Pflegestätten der Wissenschaft waren, aber ohne die geordneten Formen, die Beamten und Privilegien dieser Universitäten zu besitzen. Auch entstanden diese Formen und Einrichtungen nicht auf einmal. Man kann bei den ältesten Universitäten nicht ein bestimmtes Jahr angeben, seit dem sie bestanden, sondern nur die ältesten Urkunden und sonstigen Spuren korporativen Lebens feststellen; man kann eine Periode der Ausbildung aber kein Gründungsjahr nennen, denn sie sind nicht gegründet worden. Thatsächlich bestand auch akademisches Treiben in Bologna, Paris, Montpellier, Oxford, lange ehe es durch bindende Formen zu Universitäten im Rechtssinn fortgebildet wurde. Die Blüte der Studentenpoesie²) fällt sogar vor das Ende des 12. Jahrhunderts, also vor die Zeit der rechtlichen Vollendung der Universitäten. Aber es lag in dieser Ausbildung doch keine bloß äußerliche Veränderung. Erst durch die Ausbildung dieser Formen gewannen die Lehranstalten eine selbständige Stellung zwischen den mannigfaltigen kirchlichen und staatlichen Gewalten der mittelalterlichen Welt und dadurch Mittel des Einflusses nach außen und zur Ueberwindung innerer Schäden. Es ist die Autonomie, welche damals erworben wurde, in den schwersten Kämpfen der Universitäten erhalten, und die Erinnerung an dieselbe, die Gewöhnung, solche Sitze der Studien mit der Vorstellung einer autonomen Stellung zusammenzudenken, diese Autonomie als etwas im Wesen solcher Anstalten Begründetes anzusehen, trägt heute, wo die alten Formen dieses autonomen Regiments teils weggefallen sind, teils ihre Bedeutung geändert haben, und die Universitäten zu den

---

¹) Die Sage von diesem Ursprung Oxfords fand ebenfalls amtliche Vertretung. Siehe Munimenta Oxon. II, 367 f. Contestantibus plerisque chronicis ... omnium autem inter Latinos nunc extantium studiorum Universitas Oxoniensis fundatione prior ... Prioritatem suae fundationis insinuant historiae Britannicae perantiquae. Folgt die Sage von dem Trojaner Brutus und seiner Schar, welcher England besetzt, und von den Philosophen, die damals sich in der Nähe von Oxford niederließen.

²) S. Abschnitt 3 dieses Kapitels.

Organen des Staats zählen, wesentlich dazu bei, ihnen unter diesen Organen eine Ausnahmestellung zu verleihen. Man fühlt, daß mit den Resten dieser Autonomie das eigentümliche Wesen der Anstalten berührt würde.

Stellung des Staates und der Kirche zu der Schule des Mittelalters[1]).

In der römischen Zeit war das Schulwesen Sache des Staats und der Privatunternehmung. Die Kirche hatte aber ein dringendes Bedürfnis, sich daran zu beteiligen, und im 4. und 5. Jahrhundert entstanden neben den alten, die heidnische Tradition festhaltenden Schulen der römischen Grammatiker und Rhetoren christliche Schulen, meist an Klöstern oder größeren Kirchen, vielfach aber ebenfalls auf Grund privater Bemühungen[2]). Im 7. und 8. Jahrhundert verschwanden die Schulen der Grammatiker und Rhetoren mit Ausnahme von Italien, auch die Kloster- und Kirchenschulen gingen zurück, hörten an den meisten Orten ganz auf[3]), bis sie durch Karl den Großen wieder belebt wurden. Die Einrichtungen dieses großen Fürsten und seiner nächsten Nachfolger bilden die Grundlage, auf der

---

[1]) Von älteren Arbeiten nenne ich nur Launoius, De scholis celebrioribus in den opera L., ed. 1732, Paris, fol., tom. 10, 1—172. Von neueren: Mone, Das Schulwesen im 13.—16. Jahrhundert, in der Zeitschr. f. d. Gesch. des Oberrheins I, 257 ff. Thurot, Extraits de manuscrits latins pour servir à l'histoire des doctrines grammaticales au moyen-âge. Paris 1869, 4. Reiches Material zur Kenntnis des Schulbetriebs im 11. und 12. Jahrhundert bietet auch H. Pasquier, Baudri, abbé de Bourgueil, archevêque de Dol 1046—1130. Paris und Angers, ohne Jahr, aber nach 1876. Delisle, Les écoles d'Orléans au 12 et au 13 siècle im Annuaire-Bulletin de la Société de France VII, 239 ff. Léon Maître, Les écoles épiscopales et monasticales de l'occident depuis Charle-Magne jusqu'à Philippe-Auguste. Paris 1866. Joh. Müller, Quellenschriften des deutsch-sprachlichen Unterrichts. Gotha 1882. Dies viel zu wenig beachtete Buch enthält von S. 187 an reiches Material. F. A. Specht, Geschichte des Unterrichtswesens in Deutschland von den ältesten Zeiten bis zur Mitte des 13. Jahrhunderts. Stuttgart 1885.

[2]) Siehe meine Abhandlung: Rhetorenschulen und Klosterschulen in Raumers Historischem Taschenbuch 1865.

[3]) Ueber die eigentümliche Entwicklung der litterarischen Dinge in den britischen Inseln handelt meine Deutsche Geschichte bis auf Karl den Großen II, 269.

sich das Schulwesen des Mittelalters aufbaute, auf der also auch die Universitäten erwachsen sind. Träger der gelehrten Bildung waren damals überwiegend Mönche und Geistliche, die Kirche hatte Bedürfnis nach litterarisch gebildeten Männern, und ihre Klöster und sonstigen Anstalten boten die beste, vielfach die einzige Gelegenheit, ungestört den Wissenschaften zu leben, Bücher sicher aufzubewahren, die Erziehung junger Leute zu überwachen. So wurde denn von Karl dem Großen bei der Gründung der Schulen das Bedürfnis der Kirche zunächst ins Auge gefaßt, Geistliche waren seine hauptsächlichen Berater und Gehilfen, und mit Ausnahme der Hofschule waren die damals gegründeten Schulen Klosterschulen und Kirchenschulen.

Aber was die Kirche in dieser Richtung that, leistete sie teilweise auf kaiserlichen Befehl und unter Aufsicht kaiserlicher Sendboten. Die Sorge für die Bildung der Geistlichen wurde zu den Pflichten und also auch zu den Rechten des Kaisers gerechnet. Das war auch nicht etwa nur zu Karl des Großen Zeit so, nicht eine Folge seiner energisch übergreifenden Natur, auch unter Ludwig dem Frommen war darüber die öffentliche Meinung nicht zweifelhaft. Auf des Kaisers Befehl tagten die Versammlungen der Geistlichen und Mönche, welche die bezüglichen Anordnungen trafen, durch seine Anerkennung erlangten sie Gültigkeit, wurden von der kaiserlichen Kanzlei in zuverlässigen Abschriften an die Erzbischöfe des Reichs versandt und im Fall des Zweifels nach dem im kaiserlichen Archiv zurückbehaltenen Exemplar berichtigt [1]).

Es wurden ferner einige Schulen und zwar für weitere Ausbildung und eingehendere Studien errichtet, welche nicht einzelnen Kirchen oder Klöstern zugehörten, sondern für weite Bezirke bestimmt waren. Bei diesen trat, wie bei der Hofschule, der staatliche Charakter noch unzweideutiger hervor. Am ausführlichsten handelt darüber eine Konstitution Kaiser Lothars I. von 825, durch welche er Oberitalien in Schulbezirke einteilte. Durch kaiserliche Anordnung sind danach an bestimmten Orten Lehrer angestellt worden, und diese Orte sind so ausgewählt, „daß niemand sich entschuldigen könne, er sei zu arm oder die Schule zu entfernt" [2]). Die Verfügung läßt vieles unbestimmt;

---

[1]) Encyklika von 817. Mon. Germ. Legg. I, 220, cujus exemplar — in armario palatii nostri recondi fecimus.

[2]) Monum. Germ. Legg. I, 248 f. De doctrina vero, quae ob nimiam incuriam atque ignaviam quorundam praepositorum cunctis in locis est

weder die Mittel zur Erhaltung oder die sonstigen Einrichtungen der Schulen werden angegeben, noch auch wer gehalten ist, sie zu besuchen, aber deutlich tritt hervor, daß der Staat die Sorge für die Schule als sein Recht und seine Pflicht ansah. In ähnlicher Weise forderten die Bischöfe 829 den Kaiser Ludwig den Frommen auf, an einigen Orten des Reichs, wenigstens an drei, „scolae publicae" [1]) zu errichten, „damit nicht die Arbeit Eures Vaters und Eure eigene durch Nachlässigkeit wieder verloren gehe," ut labor patris vestri et vester per incuriam nou depereat. Also die fränkische Geistlichkeit des 9. Jahrhunderts betrachtete es als Pflicht und damit auch als Recht des Staates, Schulen zu gründen und für die Schulen zu sorgen. Von solchen Staatsanstalten verlautet in der Folgezeit nichts,

---

funditus extincta, placuit, ut sicut a nobis constitutum est, ita ab omnibus observetur. Videlicet ut ab his, qui nostra dispositione ad docendos alios per loca denominata sunt constituti, maximum detur studium, qualiter sibi commissi scolastici proficiant atque doctrinae insistant, sicut praesens exposcit necessitas. Propter opportunitatem tamen omnium apta loca distincte ad hoc exercitium providimus, ut difficultas locorum longe positorum ac paupertas nulli foret excusatio. Folgen die Orte mit Bezeichnung der zugehörigen Schulgebiete. Die scolastici sollen unter Aufsicht der praepositi Fortschritte machen und doctrinae insistere. Danach scheint es, als hätten wir an Repetitionskurse für die Lehrer des Gebiets oder an Seminare für künftige Lehrer zu denken.

[1]) Monum. Germ. Legg. I, 339. Specht sucht S. 37 Note 4 nachzuweisen, daß scolae publicae solche Schulen waren, an denen neben der Theologie vorzüglich die „studia publica", d. h. die freien Künste betrieben wurden. Allein die angeführten Stellen ergeben nicht einmal, daß studia publica eine übliche Bezeichnung für artes liberales war. Die Stelle aus der Vita Meinverci M. Germ. SS. XI, 140: In Patherbrunnensi ecclesia publica floruerunt studia, quanto his musici fuerunt et dialectici . . ., scheint sich zwar so deuten zu lassen, richtiger ist es, publica studia hier als Synonym von publicae scholae zu fassen, denn diese Bedeutung von studium ist ganz gewöhnlich, und nun ergibt sich der einfache Sinn: in P. blühte damals eine Schule, welche als publicae bezeichnet zu werden verdiente, denn . . . Vgl. wie es in der Vita Majoli ausführlicher heißt, publicum apellaretur citra marini orbis gymnasium. An vielen Klosterschulen wurden die artes getrieben, ohne daß sie scholae publicae genannt wurden. Dies „scholae publicae" scheint mir der Vorläufer der Bezeichnung studium generale zu sein, soweit damit nur eine Auszeichnung ausgedrückt werden sollte. In den angezogenen Konstitutionen könnte in dem Attribut auch eine Beziehung auf den Ursprung durch Anordnung der öffentlichen Gewalt liegen. Man hätte dann eine doppelte Bedeutung des Begriffs zu unterscheiden, eine rechtliche und eine allgemeinere.

und abgesehen von Italien gab es überall nur Kirchen- und Klosterschulen. Auch ward außerhalb Italiens nur ausnahmsweise ein Laie als Lehrer genannt, aber es begegnen doch solche Ausnahmen. So lehrte in Paris im 11. Jahrhundert ein deutscher Gelehrter Namens Manegold und hatte Weib und Kind, ja seine Frau und seine Tochter sollen ebenfalls Vorlesungen gehalten haben [1]). So selten das vorgekommen sein mag, es ist doch Thatsache, daß auch in Frankreich die öffentliche Meinung dem Laien das Recht zum Unterricht nicht bestritt.

Noch weniger entwickelte sich die Ansicht von einem besonderen Rechte der Kirche auf die Schule; es blieb auch bis in das 12. und 13. Jahrhundert hinein die Vorstellung, daß Schulen gründen und Schule halten ein löbliches Werk sei, daß im besonderen auch der Staat die Pflicht hätte, dafür zu sorgen. Kaiser Konrad II. wurde von seinem Kaplan Wipo aufgefordert [2]), ein Gesetz zu erlassen, welches die Vornehmen zwinge, ihre Kinder in Schulen ausbilden zu lassen, und diesem Kaplan kam dabei auch nicht einmal die Vermutung, daß jemand in einer Schulgesetzgebung der weltlichen Behörde eine Verletzung eines der Kirche zustehenden Rechtes finden könne. Die Zeit wußte von einem derartigen allgemeinen Rechte nichts, und Städte und Fürsten haben im 13. Jahrhundert Schulen gegründet und Schul-

---

[1]) Giesebrecht in den Sitzungsber. der Münchener Akad. 1868, 297 ff.
[2]) Tetralogus v. 185 ff. Mon. Germ. Script. XI, 251.
    Cum Deus omnipotens tibi totum fregerit orbem,
    . . . .
    Tunc fac edictum per terram Teutonicorum,
    Quilibet ut dives sibi natos instruat omnes
    Litterulis legemque suam persuadeat illis,
    Ut cum principibus placitandi venerit usus
    Quisque suis libris exemplum proferat illis.
    Moribus his dudum vivebat Roma decenter,
    His studiis tantos potuit vincire tyrannos.
    Hoc servant Itali post prima crepundia cuncti,
    Et sudare scholis mandatur tota juventus.
    Solis Teutonicis vacuum vel turpe videtur,
    Ut doceant aliquem, nisi clericus accipiatur.
    Sed, rex docte, jube cunctos per regna doceri,
    Ut tecum regnet sapientia partibus istis.
Ueber Heinrich III. und die Bestrebungen seiner Zeit vgl. L. Steindorff, Jahrbücher der deutschen Geschichte unter Heinrich III. 2 Bde.

ordnungen erlassen und dabei keinen Einspruch seitens der Kirche erfahren. Auch Thomas von Aquino, der doch gewiß kein Recht, das die Kirche beanspruchte, fahren ließ, bezeichnete es als Aufgabe des Staates, studia litterarum zu gründen[1]). Das Ergebnis ist: Bis zur Gründung der Universitäten wurde die Frage, ob dem Staate oder der Kirche, resp. bestimmten kirchlichen Gewalten das Recht auf die Schule zustehe, überhaupt nicht aufgeworfen. Der Staat wie die Kirche fühlten sich verpflichtet, für Schulen zu sorgen, aber sie bestritten weder einander das Recht dazu, noch hinderten sie die Privatunternehmung. Im Gegensatz zu dieser allgemeinen Anschauung wurde hier und da, unter dem Einfluß lokaler und persönlicher Verhältnisse, namentlich von dem Bischof oder dem mit der Leitung der Domschule beauftragten Kanoniker (Kanzler, Scholastikus) eine Art Schulmonopol für die Stadt oder gar für die Diözese in Anspruch genommen[2]). Die Stadt Breslau hielt sich z. B. 1267 nicht für berechtigt, eine Schule anzulegen, obwohl die bischöfliche Schule vor dem Thore lag und ihr Besuch die Kinder über schlechte Wege und gefährliche Brücken führte[3]), und wagte es erst, als die Kirche die Erlaubnis erteilte. In ähnlicher Weise erkannte Lübeck im 13. Jahrhundert ein Schulmonopol der Domkirche an[3]). Die erste Spur von solchem Monopol zeigt sich in einem Privileg, durch welches der Erzbischof von Mainz demjenigen Kanonikus der Kirche von Aschaffenburg, welcher das Amt des Scholastikus bekleidete, das ausschließliche Recht zusprach, in dem Archidiakonat Schule zu halten. Die Kanoniker der Mainzer Kirchen lebten damals nicht mehr in der dem Klosterleben nachgebildeten Gemeinschaft, welche in der karolingischen Zeit zur Regel erhoben worden war und sich im 12. Jahrhundert aufs neue auszubreiten suchte. Jeder Kanonikus wohnte für sich und also auch der-

---

[1]) De regimine principum I, 13. S. unten Näheres.

[2]) Der Ausdruck monopolium wird hierfür schon 1180 in einer Urkunde für Montpellier gebraucht. D'Aigrefeuille, Histoire de Montpellier, 2 ed. tom. III. p. 514. Guillelmus, Dei gratia Montispessulani dominus ... quia acerbum est nimium et contra fas uni soli dare monopolium in tam excellenti scientia ...

[3]) Korn, Breslauer Urkundenbuch I, 35, Nr. 32. Dazu Specht 250 ff. Mone, Zeitschrift I, 266. Joh. Müller, Quellenschriften des deutsch-sprachlichen Unterrichts vom 12. bis 16. Jahrhundert, 1882, citiert ebenfalls die Beispiele aus Breslau und Lübeck. (Cod. dipl. Lubec. I, 1, 240. Urk. v. 1262 Nro. 261.)

jenige, der die Schule zu leiten hatte. Damit begann für die Schule eine freiere Entwicklung und die Möglichkeit, aus derselben größere Einnahmen zu gewinnen[1]), und nun wurde es wichtig, ob nur einer das Recht habe, Schule zu halten und die Einnahmen von allen Schülern zu erhalten, oder ob andere ihm Konkurrenz machen durften. Die größte Einnahme kam aus den Pensionsgeldern der zukünftigen Kanoniker, die teils aus besonderen Pfründen für solche Anwärter, teils von den Familien gezahlt wurden. Es sind Verträge geschlossen und Verordnungen erlassen[2]), wieviel der Scholaster für den Unterhalt aufzuwenden, was er den Zöglingen zu liefern habe. Besonders häufig gelangten Knaben und Jünglinge in solchen Stiftern zu einer Pfründe, in denen bereits Verwandte von ihnen waren, und diese suchten dann leicht ihren jungen Verwandten dem Scholastikus zu entziehen und in das eigene Haus zu nehmen[3]). Bald wünschten sie dem Knaben bessere Pflege zuzuwenden, als er in der „Scholastei" von dem Scholastiker erhielt, bald war es nur das Interesse an dem Gewinn. In Aschaffenburg war nun im Jahre 976 ein solcher Streit mit großer Heftigkeit geführt worden. Ein Kanonikus hatte einen ihm verwandten Knaben dem Scholastikus nicht ausliefern wollen, hatte nach dem Hilfslehrer, der ihn holen wollte, in blinder Wut geschlagen, hatte dabei aber den Knaben getroffen und getötet. Darüber entstand ein großer Aufruhr, und nachdem er gestillt war, erließ der Erzbischof Willegis einen Befehl[4]), der die Wiederkehr solcher Scenen verhindern sollte. Er sprach dem Scholastikus der Kirche von Aschaffenburg für den ganzen Bereich des Archidiakonats das ausschließliche Recht zu, Schule zu halten oder halten zu lassen. Auch die Klöster waren davon nicht ausgenommen, sie durften nur

---

[1]) In ähnlich freier Stellung stand auch manche Klosterschule. So war die des Klosters S. Albans „in burgo", und ihre Leitung wurde einem Laien übergeben. Gesta Abbatum ... S. Albani. ed. Riley 1867, I, 194 ff. (Rerum Britann. medii aevi Scriptores. London. 8.)

[2]) Guden, Codex dipl. Nro. 108, I, 297. Der Scholastikus von Mainz empfieng 1190 von dem Kapitel eine Vorschrift, was er im Winter und was er im Sommer den Scholaren an Kleidern zu liefern habe. Vgl. Nro. 107 I, 295.

[3]) Guden, Codex dipl. I, 179, Nro. 66. Der Erzbischof von Mainz entzog dem Domscholaster das Pensionat der jungen Kanoniker (quod — fratres nostri de jure scolastico circa suorum cognatorum scolarium videlicet canonicorum domesticam provisionem ad lites ... frequentius prorumpere consueverunt.

[4]) Guden. Codex diplom. I, 352, Nro. 129.

ihre Genossen, nicht aber Kleriker oder Laien unterrichten, also nur die schola interior, die eigentliche Klosterschule, keine äußere Schule halten. Die Absicht der Verordnung ging also zunächst dahin, den Scholastikus gegen die Versuche der anderen Kanoniker zu sichern, aber die Fassung ist allgemein und besonders beachtenswert ist die Beschränkung, welche den Klöstern aufgelegt wurde. Man kann zweifeln, ob der Erzbischof zu dieser Verfügung berechtigt war, aber sie ist erlassen worden, und es war damit das Beispiel gegeben, daß der Scholaster der Hauptkirche eines Archidiakonats das Unterrichtsmonopol in dem Archidiakonat hatte. Indessen war dies zunächst nur ein vereinzelter Fall, und wenn etwa hier und da ähnliche Privilegien gegeben sein sollten, so waren die Fälle doch nicht so zahlreich, daß sie die allgemeine Anschauung beherrscht hätten. Eine derartige Bedeutung der Archidiakonate hat sich nicht entwickelt. — Nicht alle Kapitel hatten die besondere Dignität des Scholastikus, sondern ein anderer Kanonikus, meistens der Kanzler, leitete die Schule, oder es wurde ein Fremder als Scholaster berufen, der wohl eine Pfründe erhielt, aber kein Kanonikat, also nicht Sitz und Stimme im Kapitel. An manchen Domschulen unterrichtete der Scholaster nicht selbst oder doch nicht allein, sondern nahm sich Gehilfen oder es wurden ihm solche von dem Konvent gegeben[1]). Diese Lehrer waren von ihm abhängig, wurden von ihm ernannt und entlassen, auch konnte der Gehilfe je nach seinem Kontrakt wieder Vertreter oder Gehilfen nehmen. An der Schule seiner Kirche hatte der Bischof resp. der von ihm beauftragte Scholastikus das Recht, Lehrer zuzulassen oder abzuweisen, und da nun im 11. und 12. Jahrhundert manche Schulen eine ganze Stadt erfüllten, so übten sie thatsächlich dies Recht, die licentia in diesem Gebiet zu erteilen. Es wurde Sitte, daß sie sich dafür bezahlen ließen, und diese Sitte gab dann wieder Anlaß zu Klagen und Beschwerden, welche von Päpsten und Synoden behandelt worden sind. Besonders wichtig ist der bezügliche Kanon des von

---

[1]) Mone, Zeitschrift I, 270. Urkunde des S. Germanusstifts in Speier. Es wird eine praebenda mit der Lehrverpflichtung verknüpft. Qui in eandem successerit praebendam, doceat scolares et hoc in propria persona, nisi forte de gratia capituli adjutorem habeat. In solchem Fall konnte sich das Kapitel auch das Recht vorbehalten, über die Entlassung dieses Lehrers zu verfügen. Im allgemeinen aber scheint es der Scholaster geübt zu haben.

Alexander III. 1179 berufenen Laterankonzils¹). An jeder Kathedral=
kirche solle eine Pfründe für den Scholaster bestimmt werden, die ihm
auskömmliche Einnahme sichere, damit er die Kleriker der Kirche und
Scholaren, welche arm seien, umsonst unterrichte, clericos ejusdem
ecclesiae et scholares pauperes gratis doceat. Ferner solle auch an
anderen Kirchen und in den Klöstern eine Pfründe für den Scholaster
frei bleiben, wenn ehemals eine derartige Bestimmung getroffen war.
Dann heißt es: pro licentia vero docendi nullus omnino pretium
exigat, vel sub obtentu alicujus consuetudinis ab his qui docent
aliquid quaerat, nec docere quemquam expetita licentia,
qui sit idoneus, interdicat. Zunächst kennt danach Papst
Alexander III. keine kirchliche Behörde, welche das Monopol des
Unterrichts hätte. Ferner: Ein Aufsichtsrecht des Domscholaster über
die Schulen der Diözese wird in diesem Kanon weder vorausgesetzt
noch angeordnet. Der Kanon kennt Leute, welche die licentia docendi
zu geben haben, das sind zunächst die magistri scholarum oder
Scholaster aller Kirchen= und Klosterschulen für ihre Schulen. Viel=
leicht denkt er auch an die Genehmigung zur Eröffnung einer neuen
Schule und daß gewisse Personen das Recht in Anspruch nahmen,
in einer Stadt oder einem Gebiete um solche Genehmigung ersucht
zu werden; aber Papst Alexander untersuchte nicht, wer das Recht
habe, an einem Orte über die Zulassung zu entscheiden, er verbot
nur, Geld zu nehmen für die Zulassung, und zweitens verbot er,
einen zum Unterricht geeigneten Mann zu hindern, eine Schule zu
eröffnen. Papst Alexander sprach also grundsätzlich aus, daß jeder
als Lehrer auftreten dürfe und daß, wo jemand durch die Gewohnheit
das Recht übte, zur Eröffnung einer Schule die Erlaubnis zu erteilen,
daß da diese Erlaubnis unentgeltlich und immer erteilt werden müsse,
falls der Bewerber die nötigen Eigenschaften besitze.

In demselben Sinne hat sich Papst Alexander bei einem einzelnen
Fall ausgesprochen. Der Abt des Klosters St. Petri de Montibus in
Chalons hatte sich beschwert²), quod magister scholarum Catalaunensis
ecclesiae in terra jam dicti abbatis sibi scholarum magisterium
vindicat et nullum per abbatem ibi regere scholas permittit. Der
Scholastikus der Kirche von Chalons hatte also dem Abt des Klosters

---

¹) Mansi XXII, 227. Decret. Gregor. lib. V, tit. 5, cap. 1.
²) Migne, Patres latini 200, p. 840, ep. 960.

St. Petri de Montibus verbieten wollen, sei es, die Lehrer seiner Klosterschulen anzustellen, sei es, Lehrern zu erlauben, auf dem Gebiete seines Klosters eine Schule zu eröffnen. Es war ein Anspruch ähnlich dem Privileg des Scholastikus von Aschaffenburg von 976. Der Abt wandte sich mit einer Beschwerde an den Papst, und dieser trug dem Erzbischof von Rheims auf, dem Abt und dem Scholaster zu eröffnen, daß sie keinen Mann, der rechtlich und gelehrt wäre, hindern dürften, in der Stadt oder in den Vorstädten, wo er wolle, eine Schule zu eröffnen. Sollte aber der Scholaster unter dem Vorgeben der Ortssitte das Recht, die Erlaubnis zu erteilen und dafür eine Zahlung zu erhalten, in Anspruch nehmen, so dürfe er doch in keinem Fall auf dem Boden des Klosters ein derartiges Recht beanspruchen, d. h. weder das Recht auf eine Zahlung, noch das Recht, um Erlaubnis gefragt [1]) zu werden.

Papst Alexander kennt also auch hier wieder nur den Grundsatz der Freiheit des Unterrichts und daneben gewisse lokale Gewohnheiten, welche dem Scholaster einzelner Kirchen das Recht gewähren, daß er gefragt werden muß, wenn jemand in einem bestimmten Gebiete als Lehrer eine Schule eröffnen will. Aber einmal weiß Papst Alexander nichts davon, daß den Scholastern einer bestimmten Kategorie von Kirchen, also etwa aller Kathedralkirchen, dies Recht zustehe, noch weniger, daß es ihnen im ganzen Gebiet der Kirche zustehe [2]). Er

---

[1]) Migne, Patres latini 200, a. a. O. Unde quoniam, cum donum Dei sit scientia litterarum, liberum esse debet cuique talentum gratis cui voluerit erogare, fraternitati — mandamus, quatenus tam abbati quam magistro scolarum, ne aliquem probum et litteratum virum regere scholas in civitate vel suburbiis, ubi voluerit, aliqua ratione prohibeant, vel interdicere qualibet occasione praesumant. Auch Mansi XXI, 952.

[2]) Specht nimmt S. 187 dies als Regel an: „Das wichtigste Vorrecht, welches der Scholastikus einer Domschule besaß, bestand in der Oberaufsicht über alle übrigen an den Stifts- und Pfarrkirchen bestehenden Schulen einer Diözese. Nach seinem Ermessen konnte er das an diesen Schulen verwendete Lehrpersonal anstellen und absetzen. In dem ganzen Kirchensprengel durfte überhaupt niemand Schule halten, der nicht vom Domscholaster die facultas docendi erlangt hatte. Schon der Erzbischof Willegis hatte im Jahre 976 dem Scholaster von Aschaffenburg das Privilegium erteilt, daß ohne spezielle Erlaubnis desselben niemand in diesem Archidiakonate das Lehramt ausüben dürfe. So war es auch an anderen Orten." Specht beruft sich auf die Urkunde Guden, Codex diplomaticus I, 356, Nro. 129 von 976. Gegen diese Deutung und Verwendung der interessanten Urkunde habe ich in der Anzeige des Buches (Deutsche Litteraturzeitung 1885 Nro. 30,

hätte sonst nähere Bestimmungen gemacht, um wenigstens Konflikte zwischen den Scholastern der Domkirche und den anderen Kirchen zu vermeiden. Nur erwähnt er, weil die Klage eines Klosters den Anstoß gegeben hatte, daß natürlich dem Domscholaster auf dem Gebiete eines Klosters keinerlei Recht derart zustehen könne. Papst Alexander erkennt aber ferner jenes Recht des Domscholasters, wo es bestehe, nur als ein streng gebundenes an. Der Scholaster soll gehalten sein, jedem zu erlauben, als Lehrer aufzutreten, wenn nicht der Bewerber durch sein sittliches Verhalten oder seinen Mangel an Bildung unwürdig erscheint. Dem ehrenhaften und wissenschaftlich gebildeten Manne durfte es unter keinen Umständen verwehrt oder erschwert werden, wann und wo er als Lehrer auftreten wollte. Gegen sittenlose Menschen mußte der Bischof schon kraft seiner seelsorgerischen Pflicht einschreiten, wenn sie eine derartige Stellung einnehmen wollten, und das Einschreiten gegen den Ungelehrten wird auch nur in dem Sinne gestattet, daß der Scholaster keinen Unfug an seiner Schule zu dulden habe. Es wird ihm keinerlei Recht zugesprochen oder Vorschrift gegeben, mit denjenigen, die an der Schule als Dozenten auftreten wollen, eine Prüfung anzustellen.

Das wurde bei folgendem Anlaß noch deutlicher bestimmt: Der magister scholarum an der Kreuzkirche zu Orleans verweigerte um 1170 einem Magister Fulco die Erlaubnis, eine Vorlesung an der Dom=

S. 1068) Einspruch erhoben und muß dies hier wiederholen. Die Darstellung ist in sich unklar. Einmal ist von der Diözese die Rede, dann von dem Archidiakonat Aschaffenburg. Einmal von allen Schulen, dann von den Kirchenschulen, also nicht von den Klosterschulen, und diese, wenigstens die scholae interiores, werden auch in der Urkunde ausdrücklich ausgenommen. Ferner beweist doch gerade diese Urkunde, daß dem Domscholaster von Mainz nicht die Aufsicht über die Schulen der Diözese zustand. In dem Archidiakonat Aschaffenburg hatte sie der Scholaster dieses Stifts, und ebensowenig hat der Mainzer Scholaster für Frankfurt, Erfurt u. s. w. die licentia zu erteilen gehabt. Auch die Ausdehnung über das Archidiakonat wie in dem Aschaffenburger Privileg von 976 muß als Ausnahme gelten und erklärt sich wohl nur daraus, daß damals in jenem Archidiakonat kein Bedürfnis für mehrere Schulen war, oder aus persönlichen Verhältnissen. Alle selbständigen Kirchen und Klöster haben auch ihre Schule selbst verwaltet. Bedeutung hat die Frage für die deutschen Städte gewonnen, da gehörte dies im 12. und 13. Jahrhundert ausgebildete Recht auf die Schulen zu den Punkten, an welchen die Bischöfe ihre schwindende Gewalt über die Städte zu behaupten suchten. Specht führt die Beispiele von Breslau, Lübeck u. s. w. als Bestätigung der auf die Mainzer Urkunde von 976 gestützten Theorie an, aber sie sind dazu nicht geeignet.

schule anzukündigen. Auf die Beschwerde verfügte der Papst, daß er
die Erlaubnis ohne weiteres zu erteilen habe, oder er müsse sich vor
dem Abt von St. Genovefa[1]) in Paris stellen und dort den Beweis
erbringen, daß der betreffende Magister unfähig sei. Nicht dem
Petenten wurde der Nachweis der Fähigkeit auferlegt, sondern dem
Schulvorstande der Nachweis der Unfähigkeit des Petenten. Also
selbst an der eigenen Schule und in den der Kirche gehörenden
Gebäuden oder in ihrem Gebiete, für welches der Domscholaster
das Schulmonopol in Anspruch nahm oder übte, das er als sein
Schulgebiet[2]) betrachtete, sollte der Bischof oder sein Scholaster nie=
mandem wehren, als Lehrer aufzutreten, außer in dem Ausnahmefall,
daß sich jemand dazu drängte, der die nach den damaligen Gewohn=
heiten übliche Ausbildung selbst nicht empfangen hatte. Dies ist noch
mehr als allgemeine Lehrfreiheit. Nicht bloß wird jedem freigestellt,
auf seine Hand eine Schule zu eröffnen, sondern die auf Grund
kirchlicher Pfründen beruhenden Schulen werden als eine Art öffent=
licher Institution betrachtet, welche nicht nur den Wißbegierigen offen
stehen sollten, dort Studien zu machen, sondern auch denen, die sich
als Lehrer versuchen wollten.

Dieser Grundsatz der Lehrfreiheit fand auch Aufnahme in die
von Gregor IX. veranlaßte Sammlung der Dekretalen, das erste auch
seinem Ursprung nach authentische Gesetzbuch des Kirchenrechts. Titel 5
des fünften Buchs wiederholt als Kapitel 1 den bezüglichen Kanon des
Laterankonzils von 1179 und in Kapitel 3 aus der von Alexander III.
an die gallischen Erzbischöfe gerichteten Dekretale[3]) den entscheidenden
Satz: Einem Manne, der als Lehrer auftreten will und im übrigen
geeignet ist, sollen keinerlei Kosten oder Schwierigkeiten gemacht werden,
ut, quicunque viri idonei et litterati voluerint regere studia litterarum,
sine molestia et exactione qualibet scholas regere permittantur.

---

[1]) Bulaeus II, 732, aus Stephanus Tornacensis epist. 115. Bei
Migne, Patres latini Nro. 211, p. 404.

[2]) Hierfür begegnet der Ausdruck magisterium.

[3]) Corpus juris canonici, ed. Boehmer 1747 II, 734. Vollständig steht
diese Dekretale Alexanders III. ib. in der Collectio Decret. Alex. p. 203. Auch
der scharfe Ausdruck prava et enormis consuetudo a cupiditatis radice processerit über die, welche die dignitas des Lehramts „si dignitas est" für sich
in Anspruch nehmen und für die Verleihung der Lizenz Geld fordern, findet
sich hier.

Es ist kein Zweifel, daß die oben erwähnten Ansprüche der Breslauer und Lübecker Kirche auf Grund dieser Dekretale hätten bekämpft werden können, aber diese Dekretale ist selbst ein weiteres Zeugnis für das Auftreten solcher Ansprüche der Kanzler der Kirchen und Klöster[1]). Diese Ansprüche haben sich trotz solcher Erklärungen der Päpste im Laufe des 12. und 13. Jahrhunderts an vielen Orten durchgesetzt[2]) und bildeten einen wesentlichen Faktor in der Entstehungsgeschichte der Universitäten Paris, Orleans, Angers u. a., und besonders durch die Ausbildung, welche diese Kanzlergewalt in Paris gewann, wurde sie zu einem regelmäßigen Bestandteil der Verfassung der Generalstudien. Aber es war diese Gewalt des Kanzlers der Kirche in Sachen der Universität nicht ein Rest eines ursprünglich allgemeinen Rechts der Kirche auf die Lehranstalten, sondern ein neues Amt, das sich sogar nur im Gegensatz zu einem allgemein herrschenden und von mehreren Päpsten als Grundsatz des Kirchenrechts verkündeten Prinzip ausbilden konnte. Es entstand aber durch dieselbe Bewegung, welche die regellosen Massen der Scholaren zu geordneten Korporationen und das Chaos von Vorlesungen und Disputationen zu einer geordneten Lehranstalt umschuf.

Die Ansprüche des Kanzlers oder des sonst mit der Schule betrauten Kanonikus wurden von den Päpsten in den Fällen, in welchen Widerspruch erhoben und die Entscheidung der päpstlichen Allgewalt (plenitudo) angerufen wurde, meist als Anmaßung behandelt

---

[1]) Daß in Italien die Städte das Schulwesen, das höhere wie das niedere, als eine städtische Angelegenheit behandelten, wird das folgende Kapitel zeigen. Aus Frankreich bietet wichtiges Material auch schon für das 14. Jahrhundert Sur les établissements d'instruction publique et la population dans l'ancien diocèse de Rouen in den Mémoires des Antiquaires de Normandie, Bd. 5 u. 6, 1863 und 1869. Die Geistlichen hatten nach einem Erlaß von 1520 nicht das Recht, Unterricht im Rechnen und im Schreiben zu erteilen, außer in denjenigen Orten, in denen sich keine maitres écrivains jurés — also von den bürgerlichen Gewalten angestellte — fanden. Bd. 5, 308.

[2]) Es ist das wieder ein Beispiel, daß die päpstlichen Erlasse die Entwicklung der kirchlichen Ordnungen nicht gleichmäßig beherrschten. Bischöfe und Kapitel waren es, welche diesen Anordnungen zum Trotz nutzbare Sonderrechte über die Schulen entwickelten. Es ist eine Parallele zu dem Schicksale der Aristotelesstudien. S. oben und Launoius, De varia Aristotelis in academia Parisiensi fortuna in opp., ed. 1732, tom. IV, 173 ff.

und sie wurden gewiß oft aus Habsucht und Rivalität erhoben; indessen war es doch auch notwendig, daß irgend eine Autorität regelnd eingriff. Der folgende Abschnitt wird zeigen, daß es nicht an sachlichen Antrieben fehlte, welche den Bischof und seine Kanzler veranlaßten, ein Aufsichtsrecht über die entstehende Universität in Anspruch zu nehmen, gleichwie sich andererorten die städtische Behörde oder der Fürst dazu entschloß.

2. Die Bedürfnisse, welche eine Organisation forderten.

Savigny stellt in seiner Darstellung der Entstehung der Universitäten unter den Universitäten des Mittelalters den Typus von Bologna, wo die Scholaren den Rektor wählten, dem Typus von Paris gegenüber, wo die Magister den Rektor wählten und in den Versammlungen der universitas allein abstimmten. Bologna erscheint als universitas scholarium, Paris als universitas magistrorum. Indessen das Mittelalter selbst unterschied diese Typen nicht, und die Bedeutung der in dieser Beziehung thatsächlich vorhandenen Verschiedenheiten war keineswegs so groß, als sie in solcher Zusammenstellung erscheinen. Bologna wurde, wie oben erwähnt, allerdings regelmäßig universitas scholarium genannt; aber scholares stand hier im Gegensatz zu cives und umfaßte Lehrer wie Schüler, zunächst die fremden. Paris wurde ferner meistens nicht als universitas magistrorum bezeichnet, sondern regelmäßig als universitas magistrorum et scholarium, bisweilen aber auch nur als universitas oder communitas scholarium [1]). Sodann sahen die Scholaren in Paris und den bezüglich des Wahlrechts gleichartigen Universitäten wie Oxford, Orleans, Toulouse keineswegs den Ort schulmäßigen Druckes, und Bologna wurde nicht im Gegensatz zu Paris als der Hort akademischer Freiheit gepriesen. Unter den zahlreichen Studentenliedern und Erzählungen

---

[1]) Beschluß des Kapitels von 1207, Bul. III, 36. Schreiben von Päpsten an die Universität, z. B. Jourdain, Index Chartarum Nro. 2 u. Nro. 49, sind scholaribus oder magistris et scholaribus adressiert, in Orleans und Oxford wurden bei Verhandlungen von Bedeutung auch Scholaren zugezogen.

aus jener Zeit begegnet keine einzige Aeußerung derart. „Akademische Freiheit", libertas scolastica, wurde in der offiziellen Einladungsschrift zum Besuch von Toulouse (1233) ausdrücklich verkündet [1]). Paris und Oxford sahen die Scholaren in gleicher Wildheit und Anmaßung wie in Bologna. In Bologna wurde allerdings das Haupt der Universität [2]) von den Studenten gewählt, aber in Bologna wurde das durch besondere Verhältnisse herbeigeführt und als eine Anomalie empfunden, der die Stellung der Schüler zu den Lehrern sonst nicht entspreche. Es gab in Bologna keineswegs eine Herrschaft der Schüler über die Lehrer, vielmehr hatten die Doktoren in Bologna die Gerichtsbarkeit über ihre Schüler, und es scheint, daß sie dieselbe in größerer Ausdehnung übten, als es in Paris geschah. Auch bei den Verhandlungen mit Barbarossa und bei anderen Gelegenheiten traten die Magister in den Vordergrund.

Es gab noch andere Unterschiede zwischen den Universitäten als diesen Gegensatz des Stimmrechts, namentlich die Einführung der Besoldung, die Stellung zu der Stadt, zu den Ordensschulen, die Ausbildung der Nationen, der Bursen u. s. w. — aber auch diese Unterschiede wogen gering gegenüber den gemeinsamen Grundzügen der Ordnung. Daher betrachtete man doch alle Universitäten als gleichartige Anstalten. — Diese Gemeinsamkeit und Gleichartigkeit hatte sich in den Schulen bereits ausgebildet, ehe die Formen der Universität fest wurden. In den ersten Jahrhunderten des Mittelalters bestand zwischen den Schulen Italiens und der anderen Länder der Gegensatz, daß es in Italien Laienschulen gab. Lehrer, die ein Gewerbe aus dem Unterricht machten, eröffneten Schulen, wo und wann es ihnen vorteilhaft schien, während es in den anderen Ländern nur Kirchen- und Klosterschulen gab, welche zunächst nur für die Erziehung der

---

[1]) Jean de Garlande, De triumphis ecclesiae, ed. Wright (Roxb. Club. 1856) p. 97: (Die in Paris verbotenen Bücher des Aristoteles) poterunt illic audire qui volunt naturae sinus medullitus perscrutari. Quid deerit vobis igitur? Libertas scolastica? Nequaquam, quia nullius habenis dediti propria gaudebitis libertate.

[2]) Er war zunächst Haupt der universitas scholarium, aber, soweit neben der Stadt überhaupt eine Behörde als rector studii, als Leiter der Lehranstalt bezeichnet werden kann, ist es der rector universitatis. Besonders tritt dies in Perugia und Florenz hervor, wo der rector scholarium im Auftrag der Stadt das studium beaufsichtigte. Siehe Kapitel 3.

dem Kloster oder der Kirche übergebenen Knaben bestimmt waren. Suchten dann auch viele andere daselbst Unterricht, so wurde die Schule in eine äußere und eine innere geteilt, die innere für die künftigen Mönche oder Kanoniker, die äußere für fremde. Diese äußere Schule konnte sich freier entwickeln, und die große Blüte von Hildesheim, Reichenau, St. Gallen, Chartres, Reims, Lyon, Paris u. s. w. wird sich vermutlich zunächst an die äußere Schule geknüpft haben. Aber äußere und innere Schule[1]) waren bisweilen in einer Hand, und auch das konnte vorkommen, daß gerade die eifrigsten Schüler sich zur Aufnahme in das Kloster des gefeierten Lehrers drängten. Jedenfalls fehlt es an Material, den Unterschied in der Entwicklung derselben nachzuweisen. Aehnlich ist es mit folgendem: Solange die Kanoniker der Domkirche in mönchischer Gemeinschaft lebten, so lange war zwischen Kirchen- und Klosterschulen kein wesentlicher Unterschied, als sie getrennt lebten, konnte der Scholastikus der Kirche freier über die Schule verfügen als der Scholastikus der Klosterschule; aber auch dieser Gegensatz war doch geringer als der Unterschied, der durch den Wechsel der Verhältnisse und Persönlichkeiten in jedem Kloster und Stift entstand[2]), und für die Entwicklung der Universitäten aus den Schulen des 12. Jahrhunderts kommen alle diese Unterschiede von Klosterschulen und Kirchenschulen, wie von inneren und äußeren Schulen nicht nachweisbar in Betracht. — Die Universitäten sind aus keiner Art dieser Schulen direkt hervorgegangen, sondern aus dem teilweise allerdings in Anlehnung an Kirchen- und Klosterschulen entwickelten Treiben eines Standes von Gelehrten, die aus dem Lehren und Lernen einen Lebensberuf machten. Es hatte sich im 11. und 12. Jahrhundert auch in Deutschland, Frankreich, England und Spanien ein Schulgewerbe ausgebildet, ähnlich wie es sich in Italien vom Altertum her erhalten hatte. Diese magistri oder scholastici, wie sie nicht auf Grund eines Diploms, sondern aus Anlaß ihrer Beschäftigung genannt wurden, fanden vielfach an den durch Pfründen gesicherten Kirchen- und

---

[1]) Siehe den Plan von St. Gallen bei Specht 152 f., der die Lage der äußeren Schule hervorhebt, sodann das oben angeführte Beispiel der Schule des Klosters St. Albani, die in burgo war und einem Laien unterstellt wurde.

[2]) In St. Riquier waren (9. Jahrhundert) 100 Knaben in der inneren Schule, in den Cluniacenserklöstern nicht über 6. Specht 155.

Klosterschulen Stellung; aber diese Schulen sahen dann auch ein Leben und Treiben, ein Kommen und Gehen, ein Ausbilden von jungen Gelehrten, die dann in der Schule oder neben der Schule sich als Lehrer versuchten, wie es an den Rechtsschulen Italiens und an den späteren Universitäten üblich war. Neben solchen Kirchen- und Klosterschulen entstanden ferner Schulen auf Grund einfacher Privatunternehmung. In verschiedenen Orten und Städten oder auf dem Lande, bisweilen an ganz einsamen Orten, sammelten sich Wißbegierige aus allen Ländern um einen Gelehrten, der dort eine Schule eröffnete oder sich dorthin zurückgezogen hatte und erst durch die zuströmenden Schüler veranlaßt wurde, geeignete Räume zu mieten oder herzustellen.

Die Entwicklung dieses Standes von Berufsgelehrten war ein Produkt der Blüte der Kloster- und Kirchenschulen im 10. und 11. Jahrhundert und des auf ihnen beruhenden wissenschaftlichen Lebens. Den gemeinsamen Schauplatz desselben bildeten die Länder des christlichen Abendlandes[1]). Wenn sich auch in diesen Jahrhunderten das Nationalgefühl stärker entwickelte und die politische Verbindung des heiligen römischen Reichs sprengen half, in der Wissenschaft fühlte man international. Man kümmerte sich nicht um Landesgrenzen, wenn es sich um Studium handelte. Ecce quaerunt clerici Parisiis artes liberales, Aurelianis auctores, Bononie codices, Salerni pyxides, Toleti daemones et nusquam mores, klagte ein französischer Abt[2]) und stellte so die Studiensitze aller Länder wie die Teile eines einzigen großen Studiums nebeneinander.

Solche Blüte erhielt sich in St. Gallen und anderen Schulen mehrere Generationen hindurch, oft so, daß der Lehrer einen seiner Schüler zu seinem Nachfolger ausbildete — oftmals aber wechselten auch gerade die gefeierten Lehrer selbst den Ort. Magdeburg, Lyon, Reichenau, Würzburg, Tournay waren im 10. Jahrhundert gepriesene Schulen. Den größten Ruhm hatte damals aber Reims unter

---

[1]) Petrus Damiani, der als Vertreter der Uebergangsperiode besonders interessant ist, schildert (Opera, ed. Cajetanus 1642, Paris. III, 318) die Wanderung eines Magisters. Ob der Klerikus, der mit seiner Dirne der Nachbar von Petrus Damiani war, als dieser in Parma artes liberales studierte, ebenfalls Scholar war, ist nicht deutlich. Sonst würde sein Treiben ein passendes Beispiel zu den allgemeinen Schilderungen bilden.

[2]) Helinandus. Seine Klagen über ihr Leben Migne 212, p. 613.

Gerbert. Aus allen Landen kamen die Scholaren herbei. Mit ihm begann die Periode, in welcher Frankreich als der Hauptsitz des Studiums galt. Sein Schüler Fulbert machte Chartres berühmt, dort war Berengar von Tours sein Schüler, der vorher in Paris Dialektik studiert hatte. Berengar verblieb in Chartres, bis Fulbert starb. Dann trat er in Tours als Lehrer der Grammatik auf, eröffnete darauf in Paris seine Schule der Dialektik, welche seinen Ruhm durch alle Lande trug, bis Lanfrank in dem Kloster Beccum bei Rouen noch größeren Erfolg hatte. Aus Italien kam Anselm und wanderte durch Burgund und Frankreich von einer berühmten Schule zur anderen, bis er in Beccum blieb und Lanfranks größter Schüler und dann sein Nachfolger wurde. Dann warf sich Berengar auf die Theologie, aber sein Gegner Lanfrank folgte ihm auf dies Gebiet, bezichtigte ihn der Häresie und wußte die untersuchenden Konzilien für seine Auffassung zu gewinnen.

In Paris war unter den Schülern Berengars Frodo. Dieser lehrte in Paris, in Angers und anderen Städten Frankreichs mit so großem Erfolg, daß er unter glänzenden Bedingungen nach England berufen wurde, wo er starb. Balbrich von Dol, der damals als Dichter gefeiert wurde, schrieb ihm folgenden Nachruf:

> Frodo, quid prodest te nosse profunda librorum,
> Nocte dieque tuus tritus Aristoteles,
> Fabula Nasonis tibi quid tot adhaesit in annis,
> Quid tibi nunc Cicero, Statius atque Maro?
> Haec tibi, Frodo, simul spondebant aurea secla
> Attamen ista simul abstulit atra dies [1]).

Frodo war recht ein Vertreter jener Magister, die aus dem Unterricht ein Gewerbe machten. Manche empfingen die Weihen, andere nicht. Um 1100 ernährte in Flandern ein Magister Gunfrid Weib und Kind vom Ertrag seiner Schule [2]), und sein Bruder Robert eröffnete ebenfalls eine Schule, hatte großen Zulauf und wurde gerühmt, daß er von den Armen keine Bezahlung nahm.

---

[1]) Migne, Patres latini Nro. 166 p. 1190. H. Pasquier, Baudri, Un poète latin du XIe siècle. Aurea te tandem spes invitavit ad Anglos sagt er in einem anderen Gedichte. Vgl. auch Dr. O. Leist, Der Anticlaudianus des Alanus ab Insulis.

[2]) Wharton, Anglia sacra II, 209 f.

Jocelin de Brakelonda erwähnt¹) eine englische Magisterfamilie, in welcher der Sohn nach dem Vater aus dem Schulehalten ein Gewerbe machte. Aus einer Bürgerfamilie von Canterbury²) ging eine Reihe von Gelehrten hervor, die schließlich das Kloster von St. Albans in ihre Gewalt brachten. Zwei Brüder, Matthäus und Warin, hatten sich in der Heimat den Ruhm von tüchtigen Gelehrten erworben und gingen dann etwa um 1150 oder 1160 zur Vollendung ihrer Studien nach Salerno. Dort erlangten sie einen gewissen Namen in der Medizin, hielten auch Vorlesungen, ebenso ihr Neffe Warin, der dort kanonisches Recht studierte und vortrug. Nach einigen Jahren beschlossen diese drei zusammen mit zweien ihrer salernitanischen Schüler in St. Albans das Gelübde abzulegen. Bis dahin waren sie Laien. Sie kehrten zurück und führten den Vorsatz aus, nur der Kanonist Warin, der Neffe, blieb Laie. Der andere Warin wurde bald zum Prior gewählt und beim Tode des Abtes auch zum Nachfolger desselben. Das Priorat gab er dann seinem Bruder Matthäus und die Klosterschule (in burgo) dem Neffen³), unter dessen Leitung sie zu einem der wichtigsten Mittelpunkte der Studien in England wurde.

Aebte, Bischöfe und andere hochmögende Herren beriefen hervorragende Gelehrte an ihre Klöster und Kirchen, in ihre Städte, oder luden sie zu Gast und baten, daß sie daselbst eine Zeitlang Vorlesungen hielten. Bernhard von Clairvaux bemühte sich so für den Engländer Robertus Pullus von seinem geistlichen Oberen Urlaub zu erwirken, damit er in Paris die orthodoxe Lehre verkündige und einer von Bernhard gefürchteten Richtung entgegentrete. Häufig verließen diese Magister auch aus persönlichen Erwägungen den Ort und eröffneten ihre Schule an einem anderen. Bei solchem Wechsel folgte dem Lehrer oft ein Teil der Schüler, und wenn der Lehrer nicht eine bestehende Kirchen= oder Klosterschule übernahm, welche für die Schüler feste Ordnungen hatte, so bildeten Schüler und Lehrer

---

¹) Camden Society Nro. 13, 1840, p. 32.
²) Gesta abbatum S. Albani, ed. Riley I, 195 ff. Garinus ... natalia trahens ex vulgaribus burgensibus solis emolumentis denariorum qualitercunque inhiantibus ... Habuerunt ... nepotem, magistrum videlicet Garinum, in Decretis lectorem nominatissimum ... Hi tres quanquam seculares ... et duo eorum discipuli et socii Fabianus et Robertus de Salerno voverunt, se fore apud S. Albanum habitum religiosum suscepturos.
³) Siehe die Fortsetzung der in voriger Note angeführten Stelle.

eine Genossenschaft. Wo sich zwei solche Schulen Konkurrenz machten, entstanden lebhafte Streitigkeiten. In der ersten Hälfte des 11. Jahrhunderts wurde Odo, der in Toul lehrte, nach Tournay berufen und hob in wenigen Jahren den Ruf der Schule so, daß ihr nicht bloß aus Flandern und Frankreich, sondern auch aus Sachsen, Burgund und Italien Schüler zuströmten, und die ganze Stadt von ihnen erfüllt war. Odo war Realist[1]), in der Nähe leitete aber ein gewisser Raimbertus eine Schule in nominalistischem Sinne, und der Streit der Gegensätze erfüllte die Schüler. Die Aufregung stieg so, daß einer eine Art Gottesurteil suchte, indem er einen Taubstummen fragte. Und nun wird erzählt, daß der Stumme ihn plötzlich verstand und durch Zeichen kundgab, Odo habe die rechte Lehre, Raimberts Reden seien nichts als Wortschwall (Raimberti lectionem nonnisi verbosam esse loquacitatem). Es muß in der ganzen Gegend damals ein starkes wissenschaftliches Leben geherrscht haben, denn neben jenen beiden werden auch noch andere Lehrer erwähnt und zugleich, daß der wissenschaftliche Kampf oft nur den Vorwand bildete für den Neid, mit dem sie des Odardus große Erfolge sahen. Diese Schulkämpfe erregten in den maßgebenden Kreisen der damaligen Gesellschaft große Teilnahme, gewannen leicht eine allgemeinere Bedeutung, verwickelten sich mit Personenfragen bei Wahlen zu den großen Kirchenämtern u. dergl. und wurden mit einem Aufwande von Mitteln und Intriguen geführt, der einen Maßstab gibt für den Eifer, der in diesem Treiben herrschte. In solchem Kampfe verließ Wilhelm von Champeaur den Lehrstuhl in Paris, dem er und der ihm seinen Ruhm verdankte, legte das Kloster St. Victor bei Paris an und wechselte dann noch zweimal den Ort seiner Schule, je nachdem ihm der Boden hier oder dort günstiger erschien, um den

---

[1]) D'Achery, Spicilegium II, 889. Erste Hälfte des 11. Jahrhunderts. Primo in urbe Tullensi scholasticos docuit, deinde a canonicis B. Mariae Tornacensis urbis evocatur, scholae eorum magister constituitur ... (Odo) „in re" discipulis legebat, unde et magister Rainbertus, qui eodem tempore in oppido Insulensi dialecticam clericis suis „in voce" legebat, sed et alii quamplures magistri ei non parum invidebant et detrahebant suasque lectiones ipsius meliores esse dicebant, quamobrem nonnulli ex clericis conturbati cui magis crederent haesitabant, quoniam et magistrum Odardum ab antiquorum doctrina non discrepare videbant, und doch gern etwas Neues wünschten. Folgt die Erzählung von dem Taubstummen.

Gegner zu bekämpfen. Aehnliche Ortswechsel aus taktischen Gründen zeigt das Leben seines Gegners Abälard und anderer Magister. Besonders gefährlich wurden derartige Streitigkeiten, wenn sie von dem Gebiete der Logik auf das der Dogmatik übertragen wurden. Da zahlreiche und einflußreiche Männer geneigt waren, in jedem Dialektiker einen Ketzer zu sehen, so konnte der gekränkte Ehrgeiz des überflügelten Gelehrten leicht mächtige Bundesgenossen finden, um den siegreichen Gegner mundtot zu machen. Beispiele bieten die Schicksale Abälards und des Gilbertus Porretanus. So ergebene Söhne der Kirche wie der Bischof Otto von Freisingen und der mutige Vorkämpfer für die Sache des Thomas Becket, Johannes von Salisbury, waren doch der Meinung, daß bei Gilberts Prozeß der Gelehrtenneid die Irrlehre in die Worte ihres verehrten Lehrers hineininterpretiert habe, und daß die Masse der verurteilenden Stimmen nur aus Liebedienerei gegen den gefürchteten Abt von Clairvaux abgegeben sei, der einen Gegner nicht los ließ, gegen den er sich einmal entschieden hatte [1]). Petrus von Poitiers, der gefeierte Nachfolger des Petrus Lombardus, wurde als „Nihilist" verketzert [2]), weil er die Frage, ob im Sinne der Schullogik von Christo das esse aliquid ausgesagt werden könne, verneinte. Er faßte seine Erfahrungen von dem Treiben der Gelehrten in dem traurigen Worte zusammen: hoc vitio praecipue magistri laborant, quos saepe veritas intellecta offendit — offenditur autem unus, quando alius bene dicit. Unde licet reclamante conscientia statim ei contradicit [3]). Das ist die Schwäche der Gelehrten, daß sie Anstoß nehmen an der Wahrheit, die ein anderer gefunden hat. So widersprechen sie denn sofort, mag ihr Gewissen auch dagegen protestieren. Es handelt sich hier nicht um die Frage, ob seine Gegner Grund hatten, in seiner Art der Erörterung eine Gefahr für die Kirche zu erblicken. Einer großen Zahl dieser Philosophen gegenüber war die Sorge eines Bernhard von Clairvaux

---

[1]) Bernheim, Der Charakter Ottos von Freising und seiner Werke in den Mitteilungen des Instituts für österreichische Geschichtsforschung Bd. VI, 1885, S. 1—59.

[2]) „Nichilianista." Bul. II, 404. Von demselben Walther, der Abälard, den Lombarden, nebst Petrus von Poitiers und Guilbert de la Porrée als die vier Labyrinthe Frankreichs bezeichnete. Bulaeus II, 402 f.

[3]) Den Hinweis auf diese Stelle verdanke ich Denifle XXVIII.

und der Victoriner ohne Zweifel berechtigt: es gilt aber die Stärke der litterarischen Bewegung und die Bedeutung der Interessen, welche an dieselben geknüpft waren, zu erkennen, um die rechte Vorstellung zu gewinnen von dem Treiben an den Schulen, vorzüglich an den Schulen Frankreichs, im besonderen Nordfrankreichs, das seit dem 12. Jahrhunderte vorzugsweise der Sitz des kirchlichen und wissenschaftlichen Lebens war[1]). Mit Frankreich stand England in lebhafter Verbindung, die Normandie bildete den Uebergang, in politischen wie in wissenschaftlichen Dingen. Die Schule vom Kloster Bec bei Rouen wurde die Vorläuferin von Chartres und Paris, und die Leiter jener Klosterschule, Lanfrank und Anselm, wurden nacheinander auf den erzbischöflichen Thron von Canterbury berufen[2]). Das Leben Abälards[3]) gibt ein Bild von dem erregten Leben, das diese Lande erfüllte. In einem Briefe an Heloise berichtet er selbst über seine Laufbahn[4]). Als junger Mensch von ungefähr 23 Jahren kam Abälard um 1102 nach Paris. Er hatte schon viele Schulen besucht, dem Rufe der Lehrer folgend; nach Paris zog ihn die dortige Blüte der Dialektik, vor allem der Ruhm des Guillaume de Champeaux[5]). Dieser freute sich zunächst des begabten Schülers, aber als sich ihm Abälard bei den Disputationen überlegen zeigte und vermutlich in seiner Eitelkeit rücksichtslos und anmaßend auftrat, da begann er ihn zu hassen, und bald konnte er sich rächen. Abälard versuchte selbst eine Schule zu gründen und hatte in Melun bereits einen geeigneten Raum ausgewählt, als Guillaume de Champeaux ihm denselben durch irgend welche Mittel zu entziehen wußte. Einige von den Großen des Landes

---

[1]) Die normännische Geistlichkeit hat sich auch bei Stiftung der Kollegien in Paris besonders reich beteiligt.

[2]) Anselms Vita hat Johannes von Salisbury geschrieben.

[3]) S. M. Deutsch, Peter Abälard, Leipzig 1883. S. 27 über die frühere Litteratur.

[4]) Der Brief bildet eine förmliche Abhandlung und wird gewöhnlich als Historia calamitatum bezeichnet. Petri Abaelardi opera, ed. Cousin, tom. I. Migne 178, ep. 1.

[5]) Dieser gefeierte Gelehrte war Archidiakonus der Domkirche und hatte zugleich die Leitung der Domschule. Noch war es also in Paris nicht feste Regel, daß die Domschule dem cancellarius des Kapitels unterstand. E. Michaud, Guillaume de Champeaux et les écoles de Paris au XIIe siècle, Paris 1867. war mir nicht zugänglich.

nahmen sich dann aber Abälards an, und gestützt auf deren Schutz eröffnete er die Schule und hatte solchen Erfolg, daß der Glanz der Pariser Schule des Wilhelm von Champeaux erblich. Um ihr noch stärkere Konkurrenz zu machen, verlegte Abälard seine Schule nach Corbeil, das näher bei Paris liegt und auch zur Diözese gehörte. Hätte der Vorsteher der Domschule über die Schulen der Diözese zu verfügen gehabt, so hätte Wilhelm von Champeaux dem Abälard dies einfach untersagt, und hätte er wenigstens befragt werden müssen, so hätte sich bei dieser Frage der Kampf entsponnen. Aber davon ist keine Rede. Ebenso würde dann in Melun die Entscheidung bei dem Erzbischofe von Sens, oder seinem Scholaster gestanden haben. Das war aber nicht der Fall.

In Corbeil erkrankte Abälard und mußte einige Jahre in seiner Heimat (bei Nantes) zubringen, um seine Gesundheit wiederherzustellen. Unterdessen hatte sein ehemaliger Lehrer das Kloster St. Victor bei Paris gegründet und seine Stellung an der Spitze der Pariser Domschule einem anderen übertragen. In St. Victor setzte Guillaume de Champeaux seine Lehrthätigkeit fort, und auch Abälard trat daselbst noch einmal unter seine Schüler. Aber bei den Disputationen kam es wieder zu einer Niederlage des Lehrers, er mußte sogar in einer entscheidenden Definition seine Ansicht nach den Ausführungen Abälards ändern. Diese Disputationen in der Schule zu St. Victor erregten allgemeine Aufmerksamkeit, viele kamen aus den anderen Schulen, den gewandten Sprecher zu hören, und der Leiter der Domschule bot ihm seinen Lehrstuhl an und mischte sich selbst unter die Schüler. Guillaume de Champeaux mußte nun (direkt oder indirekt) jenem Magister, den er selbst zu seinem Nachfolger erwählt hatte, die Domschule zu entziehen und einem Rivalen Abälards zu geben, und damit fiel auch Abälards Recht, in diesen Räumen zu lesen, und dieser begab sich wieder nach Melun und eröffnete daselbst eine Schule. Er hatte wieder Erfolg, aber als sich nicht lange danach sein feindlicher Lehrer mit seiner Schule aus St. Victor nach einem von Paris entfernteren Ort zurückzog, kam Abälard alsbald mit seinen Schülern nach Paris, und da in den Räumen der Domschule sein Gegner gebot, so schlug er „das Lager seiner Schule auf dem Berge St. Genovefa auf, gleichsam um den zu belagern, der seine Stelle an der Domschule eingenommen hatte". Auf diese Nachricht eilte Guillaume de Champeaux mit seiner Schule wieder nach Paris,

„um seinen Mann von der Belagerung zu befreien"¹). Nun entstand ein Schulkrieg mit kecken Behauptungen und spitzfindigen Definitionen. Die Scholaren des einen erhoben sich in den Vorlesungen und Disputationen des anderen, und die Schulhäupter stritten in der vordersten Reihe. Wie einen Kampf der Griechen und Trojaner schildert Abälard¹) diese Wortgefechte, und wenn man einerseits daraus abnehmen kann, daß er auch nach Griechen-Art die Größe seiner Thaten verherrlicht haben wird, so ist doch noch wichtiger, daß er sie überhaupt so schildern konnte. Es ist eben das Zeichen dieser Schulen, daß die Disputation den Mittelpunkt bildete, und von vielen gilt das Wort, daß sie vorzugsweise studierten, um in der Disputation Siege zu erfechten. Wir haben hier ein Gegenstück zu den Kämpfen der Nachbarschulen von Tournay und Lille. Abälard löste seine Schule jedoch wieder auf (um 1113), weil er in die Heimat zurück mußte, und von da begab er sich nach Laon, um bei Anselmus, dem berühmten Scholaster der dortigen Domschule, Theologie zu studieren. Die Schule von Laon hatte in den letzten Dezennien des 11. Jahrhunderts einen ähnlichen Ruf, wie ihn Paris durch Guillaume de Champeaux und noch mehr durch Abälard gewann. Abälard fühlte sich jedoch in seinen Erwartungen getäuscht, statt der Gedanken erhielt er leere Worte, Anselm schien ihm einer von denen, die, „wenn sie ein Feuer anzünden, zwar das Haus mit Rauch erfüllen, aber nicht mit Licht erhellen"²). Da er nun seltener in den Vorlesungen

---

¹) Historia calamit. (ep. 1 bei Migne Nro. 178). Sed quia ut diximus locum nostrum (an der Domschule) ab aemulo nostro fecerat occupari — extra civitatem in Monte S. Genovefae scholarum nostrarum castra posui. — Post reditum vero magistri nostri ad urbem, quos conflictus disputationum scholares nostri tam cum ipso quam cum discipulis ejus habuerint ac fortuna eventus in his bellis dederit nostris, imo mihi ipsi in eis, te quoque res jamdudum edocuit. Illud vero Ajacis et temperantius loquor et audacter proferam: si quaeritis hujus fortunam pugnae, non sum superatus ab illo. Die Klosterschule von S. Genovefa ist nicht zu verstehen unter der Schule in Monte S. Genovefae, in welcher Abälard lehrte. Er gründete eine Schule im Gebiet des Klosters.

²) An Anselm dachte Abälard auch wohl bei dem bezüglichen Abschnitt der Monita ad Astralabium. Migne Nro. 178, p. 1759. Hier wie für den Kampf mit Wilhelm von Champeaux sind wir auf Abälards Darstellung angewiesen, die sicher nicht unbefangen ist. Aber darauf kommt es hier nicht an, die Schuld der Gegner abzuwägen, sondern die Verhältnisse zu erkennen, in denen sie sich bewegten.

erschien, kam es zu Reibereien mit den ergebenen Schülern, und bei einer solchen Gelegenheit sagte Abälard, wenn man wissenschaftlich geschult sei, so müsse man auch, ohne speziell Theologie studiert zu haben, die Texte der theologischen Schriften mit Hilfe der Glossen zu erklären imstande sein, man bedürfe dazu nicht erst besonderer Anleitung eines Lehrers. Da man bezweifelte, daß dies möglich und daß im besonderen Abälard imstande sei, sofort als Lehrer der Theologie aufzutreten, qui nondum nisi in physicis studuerat, so erbot er sich, es zu beweisen, und man bestimmte ihm den schwierigen Text des Propheten Ezechiel. Es war also ein Scherz, ein Disput, vielleicht beim Becher, was den Abälard veranlaßte, als Lehrer der Theologie aufzutreten. Und es war dies ferner möglich, ohne weitere Formalitäten zu erfüllen, denn unmittelbar am folgenden Tage schon begann Abälard die Vorlesung und unter steigendem Zulaufe. Sein Lehrer Anselm aber war darüber erzürnt und verbot ihm, in seiner Schule die Vorlesung fortzusetzen. Er begründete den Schritt mit dem Vorwande, daß man es ihm zum Vorwurfe machen könne, wenn Abälard aus Unkenntnis etwa Irrlehren vortrage. Abälard machte keinen Versuch, in einem anderen Hause der Stadt oder Vorstadt eine rivalisierende Schule zu eröffnen, wie er es in Paris einst unternommen hatte[1]), sondern er verließ Laon und begab sich nach Paris, wo ihm eine bereits bestehende Schule[2]) übergeben wurde, die er dann mehrere Jahre mit großem Ruhme leitete. Er hatte große Einnahmen[3]) und lebte und lehrte ohne jeden amtlichen oder klösterlichen Zwang, auch ohne von einer Behörde beaufsichtigt zu sein. Da ihm ein vornehmer Mann den Auftrag erteilte, seine wegen ihrer Schönheit und wegen ihres Geistes gefeierte Nichte zu unterrichten, übernahm er es neben seiner Thätigkeit unter den Scholaren. Auch hierbei hatte er keine Erlaubnis einzuholen und keine Rüge zu

---

[1]) Es wird nicht deutlich, ob das Verbot sich auf die Räume der Domschule und die Besitzungen der Kirche bezog, oder auf die ganze Stadt Laon, noch weniger, ob ein derartiger Anspruch durch Tradition begründet war. Der Ausdruck in magisterio bedeutet zunächst die Räume, in denen Anselm als Magister lehrte, ebenso in einem Briefe Alexanders III. Bulaeus II, 370.

[2]) Ob es die Kathedralschule war, ist mindestens zweifelhaft. Ueber die Größe seiner Einnahmen spricht er Histor. calam. c. 5. Den Erfolg seiner Thätigkeit preist mit überschwenglichen Worten ein Zeitgenosse bei Cousin in Opp. Abaelard I, 703.

fürchten, er konnte seine Thätigkeit nach seinem Belieben gestalten; aber diese Beziehung führte die Katastrophe seines Lebens herbei, die er selbst mit jener Dreistigkeit geschildert hat, die in Augustins Konfessionen ihr gepriesenes Vorbild findet. Die schöne Heloise war eine glänzende Schülerin, bald aber auch die Geliebte des geistvollen Lehrers, der von der Bewunderung der Zeit getragen wurde und in seiner Eitelkeit und seinem Uebermute keiner Begierde seiner verwöhnten Persönlichkeit eine Schranke ziehen zu müssen glaubte. Als Heloise einen Sohn gebar, beruhigte Abälard die erzürnten Verwandten derselben zunächst dadurch, daß er eine rechte Ehe mit ihr schloß. Daß es möglich war, zeigt zugleich, daß Abälard seine bisherige Gelehrtenlaufbahn als Laie gemacht hatte, ohne priesterliche Weihen empfangen oder Mönchsgelübde abgelegt zu haben. Allein der eheliche Stand schien doch zu seiner Stellung als Lehrer der göttlichen Dinge nicht zu passen und jedenfalls die große kirchliche Laufbahn, die Abälard erwarten konnte, zu hindern. Deshalb wollte Heloise selbst, daß die Ehe heimlich gehalten werde, und nahm sogar den Schleier, um sie aufzulösen. Das war aber gegen die Meinung ihrer Verwandten, und diese suchten nun Rache an dem unglücklichen Abälard, überfielen und entmannten ihn. Er überstand die Verletzung, zog sich aber in das Kloster St. Denis zurück und gewann als Lehrer und Schriftsteller aufs neue großen Ruhm, aber auch leidenschaftliche Gegner. Diese wußten es auch durchzusetzen, daß er von einer Synode in Soissons 1121 als Ketzer verurteilt und schweren Demütigungen unterworfen wurde, aber noch einmal kam für ihn eine Zeit des Ruhmes. Als ihm gestattet wurde, das Kloster St. Denis zu verlassen, und er in einer Einöde im Gebiet von Troyes mit Erlaubnis des Bischofs eine kleine Kapelle erbaute, da zogen ihm zahlreiche Schüler nach, mit denen er (um 1125) wieder eine Schule eröffnete. Die Kapelle stand ganz einsam, die Schüler mußten deshalb zunächst in Zelten und Hütten wohnen, bald aber richteten sie sich behaglicher ein, denn auch an Stelle der aus Lehmwänden aufgerichteten Kapelle bauten sie eine ordentliche Kirche aus Steinen und Gebälk. Dieser Kirche gab Abälard den Namen Paraklet und unter diesem Namen ist die Ansiedlung berühmt geworden. Die Schüler bildeten mit ihrem Lehrer eine Genossenschaft, deren Formen nach der Sitte der Zeit und der Natur der Verhältnisse gebildet waren, und Abälard rühmt, daß er ganz den Studien leben durfte. Die Schüler sorgten für seine Kleidung wie für seine Nahrung, für die Bestellung des Ackers und für die Bauten, die Disziplin aber stand dem Lehrer zu. Ein Gedicht gibt noch Kunde von der Art, wie Abälard sie handhabte. Unter so zahlreichen lebhaften, ehrgeizigen jungen Männern, die noch dazu aus den verschiedensten Ländern stammten, konnten Reibereien nicht ausbleiben. Die Geschichte aller dieser Schulen mit Universitätscharakter ist voll davon. In einem solchen Falle nun befahl Abälard, die Schüler sollten in dem benachbarten Dorfe wohnen, also wohl das gemeinsame Leben auflösen, und drohte, er werde sonst aufhören, die Schule zu leiten. Der Dichter klagt, daß der Lehrer ihnen Unrecht thue, es sei nicht richtig, daß er der Anzeige eines Bauern, eines bubulcus, eines servulus, so vollen Glauben schenke [1].

Diese Schicksale Abälards bilden die thatsächliche Erläuterung zu den Erlassen Papst Alexanders. Er gründete Schulen, verlegte sie, löste sie auf — ganz nach persönlichem Gutdünken. Es zeigt sich die freieste Bewegung, und soweit nicht erworbene Rechte zu schonen waren, konnte ein Verbot des jus legendi nur herbeigeführt werden durch die Beschuldigung der sittlichen Unwürdigkeit oder der Ketzerei. Im besonderen zeigt sich, daß in Paris dem Domscholaster noch keine andere Aufsicht zustand, als über seine eigene Domschule.

Am Ende des 12. Jahrhunderts zeigt der Studiengang des Giraldus Cambrensis im wesentlichen das gleiche Bild. Giraldus Cambrensis, aus einer vornehmen Familie stammend, von der einen Seite englischer Abkunft, von der anderen wallisischer, brachte einen großen Teil seines Lebens auf Schulen zu, teils in England [2], teils

---

[1] Migne Nro. 178, p. 1855.
      Per impostum, per deceptorium
      Si negare vis adjutorium,
      Hujus loci non oratorium
      Nomen erit sed ploratorium.
      Tort avers nos li mestre.

[2] Giraldus Cambrensis, De rebus a se gestis II, 24. Wharton, Anglia sacra II, 496 ff. Opera, ed. Brewer (in den Rerum Britannic. scriptores) Bd. I. sub doctore peroptimo magistro Wilhelmo de Monte dicto, quoniam in Monte S. Genovefae Parisiis legerat. St. Genovefa wurde erst einige Jahre später in die Ringmauer von Paris hineingezogen, aber in Schulsachen rechnete man, wie auch diese Stelle zeigt, St. Genovefa zu Paris. Ich habe

in Paris. Er bekleidete hohe Kirchenämter, wurde mit wichtigen politischen und kirchlichen Aufgaben betraut — aber dann zog er sich immer wieder zu dem Leben der Scholaren zurück. Dreißig Jahre widmete er dem Studium des Triviums, der Grammatik, Rhetorik und Logik, und zwar so, daß er auch eine Zeitlang als Lehrer in diesen Fächern auftrat, und in Paris „scholas publicas rexit". Das gehörte zur Vollendung der Ausbildung und sollte ihm gewissermaßen in der Heimat statt der später auf Grund der Prüfungen verliehenen Grade dienen. So wurde der damalige Kanzler von Lincoln „de Monte" genannt zur ehrenden Erinnerung, daß er in Monte St. Genovefae zu Paris[1]) gelehrt hatte, und „qui Parisiis scholas rexit" ist häufiger Beisatz zur Auszeichnung. Dann wandte er sich, dem Rate der Lehrer folgend, dem Studium der Theologie und des kanonischen Rechts zu, sodann, als er nach einer praktischen Thätigkeit noch einmal nach Paris ging, studierte er auch römisches Recht. Die Scholaren hatten ähnlich wie nach der späteren Regel der Universitäten Vorträge zu halten, und bei denselben oder einigen derselben pflegte die Zuhörerschaft nicht auf die Mitglieder der einzelnen Schule beschränkt zu werden. Giraldus Cambrensis erzählt, daß wenn es in der Stadt (Paris) bekannt wurde, daß er Vortrag halten werde, so strömten die Lehrer der verschiedenen Schulen mit ihren Scholaren in solchen Massen herbei, daß das Haus trotz seiner großen Räume sie kaum fassen konnte. Eifrig hingen die Scholaren an seinem Munde und suchten die Erörterung über die Causa nachzuschreiben. Sein Lehrer war Matthäus Andegavensis, und als dieser 1179 von Papst Alexander III. zu dem Laterankonzil befohlen wurde, um als Kardinal in den Dienst der Kurie zu treten, schlug er beim Weggang den Scholaren vor, daß sie an seiner Stelle den Giraldus als Magister

---

dies gegen die irrige und zu weittragenden Schlüssen benutzte Auffassung Denifles geltend gemacht in den Göttinger Gelehrten Anzeigen 1886, Februar.

[1]) De rebus a se gestis Lib. II, cap. 1 u. 2. Opera, ed. Brewer (7 Bde., 1861—77) Bd. I, 45 f.: Quod die quo ipsum causari velle notum in urbe fuerat, tantus ad vocem ejus juenndam doctorum omnium fere cum scolaribus suis concursus extiterat, quod vix domus amplissima capere poterat auditores ... Unde et causas ejus omnes verbo ad verbum, sicut ab ore ipsius emanaverant, passim scribere scolares ... contendebant. Er teilt dann das Prooemium einer dieser Causae mit. (Lib. II, 2.) Dasselbe ist rein rhetorisch, ohne Beziehung auf den Gegenstand, diesen bildet die Quaestio:

annehmen sollten[1]). Sie stimmten freudig ein, Giraldus nahm es aber nur für einige Vorlesungen an, weil er zur Fortsetzung seines Rechtsstudiums nach Bologna gehen wollte. Von der Mitwirkung des Kanzlers der Domschule ist dabei keine Spur, auch nicht von irgend einer anderen Behörde. Die Scholaren bildeten mit ihrem Lehrer eine Genossenschaft, die über die Schule verfügte, sie lösten dieselbe auf oder setzten sie fort[2]).

Die Lehrer an den Rechtsschulen Italiens waren ursprünglich vorzugsweise die Mitglieder der städtischen Richterkollegien. Sobald aber gegen die Mitte des 12. Jahrhunderts die größere Blüte dieser Studien begann, erschienen Lehrer, welche aus dem juristischen Unterricht einen Lebensberuf machten, wie das für die in Italien von jeher üblich war. Es zeigt sich die freie Bewegung, das Wandern von Ort zu Ort, die Verbindung der Schüler mit dem Lehrer ähnlich wie an den Schulen Frankreichs. Placentinus, der 1192 starb, dessen Thätigkeit also in dieselbe Zeit fiel wie die des Giraldus Cambrensis, lehrte zuerst in Mantua, dann in Bologna[3]). Hier geriet er in einen wissenschaftlichen Streit, sein Gegner griff zur Gewaltthat und überfiel ihn bei Nacht. Placentinus rettete sich durch

---

utrum judex secundum allegata judicare debeat an juxta conscientiam? ist also auch mehr rhetorischer Natur.

Das Studium des römischen Rechts ist nicht etwa erst im 12. Jahrhundert von Bologna nach Frankreich verpflanzt worden, es fand in Orleans und anderen Orten selbständige Pflege. S. Fitting, Zur Geschichte der Rechtswissenschaft im Mittelalter, in Zeitschr. der Savignystiftung, Rom. Abt. Bd. VI 1885 u. Bd. VII, 1886. Aber die Erzählung des Giraldus zeigt auch, daß in Paris damals das römische Recht nur schwach vertreten war.

[1]) Ein anderes Beispiel bietet S. Lietberti vita († 1076); sie ist geschrieben im 12. Jahrhundert und wohl etwas nach den Verhältnissen des 12. Jahrhunderts gemodelt. In der Domschule mirantibus magistris penetrans in labyrinthos scripturarum et conferens cum collegis dissoluta colligit . . . Fit magister ex discipulo, und als er sich bewährt, wird er auf Befehl des Bischofs Leiter der Domschule. Eine andere Form der Erzählung Mon. G. SS. VII, 489.

[2]) Ein anderes Beispiel derart bietet die Erzählung bei Bulaeus, Histor. Univ. Paris. II, 393. Ein Magister hatte einen Traum, der ihn mahnt, für seine Seele zu sorgen. Als nun die Schüler morgens zur Vorlesung (ad matutinam lectionem) kamen, da sagte er ihnen Lebewohl, verließ die Schule und begab sich zu den Cistercienfern. Von einer Behörde, der eine Anzeige zu machen wäre, ist keine Rede, der private Charakter tritt deutlich hervor.

[3]) Ueber Placentinus f. Savigny unter diesem Namen.

die Flucht, kam nach Montpellier und hielt dort Vorlesungen über das römische Recht. Nach einigen Jahren kehrte er nach Bologna zurück, wo ihm eine mächtige Familie ihren Schutz lieh und so die Möglichkeit gewährte, aufs neue eine Schule zu eröffnen. Seine Vorlesungen fanden großen Beifall und erregten den Neid der anderen Professoren. Nach zwei Jahren verließ er Bologna wieder und begab sich in seine Vaterstadt Piacenza. Viele Scholaren folgten ihm dorthin, und er ließ sich bewegen, daselbst Vorlesungen zu halten. Nach vier Jahren löste er aber diese Schule auf und ging zum zweitenmal nach Montpellier, wo er bis zu seinem Tode verblieb.

Der größte Teil der Magister in Frankreich und Italien hatte also keinerlei Lehrauftrag und Lehrverpflichtung, ihre Thätigkeit war reine Privatsache. Viele lasen auch nur, um zu beweisen, daß sie in ihren Studien so weit gekommen seien, und traten gern wieder unter die Scholaren, wenn ein berühmter Lehrer sie anzog. Es mag selten vorgekommen sein, daß Magister, die eine fundierte Kirchen- oder Klosterschule leiteten, ihren Lehrstuhl wieder verließen, namentlich in der Weise wie der Nachfolger des Wilhelm von Champeaux, der den bisherigen Scholaren Abälard an seine Stelle treten ließ und sich unter die Zuhörer setzte; aber daß es vorkommen konnte, zeigt die Freiheit der Bewegung. Und Abälard ist ebenfalls wieder unter die Schüler gegangen, nachdem er als Magister mit größtem Erfolg gelesen hatte. Andere unterbrachen ihre Lehrthätigkeit einige Jahre, um sie wieder aufzunehmen, wenn es ihnen bequem schien[1]), oder wenn die Aufforderung der wissenschaftlichen Freunde eine erfolgreiche Lectura erwarten ließen. Auch das kam vor, daß Männer, die kein Vermögen hatten, einige Jahre als Lehrer thätig waren, um die Mittel zu erwerben, von denen sie für weitere Studienjahre leben konnten[2]). Alle begabten Scholaren traten wenigstens in einzelnen

---

[1]) Der Bologneser Kanonist Tancred erzählt in der Vorrede seiner Glosse zur Compilatio tertia, daß er seine Vorlesungen aufgegeben und dann auf Bitten vieler wieder aufnahm. Den Apparat zur Compilatio tertia habe er nur ausgearbeitet, weil einige Scholaren die Bemerkungen, welche er teils als Hörer, teils als Lehrer in seinem Exemplar notiert hatte, ohne sein Wissen bekannt gaben und unter Tancreds Namen in Umlauf brachten. Wiener Akad. Bd. 66, 1870, S. 124.

[2]) Gervasii epp. in (Hugo) Sacrae Antiquitatis Monumenta Stivagii 1725, ep. 57, p. 54, und ep. 58. Der Schreiber empfiehlt ep. 57 (Anfang des 13. Jahrhunderts) einen Magister G., qui rexit scholas Parisiis aliquanto

Vorlesungen oder zeitweise als Lehrer auf, und der regelrechte Studiengang war so, daß man nicht eine der drei genannten oberen Fakultäten zu studieren begann, ehe man nicht in den artes einige Zeit doziert hatte. Das Dozieren gehörte zum Studium und zwar in allen Fakultäten, im 12. Jahrhundert wie an den ausgebildeten Universitäten des 13. Jahrhunderts. Anselms Aufenthalt in der Schule Lanfranks schildert sein dieser Dinge durchaus kundiger Biograph[1]) mit den Worten: „Er lebte ganz den Studien, ohne Unterlaß bald hörend, bald lehrend." Wer in einer solchen Schule neben dem vom Abt oder dem Bischof, oder dem bevollmächtigten Kanoniker berufenen Magister auftrat, konnte es in der Regel nur mit dessen Bewilligung, trotz jener von Alexander III. gefällten Entscheidung, und stand unter Aufsicht desselben: aber wer für sich auftreten wollte, der konnte seine Vorlesungen einrichten, wann und wie er wollte[2]), und bedurfte dazu keiner Erlaubnis als von dem Grundherrn, auf dessen Boden oder in dessen Gebäude die Schule gehalten wurde. In den Häusern und auf dem Gebiete der Klöster erteilte der Abt die Erlaubnis, im Hause eines Bürgers dieser Bürger, in den Räumen der Domschule oder auf den Grundstücken der Domkirche der Bischof oder ein von demselben bestimmter Kanonikus. Die anderen Kanoniker waren jedoch in der Regel nicht gehindert, wenn sie in ihren Häusern oder in deren Annexen selbst eine Schule eröffnen wollten oder einen Gelehrten dazu aufforderten. Die Kanoniker des Pariser Kapitels übten dies Vorrecht noch Mitte des 13. Jahrhunderts neben der organisierten Universität[3]). So standen in Paris zeitweise vielleicht hundert oder auch einige hundert Lehrer mit größeren und kleineren Schülerkreisen nebeneinander. Denn sobald sie sich um die Wende des 12. Jahr-

---

tempore in Decretis dem Scholastikus der Kirche von Reims, da derselbe in Reims sich aufhalten und, um nicht müßig zu sein, in seinem Fache lesen wolle si a vobis potuerit obtinere licentiam. In dem folgenden Brief wird einer empfohlen, der sich so viel verdienen wolle, unde habeat initiales expensas ad sacram paginam audiendam.

[1]) Joh. v. Salisbury, Vita Anselmi: totus litteris occupatur et sine intermissione aut discit aut docet.

[2]) So auch die einzelnen Lehrer, welche von italienischen Städten berufen oder unterstützt wurden. Ihnen wurde mehrfach die Bedingung gestellt, daß sie die Interpretation des angekündigten Buchs zu Ende führen (complere) sollten.

[3]) Siehe Kapitel 4.

hunderts zur universitas magistrorum et scholarium vereinigten, bildeten allein schon die Magister eine Korporation, die zu zahlreich war, um als ungeteiltes Ganze wirken zu können, und die sich deshalb nach Fakultäten und nach Nationen gliedern mußte. Mochten bis dahin schon einzelne untereinander durch Verträge oder durch feste Gewohnheit und persönliche Beziehungen miteinander verbunden sein und zusammenwirken, im ganzen bestand keine Leitung und keine Aufsicht. Ein jeder suchte Schüler zu sammeln und durch die Erfolge dieser Schüler, sowie durch Aufsehen erregende Disputationen über heikle Fragen Ruhm zu gewinnen, die Massen der Schüler anzulocken und Geld zu verdienen, oder in einträgliche Stellen und einflußreiche Kirchenämter berufen zu werden. Es gab also noch keine Schule von Paris, von Bologna, von Montpellier, sondern zahlreiche Schulen ohne rechtliche Verbindung nebeneinander wirkender Gelehrten in Paris, in Bologna, in Montpellier u. s. w.

Indessen bestand doch von jeher eine thatsächliche Gemeinschaft. Wenn in einer Schule eine schwierige oder verwickelte Frage verhandelt wurde, wenn ein begabter Schüler disputierte, dann kamen Schüler und Lehrer anderer Schulen herbei, um zu hören, vielleicht auch teilzunehmen. Hinderte kein Statut, zu lesen über was man wollte, so bestand doch schon vor Abälard eine Sitte, die einen gewissen Bildungsgang forderte[1]). Auch über Lehrbücher und andere Schriften suchte man ein gemeinsames Urteil herbeizuführen. Es gab noch keine amtliche Aufsicht über die Publikationen der Genossen und über die Richtigkeit der im Brauch befindlichen Exemplare der anerkannten Handbücher, wie sie das 13. Jahrhundert in Paris und an anderen Universitäten entstehen ließ, aber es bestand die Sitte, neue Schriften den versammelten Scholaren vorzulesen und sie so gutheißen zu lassen[2]).

---

[1]) Darum konnte ihm ein Vorwurf daraus gemacht werden, daß er ohne magistro als Lehrer der Theologie aufgetreten sei.

[2]) Giraldus Cambrensis in Oxford. De rebus a se gestis II, 16 (ed. Brewer, Bd. 1). Boncompagnus las seine Summa in Bologna und in Padua vor. Thurot, Extraits, S. 36: recitatus et quidem fuit hic liber approbatus et coronatus lauro Bononie ... 1215, 7 kal. apr. coram universitate professorum juris canonici et civilis et aliorum doctorum et scolarium multitudine numerosa. ... Item datus et in commune deductus fuit Padue ... in presentia ... episcopi ... professorum ... et scolarium Padue commorantium.

Alles das sind Zeichen, daß die Welt längst den Begriff einer Schule von Paris, von Bologna, von Oxford hatte, ehe die hier wirkenden Scholaren eine rechtliche Form der Gemeinschaft, ein studium generale im Rechtssinn, ausgebildet hatten. Es verschwanden in der Ferne die Thatsachen, welche die einzelnen Schulen trennten, deutlich aber erkannte man dagegen die thatsächliche Gemeinschaft im Geiste, in der Methode, in der Energie der wissenschaftlichen Arbeit. Es galt als ausgemacht, daß eine wissenschaftliche Bewegung sofort eine größere Bedeutung gewinne, wenn sie nach Paris gebracht werde. Die Pariser Schule war eine Autorität in wissenschaftlichen Dingen, längst ehe es rechtlich eine Pariser Schule gab. Dasselbe gilt von Bologna auf dem Gebiete der Rechtswissenschaft[1]). Für die Entscheidung der dogmatischen Fragen, die damals noch im Fluß waren, die Lehre von der Transsubstantiation, von der immaculata conceptio der Jungfrau Maria u. s. w. war es von großer Wichtigkeit, wie sich die führenden Gelehrten und die Scholaren dazu stellten. Bei dem Bericht über die Verurteilung des Gilbertus Porretanus fügt Johannes von Salisbury hinzu[2]): „Und das ist doch sicher, daß vieles heute bei den Scholaren allgemeine Aufnahme gefunden hat, was damals als profane Neuerung erschien." Bei dem wiederholten Schisma 1130 bis 1138 und 1159—1178 hat die Haltung der Pariser Scholaren große Bedeutung für die Entscheidung gehabt, ebenso bei dem Streit des Papstes mit dem Bischof von Paris und weiter bei dem Streit des Bischofs mit dem Erzbischof von Sens und mit seinen im 12. Jahrhundert in sehr selbständiger Macht neben ihm stehenden Kanonikern. Als ferner König Heinrich II. 1169 seinen Streit mit dem Erzbischof Thomas Becket beizulegen wünschte, erklärte er, sich der Entscheidung der Pariser Scholaren unterwerfen zu wollen[3]). Sehr wichtig war

---

[1]) Paris und Bologna hatten nicht etwa eine besondere Methode vor den anderen Schulen voraus. Die Methode der Glossatoren scheint zwar zuerst in Bologna ausgebildet zu sein, aber alsbald hatte sie auch in Piacenza, Modena, Montpellier u. s. w. die glänzendsten Vertreter, wie Pillius, Placentinus, Roffred u. a. Paris ferner wurde zwar der Hauptsitz der dialektischen Methode, aber Kloster Beccum, Chartres u. s. w. waren sogar vor Paris deshalb berühmt.

[2]) Pauli in Zeitschr. f. KR. 1881. XVI, 283.

[3]) Ueber diesen Vorschlag des Königs berichtet einmal Thomas Becket selbst in einem Briefe an den Erzbischof von Sens (Recueil des historiens des Gaules XVI, 399) und sagt nur: den Scholaren von Paris; Rabulfus de Diceto (Opera,

ferner die Stimmung und Haltung der Scholaren für die Entwicklung und den Kampf der Orden, sowie der allerorten auftauchenden Ketzerei. In dem Weltkampf endlich zwischen Kaiser und Papst hatten die Gegner Barbarossas eine bedeutende Stütze an der hierarchisch gesinnten Wissenschaft, und Barbarossa fand andererseits in den römischrechtlichen Lehren der Schule von Bologna fernerhin wirksame Waffen.

Es war unmöglich, daß unter solchen Umständen die Schulen an diesen Orten in der regellosen Freiheit der Privatschulen blieben. Der Begriff einer Schule von Paris und Bologna, der sich in der Welt gebildet hatte, der eine Autorität war, in wichtigen Fragen Entscheidung brachte, forderte notwendig die Bildung von Einrichtungen, in denen die vielen Schulen in Paris u. s. w. eine Vereinigung fanden.

Dazu kam die geistige Aufregung der Zeit, die oft beklagte Unruhe, welche namentlich die durch eigene, allmählich reifende Gedanken nicht gestörte Mittelmäßigkeit empfand, sich nun auch vom Katheder hören zu lassen. Es bedurfte der Maßregeln, wie sie dann

---

ed. Stubbs in den Rerum Britann. Scriptores, 1876) I, 337 sagt dagegen: scolaribus diversarum nationum. Denifle meint S. 811, Thomas Beckets Brief beweise, daß König Heinrich die Worte diversarum nationum nicht hinzugesetzt habe. Allein der Brief des Thomas Becket macht durchaus nicht den Eindruck, als gebe er eine in das einzelne genaue Wiederholung der Worte des Königs, es ist ein allgemein gehaltener Bericht, bei dem die für die Sache gleichgültigen Worte diversarum nationum leicht wegfallen konnten. Wurden die Pariser Scholaren zum Schiedsspruch aufgerufen, so kamen Scholaren sehr verschiedener Völker zum Urteil, wenn man nicht absichtlich Scholaren einer bestimmten Nation aussuchte. Die letztere Absicht hätte notwendig besonders angemerkt werden müssen, scholares Parisienses ohne Zusatz waren dagegen nichts anderes als scholares Parisienses diversarum nationum. Auf keinen Fall aber darf man die Worte des Rabulfus de Diceto: diversarum nationum verdächtigen, weil sie in jenem Brief fehlen. Rabulfus de Diceto hat seine Kunde nicht aus jenem Brief geschöpft, er lebte in den Kreisen und hat an diesen Kämpfen einen Anteil gehabt. Denifles Erörterung S. 811 trifft in dieser Beziehung nicht das Richtige. Aus Rabulfus de Diceto ist die Angabe in Matthäus Parisiensis übergegangen, Chronica Majora, ed. Luard (Rerum Brit. Script.) II, 263, der natürlich für diese Untersuchung nicht in Frage kommt. Falsch ist es, aus dieser Stelle schließen zu wollen, daß damals bereits diejenige Einteilung nach Nationen bestanden habe, die im 13. Jahrhundert herrschte. Landsmannschaftliche Verbindungen wird es wohl gegeben haben, aber sie waren jedenfalls noch lose und flüssig.

Die Notwendigkeit einer Organisation.

z. B. in den Vorschriften für die Prüfungen und für die Verleihung der Grade, in den Regeln de modo legendi u. s. w. oder in der Verordnung Innocenz' III. gegeben wurden, welche die Zahl der Lehrer der Theologie in Paris beschränkte. Dieses Dekret wurde ausdrücklich begründet mit dem Hinweis auf die Gefahr, die darin liege, wenn zahllose Lehrer aufträten, die Ehre des Amtes gemein machten und durch die Konkurrenz sich verloden ließen, um die Gunst der Hörer zu buhlen oder sonst ihrer Würde zu vergessen [1]).

3. Die Schulzucht und die akademische Freiheit.

Diese Antriebe zur Ausbildung genossenschaftlicher Ordnungen wurden verstärkt durch die Bedürfnisse, welche aus der an den berühmten Schulen des 12. Jahrhunderts meist schon herrschenden Ungebundenheit des Scholarenlebens erwuchsen. Diese Freiheit brachte den Scholaren um so größere Gefahren, als in den alten Kirchen- und Klosterschulen eine harte Zucht gehandhabt und den Schülern keinerlei Selbständigkeit gestattet worden war. Zwar herrschte nicht überall die gleiche Ordnung. In manchen Klöstern wurden die Schüler an gewissen Tagen sogar ohne besondere Verschuldung schwer mit Ruten geschlagen [2]), und die Züchtigung überschritt oft jedes Maß, in anderen milderte der gesunde Sinn und die Freundlichkeit des leitenden Abtes oder des Lehrers auch die harte Vorschrift — aber im ganzen war die Schulzucht des Mittelalters streng, ja grausam. In der Schule sein, das hieß unter der Rute sein [3]). Die

---

[1]) Das ist doch wohl der Sinn der Worte: decens est, ut ipsorum (Theologiae magistrorum) numerositas reformetur, ne forsitan propter onerosam multitudinem, quae nihil habet honesti, vel vilescat eorum officium vel minus composite impleatur ... firmiter inhibemus, ne Parisius magistrorum Theologiae numerus octonarium transcendat, nisi forte multa utilitas et necessitas hoc exposcat. Jourdain Nro. 6. 1207. Bulaeus III, 36.

[2]) Specht 210 f. erinnert dabei mit Recht an die Geißelung der jungen Spartaner am Altar der Artemis Orthia. Andere Beispiele der Härte wie der Milde ebendaselbst 213 f.

[3]) Schannat, Historia episcopatus Wormatiensis 1734, II, 129 teilt eine Wormser Schulordnung von 1260 mit, welche den Schülern zum Schutz

Grammatik wurde den Anfängern vielfach mehr eingebläut, als zum Verständnis gebracht¹). Die Scholaren hatten ferner zahlreiche religiöse und asketische Uebungen zu machen, und es herrschte ängstliche Aufsicht und strenge Regel für alle, auch die unbedeutendsten Handlungen. Eigene Wächter, die Cirkatoren, hatten sie beständig zu beobachten, und ein Knabe mußte sogar die Uebertretungen des anderen anmelden, die dem Auge der Cirkatoren entgangen waren. Selbst beim Spiele, in den kurz gemessenen Erholungspausen, fehlte ihnen das unentbehrliche Maß der Freiheit. In der Regel hatte jeder Knabe einen besonderen Aufseher, und dieser sollte es vermeiden, mit seinem Zöglinge allein zu sein oder heimlich zu reden, um nicht bösen Verdacht zu erregen. Die Regel der Cluniacenser²) forderte sogar, daß stets zwei Kustoden den Knaben begleiteten, und in dem Schlafsaale waren besondere Vorkehrungen getroffen, um geschlechtliche Verirrungen zu verhüten. Unter Begleitung der Lehrer betraten die Schüler den Saal, das Bett des Knaben war neben dem Bette der Aufseher. Mußte einer in der Nacht auf den Abort gehen, so hatte er einen Aufseher zu wecken, der ihn begleitete, und damit dieser vor Versuchung sicher sei, sollte er noch einen anderen Aufseher oder Schüler mitnehmen²). Klösterliche Askese ist allezeit leicht ins Gegenteil umgeschlagen, und bereits bei den ältesten Mönchen der thebaischen Wüste entstand der Spruch: „Einen Mönch umlauert eine Legion

---

und Trost das Recht verlieh, ohne weiteres aus der Schule auszutreten, wenn ihnen der Lehrer entstellende Verletzungen und Wunden beibrachte oder die Knochen zerschlug. Cap. VII: Scolaris recedere volens a magistro suo propter correctionem scolasticam ab alio magistro recipi non debet (die Schulordnung, ordinamenta seu statuta rectoribus scholarum Worm. praescripta, galt für die Schulen von vier Kirchspielen), si vero modum correctionis excesserit magister per laesiones difformes, quales sunt vulnera vel ossium confracturae, scolaris pro emenda libertatem habebit recedendi ab ipso, und zwar ohne Zahlung des Schulgelds.

¹) Daher nannte Ratherius von Verona seine verbesserte Grammatik scherzhaft „Spara dorsum", Rückenschoner.

²) Specht S. 160 u. S. 167. Vgl. dazu (Udalrici) consuetudines Cluniacens. Mon. in D'Achery, Spicil. I, 66, und Constitutiones Lanfranci in L. Holstenius, Codex Regularum monasticarum et canonicarum. Augustae Vindel. 1749. fol. tom. II. Die Hauptstelle über die Circumitores monasterii, quos alio nomine Circas vocant, steht p. 367 f. Der Name ist dann an einigen Universitäten für die Pedelle üblich geworden.

Teufel, und den Einsiedler umlauern zehn Legionen." Die Cluniacenser geboten in gleicher Erwägung, daß die Zöglinge, welche von Kindheit auf im Kloster erzogen seien, strenger überwacht werden müßten als andere[1]). Die Versuche, jedes sinnliche Wohlgefallen als Sünde anzusehen und zu unterdrücken, steigerte die Reizbarkeit und ließ sie oft selbst im Alter nicht schwinden[2]). Wenn die Askese den Körper schwächte, so schwächte sie auch die Nerven, die überdies durch die beständige Beschäftigung mit übersinnlichen Dingen und die Wiederholung von Erzählungen visionärer Zustände in unnatürliche Erregung versetzt wurden. So war der Boden bereitet für unnatürliche Gelüste. Abt Wibald, einer der hervorragendsten Männer der deutschen Geistlichkeit im 12. Jahrhundert, sah sich offenbar durch Vergehungen der ihm Unterstellten genötigt, in feierlicher Form einen anderen Abt um Auskunft zu bitten über die Frage: si virginitatis amittat palmam qui vel quae propriis aut alienis manibus vel qualibet alia arte praeter naturalem coitum sibi semen elicuerit[3]). Die Vagantenlieder sind voller Anspielungen über das illos facit illas, effeminare, equus fit equa, die persischen Sitten u. s. w., und jene Bestimmungen der Klosterschulen sind ein noch traurigerer Beweis dafür, wessen man sich glaubte versehen zu müssen. Derartige Sorgen waren es, welche jene ängstliche Aufsicht durch die „Cirkas" erklären und den bösen Grundsatz, daß die Schüler jede Uebertretung eines Genossen zur Anzeige zu bringen hatten, die etwa den Cirkulatoren entgangen war. In der Praxis gestaltete sich vieles anders und milderte den Zwang, aber jene Bestimmungen kennzeichnen doch das Wesen der Schulzucht an den Klosterschulen. Alle diese Aufsicht und Zucht wurde von den blühenden Schulen des 12. Jahrhunderts, aus denen die Universitäten hervorgingen, beiseite geschoben. Die wissenschaftliche Bewegung der Zeit veränderte den Gesichtspunkt, die Ziele des Unterrichts, und schon durch die Massen von Fremden, welche sich um einen berühmten Lehrer sammelten, nur seine Kenntnisse, seine Methode suchten, im übrigen aber lebten, wie es ihnen

---

[1]) Specht S. 160, Note 6, nach Bernard Ordo Cluniac. I, 28 bei Herrgott 210, der mir jetzt nicht zugänglich. Die Consuetudines Udalrici drücken diesen Gedanken nicht so scharf aus III, 9 bei d'Achery I, 690. Antiq. consuet.

[2]) Petrus Damiani klagte, daß es ihm nicht gelinge. Auch der Brief an seine Schwester hat häßliche Vorstellungen.

[3]) Jaffé, Monum. Corbejensia p. 76.

ihre Mittel und die Gelegenheit des Ortes gestatteten, wurde der Rahmen der alten Schulordnung nach allen Seiten durchbrochen. Hatten doch viele von ihnen bereits selbst als Lehrer oder in anderen, oft sehr bedeutenden Lebensstellungen gewirkt. Einen Giraldus Cambrensis konnte kein Lehrer schlagen. Die Klosterzucht wich der akademischen Freiheit, die Schüler wurden Studenten. Freilich in der Schule der Grammatiker blieb etwas von der alten Zucht der Rute, auch wenn die Magister dieser Knaben und die Knaben selbst zu der universitas scholarium gerechnet wurden. Begann einer als Jüngling erst die Grammatik zu lernen, so unterlag er der Zucht[1]), aber diese Anfänger bildeten keinen maßgebenden Bestandteil der Universitäten, sondern mehr nur ein Anhängsel derselben; in Paris, in Oxford, in Montpellier, in Bologna, kurz allerorten entwickelte sich auch an Stelle der Schuldisziplin eine akademische Gerichtsbarkeit, die teils von den selbstgewählten Organen, teils von besonderen Behörden geübt wurde, und welcher die Lehrer wie die Schüler unterlagen. Wenn von diesen Richtern der Scholar in gewissen Fällen

---

[1]) Aus dem 12. Jahrhundert bietet ein interessantes Zeugnis Walther Mapes, De Palpone et Assentatore (Camden Society Nro. 16 p. 127).

    Hoc totum rudibus detur infantibus,
    . . . .
    quorum sunt livida terga vibicibus,
    male corrigiis caesa trinodibus,
    . . . .
    et legant pueri . . .
    quorum creberrime terga lacteola
    sulcantur virgulis ac corrigiola (Lederkarbatsche mit Knoten).
    Quae endo mutuans do pusionibus,
    qui nondum liberi sunt a verberibus,
    quorum sunt facies udae madoribus
    complutae lacrimis et lotae fletibus.
    Scribo puerulis quorum sunt humidae
    aetate facies sed luctu lividae,
    quorum sunt alapis maxillae pollidae
    cervices tenerae cervica timidae (Nackenstöße!).

Auch Johannes von Salisbury erwähnt die Prügel der Grammatisten. Grundsätzlich erhielt sich die Prügelstrafe auch in den Rechtsschulen Italiens. Die Theorie wenigstens sprach dem Professor das Recht zu, seine Studenten zu züchtigen, wie der Vater den Sohn (s. u. Kap. 3). Für das 14. Jahrhundert vgl. die unter Kapitel 4 zu erwähnenden Ordnungen der Pariser Collegia.

zu Rutenhieben verurteilt werden konnte, so war das keine Prügelstrafe im Sinne unserer Schuldisziplin, sondern eine gerichtliche
Exekution, der die Magister wie die Scholaren verfallen konnten.
Vor allem aber war von jener ängstlichen Ueberwachung und Leitung
der Schüler in den Scholarenkreisen, die sich um Abälard sammelten,
oder in denen Giraldus Cambrensis lebte, keine Spur mehr vorhanden. In diesem Durchbrechen und Herauswachsen aus der Gebundenheit und Abhängigkeit der Schule lag neben der Blüte des
geistigen Lebens vorzugsweise der Unterschied dieser Schulen des 12.
Jahrhunderts, aus denen sich die Universitäten des 13. Jahrhunderts
entwickelten, von den alten Kloster- und Kirchenschulen.

Aber das ungebundene Leben und die Notwendigkeit, für Wohnung
und Unterhalt selbst zu sorgen, verwickelte die Magister und Scholaren in zahlreiche Händel unter sich und mit den Bürgern[1]), stürzte
sie in Schulden und schwere Verpflichtungen, da arme, von der Heimat
weit entfernte Scholaren nur gegen Wucherzinsen Geld fanden. Einzeln waren sie wehrlos und verfielen den harten Bestimmungen, nach
welchen die Städte des Mittelalters Nichtbürger zu behandeln pflegten.
Mehr als alles andere drängten diese Verhältnisse zur Bildung von
Korporationen, um gerichtliche Privilegien zu erwerben und ihre
Ausführung zu sichern.

Die Scholaren waren eine Masse von jungen Leuten, die starke

---

[1]) Und zwar gilt dies für die Magister wie für die Scholaren. Die Magister
nahmen an dem Treiben der Scholaren in ganz anderer Weise teil, als dies nach
heutigen Vorstellungen denkbar erscheint. Sie führten grossenteils dasselbe Leben
wie die Studenten, waren wie sie angewiesen auf unsichere Pfründen und auf die
Privilegien, welche das Borgen und Versetzen der Scholaren regelten und
erleichterten, hausten, abgesehen von Italien, wo viele Doktoren verheiratet waren,
in Junggesellenart, in kleinen Wirtschaftsgenossenschaften, Pensionen und — nach
Ausbildung der Kollegien — Freiplätzen, wie die Scholaren und mit den Scholaren.
Die Kneipe war ihre Erholung und ein Gelage auf fremde oder auf allgemeine
Kosten ein Glanzpunkt in ihrem Leben. Man vergleiche die Vorschriften der Cistae,
d. h. Vorschußklassen, in Oxford, oder die Dekretale Honorius' III. (1219 Sarti I, 2
Appendix p. 59. E.), in welcher er den Scholaren mildere Behandlung bei Miß-
handlung von Klerikern — d. h. zunächst bei Schlägereien untereinander, da viele
Scholaren Kleriker waren — gewährt. Da nennt er ausdrücklich auch die Doktoren.
Sie waren eben bei dem Studentenunfug oft mit beteiligt. Ein Beispiel groben
Unfugs, bei dem ein Magister beteiligt war, wird unten aus Montpellier mit-
geteilt werden.

Bedürfnisse hatten und oft wenig Geld. Die Kneipe, das Mädchen, der Wucherer, die Privilegien ihrer Nationen, die Konflikte ihrer Lehrer — das waren die Zentren, um welche sich die Gedanken vorzugsweise drehten, und den Philister zu betrügen, Geld zu erschwindeln oder zu erpressen und dann in toller Laune den Bauern und Bürgern ins Haus zu fallen, darüber dachte man im 12. und 13. Jahrhundert so leichtherzig, wie der Student des 19. Jahrhunderts über die Aussage vor dem akademischen Gericht und über die Schulden, welche nicht als „Ehrenschulden" kontrahiert wurden. Die akademische Freiheit artete vielfach in akademische Frechheit aus, und da man ohne Examen kam und ohne Examen ging, so suchten allerlei fahrende Leute, berufsmäßige Vagabunden, den Namen des Scholaren zu erschwindeln und ihre Gaunereien unter dem Schutze der privilegierten Gerichtsbarkeit auszuüben. Dirnen und Studenten stellte ein Pariser Handwörterbuch des 13. Jahrhunderts so zusammen, daß man sieht, die öffentliche Meinung war einig in dem Urteil über die gewohnheitsmäßige Liederlichkeit der Scholaren, und Jakob von Vitry[1]) schilderte in der ersten Hälfte des 13. Jahrhunderts das Treiben der Dirnen in Paris mit kaum glaublichen Zügen. Sie stehen auf den Straßen herum und rufen die Scholaren zu sich, wollen diese nicht mitgehen, dann verhöhnen sie dieselben als Sodomiter. Ja, die Dirnen mieteten sich Wohnung in denselben Häusern, in denen Magister Hörsäle gemietet hatten, und während dann in dem einen Zimmer Vorlesungen oder Disputationen gehalten wurden, trieben in dem anderen die Dirnen Unfug, und ihr Geschrei schallte hinein zwischen die Worte der Magister. Mag Jakob von Vitry die Züge seiner Schilderung durch die rhetorische Antithese verstärkt haben, oder doch zu sehr als Regel bezeichnen, was vereinzelt vorkommen mochte: was die amtlichen Klagen enthalten und die Lieder der Scholaren voraussetzen, das ist schlimm genug. Indessen bildeten diese Auswüchse doch nicht das Wesentliche der libertas scholastica. Der Zauber, der heute auf ihrem Namen ruht, wurde auch damals

---

[1]) Ueber ihn Willmanns im Archiv f. ältere deutsche Geschichtskunde X, 213, und das Vorwort vor dem Abdruck der Historia orientalis bei Bongars. Jene Stelle über Paris findet sich in dem Kap. 7 der Historia occidentalis, die mir augenblicklich nicht zugänglich ist. Ich benutze die Stelle deshalb nach dem Citat bei Meiners Geschichte der hohen Schulen I, 107.

empfunden, und er ist auch kein bloßer Wahn, keine romantische Phrase. Es liegt in der Vereinigung von Jünglingen und Männern zum freien Dienste der Wissenschaft eine unvergleichliche Quelle geistiger Erhebung und kräftiger Begeisterung, die selbst dann noch erfrischt, wenn sie auch durch Spielerei, Gelehrtenneid, Faulheit und Mißbrauch aller Art oftmals getrübt ward. Es ist schwer darüber zu reden, man muß es erfahren haben und sich erinnern. Wie wunderlich geht es zu an den Festen der akademischen Jugend, wie viel Thorheit und Unsinn macht sich da breit, aber doch auch wieder, wie viel Kraft und wie viel Sinn wird offenbar. Wohl sind es flüchtige Träume und Gedankenspiele, die von Mund zu Mund herüberfliegen, wenn die Burschen beim Becher sitzen, in alten Formen neue Freude finden, und der jugendliche Kopf jetzt von Uebermut und jetzt von halbverstandener, aber ahnungsreicher Weisheit voll ist. Von den Schranken der Wissenschaft verstehen sie noch nichts, sie sind noch in der Bewunderung der großen Erfolge, welche Genialität und Fleiß, strenge Methode und kühne Versuche bisher errungen haben. Unlösbar scheinende Rätsel wurden gelöst, ungeahnte Kräfte nachgewiesen und in den Dienst der Menschen gestellt. Auf solchen Wegen fangen sie staunend an gehen zu lernen und dem Meister, der sie lehrt, trauen die eifrigen Schüler auch das Schwierigste zu. Wenn aber der Lehrer seine Kunst versteht, so teilt er ihnen auch von jener Begeisterung mit, welche die Forscher erfüllt, da ihnen so große Aufgaben zu lösen gelang.

Das ist ja der Segen der Arbeit und die glückliche Beschränktheit des Menschen, daß er im Ringen um ein einzelnes Problem nicht bloß seine relative Bedeutung schätzt, sondern ihm einen absoluten Wert leiht. Es erfaßt ihn das Feuer der Arbeit, und von diesem Feuer, dieser aus der Arbeit stammenden Liebe und Wertung der Sache weiß der rechte Professor dem Schüler mitzuteilen. So entsteht die Liebe zur Wissenschaft, die im Herzen der Jünglinge um so kräftiger waltet, weil sie eine persönliche Gestalt gewinnt in der Verehrung des Meisters, der sie lehrt. Er erscheint als der Schöpfer der Gedanken, wenn auch vielleicht das beste von dem, was er bietet, nur Reproduktion ist. Zu solcher Liebe gesellt sich die leichtherzige Zuversicht der Jugend und weiter die Kraft ihres Ahnungsvermögens. In glücklicher Ignoranz steigen sie über die Schwierigkeiten hinweg, denn sie sehen sie nicht; wird ihnen später die Enttäuschung nicht erspart, so erklimmen sie doch zunächst manche Höhe, und die Phantasie leiht ihnen das Fernglas, und sie schauen, oder glauben zu schauen in ungemessene Weiten.

Was von alledem in den Köpfen und Herzen sich regt, das wird an solchen Abenden aufgerührt, tritt in unbestimmter Andeutung hier und da hervor, weckt die gleichen Gedanken bei den anderen, und da die Reden unbestimmt sein dürfen und verantwortungslos sind, so sind die Aeußerungen kühn. Stärkere Antriebe gibt dazu dann Rede und Lied und die Gegenwart verehrter Lehrer. Das Vaterland, die Thaten der Väter rufen, stolz fühlt der Jüngling, daß Männer ihn ehren, daß er jetzt mitgezählt, daß auf ihn gerechnet wird, wenn es wieder gilt, im Kampfe der Schwerter oder der Geister.

Aber diese Gedanken haben nur auf Augenblicke das Feierliche, das sich mit ihrer Erörterung verknüpft. Der beißendste Witz höhnt den Träumer und Schwächling, der da beim Biere philosophiert, aber zu Hause nicht arbeitet und den Mut der Meinung nicht hat, wenn es scharf geht. Karikaturen zeigen einem jeden mit typischer Wahrheit, was er ist, oder einst sein wird — unbarmherzig hält der eine über den anderen Gericht, nicht selten auch über den Lehrer. Und in all dem Wirrwarr von Gedanken und Phrasen, von Ernst und Spott werden ohne Aufhören die Becher geleert. So schlecht das Getränk oft ist, und so abscheulicher Mißbrauch damit getrieben wird, es gehört dazu, um den Schleier zu dichten, unter dem allein man so träumen und genießen kann. Wer es erlebt hat in seiner Jugend, wird sich auch vorstellen können, was für eine Welt sich entfaltete in der akademischen Freiheit der Scholaren des 12. und 13. Jahrhunderts im Gegensatz zu der gebundenen Zeit der Klosterschule. Gewinnt heute schon die Freiheit der Studenten durch die straffe Disciplin der vorausgehenden Schule einen besonderen Reiz, so war der Gegensatz damals noch ungleich stärker. Ungleich stärker war ferner das Band, das die Schüler an den Lehrer knüpfte, da sie regelmäßig zur Zeit und auf Jahre nur einen einzigen Lehrer hörten[1]). Es war ferner eine Periode, in welcher philosophische Interessen vorherrschten, und selbstbewußte Systematiker durch ihre dialektische Methode jede Schwierigkeit, die aus der Betrachtung der Welt aufsteigt,

---

[1]) Nach der Organisation der Universität änderte sich dies und näherte sich unseren Zuständen.

zu beseitigen und die Lücken der Gedanken durch vornehme Worte zu überbrücken verstanden. Die Meister der Wissenschaft waren wie berauscht von ihrer Kunst, wie sollten die Jünger sich nicht ganz fortgerissen fühlen? Zu allebem kam endlich noch der Umstand, daß die Scholaren zum Teil reiferen Alters waren, daß sie also auch eine gewichtigere Korporation bildeten und wiederholt starke politische Interessen entfaltet und bedeutenden Einfluß ausgeübt haben. Die Blüte dieses Studentenlebens entfaltete sich bereits im 12. Jahrhundert, lange ehe es zur Ausbildung der Formen und Einrichtungen der Universitäten kam, und es ist das wieder ein Zeichen dafür, daß die Universitäten nicht durch irgend welche Willkür und Absicht, sondern durch eine naturgemäße Entwicklung entstanden. Die Scholarenpoesie bietet die Belege für diese Thatsache. Der deutsche Archipoet lebte unter Barbarossa und gleichzeitig der Engländer Walter Mapes und der Franzose Walter von Chatillon, und ihre und ihrer Genossen Lieder zeigen schon ganz die Frische, den Jubel, den Uebermut, den Sinn im Unsinn, der heute die echte Kneipe erfüllt, und sind nicht zu unterscheiden von den Liedern des 13. und 14. Jahrhunderts. Einige dieser Lieder sind all die Jahrhunderte hindurch gesungen und variiert worden. Das Mihi est propositum aus der Confessio Goliae des Archipoeten kennt noch heute jeder Student, und für viele Hauptlieder der jetzt üblichen Kommersbücher sind Gegenstücke des 12. und 13. Jahrhunderts noch erhalten, obwohl sehr viel verloren gegangen sein muß[1]). Dem „Stoßt an, Jena soll leben", entspricht Carm. Bur. 181:

    Urbs, Salve, regia,
    Trevir, urbs urbium

mit dem Refrain: perdulzor

    Her wirt, tragent her nuo win,
    vrôlich sulu wir bi dem sin.

„Auf Brüder, laßt uns lustig leben", hat sein Vorbild in:

    Jocundemur socii,
    Sectatores ocii,
    Nostra pangant ora
    Cantica sonora.

---

[1]) Wohl ist eine ansehnliche Masse von diesen Liedern erhalten, aber es muß viel verloren sein, denn den größten Teil derselben verdanken wir einigen überaus reichen Sammelbänden, vor allem dem Kodex des Klosters Benediktbeuren, dessen

Und wie heute das Pereat tristitia, pereant osores gesungen wird, so damals mit direkter und gewiß sehr wirksamer Anspielung auf die in klösterlicher Zucht verharrenden Schulen der Viktoriner, des Stephan von Tournay, der Bettelmönche u. s. w.:

> Invidos hypocritas
> mortis premat gravitas!
> Pereant fallaces!
> Et viri mendaces!
> Munus qui negant promissum
> puniendi ruant in abyssum!

Die letzten Zeilen gehen in echter Studentenweise vom dem allgemeinen Gegensatz sofort wieder zurück[1]) und reihen den prinzipiellen

---

Lieder Schmeller als Carmina Burana in der Bibliothek des litter. Vereins 1847 Bd. 16 (Neudruck: Breslau 1883) herausg. hat. Aus englischen Handschr. ist ebenfalls viel veröffentlicht worden, Wright, The latin Poetries commonly attributed to Walther Mapes. London. Camden Society 1841. Derselbe gab 1844 Anecdota litteraria heraus. Dazu: W. Hertz, Spielmannsbuch, 1886. Edélestan du Méril, Poésies populaires latines du moyen-âge, Paris 1847. Jaffé, Die Cambridger Lieder 1869. W. Mülbener, Die zehn Gedichte des Walter von Lille, genannt von Chatillon, 1859. -- Gaudeamus! Carmina vagorum selecta (von Peiper). Ed. II. 1879. Von der Litteratur über die Vagantenpoesie nenne ich in erster Linie W. Giesebrecht, Die Vaganten oder Goliarden und ihre Lieder, in der Allgemeinen Monatsschrift für Wissenschaft und Litteratur, Jahrg. 1853, 10 f. u. 344 f. Dann die Einleitungen und Erläuterungen in den erwähnten Ausgaben, sowie die Einleitung von Laistner zu seiner Golias, 1879. Hubatsch, Die lateinischen Vagantenlieder, 1870. Uebersetzungen bietet in feiner Weise Laistners Golias, Pernwerth von Bärnstein in seinen verschiedenen Schriften (Carmina Burana selecta 1879, Ubi sunt qui ante nos? 1881) kommt den Uebersetzungen Laistners an Feinheit wohl nicht gleich, hat auch einiges mißverstanden, aber oft hat er den rechten Ton getroffen und manche Stellen wirklich congenial wiedergegeben. Eine Geschichte der Vagantenpoesie ist nur schwer und nur in Umrissen zu geben. Dieselben Lieder tauchen in mannigfaltigen Variationen und dieselben oder doch ganz ähnliche Lieder an weit auseinanderliegenden Orten auf. Der Nachweis des Ursprungs ist da oft recht schwer und immer der Gefahr ausgesetzt, daß man auf Grund des vorliegenden Materials schließen muß und daß in demselben leicht eine wesentliche Lücke sein kann. Wir werden so auf falsche Bahnen geleitet, und der größte Scharfsinn wird dann die größten Fehlschlüsse machen. Nur soviel ist sicher, daß das 12. Jahrh. die Blütezeit dieser Poesie war, und daß Deutschland stark daran beteiligt war, nicht weniger als Frankreich und England. Italiens Anteil ist geringer. Der Archipoet vielleicht Walter von Chatillon.

[1]) Uhlands „Wir sind nicht mehr beim ersten Glas" trifft auch diesen Punkt in vollendeter Weise.

Gegnern der akademischen Freiheit ohne weiteres die viri mendaces, die Philister unter den Genossen an, welche „die Kanne Wein nicht setzen", „die Bowle nicht schmeißen", die sie verloren oder gelobt haben. Weg Corpus juris, weg Pandekten! hieß damals [1]):

Werft die Bücher in die Eck,	Omittamus studia,
Schwärmt in süßer Jugendluft.	dulce est desipere,
. . . .	. . . .
Raſch iſt unſer Frühling fort,	Ver aetatis labitur,
Von dem Winter hingerafft,	hiemps nostra properat;
Wo der Lebensbaum verdorrt,	vita dampnum patitur,
Sorge zehrt des Körpers Kraft,	cura carnem macerat
Starr das Blut und dumpf die Seele.	sanguis aret, hebet pectus, ...

Dieses Trotzen auf die Jugend, dieses Mahnen, sie zu genießen, dies Gemenge von ernsten Gedanken mit der Lust, kehrt in mannigfaltigen Formen wieder, dient als Würze des Genusses wie das vita nostra brevis est in unserem Gaudeamus. Ein großes Feld hat die Selbstironie, der Spott über den armen Kerl, der krank ist, kein Geld hat und in der Verzweiflung Mönch werden möchte:

O ars dialectica,
nunquam esses cognita!
quae tot facis clericos
exules et miseros.

Aber solcher Klageton wird gleich in dem Uebermut erstickt:

Keiner gehe nüchtern je   fort aus Kneip und Keller,
Wer kein Geld hat fordre keck   von des Reichen Teller.

Das war ihr Recht, das entehrte nicht, so lebten sie, drum fühlten sie sich doch als die Herren der Welt, die Kinder des Glückes.

Bacchus tollat,	Wein belebe,
Venus molliat	Lieb' erhebe
Vi bursarum pectora,	Kräftig jedes Burschen Herz,
Et immutet et computet	Wenn auch leider
Vestes in pignora.	All die Kleider
	Sich der Wirt als Pfand behält[2]).

Das ist wörtlich zu nehmen. Der Bursch bringt nicht etwa den Ueberzieher ins Pfandhaus, hier läßt der trunkene Scholar die Kleider, mit denen er am Tische sitzt:

---

[1]) Carm. Burana 48 bei Schmeller S. 137. Ueb. faſt ganz n. Bärnſt.
[2]) Bis auf die letzte Zeile nach Bärnſteins Ueberſetzung.

> Haft den Rock vertrunken du,
> Dann verspiel das Hemd dazu¹).

Und der Hohn trifft den armen Schelm, der beim Spiel ums Kleid betrogen ist:

> Schuch clamat nudus in frigore,
> Cui gelu riget in pectore²).

Die anderen kneipen weiter und spielen weiter, der eine „mogelt", der andere merkt's, es entsteht lauter Streit, aber in das Geschrei da „gießt die Kanne", da „schütten die Becher" und „sie tranken immer noch eins":

> Tunc rorant scyphi desuper,
> Et canna pluit mustum,
> Et qui potaverit nuper
> Bibat plus quam sit justum.

Beim Becher hörte alle Feindschaft auf:

> Tam pro papa quam pro rege³)
> Bibunt omnes sine lege.
>
> Ohn' allen Unterlaß
> Machen die Kehl' wir naß,
> Sind kreuzfidel dabei,
> Kümmert uns kein Geschrei,
> Haben kein Kreuzer Geld,
> Pfeifen auf alle Welt.

Et sic erimus egentes rufen sie spottend, wie heut der Bursch „ohne Moos bei Bier und Wein". Wie des Bacchus sind sie der Venus gefährliche Lieblinge.

> Exiit diluculo,
> Rustica puella.

Sie sieht den Scholaren im Grase liegen, der arme Schlucker hat wohl kein Geld fürs Nachtquartier gehabt, jetzt wird er entschädigt, sie ruft ihm gleich zu:

---

¹) Bärnsteins glückliche Uebersetzung von Carm. Bur. S. 253: Si aliquis debibat tunicam, Postea deludat camisiam. Die folgenden Zeilen hat B. mißverstanden. Vgl. dazu das Bundeslied der Fahrenden: Quod de summis dicitur etc.

²) Einen Beleg bietet die Anekdote, daß Johannes Bassianus, einer der berühmtesten Rechtslehrer des 12. Jahrhunderts, aber ludo et commessationibus deditus nonnunquam nudus remanebat in alea. Savigny IV, 292 möchte den Ruf des Bassianus dagegen schützen, sollte aber die Erzählung auch dem Bassianus unrecht thun, daß sie entstehen konnte, beweist für die Sitte.

³) Carm. Bur. S. 236.

> Quid tu facis, domine,
> Veni mecum ludere.

Der Scholar sticht den Ritter aus[1]), zwei edle Mädchen streiten miteinander,

> Flora war Studenten gut[2]),
> Phyllis Kavalieren.

Sie begeben sich zu Amors Paradies, tragen ihm ihre Sache vor, Amor beruft seine Richter, denn

> amor habet judices, amor habet jura
> sunt amoris judices usus et natura,

und die Richter entscheiden[3]), daß der Kleriker „zur Liebe geschickter sei". Es ist auch kein Zweifel, daß dies poetische Urteil den thatsächlichen Verhältnissen entsprach. Die Kleriker spielten wirklich die erste Rolle in der Gesellschaft, und da sich die studierenden Kleriker dem Leben und seinen Freuden rücksichtslos hingaben, auch trotz ihres geistlichen Standes Waffen trugen und mit den Waffen ihre Rechte oder Ansprüche verteidigten, so hatten sie dem roheren und meist durch enge Verhältnisse und durch Dienst gebundenen Rittersmann gegenüber auch das Uebergewicht.

Der Scholar war aber ein gefährlicher Liebhaber, denn ohne viel Umstände zog er zum Thor hinaus. So klagt (Carm. Burana S. 171 f.) die Verlassene, daß ihr Geliebter in Franciam recessit, und sie könne ihre Schande nicht mehr verbergen, sie wage nicht auszugehen, man zeige mit Fingern auf sie, cum vident hunc uterum, alter pulsat alterum.

Zu den Schilderungen muß die klassische Welt reichlich beitragen. Flora ist so schön, daß der Liebende fürchtet, wenn Jupiter sie sähe,

> ne pariter incaleat
> et ad fraudes redeat.

Neben zarten Liedern sind viele mit groben und unflätigen Versen. Denn dem Treiben der Scholaren hängte sich allerdings eine große Portion Gemeinheit an. Sie fehlt auch dem heutigen Studenten-

---

[1]) Clerus scit diligere Virginem plus milite.
[2]) Carm. Burana S. 155:
> huic placet clericus, illi vero miles.
[3]) Unter den Gründen heißt es Str. 25 (S. 158):
> non est tamen clericus macer et afflictus,
> quippe nulla copiae parte derelictus.

leben nicht. Die verfallenen Ehrenscheine, die betrogenen Philister, die Vergeudung der kargen Mittel, von denen die verwitwete Mutter und die jüngeren Geschwister leben sollten, die Roheiten und Zoten der Burschen — von anderen Dingen zu schweigen — sind ein böses Kapitel im akademischen Leben und ein langes, aber das alles bleibt doch in Qualität und Quantität weit hinter dem zurück, was die Scholaren ganz naiv von sich erzählen und die amtlichen Nachrichten beklagen. In dem Liede[1]), dem jener prächtige Vers Tunc rorant scyphi desuper entnommen ist, heißt es ohne Entrüstung:

In taberna fraus aeterna
semper est in ludo,

und

Lusorum studia	Beim Spiel, soviel er kann,
sunt fraudis conscia.	Betrügt ein jeder Mann,
Perdentis taedia	Und wer dann so betrog,
sunt illi gaudium,	Mit Hohn dann noch verlacht,
qui tenet pallium	Wen er mit Vorbedacht
per fraudis vitium.	Ums Kleid gebracht.

Das ist nicht mehr „mogeln", das ist betrügen, das heißt „einen ausziehen" und zwar in jedem Sinne. Ein Teil der Schuld lag daran, daß die Scholaren zeitweise „fahrende Scholaren" waren und sich zu den fernen Studiensitzen oft hindurch „fechten" mußten. Aber auch an den Studiensitzen selbst lebten sie vielfach vom Bettel, sie waren ja „exules" im „Elende":

Exul ego clericus	Ich, der bettelnde Student,
Ad laborem natus	Nur zur Plag' geboren,
. . . .	. . . .
Litterarum studiis	Wissenschaft, ich möchte sie
Vellem insudare,	Wohl voll Lieb umfassen,
Nisi quod inopia	Doch vor Not und Kümmernis
Cogit me cessare.	Muß ich's bleiben lassen.

So bettelte ein wirklicher Scholar um einen Rock, und nun gar die Vagabunden, die sich für Scholaren ausgaben! Es war aber fast unmöglich, sie auszuscheiden. An Orten, wie Paris und Oxford, hatten die Behörden große Schwierigkeiten damit, wie die Wiederholung der bezüglichen Erlasse zeigt, und auf der Wanderschaft zur Universität fehlte jedes Mittel. Da gesellten sich zu den Scholaren

---

[1]) Carm. Bur. 174, S. 234. Das Lied ist übrigens, wie viele andere, in unreiner Gestalt auf uns gekommen. Ueb. meist nach Bärnstein.

die bedenklichsten Gesellen, die nie daran dachten, zu studieren, und fahrende Scholaren führten deshalb oft genug das wahre Zigeunerleben, zogen nicht zum Orte der Studien, sondern wild im Lande umher. Sie bildeten eine Landplage, wie heutzutage die Haufen wandernder Tramps in den dünner bewohnten Geländen westlich vom Mississippi.

Indessen auch in der Gemeinheit dieses Stromertums ging der Humor und die Poesie nicht unter. Vor allem hat die Genialität des Erzpoeten dies Treiben zu idealisieren verstanden. Seine Poesie macht aus diesen wilden Scharen einen Orden, der besser ist, als die Mönchsorden, der alle aufnimmt, auch die ärmsten, quos devoti monachi mittunt extra fores. Er war aber nicht der einzige, der sich so aus dem Schmutz immer wieder zu dem Ideale zu erheben vermochte. Es gilt das in gewisser Beschränkung auch von den Scholaren im ganzen. Der Blick blieb doch gerichtet auf die Wissenschaft und die großen Fragen der Zeit. Die Kritik, welche sie dabei an den Zuständen übten, war meist recht bitter. Aber sollten sie nicht bitter werden, wenn auch fleißige und begabte Scholaren ohne Pfründe blieben, während dumme Priester Pfründen auf Pfründen häuften?

>   Decem ecclesias vel plures possidens
>   est male singulis subjectis insidens,
>   dum adest et abest, semper ut accidens [1]).

Dazu kam der grelle, in tausend Angelegenheiten zu Tage tretende Widerspruch zwischen der Heiligkeit, welche die Diener der Kirche für sich in Anspruch nahmen, und der Unheiligkeit ihrer Handlungen und ihres Lebens [2]). Die Scholaren lebten wüst, aber sie sagten es frei und wollten nicht besser scheinen. An diesen scheinheiligen Konkurrenten im Dienste der Venus und des Bacchus, die von ihrem heuchlerisch gewonnenen Ueberflusse stolz auf sie herabsahen, hörten die pauperes scholares nicht auf, Rache zu nehmen. Scholaren waren es, die das böse Geschichtchen von der Teilung der Erde [3])

---

[1]) Apocalypsis Goliae 306 f. (Walter Mapes, ed. Wright, p. 15.)

[2]) Den Priestern der Diözese Nevers z. B. mußte im 13. Jahrhundert in ähnlicher Weise verboten werden, in der Kirche Würfel zu spielen und anderen Unfug zu treiben, wie den Scholaren von Paris.

[3]) Bei der Teilung hatte der liebe Gott die Scholaren und die Dirnen vergessen, jene empfahl er den weltlichen Herren, die Dirnen den Prälaten. Die

erfanden, und wie in diesem Stück, so hegten sie sich in hundert anderen Fabeln und Liedern in Schilderungen der Gefräßigkeit und Völlerei der Pfaffen und Mönche.

Nur darf man sich durch diese Angriffe der Scholaren nicht verleiten lassen, sie und ihre Poesie zu den Gegnern der Kirche zu rechnen. Der Masse nach waren sie selbst Kleriker und in dem Kampfe zwischen dem Papsttum und den weltlichen Gewalten standen die Scholaren meist auf seiten der Kirche. Barbarossa und der König von England wurden in ihrer Poesie sogar als „Vorläufer des Antichrist" bezeichnet. Auch jene Spottlieder waren nicht bloß Ausgeburten ihres Aergers oder des Uebermutes und der Frivolität, zum Teil hatten sie auch ernsthafteren Sinn und berührten jedenfalls einen Schaden der Kirche, der nur heilen konnte, wenn er bloßgelegt wurde. Der Zustand des im Besitze der Macht schwelgenden Klerus bildete eine öffentliche Gefahr, vor allem und zunächst für das kirchliche Leben selbst. Giraldus Cambrensis, der in seinem speculum ecclesiae über die Frechheit klagt, mit welcher Walter Mapes sang:

> Rom ist wohl das Haupt der Erde,
> Aber auch voll Erdenschmutz,
> Bei dem Papste gilt die Regel:
> Hier hat nur der Reiche Schutz[1]),

schrieb doch ungefähr dasselbe, als er in Rom einen langen Prozeß geführt hatte, und die Schilderung, welche die großen Männer der Bettelorden und ihre Freunde von dem Leben der Geistlichen machten, war kaum weniger schwarz wie das Bild, das der Spott der Goliarden zeichnete. Das ist eben charakteristisch für diese Studenten, daß sie zum Teil reiferen Alters waren und durch ihre Interessen eng verbunden mit den Schwankungen zwischen den rivalisierenden Gruppen des geistlichen Standes und dem Streite der kirchlichen und politischen Parteien. Sie hatten Verständnis und Leidenschaft für diese Objekte, bildeten naturgemäß wichtige Bestandteile der Parteien, und die Studentenpoesie war deshalb ein ungleich wichtigerer Teil

---

weltlichen Herren vergaßen bald ihre Pflicht, die Prälaten aber pflegen die Dirnen noch immer mit Liebe. Eine Form bei Wright, Anecdota, p. 64.

[1]) Roma mundi caput est, sed nil capit mundum.
. . . .
Cum ad Papam veneris, habe proconstanti,
Non est locus pauperi, soli favet danti.

der Litteratur jener Tage als heute. Junge Knaben neben aus=
gereisten Männern, Vagabunden im schlimmsten Sinne des Wortes
und begeisterte Träger der Wissenschaft wie der Religion waren hier
vereinigt. Die einen lebten in klösterlicher Zucht, die anderen in
völliger Verwilderung, und in die Ausgelassenheit und Roheit der
Scholaren mischte sich der Ernst des Lebens. Wenn sie sich mit Dirnen
umhertrieben, die heiligen Gebräuche und Gebete beim Wein und Würfel=
spiel parodierten[1]), wenn sie selbst auf dem Altare würfelten während
des Gottesdienstes, wenn sie auf der Landstraße bettelten und sich
in Bauernschenken prügelten, so waren doch der Gegengewichte so
viele, daß auch der ernste Mann über dem Schönen und Guten das
Gemeine übersehen durfte. Der Segen einer auf geistiger Arbeit
beruhenden Gemeinschaft machte sich immer wieder geltend. Die großen
Päpste Alexander III., Honorius III. u. a. gedachten im Glanze der
dreifachen Krone immer noch mit Liebe, ja mit Ehrfurcht dieser
Jugendjahre und ihrer Poesie. Darum schützten sie diese freien
Schulen auch gegen alle Anfeindungen, wenn nicht große Interessen
der Kirche entgegenstanden. Eine Parens scientiarum war ihnen
Paris trotz all der bösen Dinge, die sie dort zu strafen oder zu ver=
zeihen hatten, und Bologna verglich ein Papst mit Bethlehem, denn
von dort komme Brot des Lebens. Stephan von Tournay, der Abt
von St. Genovefa, sprach freilich im Tone der Entrüstung über
diese Scholae seculares[2]) — aber es ist natürlich, daß sich gegen
diese akademische Freiheit des Lebens noch stärkere Opposition erhob,
als gegen die Freiheit der akademischen Forschung und Lehrweise. Die
Schäden und Ausartungen lagen zu Tage, und da man die Scholaren
in Paris im ganzen als Kleriker ansah, so erschien ihr Treiben be=
sonders ärgerlich.

---

[1]) Die Spielmette officium lusorum, Carmina Burana S. 248. Den Streit
mit den Bauern behandelte ein übermütiger Scholar als göttliche Einrichtung:
Omnipotens sempiterne Deus, qui inter rusticos et clericos magnam discordiam seminasti, praesta quaesumus de laboribus eorum vivere, de
mulieribus ipsorum vero ... semper gaudere. (S. 249, Zusatz.)

[2]) Sie waren damals, ca. 1180, noch nicht zu einer universitas zusammen=
gefaßt. Bei Stephan von Tournay wird man übrigens keine prinzipielle Oppo=
sition suchen dürfen. Er war mit den Studien der freien Schulen eng verknüpft,
und hat ein Lehrbuch geschrieben, das doch vorzugsweise auf sie berechnet war.
Stephan von Tournay gehörte mehr zu den gewandten als zu den starken und
starren Naturen. Seine Schriften Migne 211.

Schluß.

Wenn die Erde ihre Rinde bricht, und ein Berg aufsteigt, dann bebt sie, und in weitem Kreise ringsum wird die Flur mit Asche und Staub überschüttet: so steigt auch in der Welt der menschlichen Ordnungen und Gewalten kein neues Glied empor, ohne daß die Bewegung ringsum die Kreise erschüttert und Schlamm und Schmutz aufwühlt. Die Universitäten waren eine machtvolle Neubildung, nächst der Kirche die größte und vornehmste von allen Korporationen, die das Mittelalter erzeugte. Sie engte die Machtsphäre der alten Gewalten ein, sie forderte Anerkennung für Vorstellungen, die bis dahin unerhört schienen; es war natürlich, daß viele Zeitgenossen und nicht bloß die trägen und schlechten diese Neuerungen und Ansprüche nicht gut heißen mochten, daß sie nur die Schäden und Schatten sahen. Es verquickte sich dann mit diesem Kampf der ganze Kleinkram persönlicher Interessen, Eitelkeiten und Thorheiten, welcher das Gewebe des Lebens der Einzelnen bildet. Aus diesen kleinen Fäden wob sich das Band, welches diesen zu den Gegnern und jenen zu den Freunden der neuen Einrichtungen führte — aber das große Bedürfnis, die herrschende Strömung der Zeit trug die Universitäten. So mußten ihnen selbst die Kräfte des feindlichen Lagers dienstbar werden. Die Viktoriner haben das wissenschaftliche Leben in Paris nur gesteigert und so die Kraft erhöht und die Massen vermehrt, aus deren Zusammenwirken die Universitäten hervorgingen. Die Bettelorden versuchten die akademische Freiheit wieder in Klosterregeln zu fassen, aber sie schufen mehr nur die Klosterschulen nach dem Muster der Universitäten um und breiteten so den Wirkungskreis der neuen Schulform unermeßlich aus. Es gehört zu den besonderen Reizen der eingehenderen Beobachtung, zu sehen, wie so auch die Gegner dem neuen akademischen Leben und Studium Konzessionen machen, wie sie es selbst fördern und ausgestalten helfen mußten.

Drittes Kapitel.

Die Stadtuniversitäten Italiens.

1. Die Entstehung der Universität.

Im 12. Jahrhundert herrschte, wie das vorige Kapitel zeigte, an vielen Orten akademisches Leben und akademische Thätigkeit. Die Scholarenpoesie erreichte ihre Blüte, und die großen Lehrer in Paris, Bologna, Laon, Tournay arbeiteten mit ihren Schülern in einer wissenschaftlichen Genossenschaft, die an Kraft und Leben den glänzendsten Beispielen des 13. Jahrhunderts nicht nachstand. Auch bestand schon ein Zusammenwirken der an einem Orte nebeneinander stehenden scholae oder studia von Gelehrten, aber in diesem Zusammenwirken war keine Regel, und in den Schulen keine Stetigkeit. Die Gelehrten gingen, wann sie wollten, und eröffneten ihre Schule an anderen Orten. Zahlreiche Bedürfnisse drängten dahin, solche Regel und Ordnung zu schaffen, die Kräfte, die vereinzelt wirkten und sich nicht selten im Kampfe gegeneinander verzehrten, zu einer gemeinsamen geordneten Lehranstalt, die scholae oder studia zu einem Studium im höheren Sinne, einem studium generale zu vereinigen. Diese Entwicklung vollzog sich seit dem Ende des 12., im 13. und 14. Jahrhundert an vielen Orten Italiens, Frankreichs, Englands und Spaniens. Die geistlichen und weltlichen Lokalgewalten, sodann die Könige, und vor allem die universalen Gewalten, Papst und Kaiser, übten erheblichen Einfluß auf diese Entwicklung, aber einmal war dieser Einfluß bei den verschiedenen Universitäten verschieden, und sodann war im ganzen doch die innere Triebkraft der Verhältnisse stärker als alle diese Einwirkungen, rief diese meistens erst hervor. Die Ausbildung dieser Formen und Einrichtungen erfolgte also spontan[1]), aus eigener Kraft. Im Gegensatz dazu kam es in Deutschland während des 13. Jahrhunderts überhaupt nicht zur Bildung einer Universität, und diejenigen, welche hier im 14. Jahrhundert entstanden, wurden nach den in anderen Ländern ausgebildeten Mustern und unter dem Einflusse der dort entstandenen Theorien gegründet[2]). Warum Deutschland so zurückblieb, ist nicht leicht zu erklären. Die litterarische Bewegung hatte in Deutschland allerdings nicht den hohen Grad erreicht, wie in Frankreich, hatte namentlich nicht so breite Schichten ergriffen, darin allein kann jedoch der Grund für jene Erscheinung nicht gesucht werden, denn stark und ausgebreitet war das litterarische Leben in Deutschland trotzdem auch. Deutschland hatte berühmte Schulen erzeugt, viele ausgezeichnete Gelehrte, und manche von ihnen leiteten Schulen in Deutschland, nachdem sie in Paris und Bologna als Lehrer geglänzt hatten[3]). Deutschland war ferner erfüllt von einer

---

[1]) Die Universitäten in Neapel und in Spanien, sowie Toulouse, lassen sich zwar auch als Gründungsuniversitäten bezeichnen, aber es besteht der wesentliche Unterschied, daß sie im 13. Jahrhundert entstanden. Sie gehören deshalb auch zu denjenigen Universitäten, an und mit denen sich Begriff und Ordnung dieser höheren Art von Unterrichtsanstalten ausbildeten. Recht deutlich zeigt sich dies in dem Einladungsschreiben der Magister von Toulouse bei Jean de Garlande, De triumphis Ecclesiae, ed. Wright. Roxb. Club. 1856.

[2]) So war der große Dekretist Johannes Teutonicus, dessen Thätigkeit in Bologna Epoche machte, später viele Jahre Scholastikus der Domschule in Halberstadt.

Die Bedeutung des Mannes mag folgendes Detail rechtfertigen, das zugleich einige für die Universitäten wichtige Begriffe erläutert. In drei Urkunden (zwei von 1224, eine von 1230) wird er camerarius genannt, wie mir Gustav Schmidt mitteilt. Da nun das Amt des camerarius in jenen Jahren ein anderer bekleidete, so scheint ein Verschreiben vorzuliegen. Schulte (Zeitschr. f. K.R. XVI) und Gustav Schmidt denken an Verschreiben für scholasticus, näher läge cancellarius. Schmidt erhebt den Einwand, daß dieser Name in Halberstadt erst im 14. Jahrhundert begegne, aber er wechselte andererorten mit scholasticus und war durch das Beispiel von Paris und seit 1219 auch von Bologna sozusagen zu dem vornehmeren Synonym von scholasticus geworden. Gerade in dem Kreise des von fremden Schulen zurückkehrenden Johannes Teutonicus könnte deshalb der Name gebraucht und dann vielleicht von dem Schreiber, dem er fremd war,

Masse von Scholaren, die in studentischer Weise lebten, wofür schon die reichen Beiträge der Deutschen zu der Studentenpoesie des Mittelalters zeugen, sodann die Thatsache, daß gerade auf deutschen Konzilien mehrfach[1]) gegen das Unwesen der fahrenden Scholaren eingeschritten werden mußte. Endlich fehlt es auch nicht an direkten Spuren solchen Universitätslebens. In Erfurt war im 13. Jahrhundert ein völlig studentisches Treiben[2]), und im 14. Jahrhundert betrachteten die Erfurter Scholaren ihre Schule als ein studium generale[3]), aber es kam auch hier nicht zu solcher Ausbildung der Formen, daß sie sich Anerkennung errungen hätten. Vielleicht war es noch in anderen Städten ähnlich, denn auch von Erfurt wüßten wir nichts, wenn nicht zufällig im 13. Jahrhundert ein Satiriker Veranlassung gefunden hätte, seiner Galle Luft zu machen, und aus dem 14. Jahrhundert kommt uns die einzige Notiz durch einen Ausbruch von Gelehrtenneid. Bis auf diese vereinzelten Notizen ist bisher keine Kunde von dem für die Stadt und für einen nicht kleinen Teil Deutschlands längere Zeit offenbar sehr wichtigen Studiensitze und seinem ausgelassenen Studentenleben aufgefunden worden. Aus dem Fehlen von Nachrichten aus anderen Orten ist deshalb noch nicht zu schließen, daß es nirgendwo sonst zu ähnlichen Anfängen einer Universitätsbildung gekommen wäre. Für Trier z. B. kann man sogar mit ziemlicher Bestimmtheit behaupten, daß daselbst im 12. oder 13. Jahrhundert ein Studium mit akademischem Treiben blühte, denn sonst würde kaum das unserem „Stoßt an, Jena soll leben!" entsprechende Scholarenlied des Mittelalters beginnen: „Heil dir du Kaiserstadt, Trier[4]), du Städtekron". Aber diese Anfänge sind nicht zu rechtlich bestimmter und dauernd geltender Form ent-

---

mit dem bekannten camerarius verwechselt worden sein. Schwierig scheint mir die Annahme des Verschreibens immer, denn zwei jener Urkunden sind im Original erhalten und eine in gleichzeitiger Abschrift. Man hat also Ursache, nach einem Grunde zu suchen, der ein so wiederholtes Verschreiben veranlassen konnte.

[1]) Specht 201, Note 1.
[2]) Das Carmen satiricum des Nicolaus de Bibera in den Geschichtsquellen der Provinz Sachsen, Halle 1870 I, 90, v. 1566 f.
[3]) Darüber Kapitel 5.
[4]) Urbs salve regia, Trevir, urbs urbium; urbs regia ist wohl nicht bloß Epitheton ornans, sondern bezeichnet die zu dem Studium berechtigte Stadt, worüber unten. Es würde denn der Dichter ein Zeugnis liefern, daß man sich in Trier mit Bewußtsein als ein legitimes studium generale betrachtete.

wickelt worden. Deutschland begnügte sich im 13. Jahrhundert mit Schulen, wie sie im 12. Jahrhundert bestanden hatten, und suchte die neu entstandenen akademischen Grade in Paris, Bologna und anderen Orten. In gewisser Weise füllten auch die den Universitäten nachgebildeten Anstalten der Dominikaner und Franziskaner in Köln, Regensburg, Magdeburg, Leipzig[1]) und anderen Orten das Bedürfnis aus. Zu vergleichen ist, daß das blühende Flandern ebenfalls keine Universität erzeugte, und auch Rom erst später und in weniger bedeutender Weise dazu kam als Paris, Bologna, Oxford und andere Orte.

Wie es aber auch mit der Erklärung der Thatsache zu halten sei, diese Thatsache selbst steht fest: in Deutschland ist es, soweit bekannt, nicht zu selbständiger Ausbildung von Universitäten im Rechtssinne gekommen, die ältesten Universitäten Deutschlands sind im 14. Jahrhundert durch förmliche Gründung entstanden, durch Uebertragung der namentlich in Paris ausgebildeten Einrichtungen und bei der Untersuchung, wie die Formen und Einrichtungen der Universitäten des Mittelalters entstanden sind und was sie bedeuteten, ist von den deutschen Universitäten abzusehen. Bei dieser Uebertragung fanden jedoch gewisse Vorstellungen über die Universitäten eine eigentümliche Fortbildung, namentlich die Ansichten über die kaiserlichen und päpstlichen Privilegien, und in dem Abschnitte, der hiervon handelt, werden die deutschen Universitäten wichtige Beiträge liefern. Keinen Beitrag zu dieser Untersuchung liefert ferner Salerno, obwohl dieses Studium durchaus selbständig entstanden ist, denn aus der Zeit vor Friedrich II. fehlt es an Nachrichten, dann aber gehört Salerno zu der Gruppe der Staatsuniversitäten. Oxford und Cambridge waren eigenartige Repräsentanten der Gruppe, deren wichtigster Typus Paris ist, und deren charakteristisches Merkmal die Anlehnung an die kirchlichen Gewalten des Ortes bildet, welche in dem Kanzleramte zum Ausdrucke gelangte. Die zweite Gruppe bilden die Universitäten der Städte Oberitaliens, unter denen Bologna hervorragte. Sie kannten das Kanzleramt ursprünglich nicht, erhielten es erst durch Uebertragung von Paris, nachdem die Ordnung der Universität in den

---

[1]) Die Summa Decreti Lipsiensis in Cod. num. 986 fol. der Leipziger Universitäts-Bibliothek bei J. F. v. Schulte, Sitzungsberichte d. Wiener Akad. 1871, S. 37 ist ein Zeugnis der kanonistischen Studien bei den Dominikanern in Leipzig.

Grundzügen vollendet war, und ließen es nicht entfernt zu gleicher Bedeutung gelangen. Ihre Entwicklung ruhte auf der Ausbildung der Korporation der fremden Scholaren und der Thätigkeit der städtischen Behörden. Die dritte Gruppe bildeten die Staatsuniversi=
täten. Die ältesten Versuche, hohe Schulen, wie sie sich in Bologna u. s. w. entwickelten, als Staatsanstalten zu begründen, wurden im Königreich Sizilien und, jedoch weniger rein, von den spanischen Königen gemacht. Im 14. und 15. Jahrhundert gewann die Vor= stellung der Staatsuniversitäten weiteren Boden, indem die Könige von Frankreich und England, die Herzöge von Mailand und andere Herrscher die in ihrem Gebiete belegenen Universitäten ebenfalls mehr und mehr als Staatsanstalten behandelten, doch erhielt sich an den bedeutendsten die autonome Verwaltung. Sie waren den Stadt= universitäten nächstverwandt, insofern in beiden Fällen die weltliche Gewalt die Leitung beanspruchte: indessen machte es doch einen nicht bloß quantitativen Unterschied, wenn hier eine Stadt, dort ein Staat diese Leitung hatte.

Die italienischen Stadtuniversitäten.

Bologna überstrahlte im 12. Jahrhundert alle Rechtsschulen, aber Bologna war nicht die älteste, sondern im 11. Jahrhundert hatten namentlich Pavia und Ravenna größere Bedeutung[1]. In Pavia bildete die Behandlung des Longobardenrechts die Hauptaufgabe, in Ravenna und anderen Orten der Romagna die Behandlung des römischen Rechts, wie es sich in diesem Territorium als Landrecht erhalten hatte. Das war nicht das Recht des Kodex und der Pan= dekten, sondern ein hier mehr, hier weniger stark durch longobardische und fränkische Einrichtungen, Formen und Anschauungen modifiziertes Recht, dessen Grundlage nur römisch war. Die Rechtswissenschaft, welche die Universitäten schuf, war aber die Wissenschaft des römischen

---

[1] J. Ficker, Forschungen zur Rechtsgeschichte Italiens, Bd. III, und der= selbe „Ueber die Entstehungsverhältnisse der Exceptiones Legum Romanorum" in: Mitteilungen des Instituts für österreichische Geschichtsforschung, II. Ergänzungs= band 1886, S. 1 ff. H. Fitting, Zur Geschichte der Rechtswissenschaft im Mittelalter in Zeitschr. d. Savignystiftung, Bd. VI, 1885, und Sonderausgabe, Weimar 1885. Derselbe in Bd. VII (1886) Ueber neue Beiträge zur Geschichte der Rechtswissen= schaft im früheren Mittelalter, S. 1–90.

und des unter dem Einflusse des römischen sich ausbildenden kanonischen Rechts, und schon aus diesem Grunde ist es begreiflich, daß die Schulen der Romagna die Schulen des longobardischen Rechtsgebietes überflügelten. Im 11. Jahrhundert war vorzugsweise Ravenna, die alte Hauptstadt des Exarchats, Sitz einer gelehrten Behandlung des römischen Rechts, aber nicht der einzige Sitz derselben. Der Prozeßgang der Landschaft brachte es mit sich, daß die Richter und die Parteien gelehrte Beisitzer zuzogen, causidici genannt, auch jurisperiti, jurisprudentes, legislatores, legum doctores, legum docti, scholasticus, ja scholasticissimus, welche bald als Advokaten der Parteien, bald als Assessoren der Richter thätig waren und auch vielfach von den Behörden zu Richtern ernannt wurden. Einige unter ihnen, und gewiß vorzugsweise die Gelehrten, betrieben neben der richterlichen und advokatorischen Praxis eine Art Lehrthätigkeit. Das Bedürfnis nötigte dazu, denn ohne eine gewisse gelehrte Kenntnis war ihre Aufgabe nicht zu lösen. Für die meisten blieb solche Lehrthätigkeit sicher nur ein Nebengeschäft, aber die Bezeichnung scholasticus als Synonym von causidicus, sowie die Angabe, daß einige zugleich als Lehrer der Grammatik thätig waren, weist darauf hin, daß bei einigen die Lehrthätigkeit überwog. Bologna wurde im 12. Jahrhundert der Hauptsitz dieser Strömung und der von ihnen getragenen Studien. Wie das gekommen ist, läßt sich nicht sagen. Die Lage der Stadt an der Grenze der Geltungsgebiete des römischen und longobardischen Rechts mag dazu mitgewirkt haben[1]), aber diese Gunst der Lage genoß Modena auch, das trotz frühzeitiger Anstrengungen hinter Bologna weit zurückblieb.

Die Professoren der Rechtsschulen waren geneigt, die Bestimmungen Justinians über die Rechtsschulen im römischen Reich auf

---

[1]) Diesen Punkt hebt Ficker, Forschungen III, 138 ff. hervor, dessen Ansichten jeder Forscher besonderen Wert beimessen wird, weil sie nicht nur auf Grund umfassender Kenntnis des urkundlichen Materials, sondern auch mit großer Vorsicht aufgestellt werden. Im besonderen denkt Ficker an den fördernden Einfluß der longobardischen Rechtsschule zu Nonantula, aber für Modena trafen diese Bedingungen doch in gleichem Maße zu. Denifle betont, daß in Bologna die neue Methode des juristischen Studiums aufgekommen sei; das war ein wichtiges Moment, aber nicht allein entscheidend. Andere Schulen waren längere Zeit berühmte Sitze der scholastischen Methode, ehe Paris diesen Ruhm gewann, und Paris überflügelte sie doch. S. o. Kapitel 1.

die entstehenden Universitäten anzuwenden¹). Allein diese Versuche haben wohl die öffentliche Meinung bilden helfen, aber die Einrichtungen der Universitäten und die Verhältnisse und Gewalten, mit denen sie vorzugsweise zu rechnen hatten, waren zu verschieden, als daß eine unmittelbare Uebertragung möglich gewesen wäre. Hinter jenen Gesetzen stand der absolute Staat, und die Gesellschaft der Kaiserzeit, die Universitäten des 13. Jahrhunderts hatten sich unter den Korporationen und in der Gesellschaft des Feudalstaates zu entwickeln. Die Fortbildung des Scholarenrechts geschah deshalb auf dem Wege der Kämpfe und Usurpationen oder der Kontrakte und Privilegien. Allerorten legten sich die lokalen Gewalten nach und nach Beschränkungen auf, und man gewöhnte sich allmählich, eine gewisse Summe solcher Beschränkungen als notwendig anzusehen²). Das Studium galt als ein Kleinod der Stadt³) und als eine Quelle nicht bloß des Ruhmes, sondern auch des Reichtums durch allseitig gesteigerten Verkehr, weshalb die Städte gern schwere Opfer brachten, um eine Scholarenkorporation in ihre Stadt zu ziehen und ein Generalstudium zu begründen und zu erhalten, und ertrugen manchen Uebermut der Scholaren.

Das erste Privileg. Kaiser Friedrichs Habita.

Die erste Kunde von den Verhältnissen der Scholaren zu der Stadt Bologna und ihrem Leben in der Stadt bringt ein Gedicht,

---

¹) Die Constitutio Omnem. Darüber unten.

²) Die Stadt Padua nahm 1261 geradezu den Beschluß an: Alle Privilegien, welche die Leges oder die Canones den Scholaren verliehen haben, sollen auch in Padua unverkürzt gelten, gleichviel, ob ein Statut der Stadt entgegenstehe . . . Statuti di Padova p. 376 Nro. 1236. Omnia privilleia indulcta legibus vel cannonibus scolaribus serventur illesa, nullo statuto obstante, et maxime clericis.

³) Eine Peruginer Urkunde von 1321 beginnt mit den Worten: Cum sit status et honor civitatis Perusii habere in ipsa civitate studium in facultatibus scientiarum et domini Priores artium teneantur magnis penis et etiam juramenti vinculo studium augmentare. Rossi, Docum. Nro. 39, Giornale IV, 284. Ganz überschwenglich schilderte Honorius III. den Segen der Universität für Bologna. Durch die Universität sei Bologna ein zweites Bethlehem geworden, „domus videlicet panis, qui parvulis frangitur in eadem, ex qua exeunt duces qui regunt populum domini . . . Euere Stadt, bis dahin unbedeutend, übertrifft durch Reichtum jetzt alle anderen". Sarti 1, 2 App. p. 57.

das die Begrüßung Kaiser Friedrichs I. durch die Behörden, Einwohner und Scholaren schildert, als er 1155 vor der Stadt lagerte. Der Kaiser fragte die Scholaren nach ihrem Ergehen, und im Namen aller antwortete einer der Doktoren, daß es ihnen in Bologna in jeder Beziehung gefalle, daß die Bürger der Stadt sie auch nicht übervorteilten und ihnen Ehre erwiesen. Zu klagen hätten sie nur darüber, daß die Bürger bisweilen einen beliebigen Scholaren haftbar machten und pfändeten für Schulden, die ein anderer Scholar gemacht habe. Der Kaiser möge durch ein Gesetz die Scholaren dagegen in Schutz nehmen. Auf Rat der Fürsten habe dann der Kaiser das Gesetz verkündet, daß niemand die Scholaren beim Gehen und Kommen schädige und nicht den einen für Schulden des andern in Anspruch nehme [1]). Gemeint ist offenbar das Gesetz über die Authen-

---

[1]) Giesebrecht in Sitzungsberichten der kgl. bayer. Akad. d. Wiff. Histor. Klasse 1879, Bd. II, S. 285:

 463 Procedunt pariter doctores discipulique
  Omnes, Romanum cupientes visere regem,
  Quorum te numerosa, Bononia, turba colebat,
  Artibus in variis noctuque dieque laborans.
  Quos placide recipit venientes rex Fridericus,
  Alloquiturque simul, perquirens multa benigne.
  Querit enim, quibus urbe modis habeantur in ista,
 470 Cur magis hec placeat quam quelibet altera tellus?
  An cives aliqua sint illis parte molesti?
  An teneant promissa dolo firmata remoto
  Si caros habeant, si servent hospita jura.
  Doctor ad hec doctus respondens ordine quidam
 475 Discentum mores recitat vitamque beatam
   . . . .
 486 „In multis fateor cives nos urbis honorant,
  Qui tamen hac una sunt re quandoque molesti,
  Cum cogant aliquem, quod non acceperit ipse,
  Solvere, tollentes propter non debita pignus
 490 Namque datum nostris vicinis aes alienum
  A nobis repetunt, qui nullo jure tenemur.
  Unde, pater, petimus perversum corrige morem,
  Lege tua liceat tutos hic esse legentes."
  Tunc rex, principibus consultis ordine cunctis,
 495 Legem promulgat, quae sit tutela legentum,
  Scilicet ut nemo studium exercere volentes
  Impediat stantes nec euntes nec redeuntes.

tica, welche nach dem Anfangsworte Habita benannt wird, und welche der Kaiser auf dem Reichstage auf den Roncalischen Feldern November 1158 erließ. Der Dichter stellt es nur kraft einer poetischen Lizenz so dar, als sei das Gesetz gleich erlassen, während diese Bitte der Scholaren nur die Anregung gegeben hatte[1]). Dieses Gesetz[2])

> Nec pro vicino, qui nullo jure tenetur,
> Solvere cogatur quod non debere cogatur.
> Inde rogat cives ut honorent urbe scolares
> Hospita jura dolis servent illesa remotis.

Danach schildert das Gedicht die weiteren Thaten Friedrichs.

[1]) Denifle, S. 52 f., neigt dazu, in dem Gedicht nur einen nachträglichen Versuch zu sehen, die Entstehung der Authentica Habita zu erklären. Allein dazu paßt schon wenig die Thatsache, daß das Gedicht mehrere tausend Verse hat und von sehr vielen Thaten und Ereignissen handelt, unter denen diese Angelegenheit nur etwa 40 Verse ausfüllt. Bei der im Text gegebenen Auffassung besteht auch keine Schwierigkeit, die Erzählung von dem Auftritt im Lager Barbarossas 1155 festzuhalten, wie es Giesebrecht a. a. O. und Winckelmann (Ueber die ersten Staatsuniversitäten 1880) gethan haben.

[2]) Die Authentica Habita wurde eingefügt in den Kodex, welcher die kaiserlichen Konstitutionen, Erlasse mit Gesetzeskraft, in 12 Büchern vereinigte, und zwar an dem Schluß des Titels Ne filius pro patre (4, 13), welcher davon handelt, daß der selbständige Sohn für die Schulden des Vaters nicht haftbar gemacht werden könne, und ebensowenig umgekehrt, noch der Freigelassene für den Patron. Die Sicherheit gegen die gewaltthätige Pfändung der Bolognesen bildete eben die Hauptsache. Zu dem Text siehe Denifles Bemerkungen Note 38 u. 52. Ich gebe hier den Text des Corpus juris civilis, ed. Krüger et Mommsen 1877, p. II, p. 511 (cf. Monum. Germ. hist. leges II, 114): Habita super hoc diligenti episcoporum, abbatum, ducum, comitum, judicum et aliorum procerum sacri nostri palatii examinatione, omnibus, qui causa studiorum peregrinantur, scolaribus et maxime divinarum atque sacrarum legum professoribus hoc nostre pietatis beneficium indulgemus, ut ad loca, in quibus litterarum exercentur studia, tam ipsi quam eorum nuntii veniant et habitent in eis secure. Dignum namque existimamus, ut cum bona facientes nostram laudem et protectionem omnes mereantur, quorum scientia mundus illuminatur ad obediendum deo et nobis, ejus ministris, vita subjectorum informatur, quatenus speciali dilectioni ab omni injuria defendamus. Quis eorum non misereatur, cum amore scientie facti exsules, de divitibus pauperes semet ipsos exinaniunt, vitam suam multis periculis exponunt et a vilissimis sepe hominibus — corporales injurias sine causa perferunt? Hac igitur generali et in eternum valitura lege decernimus, ut nullus decetero tam audax inveniatur, qui aliquam scolaribus injuriam inferre presumat nec ob alterius ejusdem provincie delictum, quod aliquando ex

nahm alle diejenigen, welche causa studiorum peregrinantur, d. h. alle, welche aus wissenschaftlichen Interessen die Heimat verließen und in einem Orte lebten, in welchem sie nicht Bürger waren, in des Kaisers besonderen Schutz, namentlich solle niemand einen solchen Scholaren, d. i. Studenten oder Professor, haftbar machen für Schulden oder Vergehen seines Landsmannes. Es gab also damals wahrscheinlich schon landsmannschaftliche Verbindungen unter den Scholaren. Sie werden vielfach zusammen gewohnt oder auch gemeinsam Haushalt geführt, vielleicht auch die teueren Bücher auf gemeinsame Kosten erworben haben, denn gerade solche Gemeinschaft konnte leicht die Veranlassung dazu geben, daß die Bürger die Landsleute eines Schuldners für denselben haftbar machten. Schwere Strafen drohte der Kaiser dagegen an. Sodann berechtigte er die Scholaren, im Falle einer Anklage statt vor dem ordentlichen Richter des Ortes vor ihrem Lehrer (dominus aut magister) oder vor dem Bischofe, dem der Kaiser diese Jurisdiktion erteilt habe, Recht zu nehmen.

Die Habita war zwar für alle Schulen gegeben, aber in Paris und den anderen Orten Frankreichs sind die Spuren ihres Einflusses nicht so stark wie in den Städten Italiens, und ihre nächste und bedeutendste Wirksamkeit entfaltete sie in Bologna, das auch in den folgenden Jahrzehnten alle anderen Schulen weit überragte und

perversa consuetudine factum audivimus, aliquod damnum eis inferat: scituris his sacre constitutionis temeratoribus et illius temporis, si hoc vindicare neglexerint, locorum rectoribus, restitutionem rerum ab omnibus exigendam in quadruplum, notaque infamie ipso jure eis irrogata dignitate sua careant in perpetuum. Verum tamen si eis litem super aliquo negotio quispiam movere voluerit, hujus rei optione data scolaribus eos coram domino aut magistro suo vel ipsius civitatis episcopo quibus hanc jurisdictionem dedimus conveniant. Qui vero ad alium judicem trahere temptaverit, causa etiamsi justissima fuerit pro tali conamine cadat. Denifle bringt es S. 55 f. fertig zu beweisen, daß dies Gesetz nur für die Scholaren gegeben sei, die Professoren nicht erwähne. Es ist lehrreich, wie er den Satz: et maxime divinarum atque sacrarum legum professoribus beseitigt. Vor seinem Lehrer konnte allerdings nur Recht nehmen, wer einen Lehrer hatte, aber wenn dieser Satz nur auf die scolares discentes paßt, ist darum das ganze Privileg nur für sie gegeben? Das Gesetz war für alle gegeben, qui causa studiorum peregrinantur, gleichviel ob sie in dem Jahre scholares docentes oder discentes waren oder, was nicht selten, beides zugleich. Nur für die Professoren galt das Privileg nicht, welche Bürger von Bologna waren, aber auch nicht für die scholares cives.

mehrere tausend fremde Scholaren vereinigte[1]). So war Bologna der beste Boden für jeden, der als Professor etwas leisten zu können glaubte, aber trotzdem verließen es manche hervorragende Lehrer. Den einen trieben Schulden fort oder Mißerfolg oder sonstige Schwierigkeiten, und häufig bot die Rivalität unter den Gelehrten Anlaß dazu. Denn wie die Diener eines vornehmen Hauses ihre Person gern mit zu dem Hause rechnen, so behandeln auch die Gelehrten leicht die Verletzung ihrer persönlichen Interessen als einen Frevel am Heiligtum der Wissenschaft, der sie dienen. Im 12. Jahrhundert vermischten sich dergleichen Gegensätze dann weiter mit den Parteien[2]), die in der Bürgerschaft einander gegenüberstanden. Es bestanden nun auch in Pisa[3]), Modena u. s. w. bereits Rechtsschulen; die aus

---

[1]) Als 1176 ein päpstlicher Legat nach Bologna kam, wurde er von Klagen bestürmt über Unordnungen und Gewaltthaten, welche durch das Bedürfnis nach geeigneten Wohnungen unter den sich drängenden Massen von Scholaren entstanden. Die Reichen unter ihnen boten den Hauswirten höhere Preise für die bereits vermieteten Räume, und so wurden arme Scholaren oft wieder aus ihren Wohnungen verdrängt und zwar mitten im Jahr vor Ablauf des Termines, was die Schwierigkeit, eine andere Wohnung zu bekommen, für sie noch größer machte. Der Legat bedrohte solche Gewaltthat und Verletzung mit der Exkommunikation, aber einige Jahre später fand der Legat Petrus die gleichen Klagen und wiederholte die Drohungen. Auf seinen Bericht hin bestätigte Papst Clemens III. diesen Erlaß und befahl dem Bischof von Bologna, denselben alljährlich einer Versammlung der Magister und Scholaren zu verkünden. Sarti I, p. XXIII. Anfang des 13. Jahrhunderts sollen es 10000 gewesen sein. Odofred, der Schüler des großen Azo und selbst einer der berühmtesten Professoren von Bologna, gibt diese Zahl an für die Zeit Azos. Die Zahl der 1222 auswandernden Scholaren scheint 1000 überstiegen zu haben. Vgl. unten den Kontrakt mit Vercelli.

[2]) Man erinnere sich, daß Placentinus um 1190 durch förmlichen Ueberfall von seinen Gegnern aus Bologna vertrieben wurde und erst nach mehreren Jahren zurückkehrte und seine Lehrthätigkeit wieder aufnahm, als ihm eine mächtige Familie ihren Schutz lieh.

[3]) A. Fabroni, Historia Academiae Pisanae I. 401, bringt eine Urkunde vom Jahre 1194, in welcher ein nuncius Pisanorum scholarium erwähnt wird. Zwar ist nicht sicher zu erkennen, ob er als nuncius — Pedell — einer Korporation und nicht als Beauftragter einer Gruppe von Einzelnen anzusehen ist, aber der Anschein spricht mehr dafür. Die Gelehrten, welche, wie Pillius, Placentinus u. a. Bologna verließen und in Modena, Piacenza, Montpellier u. s. w. Rechtsschulen eröffneten, haben an diesen Orten doch die gleiche Behandlung des Corpus juris gepflegt, die sie in Bologna geübt hatten und die man als die Methode der Glossatoren bezeichnet. Dem gegenüber scheint mir v. Schulte in der Zeitschr.

Bologna weichenden Lehrer begaben sich entweder an diese Orte, oder versuchten es an solchen Orten, in denen noch kein Konkurrent war, Scholaren zu sammeln. Dieser Prozeß wiederholte sich in der zweiten Hälfte des 12. und noch im 13. und 14. Jahrhundert[1]) und erhielt eine erhöhte Bedeutung, als sich in Bologna gegen Ende des 12. Jahrhunderts die Scholaren zu einer Korporation vereinigten und diese mit der Stadtbehörde wiederholt in Streit geriet. In diesen Kämpfen bildete die Drohung, Bologna zu verlassen und damit die berühmte Rechtsschule in eine benachbarte Stadt zu verlegen, die schärfste Waffe der Scholaren.

Man hat wohl gesagt, das Recht der Scholaren zu solcher Auswanderung sei in der Natur der Sache begründet, da ja kein Fremder gezwungen werden könne, in Bologna zu bleiben, wenn er in Modena u. s. w. zu studieren wünschte. Allein ganz so lag die Sache doch nicht. Der Einzelne mochte gehen, etwas anderes war es aber, wenn die ganze Korporation das Studium verlegte oder auflöste. Die dabei nicht mit irgend einem Interesse beteiligten Gewalten haben auch dies allerdings wiederholt gutgeheißen und unterstützt: so stand Rom um 1220 auf seiten der Scholaren von Bologna (f. u.) und ermunterte sie sogar, eher auszuwandern, als der Stadt nachzugeben, und auf seiten der Pariser bei der Auswanderung 1229. Eben diese unterstützte der König von England; aber für Oxford und Cambridge verboten die englischen Könige die Auswanderung und Rom wollte nicht dulden, daß die Pariser Magister im Kampf mit den von ihm unterstützten Bettelorden die scharfe Waffe der Auflösung ihrer Genossenschaft anwenden. In gleicher Weise behandelte die Stadt Bologna die Auswanderung und Verlegung des Studiums aus ihrem Gebiete immer als ein Verbrechen[2]), denn diese Aus-

---

f. K.R. Bd. XVI S. 124 zu weit zu gehen, wenn er behauptet, daß die Methode der Glossatoren um 1200 ausschließlich in Bologna geübt worden sei.

[1]) Noch Bartolus klagt in der Glosse zu Constit. Omnem reipubl. Haec tria, daß in zahlreichen kleinen Orten, namentlich der Anconit. Mark, Rechtsschulen eröffnet würden. Opp. Bas. 1589 p. 13. Eine Erläuterung dazu bietet die Notiz bei Fantuzzi II, 53 Anm., daß der berühmte Jacobus de Belviso 1311 Bologna aus politischen Gründen verließ, um in einer Stadt der Romagna eine Schule zu eröffnen. „Wer ihn hören wolle," hieß es, „möge dorthin kommen."

[2]) Zu beachten ist, daß die Stadt den Scholaren das Recht nicht bestritt, eine Suspension des Studiums zu beschließen. Stat. III, 19, ed. 1561. p. 58 und

wanderungen der Scholaren gewährten den mit Bologna rivalisierenden Städten glänzende Aussichten, und bisweilen mochte es scheinen, als werde es Padua, Vercelli, Perugia, Siena u. s. w. gelingen, Bologna zu überflügeln. Mit einem Schlage hofften sie zu gewinnen, was in Bologna durch die glückliche Entwicklung mehrerer Generationen entstanden war. Durch reiche Gehälter an die Professoren und bereitwilligste Erfüllung der Wünsche der Scholaren suchten sie dieselben dauernd an sich zu fesseln, und diese Versuche bilden einen wesentlichen Teil der Geschichte der italienischen Universitäten. Ihr Verlauf ließ Bologna den Sieg. Im 14. Jahrhundert hatte Bologna einen ähnlichen Ruhm vor allen anderen, wie um 1200[1]) und keine einzige Stadt hatte das 13. Jahrhundert hindurch ununterbrochen eine blühende Universität. Aber dieser Kampf hat Bologna gezwungen, gegen die Scholaren nachgiebiger zu sein und zuletzt auch eine Besoldung der Professoren einzuführen, mit der die anderen Städte vorangegangen waren. Die Nachrichten über den Verlauf dieser Rivalitäten sind viel zu dürftig, um auch nur den Versuch zu gestatten, ihn im Zusammenhange zu schildern, aber über einige Ereignisse aus demselben liegen urkundliche und ähnlich sichere Nachrichten vor, und sie gewähren doch einen gewissen Einblick in diese Dinge und damit in einen wichtigen Teil des Bildungsprozesses der Universitäten. Zunächst führte Bologna eine Vereidigung der Professoren ein, durch welche sie sich verpflichteten, zeitlebens in keinem anderen Orte Vorlesungen über das römische Recht zu halten, das Studium in Bologna nicht zu mindern[2]), d. h. die Scholaren nicht zur Aus-

---

Archiv III, 375. Der einleitende Satz dieses von der Stadt gebilligten Statuts zeigt, daß bei einer Suspension gregem studentium suspenso studio inutiliter in studio manere.

[1]) Die berühmtesten Rechtslehrer hatte Bologna jedoch im 14. Jahrhundert keineswegs immer. Insofern spricht man von dem Sinken Bolognas, aber Florenz, Padua und Perugia sahen bei ihren Statuten doch immer auf Bologna als das Muster.

[2]) Zum erstenmal sah sich Bologna zu einer Verteidigung gegen solche Gefahr genötigt, als Modena um 1180 den Pillius an sich lockte. Pillius hatte sich für einige seiner Scholaren verbürgt und war dadurch in Schulden geraten, aus denen er sich nicht zu befreien wußte. Bei dem hohen Zinsfuß von 20 Prozent, der damals üblich war und oftmals noch überschritten wurde, wuchs eine solche Not mit beängstigender Schnelligkeit, und es ist begreiflich, daß sich Pillius überglücklich fühlte, als ihm unerwarteterweise die Stadt Modena die nötige Summe anbot

wanderung nach anderen Orten zu veranlassen, sondern jeden Versuch derart, von dem der Professor Kenntnis erhalte, der städtischen Behörde zur Anzeige zu bringen. Drittens verpflichtete der Eid dazu, der städtischen Behörde auf Verlangen juristischen Rat zu erteilen[1]). Dieser Eid ist nicht unserem heutigen Doktoreid zu vergleichen, er ist entstanden, ehe es eine rituelle Verleihung des Doktortitels gab und auch, nachdem sie ausgebildet war, war dieser der Stadt zu leistende Eid kein Teil des Aktes, wurde zeitweise auch von denen gefordert, welche Vorlesungen halten wollten, ohne zum Doktor promoviert zu sein. Dieser Eid gehörte zu den Vorbedingungen der Habilitation, aber mit dem Eide gewann der Dozent kein Lehramt — er durfte lehren, aber er war nicht verpflichtet

---

und nebenbei einen bedeutenden jährlichen Gehalt, wenn er Bologna verlassen und seine Schule in Modena eröffnen wollte. Pillius erzählt uns selbst, wie ihn die Botschaft traf und wie sich nun das Gerücht in der Stadt verbreitete, die Behörde mit Besorgnis erfüllte und zu jenem bis dahin unerhörten Schritte veranlaßte. (Aus Pillii Summa in tres libros, Prooemium (1484) bei Savigny IV, 312.) Da berief sie unter einem Vorwande sämtliche Rechtslehrer (legales professores) auf das Stadthaus und nötigte sie dann, sich eidlich zu verpflichten, die nächsten zwei Jahre nicht außerhalb Bolognas Vorlesungen über das römische Recht zu halten (iura scholastice tradere). Auch Pillius leistete den Eid, aber er verließ Bologna trotzdem, weil ihm Modena versprach, jene Summe auch dann zu zahlen, wenn er nur komme und nach zwei Jahren die Vorlesungen beginne. Aus den Jahren 1189 und 1198 liegen dann Beispiele der Bereidigung auf Lebenszeit vor, wie es der Text angibt, und damals oder doch Anfang des 13. Jahrhunderts wurde der Eid regelmäßig gefordert. Der Eid lautete 1189 (Sarti I, 2 Appendix p. 64): Juro ego Dominus N., quod ab hoc die in antea non regam scolas legum in aliquo loco nisi Bouoniae. Nec ero in consilio, ut studium hujus civitatis minuatur et si scivero aliquem ipsum minuere velle, Consulibus vel Potestati qui pro tempore erunt quam citius potero nuntiabo et bona fide destruam. Consulibus vel Potestati qui pro tempore erunt bona fide consilium et adjutorium dabo de omnibus que a me petierint et credentiam eis tenebo.

[1]) Als Gegenleistung schwuren vorher sechs Konsuln von Bologna im Namen und Auftrag des Rats dem Professor einen Eid, daß weder sie noch ihre Nachfolger ihm einen Eid auflegen wollten, durch den er der Stadt weiter verpflichtet, und ihn weder hindern noch zwingen wollten, in Bologna Vorlesungen zu halten. Savigny irrt, wenn er (III, 219, Note) in diesem Eide eine Formalität sieht, er enthielt eine wesentliche Verpflichtung der Stadt. Daß der Eid längere Zeit vor 1250 Regel war, zeigt das Statut der Stadt: Statuti di Bologna, ed. L. Frati II, p. 22, lib. VII, 6.

Bologna beeidigte die Professoren.

zu lehren. Seine Lehrthätigkeit blieb seine Privatsache. Der Eid läßt sich insofern vergleichen den Erfordernissen, welche heute von jedem dem Staate gegenüber erfüllt werden müssen, ehe ihm die Erlaubnis erteilt werden kann, eine Privatschule zu eröffnen. Bologna sicherte sich durch diesen Eid[1]) nicht die Thätigkeit der Gelehrten, sondern entzog sie nur den anderen Orten[2]). Aber viele müssen von dem Eide wieder entbunden worden sein oder sich nicht an denselben gebunden haben. Denn wie Pillius nach Modena ging, so Roffred nach Arezzo, und in der zweiten Hälfte des 13. Jahrhunderts bildete die Professorenlaufbahn des Guido de Suzara eine Art Wanderschaft, und es half weder Modena noch Reggio, daß sie ihn durch sorgfältigen Kontrakt[3]) und hohe Strafen im Falle des Kontraktbruches zeitlebens festzuhalten suchten. Er ging doch wieder fort. Nicht alle waren so beweglich, aber alle wechselten Ort und Stellung, wie es ihnen gut schien. Die Professur war ein Gewerbe und kein Amt. Die Universitäten waren Werkstätten und Märkte, in und auf denen die Gelehrten ihre Arbeit ausboten und versahen.

Noch sind einige Akten erhalten aus dem Streit von Bologna und Perugia um den damals besonders zugkräftigen Jacobus de Belviso[4]). Er war Bolognese von Geburt, hatte auch in Bologna seine Dozententhätigkeit begonnen, dann in Arles und Neapel als Professor und Rat König Karls II. von Neapel eine bedeutende Thätigkeit entfaltet und den Ruhm eines ausgezeichneten Lehrers erworben. Im Jahre 1308 lehrte er in Perugia auf Grund eines Kontraktes mit der Stadt, der ihn auf länger band. Ende Sommers

---

[1]) Padua forderte denselben Eid. Stat. di Padova, ed. Gloria Nro. 1211: Forensis ... qui volet regere ... Padue ... juret alibi non regere.

[2]) Dergleichen Eide nehmen leicht den Charakter einer Formalität an, die nicht sehr ernst aufzufassen sei, zumal wenn nun diese Thätigkeit Verhältnisse erzeugt, die den Eid als unerträgliche Last empfinden lassen. Anfang des 14. Jahrhunderts ließ ihn die Stadt denn auch ganz fallen: den Anlaß gab, daß sie in Geldnot war und die Universität für das Aufgeben dieses Eides eine kleine Summe zu zahlen bereit war. Ghirardazzi I, 560. Zu 1312.

[3]) Der Kontrakt mit Reggio füllt bei Tacoli, Memorie di Reggio 1742, I, 173—175, zwei Folioseiten und ist ebenso glänzend wie feierlich.

[4]) A. Rossi, Documenti per la storia dell' Università di Perugia con l'albo dei Professori ad ogni quarto di secolo. (Estratto aus dem Giornale di Erudizione artistica) p. 87 stellt die hierauf bezüglichen Dokumente zusammen. Dazu Denifle 538 ff.

schickte ihm jedoch Bologna den Befehl zu, in die Heimat zurückzukehren. Perugia schickte aber eine Gesandtschaft nach Bologna, welche dem Gelehrten auch wirklich ein Jahr Verzug erwirkt zu haben scheint, allein 1309 hatte die Behörde von Perugia schon wieder über die gleiche Sache zu verhandeln. Bologna drohte, den Jacobus und seine ganze Familie mit Verbannung zu strafen, ihre Güter und Häuser zu zerstören und einzuziehen, wenn er nicht binnen zehn Tagen erkläre, daß er vor Beginn des neuen Studienjahres in Bologna ankommen werde. Jacobus gehörte einer vornehmen Familie an, und es war nichts Ungewöhnliches, derartige Drohungen ausgeführt zu sehen. Perugia beschloß deshalb, den Bedrohten zu beruhigen und zu entschädigen. Er solle Bürger der Stadt werden und auf Lebenszeit ein bedeutendes Gehalt beziehen, auch solle wieder eine städtische Gesandtschaft nach Bologna gehen, um die Drohungen abzuwenden. Erreiche die Gesandtschaft nichts, so werde Perugia dem Gelehrten für jene Schädigungen Ersatz zu schaffen suchen. Falls aber Jacobus auf dieses Angebot nicht eingehen wolle, so sollte er von seinen Schülern, die sich zu dem Zweck ablösen würden, in anständiger Haft gehalten und so gezwungen werden, die Verpflichtungen zu erfüllen, welche er durch Vertrag mit dem Syndikus der Stadt Perugia übernommen habe[1]). Ein merkwürdiges Schauspiel und in unseren Tagen kaum begreiflich. Zwei Städte halten Amtssitzungen, schicken Gesandtschaften, bekämpfen einander mit Bitten und Drohungen, um für ihre Universität einen Gelehrten zu gewinnen. Und nun gar der Gedanke, die Schüler des Professors zu einer Polizei zu organisieren, welche ihn hindert, daß er aus der Stadt entfliehe, und ihn zwingt, seine Vorlesungen zu halten. Aber damit war die Sache noch nicht erledigt. Jacobus ging nach Bologna und in einer Ratssitzung des folgenden Jahres 1310 klagte die Behörde, daß für ihn kein geeigneter Ersatz beschafft werden könne und daß die Universität deshalb zurückgehe[2]). Im nächsten Jahre 1311 durfte sich Jacobus jedoch der Stadt Perugia wieder anbieten, und die Scholaren von Perugia baten den Rat bringend, ihn zu berufen. Es wurde

---

[1]) Giornale IV, 89, Nro. 11 (Estratto p. 25): Et si dictus d. J. d. B. nollet observare predicta, quod per suos scolares vicissim curialiter custodiatur, quod omnino cogatur observare quod promisit, ut patet in pactis initis inter ipsum et sindicum comunis Perusii.

[2]) A. Rossi Nro. 12: studium civitatis P. minuitur et destruitur.

beschlossen, und er blieb dann bis 1321. In diesem Jahre wandten sich die Scholaren von Bologna an den Rat mit einer Eingabe, welche ausführte, der Rat möge den Jacobus zurückrufen, dann würden ihm alle Scholaren folgen, die jetzt in Perugia seien, ja noch viele andere würden seinetwegen nach Bologna kommen. Der Rat befahl ihm demgemäß die Rückkehr und ließ sich auch nicht durch die Gesandtschaft erweichen, welche Perugia wieder wie vor 12 Jahren schickte¹). Jacobus wurde als Bürger zurückgerufen, aber in derselben Weise konnte auch der Habilitationseid als Fessel benutzt werden, namentlich wenn der Betreffende in dem Staatsgebiet Güter erwarb²). Darum pflegte auch in vielen Städten bei längeren Kontrakten die Bedingung gestellt zu werden, daß der Professor einen Teil der bedungenen Summe in Grundbesitz anlege. Diese Verhandlungen gewähren ein lebhaftes Bild von der Rivalität der anderen Rechtsschulen mit Bologna und auch der Wechsel in Bolognas Verhalten ist zu beachten. Es scheint, daß hier die Sorge für die Universität oftmals zurücktrat hinter den Sonderinteressen der großen Familien und Parteien. So durfte auch vielleicht Jacobus de Belviso nur deshalb so lange in Perugia bleiben, weil einflußreiche Kollegen den glänzenden Konkurrenten gern wo anders sahen, oder weil der Rat aus irgendwelchen Gründen, etwa um die Partei zu schwächen, zu der Jacobus gehörte, es wünschte oder doch gern zuließ.

Die Professoren von Bologna unterstützten die Stadt in diesem Kampfe gegen die Nachbaruniversitäten durch eine Theorie, welche sie auf die Konstitution „Omnem reipublicae" gründeten. In dieser Konstitution, welche einen Teil der Verordnungen bildet, durch welche Kaiser Justinian sein großes Gesetzbuch publizierte, findet sich ein

---

¹) A. Rossi Nro. 34: Domini priores artium ... providerunt ... quod ad civitatem bononie mictantur duo ambaxiatores expensis communis perusii ... ad supplicandum dictum commune Bononie, quod eum (Jacobum) dimictat permanere perusium in servitium dicti communis perusii. Dazu noch Nro. 38 und 39.

²) In ähnlicher Weise rief Perugia seinen Bürger Balbus aus Padua zurück. Er mußte 1379 im November sogar seine Vorlesung unterbrechen und Padua erkannte an, daß er dazu verpflichtet sei. Savigny VI, 223, Note e druckt die Schlußrede des Balbus ab. Er verspricht darin, den fehlenden Teil der Vorlesung in Perugia auszuarbeiten und transmittam ad rectores vestri venerabilis studii Paduani. Auch in dieser rücksichtslosen Gewalt über ihre Bürger glichen diese Stadt-Staaten ihren klassischen Vorgängern.

Abschnitt über das Studium des Rechts[1]). Darin ward bestimmt, daß Rechtsschulen, außer in der syrischen Stadt Beryt, der dies Recht von früheren Kaisern verliehen worden war, nur in den civitates regiae, Rom und Konstantinopel, sein durften, Rechtsschulen an anderen Orten wurden als ungesetzlich, als studia adulterina bezeichnet. Den Ausdruck civitates regiae, der sichtlich im Sinne von Residenzstädten gemeint war, erklärten die Bologneser Juristen als „Städte, die von einem Kaiser gegründet sind" und behaupteten, nur in solchen Städten dürfe das Gesetzbuch Justinians erklärt werden. Bologna sei — so war die lokale Meinung — von Kaiser Theodosius gegründet, deshalb sei in Bologna eine legitime Rechtsschule, aber nur in Alt=Bologna citra Aposam, der Teil jenseits dieses Bächleins sei neueren Ursprungs, sei nicht civitas regia. Den berühmten Legisten Azo sollen aus diesem Grunde seine Scholaren gedrängt haben, sein Auditorium zu verlegen[2]). Man war offenbar nur deshalb so

---

[1]) Digesta rec. Th. Mommsen p. XVI. Constitutio „Omnem" § 7: Haec autem tria volumina a nobis composita tradi eis (discipulis) tam in regiis urbibus quam in Berytiensium pulcherrima civitate ... tantummodo volumus, quod jam et a retro principibus constitutum est, et non in aliis locis quae a majoribus tale non meruerint privilegium: quia audivimus, etiam in Alexandrina splendidissima civitate et in Caesariensium et in aliis quosdam imperitos homines devagare ad doctrinam discipulis adulterinam tradere; quos sub hac interminatione ab hoc conamine repellimus, ut si ausi fuerint in posterum hoc perpetrare et extra urbes regias et Berytiensium metropolim hoc facere, X librarum auri poena plectantur et rejiciantur ab ea civitate, in qua non leges docent sed in leges committunt.

[2]) Odofred erwähnt es Sarti I, 75: Custodiatis vos (die Zuhörer) hic propter unam glossam hic scriptam, et est dn. Joannis et Azonis. et hi glossant hic: remissionem non habent (sie haben keinen Anspruch auf die Privilegien). Igitur doctores qui docent ultra Aposam, non debent habere immunitatem, de quo docebat dominus Bag., unde procedebat hoc. Scholares voluerunt, quod dominus Azo legeret in platea S. Stephani. Dicebant enim: Bononia est regia civitas, ut invenitur in legenda S. Ambrosii et S. Petronii. Et Bononia est ab Aposa citra. Unde dicebant ipsi. Si nos docemus in regia civitate, debemus habere immunitatem si citra Aposam, si ultra, non; similiter et liberi eorum et uxores debent habere immunitatem, non qui docent leges Regii vel Mutinae. Immo est una proditio. Odofred ad l. si duas. ff. de excusat. Ebenso lehrte Accursius „in aliqua civitate regia ut Bononiae ... non ultra Aposam, quia extra civitatem veterem est, non Mutinae, non Regii." Glosse zu demselben Gesetz cit. bei Sarti

peinlich, um mit besserem Nachdruck die Rechtsschulen der Nachbarstädte Reggio, Modena u. s. w. als studia adulterina zu bezeichnen, denn die Theorie beruhte ganz auf willkürlicher Interpretation. Pillius, der um 1180 Bologna verließ und in Modena seine Vorlesungen fortsetzte, erklärte denn auch mit aller Schärfe, das Privileg der drei Städte Rom, Konstantinopel und Beryt auf ein Monopol des Rechtsstudiums sei durch den Gang der Geschichte beseitigt¹). „Es wurde möglich, auch das Recht in jedem beliebigen Orte zu lehren, und es geschah vor allem in Bologna, welche Stadt gewissermaßen die Königin der Rechtsschulen war, aber auch in Modena, wo ich jetzt die Geheimnisse der Jurisprudenz offenbar machen soll." So unbestreitbar diese Ausführung war, und so viele auch gleicherweise urteilten, so hat die Theorie von den civitates regiae doch ein wichtiges Ferment gebildet in der Ausbildung der Lehre von den studia generalia²). Indessen ließen sich weder die anderen Städte durch diese Theorie abhalten, wenn sie eine Rechtsschule gründen wollten, noch die Universitas scholarium von Bologna selbst. Sobald sie mit der Stadt in Streit gerieten, so ließen sich die Scholaren an dem Orte nieder, der ihnen jeweilig die besten Bedingungen zu bieten schien, und fragten nicht, ob es eine civitas regia sei. Diese Auswanderungen bieten nun ein noch bedeutsameres Moment in der Entwicklung Bolognas und der rivalisierenden Universitäten³). Nach

---

a. a. O. Die Glossatoren interpretieren hier, wie oftmals, die Worte der Konstitution gegen die unzweideutige Meinung des Gesetzgebers.

¹) Sarti I, 75: Verum cum imperium modernis temporibus scissuram senserit, istae quoque civitates duae (Konstantinopel und Beryt, die beiden Schulen des Orients) dominationem perdiderunt. coeperunt quoque jura quovis loca tradi et Bononiae maxime, quae legalium studiorum monarchiam tenuit nec non Mutinae, in qua Jurisprudentiae arcana reseramus.

²) Noch die amtlich aufgesetzte und als Kapitel I in den Statuten der Juristenuniversität (ed. 1551) aufgenommene Geschichte der Verfassung von Padua versäumt nicht hervorzuheben, daß Padua eine Urbs Regia sei: Studium juris in hac amplissima urbe Regia Paduana adeo multos ante annos inceptum est.

³) Das älteste bekannte Beispiel fällt in das Jahr 1204, wo mehrere Doktoren mit einer ansehnlichen Schar von Schülern nach Vicenza zogen. Den Anlaß kennen wir nicht, aber es muß eine starke Erregung gewesen sein, denn auch solche Scholaren zogen mit, die Bürger von Bologna waren, und die Stadt bedrohte sie dafür mit Konfiskation aller Güter. In Vicenza erwarben die Scholaren Grundbesitz,

großen Streitigkeiten zwischen der Stadt und den Scholaren, die sechs Jahre hindurch alle Verhältnisse der Universität erschütterten, erfolgte im Jahre 1222 eine Auswanderung von über tausend, vielleicht mehreren tausend Scholaren und Doktoren nach Padua[1]), wo sie ein Studium bildeten, dessen Glanz die Stadt Vercelli 1228 verlockte, durch eine ganz außerordentliche Anstrengung dasselbe für sich zu gewinnen[2]). Sie schickte Bevollmächtigte nach Padua, welche heimlich mit den Scholaren verhandelten, um sie zu bewegen, das Studium nach Vercelli zu verlegen, und es kam zu einem Vertrag, der die wichtigsten Seiten der Entwicklung der italienischen Universitäten hell beleuchtet. Die Scholaren bildeten damals in Padua eine universitas, welche sich aus vier engeren Genossenschaften zusammensetzte, die nach Nationen gebildet waren, gewöhnlich aber nicht nationes, sondern rectoriae genannt wurden, weil ihre Vorsteher Rektoren hießen[3]). Die Vertreter der Rektorien versprachen dem Boten der Stadt Vercelli, daß sie sich ehrlich bemühen würden, so viel Scholaren nach Vercelli zu führen, daß die von der Stadt bereit gestellten 500 Wohnungen gefüllt würden, womöglich aber das ganze Studium, d. h. die ganze damals in Padua versammelte und organisierte Schar

---

ben sie aber bald (Mittarelli, Ann. Camaldul. IV. 260 ff.) wieder aufgaben, sie lehrten also vermutlich nach Bologna zurück, etwa 1210.

[1]) Der Kontrakt, auf Grund dessen sie sich in Padua niederließen, ist nicht erhalten, da aber der gleich zu erörternde Vertrag, welchen Vercelli 1228 mit ihnen abschloß, in wesentlichen Punkten den im Stadtbuch von Padua von 1262 die Universität regelnden Paragraphen gleicht, so wird Vercelli bei seinem Vertrag von 1228 wohl den Kontrakt von 1222 zwischen Padua und den Scholaren zum Vorbilde genommen haben.

[2]) Der Kontrakt ist abgedruckt bei Savigny III, 666 f. und neuerdings bei Balliano, Della Università degli studi di Vercelli. Vercelli 1868, p. 38—41.

[3]) Die erste umfaßt unter dem Namen Francigenae Franzosen, Engländer und Normannen, die zweite, Italici, alle südlich der Alpen, die dritte bildeten die Theutonici, die vierte bildeten die Provençalen, dazu die Katalonier und Spanier. Die Verbindung unter diesen vier Rektorien war nicht fest, die Deutschen beteiligten sich zunächst nicht einmal an den Verhandlungen, auch wurde kein gemeinsamer Vorstand bestellt, vielmehr fürchtete jede Nation, von der anderen überflügelt zu werden, und es wurde in den Vertrag die Bedingung aufgenommen, daß ein Rektor gleich viel Geltung und Befugnis haben solle wie der andere, und nicht etwa derjenige der zahlreicheren Nation mehr. Darum sollte auch von diesem Vertrage nicht nur eine Urkunde aufgesetzt werden, sondern für jeden der Rektoren eine besondere.

von Lehrern und Schülern, und daß dies Studium acht Jahre in Vercelli bliebe. Die Stadt gelobte dagegen, 500 Wohnungen, und wenn nötig noch mehr, bereit zu stellen, deren Preis von einer aus Bürgern und Scholaren gemischten Kommission bestimmt werde; ferner eine Reihe von Einrichtungen zu treffen, welche eine Teuerung und die Uebervorteilung der Scholaren durch Vorkäufer verhüteten, auch Bankiers, Buchhändler und Pedelle zu bestellen. Außerdem erbot sich die Stadt, eine große Summe vorzuschießen, um den Scholaren die Uebersiedelung von Padua nach Vercelli (über 200 Kilometer) möglich zu machen, wobei über die Zahlung, den Zinsfuß, die Pfänder und Bürgschaften genaue und für die Scholaren äußerst günstige Bestimmungen getroffen wurden[1]). Sie erkannte ferner die durch die Habita üblich gewordenen Gerichtsprivilegien an und gelobte den Scholaren gleichen Schutz und gleiches Recht, wie den eigenen Bürgern. Um endlich auch die Professoren sicher zu stellen gegen die Verluste, welche sie gewärtigen mußten, wenn sie, statt nach Bologna zurückzugehen, das doch immer noch die größte Masse von Scholaren hatte, in Vercelli ihre Vorlesungen eröffneten, ungewiß, wieviel Scholaren dort sich einfinden würden: so erbot sich die Stadt, für vierzehn Professoren Gehälter zu zahlen[2]), deren Wahl alle Jahre durch die vier Rektoren erfolgen sollte[3]). Die Scholaren verpflichteten sich dann endlich noch,

---

[1]) Der Zins betrug gewöhnlich 20 Prozent, 4 Denare von der Lira monatlich, oder mehr, der Vertrag sagte 2 (später 3) Denare von der Lira. Ist dies von dem Monat zu verstehen — und das ist wahrscheinlich — so wäre es der halbe Preis. Savigny versteht 2 Denare vom Jahre, ebenso, wie es scheint, Denifle S. 279. Allein das wäre ja fast zinsloses Darlehen, während die Städte in den entsprechenden Bestimmungen den Scholaren nur Erleichterung zu geben suchten. Die Habita wird nicht genannt, aber ihre Bestimmungen liegen mehreren Punkten des Vertrags zu Grunde, und der Vertrag spricht auch von privilegia scholarium als von einem bekannten Begriff.

[2]) Für einen Theologen, drei Legisten, vier Kanonisten, zwei Mediziner, vier Artisten. Das Honorar sollte festgestellt werden durch eine Kommission aus zwei Scholaren und zwei Bürgern, welche in den Fällen, in denen sich keine Majorität finde, die Entscheidung dem Bischofe übertrug.

[3]) Sie konnten Gelehrte wählen, die in der Stadt waren, Bürger oder Scholaren, und solche, die in anderen Orten lebten oder lehrten. Waren die Rektoren uneinig, so hatten sie die Entscheidung dem jeweiligen Professor der Theologie zu übertragen. Sie hatten außer dem in erster Linie Gewählten andere Namen beizufügen, von denen sie glaubten, daß sie geeignet und für das ausgeworfene Gehalt zu haben wären. Die Liste der Gewählten war dem Podesta einzureichen und dieser hatte binnen vierzehn Tagen auf Kosten der Stadt zuver-

nicht als Advokaten thätig sein zu wollen, außer in Angelegenheiten von Scholaren, und nichts zu thun zum Schaden der Stadt, sondern ihr, wo sie könnten, Schaden zu wehren. Besonders wurde noch hervorgehoben, daß sich die Scholaren nicht an dem Parteiwesen der Bürger beteiligen dürften, daß aber auch umgekehrt die Bürger sich nicht in Streitigkeiten der Scholaren einmischen sollten.

Das Studium von Vercelli entstand also durch einen Vertrag, den die bereits in Bologna und Padua gebildete und als fertige Organisation nach Vercelli übersiedelnde Korporation mit der Stadt abgeschlossen hatte und zwar auf eine bestimmte Reihe von Jahren[1]). Diese Zeitbestimmung läßt die Korporation noch deutlicher in ihrer Unabhängigkeit hervortreten: aber für sich allein schuf die Korporation die Lehranstalt doch auch wieder nicht und leitete sie nicht. Das eine wie das andere geschah durch Zusammenwirken der Korporation mit der Stadt, und die Stadt erscheint dabei als die überlegene, gewährende Macht. Sie wandelte die lose Korporation um zu einem in gesetzlicher Ordnung und mit rechtlicher Kraft wirkenden Organ einer Lehranstalt. Andere Mächte wirkten bei der Gründung nicht mit, weder der Kaiser noch der Papst, noch ein Legat oder Bischof. Weder die Stadt noch die Scholaren hielten das für notwendig und zweifelten doch keinen Augenblick, daß sie eine Universität bildeten, wie Bologna. Die Zeitbestimmung des Kontrakts legt noch eine Beobachtung nahe. Sie verrät, daß die Scholaren doch die Möglichkeit einer Rückkehr nach Bologna im Auge behielten, und als die acht Jahre abgelaufen waren, entschlossen sie sich auch noch nicht für einen dauernden Aufenthalt in Vercelli, sondern erneuerten den Kontrakt wieder nur auf acht Jahre. Ebenso

---

lässige Unterhändler an sie abzusenden, um sie zu gewinnen und in Pflicht zu nehmen. (Ita quod dicti domini et magistri, qui debent salarium percipere a communi Vercellarum, eligantur a quatuor rectoribus ... juratis, quod bona fide eligent meliores dominos et magistros in civitate vel extra et substituent eis alios meliores usque ad certum gradum, quos crediderint posse haberi ad salarium.)

[1]) In den Statuten von Vercelli von 1241, welche aber teilweise ältere Bestimmungen bewahren, steht unter den marktpolizeilichen Bestimmungen die Klausel: salvis tamen omnibus pactibus et conventionibus scolarium. Auch in der Form salvis tamen omnibus condicionibus scolarium, qui loquuntur de victualibus, donec studium generale steterit in hac civitate. In Monum. historiae patriae 16, 1202, § 290, und 16, 203, § 295. In § 298 die letzte Klausel mit dem Zusatz vor donec: „usque ad octo annos."

blieben die nach Treviso und Vicenza Ausgewanderten nur einige
Zeit[1]). Man sieht, auf die Dauer mochten sie sich nicht von Bologna
trennen, das eine unvergleichliche Anziehung ausübte. Viele Scholaren,
die aus der Fremde gekommen waren, blieben ganz, und durch zehn-
jährigen Aufenthalt wurden sie Bürger. Wenn sie auch nicht weiter
studierten, so konnten sie doch das Studentenleben mit seinen Festen
und Aufregungen nicht mehr entbehren, der Heimat waren sie
entfremdet und ihren Interessen entwachsen. Sie blieben, wie die
Veteranen der römischen Legionen in den Lagerstädten blieben. Auf
diese Anziehungskraft rechnete Bologna, und während Modena, Vercelli u. s. w. große Opfer brachten, um die Scholaren anzuziehen,
begnügte sich Bologna damit, den Scholaren die Privilegien der
Habita zu gewähren[2]), die Bildung der Korporation und die Gerichtsbarkeit des Rektors derselben anzuerkennen[3]), ihnen den gleichen Schutz
zu sichern, den die Bürger genossen, und auch den Bürgern, welche
sich am Studium beteiligten, ähnliche Erleichterungen wie den fremden
Scholaren zu gewähren, namentlich bezüglich der Heerespflicht[4]). Aber
im übrigen überließ Bologna die Universität ihrer eigenen Kraft. Dabei
war dieselbe zur Blüte gekommen, und auf diese Blüte waren die Bürger
stolz, und nun machte sie der Ruhm ihrer Universität übermütig und
hartnäckig, wie er sie reich machte. Selbst so bringenden Bedürfnissen,
wie der durch die oben erwähnten päpstlichen Erlasse aufgedeckten
Wohnungsnot, halfen sie nicht ab. Die Bürger hatten ihren Vorteil
bei diesem regellosen Bieten und Ueberbieten, und der Konkurrenz
der Nachbarstädte glaubten sie durch jene Beeidigung der Professoren
und durch Strafen gegen die Teilnahme an den Auswanderungen

---

[1]) Für Treviso folgt dies aus der Urkunde von 1271 bei Verci II, Doc. 186 p. 135: occasione scholariorum, qui tunc temporis stabant in Tar. ad studendum.

[2]) Die Kriminalgerichtsbarkeit kam allerdings bald nach 1200 wieder an den städtischen Richter, aber durch freien Verzicht der Scholaren. Es hatte sich gezeigt, daß die Professoren dazu nicht geeignet seien, namentlich nicht in erregten Zeiten.

[3]) Johannes Bajsianus, der vor 1200 starb, bekämpfte bereits das Recht der Scholaren, aus ihrer Mitte den Rektor zu wählen. Diese Einrichtung muß also bereits vor 1200 von der Stadt anerkannt sein, denn ohne diese Anerkennung war sie nicht rechtlich gesichert. Daß die Professoren Anfang des 13. Jahrhunderts dem Rektor der Scholaren Gehorsam schuldeten, sagt Honorius III, 1224 (Savioli III, 2, S. 56): legum doctoribus, qui ... stare, ut tene-bantur sententiae rectorum contempserunt.

[4]) Statuti di Bologna, ed. Luigi Frati I, 497 (Lib. VI, 37).

begegnen zu können. In den Kämpfen, welche daraus entstanden, stellte die Stadt 1216 oder etwas früher die Forderung, daß auch diejenigen den Professoreneid leisten sollten, welche nicht ordinarie, sondern nur „außerordentlich" lesen wollten[1]). Dazu gehörten auch alle die älteren Scholaren und fremden Doktoren, die der Uebung und des Ansehens halber in Bologna eine Zeitlang Vorlesungen hielten, ohne die Absicht, in Bologna aus dem Lehren einen Beruf zu machen. Zweitens sollten die Rektoren der Scholaren vor Antritt ihres Amtes schwören, zu einer Auswanderung der Scholaren nicht mitwirken zu wollen und jedem Versuche dieser Art entgegen zu wirken. Gerade die älteren und hervorragenden Scholaren wären dann in ähnlicher Weise der Stadt verpflichtet worden, wie die Professoren, und für den Fall eines Kampfes mit der Stadt wäre die universitas scholarium ihrer besten Kräfte beraubt gewesen. Die Scholaren verpflichteten sich deshalb durch Eidschwur, diese Forderungen abzulehnen, und Papst Honorius III. ermahnte diejenigen, welche nachgeben wollten, die Studentenehre rein zu erhalten, den Eid nicht zu brechen, den sie den Kameraden geleistet hätten. Sie sollten lieber auswandern, als sich dem Podesta fügen, sie dürften weder ihre Genossenschaft auflösen[2]), noch auch jene gegen die Freiheit der Scholaren gerichtete

---

[1]) Sarti I, 2 App. p. 57.
[2]) Sarti I, 2 App. p. 58. Brief an die Scholaren aus Rom, der Campagna und Toscana, 1217: „Diligenti vos decet sollicitudine precavere ne ... a vobis aliqua presumantur quae scholasticam in aliquo dedecant puritatem. Quapropter universitatem vestram monemus et exhortamur in Domino per Apostolica vobis scripta mandantes: quatenus in actibus vestris eam de cetero modestiam observetis, ut et infamie notam et rerum dispendium omnino vitetis: de civitate exire quam perjurii reatum incurrere potius eligentes, si ad alterum predictorum vos contigerit per potestatem arctari: Vos enim societatem dissolvere aut statutum illud contra libertatem scholarium vestris statutis inserere non potestis, qui utrumque servare et quam potestis diligentius procurare fide interposita promisistis." Dies Eingreifen des Papstes beendete den Kampf nicht, wird aber von den standhaften Scholaren als mächtige Waffe gegen die nachgiebigen gebraucht sein. Es kam zu häufigen Schlägereien und zu dem feierlichen Verruf. Es ist bezeichnend, daß damals (1219) der Papst dem Archidiakonen von Bologna die Vollmacht erteilte, Doktoren und Scholaren zu absolvieren, welche Geistliche, unter den Scholaren oder andere, geschlagen hätten und deshalb der Erkommunikation verfallen müßten. Dies komme in Bologna häufig vor. Sarti I, 2 App. 59, E: Sane cum sepe contingat in civitate Bon. plures Doctores et Scholares

Die Professoren auf seiten der Stadt.

Bestimmung in die Statuten ihrer Genossenschaft aufnehmen. Die Stadt aber erinnerte er in mehreren Schreiben, wie es weder billig noch auch für sie selbst vorteilhaft sei, die Scholaren mit solcher Gewalt zu behandeln, sie würde sie zur Auswanderung treiben[1]). Auch gegen die Professoren wandte er sich mit scharfem Tadel, weil sie auf seiten der Stadt traten. Die Auswanderung von 1222 (s. o.) war eine Folge dieser Kämpfe und diente dem Briefe des Papstes von 1224 zum ernsten Hintergrund, indessen, was er erreichte, ist nicht bekannt, und die folgenden Jahre wurde die Stadt durch den Kampf mit Kaiser Friedrich II. in Anspruch genommen, der 1226 die Universität verbot[2]). Da Bologna die kaiserliche Konstitution Justinians benutzt hatte, um zu beweisen, daß die anderen Städte kein Recht hätten, Bologna Konkurrenz zu machen, so mußte dies kaiserliche Verbot Bologna besonders peinlich treffen, zumal Modena, dem Bologna das Recht auf eine legitime Schule juris caesarei bestritt, gleichzeitig vom Kaiser sichtlich begünstigt wurde[3]). Indessen geriet Friedrich II. bald in Bedrängnis und mußte noch in demselben Jahre die Vermittlung des Papstes anrufen, seinen Streit mit den

---

propter violentas injectiones manuum in clericos excommunicati decedant ... qui ad invicem in se aut in alias personas ecclesiasticas manus injecerint violentas.

[1]) Besonders nachdrücklich durch den Brief Oktober 1224 bei Savioli, Annali Bolognesi. Bassano 1795 III, 2, p. 56, Nro. 547: Unde ... miramur quod sicut universitas scholarium transmissa nobis conquestione monstravit, vos libertatem eorum infringere molientes dura contra eam statuta noviter edidistis, nec ipsos rectores vel consiliarios sustinentes habere illos, quos ad hoc prefecerint, tanquam bannitos civitatem vestram compulsistis exire, suggerentibus id legum doctoribus ... qui non communia sed privata querentes stare ac tenebantur sententie rectorum scholarium contempserunt ... Hortamur ... per apostolica scripta mandantes, quatenus ... bannum, cui rectores et consiliarios subjecistis, penitus relaxetis, nec impedientes eos, quominus sicut hactenus habeant consiliarios et rectores, ipsorum rationabilibus statutis vos nullatenus opponatis.

[2]) Folgende Seite Anm. 1.

[3]) Böhmer-Ficker, Regesten 1630 bis 1632. Bezeichnend für die damalige Auffassung ist, daß Modena diese Gelegenheit nicht benutzte, sich ein Privileg für seine Universität geben zu lassen. Man hielt es nicht für notwendig, sondern hielt daran fest, daß die Schule bisher ebenfalls eine rechte Schule (studium legitimum) gewesen sei. Man hätte den egoistischen Theorien der Bolognesen sonst gewissermaßen recht gegeben.

Städten als Schiedsrichter zu entscheiden. Unter den Bedingungen, welche Papst Honorius dann festsetzte und Friedrich annahm, wurde ausdrücklich auch die aufgeführt, daß Friedrich das Edikt widerrufe, welches er gegen das Studium in Bologna und die, welche dort studieren würden, erlassen hatte [1]). Vermutlich half nun gerade dieser Angriff des Kaisers dazu, daß der Papst den Groll vergaß, den er wegen der Hartnäckigkeit der Stadt in dem Scholarenstreit hegen mochte. Auch heftige Verfassungskämpfe erschütterten in jener Zeit die Stadt, die ohne Zweifel auf den Verlauf des Streits der Stadt mit den Scholaren entscheidend einwirkten. Doch läßt sich nicht sagen, wie sich die verschiedenen Parteien dazu verhielten: nur das Resultat ist bekannt, wie es in den städtischen Statuten von 1250 vorliegt. Danach hat die Stadt den Eid der lectores extraordinarii fallen lassen, hielt aber fest daran, daß die Rektoren nach der Wahl in ihrem Amtseide geloben müßten, eine Auswanderung der Scholaren nicht zu planen und nicht zu fördern. Auch die scharfen Bestimmungen, welche 1204 und 1217 gegen die Bürger erlassen waren, welche aus= wandernden Scholaren folgten oder Hilfe leisteten, wurden wieder= holt. Der größte Teil der Scholaren fügte sich denn auch und blieb in Bologna [2]) trotz jener Drohungen des Papstes und ihrer Genossen, denn 1226 hatte Bologna eine Universität, die alle anderen in Schatten

---

[1]) Sarti I, 2 App. 69. Winkelmann, Acta, I, 263: „sententias ... revocamus et specialiter constitutionem factam de studio et studentibus Bononie." Mailand, Brescia, Mantua, Verona, Piacenza, Vercelli, Alessandria, Lodi, Treviso, Padua, Vicenza u. a. waren mit dem Banne belegt worden, aber die in diesen Städten etwa vorhandenen studia et scholae wurden ignoriert und nur Bologna genannt. Vgl. Winkelmann, Gesch. Friedr. II., S. 205 f.

[2]) Die auswandernden Scholaren hatten (1222?) über die zurückbleibenden den Verruf verhängt. Wer fortan noch als Lehrender oder Lernender in Bologna dem Studium obliege (studet Bononie heißt es auch von den Professoren), der solle ehrlos sein, er solle zu rechtskräftigen Handlungen nicht zugelassen werden und die Fähigkeit verlieren, Zeugnis abzulegen, ein Testament zu machen und aus einem Testament oder sonst einer letztwilligen Verfügung zu erben. Die Stadt beschloß dagegen, daß wer einen solchen Verruf gegen die gehorsam Zurückgebliebenen erhebe, seinerseits rechtsunfähig und im Banne der Stadt sein sollte. Alle jene Nachteile sollten ihn selbst treffen und seine Güter sollten verkauft werden, quod sit infamis vel quod ad actus legitimos non admittatur vel quod sit intestabilis vel ex nullius capiat testamento seu qualibet ultima voluntate vel ejus sententia tanquam illegitima reputetur ideo quod Bononiae studet vel docendo vel addiscendo. Statuta communis Bon., ed. Luigi Frati II, 26.

Einfluß der großen Zahl der Scholaren.

stellte. Mochten tausend oder mehr Scholaren nach Padua gezogen sein und vielleicht auch nach anderen Orten, so drückte sich Kaiser Friedrich in der Friedensurkunde doch so aus, als ob nur in Bologna eine Universität sei, als ob die Schulen in den anderen Orten neben der von Bologna nicht weiter zu berücksichtigen seien. Vielleicht traute er ihnen keine Lebenskraft zu, sah sie mehr nur als Abzweigungen von Bologna an.

Die Stadt hätte gewiß klug daran gethan, dem Rate des Papstes zu folgen und die Scholaren mehr mit Güte zurückzuhalten, allein die Politik solcher Stadt-Staaten ist ebenso leicht engherzig, wie sie umgekehrt zu Zeiten opferwillig und großartig sein kann. Auch läßt sich begreifen, daß die Stadt größere Befugnisse und weitergehende Vollmachten verlangte, um das Treiben der Scholaren überwachen zu können[1]). Der Streit brach aus, als der Ruf des Azo und seiner großen Rivalen sowie seiner Schüler bis zu 10000 Studenten in Bologna vereinigte. Die Zahl wird durch den Nachfolger Odofred († 1265) mitgeteilt, der in jenen Tagen in Bologna studiert hatte, und durch die Angaben über die Auswanderungen, die Wohnungsnot u. s. w. bestätigt[2]). Eine so große Masse von anspruchsvollen Fremden erzeugte schon durch ihr bloßes Dasein Schwierigkeiten und Gefahren, von denen in Padua, Vercelli, Modena und den anderen Orten keine Rede war, die selten mehr als einige hundert fremde Scholaren hatten. Diese Städte durften sich ohne Sorge dem Bestreben widmen, die Wünsche der Scholaren zu erfüllen.

---

[1]) Eine Geschichte dieses Streites läßt sich nicht schreiben, und wenn es unsere Sympathie wachruft, den Papst so entschieden für die Scholaren eintreten zu sehen, so ist doch damit noch nicht entschieden, ob in allen Fällen das Recht auf ihrer Seite war.

[2]) Sarti I, 94, Note b, teilt die Stelle aus Odofreds Kommentar zur Habita mit: Vidi hoc in civitate ista (Bon.) tempore dn. Azonis, quod scholares poterant declinare forum in causa criminali et erant hic tunc temporis bn. (Bononie) X milia scholares. Auch der große Dekretist Johannes Teutonicus las damals in Bologna.

2. Die Organisation.

Alle diese Universitäten Italiens entstanden durch das Zusammenwirken der städtischen Behörde und städtischen Korporationen (Kollegien der Richter, der Aerzte, der Notare) mit den Scholarenkorporationen. Sie waren einander gleichartig in der Bildung der Korporationen, in der Methode des Studiums, in den Anforderungen und der Art der Prüfungen, in dem Material an Scholaren und Lehrern und dem Verkehr derselben miteinander, sowie darin, daß die letzte Entscheidung bei der städtischen Behörde lag, daß diese Behörde die Oberaufsicht und Oberleitung hatte. Das war noch im 16. Jahrhundert so wie im 13., und in allen diesen Städten; aber die Großartigkeit der Massenverhältnisse erzeugte in Bologna doch auch qualitative Verschiedenheiten. Die Bedeutung der Scholarenkorporationen für das Studium und die Bildung und alljährliche Erneuerung des Lehrkörpers aus der freien Thätigkeit und dem privaten Unternehmungsgeist der lehrenden und lernenden Scholaren ist vorzugsweise in Bologna und den von Bologna Auswandernden zu beobachten. Der Anteil der städtischen Behörde und städtischen Korporationen tritt dagegen noch stärker in den Orten hervor, wo die Stadtbehörde dürftige Anfänge einzelner Lehrer zu einem studium generale entwickelte. Als Muster derselben eignet sich besonders Perugia.

Die Scholarenkorporation und die Stadt.

In Bologna waren im Jahre 1158 höchstens erst lose Anfänge von Korporationsbildung unter den Scholaren vorhanden, festere Form gewannen sie in den letzten Dezennien des 12. Jahrhunderts. Diese Bildung war ein Prozeß ähnlich der Bildung der Hansen oder Vereinigungen von Kaufleuten[1] an fremden Orten und wiederholte sich in vielen italienischen Städten im 13. und 14. Jahrhundert in gleicher Weise. Die Fremden suchten in der Vereinigung Ersatz für den Schutz und die Hilfe, welche dem Bürger die städtische Ordnung

---

[1] Vgl. Gierke, Genossenschaftsrecht, Bd. III, Kap. II, S. 188 ff., besonders auch S. 207 f., S. 290 Note 135, und S. 371.

gewährte. Nicht weil sie Schüler und Lehrer waren, vereinigten sie sich, sondern weil sie Fremde waren. Der Umstand, daß sie zum Zweck des Studiums gekommen waren, erleichterte ihnen ihr Vorhaben, insofern sie nicht wie fremde Kaufleute den Neid der Einheimischen[1]) gegen sich aufriefen, welche die Konkurrenz fürchteten, vielmehr geehrt wurden als Vertreter einer Thätigkeit, die der Stadt Ruhm eintrug. Das Privileg Barbarossas von 1158 gewährte wohl allen diesen Scholaren besonderen Rechtsschutz, aber dies Privileg konnte den Schutz der Genossenschaft nicht ersetzen, verstärkte vielmehr den Antrieb zur Bildung derselben, um den Genuß des Privilegs zu sichern oder die städtischen Behörden zur Anerkennung desselben zu bewegen. Die ortsbürtigen Schüler und Professoren (non forenses, originarii, cittadini) gehörten zu der universitas civium und waren in Bologna bei der Bildung der universitas scholarium zunächst nicht beteiligt. Die Stadt verbot ihnen, dem Rektor den Treueid zu schwören[2]). Indessen hatte diese universitas scholarium doch einen wesentlichen Anteil an der Leitung des Studiums, war in Vercelli 1228 und an anderen Orten geradezu die Begründerin der Lehranstalt. Der Wegzug der Korporation an einen anderen Ort war zugleich eine Verlegung der Lehranstalt an diesen anderen Ort. Soweit nun die Korporation der fremden Scholaren für die Lehranstalt thätig war, so weit verfügte sie auch über die ortsbürtigen Scholaren und Professoren und trat anderseits auch für sie ein[3]). Im Laufe des 13. und 14. Jahrhunderts wurde aber diese Aufsicht und Leitung immer mehr ausgebildet, und zahlreiche Formen, Feierlichkeiten, Ansprüche und Pflichten verbanden die ortsbürtigen Scholaren mit den fremden, während umgekehrt die Thätigkeit der Korporation für den Rechtsschutz minder wichtig wurde, seitdem eine ganze Reihe von Schutzbestimmungen und Privilegien in die Rechtsanschauungen der Städte übergegangen waren und vielfach in ihren Statuten Ausdruck gefunden hatten. Damit verwischte sich der Gegensatz so, daß in

---

[1]) Die Advokaten hatten allerdings die Konkurrenz so hervorragender Juristen zu fürchten, aber zu ihrem Schutze verpflichtete Vercelli die Professoren, keine Sachen von Bürgern zu führen. Aehnlich andere Städte.

[2]) Statuta communis Bonon., ed. Luigi Frati II, 29 (VII, 16).

[3]) Ghirard. I, 328. Die Rektoren der Scholaren verlangten 1295 von dem Magistrat die Erlaubnis für die Promotion einiger scholares cives, denen sie die Stadt aus politischen Gründen versagte.

Perugia der Rektor der Scholaren auch den Dienst eines Aufsichts=
beamten der Stadt über das Studium versah, und daß in Florenz
die stadtbürtigen Scholaren sogar den Kern der Korporation bildeten
und die Stadtbehörde sie zum Abschluß derselben veranlaßte.

Die universitates[1]) scholarium entwickelten sich in ähnlicher Weise
wie die collegia, universitates, societates, die Innungen und Waffen=
genossenschaften der Handwerker und sonstigen Stadtbürger. In den
Namen der Vorstände und allerlei anderen Zügen tritt die Verwandt=
schaft hervor. In Florenz wurde z. B. auch die Revision der von
den Scholaren beschlossenen Statuten von derselben Kommission besorgt,
welche mit der Aufsicht und Revision der Beschlüsse und Statuten aller
Innungen und Genossenschaften beauftragt war. In Florenz war es
eigentlich auch nur noch eine in den Verhältnissen nicht mehr be=
gründete Reminiszenz und eine Nachahmung von Bologna, daß der
Rektor aus den fremden Scholaren gewählt werden mußte[2]).

Alle forenses bedurften des Schutzes, diejenigen, welche Vor=
lesungen hielten, die scholares docentes, nicht weniger wie diejenigen,
welche Vorlesungen hörten, die scholares discentes; um so auffallender
ist es, daß in Bologna die Professoren (scholares docentes), welche
nicht ortsbürtig waren, zu der Korporation eine ähnliche Stellung
einnahmen, wie die ortsbürtigen Scholaren und Professoren: sie waren
gehalten, den Anordnungen der Korporation und ihres Rektors Folge
zu leisten, hatten diesen Rektor aber nicht mitzuwählen. Die Pro=
fessoren ertrugen diese Beschränkung nicht stillschweigend, sondern viele
hervorragende Lehrer, wie Johannes Bassianus im 12., Azo und
Odofred im 13. Jahrhundert, erklärten, es sei das gegen die Ordnung.
Die Schüler seien den Lehrlingen eines Gewerbes zu vergleichen, und
nicht die Lehrlinge, sondern die Meister hätten den Vorsteher zu wählen.

---

[1]) Für die folgende Erörterung ist zu beachten, daß diese Bezeichnung öfters auch für die Nationen und Doktorenkollegien gebraucht wurde.

[2]) Documenti di storia italiana per le provincie di Toscana etc. VII (Stat. d. un. e. studio Fiorent.), p. 109. Beschluß der Priores artium 1321, Mai. Item quod scolares quilibet de civitate Florentie vel districti inducantur facere universitatem et eligere et habere Rectorem vel Rectores infra tempus, de quo videbitur dominis Prioribus artium et Vexillifero justitie supradictis, una cum illis scolaribus forensibus, qui reperientur in civitate Florentie. Qui Rector vel Rectores debeant esse forenses. Die Scholaren= korporation bildete sich unter Leitung der Stadt, wie die Worte infra tempus ... supradictis zeigen, und erscheint mehr als städtisches Institut.

Odofred verwies auch auf das Beispiel von Paris, wo der Rektor von den Magistern und nicht von den Studenten gewählt werde[1]). Man muß diese Auffassung der maßgebenden Juristen recht ins Auge fassen und sich zugleich erinnern, daß die Professoren im übrigen zu Bologna den Scholaren gegenüber keineswegs eine gedrückte Stellung hatten[2]). Wenn sie trotz alledem jene ihrer rechtlichen Auffassung nach mit dem Wesen des Verhältnisses von Lehrern und Schülern unvereinbare Beschränkung ertrugen und den Anordnungen der von den Scholaren gewählten Rektoren gehorchten, so muß jene Beschränkung ihrer Rechte in besonderen und tiefgreifenden Verhältnissen begründet gewesen sein, und diese Verhältnisse sind in den Beziehungen der Professoren zur Stadtgemeinde zu suchen. Ein großer Teil der Rechtslehrer[3]) war entweder bolognesischer Herkunft oder hatte doch das Bürgerrecht erworben. Als Genossen der universitas civium waren diese Professoren von vornherein nicht in der Lage, sich an der Bildung der universitas scholarium zu beteiligen. Die fremden Professoren (doctores forenses) aber hatten der Stadt jenen Eid zu leisten, der sie verpflichtete, sich nicht an einer Auswanderung der Scholaren zu beteiligen und solche Auswanderung nach Kräften zu hindern. Da nun aber die Drohung der Auswanderung die schärfste Waffe der Scholaren in ihren Konflikten und Verhandlungen mit der Stadt war, so konnten die durch jenen Eid gebundenen fremden

---

[1]) Odofred sagt: per legem municipalem hujus civitatis scholares creant rectores. Dies ist aber nicht zu übersetzen, die Stadt habe diese Ordnung geschaffen, sondern nur, daß diese Ordnung durch eine lex municipalis, also durch die Stadt anerkannt und geschützt sei. Siehe die Glosse bei Savigny III, 175, Note. Eine Sammlung der für die Rechtsgeschichte wichtigen Stellen aus den Schriften dieses Glossators, welche Savigny wünschte, ist leider noch immer nicht gemacht worden.

[2]) Nach der Habita waren sie vielmehr die Richter derselben und urkundliche Nachrichten zeigen, daß sie die Scholaren vielfach zu drücken und auszubeuten verstanden; die Glossatoren verglichen ihre Stellung mit der Stellung der Meister zu den Lehrlingen, schrieben ihnen auch eine Art väterliche Gewalt zu und, wenigstens prinzipiell, selbst ein Züchtigungsrecht. Sie lehrten so in der Glosse zu Inst. lib. I, tit 8. im Anschluß an den Satz, daß der dominus den servus modice verberare könne: dicunt doctores idem in marito erga uxorem et in magistro erga scholarem. Glossierte Ausgabe des Corpus. Paris 1576. Folio. V, 42. Vgl. daß die Statuten (De punctis, ed. 1561 p. 42) den Professoren verbieten mußten, die Scholaren bei den Prüfungen unwürdig zu behandeln.

[3]) Ueber dieselben siehe Savigny, Bd. IV, ob. Sarti unter den betr. Namen.

Professoren von den fremden Scholaren ebensowenig als Genossen behandelt werden wie die Professoren mit Bürgerrecht, wenigstens nicht als Genossen zu vollem Recht¹). Wenn die Stadt Bologna 1189 jenen Eid forderte, so war das wohl eine Folge davon, daß damals die Korporation der Scholaren diejenige Festigkeit gewann, welche sie zu solchem Unternehmen befähigte, aber diese Forderung konnte auch wieder die Veranlassung werden, daß die Professoren den Rektor der Korporation nicht mitwählen durften, obschon sie ihm zu gehorchen hatten. Ein hervorragender Teil der Professoren ferner gehörte eigenen Korporationen (Collegia Doctorum) an, welche neben der universitas scholarium Anteil an der Leitung der Studien hatten, aber zugleich städtische Kollegien waren.

In den ersten Jahrzehnten des 13. Jahrhunderts scheint die universitas scholarium nur lose verbunden gewesen zu sein und das korporative Leben seinen Hauptsitz in den kleinen landsmannschaftlichen Teilverbänden gehabt zu haben²). Aber noch im Laufe der

---

¹) Es bildet einen weiteren Beweis für diese Auffassung, daß in den Scholarenkorporationen, welche Bologna verlassen hatten, Professoren sogar als Vorsteher und Vertreter genannt werden. So bei dem Vertrag der Scholaren mit Vercelli 1228 bei Savigny III, Anhang V. Diese Auffassung steht im Gegensatz zu der Ansicht Savignys, der III S. 158 jenes Recht der Scholaren teils daraus zu erklären sucht, daß in Bologna die juristischen, in Paris dagegen die theologischen Studien überwogen, teils aus dem republikanischen Geist dieser italienischen Städte. Allein Angers und Orleans waren ebenfalls vorzugsweise Rechtsschulen, und Montpellier war vorzugsweise Medizinschule, aber an diesen Orten war die Gewalt nicht in der Hand der Studenten, sondern wie in Paris bei den Magistern. Der republikanische Geist der Stadt ferner hatte noch weniger damit zu thun. Der Geist ihrer Verfassung drängte keineswegs auf die Emanzipation der Schüler von den Lehrern. Diejenigen Bürger, welche als Rechtslehrer wirkten, sprachen es vielmehr aus, daß dieses Regiment der Scholaren gegen die gute Ordnung verstoße, und sie sprachen es so aus, daß man sieht, daß sie in diesem Grundsatz keinen Widerspruch erwarteten. Vor allem aber übersieht Savignys Argumentation, daß diese Verfassung der Scholarenkorporation nicht im Anschluß an die Stadt erfolgte, sondern im Kampf mit ihr.

²) So wurde der Eid, durch den sich die Scholaren in dem Kampfe jener Tage zum Widerstande gegen die Maßregeln der Stadt verpflichteten, in den Teilkorporationen geleistet. Dies folgt aus dem Schreiben Honorius III. an die Scholaren de Urbe, de Campania et de Tuscia bei Sarti I, 2 App. p. 58. Es ist natürlich nicht ausgeschlossen, daß die Scholaren außerdem auch noch in der Gesamtkorporation und von deren Rektoren verpflichtet worden waren. Daß eine solche große universitas damals bestand, ist nicht zu bezweifeln, auf ihre Rektoren

Die Nationen.

erſten Hälfte des Jahrhunderts verſchmolzen dieſe Teilverbände zu den zwei großen universitates oder Nationen der Citramontanen und Ultramontanen¹), auf deren Zuſammenwirken fortan das Leben der großen universitas scholarium beruhte. Für jede derſelben wurde jährlich ein Rektor gewählt, und dieſe beiden Rektoren mit ihren Konſiliarien bildeten den Vorſtand der Univerſität. Auch als im 16. Jahrhundert für beide Univerſitäten ein gemeinſamer Rektor gewählt wurde, erhielten ſich doch die beiden Univerſitäten in ihrem Beſtande. Das Zuſammenwirken und die Anſprüche dieſer beiden Korporationen, ihrer Rektoren, Pedelle, Bankiers und ſonſtigen Beamten und Genoſſen, waren teils durch Sitte, teils durch Statut geregelt, bis hinunter zu den Bruchteilen, welche der Pedell der Ultramontanen von den Abgaben erhielt, die der citramontane Scholar bei ſeiner Promotion zu leiſten hatte, und umgekehrt der citramontane Pedell bei einer ultramontanen Promotion²), und bis zu der Reihen=folge, in welcher die Scholaren bei einer Disputation aufzutreten berechtigt waren und bei Verleihung der lecturae universitatis be=rückſichtigt werden ſollten³). Es gab auch gemeinſame Verſammlungen, in denen beide Rektoren den Vorſitz führten. Hier kam ſcharf zum Ausdruck, daß die beiden universitates der Ultramontanen und Citra=montanen nur Teile einer einzigen Geſamtuniverſität bildeten, und

geht die Aeußerung des Johannes Baſſianus und der Brief Honorius III. bei Savioli, Annali Bol. III, 2. p. 56, bezeugt ſie vor 1224 urkundlich.
¹) Die älteſte Erwähnung iſt in den Statuta communis Bononiae von 1250 l. 3, 20: ad peticionem totius universitatis scolariorum domini J. rectoris ultramontanorum et domini P. scolariorum citramontanorum rectoris. Wann ſie entſtanden ſind, iſt ungewiß. Denifle behauptet S. 136, daß ſie 1217 noch nicht beſtanden, weil ſie in dem Briefe Honorius III. nicht erwähnt werden. Das iſt aber ein unſicherer Schluß. Dann könnte man aus dieſem Brief auch ſchließen, daß damals keine allgemeine universitas beſtanden hätte, woran doch nicht zu zweifeln iſt, da ſchon der Brief Honorius III. von 1224 (Savioli III, 2, S. 56) die Bildung einer ſolchen Korporation unter Rektoren und Konſiliarien als traditionelles Recht (sicut hactenus) bezeichnet. Mehr Gewicht hat der ebenfalls von Denifle angeführte Grund, daß die nach Padua ausgewanderten Scholaren 1228 in vier Rektorien zerfielen, allein es wäre ja möglich, daß ſich dieſe mittleren Verbände auf der Wanderung aufgelöſt hätten, ebenſo wie dieſe Scholaren damals keine gemeinſame universitas bildeten und keinen gemeinſamen Vorſtand hatten, während ſie ihn in Bologna gehabt hatten.
²) Statuta, ed. 1561, p. 43 u. 93. Archiv III, 338 f. rub. 59.
³) ib. p. 79 f. und p. 99.

in einer solchen Versammlung wurde nach der Neuwahl der Rektoren eine gemeinsame Kommission von vier älteren Scholaren — sie mußten wenigstens 6 Jahre studiert haben und mindestens 25 Jahre alt sein — gewählt, welche den Namen Syndici führten und die Geschäftsführung der abtretenden Rektoren zu prüfen und dieselben gegebenen Falls zur Rechenschaft zu ziehen hatten. Zwei Mitglieder dieser Kommission mußten Ultramontane sein und zwei Citramontane[1]. Gemeinsam waren endlich die Statuten und von einer gemeinsamen, aus Ultramontanen und Citramontanen zusammengesetzten Kommission festgestellt[2]. Auch das kam vor, daß von der Gesamtuniversität (universitas scholarium) Vorschriften für die eine der beiden universitates oder Nationen erlassen wurden[3]. In ähnlicher Weise standen die Provinzen dieser beiden Nationen zu einander, aber bereits im 13. Jahrhundert verloren sie die Selbständigkeit, die sie 1217 zeigten, und waren mehr nur[4] Abteilungen der beiden Nationen[5].

---

[1] Ueber die Wahl siehe Statuta, ed. 1561, p. 10, und Archiv III, 271.

[2] Siehe die Einleitung der Statuten von 1432, ed. 1561, p. 1, und der Redaktion von 1347, Archiv III, 254.

[3] Statuta, ed. 1561, p. 59. Archiv III, 378, rub. 97 u. 98.

[4] Nicht vollständig, wie sich schon daraus ergibt, daß es nicht gleichmäßig war; namentlich behaupteten die Deutschen bezüglich der Gerichtsbarkeit und sonst größere Selbständigkeit. Dies zeigt sich noch im 16. Jahrhundert. Siehe die Streitschrift Migratio Germanorum, Bon. 1562.

[5] Im Jahre 1265 kam es unter den dreizehn Provinzialuniversitäten der universitas ultramontanorum zum Streit über die Wahl des Rektors dieser universitas. Neun von ihnen: 1) die Gallier, 2) die Pikarden, 3) die Burgunder, 4) die von Poitou, 5) die von Tours und Le Mans, 6) die Normannen, 7) die Katalonier, 8) die Ungarn, 9) die Polen standen auf der einen; fünf, und zwar die Deutschen, die Spanier, die Provenzalen, die Engländer und die Gaskogner standen auf der anderen Seite. In einer Generalversammlung, die in gewohnter Weise in der Kirche des heil. Proculus zusammentrat, wählte man für jede Partei fünf angesehene Männer zu einer Kommission, welche den Streit ausgleichen sollte, und der Bidellus generalis schwur im Namen aller Einzelnen und aller universitates, daß sie sich dem Spruch der Kommission unterwerfen würden. Der Spruch teilte die dreizehn Nationen in drei Gruppen, von denen die Deutschen eine für sich allein bildeten, und bestimmte, daß der Rektor abwechselnd aus diesen Gruppen genommen werden müsse und zwar so, daß alle fünf Jahre die Deutschen den Rektor stellten. Es wurde ferner erklärt, daß fortan keine Nation ihren Namen verändern dürfe und daß jeder Scholar nicht italischer Herkunft bei seinem Eintreffen in die ihm nächstverwandte Nation eintreten und als ihr Mitglied dem Rektor den Eid leisten müsse. Entstehe Zweifel, welcher Nation er sich anzu-

Die Fakultäten.

Man unterschied damals die Fakultäten in ähnlicher Weise wie heute, und für den Lehrgang und die Prüfung hatte jede Fakultät ihre besonderen Vorschriften, aber die Scholaren verschiedener Fakultäten bildeten gemeinsame Korporationen, die sich nur landsmannschaftlich gliederten. Die Juristen überwogen in Bologna an Zahl, dies und die richterliche Thätigkeit des Rektors hatten dazu geführt, daß statutenmäßig nur ein Jurist Rektor der Universität sein durfte. Diese Stellung der Juristen wurde gegen Ende des 13. Jahrhunderts so lästig empfunden, daß die Scholaren der anderen Fakultäten ausschieden und eine eigene universitas mit eigenem Rektor und eigenen Statuten bildeten. Die Juristen wollten dies anfangs hindern und bewogen auch die Stadt 1295, die neue universitas zu verbieten[1]), aber Anfang des 14. Jahrhunderts wurde sie von der Stadt anerkannt und seitdem hatte Bologna in seinem Studium zwei Scholarenkorporationen nebeneinander, die eine umfaßte die Scholaren von zwei Fakultäten, Kanonisten und Legisten, die andere umfaßte Mediziner, Artisten und Theologen. Diese universitas stand aber zu der der Juristen nicht so, wie die universitas der Citramontanen zu der der Ultramontanen; man darf nicht sagen, die Universität Bologna bestand fortan aus drei Scholarenkorporationen, sondern aus zwei, die unter sich wieder in Nationen gegliedert waren. Die universitas der Mediziner[2]) war

---

schließen habe, so entscheide der Spruch des Rektors und der Konsiliarien. Dies Statut sollte jeder künftige Rektor beschwören. Ein Notar nahm eine Urkunde darüber auf, welche mit den Siegeln der Stadt und des Bischofs besiegelt und in mehreren Exemplaren ausgefertigt wurde, von denen auch eins bei den Franziskanern und eins bei den Dominikanern hinterlegt wurde. Sarti I, 2 App. p. 61 k.

[1]) Ghirard. I, 329. Die Juristen forderten, che ad ogni via si levi la novità de' fisici, cioè di havere il Rettore e la Università overo Collegio. In Padua bildeten die Artisten auch eine universitas für sich, diese blieb aber bis 1399 den Rektoren der Juristen unterthan. Siehe die amtliche Darstellung der Geschichte des Scholarenrechts in dem Druck der Statuten der Juristen von 1550 (1551) S. 1, nach d. Hdsch. neu herausgeg. von Denifle im Archiv III, 395 f.: usque ad annum 1399 universitas Artistarum subjecta quodammodo ac tributaria nobis extitit, percipiebantque etiam rectores nostre universitatis et ipsa universitas nostra (der Juristen) ex singulis Artistarum conventibus emolumenta quaedam. Die Artisten zerfielen in sieben Nationen. Statuta dominorum Artistarum Achademiae (sic!) Patavinae lib. 1 c. 2. In Bologna in 4 Nationen.

[2]) Philosophiae ac medicinae scholarium Bononiens. gymn. statuta. 1612.

mit der der Juristen nur dadurch verbunden, daß sie beide der Stadt
unterstanden und von der maßgebenden städtischen Behörde als Teile
ihres studium bononiense betrachtet wurden, sowie daß allgemeine
Privilegien, welche Papst und Kaiser oder die Stadt für die Scholaren
von Bologna erließen, für beide galten. Die Fakultäten hatten also
in diesen Korporationen keine selbständige Organisation. Man möchte
sie in den Doktorenkollegien suchen, denn diese waren nach Fakultäten
gebildet. Es gab Doktorenkollegien der Juristen, der Notariatskunde,
der Mediziner, der Artisten und der Theologen, aber keins derselben
hatte diejenigen Befugnisse und Aufgaben, die wir heute mit dem
Begriff einer Fakultät verbinden. Am meisten das Kollegium der
Theologen[1]), das jedoch erst mit der Gründung der theologischen
Fakultät oder, wie man damals sagte, des studium generale in
theologica facultate 1360 entstand[2]), d. h. also erst nachdem die
Universität alle wesentlichen Stufen ihrer Entwicklung durchlaufen
hatte. Rechte und Pflichten der verschiedenen Doktorenkollegien zu
untersuchen, muß einer Geschichte von Bologna überlassen bleiben,
und für viele wichtige Fragen wird man überhaupt keine bestimmte
Antwort geben können, denn vieles wurde durch persönlichen Einfluß
entschieden[3]). Weitaus die größte Bedeutung unter den Doktoren=

---

[1]) Bei Gelegenheit eines Streits zwischen zwei Mönchen um einen Lehrstuhl
sprach die unter der Leitung ihres Dekans und des Vizekanzlers urteilende universitas magistrorum facultatis theologiae es aus, daß es ihre Aufgabe sei,
zu bestimmen, was in Sachen des Studiums der Klärung und Entscheidung bedürfe.
Ghirard. II, 474, a. 1394.

[2]) Es waren bereits früher Lehrer und Scholaren der Theologie in Bologna,
aber die Zahl der Scholaren war nicht groß gewesen und die Lehrer waren vor=
wiegend, wenn nicht ausschließlich, Lehrer der Klosterschulen. Das blieb auch noch
1360 so, der Erfolg der Stiftungsbulle war wesentlich der, daß sich die theologischen
Lehrer der verschiedenen Orden oder einige von ihnen zu einer Korporation ver=
einigten, Prüfungen vornahmen und in rechtliche Beziehungen zu der Stadt traten,
von der sie auch Gehalt empfingen.

[3]) So machte 1284 das Kollegium der Notare unter Führung des Ro=
landinus Passagerii, bekannt durch die Fälschung der Urkunden über das Pfalz=
grafenamt der Benerosi, Ficker II, 99 f., den Versuch, ihre Kunst für eine Art
besondere Fakultät zu erklären und das Studium derselben zu leiten. Sie bestritten
nämlich zwei fremden Doktoren, welche über diese ars seu scientia Vorlesungen
halten wollten und mit einer Anzahl Scholaren einen Honorarvertrag abgeschlossen
hatten, das Recht dazu. In Bologna dürften nur Rolandinus selbst und andere
Bürger de arte notariae lesen. Es gab keine derartige Bestimmung, aber

Kollegien hatte das der Juristen. Im 12. Jahrhundert fanden die Juristen Bolognas ihre Vertretung allein in dem collegium judicum et advocatorum, das seinem Ursprung nach nicht die Vereinigung der Rechtslehrer, sondern eine Genossenschaft der Bürger war, welche als Richter und Sachwalter lebten und von denen einige auch als Rechts= lehrer wirkten. Daneben trat im 13. Jahrhundert das collegium Bononiense doctorum pontificii scilicet et caesarei juris oder kurz collegium Bononiense genannt, welches die Prüfungen vornahm und zusammen mit dem Archidiakon die licentia docendi und den Titel eines doctor juris verlieh[1]). Im Laufe der Zeit erwarb dies Kollegium für seine Mitglieder eine Reihe der wichtigsten Vorrechte und Ehren, sie konnten z. B. die Ritterwürde erteilen, Uneheliche legitim, Minorenne volljährig machen, und nach außen galt es als die Vertreterin der juristischen Wissenschaft von Bologna. Fürsten und Korporationen, welche Rechtsbelehrung an dieser Universität suchten, wandten sich an das Collegium Bononiense[2]). In dieser Beziehung, sowie bezüglich der Promotionen glich das Kollegium einer heutigen Fakultät, im übrigen aber nicht. Es wirkte nicht mit

---

Rolandinus war ein sehr einflußreicher Mann und so ließen sich jene Doktoren zu einem Vergleich herbei, der ihnen gestattete, in jenem Jahre zu lesen, zugleich aber jenen Anspruch des Rolandinus anerkannte. Sarti I, 2 App. 140. Die Stadt hat nicht lange darauf diese Anfänge einer durch das Kollegium der Notare geleiteten Fakultät der Notariatskunst beseitigt, aber zunächst hatte Rolandinus doch so handeln können, als ob das Kollegium diese Befugnis habe, und weder die Rektoren der Scholaren, noch die Stadt, noch der Archidiakon, noch das Kollegium der juristischen Professoren mischte sich ein, und für einen Teil der Studien wurde so durch private Abmachung ein ausschließliches Recht der Bürger anerkannt. Dieser Teil war aber bei der großen Zahl der Notare nicht unbedeutend.

[1]) Es kann nicht wohl entstanden sein, ehe die formelle Verleihung der Doktorwürde ausgebildet worden war, also nicht vor oder nicht lange vor 1219, aber jedenfalls gewann es schon im Laufe des 13. Jahrhunderts eine feste Organi= sation, ähnlich den anderen städtischen Kollegien, denn noch vor dem Schluß des Jahrhunderts machte es den Versuch, die Promotion von Bolognesen für die in dem Kollegium zur Zeit vertretenen Familien zu monopolisieren. Siehe S. 197. In einer Urkunde von 1286 (Sarti I, 2 App. 140) erscheint das Collegium doctorum, advocatorum et judicum civit. Bonon. unter zwei Rektoren als Spruchkollegium.

[2]) Gaggius, C. S. 19: Collegium hoc antiquissimis, antiquis et modernis temporibus plurima edidit responsa in causis Principum et aliorum ... nomine Collegii Bonon. sigilloque Collegii quod proprium habet munita. Collegium autem Bononiense nihil aliud significat quam Collegium Juris Pontificii et Caesarei.

bei Berufungen ¹) von Professoren, auch nicht bei den Kontrakten der Schulindustrie, welche doch die Zusammensetzung des Lektionsplanes wesentlich beeinflußten, auch nicht bei den statutarischen Bestimmungen über die Lehrordnung. So weit ferner eine Ueberwachung und Leitung des Studiums stattfand, so weit wurde sie von den Rektoren der Scholaren ausgeübt, nicht aber von dem Kollegium und seinem Vorstande. Das Kollegium war seiner rechtlichen Natur nach eine Art städtische Gilde, welche zwar zugleich einen wesentlichen Bestandteil des Studiums bildete und in diesen Beziehungen den Statuten des Studiums und also auch der Scholarenuniversität unterstand, aber in erster Linie zu der Bürgergemeinde gehörte²). Es charakterisiert die Verfassung der Universität Bologna, daß in der Scholarenkorporation nur die Fremden, in dem Doktorenkollegium nur die Bürger Sitz und Stimme hatten, und neben den Bürgern, welche Rechtslehrer waren, auch solche, welche vielleicht seit Jahrzehnten nicht mehr lasen und keinerlei Thätigkeit für die Universität entfalteten. Dabei gliederten sich die Doktoren nach Fakultäten, die Scholaren nach Provinzen.

Ferner: Das Doktorenkollegium³) bildete nicht den Lehrkörper,

---

¹) Berufungen erfolgten durch die städtische Schulkommission unter Beirat der Rektoren. Die Statuten, ed. 1561 p. 73, geben eine städtische Vorschrift darüber, welche 1417 erneuert wurde: Item quod universitati(s) debent vocari rectores per reformatores studii et cum eis sint in eligendis doctoribus forensibus, ut ydoneor electio fieri possit, non tamen de salariis vel eorum taxatione ipsi rectores se habeant intromittere.

²) Die Stadt stellte deshalb den Grundsatz auf und nötigte die Scholaren, einen bezüglichen Beschluß in ihre Statuten einzufügen, daß in allen Fällen, in denen Befugnisse oder Privilegien dieses städtischen Doktorenkollegiums mit denen einer Scholarenuniversität in Widerstreit gerieten, die Ansprüche und Rechte des Doktorenkollegiums den Vorzug haben sollten. Statuta, ed. 1561, p. 67. Declarantes (die Stadt spricht) statuta et constitutiones doctorum praedictorum praeferri debere et praeferenda esse statutis cujuscunque universitatis scolarium. Auch sollten die Mitglieder des Kollegiums an die Beschlüsse und Statuten der Scholaren nur in den Jahren gebunden sein, in denen sie Vorlesungen hielten.

³) Unsere Kenntnis ruht im wesentlichen auf der Darstellung von Gaggius, er benutzte spätere Akten, aber er versichert, daß die ältesten Ordnungen den späteren im wesentlichen gleich waren, und was wir sonst erfahren, spricht nicht dagegen. Das Kollegium zerfiel wie die Fakultät in die beiden Abteilungen der Civilisten und Kanonisten. Jede hatte einen besonderen Prior und ein besonderes Siegel. Sie

sondern umfaßte nur einige privilegierte Lehrer und vereinigte sie mit anderen, die nicht Lehrer waren, während zahlreiche und hervorragende Lehrer nicht Mitglieder waren. Es gab in Bologna keine Korporation aller Lehrer der juristischen Fakultät, keinen geschlossenen Lehrkörper, nicht einmal ein äußeres Zeichen, das sie vereinigte, auch die durch die Promotion verliehene Doktorwürde bildete ein solches nicht.

Die Promotion und die Professoren.

Um die Mitte des 12. Jahrhunderts gab es noch keine Prüfung, auf Grund deren die Licenz oder venia legendi erteilt worden wäre, aber die Sitte wird die Lehrfreiheit doch insofern beschränkt haben, wie wir es für die Schulen Frankreichs aus dem Leben Abälards und des Giraldus Cambrensis kennen lernten. Regelmäßig wird niemand aus der Reihe der scholares discentes in die der scholares docentes übergetreten sein, der nicht vorher eine gewisse Reihe von Jahren studiert und sich unter der Aufsicht seines Magisters im Vortrag und in der Disputation versucht hatte. Die erste Nachricht von einer förmlichen Prüfung zur Erteilung der Licenz ist für Bologna in der Dekretale Papst Honorius III. von 1219 erhalten, aber diese Dekretale führte die Prüfung nicht erst ein. Es scheint

---

wurden auch bisweilen als zwei Kollegien bezeichnet, aber sie hatten gemeinsame Privilegien und hielten auch gemeinsame Versammlungen (Gaggius, C. 3ᵃ F. 2ᵇ S. 23, 46). Die Zahl der ordentlichen Mitglieder war statutenmäßig beschränkt auf 12 Kanonisten und 16 Legisten (Gaggius, C. 3ᵇ S. 24). Dazu kamen noch 3 supranumerarii und eine unbestimmte Zahl von extraordinarii. Diese dienten namentlich als Ersatz, wenn die ordentlichen Mitglieder nicht zahlreich genug zugegen waren, und übten alle wesentlichen Rechte der ordentlichen Mitglieder aus. (Von 48 Mitgliedern des Jahres 1710 waren 11 außerordentliche.) Wählbar waren nur Bürger von Bologna und zwar nur Bürger von Geburt, aus Familien, die wenigstens seit zwei Generationen in Bologna Bürgerrecht hatten. Eine weitere Bedingung war, daß die Bewerber in Bologna promoviert und danach wenigstens drei Jahre gelesen hatten. Für die Promotion wurde unbedingt gefordert, daß sie in Bologna selbst bestanden sei; Promotionen anderer Universitäten wurden nicht angenommen, aber die dreijährige Lehrthätigkeit konnte auch an einer anderen Universität abgemacht worden sein. Die Prioren waren sechs Monate im Amt und wurden durch Wechsel der Mitglieder in der Reihenfolge ihrer Aufnahme in das Kollegium erneuert. Alle Doktoren fremder Universitäten waren also von vornherein ausgeschlossen.

vielmehr, daß eine solche bereits bestand und daß nur die Form derselben zu wenig Sicherheit bot. Deshalb bestimmte jene Dekretale, daß die Prüfung fortan vor dem Archidiakon des Kapitels von Bologna vorgenommen werden solle. Die Mitwirkung dieser außerhalb der Universität stehenden Behörde sollte offenbar dem unvermeidlichen und bei der Neigung des Mittelalters, die öffentlich rechtlichen Verhältnisse als Sachen des privaten Nutzens zu behandeln, doppelt gefährlichen Treiben der Koterien und Schulen entgegenwirken, und das Beispiel von Paris bot die geeignete Form[1]). Da die Promotion der feierlichste und einflußreichste Akt des Universitätslebens war, so sollte man erwarten, daß der Archidiakon durch jene Befugnis einen maßgebenden Einfluß auf die Universität gewonnen hätte; das ist aber nicht der Fall gewesen und teilweise wohl deshalb nicht, weil in dem Doktorat, seitdem es feierlich verliehen wurde, der Charakter einer Prüfung für das Lehramt mehr und mehr zurücktrat. Man suchte die Promotion nicht bloß, ja nicht einmal vorzugsweise aus dem Grunde nach, um dann als Lehrer zu wirken, sondern vielmehr, um die Ehren und Vorrechte zu genießen,

---

[1]) Sarti I, 2 App. 59: Honorius ... Archidiacono Bononiensi. Cum sepe contingat, ut in civitate Bononiensi minus docti ad docendi regimen assumantur, propter quod et doctorum honor minuatur et profectus impediatur scholarium volentium erudiri: Nos eorundem utilitati et honori prospicere cupientes, auctoritate presentium duximus statuendum, ut nullus ulterius in civitate predicta ad docendi regimen assumatur, nisi a te obtenta licentia, examinatione prehabita diligenti: tu denique contradictores si qui fuerint, vel rebelles, per censuram ecclesiasticam appellatione remota, compescas. Dat. Rome IV. kal. Julii Pont. nostri. an. 3. Diese Dekretale enthielt noch keine Vorschriften über die Art des Examens, unterschied ferner nicht die privata und die publica, aber sie bildete die Basis für die Ausbildung der feierlichen Promotion, die in Bologna immer durch das collegium doctorum und unter Mitwirkung des Archidiakonen erfolgte. Ueber die Grenze zwischen den Befugnissen des Archidiakonen und des Doktorenkollegs kam es noch 1270 zu einem Streit (Savioli III, 2, Nro. 763), der aber auch nicht zu einheitlicher Regel führte, denn von zwei Diplomen, die aus den Jahren 1314 und 1334 erhalten sind (abgedruckt bei Savigny III, Anhang VII), ist das eine im Namen und mit dem Siegel des Doktorenkollegiums, das andere im Namen und mit dem Siegel des Archidiakonen ausgefertigt. Gaggius, C. 1b. S. 20 führt an, daß später die Promotion im Palast des Erzbischofs stattfand, wenn dieser Mitglied des collegium Bononiense und Kardinal war, sonst nur in der eigenen residentia des Kollegiums oder in gewissen Fällen in dem Stadthause.

die der Doktorgrad gewährte. Noch ehe das 13. Jahrhundert zu Ende ging, war der Doktortitel zu einer Art Adel geworden. Auch der niedrig Geborene wurde durch denselben den ersten Kreisen der Gesellschaft gleichgestellt, und das hatte in jenen von Standesgegensätzen beherrschten Jahrhunderten eine ganz andere Bedeutung als heute. Kleiderordnungen und Luxusgesetze behandelten den Doktor wie einen Edelmann, bei Festlichkeiten war ihm ein Ehrenplatz und der Vortritt sicher, bei Prozessen genoß er vielerorts Bevorzugung u.s.w. Im Jahre 1310 befahl die Stadt Bologna dem Doktorenkollegium geradezu, einen verdienten Bürger, der von Florenz zum Capitano gewählt worden war, in aller Form zum Doktor zu erwählen, „damit dieser Titel ihm den fehlenden Adel ersetze". Die Stadt sprach diesen Zweck ganz nüchtern aus und erklärte zugleich, daß sie keinen Widerstand dulden würde¹). Mit dieser Entwicklung der Doktorwürde hing es zusammen, daß die Berechtigten dies nutzbare Recht für sich und ihren Kreis auszubeuten suchten. Gewisse Vorrechte wurden von den Professoren für ihre Söhne auch mit Erfolg in Anspruch genommen²), und Ende des 13. Jahrhunderts machten sie sogar den Versuch, in Bologna das Doktorat zu einem Privilegium ihrer Familien zu machen und neben den Auswärtigen, die nicht Mitglieder des Doktorenkollegiums werden konnten, nur solche Bolognesen zu promovieren, die zu ihrem Kreise gehörten. Dies duldete die Stadt zwar nicht³), aber in dem gleichen Geiste

---

¹) Wenn die Doktoren des Kollegiums etwa ihrem Willen zu widersprechen versuchten, so sollten die städtischen Kommissare Vollmacht haben, sie zu zwingen mit allen Mitteln, die ihnen geeignet erscheinen möchten, potevano essere forzati con quei modi, che a lui fossero piu piaceuti (Ghirard. I, 546). Auch in anderen Fällen entschied die Stadt in Angelegenheiten der Promotion. An die Stadt wandte sich 1298 ein Doktor, der in Neapel promoviert hatte, mit der Bitte, ihm auch in Bologna die Rechte eines Promovierten zuzuerkennen, und 1301 bat König Karl II. die Stadt um die gleiche Gunst für einen neapolitanischen Professor (Sarti I, 2 App. 161 und Fantuzzi, Scritt. Bol. II, 47).

²) Wenn ihre Söhne als Scholaren lesen wollten oder geprüft wurden, so hatten sie die Abgabe nicht zu zahlen, welche von den übrigen Scholaren gefordert wurde (Accursius bei Savigny III, 239), und sie durften sich ferner auch um die lecturae universitatis bewerben, zu denen sonst nur scholares forenses zugelassen wurden.

³) Im Jahre 1295 hatte sie auf eine Anfrage des Kollegiums bestimmt, die Promotion könne stattfinden unter der Bedingung, daß die zu Promovierenden zur Partei der Gieremei gehörten, nicht zu den Lambertazzi, und daß sie nicht

suchte die städtische Behörde ihrerseits nun das Doktorat auf die Bürger zu beschränken, welche zu der am Ruder befindlichen Partei gehörten. Bologna war im 13. Jahrhundert von den heftigsten Parteikämpfen erfüllt; abgesehen von anderen Gegensätzen zerfiel die Bürgerschaft in zwei große Familiengruppen, die eine unter der Führung der Lambertazzi, die andere unter der Führung der Gieremei. Die alten Gegensätze der Guelfen und Ghibellinen lebten fort als Familienhader, und alle Angehörigen der Familie und der zu ihr haltenden Gruppen waren geborene Anhänger der bezüglichen Partei. In den achtziger Jahren waren diese Kämpfe besonders heftig, und die Gieremei, welche das Uebergewicht hatten, vertrieben die Lambertazzi aus der Stadt, zerstörten die Häuser, zogen ihre Güter ein und schrieben ihre Namen in eine Art Proskriptionsliste. Zu den Maßregeln nun, welche damals oder in den nächsten Jahren gegen die Lambertazzi beschlossen wurden, gehörte auch das Verbot, einem Angehörigen dieser Familien die Doktorwürde zu verleihen. Die Rektoren der Scholaren forderten dagegen 1295, daß auch einige Scholaren, welche aus den Familien der Lambertazzi stammten, promoviert würden, und als sich die Stadt und das Doktorenkolleg widersetzten, schlossen sie den Capitano del Popolo und die Doktoren von der Zugehörigkeit zu der Universitas und aller damit verbundenen Ehren und Vorteile aus und beschlossen ferner, wenn nun ihre Forderungen nicht bewilligt würden, so sollten im nächsten Jahre alle Scholaren die Stadt verlassen. Es war das ein Versuch, die Promotion dem Parteigetriebe zu entreißen, aber zunächst mißlang er. Die Scholaren, welche damals durch den Gegensatz der Juristen und Mediziner gespalten waren, unterwarfen sich der Stadt, aber als 1299 das Doktorenkollegium wieder einem Bürger der Stadt die Promotion verweigerte [1]), traten die Rektoren aufs neue gegen dieses Treiben auf und zwar dadurch, daß sie die Stadt bewogen einzuschreiten. Diese bedrohte die Doktoren mit einer hohen Geldstrafe, wenn sie auf ihrem eigensüchtigen Widerstande beharren würden, und als sie zwar diesmal nachgaben, aber 1304 noch

---

Söhne oder Neffen der Doktoren seien (1295, Ghirard. I, 327). Nach der Erzählung bei Ghirard. I, 546 f. (a. 1310) könnte es scheinen, als ob die Rektoren einen rechtlich anerkannten Einfluß auf die Promotion gehabt hätten, indessen aller Wahrscheinlichkeit nach war dies nicht der Fall.

[1]) Sarti I, 173. IX.

einmal den Verſuch machten[1]), die Doktorwürde für ihre Familien zu monopoliſieren, da erhöhte die Stadt die Geldſtrafe zu der Summe von 1000 Lire für das Kollegium und je 300 Lire — d. i. alſo ſoviel als ein Profeſſor damals Gehalt erhielt — für jedes Mitglied. Fortan begnügten ſich die Mitglieder des Kollegiums damit, die Aufnahme in das Kollegium und damit die Zulaſſung zu ſeinen Privilegien und Befugniſſen als eine beſondere, nur einer beſchränkten Zahl von Begünſtigten zu gewährende Erhöhung zu behandeln[2]), die Promotion ſelbſt verweigerten ſie dagegen den Bürgern nicht mehr. In dieſem Kampfe vertrat die Stadt die ſachliche Auffaſſung gegenüber dem eigennützigen Korporationsgeiſt, aber wie wenig ſie ſelbſt frei war von ſolchen Anſchauungen, zeigt die oben erwähnte Verordnung, nur Mitglieder der herrſchenden Partei zu promovieren und ſodann die Thatſache, daß ſie im Lauf des 14. Jahrhunderts beſtimmte, daß ordentliche Vorleſungen nur von ſolchen Doktoren gehalten werden dürften, die in Bologna geboren ſeien, und deren Familien wenigſtens zwei Generationen das Bürgerrecht genöſſen, alſo nur von Doktoren[3]) mit mindeſtens zwei Ahnen des Bürgerrechts.

Die ordentlichen Vorleſungen, d. h. die Vorleſungen über die ordentlichen Bücher, bildeten den maßgebenden Teil des Studiums, wer ſie nicht halten durfte, der hatte in Wahrheit keine licentia docendi. Nach jenem Beſchluß der Stadt gewährte alſo die in aller Form verliehene licentia docendi thatſächlich für Bologna ſelbſt nicht mehr das Recht, Vorleſungen zu halten. Dies Recht gab fortan nicht mehr die Promotion, ſondern das Belieben der Stadt. Die Promotion verlieh einen Titel, aber nicht mehr dasjenige Recht,

---

[1]) Die Erzählung dieſer Vorgänge bei Ghirard. I, 464 gibt ein anſchauliches Bild von dieſem unſeren Auffaſſungen ſo fremdartigen Streite der ſtädtiſchen Koterien um die Promotion einiger Studenten.

[2]) Darauf ſcheint mir hinzudeuten, daß die Stadt, als ſie 1310 die Promotion des Rolandino Gallucci forderte, beſonders hinzufügte, che l'università de' Dottori l'accettasse ... nel numero loro ... e fosse scritto nel libro de' dottori. Ob bis dahin die Bürger, welche promovierten, regelmäßig in das Kollegium aufgenommen waren, und ob von jeher oder ſeit wann die Fremden ausgeſchloſſen waren, iſt nicht bekannt. Wenn etwa jetzt die Beſchränkung eingeführt ward, ſo geſchah dies wohl durch Feſtſetzung einer beſtimmten Zahl. Vgl. Savigny III, 210.

[3]) Statuta, ed. 1561. Lib. IV. De immunitate ... p. 69. Vgl. Beilage 2. Es iſt ein von der Stadt erlaſſenes Statut, wie alle Artikel des lib. IV.

welches ursprünglich ihren einzigen Inhalt ausmachte¹). Die andere Seite dieser Entwicklung der Doktorwürde und des Doktorkollegiums war, daß auch nach Ausbildung der Promotion viele lasen, die nicht promoviert hatten. Einmal bewahrten die Mitglieder des Kollegiums der judices et advocati, dem im 12. Jahrhundert die berühmtesten Lehrer angehört hatten, auch fernerhin das Recht zu lesen²). Ebenso erhielt sich die Gewohnheit, daß ältere Scholaren über ordentliche wie über außerordentliche Bücher lasen³). Sie hatten dazu die Erlaubnis des Rektors einzuholen und eine bestimmte Abgabe zu zahlen. Einige Vorlesungen hatte jeder Scholar zu halten, ehe er zum Examen zugelassen wurde, aber außer diesen zu ihrer Ausbildung gehörenden Vorlesungen hielten die Scholaren auch andere, die als ein Teil des Lehrplans, wie wir sagen würden, angesehen wurden⁴). Es gab

---

¹) In Perugia, Florenz u. s. w. bestand ein derartiger Beschluß nicht, im Gegenteil war es meist Vorschrift, für die Professuren, und also in erster Linie für die lecturae ordinariae, Fremde zu berufen und keinen Bürger. Allein da sie die Professoren für bestimmte Fächer beriefen und dabei nicht selten ausmachten, daß kein anderer oder doch nur ein bestimmter Konkurrent das gleiche Fach oder, wie man damals sagte, über das gleiche Buch lesen dürfe, so war thatsächlich auch hier das durch die Promotion verliehene jus ducendi für die Hauptfächer beseitigt. Es ist das eine Analogie dazu, daß bei der Promotion das jus ubique docendi verliehen wurde, daß aber die Promotion der einen Universität von anderen nur nach Maßgabe ihrer Satzungen und Gewohnheiten anerkannt wurde. Uebrigens ist es leicht möglich, daß in Bologna bei der Mannigfaltigkeit der in der Lehranstalt vereinigten Korporationen und Interessen mancher derartige Beschluß ohne gleichmäßige Wirkung blieb und oft umgangen wurde.

²) Im Jahre 1302 baten (Sarti I, 220) einige Scholaren einen Richter, der nicht Doktor war, er möge eine Vorlesung über den Kodex halten. Darauf bat er die städtische Behörde, daß ihn ein Verwandter in seinem Richteramt vertrete, zu dem Lehramt hatte er keine Erlaubnis weiter nötig, er hatte sie also als Mitglied des collegium judicum et advocatorum.

³) Vgl. die von Savigny III, 239 mitgeteilte Glosse des Accursius: quod filii doctorum non debent aliquid dare pro sumptibus, cum legunt ordinarie vel extraordinarie vel examinantur, et quod aliis etiam aeque bonis praeferuntur.

⁴) Den Beweis erbringt eine Verhandlung zwischen dem Rate der Stadt und den Rektoren von 1297, in welcher neben sieben Doktoren fünf Scholaren als für das laufende Studienjahr unentbehrliche Dozenten bezeichnet wurden (Sarti I, 105). Ferner die Thatsache, daß die Scholaren sechs aus ihrer Mitte erwählten und sie mit bestimmten Vorlesungen, den sog. lecturae universitatis, beauftragten, für welche die Stadt feste Gehälter zahlte. Eine von diesen

unter den Scholaren Veteranen des Katheders, Leute, die bereits über alle Bücher des Corpus gelesen hatten. Hierauf hatte endlich noch die diesen Universitäten eigentümliche, unsern Vorstellungen aber ganz fremdartige Schulindustrie Einfluß. Im Jahre 1295 schloß der Magister Wilhelm, welcher über Philosophie las, ein eigenes Schulhaus und einen gewissen Ruf oder besser eine gute Kundschaft unter den Scholaren besaß, einen Vertrag ab mit dem Magister Gentilis, durch welchen sich dieser verpflichtete, in der Schule des Magister W. Philosophie zu lesen, ein Drittel vom Honorar dem Magister W. zu geben und die nächsten drei Jahre nicht ordinarie über Logik zu lesen. Dagegen gelobte Magister W. drei Jahre hindurch Logik zu lesen, ein bestimmtes Honorar zu fordern und ein Drittel desselben an den Magister G. abzuliefern. Beide gelobten ferner, einander als gute Kollegen zu helfen und mit keinem andern Magister einen Vertrag abzuschließen, der den andern schädigen könne. Neben vielen Einzelheiten[1]) wurde auch die merkwürdige Bestimmung aufgenom-

---

lecturae universitatis war eine ordinaria, die anderen waren über außerordentliche Bücher. Statuta, ed. 1561, p. 30 und p. 79. Ausgeschlossen waren alle, welche die öffentliche Promotion oder auch nur die voraufgehende Prüfung, die sog. privata, bestanden hatten, also alle Doktoren und Licentiaten. Die Bewerber mußten aber geloben, während des Jahres in Bologna zu bleiben, pünktlich zu lesen und im Laufe des Jahres das Doktorexamen zu bestehen. Diese Versprechungen hatten sie einem städtischen Beamten eidlich zu bekräftigen. Es wäre nicht richtig, diese Gehälter nur als eine Art Stipendien anzusehen, es handelte sich zugleich um wirkliche, zum Nutzen des Studiums eingerichtete Vorlesungen. Von einer für das Studium als wesentlich erachteten Lehrthätigkeit der Scholaren spricht ferner eine Nachricht von 1307 und ein Vorgang von 1338. Als in diesem Jahre wegen des Interdikts das Studium auf Antrag der Stadt und durch Beschluß der Scholaren zeitweise nach S. Pietro verlegt wurde, da wurden von der beschließenden Versammlung neben zwei Doktoren sechs Scholaren erwählt, „um zu lesen und das Studium im Bestande zu erhalten, ad legendum et tenendum studium" (Ghirard. II, 139. Muratori, Script. XVIII. 163). Es waren dies doch wohl die sechs lecturae universitatis, und dieser Beschluß ist ein Zeugnis, daß diese Vorlesungen damals noch als wesentliche Bestandteile des Lehrplans, soweit ein solcher überhaupt bestand, betrachtet wurden. Im 15. Jahrh. überwog der Charakter des Stipendiums. Stat. p. 79.

[1]) Sarti I, 2 App. 154. Auch über das Eintreiben des Honorars von schlechten Zahlern, über Scholaren, die erst nach Weihnachten eintreten würden statt im Herbst, über den Fall, daß der eine erkranke und der andere ihn vertrete, über die Möglichkeit, daß mit den Scholaren ein weiterer Honorarvertrag abgeschlossen werde, über die Stunden, in denen das Schullokal dem Magister Gentilis zu Gebote stehen solle u. s. w., wurden Abmachungen in den Notariatsakt auf-

men, daß der Vertrag nichtig sein solle, wenn ein anderer Professor dem Magister W. so siegreiche Konkurrenz mache, daß dieser nur halb so viel Schüler habe.

Aus denselben Jahren (1294) hat sich ein ähnlicher Kontrakt zwischen zwei Juristen erhalten. Magister Petrus, der über Notariatskunde las, hatte ein großes Haus mit Hörsälen und eine Anzahl Scholaren in Kost und Wohnung. Der andere Kontrahent, Magister Chabrinus, war Neuling in Bologna, aber voll Selbstvertrauen und versicherte, er werde die Institutionen und die Glossen dazu besser lesen als es irgend ein anderer in Bologna verstehe[1]). Er muß wohl im Besitz guter Empfehlungen gewesen sein, denn der gewiß doch in derartigen Dingen wohl bewanderte Professor und Unternehmer Petrus überließ ihm durch diesen Kontrakt den Institutionensaal seines Hauses ohne Kosten täglich für diejenige Stunde, welche Ch. wählen würde. Ch. erhielt also die Vorwahl vor allen anderen Dozenten, welche in diesem Saale Institutionen lesen wollten. Dafür gelobte Ch., im Laufe des Jahres die Institutionen zweimal vollständig zu Ende zu lesen[2]), sie in keiner anderen Schule Bolognas zu lesen, und von den Pensionären des Petrus (scholaribus intrinsecis abitantibus in dictis scholis cum Mag. Petro) nicht mehr als 8 solidi Honorar zu fordern. Mit anderen Professoren wird Magister P. ähnliche Kontrakte abgeschlossen haben, um sein Haus zu verwerten, ihm den Ruf einer guten Institutionenschule zu sichern und neue Pensionäre anzulocken. Die öffentlichen Organe wurden bei diesen Verträgen nicht zugezogen, weder die Stadt noch die Beamten der Universitas noch auch das Doktorenkollegium[3]). Der Unternehmer engagierte

---

genommen. Besonders hervorzuheben ist, daß keiner ohne zwingende Ursache für die drei Jahre des Vertrags Bologna verlassen und in die Heimat zurückkehren dürfe oder gar an einen anderen Ort gehen, um dort zu studieren (als Lehrer oder Lernender). Die Repetitoren, d. h. die Hilfslehrer, und Scholaren des Magisters G., solle Magister W. wie seine eigenen behandeln.

[1]) Bei Sarti I, 2 App. 110 ist das Wort alius oder aliquis vor sciverit et poterit Bon. ausgefallen. Vgl. dazu I, 245.

[2]) Die erste Vorlesung sollte acht Tage vor Ostern schließen, die zweite acht Tage nach Ostern beginnen. Chabrinus verpflichtete sich zugleich, Bologna in diesem Jahre nicht zu verlassen, außer auf acht Tage, und auch dann nur, wenn er einen geeigneten Vertreter stelle.

[3]) Bei einem ähnlichen Vertrage von 1279 (Sarti I, 2 App. 131) wirkten die Rektoren zwar mit, aber nur als Zeugen. Durch diesen Vertrag überließ ein

Professoren, verpflichtete sie pünktlich zu lesen und strafte sie gemäß den Privatkontrakten. Es gab in Bologna und ähnlich in den anderen italienischen Stadtuniversitäten dem Anschein nach nicht wenige solche Unternehmungen und sie mußten einen wesentlichen Einfluß auf die Gestaltung des akademischen Lebens und im besonderen auf die des Lehrkörpers haben. Namentlich bot sie mancherlei Wege, um ungeprüften Scholaren oder an anderen Universitäten promovierten und also in Bologna nicht anerkannten Doktoren die akademische Wirksamkeit zu ermöglichen und Vorschriften zu umgehen, wie die, welche allen Nichtbürgern die ordentlichen Vorlesungen untersagte[1]). Die Schüler wie die Vorsteher der durch solche Kontrakte gebildeten Unternehmungen zählten zu den universitates und collegia der Universität und unterstanden ihren Beamten und Statuten, aber die öffentlichen Organe mischten sich in ihr Treiben regelmäßig nur in Fällen des Konflikts ein[2]). Wie viel aber persönlicher Einfluß und Anmaßung in diesem Gewirr von gegeneinanderstreitenden Berechtigungen durchsetzen konnte, zeigt das oben erwähnte Vorgehen des Vorstehers der Notare, der allen Nichtbürgern und Neubürgern das Recht bestritt, de arte notandi zu lehren, oder wenigstens um Erlaubnis gefragt sein wollte. Konnte er ein solches Verbot durchsetzen, so konnte er vermutlich auch die Schwierigkeiten beseitigen, die einem Gelehrten im Wege standen, sei es seiner Promotion oder seiner Wirksamkeit.

Wenn aber auch nach Einführung der formellen Erteilung der Doktorwürde viele an der Universität lehrten ohne die Doktorwürde erworben zu haben, so galt es doch als Regel, daß der Pro-

---

kranker Professor einem anderen scolas suas pro anno sequenti et omnes scolares suos quos habet vel haberet, in futurum in sequenti anno, ita quod possit ibi ordinarie legere et collectas facere gegen die Hälfte des Ertrags dieser Kollekten; die Pedelle der beiden Professoren teilten den Pedellenanteil zu ²/₃ und ¹/₃. Aus Parma teilt Affo I, p. XXIX f. einen ähnlichen Vertrag von 1353 mit, durch den sich ein Magister G. mit zwei anderen Magistern vereinigte, um gemeinsam Schüler zu werben und zu unterrichten.

[1]) In dem Kontrakte Sarti I, 2 App. 131 ermächtigte der eine Professor den anderen, an seiner Stelle ordinarie zu lesen.

[2]) Wie auch bei Konflikten zwischen einzelnen Magistern. Ein Beispiel bietet die Verurteilung eines Magisters wegen illoyaler Konkurrenz 1292. Sarti I. 2 App. p. 155.

fessor promoviert haben müsse. Diese Vorstellung herrschte in allen italienischen Städten vor ¹).

Die Besoldung und die Collegia dotata.

Im 12. und 13. Jahrhundert kannte Bologna keine Besoldung der Professoren. Auch nachdem die Prüfung, die Methode und andere Verhältnisse durch Statuten und Verordnungen geregelt waren, blieb der Professor auf die Einnahmen angewiesen, die er aus den Vorlesungen, oder aus den Verträgen der Schulindustrie gewann. Im allgemeinen wurde die Höhe des Honorars durch den Professor oder durch Abmachung mit den Hörern bestimmt, meist in der Weise, daß jeder Einzelne den bestimmten Satz zahlte, aber auch so, daß sich eine Anzahl Scholaren vereinigte und dem Professor eine Summe anbot, für die er sich verpflichtete, die Vorlesung zu halten, und die sie dann unter sich verteilten. Auch das kam vor, daß sie ihren Unterhändler in andere Orte schickten, wenn ihnen die in Bologna vorhandenen Gelehrten weniger zusagten. Es waren das Verhand-

---

¹) Lodi berief 1286 (Sarti I. 2. 111) einen Scholaren als Professor und nahm dabei in den Kontrakt auf, daß sein Gehalt um ¼ erhöht werde, wenn er bis zu einem bestimmten Termine den Doktortitel erwerbe. Die Statuten von Padua hatten noch im 16. Jahrhundert einen eigenen Paragraphen (II, 3), welcher den Fall behandelt, daß ein Nichtdoktor zu einer Professur mit Gehalt berufen würde. Er bestimmte, daß derselbe in der Regel gehalten sei zu doktorieren, aber unter gewissen Bedingungen davon dispensiert werden könne. Die Statuten von Perugia erklärten es für unziemlich, einen Lehrer, der nicht promoviert habe, auf eine besoldete Professur zu berufen. Geschehe es aber, so solle der Berufene verpflichtet sein, innerhalb dreier Monate die Doktorwürde zu erwerben. So mußten denn auch die sechs Scholaren in Bologna, denen die sechs sogenannten „Universitätsvorlesungen" übergeben wurden, geloben, in dem Laufe des Jahres das Examen zu bestehen. Die volle, uneingeschränkte akademische Wirksamkeit entfaltete sich nur dem geprüften und feierlich promovierten Doktor.

Stat. II, 2 bei Padelletti, p. 84: Quia doctoratu carentes ad sedem salariatam ascendere dedecus fore putamus studio Perusino: praesenti decreto duximus statuendum, quod nullus in civitate Perusii ad aliquam salariatam sedem legere vel docere possit in jure canonico vel civili nec etiam in scientia medicinae, nisi doctoratus habitum deferens et in utroque examine ... approbatus ... Aber II, 15 (Padelletti p. 100): ne quis doctorum vel bachalorionum ... legens ordinarie zeigt, daß man auch ordinarie lesen konnte, ohne Doktor zu sein.

Einführung der Besoldung.

lungen ganz ähnlich den Berufungen der Professoren durch die Städte, ja die erste bekannte Berufung eines Gelehrten nach Bologna erfolgte in dieser Weise, indem die Rektoren der Scholaren dem Guido von Suzara, der früher in Modena und Reggio gelesen hatte, damals aber im Dienste Kaiser Rudolfs thätig war, die Summe von 300 Lire anboten, wenn er nach Bologna kommen und dort das Digestum novum lese. Indem die Scholaren bei ähnlichen Wünschen und Kontrakten die Stadt baten, die bezügliche Summe zu zahlen[1]), entwickelte sich auch in Bologna das an anderen italienischen Universitäten längst übliche System besoldeter Professuren, und zwar anfangs der Art, daß die Studenten den Professor für eine Jahresvorlesung wählten und die Stadt[2]) ihm für dies Jahr eine Pauschsumme zahlte, sei es statt der Einzelhonorare oder neben denselben. In der ersten Hälfte[3]) des 14. Jahrhunderts gewährte die Stadt das Honorar für vier Professoren und überließ die Wahl derselben den Scholaren. In der zweiten Hälfte des 14. Jahrhunderts begann die Stadt die Besoldung regelmäßig und für eine größere Zahl von Professoren zu gewähren, auf deren Berufung aber die Scholaren[4]) nur beschränkten Einfluß hatten. Aus dem Jahre 1381 ist die Uebersicht der Einnahmen und Ausgaben der Stadt erhalten, welche 427860 Lire Einnahmen gegen 364190 Lire Ausgaben zeigt und unter diesen Ausgaben 8000 Lire = etwa 28000 Mark heutigen Geldes für das Honorar von 44 Professoren[5]). Die Zahl der Dozenten war weit größer, und die besoldeten Professoren hatten keine dauernde Anstellung, sondern waren regelmäßig nur für ein Jahr berufen. Aber sie waren doch verpflichtet zu lesen, und durch diese Verpflichtung waren sie eine feste Stütze des Lehrplanes, erfüllten

---

[1]) Wie schwierig es für die Scholaren war, dergleichen Kontrakte von sich aus einzuhalten, zeigt die Urkunde von 1297. Sarti I, 2 App. 139.

[2]) Der 1280 berufene Dekretist Garsias wurde verpflichtet, nomine et vice communis Bonon. et universitatis scholarium. Sarti I, 401 und I, 2 App. 138.

[3]) Dem Anschein nach waren die in § 40 (Archiv III, 304) erwähnten vier sedes salariatae der Statuten von 1347 schon älter, vermutlich älter als die Redaktion von 1317.

[4]) Auch das Wahlrecht für jene vier Professuren ging verloren. Dies ergibt sich aus der Umgestaltung, welche § 40 der Statuten von 1347, De electione doctorum salariatorum, in der späteren Redaktion (ed. 1561 p. 30) erfahren hat.

[5]) Ghirardacci II, 389. Die Juristen erhielten zwischen 100 und 620, die Artisten nur 50 bis 200 Lire.

eine Aufgabe des Lehrkörpers, welche das Collegium Bononiense nicht erfüllte, während ihnen andererseits wesentliche Rechte fehlten, die für die Mitglieder dieses Kollegiums vorbehalten waren. Mit denselben zusammen bildeten sie fortan gewissermaßen den Kern des Lehrkörpers, soweit von einem solchen überhaupt gesprochen werden kann[1]). Eine dritte Gruppe der Professoren bildeten die Besitzer der großen Pensionen, die Schulunternehmer mit ihren Genossen und Hilfslehrern, wie wir sie in den oben angeführten Kontrakten kennen gelernt haben. Diese Unternehmer werden aus solcher Thätigkeit regelmäßig eine Lebensaufgabe gemacht haben, denn die Unternehmung forderte den Kauf oder die Miete ansehnlicher Gebäude, und ein gewisses Betriebskapital. Wer das einmal hineingesteckt hatte, zog es sobald nicht wieder heraus, wenn er nicht mußte. Die Wirtshäuser dienten den Scholaren regelmäßig nur zum Gelage, aber nicht als Speisehäuser in unserm Sinn. Die Scholaren wirtschafteten selbst, indem sich mehrere zu einer Wirtschaftsgenossenschaft vereinigten oder indem sie bei einem Unternehmer Wohnung und Kost nahmen[2]) und öfters zugleich auch Unterricht. Es wird eine Aufgabe einer Geschichte von Bologna sein, zu untersuchen, welche Bedeutung diese Art von Unternehmungen hatte, und inwieweit

---

[1]) Man erinnere sich, daß viele Mitglieder des Doktorenkollegs weder Vorlesungen hielten, noch sonst sich an den Geschäften, Festlichkeiten und Interessen der Universität beteiligten, ja, daß auch diejenigen, welche Vorlesungen hielten, meist wenig gewillt waren, sich als wirkliche akademische Bürger zu fühlen und mit den übrigen Professoren und Scholaren zusammenzuhalten und zu leben. Bezeichnend für dieses Verhältnis ist ein Abschnitt der Statuten, der denjenigen doctores collegii, welche als Professoren wirkten (actu legentes) einschärfte, daß sie verpflichtet seien, sich an den Festlichkeiten der Universität und an ihren Leichenbegängnissen zu beteiligen. Die Mitglieder, welche nicht lasen, zu dieser sonst allen Genossen der Universität obliegenden Pflicht zu nötigen, wagten die Statuten nicht einmal mehr, „denn," heißt es, „wir wissen aus Erfahrung, daß die Mitglieder actu non legentes dies Statut doch nicht halten". Stat. ed. 1561 p. 60.

[2]) Nach der Urkunde von 1353 bei Affo I, XXXII hieß eine Schar von solchen Pensionären duodena, und ich vermute, daß dieser Ausdruck jede Wirtschaftsgenossenschaft der Scholaren bezeichnete, mochten sie selbst wirtschaften oder sich in Pension geben. In diesem Sinne begegnet der Begriff auch in Bologna (Stat. p. 41 [II. 57] u. b. Urk. Sarti I, 2 App. 154) und Perugia (Stat. II, 1). Ducange hat diese Bedeutung von duodena nicht, aber die Bedeutung Landsmannschaft, und da jene Haushaltungsgenossen sich ohne Zweifel meist aus Landsleuten bildeten, so ist dies wohl die Wurzel für die Bedeutung: Wirtschaftsgenossenschaft.

dieselbe durch Ausbildung der besoldeten Professur, Beschaffung öffentlicher Hörsäle und der Stiftungen (collegia dotata) beschränkt wurde.

Arme Scholaren fanden vielfach ihren Unterhalt, indem sie bei Scholaren oder in solchen Pensionen bestimmte Dienste übernahmen. Diese sowie alle, welche von Unterstützungen und Stipendien lebten, verloren die politischen Rechte der Scholarenuniversität, konnten zu den Aemtern nicht gewählt werden und auch nicht mit wählen. Der Not der Armen abzuhelfen entstanden (namentlich im 14. Jahrhundert) in Bologna auch einige Stiftungen, wie sie damals in Paris anfingen den größten Teil der Scholaren aufzunehmen, aber in Bologna gewannen sie nicht entfernt die gleiche Bedeutung. Unter ihnen ragte hervor das im Jahre 1364 von dem Kardinal Albornoz gegründete Kollegium des heil. Klemens, das seinen Scholaren[1]) einen reichlichen Unterhalt auf acht Studienjahre und dabei eine Verfassung bot, welche mit ihrem von und aus den Genossen gewählten Rektor, den Konsiliaren und Syndiken vielfach als ein Abbild der Universitätsverfassung erschien. Den Genossen dieses Kollegiums wurde das Recht gewährt, wie die auf eigene Kosten lebenden Scholaren in der Universitas mit zu wählen, sich um die universitatis lecturae zu bewerben und überhaupt als vollberechtigte Scholaren zu gelten. Die Statuten des Kollegiums sahen sogar den Fall vor, daß der jeweilige Rektor des Kollegiums von der Universität zum Rektor gewählt werde.

Das Kollegium war für studierende Scholaren bestimmt, doch konnten sie bleiben, auch wenn sie promovierten oder anfingen Vorlesungen zu halten, aber nach acht Jahren mußten sie das Haus verlassen und anderen Platz machen. Das Kollegium konnte also nicht zu einem Sitze von Professoren werden wie die Sorbonne in Paris. Die Scholaren besuchten die Vorlesungen der Dozenten, die ihnen zusagten, nur ein Theologe und ein Humanist wurden von dem Kollegium für die Genossen berufen, aber der Humanist sollte seine, durch Wahl der Kollegiaten zu bestimmende Vorlesung auch nur in einem Teile des Jahres halten[2]). Im übrigen lieferte auch

---

[1]) Es waren 8 Theologen, 18 Kanonisten und 4 Mediziner. Die Eintretenden mußten mindestens 21 Jahre alt sein.
[2]) Statuta Collegii Hispanorum Bononiae. Bononiae 1558, Blatt XXII. Distinctio III. Statutum XXI. De humaniorum literarum lectione in Collegio

dies reich dotierte Kollegium zu dem Lehrkörper der Universität keinen Beitrag. So kam es also in Bologna trotz der Einführung der Besoldung und der Entwicklung des Doktorenkollegs nicht zur Bildung eines festbegrenzten Lehrkörpers. Wie im 13. Jahrhundert so war auch im 14. und 15. Jahrhundert die Grenze zwischen den Hörern und Lehrern nicht fest und zu den Lehrern gehörten viele, die mit der Universität nur lose zusammenhingen.

Geschäftsbetrieb der Professoren.

So lange kein Gehalt gezahlt wurde oder nur einigen, blieb die Masse der Dozenten auf den Ertrag ihrer Vorlesungen oder auf den Gewinn aus Pensionsanstalten angewiesen. Das änderte sich auch nach Ausdehnung der Besoldung in der zweiten Hälfte des 14. Jahrhunderts nicht völlig, denn diese Besoldungen waren keine Anstellungen auf Lebenszeit, sondern auf meist nur kurz bemessene Jahre, und neben den besoldeten Professoren lasen auch später, wenigstens in den Perioden, in denen die Universität blühte, zahlreiche Dozenten ohne Gehalt. Sie blieben alle mehr oder weniger auf ihren Erfolg als Lehrer angewiesen. Dozentenerfolg ist aber alle Zeit sehr vom Glück und selbst von dem Wechsel der Mode abhängig[1]) gewesen und es machte sich das geltend in allerlei Künsten und Mittelchen, um die Scholaren anzulocken, sowie in der geschäftsmäßigen Behandlung der Lehrthätigkeit. Nicht bloß die Unternehmer der oben geschilderten Schulindustrie hatten solche geschäftliche Auffassung, auch Männer, deren Namen bis heute den Ruhm Bolognas bilden wie Odofred und Accursius. Odofred († 1265) schloß eine Vorlesung über das digestum vetus mit folgender Ansprache: Meine Herren! Wir haben Anfang, Mitte und Ende jenes Rechtsbuchs durchgenommen, wie Sie wissen, die Sie unter den Hörern waren. Dafür sagen wir Gott und der h. Jungfrau und allen Heiligen Dank. Es besteht nun in dieser Stadt von altersher der

---

legenda ac latine loquendo. Statutum XXII ib. De Regimine Cathedrae Theologiae et immunitate regentis. Das Exemplar der Straßburger Bibliothek steckt in einem Sammelbande, der auch eine Brevis descriptio des Kollegs und eine Kopie des Testaments des Kardinals enthält, und außerdem den Druck der Statuten von 1561.

[1]) Selbst Baldus konnte Perugia keinen Zulauf verschaffen. S. u.

Brauch, daß eine Messe gesungen wird, wenn eine Vorlesung (liber) beendet ist, und das ist ein guter Brauch, den man festhalten soll. Weil es aber auch ferner üblich ist, daß die Professoren am Schluß der Vorlesung (liber) einige Worte sagen über ihre weiteren Absichten, so werde ich das auch thun, mich aber kurz fassen. Ich gedenke Ihnen im kommenden Jahre die ordentliche Vorlesung zu halten, die außerordentliche denke ich dagegen nicht zu lesen, weil die Scholaren schlechte Zahler sind (quia scholares non sunt boni pagatores). Es möchten wohl alle Gelehrte werden, aber zahlen wollen sie nicht, wie geschrieben steht: Scire volunt omnes, mercedem solvere nemo. Weiteres habe ich Ihnen nicht zu sagen, gehen Sie nun mit dem Segen des Herrn und kommen Sie mir schön zur Messe, ich bitte noch einmal darum[1]).

Diese Ansprache führt uns mitten hinein in den Verkehr von Lehrern und Schülern, und man sieht, wie der Gesichtspunkt des Erwerbs im Vordergrunde stand und wie der Professor auch so gar kein Hehl daraus machte. Die Scholaren hatten die außerordentliche Vorlesung eines Professors frei, dessen ordinaria sie hörten und bezahlten, und dieser berühmte Dozent glaubte sich nur dem Honorar entsprechend anstrengen zu sollen, oder er wollte durch diese Drohung einen Druck ausüben, damit sich die Herren Scholaren zu einem ausgiebigeren Honorar verstehen möchten. Das Gefühl der Amtspflicht tritt an keiner Stelle der Ansprache hervor. Die Professoren in Bologna hatten eben kein Amt, sondern trieben ein Geschäft und es bildete sich unter ihnen bezüglich desselben eine recht laxe Geschäftsmoral aus. Jener Odofred rühmte sich z. B., daß er nicht die Scholaren auf den Zimmern aufsuche, um für seine Vorlesungen zu werben und tadelte die Kollegen, welche durch Krämer, Dirnen und Schankwirte für sich werben ließen, oder welche den Scholaren Geld liehen, unter der Bedingung, daß sie die Vorlesung belegten[2]). Aber so ganz lag ihm das Werben der Schüler doch auch nicht fern. Er wußte seine Vorlesungen durch allerlei Geschichten interessant zu machen und dadurch anzuziehen, und manche gingen in der Polemik und in bösen Witzen über alles Maß hin-

---

[1]) Abgedruckt bei Sarti I, 150 und Savigny III, 264: Or Signori, nos incepimus . . .
[2]) Die Statuten von Bologna verboten ebenfalls rogare tacite vel expresse, re vel verbo vel quocunque alio colore verborum. Stat. ed. 1561 p. 39.

aus¹). Das Werben von Schülern ferner muß sehr häufig gewesen sein, und auch andere Mittel illoyaler Konkurrenz werden gerügt²).

Besonders gefährlich aber waren die Geldgeschäfte, welche Professoren mit ihren Schülern machten, sei es nun daß sie ihnen Vorschüsse gaben, um sie zu veranlassen, bei ihnen zu hören, sei es bei anderer Gelegenheit. Denn Vorschüsse wurden damals zu Wucherzinsen gegeben, und zugleich mußte der Scholar sich auch wohl zu höherem Honorar verstehen. Selbst der berühmte Accursius hatte derartige Gelegenheiten zu Erpressungen benutzt. Sein Sohn und Erbe Franciscus Accursius, der es ebenso getrieben hatte, wurde später von Reue erfaßt und bat den Papst³) (im Jahre 1292) um Beruhigung seines Gewissens wegen des ungerechten Besitzes. Auch das Geständnis fügte er hinzu, daß sie von denjenigen, die sich zum Examen meldeten, bisweilen Geschenke angenommen hätten. Accursius genoß aber trotzdem einen Ruhm und eine Verehrung, die kaum

---

¹) Ein Professor entblödete sich nicht, am Morgen nach seiner Verheiratung eine Anspielung auf seine Hochzeitsnacht oder gar, wie die schlimmere Lesart lautet, auf die nicht ganz korrekte Ehre seiner Frau zu machen. Dies war aber selbst den Scholaren zu stark und sie warfen ihm die Hefte an den Kopf. Hier mag diese Gewaltthätigkeit der Scholaren berechtigt erscheinen, aber die Professoren hatten auch ohne solchen Anlaß mit dem Lärmen, Zischen und Schreien zu kämpfen. Vgl. die Paduaner Statuten, ed. 1608, fol. 47ᵃ lib. IV, 15, und die Bologn. Stat. von 1347, Rubr. 44, Archiv III, 314.

²) Im Jahre 1292 urteilte ein von zwei streitenden Professoren berufenes Schiedsgericht, daß Magister B. Scholaren aufgenommen habe, welche bereits als Scholaren seines Konkurrenten Th. anzusehen gewesen seien, und daß er also den geistlichen und weltlichen Strafen verfallen sei, welche auf Verletzung der für die Konkurrenz der Professoren aufgestellten Ordnung standen. Das Gericht begnügte sich jedoch mit seiner Anerkennung des Unrechts und einer Buße von 200 Lire, d. h. mehr als damals die Stadt einem Professor als Gehalt bot, wenn sie einen berief. Sarti I, 2 App. p. 155.

³) Sarti I, 2 App. 96: In nostra sane constitutus presentia retulisti, quod tu et quondam Accursius legum doctor pater tuus, cujus heres existis, scholaribus vestris, quos auditores pro tempore habuistis, diversas pecuniarum summas mutuo exhibentes, ab ipsis talis pretextu mutui fuistis assecuti majores collectas, etiam a nonnullis ex pacto, quam alias ab eisdem consecuti scholaribus fuissetis; quas collectas majores etiam cum hoc fiebat mutuum, licet nulla super hoc interveniret pactio, consequi sperabatis. Super quo ac super eo praeterea, quia tu ac idem pater pro examinationibus scolarium, qui licentiandi erant in facultate legali quandoque munera recepistis, tibi ob ista conscientiam habenti, ut asseris, remordentem... Dazu Sarti I. 212.

ihres Gleichen hatte¹) und da der Honorarwucher ihm also so wenig schadete, so muß dies wohl nichts Ungewöhnliches gewesen sein²). Als Entschuldigung mag dienen, daß das Eintreiben der Honorare oft mit Schwierigkeiten verknüpft war, und daß sich die Professoren bei der Armut mancher Scholaren und der Schwierigkeit, welche auch die Wohlhabenden beim Bezug ihrer Gelder aus der fernen Heimat hemmte, vielfach mit Pfändern begnügen mußten. Das drängte zum Pfand- und Wuchergeschäft, und da der Lehrkörper nicht geschlossen war und sehr ungleichartige Elemente umfaßte, so konnte auch das Standesgefühl kein Gegengewicht bilden. Endlich ist zu erwägen, daß die Professoren auch mit der Gemeinheit zu kämpfen hatten, die nicht zahlen wollte. War die Professorenmoral in diesen Dingen nicht die beste, die Scholarenmoral war gewiß noch schlimmer. Aus Paris wird über dergleichen Wuchergeschäfte der Professoren nicht geklagt, vor allem wohl deshalb, weil die Professoren wirtschaftlich in keiner wesentlich anderen Lage waren, als die Scholaren. Es gab keine Besoldung, sie lebten abgesehen von dem Honorar von Pfründen, Renten, Freistellen in den Kollegien wie die Scholaren, sie waren unverheiratet und führten eine Junggesellenwirtschaft, während die Professoren von Bologna vielfach Hausbesitzer waren, an der Spitze einer Familie und im Schutze großer politischer Verbindungen standen und die Professur mehr wie ein bürgerliches Gewerbe betrieben. Dieser Gegensatz in der bürgerlichen Stellung der Professoren zwischen Bologna und Paris und ihren Gruppen ist noch bedeutsamer als der Gegensatz der Verfassung.

An den Geschäften der Universität Bologna waren also verschiedene Korporationen der Scholaren, Kollegien der Doktoren, der

---

¹) Im Jahre 1306 vereinigten sich die Scholaren zu einer Eingabe an die Stadt, welche um seines Ruhmes willen für seine ganze Familie ehrenvolle Befreiung von gewissen bürgerlichen Lasten forderte. Sarti I, 2 App. p. 77.

²) Dasselbe ergibt sich aus dem Testament eines anderen Professors, der 1233 einen Teil seines ex scholis erworbenen Vermögens den Armen vermachte, weil „in dem Schulgeschäft auf viele und mannigfaltige Weise gesündigt werde". Sarti I, 2 App. 76: quod ex questu quem feci ex scholis, quia multis et variis modis peccatur in scholaribus habendis, ad summam provisionem et securitatem aliquam summam debeant (die Erben) dare pauperibus. cum a multis et variis et quasi ab incertis personis perceptum sit.

Archidiakon von Bologna und der Bischof[1]) beteiligt; aber die Stadt war es, welche alle diese Interessen, Thätigkeiten und Befugnisse zu einem Ganzen vereinte, den Korporationsbeschlüssen Rechtskraft lieh oder versagte, welche die Universität mit einem Wort als einen Gegenstand, einen Teil ihrer Verwaltung betrachtete. Diese Oberleitung der Stadt war jedoch nicht gleichmäßig wirksam, ruhte oft ganz[2]) und durchbrach dann wieder gelegentlich alle Schranken der bestehenden Ordnung. Neben der städtischen Aufsicht hatte die Universität in sich selbst keinen leitenden Mittelpunkt, wohl aber hatten die Juristen und die Mediziner für sich in den universitates scholarium und den von ihnen gewählten Rektoren solche Mittelpunkte. Es unterstanden ihnen allerdings nicht alle Teile und Gruppen gleichmäßig. Auf die Kollegien der Doktoren und auf die Geschäftsführung des Archidiakonen hatten sie regelmäßig und direkt keinen Einfluß. Trotzdem wird man diese universitates und ihre Rektoren als die Leiter der Lehranstalt bezeichnen, denn sie beherrschten den maßgebenden Teil der das Generalstudium zusammensetzenden Elemente, beschlossen die Statuten, welche die Thätigkeit der Lehrer und Lernenden regelten, und beanspruchten ein Recht der Aufsicht über die Beschlüsse der Doktorenkollegien[3]) und alle Seiten der Lehranstalt. Als die Stadt Bologna im Jahre 1297 alle Mannschaft zum Heere aufbot und die bestehenden Befreiungen aufhob, wandte sie sich an die Rektoren mit der Forderung, eine Liste der Professoren aufzustellen, welche unabkömmlich seien. Die Rektoren bezeichneten darauf sieben Doktoren, welche ordinarie lasen, und fünf Non-Doctores, welche extraordinarie lasen[4]), dazu vier Beamte (Bidell und Buchhändler). Das Aufgebot traf nur die Bürger, und die Stadt sah also in den Rektoren der Scholaren diejenige Behörde, welche über die Einhaltung der Studienord-

---

[1]) Der Bischof war der Kanzler für die Promotionen in der Theologie, wie der Archidiakon für die anderen Fakultäten. So hatte Bologna auch zwei Kanzler wie Paris, aber ihr Ursprung wie ihr Verhältnis hatte keinerlei Analogie.

[2]) Die Vorgänge der Schulinduftrie und die Anmaßung des Kol. Paſſagieri erbringen schon den Beweis.

[3]) Statuta, ed. 1561, p. 62: Cassa et irrita et inania statuta et consuetudines decernimus, quae doctorum collegium habuerit vel observaverit ... contra statuta nostrae universitatis vel scolasticam libertatem.

[4]) Aus Sarti II, 105 bei Savigny III, 268. Beachtenswert ist der Ausdruck: Isti sunt qui legunt extraordinarie et vulgariter Bachalarii vocantur.

Die Stadt erkannte dem Rektor die Aufsicht zu.

nung zunächst zu machen und dabei auch über die Scholaren, welche Bürger waren, und über die Professoren zu verfügen hatte. Endlich ist auch in diesem Zusammenhange daran zu erinnern, daß die Rektoren mit der universitas befugt waren, die Thätigkeit der Lehranstalt stille zu stellen oder zu befehlen, daß sie an einem anderen Orte wieder aufgenommen werde. Die Stadt selbst erkannte gelegentlich an, daß dies allein durch die Korporation der Scholaren geschehen könne [1]). Bei derartigen Anlässen verfügte die Korporation auch über die Professoren. Als sich die Scholaren 1295 nach einem vergeblichen Kampfe der Stadt wieder unterwarfen und ebenso 1316, als sie die Auswanderung ausführten und dadurch die Stadt zwangen, ihre Bedingungen anzunehmen, schlossen die Bevollmächtigten der universitas zugleich für die Doktoren ab [2]).

Die Studienordnung.

Der wissenschaftliche Unterricht bestand in ordentlichen und außerordentlichen Vorlesungen (lecturae ordinariae und extrordinariae), Repetitionen und Disputationen. Ordentliche und außerordentliche Vorlesungen wurden nach den Büchern beziehungsweise Abschnitten von Büchern geschieden. Die Statuten bezeichnen als ordentliche Bücher im kanonischen Rechte das Dekretum und die Dekretalen, im römischen Recht den Kodex und das digestum vetus, als außerordentliche das infortiatum, das digestum novum und das volumen. So war es im 13. und ebenso im 16. Jahrhundert. Odofred [3]) sagt

---

[1]) Als die Stadt 1338 wegen des Interdikts eine zeitweilige Verlegung der Universität in einen Nachbarort wünschte, wandte sie sich an die Korporation der Scholaren, und diese beschloß dann die Verlegung. Muratori, Script. XVIII, 163 hat nur eine kurze Notiz, dazu Ghir. II, 139. Vgl. Savigny III, 247.

[2]) Der Syndikus der Scholaren handelte 1295 im Namen der Professoren und der Scholaren, denn die Urkunde schließt: Praesente D. Martino Hispano, sindico dictae universitatis, recipienti dictam absolutionem per se et nomine et vice doctorum, rectorum, consiliariorum, sindicorum et scholarium dictae universitatis (Ghirard. I, 328). Der Vertrag, den die Scholaren 1316 mit der Stadt abschlossen, steht Ghirard. I, 587 f. In demselben erhielten die Scholaren auch die Zusicherung, daß die Stadt den von den Scholaren gewählten Professoren das Gehalt pünktlich und ohne Ausnahme (senza eccettione alcuna) auszahlen werde.

[3]) Abgedruckt bei Savigny III, 265, Note. Vgl. die Aeußerungen über die Methode aus Alciati orat.ib. p.547 u. 554, sodann von Hugolinus u. Odofred ib.p.553.

in der Gloſſe zu der Konſtitution Omnem, in Bologna herrſche die Gewohnheit, zuerſt das digestum vetus, dann den Kodex zu leſen oder umgekehrt, denn darin ſei der Kern der ganzen Jurisprudenz gegeben. Die anderen Bücher (inforfiatum, digestum novum und volumen) könne jeder für ſich verſtehen und über ſie leſen, wenn er jene beiden ordentlich kenne. Darum würden dieſe andern auch „außerordentliche Bücher" genannt. Mit dieſer Anſchauung von der grundlegenden Wichtigkeit der ordentlichen Bücher hing es zuſammen, daß über ſie regelmäßig des Morgens, über die außerordentlichen nachmittags und abends geleſen wurde; die Regel war lange Zeit ſo feſt, daß man auch die Profeſſoren in doctores de mane und d. de sero unterſchied. Auch in der Methode herrſchte ein Unter=ſchied, denn es konnte über ein ordentliches Buch außerordentlich ge=leſen werden. In den außerordentlichen Vorleſungen ſcheint eine größere Freiheit der Bewegung geherrſcht zu haben[1]), namentlich galt es als Regel, daß die Scholaren den Profeſſor in der ordent=lichen Vorleſung nicht mit Fragen unterbrechen ſollten[2]), während dies in den außerordentlichen üblich war, was dann den anderen Scholaren auch als Veranlaſſung dienen konnte, ſtatt des Profeſſors zu ant=worten. Daneben hielten die Profeſſoren Repetitionen, d. h. aus=führliche Behandlungen einzelner ſchwieriger Geſetze oder Abſchnitte derſelben, welche ſie in dem Zuſammenhange des ganzen Buches be=reits durchgenommen hatten, welche aber noch einer beſonderen Er=örterung zu bedürfen ſchienen[3]). Sie konnten zu Disputationen Anlaß geben, wurden aber doch regelmäßig von den eigentlichen Disputationen geſchieden. Dieſe vier Formen: ordentliche und außer=ordentliche Vorleſungen, Repetitionen und Disputationen, bildeten den Kreis der akademiſchen Thätigkeit im 16. wie im 17. Jahrhundert.

Die Art des Vortrags[4]) war nach Perſonen und Zeiten ver=

---

[1]) Jedoch wurden auch die außerordentlichen Fächer in „puncta" geteilt und der Profeſſor war gezwungen, jeden Abſchnitt in der vorgeſchriebenen Zeit zu beendigen. Siehe Rubrik 44 der Statuten von 1347. Auch Anhang und Schluß mußten gleich ſtreng eingehalten werden.

[2]) Odofred bei Savigny III, 555: licet insolitum sit quaerere a dominis sive doctoribus in mane de eo quod legunt in mane. peto veniam. Dazu die Erzählung bei Sarti I, 92.

[3]) Alciati bei Savigny III, 547.

[4]) Die Gloſſatoren äußern ſich mehrfach über die Methode. Auf Grund

Die peinliche Beaufsichtigung der Professoren.

schieden, namentlich in der Beziehung fand ein großer Unterschied statt, daß die einen so sprachen, daß die Scholaren mehr oder weniger wörtlich nachschreiben konnten, die anderen in freier das Diktat ausschließender Rede. Den am meisten charakteristischen Zug bildete die peinliche, unseren heutigen Begriffen fremdartige Beaufsichtigung des gleichmäßigen Fortschritts der Vorlesung. Nach den Statuten von 1347 waren die Bücher, über welche gelesen wurde, in gesetzlich bestimmte Abschnitte, puncta, geteilt[1]) und für einen jeden derselben

---

solcher Stellen hat Savigny III, 552 eine Skizze der juristischen Vorlesung gegeben und ib. p. 537 f. eine allgemeine Schilderung der Glossatoren als Lehrer. Diese Skizze wird aber erst zum vollen Bilde durch die Lektüre von Schriften, die solche Vorlesungen enthalten oder auf Grund derselben entstanden sind. Man vergleiche bei Thurot p. 73 die Skizze der in Paris herrschenden Unterrichtsweise.

[1]) Ueber die Bedeutung der puncta urteilt Savigny III, 395 unrichtig, wie Denifle, Archiv III, 238 zeigt. Die Statuten und Urkunden von Perugia und Florenz, Lerida, Toulouse u. a. bieten reiches und unzweideutiges Material, das dann von Denifle in seiner gelehrten Untersuchung über die puncta, Archiv III, 232, durch ein wichtiges Dokument vermehrt und erläutert worden ist. Die Einteilung in puncta rührt vermutlich schon aus dem 13. Jahrhundert her, aber doch erst aus der zweiten Hälfte. Odofred († 1265) kannte sie offenbar noch nicht. Auch der oben erwähnte Kontrakt von 1294 bezieht sich wenigstens nicht auf die puncta, obschon die ordnungsmäßige Vollendung der Vorlesung ausbedungen wird. Aber freilich ist ja leicht möglich, daß vieles von diesen Statuten nur auf dem Papier stand oder nur bei den besoldeten Professuren strenger durchgeführt ward. Das älteste Zeugnis für Bologna sind genau genommen die städtischen Statuten von Perugia von 1342, welche die Professoren verpflichteten, secundo ei ponte ei quagle se servano ello studio de bolongna, denn die Statuten von Bologna liegen ja in der Redaktion von 1347 vor; indessen halte ich doch jeden Zweifel für ausgeschlossen, daß diese Abschnitte nicht bereits in der Redaktion von 1317 standen. Diese Statuten von Perugia weisen ja darauf hin, daß die Scholaren von Bologna 1342 Statuten hatten, in denen Vorschriften über die puncta standen. Die Einrichtung verbreitete sich von Bologna nach Perugia, Florenz, Orleans, Montpellier u. s. w., und für Orleans liegt schon ein Zeugnis von 1309 vor, bei Denifle, Archiv III, S. 247. Die Statuten von 1432 kennen die Vorschrift nicht mehr, welche den Professor an Punkte band, denn die Erwähnung der puncta taxata, ed. 1561 p. 20 u. 21, ist nur infolge der Flüchtigkeit der Redaktoren stehen geblieben, wie die unzweifelhaft absichtliche Streichung der auf die puncta bezüglichen Worte der alten Statuten § 44 u. 45, in ed. 1561, p. 35 f. beweist. Aber darum war man in Bologna fortan nicht weniger streng in der Kontrolle der Lehrthätigkeit. Es blieben die peinlichen Vorschriften für Anfang und Schluß der Vorlesung (Statuta, ed. 1561, p. 36. Quod nulla. Stat. 1347 § 45), die Vorschrift, welche jede Auslassung verbot, sowie die, welche verbot, eine schwierige Stelle gegen Ende der Stunden zu erklären, so daß die Erklärung durch den Glockenschlag unter-

eine beftimmte Reihe von Vorlefungen feftgefetzt, gewöhnlich 12 oder 14 Tage, in denen der Profeffor diefen Abschnitt beendigt haben mußte. Bei Beginn des Studienjahres hatte jeder Profeffor eine Summe (25 libras Bon.) zu hinterlegen, von welcher ihm jedesmal ein beftimmter Teil als Strafgeld abgezogen wurde, wenn er einen Abschnitt nicht in der vorgeschriebenen Zeit erledigte. Damit er nun aber nicht innerhalb diefes Abschnitts Auslaffungen mache, wenn er erft gefäumt hatte, fo fchärfte ein anderes Statut ein, daß niemand[1]) irgend ein Gefetz, Defret, oder den Abschnitt eines folchen übergehe und daß der Dozent bei jedem Gefetz u. f. w. fofort auch die Gloffe zu lefen und zu erläutern habe, auch wenn die Scholaren ihn durch Lärmen daran zu hindern fuchen follten[2]). Die Methode des Unterrichts war im 16. Jahrhundert wefentlich diefelbe wie im dreizehnten, die wichtigfte Veränderung beftand darin, daß feit der Berufung von Lehrern für beftimmte Fächer im 14. Jahrhundert und feit der Verteilung des Stoffs unter fie, die alte Sitte aufhörte, daß jeder Dozent möglichft über alle, wenigftens über alle ordentlichen Bücher las und daß infolge davon der Scholar meift nur ein und benfelben Lehrer hörte[3]). Unverändert blieb wohl auch das Verhältnis, daß die fremden Scholaren regelmäßig in dem Alter

---

brochen wurde: nec possint nec debeant lectionem suam ultra pulsationem campanae s. Petri ad terciam legere, continuare seu complere. Es blieb auch die methodifche Anweifung: quod omnes actu legentes immediate postquam legerint capitulum vel legem glossas legere teneantur. Bei ihrem Eide werden fie dazu ermahnt und befonders verwarnt, es auch dann nicht zu unterlaffen, wenn die Scholaren fie durch Gefchrei daran hindern wollten. Stat. 1347 § 44. Statuta, ed. 1561, p. 36. S. Anm. 2. Je vier Scholaren von jeder Vorlefung wurden heimlich vom Rektor beauftragt, Uebertretungen auszufpionieren. Ib. p. 20. De denunciationibus doctorum non servantium puncta vel statuta.

[1]) Statuta § 44, Archiv III, 314: doctor ordinarie legens, ib. p. 315: doctor vero extraordinarius vel quilibet legens.

[2]) Statuta § 44, ib.: Statuimus etiam quod omnes doctores ... immediate postquam legerint capitulum vel legem, glosas legere teneantur nisi continuatio capitulorum vel legum aliud fieri suadeat ipsorum in hoc conscientias per juramentum ab eis prestitum onerando. Nec super eis non legendis clamori scolarium condescendant. Odofred fündigte es noch als wichtige Neuerung an: legam etiam omnes glossas. Savigny III, 541.

[3]) Savigny hat hervorgehoben, daß mit dem Aufhören diefer Sitte, alfo etwa zugleich mit der befoldeten Profeffur im 14. Jahrhundert, nach diefer Seite hin die Verhältniffe von Bologna fich den heutigen näherten.

unserer Studenten und älter waren — in das spanische Kolleg wurde niemand aufgenommen unter 20 Jahren, für den Rektor forderte man ein Alter von mindestens 25 und eine Studienzeit von mindestens 5 Jahren. Aber es war keine Altersgrenze für die Immatrikulation bestimmt. Balbus war noch im Knabenalter ein Zuhörer des Bartolus, mit 15 Jahren hielt er bereits eine Repetitio[1]), und von anderen wird berichtet, daß sie mit 10 Jahren begannen, sich an den Dekretalen zu bemühen — aber in der Regel scheinen doch auch die einheimischen Studenten älter gewesen zu sein. Jedenfalls gaben die Knaben der Universität und ihrem Leben nicht das Gepräge. In Florenz hatten die Scholaren erst mit 18 Jahren Stimmrecht in den Versammlungen. Diese Ungleichheit der Vorbildung und des Alters erhielt sich im 14. und 15. Jahrhundert, wie sie im 13. und 12. bestanden hatte und sie bildete einen der Gründe, welche veranlaßten, daß die Professoren vielfach Hilfslehrer (repetitores) zur Seite hatten, um den Anfängern nach der Vorlesung das Verständnis des Durchgenommenen zu erleichtern und ihnen die Vorkenntnisse beizubringen[2]).

Ergänzungen aus Padua, Perugia und Florenz.

Die Statuten von Padua, Perugia und Florenz sind auf Grund der Statuten[3]) von Bologna hergestellt worden, aber so sehr auch Bologna das Muster bildete, so entwickelte sich doch an diesen Universitäten manches in eigentümlicher Weise und mancher Zug in dem Wesen der Stadtuniversitäten wird an diesen Orten deutlich, der in Bologna dunkel blieb. An Ansehen und Einfluß stand Padua Bologna am nächsten und hier gewann auch das Treiben der Scholaren eine Kraft und Bedeutung, die sich den Bewegungen vergleichen läßt, welche Bologna von Zeit zu Zeit erschütterten. Sie zerfielen ebenfalls in die zwei Universitäten der Ultramontanen und Citramontanen,

---

[1]) Savigny VI, 209 druckt die bezüglichen Belege sub 2 u. 3 ab. Balbus promovierte mit 17 Jahren, ib. 214.

[2]) Die Professoren, welche 1295 den oben erwähnten Kontrakt abschlossen, scheinen ein jeder mehrere Repetitoren gehabt zu haben, und in dem großen Kollegium zu Perugia, der sog. Sapienza, war den Repetitoren eine wichtige Thätigkeit zugewiesen. Rossi, Docum. Nro. 101. Estratto p. 85.

[3]) Siehe Beilage 1.

und diese gerieten 1287 über die Wahl eines Professors in so leidenschaftlichen Streit, daß die Ultramontanen sich durch einen Eid verpflichteten, Padua zu verlassen und vor Ablauf von zehn Jahren nicht wieder aufzusuchen, wenn die Stadt, die den Kandidaten der Citramontanen ernannt hatte, diesen nicht seiner Stelle enthebe und zehn Jahre lang nicht wieder ernenne[1]). Der Streit zeigt die Scholaren noch 1287 in dem Besitz des Rechts, die Professoren zu wählen, wie es der Vertrag mit Vercelli von 1228 zeigte, und es ist das unterscheidende Merkmal von Padua, daß die Stadt hierauf nicht eifersüchtig war und es noch in den Statuten des 16. Jahrhunderts bestätigte[2]).

Wie andere Städte, die noch kein geordnetes Studium besaßen, so hatte auch Perugia[3]) im 13. Jahrhundert mehrfach Lehrer unter-

---

[1]) Es war Jacobus de Arena. Die Scholaren fühlten bald, daß sie zu weit gegangen waren, und da ihr Eid sie hinderte, nachzugeben, so wandte sich die Stadt an den Papst mit der Bitte, sie des Eides zu entbinden. Mélanges d'archéologie et d'histoire (École française de Rome) IV année 1884 p. 53 (an. 1288): Petitio ... communis civ. Paduanae nobis exhibita continebat, quod in civitate ipsa de consuetudine obtinetur, quod doctores ibidem in civili jure regentes pro tempore a scolaribus in predicta civitate insistentibus studio litterarum communiter eligantur, et hujusmodi eorum electio per ipsius communis consilium approbatur.

[2]) Die Einrichtung wurde damit begründet, daß die Studenten die Professoren am besten beurteilen könnten. Statuta, Druck von 1551, Blatt 59. Lib. II, 1: Quonium nihil est quod magis augeat conditionem studiorum quam doctorum eccellentia, et quoniam doctorum famam melius noscunt scholares quam aliud hominum genus, idcirco statuimus: quod singulis annis per duos aut tres dies ante electionem novi rectoris, rector teneatur convocare consiliarios illius anni, qui absque intervallo aliquo teneantur eligere doctores, qui pro futuro anno lecturi sunt in hoc studio Paduano: et hujus electionis curam habeat rector et convocet consiliarios ... quibus convocatis proponat istas electiones fiendas esse, et eligantur doctores ad lecturas per ipsos consiliarios per biennium secundum formam senatusconsulti editi sub anno 1545. Dazu die nova constitutio Blatt 62 ff.

[3]) Rossi ist die Wissenschaft für die Herausgabe der kostbaren Sammlung von Urkunden verpflichtet, welche die Entwicklung der Universität wie kaum eine andere beleuchten. Sie erschienen in den Bänden IV—VI (1875—1877) des Giornale di Erudizione Artistica. Bis Nro. 200 sind sie auch in einem Separatabdruck erschienen, Estratto, den ich zumeist benutze. Die Nummer der Urkunden ist in beiden Ausgaben gleich, da die Nachträge auch in dem Estratto als Nachträge gegeben werden. 1883 u. 1886 ist eine Fortsetzung unternommen, aber wieder ins Stocken geraten. Neben Rossi hat sich der der Wissenschaft zu früh entrissene

Einzelne Lehrer von der Stadt unterstützt.

stützt, die von sich aus in der Stadt Vorlesungen veranstalteten, hatte namentlich Einladungen in die Nachbarorte versandt, welche den Scholaren, die ihre Vorlesungen in Perugia hören wollten, Sicherheit versprachen [1]). Dann und wann berief die Stadt auch einzelne Professoren und besoldete sie, aber es hing alles dies von dem wechselnden Willen der Bürger ab. So hatten sie 1296 den Scholaren den besonderen Schutz nicht oder nicht vollständig gewährt und als dann drei Rechtslehrer den Rat baten, daß er die fremden Scholaren von dem für die strafrechtliche Behandlung der Nichtbürger erlassenen Statut ausnehme und sie rechtlich wie Bürger behandle, da wurde dies Gesuch nicht bewilligt [2]). Dieser Vorgang zeigt, wie notwendig es für die Scholaren war, eine Korporation zu bilden, um sie vor den bei der Kleinheit dieser Stadt-Staaten doppelt heftigen Schwankungen der Meinungen und Interessen in den regierenden Kreisen zu sichern. Im Jahre 1301 bildeten die fremden Scholaren auch wirklich eine universitas und ein damals in Perugia schreibender Annalist berichtet dies mit den Worten: „In diesem Jahre begann in Perugia das Generalstudium" [3]).

Guido Padelletti (s. d. Nekrolog im Archivio giuridico XX) um Perugia verdient gemacht durch die im Archivio giuridico V, 494 ff., VI, 97 ff., VIII, 135 ff. publizierten Abhandlungen, die er dann zusammen mit den Statuten von 1457 auch selbständig erscheinen ließ unter dem Titel: Contributo alla storia dello studio di Perugia nel secoli XIV e XV (Documenti inediti per servire alla storia delle Università Italiane), Bologna 1872.

[1]) Der älteste bekannte Beschluß dieser Art ist von 1266, doch waren offenbar früher schon ähnliche gefaßt worden. S. Rossi, Giornale IV, 26. 1276, 21. Sept., trug der Podesta im Rat vor, daß ein Rechtslehrer in Perugia Vorlesungen halten wolle, falls der Rat einen Boten in die benachbarten Gebiete schicke, welcher Lernbegierige einlade und ihnen Sicherheit gegen Repressalien u. s. w. verkünde, daß also Bürger, welche von Bürgern der Heimatstadt eines Scholaren geschädigt waren, sich dafür nicht an den Scholaren erholen dürften. Zwei Tage danach trug der Podesta vor, daß auch ein Magister die artes lesen wolle, falls der Stadtbote, der die Scholaren zu den Vorlesungen jenes Juristen einlade, auch seine Vorlesungen ankündige und seinen Zuhörern die gleiche Freiheit und Sicherheit verspreche. Der Rat beschloß den Anträgen gemäß, aber mit dem Zusatz, daß Bürger von Fabriano und Cortona, mit denen Perugia damals heftige Gebietsstreitigkeiten hatte, ausgeschlossen bleiben sollten. Giornale IV, 349 Nro. I bis. Estratto p. 79.

[2]) Rossi zeigt in der Anm. zu Nro. 5 (Estratto p. 6 f.), daß es vermutlich erst einige Jahre später bewilligt wurde.

[3]) Archivio storico XVI, 1 (1850) p. 59: in questo millesimo si cominciò in Perugia lo studio generale. Der Annalist berichtet sonst nur Ereignisse wie

220   Die Anfänge von Perugia.

Die Korporation entstand natürlich nicht ohne Einwilligung der Stadt, wahrscheinlich auf Grund eines Vertrags, der zwar nicht erhalten ist, auf den jedoch eine Verhandlung von 1304 und ein Akt des Rats von 1306 einen Rückschluß gestatten. Aus ihnen läßt sich entnehmen, daß die Stadt teils bei Gelegenheit der Bildung der Korporation, teils in den folgenden Jahren 1) den Scholaren Privilegien sicherte, die im ganzen der Habita Kaiser Friedrichs entsprachen; 2) den Wechslern, welche den Scholaren Vorschüsse machten, als Entschädigung Freiheit von den städtischen Lasten gewährte; 3) mit den Scholaren zusammen Professoren erwählte und besoldete[1]). So war denn das Generalstudium thatsächlich im Gange, aber es trug noch nicht den Charakter einer dauernden Einrichtung und deshalb war auch die Scholarenkorporation nicht zu hindern, einer etwaigen Einladung in eine andere Stadt zu folgen. Da nun die

---

Tod und Wahl von Bischof, Papst und Kaiser, oder solche, welche die Straße füllten oder das Stadtgespräch bildeten, wie der Ausmarsch der Truppen, die Geschenke, welche den päpstlichen Legaten überreicht wurden u. dgl. Seine Angaben sind so speziell, daß sie nur von einem stadtkundigen Manne der Zeit herrühren können, und wir dürfen deshalb auch jene Angabe über den Beginn des studium generale nicht verwerfen und nicht abschwächen, soweit nicht zwingende Gründe vorliegen. Solche liegen aber nicht vor, vielmehr wird aus dem Jahre 1304 eine Verhandlung der Rektoren der Scholaren mit dem Magistrat von Perugia berichtet, welche zeigt, daß bereits vor diesem Jahre eine universitas scholarium unter gewählten Rektoren in Perugia bestand. Documenti des Secolo XIV Nro. 1 (Estratto p. 10): Supplicatur vobis, dominis prioribus artium civitatis Perusii, pro parte rectorum scholarium, quod proponatur in consilio majori: cum jam reformatum sit, quod doctores in jure et in loyca et gramatica eligantur.... Wenn aber der Annalist die Bildung der rechtlich anerkannten universitas scholarium als den Anfang des studium generale meldet, so gestaltet sich die Notiz zu einem Zeugnis, daß man damals in der Bildung einer solchen universitas und der, sei es von ihr ausgehenden oder durch ihr Dasein veranlaßten, Regelung der Studienordnung und der bis dahin nur gelegentlichen Mitwirkung der Stadt das wesentliche Merkmal eines Generalstudiums sah. Den Gegensatz bildeten in dieser Auffassung die Schulen einzelner Lehrer.

[1]) Bis zum Jahre 1304 galt die Abmachung nur betreffs der Wahl und Besoldung von Juristen, in diesem Jahre aber stellten die Rektoren der Scholaren an den Rat das Gesuch, daß in derselben Weise auch Professoren der Grammatik und der Philosophie berufen werden möchten. Der Rat beschloß demgemäß. Rossi, Doc. Nro. 1. 1304. Estratto p. 9 f. In dem Statut von 1315 verweist die Stadt direkt auf die Habita: habeant tres judices ad eorum electionem secundum quod continetur in autentica habita super hoc. Rossi Nro. 20. Estratto p. 38.

Bürger fürchteten¹), daß die glückliche Entwicklung des General=
studiums ebenso wieder unterbrochen werde, „wie ähnliche Anfänge
im Laufe der verflossenen Jahrzehnte wider ins Stocken geraten
waren", beschlossen sie 1306, daß in Perugia die Universität eine
„dauernde Einrichtung"²) sein solle. Zugleich wurde beschlossen, für
diese Lehranstalt von dem Papst die Privilegien zu erbitten, welche
derselbe den Generalstudien zu gewähren pflegte, aber man wartete
nicht auf dieselben, sondern bestimmte die Zahl der fremden Pro=
fessoren wie die Grundzüge der Verfassung und fügte dem Amtseide
der städtischen Behörden eine Formel hinzu, durch welche sie geloben
mußten, das Generalstudium zu erhalten. Die Stadt zweifelte nicht,
auch ohne päpstliches Privileg zur Errichtung des Studiums befugt
zu sein, und hielt nicht etwa die von ihr errichtete Lehranstalt für
eine Schule niederen Ranges, die erst durch das Privileg zu einem
studium generale zu erheben sei³).

¹) Rossi Nro. 3. 1306. Juni. Estratto p. 11: Ut studiorum in civitate
Perusii sepius inchoata principia laudabile medium optimumque finem
recipiant.
²) Rossi Nro. 3. 1306. Juni. Estratto p. 11 f.: Igitur priores artium ...
auctoritate ... eis concessa a consilio populi ... statuerunt et ordinaverunt
hoc statuto in perpetuum valituro: quod in civitate Perusii sit studium
continuum.
³) An drei Stellen spricht die Urkunde von dem Gesuch an den Papst.
Zuerst bezeichnet es die Stadt als die Bitte um die Gewährung (concessio) eines
studium generale. Sobann als die Bitte um die privilegia studii generalis,
d. h. um die Privilegien, welche ein studium generale zu haben pflegt, und zwar
sollten diese Privilegien für die Stadt erbeten werden. Es erinnert dies daran,
daß Bologna den anderen Städten das Recht bestritt, Schulen des römischen Rechts
zu haben, sowie an die Dispensationen, welche Kleriker und Mönche genossen, wenn
sie studierten, und daß es dabei für sie wichtig war, ob der Ort, an dem sie sich
studii causa aufhielten, als ein geeigneter Studienort nachzuweisen war. Das
war am einfachsten, wenn der Ort ein päpstliches Privileg hatte, sei es ein all=
gemeines, welches das studium anerkannte, sei es das besondere, daß die an
diesem Orte studierenden Kleriker im Genusse ihrer Pfründen bleiben sollten, oder
daß ihnen erlaubt sei, hier das ihnen im allgemeinen verbotene römische Recht zu
studieren u. s. w. Daß mit privilegia studii generalis diese Vorteile gemeint
waren, zeigt eine dritte Stelle der Urkunde ib. p. 13: Insuper constituatur ...
sindicus ... ad petendum et impetrandum a s. pontifice et a dominis
cardinalibus et maxime ab illis, quibus ... negotium totum super petitione
privilegiorum studii generalis ... est commissum, quod petitio communis
Perusii circa concessionem dictorum privilegiorum et eorum, que ex ipso

222   Bedeutung des päpstlichen Privilegs.

Die Stadt erhielt[1]) die Bulle erst im dritten Studienjahre seit jenem Beschluß und hatte in dieser Zeit die Anstalt mit den Scholaren weiter entwickelt, ohne daß auch selbst in der Ratssitzung, in welcher (Februar 1309) über das Ausbleiben des päpstlichen Privilegs verhandelt wurde, ein Bedenken über die rechtliche Grundlage der Anstalt aufgestiegen wäre. Die Bulle ist der Form nach ein Stiftungsbrief, als ob in Perugia noch kein Generalstudium bestehe; aber thatsächlich bildete sie die Anerkennung des bestehenden Studiums in der Form einer Errichtung desselben[2]). Diese Bedeutung tritt noch deutlicher hervor durch die Thatsache, daß sich Perugia[3]) im Jahre 1317 bei Papst Johann XXII. aufs neue

---

studio dependeant, executioni mandetur et generaliter ad petendum et impetrandum omnia, que ad studium generale sunt necessaria et oportuna... Diese Umschreibung erläutert den früheren Ausdruck privilegia studii generalis und damit zugleich die erste Fassung der Bitte, welche von der Gewährung eines Generalstudiums spricht.

[1]) Rossi (IV. 56 Nro. 4) löst das Datum IV Id. Sept. Pontificatus nostri anno tertio mit 1307, 8. Sept., auf. Denifle zeigt S. 538, Note, 245, daß es 1308 heißen muß. Daß die Bulle erst Ende Februar 1309 eintraf, zeigt Rossi in der Note zu Nro. 4. Estratto p. 15.

[2]) Rossi Nro. 4, Estratto p. 15: apostolica auctoritate statuimus, ut in civitate predicta sit generale studium illudque ibidem perpetuis futuris temporibus vigeat in qualibet facultate.

[3]) Den Anlaß dazu gab, daß sich jemand erbot, der Stadt für 1000 Goldgulden privilegia studii et conventus zu verschaffen, und man ging darauf ein, weil man durch neue Privilegien dem Studium größere Sicherheit und größere Zugkraft zu geben hoffte. Der Rat hielt die Sache nicht eben für nötig und zauderte anfangs, den Vorschlag anzunehmen, obschon das Opfer doch nicht so groß war im Verhältnis zu den Ausgaben, welche die Stadt sonst für die Universität brachte, und obschon die Stadt erst zahlen sollte, wenn der Makler die Privilegien lieferte. Die Entscheidung wurde einer Generalversammlung der Zunftmeister und Kämmerer (gegen 300) überlassen und auch in dieser stimmten einige dagegen. Giornale IV, 186. Estratto p. 47. Das Privileg dagegen, das Johann XXII. dann dem Makler überließ, macht den Eindruck, als wolle es einen Mangel des Privilegs von 1308 ergänzen, als fehle Perugia das Promotionsrecht; in der Wendung, die Stadt sei uberioris gratine dono würdig, scheint sogar eine ausdrückliche Behauptung derart zu liegen. Jedenfalls aber würde damit immer nur die Ansicht Johanns XXII gegeben sein, nicht die der Städte, auch nicht die der früheren Päpste. In keiner Weise läßt sich behaupten, daß Clemens V. 1308 der Stadt Perugia ein unvollständiges Privileg geben, daß er der Schule zu Perugia den Charakter eines studium generale nur in beschränkter Weise zuerkennen wollte. Seine Absicht ist unzweideutig: er erkannte Perugia an als ein studium

um dieses Privileg bewarb und dann noch ein drittes Mal bei Kaiser Karl IV¹). Es braucht nicht erst gesagt zu werden, daß dies nicht geschah, weil die Stadt glaubte, das päpstliche Privileg bedürfe der kaiserlichen Bestätigung, und auch der Kaiser erkannte an, daß bereits ein studium generale in Perugia bestehe. Trotzdem gab er der Stadt eine Konzession (concedimus), ein Privileg zur Errichtung oder zum Besitz eines Generalstudium, als ob sie erst noch der Erlaubnis dazu bedürfe, und ebenso verlieh er ausdrücklich das Recht, die akademischen Grade und im besonderen die Doktorwürde zu verleihen, als ob dies bis dahin nicht hätte geschehen können. Unzweideutig ergibt sich hier der Sinn, in welchem derartige Konzessionen von Kaiser und Papst erbeten wurden.

Bei Begründung des Studiums 1306 erließ die Stadt die Grundzüge einer Verfassung desselben und hat dann im Laufe der Zeit, abgesehen von einzelnen Bestimmungen, noch mehrfach (1315, 1342, 1366 und 1389) umfassendere, eine Reihe von Abschnitten zählende Verordnungen über das Studium erlassen und in das städtische Statutenbuch aufgenommen. In Perugia und ähnlich in Florenz, in Padua, Bologna²), Siena und anderen Orten traten solche

---

generale. das in allen Fakultäten vigere, d. i. sich entfalten sollte, und dazu gehörte auch die Vornahme von Prüfungen und Verleihung der licentia docendi.

¹) Rossi, Docum. Nro. 96. Estratto p. 69 f. 1355: predicte civitati Perusine et ejus populo generale perpetuum et gratiosum studii generalis privilegium Imperiali auctoritate damus et concedimus ... statuentes de plenitudine Imperatorie potestatis: ut civitas predicta hac nostra presenti Imperiali concessione soffulta privilegio generalis studii perpetuo gaudeat et utatur. possitque ejusdem civitatis episcopus ... de consilio doctorum et magistrorum studii, servatis ordine et stilo in eodem studio servari consuetis. illis. quos ad hoc ydoneos ac benemeritos reperit, legendi licentiam indulgere, licentiare et nichilominus ad doctoratus apicem promovere, honorem kathedre et cetera quevis doctoratus insignia tribuendo. Wenn aber also aus diesen Gesuchen der Stadt nicht geschlossen werden darf, daß die Stadt sich nicht für befugt gehalten hätte, ohne solche Privilegien das Studium einzurichten: so ist doch die Thatsache beachtenswert, daß die Stadt sich bei Papst und Kaiser um solche Privilegien bemühte. Vercelli 1228, Padua 1261, Siena 1275, Reggio 1270—76, Arezzo u. a. haben es in dem gleichen Falle nicht gethan.

²) Sarti hatte in dem Appendix die wichtigsten Rubriken veröffentlicht, jetzt haben wir das Statutenbuch selbst in der prächtigen Ausgabe von Luigi Frati in den Documenti istorici pertinenti alle provinci di Romagna. Statuti di Bologna, 3 Bde. 1869 u. 1877.

von der Stadt erlassenen Universitätsstatuten neben die von den Scholaren beschlossenen Statuten. Sie waren nicht so vollständig, auch nicht so systematisch angelegt wie die von den Scholaren und ihren Kommissionen ausgearbeiteten Statuten, behandelten mehr nur einzelne Punkte, aber es waren oft die allerwichtigsten und zwar aus allen Gebieten[1]). Auch die Lehrordnung unterlag diesem städtischen Verordnungsrecht. Wo die städtischen Statuten anders verfügten als die Scholarenstatuten, mußte regelmäßig das städtische Statut als maßgebend angesehen werden, denn auch die Scholarenstatuten erlangten Rechtskraft erst durch die Genehmigung seitens der Stadt[2]). Die Verordnung von 1306 bestimmte, daß sechs Juristen (vier Legisten, zwei Kanonisten), ein Mediziner, ein Grammatiker und ein Logiker anzustellen seien, und daß von den Juristen wenigstens drei fremde (forenses) sein sollten, „denn durch fremde Gelehrte wird das Studium besser erhalten als durch Bürger". Der Grund dieser wichtigen und in den späteren Jahren bald modificierten, bald wieder energisch durchgeführten Maßregel lag darin, daß den Vetterschaften leicht zu sehr nachgegeben wurde, wenn Bürger zu diesen ehrenvollen und einträglichen Stellen berufen werden konnten[3]). Sie kehrt auch in anderen Städten wieder und bildet einen charakteristischen Unterschied derselben von Bologna, wo man die Fremden sogar von den ordentlichen Vorlesungen ausschloß. Bologna glaubte solcher Stützen nicht zu bedürfen.

Die Wahl der Professoren sollte durch die Scholaren erfolgen unter Mitwirkung von wenigstens sieben Prioren der Stadt, und diese Professoren waren nicht Mitglieder der Scholarenkorporation, sondern im Dienst der Stadt[4]), aber sie hatten Anteil an den Privi-

---

[1]) Rossi Nro. 3, an. 1306. Estratto p. 13. Perugia gewährt: rectores habeant illud officium et illam potestatem, quam habent rectores in studiis generalibus. ib. Nro. 65, an. 1342. Estratto p. 18: secondo ei ponte quagle se servano allo studio di Bolongna. Dies wörtlich, nur in lateinischer Sprache, wiederholt 1366. Rossi Nro. 148. Estratto p. 113.

[2]) Diese städtischen Statuten von Perugia, Padua u. s. w. haben, wie es die Natur der Sache mit sich brachte, ebenfalls vielfach gleichartigen Inhalt, auch richteten sich die Städte wohl nacheinander, sogar mit ausdrücklicher Beziehung (s. vorige Note), aber es herrscht unter ihnen nicht eine derartige Verwandtschaft, wie unter den Scholarenstatuten dieser Städte.

[3]) Rossi Nro. 3, 1306, p. 13: cum melius per forenses doctores quam per cives studium et lectura conservetur et continuetur.

[4]) In servitio civitatis ist der in den Urkunden mehrfach begegnende Aus-

legien der Korporation und waren verpflichtet, den Anordnungen der Rektoren Folge zu leisten und der von den Scholaren aufgestellten Studienordnung gemäß zu lesen. Die stadtbürtigen Scholaren gehörten ebenfalls nicht zu der Korporation, waren aber den von ihr aufgestellten Statuten unterworfen und hatten viele Beziehungen zu ihr, sie waren die Kameraden [1]) der fremden Scholaren.

Das studium generale wurde als eine städtische Anstalt und als ein Glied der städtischen Verwaltung gedacht, aber den Scholaren blieb immer doch ein wesentlicher Anteil an der Leitung desselben. Die Bestimmungen, wann und in welchen Abschnitten gelesen werden sollte, die Vorschriften über Repetitionen und Disputationen u. s. w. wurden von dieser Korporation und ihren Rektoren geregelt. Die Stadt pflegte die Professoren bei der Berufung zum Befolgen dieser Ordnungen zu verpflichten und durch dieselben an die Rektoren zu verweisen [2]). Freilich griff die Stadt oft auch in diese Dinge ein [3]).

---

druck. Bei der Stadt hatten sie Urlaub nachzusuchen, und die Stadt sicherte sie gegen ungesetzliche Konkurrenz. Rossi Nro. 46. Estratto p. 70. Nicht etwa der Magistertitel hinderte die Teilnahme an der Korporation. Die Scholaren der Medizin waren 1339 sämtlich Magister. S. die Matrikel Rossi Nro. 64.

[1]) Rossi Nro. 30, 1319, Febr.: supplicant ... scolares legentes sive studentes in civitate Perusii. Der Ausdruck studentes umfaßt bisweilen docere wie discere, hier steht er wie der heutige Begriff Studenten. Nach dieser Urkunde vereinigten sich im Jahre 1319 alle Scholaren zu einer Beschwerde darüber, daß die von der Stadt besoldeten Professoren auch von den stadtbürtigen Scholaren Honorar forderten. Sie baten ferner um ein Statut, das diesen scholares cives die Freiheit von allen Leistungen sicherte, welche die universitas scholarium ihren Genossen auflegen würde. Es baten also die Scholaren der universitas, ihnen selbst zu verbieten, die stadtbürtigen Scholaren zu den Leistungen ihrer universitas heranzuziehen. Sie wollten ihren aus der Stadt stammenden Kameraden offenbar eine Sicherheit geben, daß sie nicht von der universitas, in der sie keine Stimme hatten, belastet würden, und sie begründeten auch ihre Eingabe mit der Erwägung, daß diese Bestimmungen notwendig seien, um die Bürger zur Teilnahme an dem studium heranzuziehen.

[2]) Rossi Nro. 148. Näheres S. 229.

[3]) So hatte sie dem Magister Osbert von Cremona bei der Berufung zugesichert, daß kein anderer mit ihm in der bezüglichen Vorlesung konkurrieren dürfe als Magister L., wie denn an den kleineren Universitäten eine Beschränkung der Konkurrenz ebenso notwendig war, wie das Zahlen von Gehältern, und da sich Magister Osbert trotzdem über weitere Ankündigungen dieser Vorlesung beschweren mußte, so erließ die Stadt ein Verbot, jene Lektura ordinarie zu lesen, untersagte den Scholaren bei Strafe, solche Vorlesungen zu besuchen, und beauftragte die

Das Zusammenwirken mit der Scholarenkorporation zeigen Verhandlungen aus den Jahren 1314 und 1315. Die Scholaren trugen der Stadt vor, daß gewisse Bücher in Perugia nicht gelesen würden, welche zu dem Lehrplan der Generalstudien gehörten, und daß also Perugia ein studium imperfectum sei. Die Prioren beschlossen die fehlenden Lehrer zu berufen und erließen zugleich jene oben erwähnte Generalverordnung über das Studium, welche zwar in der Hauptsache die von 1306 erneuerte, aber die Wahl der Professoren den Stadtbehörden allein zuwies [1]). Als nun diese aber trotzdem 1319 einen Professor erwählten, da erklärten die städtischen Prioren dies für ungehörig, beschlossen aber doch den von den Scholaren Erwählten anzuerkennen und ihm ein allerdings niedrig gegriffenes Gehalt zu zahlen. Indessen fand dieser Beschluß eifrige Gegner und in einer folgenden Sitzung wurde die Wahl der Scholaren aufgehoben [2]). Die Stadt zeigte den Scholaren neben solcher Eifersucht freundliches Entgegenkommen und brachte mancherlei Opfer für das Studium [3]), das durch die großen Juristen Bartolus und Baldus schnell einen Weltruf gewann. Es ist aber für alle Zeiten lehrreich, daß trotz dieses Weltrufs der Besuch der Universität oft recht schwach war, und daß es auch nichts half, daß die Stadt 1379 ihren Bürger Baldus von seinem damaligen Lehrstuhl in Padua zurückrief, denn 1385 war das Studium so gesunken, daß die Behörde fürchtete, auch Baldus werde dem Rufe einer anderen Stadt folgen und deshalb verfügte, Baldus dürfe bei Strafe des Vermögens und der Freiheit unter keinerlei Vorwand die Stadt ver-

---

Rektoren, solchen Scholaren auf beliebige Zeit den Besuch von allen Vorlesungen zu verbieten. Rossi Nro. 46. Estratto p. 70 f.

[1]) Rossi Nro. 20, 1315, hat die 1306 (Rossi Nro. 3) erwähnte Mitwirkung der Scholaren nicht mehr und Nro. 21 zeigt, daß die Stadt allein wählte. Dazu Nro. 32, 1319.

[2]) Rossi, Anm. zu Nro. 32. Estratto p. 54: perchè fatta contro le leggi dello studio.

[3]) Zu den festlichen Turnieren aus Anlaß der Doktorpromotionen zahlte sie wiederholt die Kosten für die Lanzen, schickte Kommissionen aus, um tüchtige Professoren zu gewinnen u. s. w. Doc. 48—51. Aus dem Jahre 1339 ist die Matrikel erhalten; in der juristischen Fakultät nennt sie 7 Professoren und 119 fremde Scholaren, die jedoch bis auf 11 Deutsche und Böhmen und einige andere sämtlich aus Italien stammten. Die Mediziner waren 3 Professoren und 23 Scholaren. Die Artisten hatten offenbar nur einheimische Scholaren.

laſſen und ihn ſchwören ließ, daß er bleiben werde ¹). Ein neues Moment brachte 1362 die Gründung eines Kollegs, das 50 Scho‑ laren (20 Legiſten, 24 Kanoniſten und 6 Theologen) für ſechs Jahre freien Unterhalt gewährte. Die Theologen ſollten die Vorleſungen der Kloſterſchulen beſuchen, die Juriſten die des Generalſtudiums, und ſie mußten ſich verpflichten, in Perugia zu promovieren. Ihr Verhältnis zu der Scholarenkorporation wurde wieder von der Stadt geregelt und zwar ſo, daß ſie gehalten waren, ſich an den Feſtlich‑ keiten des Studiums zu beteiligen, aber, wie es ſcheint, von der Gerichtsbarkeit des Rektors ausgenommen waren ²).

Der Rektor ³) hatte ſonſt die Gerichtsbarkeit über die Scholaren wie über die Profeſſoren, er ſollte auch eine allgemeine Aufſicht über ſie führen und im Falle des Ungehorſams gegen ſeine Anordnungen konnte er die Profeſſoren durch Geldſtrafen zwingen, deren Höhe ſeinem Ermeſſen freigeſtellt war. Fand er Widerſtand, ſo hatte die ſtädtiſche Behörde auf ſein Erſuchen einzuſchreiten und die wider‑ ſpenſtigen Profeſſoren oder Scholaren zum Gehorſam zu zwingen ⁴). Der Rektor wurde ferner verpflichtet, alle acht Wochen die Thätigkeit aller Profeſſoren zu inſpizieren, und wenn er fand, daß ſie die Lehr‑ ordnung der Univerſität oder die bei ihrer Berufung eingegangenen Verpflichtungen nicht erfüllten, ſo hatte er darüber an die ſtädtiſche Behörde, welche das Gehalt zu zahlen hatte, ſchriftliche Mitteilung zu machen. Außerdem war dieſe Behörde ſelbſt noch verpflichtet, vier Wochen vor dem Zahltage bei den Zuhörern der Profeſſoren

---

¹) Rossi Nro. 225, 227 und 228.
²) Rossi Nro. 101 p. 87, Nro. 148 p. 115, Nro. 240 p. 320.
³) Ordinamenta studii von 1366. Rossi Nro. 148, Rubr. 276 p. 113 und Rubr. 312 p. 118. An letzter Stelle werden die Lehrer der Knabenſchulen neben den anderen Doktoren aufgezählt und p. 114 heißt es: quod doctores omnes ... etiam non legentes et alii salariati, dummodo salarium recipiant a comuni, teneantur ... rectori dicti studii in licitis et honestis hobedire et habeat ... jurisdictionem puniendi et multandi predictos doctores (nach ſeinem Gutdünken) et ... eandem jurisdictionem possit exercere in omnes scolares (alſo auch die ſtadtbürtigen) dicti studii cujuslibet facultatis exceptis grammaticis. Die Stadt rechnete alſo in weſentlichen Beziehungen alle Schulen der Stadt zu dem studium generale — im Etat und in dieſer Ausdehnung der Aufſicht des Rektors — und näherte ſich damit trotz aller ſonſtigen Verſchiedenheiten Anſchauungen, wie ſie ſpäter in der Université de France verwirklicht wurden.
⁴) Ordinamenta von 1366 a. a. O. S. 114: realiter et personaliter.

Erkundigungen einzuziehen, ob der Professor seine Pflicht erfüllt hätte¹).

Der Rektor war trotz seiner Wahl durch die Scholaren mehr und mehr ein städtischer Beamter geworden und erhielt auch Gehalt von der Stadt. Die Stadt bestimmte, daß er nur auf ein Jahr und erst nach einer Pause von drei Jahren wieder wählbar sei²). Dieselbe stellte ihm ihre Beamten zur Ausführung seiner Befehle zur Verfügung und nahm ihn in Strafe, wenn er seine Pflicht nicht erfüllte³).

Nach dem städtischen Statut von 1366 sollte das Studium sechs juristische und fünf medizinische Lehrstühle⁴) haben, dazu noch je

---

¹) Ordinamenta von 1366. Rossi Nro. 148, Rubr. 312, Estratto 121. Das städtische Statut von 1389 regelte dies noch genauer und verbot den Stadtrechnern, den Professoren Gehalt auszuzahlen, ohne die doppelte Bescheinigung des Podesta und des Rektors, daß die Professoren den Statuten gemäß ihre Pflicht erfüllt hätten, und damit Podesta und Rektor dies bescheinigen könnten, hatten die Professoren 14 Tage vor Weihnachten vor dem Rektor zu erscheinen und durch das Zeugnis von sechs (oder drei) ihrer Zuhörer den Nachweis zu führen. Ordin. Rubr. 92, p. 314: Quilibet tamen doctor et magister sic electus et conductus quolibet anno ... per XV dies ante festum nativit.... teneatur facere fidem de sua lectura, ad quam deputatus est per dictos sapientes coram collacterali domini potestatis vel domini capitanei civitatis Perusii et coram rectore dicti studii vel ejus locum tenente per sex scolares secum intrantes (welche bei ihm hörten), ... exceptis doctore decretorum et doctore voluminis et medico cyrusico ... quibus sufficiat probare de eorum lectura ad quam deputati sunt per tres scolares secum intrantes. Dazu ib. p. 316.

²) Ordin. v. 1389. Giorn. VI, 317.

³) Außerdem regelte die Stadt die Formen und Kosten der beiden Examina: des privatum wie des publicum, das ist der feierlichen Promotion. Anlaß bot die Erwägung, daß viele Scholaren in Perugia ihre Studien machten, aber wegen der großen Kosten zum Examen andere Orte aufsuchten. Ordin. von 1389. Rubr. 93. Giornale VI, p. 318. Noch bedenklicher klingt, daß die Stadt 1366 ein besonderes Statut gegen den Mißbrauch der Amtsgewalt im Examen erlassen mußte. Der Bischof sollte ersucht werden, die Exkommunikation über jeden Professor zu verhängen, der beim Examen eines Doktoranden gegen seine bessere Ueberzeugung für nicht bestanden votiere. Von solcher Sentenz solle ihm keine Absolution werden, wenn er nicht dem Geschädigten entsprechenden Ersatz leiste und der Stadt Perugia 100 Gulden zahle. Rubr. 312. Estratto p. 120. Man sieht förmlich, wie die Stadt dahin gedrängt wurde, den Kreis ihres Einflusses auszudehnen.

⁴) Den Scholaren wurde in dem Statut von 1389 bei der Wahl der Pro-

einen für Philosophie und Astrologie und einen für Notariatskunde. Einige derselben sollten doppelt besetzt, für alle aber ein fester Gehaltssatz aufgestellt werden, der nur dann überschritten werden dürfe, wenn es gelte, einen hervorragenden fremden Gelehrten zu gewinnen. Ferner wurde bestimmt, daß kein Professor über ein anderes Buch lesen dürfe, als wofür er berufen sei, ausgenommen mit Erlaubnis des Rektors und der Kommission.

Zu den besoldeten Stellen durften nur solche Professoren gewählt werden, welche die Doktorwürde erworben hatten, mit Ausnahme der Lehrer der Grammatik, des Chirurgen und des Mathematikers[1]. Bei der Berufung wurde den Professoren oft gleich im Kontrakt die Pflicht eingeschärft, die Vorschriften der Studienordnung zu befolgen, die Abschnitte einzuhalten, das Buch zu beenden, sorgfältig zu lesen und so, daß die Scholaren sie verstehen könnten[2].

In derselben Weise hat Florenz[3] 1321, dann wider 1348 durch Beschluß des Rats ein Generalstudium gegründet und dazu Privilegien des Papstes und darnach noch des Kaisers erbeten, ohne aber auf den Empfang dieser Privilegien zu warten und ohne sich andererseits durch den Besitz eines päpstlichen Stiftungsbriefs abhalten zu lassen, auch noch vom Kaiser die Erlaubnis zur Gründung eines Generalstudiums und das Promotionsrecht zu erbitten. Als dann anfangs des 15. Jahrhunderts das Studium eingegangen

---

fessoren eine eigentümliche Mitwirkung gestattet. Rossi Nro. 242 in der neuen Serie des Giornale 1883, Rubr. 121. Näher ist hier nicht darauf einzugehen.

[1] Ordinam. von 1389, Rubr. 92. Giornale VI, 315.

[2] Giornale IV p. 326 Nro. 51 a. 1323. Giornale V p. 356 Nro. 79. 1351, 21. Juni, ward der Doktor Angelus von der Stadt electus, vocatus et nominatus ... ad legendum in civitate Perusii in studio Perusino librum juris civilis, qui appellatur volumen. Er gelobt secundum morem consuetum in studio Perusino zu lesen, et bene legaliter et studiose et ad intelligentiam scolarium volentium audire lecturam dicti libri et intrare cum ipso domino Angelo (technischer Ausdruck für „Vorlesung besuchen") et continuare ipsam lecturam et perficere cum omni studio et industria sua, et se non absentare a civitate P. ... sine licentia dominorum Priorum Artium civitatis Perusii. Vgl. Nro. 90, 80, 81 und 87.

[3] Gherardi u. Morelli, Statuti della università e studio Fiorentino (Documenti di storia italiana per le provincie di Toscana T. VII) 1881 bieten einen reichen Schatz von Urkunden, sie leisten für Florenz, was Rossi für Perugia. S. 107, 111 und 185 stehen die Protokolle der Ratssitzungen.

war, entschloß sich Florenz 1412 es aufs neue zu gründen und dies=
mal ohne zugleich einen päpstlichen oder einen kaiserlichen Stiftungs=
brief einzuholen ¹). In Florenz hielt man wie in Perugia diese
Briefe für eine wünschenswerte Unterstützung, aber nicht für die
unentbehrliche Rechtsgrundlage des Studiums, und das war in
Italien überhaupt die herrschende Meinung. Statuten der Scholaren=
korporation sind von 1388 erhalten. Es wurde eine Kommission
von je einem Doktor und zwei Scholaren aus den drei Fakultäten
der Kanonisten, Zivilisten und Mediziner gewählt, welche zusammen
mit dem Rektor die veralteten Statuten den Bedürfnissen gemäß
umgestalten sollte. Stimmrecht hatten nur die Scholaren, welche
18 Jahre alt und darüber waren und das Examen (sei es mit, sei
es ohne feierliche Promotion) noch nicht bestanden hatten, aber nicht
bloß die fremden, sondern auch die ortsbürtigen. Darin lag ein
Gegensatz gegen die Universitäten Bologna, Padua und Perugia,
mit deren Statuten die Florentiner sonst eng verwandt sind. Die Zahl
der fremden Scholaren war vermutlich zu klein, um eine lebens=
fähige Korporation zu bilden, aber wenn die Scholarenkorporation in
Bologna u. s. w. entstand, weil die fremden Scholaren in einer Kor=
poration Ersatz für den Schutz des Bürgerrechts suchten, so schien
im 14. Jahrhundert, als Florenz sein Studium errichtete, eine Scho=
larenkorporation so notwendig dazu zu gehören, daß man sie unter
Zuziehung der studierenden Bürger bildete. Insofern wurde jedoch
das Muster von Bologna festgehalten, als der Rektor nur aus den
fremden Scholaren gewählt werden sollte. Er mußte die niederen
Weihen ²) empfangen haben, durfte aber keinem Orden angehören.

---

¹) Wo man einen solchen Stiftungsbrief für nötig erachtete, erbat man ihn auch bei Erneuerungen und Verlegungen an andere Orte. Kaiser Sigismund gab deshalb dem Herzog von Savoyen in dem Stiftungsprivileg für Turin zugleich das Recht, das Studium, wenn nötig, an einen anderen Ort der Diözese zu ver= legen: liberam facultatem et potestatem plenariam dictum studium pro ejus et suorum heredum arbitrio libere commutandi et transferendi a dicta civitate Taur. ad alium locum ecclesiae et dioecesis. 1412. Abgedruckt in Statuta venerandi collegii Jurisconsultorum Augustae Taurinorum. Taurini 1614 p. 59 f.

²) Auch dies nach dem Vorgange von Bologna. Stat. von 1347 I, 2. Archiv III, 257: qui sit scolaris clericus non conjugatus et habitum defferens clericalem et qui nullius religionis professus existat. Ebenso die Statuten von 1432. Savigny hatte III, 190 dies clericus nicht mit „Geistlicher" übersetzt.

Promovierte der Rektor während seines Rektorats, so mußte er sich in einer anderen Fakultät als Scholar einschreiben lassen. Alle Fakultäten bildeten gemeinsam eine universitas, und regelmäßig sollte bei der Wahl des Rektors ein Wechsel zwischen Kanonisten, Legisten und Medizinern, zu denen auch die Philosophen gehörten, stattfinden, doch mußte der Mediziner, wenn er nicht früher in jure studiert hatte, einen Juristen zu seinem Gehilfen ernennen. Der Gewählte mußte annehmen, wenn er nicht triftige Gründe hatte; 15 Scholaren, je 5 aus den drei Fakultäten wurden ihm als Beirat (consiliarii) gegeben [1]). Er hatte die Gerichtsbarkeit, die Ueberwachung der Scholaren wie der Professoren, der Buchhändler und Buchschreiber, die Entscheidung der Zweifel bei Immatrikulationen, z. B. darüber, ob ein Bürger, der sich immatrikulieren ließ, als wirklicher Scholar zu betrachten sei oder nur die Privilegien der Scholaren erschleichen und sich der Steuer entziehen wolle, er hatte die Versammlungen der Korporation zu leiten, die Kommissionen für den Lehrplan zu ernennen, seine Befolgung zu erzwingen, auch Professoren und Pedelle nötigenfalls zu bestrafen; kurz er hatte die Aufsicht über das Studium und zwar einmal im Auftrag der Scholarenkorporation, die ihn erwählte und deren Syndiken er beim Rücktritt Rechenschaft zu leisten hatte, aber zugleich im Auftrag und unter der Gewalt der Stadt. Der Einfluß der Stadt machte sich in dieser wie in jeder anderen Beziehung übermächtig geltend, auch das Recht, die Professoren zu wählen, welches die Scholaren anfangs geübt hatten, ging an sie über [2]).

---

aber die Vergleichung mit den Statuten von Perugia und Florenz beseitigt jeden Zweifel. Padelletti zeigte dies S. 34 f. und nach ihm Denifle S. 189 f.

[1]) Dieser Einfluß der Fakultäten steht im Gegensatz zu Bologna.

[2]) In den Statuten von 1388 sagen die Scholaren, sie hätten beschlossen, dies Wahlrecht den Beamten der Stadt zu überlassen, denn sie seien überzeugt, daß von diesen klugen und tüchtigen Männern das Studium besser versorgt werde, „als ein Mensch sagen und ausdenken könne". Sie nennen sie dabei „ihre Väter, besonderen Freunde und Schutzherren". Die Ueberschwenglichkeit des Ausdrucks verrät schon, daß die Scholaren sich hier einem Zwange fügten. Gherardi und Morelli p. 50: Quorum omnium doctorum et magistrorum electionem pro meliori et majori universitatis commodo et honore in totum ... relinquimus in manibus et prudentia nobilium officialium ... patrum singularium ... quorum virtutibus et prudentia certi sumus multo melius ... hoc studium reformari quam a quocumque hominum dici et excogitari posset.

Die Doktorenkollegien.

Die Doktorenkollegien hatten in Perugia[1]), Florenz und den anderen Orten fast nur als Promotionsbehörden größeren Einfluß, selbst die Kommissionen zur Feststellung der Abschnitte der juristischen Vorlesungen wurden regelmäßig aus den Scholaren gebildet. Eine Ausnahme machte jedoch vielfach das Doktorenkolleg der theologischen Fakultät. In Florenz z. B. vollzog sich die Bildung derselben wesentlich durch die Bildung eines Doktorenkollegs, das dann auch die Lehrordnung für „das Gesamtstudium in dieser Fakultät" entwarf

---

[1]) Ueber die Doktorenkollegien von Perugia bieten die bisher veröffentlichten Urkunden wenig. Siehe Rossi Nro. 148, Estratto p. 120, und Statuta II, 23 bei Padelletti p. 105 und vor allem Giorn. VI, 367 die Verhandlung des Rats über das Gesuch der in der Stadt thätigen Aerzte um die Erlaubnis, ein Kollegium zu bilden: Cum pro parte medicorum civium et forensium ... fuerit ... postulatum, ut tam pro honore civitatis quam studii Perusini ... reformetur (beschlossen werde), quod medici tam doctorati quam non doctorati practicantes in civitate et comitatu Perusii possint et eis liceat collegium facere prioremque collegii eligere, prout et quemadmodum actenus observatum esse asseritur in aliis famosis et regalibus civitatibus, in quibus studia vigent generalia: quod videtur ... Also die Professoren der Medizin zusammen mit den anderen Aerzten baten die Stadt um die Erlaubnis, ein Kollegium zu bilden, und begründeten dies Gesuch mit dem Hinweis, daß dies in allen Städten üblich sei, welche Generalstudien hätten, und daß das der Stadt und dem Studium zur Ehre gereichen werde. Das Kollegium hatte zunächst die Interessen des ärztlichen Standes im Auge, und die Stadt glaubte bei Erteilung der Erlaubnis einem Mißbrauch in dieser Richtung entgegentreten zu müssen. Sie verbot einmal allgemein alle Beschlüsse, welche der Stadt oder einzelnen Personen Schaden bringen könnten, sodann im besonderen jedes Statut, das den Aerzten, welche nicht Mitglieder werden wollten, die Praxis untersage, oder das den Kranken verbiete, den Arzt zu wechseln, oder den Aerzten verbiete, dem Rufe eines Kranken zu folgen, den bereits ein anderer in Behandlung genommen habe. Andererseits aber war das Kollegium doch auch mit der Universität verbunden und mit Rücksicht auf sie gegründet worden. Wie sich das im einzelnen gestaltete, ist hier nicht zu untersuchen, aber im ganzen bietet dies Kollegium wieder ein Beispiel derjenigen Korporationen, welche die Universität mit der Stadt, ihrer Behörde und verschiedenen Interessenkreisen innerhalb der Bürgerschaft verknüpften und den ihrer ganzen Verfassung zu Grunde liegenden Charakter einer städtischen Anstalt verstärkten. So sehr sich seine Entstehung und Bildung von dem Collegium Bononiense unterscheidet, in dem Punkte stimmten sie überein.

und zwar im Auftrage der Stadt[1]), und wesentliche Aufgaben erfüllte, die bei den Juristen und Artisten von der Scholarenkorporation besorgt wurden. Auf diese Einrichtung der theologischen Fakultät hatte vielleicht das Muster von Paris Einfluß, das sich um so leichter geltend machen konnte, weil die Theologie an den italienischen Universitäten lange Zeit den Klosterschulen überlassen wurde. Sie verstärkten das wissenschaftliche Leben der Stadt, unterstützten die städtische Universität vielfach auch direkt, indem sie derselben ihre Räumlichkeiten für die feierlichen Akte liehen, oder dienten als Archiv, aber rechtlich standen sie mit ihr nicht im Zusammenhang. In Bologna wurde ein Generalstudium in der Theologie oder, wie wir sagen würden, eine theologische Fakultät erst 1360, also weit über hundert Jahre nach der juristischen Fakultät eingerichtet, ähnlich in Padua, Perugia u. s. w.

Wenn diese Verhältnisse aber auch erklären, daß die theologische Fakultät in Florenz u. s. w. eine andere Verfassung gewann, so bleibt diese Thatsache doch ein Beweis, daß es mit den an diesen Stadtuniversitäten Italiens herrschenden Anschauungen keineswegs unvereinbar war, den Professoren in ähnlicher Weise wie in Paris diejenige Leitung der Anstalt zu übertragen, welche in Bologna und den uns bekannten Universitäten regelmäßig die von den Scholaren gewählten Beamten übten. Von der Universität Arezzo, von deren Bestehen wir sonst nur vereinzelte Spuren haben, sind uns denn auch wirklich Statuten (aus dem Jahre 1255) erhalten[2]), welche von

---

[1]) In den Berufungsurkunden hatte die Stadt dreien der fünf erwählten Magistern der Theologie — es waren Mitglieder der in Florenz ansässigen Orden — ausdrücklich bemerkt, daß sie gehalten sein sollten, nach der von dem Kollegium der Doktoren festzustellenden Studienordnung zu lesen und zu disputieren, daß diese Ordnung von dem Notar der Stadtuniversität (studii Florentini) niederzuschreiben und so sicherzustellen sei, und daß keiner der Doktoren das ihm versprochene Gehalt empfangen werde, ehe dies geschehen sei. Gherardi und Morelli p. 153 Nro. 46 (1366, 6. Dezember). Das Vorhandensein der Fakultät oder, wie man damals sagte, des Generalstudiums in dieser Fakultät unterschied sich also von dem früheren Zustande dadurch, daß die bisher einzeln für sich wirkenden Lehrer einer gemeinsamen Ordnung unterstanden, und sodann in den Beziehungen zur Stadt (Genehmigung der Statuten, Zahlung von Gehalt u. s. w.). In diesen Punkten lag eben, abgesehen von der Scholarenkorporation, das wesentliche Merkmal eines General- oder Gesamtstudiums.

[2]) Abgedruckt bei Savigny III, 671.

den sieben Professoren des Studiums beschlossen sind und dem aus ihrer Mitte gewählten Rektor[1]) die Leitung der Universität geben. Rechtskraft erhielten die von ihnen beschlossenen Statuten wie in Bologna, Perugia u. s. w. erst durch die Genehmigung seitens der Stadt. In diesem Hauptpunkt stimmte die Universität Arezzo mit den übrigen Stadtuniversitäten überein und unterschied sich grundsätzlich von Paris u. s. w., mit dem man sie wegen jener Stellung der Professoren vergleichen möchte. Immer aber bilden diese Statuten eine außerordentliche Erscheinung in Italien, für die sich jedoch außer in der Organisation der theologischen Fakultäten auch in der Universität

---

[1]) Savigny sagt III, 314 f.: „Betrachtet man diese Urkunde als eigentliche Universitätsstatuten, so weichen sie von allen bisher dargestellten darin ab, daß die Gewalt allein bei den Lehrern zu sein scheint. Allein eben dies ist sehr unwahrscheinlich, und auch nach dem Inhalt scheinen es vielmehr bloße Statuten für das Kollegium der Doktoren zu sein, deren Vorsteher hier zufällig den Namen Rektor führt, anstatt daß an anderen Orten der Name Prior gewöhnlich ist. Nimmt man dieses an, so bestand dann ohne Zweifel daneben die gewöhnliche Universität der Scholaren mit Rektoren und Gerichtsbarkeit, so wie an anderen Orten." Eine universitas scholarium wird allerdings in Arezzo wahrscheinlich auch bestanden haben, aber sie konnte nicht die Befugnisse besitzen, welche sie in Bologna, Perugia u. s. w. übte, denn den wesentlichen Teil derselben hatte das Doktorenkolleg und der von ihm gewählte Rektor. Dies Kollegium beschloß die Statuten, die nicht bloß die Geschäfte des Kollegiums regelten, sondern auch die Leitung des Studiums; und der von den Professoren gewählte Rektor hatte ihre Ueberwachung, wie in Bologna, Perugia und Florenz der Rektor der Scholaren. Item teneatur quilibet magister intrare ad lectiones ordinarias, quandocunque preceptum fuerit per bedellum ex parte Rectoris sub banno V solidorum. Item teneantur repetitores omnes scolares auditurus lectiones, que leguntur in scolis, ducere ad scolas et non facere pactum de mercede magistri sub pena decem solidorum quos solvat Rectori. Ebenso in dem ersten Item. Der Magister, welcher die Schüler eines anderen Magisters annimmt, hat, außer der Entschädigung an den Magister, dem Rektor zu büßen: Rectori solvat pro banno 5 solidos. Besonders hervorzuheben ist noch, daß dies Doktorenkollegium die Prüfungen vornahm und die Lizenz erteilte ohne Mitwirkung eines Kanzlers. Es war also in diesem Punkte 1255 in Arezzo noch so wie in Bologna vor 1219, und dabei hatte man in Arezzo schon die Vorschrift nullus audeat legere ordinarie in civitate Aretina (auch nicht in Grammatik, Logik und Medizin), nisi sit legitime et publice et in generali conventu examinatus et approbatus et licentiatus, quod possit in sua scientia ubique regere. Es ist das wieder ein Beleg dafür, daß es in Italien, und am wenigsten damals, keine herrschende Lehre gab, welche für die Prüfung die Mitwirkung einer von den universalen Mächten privilegierten Gewalt gefordert hätte.

Parma ein Analogon nachweisen läßt¹). Parma hatte im 13. Jahrhundert die Studien der Privatthätigkeit überlassen und sich begnügt, sie durch allgemeine Bestimmungen zu regeln und zu überwachen²). Im Jahr 1320 erbat die Stadt von Papst Johann XXII. die Privilegien eines Generalstudiums, erhielt sie zwar nicht, muß aber trotzdem, sei es damals, sei es in den folgenden Jahrzehnten des 14. Jahrhunderts, ein Generalstudium errichtet haben³), das dann zwar wieder einging, aber 1412 (1414) erneuert wurde. Hierbei organisierte sich die juristische Fakultät so, daß die Scholarenkorporation eine Kommission ernannte⁴), um Statuten auszuarbeiten,

---

¹) Einige wichtige Urkunden und Nachrichten gab Affo, Memorie degli scrittori e letterati Parmigiani, 1789, in der Einleitung von Bd. I. Die wichtigste Sammlung bieten jetzt die Monumenta historica ad provincias Parmensem et Placentinam pertinentia, namentlich Bd. II, 154 und Bd. VII, 85 u. 91 f. Vieles aber harrt noch der Veröffentlichung, auch das von Pigozzi, Archiv. giurid. IX, 200 benutzte Statut des collegium judicum ist meines Wissens immer noch nicht gedruckt worden.

²) Affo I, XVI steht ein solcher Erlaß von 1226 und I, XIX ein anderer von dem Ende des 13. Jahrhunderts: Quod in aliqua facultate VII liberalium artium aut legum aut decretorum vel decretalium, in qua legere vel studere vel docere voluerint in territorio vel burgis, prohiberi non possint studere, legere vel docere illos, qui illum audire voluerint, nec illis, qui illum audire voluerint, possit prohiberi illum audire aliqua occassione. Besonders zu beachten ist dann folgender Satz: Et si per aliquam personam ecclesiasticam fieret aliqua prohibitio contra formam hujus statuti, doctores illius facultatis, qui sunt de jurisdictione communis, in qua facultate aliquis fuerit prohibitus ab aliquo clerico vel laico, intelligant illam prohibitionem fecisse vel fieri fecisse, et singuli illorum doctorum illius facultatis condempnentur in 25 libr. Parm. per Potestatem. Es gab also dem Anschein nach Lehrer aller Fakultäten in Parma, aber ohne Organisation; die Stadt gab allgemeine und unbeschränkte Lehrfreiheit, sie fürchtete aber, daß die Professoren suchen würden, neu auftretende Konkurrenten zu hindern, und daß sie sich hierzu einer geistlichen Behörde bedienen möchten.

³) Wenn Parma 1387 ein Studium besaß, so mußte es damals eingehen. Affo I, XXXV, Note, teilt den Erlaß von 1387 mit, durch welchen der Herr von Mailand, dem damals Parma unterworfen war, allen Städten seines Gebiets die studia generalia verbot, damit das von ihm in Pavia gegründete Studium blühe, und allen Scholaren seines Gebiets untersagte, eine andere Universität zu besuchen. Dat. Papiae die 27 Sept. 1387. Daß Parma im 14. Jahrhundert ein Generalstudium hatte, ergibt sich daraus, daß die Gründung von 1412—14 eine Erneuerung war und mit Benutzung der antiqua statuta vollzogen wurde. Affo I. XXXVI.

⁴) Affo I p. XXXVI. Sie arbeitete die Statuten aus mit Benutzung

während bei den Medizinern das Kollegium der Aerzte die Einrichtung der Schule in die Hand nahm. Es ist nicht bekannt[1], ob diese Maßregeln Erfolg hatten, und ob nicht bald die Scholarenkorporation in ähnlicher Weise wie bei den Juristen Statuten entwarf u. s. w., immer aber ist es ein Beispiel, daß ein Doktorenkollegium einen ähnlichen Einfluß ausübte, wie das Doktorenkollegium von Arezzo. Denn das Kollegium eröffnete die Schule, berief Professoren[2] und stellte für die Mediziner wie für die Artisten, welche hier wie oftmals mit den Medizinern verbunden waren, die Prüfungsordnung fest.

Doktorenkollegien ohne Universität.

Die Universität kam in Parma auch im 15. Jahrhundert nicht zu dauernder Blüte, aber als sie einging, erhielt sich das Doktorenkollegium der Juristen, wie es zur Zeit der Blüte des Studiums bestanden hatte und setzte auch seine Thätigkeit als Promotionsfakultät fort, hielt Prüfungen ab und erteilte die Doktorwürde[3].

älterer, visis quamplurimis decisionibus et ordinationibus antiquorum, die also dem 14. Jahrhundert angehört haben müssen.

[1] Ich habe in Parma nachgefragt, aber noch keine Auskunft erhalten, könnte an dieser Stelle auch höchstens die Resultate der Untersuchung geben.

[2] Affo I, XL: Anche il collegio de' medici andò di concerto, riformò il suo statuto nel 1415, aperse scuola e delegò a leggere fra gli altri Ugo de Siena. Affo teilt dann die von dem Kollegium festgestellte Prüfungsordnung mit und zwar sowohl für die Mediziner wie für die Philosophen. Ein ähnliches Beispiel bieten die mir allerdings nur in einem Druck von 1614 vorliegenden, aber in der Hauptsache doch wohl dem 15. Jahrhundert angehörigen Statuten des Juristenkollegiums von Turin (Statuta venerandi sacrique collegii Jurisconsultorum Augustae Taurinorum. Taurini 1614 (klein 4°. 103 S.). Sie enthalten ebenfalls mehrere Bestimmungen, welche in Bologna von den Scholarenstatuten geregelt wurden. So cap. 21 p. 16: De ordine arguendi. Vgl. c. 33: Quod scholares non possint statuere contra doctores ... „talia statuta universitatis derogantia doctoribus seu statutis collegii ... ipso jure sint nulla, nec doctores subsint in aliquo jurisdictioni rectoris." So mögen noch an manchen Orten eigentümliche Bildungen entstanden sein.

[3] Vom Jahre 1454 sind die Statuten dieses Kollegiums erhalten, über welche Pigozzi, (Sovra un manoscritto inedito di statuti dell' Collegio dei dottori dello studio di Parma) Archivio giuridico IX, 200 ff. Nachricht gegeben hat. Der Schreiber sagt: statuta vigente studio in civitate ista

Die Klagen über Parma. 237

Das Kollegium war sehr stolz auf seine Bedeutung und verpflichtete seine Mitglieder bei öffentlichen Akten, bei Festen und Begräbnissen einen Ehrenplatz vor allen Bürgern, auch vor den Adligen in Anspruch zu nehmen und sich sofort zu entfernen, wenn ihnen der schuldige Respekt verweigert werde.

Neben diesem Kollegium bildeten auch die Lehrer der Franziskaner- und Dominikanerschulen eine öffentliche Promotionsfakultät unter dem Schutze der Stadt, und weil das Examen dort vermutlich leichter und billiger war als in Bologna, Padua und Ferrara, so kamen von diesen Universitäten viele alte Scholaren und Baccalare, um in Parma bei den Franziskanern zu promovieren. Jene drei Universitäten erhoben darüber wiederholt Klage und erreichten 1476 bei dem Papste, daß derselbe den Franziskanergeneral beauftragte, dem Orden diese Winkelpromotion zu verbieten[1]. Die Stadt Parma wurde dagegen vorstellig[2], denn diese Kandidaten hätten viel Geld in Umlauf gebracht, und es gelang auch, die Promotion wieder aufzunehmen. Diese Promotionsfakultäten ohne Universität zeigen aufs neue, wie selbständig an den studia generalia Italiens die Doktorenkollegien neben der Universität standen; ihr Leben wurzelte nicht allein, ja nicht einmal vorzugsweise im Lehramt.

Dergleichen Universitäten entstanden im Lauf des 13., 14. und 15. Jahrhunderts in zahlreichen Städten Italiens und zwar in vielen

---

Parmensi tunc condita, cum certis additionibus studio sublato. Das Kollegium bestand aus zwölf ordentlichen Mitgliedern und einer unbestimmten Zahl außerordentlicher Mitglieder. Schied ein ordentliches Mitglied durch Tod aus, so wurde der älteste von den supernumerarii gewählt. Der Vorstand hieß Prior, er amtierte drei Monate und wurde durch das Los erwählt und zwar so, daß der Name des ausscheidenden Priors nicht wieder in die Wahlurne kam, bis alle Mitglieder das Amt verwaltet hatten. Das Kollegium rechnete übrigens darauf, daß das Studium dereinst wieder eingerichtet werde, und nahm deshalb in seine Statuten einen Satz auf, der die Examensgebühren für diesen Fall anders regelte als für die Zeit, da kein Studium am Ort sei.

[1] Aehnliche Klagen erhob Avignon gegen Orange. Laval, Cartulaire Nro. 28, p. 114. 1475.
[2] Affo I, XLVI druckt die Bittschrift ab, welche Parma 1476 in dieser Sache an den Herzog von Mailand sandte. Eine Chronik spricht auch von den Scholaren, welche die Vorlesungen der Ordensschulen besuchten, aber jene Eingabe der Stadt gedenkt nur der Baccalare, welche promovieren wollten. Sie werden also auch das Hauptkontingent der zuziehenden Scholaren gebildet haben.

mehrfach, indem die Städte in Zeiten ungünstiger Finanzlage die Studien wieder der Privatthätigkeit überließen, dann aber die Anstalt aufs neue errichteten. Für keinen Abschnitt läßt sich eine vollständige Liste geben, man kann mit Bestimmtheit annehmen, daß in mancher Stadt längere oder kürzere Zeit Generalstudien waren, von denen wir keine Kunde haben, denn die Bedürfnisse, Interessen und Gewohnheiten, welche sie hervorriefen, waren im 13. und 14. Jahrhundert in Italien allgemein verbreitet, und die Art der Nachrichten über manche wichtige Universität zeigt, daß das Fehlen von Angaben aus anderen Orten noch kein Beweis ist, daß nicht an denselben kürzere oder längere Zeit ähnliche Bildungen versucht wurden.

Anhang über die bisherigen Listen der italienischen Universitäten.

Die älteren Verzeichnisse von Hagelgans, Heumann, Jung u. s. w. genügen zwar nicht, sind aber doch durch Denifles Liste S. 807 f. nicht überflüssig geworden. Wie er unter den deutschen Universitäten Kulm weggelassen hat, obschon die für dasselbe 1387 erlassene päpstliche Bulle in dem „Gelehrten Preußen" P. II Stück VI Nr. IV (Thorn 1723 p. 417 ff.) gedruckt vorliegt [1]), so fordert seine italienische Liste mehrfachen Widerspruch heraus. Als älteste italienische Universität nennt er Salerno, er glaubt sie vielleicht schon in das 9. Jahrhundert setzen zu können, allein, mögen hier die Studien damals noch so sehr geblüht haben, eine Organisation wie sie die Universitäten von den früheren Schulen unterscheidet, können wir für Salerno weder für das 10. noch für das 11. Jahrhundert annehmen und auch aus dem 12. wissen wir nicht, ob die Lehrer und Scholaren vereinigt waren, oder ob die Schulen selbständig nebeneinander standen. Von der Organisation Salernos hören wir erst im 13. Jahrhundert. In das 12. Jahrhundert legt er Bologna, Reggio und Modena. Sicher ist aber nur Bologna zu nennen. Von Reggio wissen wir aus einer Urkunde bei Tacoli, daß die Stadt 1188 einen Lehrer berief und daß derselbe mit seinen Schülern kommen sollte [2]),

---

[1]) Wenn sich auch von Kulm nicht viel andere Nachrichten sollten auffinden lassen, weil es nicht zur Blüte kam, so durfte die Stiftung doch nicht unerwähnt bleiben, da Denifle z. B. auch Pamiers aufführt.

[2]) Tacoli, Memorie storiche di Reggio III, 227. 1188. Der Kontrakt

Zu den Listen der Universitäten.

und von Modena kennen wir die oben erwähnte Berufung des Pillius, aber über eine Organisation der Schule oder der Korporation ist aus diesen Orten nichts bekannt. Eher könnte man aus der bei Fabroni I, 401 mitgeteilten Urkunde schließen, daß in Pisa 1194 eine Organisation der Scholaren bestand, und sehen wir über Italien hinaus, mit noch mehr Recht für Reims diesen Schluß ziehen, wo die Scholaren bereits unter Alexander III. für ihre Privilegien stritten, aber hier sieht Denifle diese besseren Zeugnisse nicht für genügend an. Aus dem 13. Jahrhundert nennt Denifle Vicenza, Padua, Neapel, Vercelli, Römische Kurie, Piacenza, Arezzo. Hier fehlt jedenfalls Siena, von dem auf das allerbestimmteste bezeugt ist, daß es im 13. Jahrhundert ein Generalstudium einrichtete, das aber Denifle wegen seiner Theorie von den Privilegien nicht anerkennt, worüber unten. Auch für Treviso wird durch die Urkunden bei Verci I, 107 und II, 2, 135 das zeitweise Vorhandensein eines studium generale im 13. Jahrhundert gesichert[1]) und für Orvieto durch die Angaben bei Fumi, Codice diplomatico p. 781, Note. Auch für Ferrara halte ich es nach dem Statut von 1264 (Muratori Antiquit. III, 910) nicht für unwahrscheinlich. Für das 14. Jahrhundert nennt Denifle Rom, Perugia, Treviso, Verona, Pisa, Florenz, Siena, Pavia, Lucca, Orvieto, Ferrara, Fermo. Hier fehlt Parma. Coppi gibt in der introduzione seiner Università Italiane S. 88 f. eine nach Landschaften geordnete Uebersicht, die aber nicht anstrebt, genau festzustellen, welche Universitäten in gewissen Perioden nachzuweisen sind.

---

zeigt unzweideutig, daß es in Reggio keine mehrere Lehrer umfassende Organisation von Schulen gab. Die Stadt verpflichtete durch denselben einen einzelnen Lehrer, binnen Jahresfrist mit seinen Schülern nach Reggio zu kommen, und fortan an keinem anderen Orte Schule zu halten, wenn ihm nicht der Podesta den Wegzug gestatte. Erst zwischen 1270 und 1276 richtete Reggio ein Generalstudium ein. Siehe Beilage 2.

[1]) Nach dem Storia d. Marca Trivigiana I, 107, A 2 mitgeteilten Statut suchte Treviso 1260 sein Generalstudium zu erneuern. Auch Denifle erwähnt dies 461 f., ebenso die Erneuerung von 1314, aber trotzdem zählt er seiner Theorie zuliebe Treviso erst seit dem Empfang eines päpstlichen Privilegs 1318 zu den Generalstudien. Bei Reggio dagegen genügt ihm die Berufung einzelner Lehrer.

Viertes Kapitel.

Die Kanzleruniversitäten in Frankreich und England.

In Reims[1]), Orange, Montpellier und Avignon[2]) finden sich Anfänge der Organisation auf Grund der Habita und des Eingreifens der weltlichen Gewalten, welche in Italien die Entwicklung beherrschten, und wenn man bedenkt, welchem Zufall wir es danken, daß wir von den Scholaren in Reims hören, so erscheint es leicht möglich, daß auch noch in einigen anderen Orten Frankreichs ähnliche Wege beschritten wurden. Allein die maßgebende Richtung

---

[1]) Aus Reims haben wir in einem Briefe Alexanders III. Nachricht, daß die Scholaren dort um 1170 ein der Habita entsprechendes Gerichtsprivileg für sich in Anspruch nahmen. Migne 200, ep. 815, p. 746: Ad Petrum, abbatem S. Remigii. Audivimus ex transmissa conquestione quorumdam scholarium, qui in burgo S. Remigii consistunt. (Folgt die Erzählung von dem Konflikt der Scholaren mit einem Priester.) In quo quum utique iidem scholares libertatem suam plurimum fuisse laesam proponant, cum eam se asserant libertatem habere, ut nullus in eos violentas manus injicere aut ecclesiasticam sententiam audeat promulgare, donec coram magistro suo velint justitiae stare. Dies Recht erkannte Alexander III. an, aber sonst wissen wir von dieser Schule nichts, und erst 100 Jahre später haben wir wieder eine Nachricht über das Studium in Reims (mitgeteilt bei Denifle 225), nach welcher man es für ein Generalstudium halten kann, aber wie es organisiert war, darüber ist nichts bekannt.

[2]) So gab Avignon 1243 das Statut, daß in dieser Stadt jedermann befugt sei, „Schulen der Grammatik und jeder Art sonst zu eröffnen. Wer dagegen wirkt,

war es hier nicht. Paris, Angers, Toulouse, Orleans waren die wichtigsten Mittelpunkte für die Ausbildung der Formen des akademischen Lebens in Frankreich, und an allen diesen Orten erfolgte sie wie an den beiden englischen Universitäten in Anlehnung an kirchliche Institute oder unter dem Einfluß kirchlicher Gewalten. Ferner trat auch in Avignon der Einfluß der Stadt bald zurück; in Reims und

solle nach dem Ermessen des Rats bestraft werden". Laval, Cartulaire de l'université d'Avignon p. 3, Note 1: Statuimus ad conservandam libertatem civitatis, quod quilibet possit libere in hac civitate legere et tenere scholas artis grammaticae et quascumque alias, et si aliqua persona ausu temerario contra hoc statutum venire tentaverit vel aliquid machinari, arbitrio curiae puniatur. Im Laufe des 13. Jahrhunderts entwickelte sich dann aus diesen Einzelschulen ein Generalstudium, dessen Leitung 1302 bei der Stadt und bei dem Doktorenkollegium stand, aber so, daß auch die Scholaren Anteil an den Geschäften hatten. Karl II. von Neapel, der als Graf von Provence auch Herr von Avignon war, hatte ein Verbot gegen das Verleihen gegen Zins erlassen, dagegen machte die Stadt zusammen mit dem Doktorenkollegium eine Eingabe, welche darum bat, einem Kaufmann des Orts die Erlaubnis zu geben, den Scholaren Geld vorzuschießen. Die Scholaren seien zum Teil weit hergekommen und fänden sich oft in der größten Verlegenheit, wenn niemand da wäre, ihnen Vorschüsse zu machen. Es sei Gefahr vorhanden, daß sich „die ganze Gemeinschaft der Studienanstalt auflöse". Da gewährte der König, daß die Scholaren und Doktoren einen Kaufmann erwählten, der dann das Privileg haben sollte, den Scholaren Geld auf Zins zu leihen. Bei Laval fehlt die Urkunde, ich gebe sie nach Papon, Histoire générale de Provence III, Preuves p. XLIV, Nro. XXX, auf den Laval p. 10 verweist: Carolus ... universitas hominum civitatis Avenionis caetusque doctorum studii venerabilis ... per suas litteras ... ostensoque doctoribus et scholaribus, ipsis praesertim exteris et remotis ibidem studentibus, propter necessitates varias, quae incumbunt graves, inedia et defectus frequenter emergunt, dum deficiente ipsis pecunia propria non habent prae manibus mutuantem, suppliciter postulaverunt: ut qui ex tali defectu ... gravis studentibus ipsis incommoditas advenit et totius fere generalitati studii, si diutius ita durat, dissolutio futura speratur, concedere ipsis mercatorem, qui mutuet et succurrat eisdem, benignius dignaremur. Nos ergo qui studium ipsum proficere cupimus ... concedimus, ut mercator unus, quem ipsi doctores et scholares elegerint, in praedicta civitate sit mutuans. Datum Neapoli ... a. 1302, die 21 Octobris. Im folgenden Jahre erwirkte dann die Stadt von dem Landesherrn eine Anerkennung, die in Form eines Stiftungsbriefes erfolgte, und dann noch eine ebensolche von dem Papste. Laval 1 u. 2. Indem diese Stellung der Stadt zu dem Studium, sowie die Betonung des Gesichtspunktes, daß die Scholaren Fremde seien, an die Stadtuniversitäten erinnert, bietet das stärkere Hervortreten des Doktorenkollegiums ein weiteres Beispiel zu den am Schluß des dritten Kapitels angeführten

Orange¹) kam das Studium überhaupt zu keiner bedeutenden Entwicklung, und Montpellier²) erhielt seit 1220 seine Verfassung wesentlich durch kirchliche Behörden und unter dem Einfluß der in Paris und Bologna ausgebildeten Formen.

 Diejenigen kirchlichen Behörden, welche in dieser Beziehung besonders wirksam geworden sind, waren die Bischöfe und ihre Kapitel. Das Kapitel, oft betrachtet als die Vereinigung der abhängigen Gehilfen des Bischofs³), hatte damals thatsächlich eine sehr selbständige

Beispielen dieser in den Stadtuniversitäten selteneren Organisation. Indessen gestattet die Urkunde keine bestimmtere Vorstellung von der Verfassung, nur ist hervorzuheben, daß die Stadt und das Doktorenkollegium das Studium als eine generalitas studii, d. h. als ein studium generale bezeichneten, und daß der Landesherr, der als Herr von Neapel die rechtliche Bedeutung dieses Begriffs sehr wohl kannte, diesen Begriff wiederholte und also auch seine Berechtigung anerkannte.

 ¹) Ueber diese Universität ist nur bekannt, daß sie vor 1365 eine gewisse Blüte gehabt haben muß, und daß in diesem Jahre die Stadt vom Papste und dann von Kaiser Karl IV. ein Privilegium erhielt (Denifle S. 467 f.). Nach dieser Urkunde berief die Stadt die Professoren (doctores et magistri per praepositum civitatis Aureicae deputandi), und da nicht anzunehmen ist, daß Karl IV. dies neu einführte, so hätte also dieser für die italienischen Universitäten charakteristische Zug auch die Bildung von Orange beherrscht.

 ²) Der Dynast von Montpellier muß einem Magister die Zusage gegeben oder Hoffnung gemacht haben, er werde ihm die Konkurrenz fernhalten. Das war gegen die traditionelle Lehrfreiheit, und im Jahre 1181 sah er sich veranlaßt, feierlich zu verbriefen, daß er sich fortan weder durch Bitten noch durch Geld, noch durch das Drängen irgend einer Person bewegen lassen werde, einem einzelnen das Monopol zu medizinischen Vorlesungen zu geben. Das Entscheidende ist, daß hier der weltliche Territorialherr über das Studium verfügt, und daß er diese Zusage der Stadt Montpellier gewährt. D'Aigrefeuille, Histoire de Montpellier III. 514: ... Ego Guillelmus, Dei gratia Montispessulani dominus ... concedo domino Deo et probis viris Montispessulani ... et universo populo: quod ego de caetero prece aliqua vel pretio vel sollicitatione alicujus personae non dabo concessionem seu praerogativam aliquam alicui personae, quod unus solus tantummodo legat seu regat in Montepessulano scholas in facultate phisicae disciplinae; quia acerbum est nimium et contra fas uni soli dare monopolium in tam excellenti scientia, et quia hoc fieri aequitas prohibet et justitia, uni soli in posterum nullatenus dabo et ideo mando et volo, laudo atque concedo in perpetuum, quod omnes homines quicunque sint sine aliqua interpellatione regant scholas de phisica in Montepessulano. Eine korporative Organisation bestand nach dieser Urkunde damals in Montpellier nicht, auch keinerlei Beziehung zu einer geistlichen Behörde. Die spätere Entwicklung Montpelliers wird Kapitel 6 berührt werden.

 ³) Sogar noch Thomas von Aquino in seiner Streitschrift Contra impug-

Stellung neben dem Bischof, und nicht bloß das Kapitel als Ganzes, sondern auch die einzelnen Mitglieder desselben, die Kanoniker. Zu ihnen gehörten nicht alle, welche Pfründen von dem Besitz der Kirche genossen; Kanonikus war nur, wer Sitz und Stimme im Kapitel hatte, auch waren Zahl und Titel der durch Aemter der Kirche oder des Kapitels ausgezeichneten Kanonikate sehr verschieden. Archidiakon, Präpositus, Dekan, Kanzler, Scholaster, Offizial, Kantor u. s. w. waren keineswegs an allen Dom- und Kollegiatkirchen in gleicher Vollständigkeit und mit gleicher Rangordnung und Verteilung der Geschäfte. Was hier der Präpositus, war dort der Dekan, und die Befugnisse des Kanzlers hatte andererorten der Scholaster. Viele Inhaber von solchen Aemtern bezogen die Pfründen, ohne am Ort der Kirche zu wohnen oder, wie man sagte, ohne die Residenzpflicht zu erfüllen, geschweige denn, daß sie die Pflichten des Amtes erfüllt hätten. Wichtige Aemter, wie die des Offizial[1]) und des

---

nantes, Tom. XV, 15 bekämpft die Ansicht, daß die Priester etwas anderes seien als abhängige Organe des Bischofs. Zunächst spricht er von den Parochialgeistlichen, aber seine Ausführung ist im allgemeinen gehalten, umfaßt also auch die Kapitelsherrn. Die thatsächlichen Verhältnisse läßt er dabei unberücksichtigt. Honorius III. bezeichnet den Kanzler scharf als einen der vicarii seu procuratores des Bischofs. Jourdain 20.

[1]) Das Offizialat entwickelte sich erst im 12. und 13. Jahrhundert, und vorzugsweise dadurch, daß die Bischöfe die namentlich durch ihre Stellung im Kapitel übermächtig gewordenen Archidiakonen so einzuschränken suchten. Hinschius, Kirchenrecht II, S. 206, aber vielerorten kam dann auch dies neue Amt zu einer Selbständigkeit, welche dem Bischof die wertvollsten Befugnisse entzog. Der Straßburger Bischof Berthold von Bucheck mußte z. B. seinem Offizial einen zweiten entgegensetzen, und nun entstand ein rechtliches Durcheinander, dem erst dadurch ein Ende bereitet wurde, daß der Bischof von dem feindlichen Offizial die Gerichtsbarkeit, d. h. die ursprünglich dem Bischof zustehende, von dem Offizial geübte Gerichtsbarkeit, um eine große Summe (35000 Mark) und die für die damalige Zeit ungemein bedeutende Leibrente von 6300 Mark heutigen Geldes zurückkaufte. Vgl. Schulte im Straßburger Urkundenbuch III, XVII f. u. XXI: „In dem 1299 erlassenen Statut des Domkapitels, das man als eine Wahlkapitulation für den Bischof Friedrich von Lichtenberg anzusehen hat, setzt dasselbe für alle Zeiten fest, daß der Bischof als Offizial nur einen wahren Kanonikus der Domkirche einsetzen dürfe.... Man sieht, auf welche Weise das Domkapitel die gestärkte Macht des Bischofs schwächen wollte. Ein Offizial, der aus der Reihe der wahren Domkapitulare, also aus der Zahl der abligen, meist ganz und gar Familieninteressen ergebenen Männer, gewählt war, würde — so hoffte man — nicht unbedingt dem Bischof dienen."

Scholaſter, wurden dagegen auch an Kleriker übergeben, die nicht Mitglieder des Kapitels waren. Auch Vereinigungen von Aemtern und Wechſel der Befugniſſe begegnen, und bisweilen übte der Biſchof die Befugniſſe des Kanzlers u. ſ. w. auch wieder ſelbſt. Wenn darin die ſtellvertretende Bedeutung dieſer Aemter wieder durchbrach, ſo verſuchten andererſeits die Aemter ihre Befugniſſe in möglichſter Selbſtändigkeit zu handhaben und auszudehnen. So war es auch in Paris ſchon im 12. Jahrhundert zwiſchen dem Biſchof und dem einen und anderen Kapitularen zu heftigen Kämpfen gekommen[1]). Der Kanzler gehörte zu den angeſehenſten Mitgliedern und führte das Siegel des Kapitels, hatte Briefe und Urkunden abzufaſſen oder abfaſſen zu laſſen und den Magiſter der Domſchule zu beſtellen. Daraus entwickelte ſich ſeine Stellung zu der entſtehenden Univerſität, die ihm eine ganz außerordentliche Bedeutung gewähren ſollte.

In Angers, Orleans und anderen Orten hatte der Scholaſter dieſe Aufgabe, in Oxford war es noch 1219 in dem Belieben des Biſchofs[2]), ob er den Archidiakon, den Offizial oder den Kanzler oder ein anderes Mitglied ſeiner kirchlichen Umgebung mit dieſer Aufſicht betrauen wollte, aber bald darauf erſcheint der Kanzler als Inhaber dieſes Amtes[3]). Das Beiſpiel dieſer Univerſitäten und namentlich das von Paris bewirkte, daß ein dem Pariſer Kanzellariat ähnlicher Einfluß des Biſchofs oder eines ſeiner Kanoniker zu einem feſten Beſtandteil des Begriffs einer Univerſität wurde, und ſo empfiehlt es ſich, diejenigen Univerſitäten, in deren Entwicklung dieſer geiſtliche Vorſtand mehr oder weniger den Mittelpunkt bildete, Kanzleruniverſitäten zu nennen, wenn der bezügliche Kanonikus auch an manchen Orten einen anderen Titel führte.

Ihre Entwicklung zeigt daneben Verſchiedenheiten, die ſich gegenſeitig erläutern.

Am einfachſten erſcheint die Entwicklung in Orleans. Im 12. Jahrhundert beſtand hier ein reges wiſſenſchaftliches Treiben, und im 13. Jahrhundert erſcheint der Scholaſter als Leiter der aus demſelben hervorgegangenen Univerſität[4]). So berief er um 1290 die

---

[1]) Bulaeus II, 131 erzählt den großen Streit des Biſchofs mit dem Archidiakon. Dazu die vorige Note über die Straßburger Kämpfe.

[2]) Munim. Oxon. p. 3 Urkunde von 1214, p. 5 Urkunde von 1219.

[3]) Munim. Oxon. p. 6. Urkunde von 1238 und dann häufig.

[4]) Schreiben Bonifacius VIII. bei Denifle S. 254, Note 143: Scholasticus

Professoren und das Kapitel der Kirche zu einer Beratung und trug ihnen vor, daß in Orleans eine so große Zahl von Rechtslehrern aufträte¹), daß sie nicht alle eine genügende Anzahl von Schülern finden könnten: deshalb wolle er bestimmen, daß künftig nur fünf Kanonisten und fünf Zivilisten ordinarie lesen dürften, und sich verpflichten, über diese Zahl hinaus niemals einem Lehrer die Erlaubnis zu erteilen. Als dann der Bischof um 1300 von sich aus einen sechsten Zivilisten anstellte, entstand darüber ein Streit zwischen dem Bischof einerseits und Scholastikus und Universität andererseits²). Erst im 14. Jahrhundert gewannen hier die Doktoren und Scholaren größere Selbständigkeit gegenüber der kirchlichen Behörde, und zwar indem der Papst den Doktoren und Scholaren auf ihre Bitte die Verfassung von Toulouse gewährte³). Da aber die Bürger von Orleans diese Privilegien nicht anerkennen wollten und es zu blutigen Szenen kam, so beschränkte König Philipp der Schöne den Scholaren das Korporationsrecht wieder und eröffnete damit Konflikte, welche die damalige Stellung der königlichen Gewalt⁴) zu dem Papste und zu den Universitäten lebhaft beleuchten. Hier interessiert jedoch nur, daß bis dahin Orleans das Beispiel einer einfachen Kanzleruniversität bildete, wie es sich in dieser Reinheit für keinen Ort nachweisen läßt.

ad quem ejusdem studii gubernatio et dispositio ab antiqua approbata et hactenus pacifice conservata consuetudine pertinet.

¹) Für die Bedeutung dieser Rechtsschule spricht auch, daß Papst Bonifacius VIII. 1298 seine Dekretalen den Doktoren und Scholaren von Orleans zusandte. Daneben blühten in Orleans die grammatisch-rhetorischen Studien, sie galten als der besondere Ruhm von Orleans. Delisle, Les écoles d'Orléans au 12. et 13. s. im Annuaire-Bulletin de la Société de l'histoire de France VII, 239. S. Anhang Beilage 3 das Programm des Magister Poncius.

²) Kunde davon gibt das S. 244 Note angeführte Schreiben Bonifacius VIII., dessen Entscheidung die Doktoren angerufen hatten.

³) 1306. Bimbenet S. 2 und Denifle S. 258 drucken entscheidende Stellen der Bulle ab.

⁴) Der Papst hatte seinem Privileg 1306 die vorsichtige Klausel beigefügt: per hoc autem jurisdictioni regiae non intendimus derogare, sed ea privilegia in quantum dependent ab ipso rege suae approbationis et voluntatis arbitrio reservamus. König Philipp der Schöne hob zwar das den Scholaren durch jenes päpstliche Privileg gewährte Recht, eine universitas zu bilden, wieder auf: universitatem hujusmodi, quae causam huic praestabat scandalo nec fuerat auctoritate nostra subnixa, tolli decrevimus. Ordonn. des Roys de France I, 502; aber keineswegs jedes Korporationsrecht. S. Beilage 3.

In Angers hatte der Scholastikus noch 1337 die Leitung des Studiums wie in Orleans im 13. Jahrhundert[1]). In der zweiten Hälfte des 14. Jahrhunderts begann sich das korporative Leben der Scholaren stärker zu entfalten und zwar unter dem Einflusse der in Italien ausgebildeten Ordnungen, denn der Rektor wurde seit 1400 nicht mehr aus den Doktoren gewählt, sondern aus den Scholaren, welche die Lizentiatenprüfung bestanden hatten, und dieser Rektor hatte fortan die erste Stelle[2]) und die Leitung des Studiums.

Der oben geschilderte Grundsatz der Lehrfreiheit erhielt sich in Paris während des ganzen 12. Jahrhunderts. Wer als Lehrer auftreten wollte[3]), hatte dazu rechtlich nur die Erlaubnis des Grund-

---

[1]) Ein Erlaß des Bischofs Fulko von 1337 nennt ihn tanquam caput studii. Rangeard II, 197: Et quia eidem studio et omnibus causa studii commorantibus in eodem scolasticus nostrae Andegavensis ecclesiae praeesse dignoscitur tanquam caput studii memorati et commorantium praedictorum, et quia ad ejus sollicitudinem pertinet studium ordinare et errata corrigere in eodem, quantum spectat ad actus scolasticos et scolasticam disciplinam....' Abweichend von Orleans ist, daß sich im 13. Jahrhundert Anfänge einer Scholarenkorporation zeigten. S. die Ordonnance de police pour la ville d'Angers rendue en 1289 par Charles II. bei Rangeard II, 180. Darin ist eine Ordonnanz des Königs von 1279 eingefügt, welche die fremden Scholaren in Angers von ihm erbeten hatten. Ob sie schon eine förmliche Korporation bildeten, ist nicht zu ersehen.

[2]) Noch 1394 begannen die Urkunden der Universität: scholasticus et universitas studii Andegavensis — aber ein Schreiben von 1406 beginnt: rector totaque universitas Andegavensis. Seit 1373 scheint der Rektor Bedeutung zu gewinnen, in den Statuten von 1398 wurde dieser Wechsel vollendet. Bei allen Akten und Feierlichkeiten der Universität soll der Rektor den ersten und erhabensten Platz einnehmen mit der Ausnahme, daß der bisherige scholasticus dominus Brientius Zeit seines Lebens den Vorsitz behält. Rangeard II, 265. 266. 232. Angers war damals eine blühende Universität, zählte 1378 allein über 400 Graduierte (die Baccalare eingeschlossen). S. die Angaben über den Rotulus bei Denifle 276 f.

[3]) In den Briefen und Mitteilungen des Giraldus Cambrensis und des Stephan von Tournay, der bis 1192 Abt von S. Genovefa war, liegen Zeugnisse vor, welche keinen Zweifel darüber lassen, daß die Pariser Lehrer in den letzten Jahrzehnten des 12. Jahrhunderts noch in ähnlicher Unabhängigkeit nebeneinander standen wie zur Zeit Abälards, daß es keine überwachende Behörde und keine bindende Regel gab. Besonders lehrreich ist ein Schreiben des Stephan von Tournay (nach 1192), in welchem er den Papst zu bewegen suchte, eine Ordnung unter den Pariser Magistern und Scholaren anzurichten. Migne 211. p. 517. Dasselbe ergibt sich aus den Erzählungen von dem Kampfe, den die Scholaren

herrn nötig, auf dessen Boden oder in dessen Hause er eine Schule eröffnen wollte¹). Da nun aber die Schulen der Kathedrale und der Abtei S. Genovefa, sowie die, welche in Gebäulichkeiten und auf Grundstücken, welche dem Bischof oder dem Abt unterstanden, den größten Ruhm hatten, und da, wer hier lehren wollte, die Erlaubnis des Kanzlers der Kathedrale, beziehungsweise des Abts von S. Genovefa einzuholen hatte, so bestanden in Paris um die Wende des 13. Jahrhunderts zwei besonders ausgezeichnete Schulgebiete, das des Kanzlers der Kathedrale und das des Abts von S. Genovefa; jenes wurde von der Seineinsel gebildet und durch die Wendung inter duos pontes bezeichnet, dieses oft kurz in monte. Es bestand kein Hindernis, in anderen Teilen und Vorstädten von Paris Schulen zu eröffnen, und namentlich in den Klöstern oder unter ihrem Schutze wird es auch mehrfach geschehen sein, und es hätten sich so drei oder mehr Genossenschaften oder Lehrgebiete bilden können: aber die treibende Kraft lag weniger in diesen kirchlichen Gewalten, als in den Scholaren. Die Gemeinsamkeit ihrer wissenschaftlichen und sozialen Bedürfnisse überwog die Rivalität jener Mächte, und die Entwicklung der Korporation aller Magister überholte die Ausbildung der Sonderkreise. Die weite Welt faßte sie zusammen als scholae Parisienses und man könnte sagen, der Ruhm vereinigte die in Paris und den Vorstädten²) vorhandenen Schulen, so verschieden sie waren, zu einem Ganzen, noch ehe sie durch gesetzliche Ordnung und Privilegien vereinigt wurden.

Diese langsame aber kräftige Entwicklung nahm eine entscheidende Wendung, als im Jahre 1200 ein Tumult zwischen Bürgern und

---

1192 mit dem Kloster S. Germain führten, und endlich aus den Berichten über den Kampf der Scholaren mit den Pariser Bürgern von 1200. S. u.

¹) Für die Hörsäle in der Rue du Fouarre zahlten die Artisten Miete an den Abt von S. Genovefa. Jourdain in den Mémoires de la Soc. de l'hist. de Paris I, 169.

²) Selbst in der Umgegend. Das Edikt, welches 1219 das Studium des römischen Rechts an den Pariser Schulen verbot, schloß die Orte der Umgegend ein. Jourdain 21. Bulaeus III, 96: ne Parisius vel in civitatibus seu aliis locis vicinis. Die Schule von S. Victor wie die von S. Genovefa wurden auch vor Aufnahme dieser Gebäude in den Mauerring zu den scholae Parisienses hinzugerechnet, ja selbst Abälards Schule in Corbeil. Dieselbe Anschauung herrschte in den italienischen Städten. Die Volksschulen von Paris wurden nicht dazu gerechnet, sie standen unter dem Kantor des Kapitels.

Scholaren den König Philipp August zum Einschreiten veranlaßte. Weil der Diener eines vornehmen Scholaren deutscher Nationalität in einer Taverne mißhandelt worden war, drang ein Haufe von Scholaren in die Schenke und schlug den Wirt halbtot. Das setzte die Bürger von Paris in Wut, die vermutlich die Gelegenheit benutzen wollten, um manche alte Roheit der Scholaren zu rächen[1]), und unter Führung des Prevot stürmten sie das Haus der deutschen Scholaren und töteten jenen vornehmen Herrn, dessen Diener, ob mit ob ohne Schuld, den ersten Anlaß zum Streit gegeben hatte, sowie mehrere andere. Darauf führten die Magister Klage beim König Philipp, und um zu hindern, daß sie mit den Scholaren Paris verließen, verhängte der König strenge Strafen über den Prevot und seine Gehilfen, und bestimmte, daß ein wegen irgend welchen Vergehens verhafteter Scholar dem geistlichen Gericht ausgeliefert werden sollte[2]). Die Scholaren hatten bis dahin keine eigene Gerichtsbarkeit und erhielten durch dieses Privileg keine solche, sie wurden vielmehr einfach dem geistlichen Gericht unterstellt, also dem Bischof und seinem Offizial. Die Verhandlungen mit dem Könige, welche diesen Erfolg hatten,

---

[1]) Vgl. das Sündenregister der Scholaren in dem Erlaß des Pariser Offizial von 1268, Bulaeus III, 95, wo er fälschlich zu 1218 gestellt ist. Jourdain 218.

[2]) Das Privileg ist mehrfach gedruckt, bei Bulaeus III, 2 mit mehreren Fehlern, besser in Ordonnances des Roys de France I, 23; nach dem Original zuerst von Denifle in den Mémoires de la Société de l'histoire de Paris X, 247 f. Nach einer Erzählung des Vorgangs und der Bestrafung der Schuldigen heißt es: De securitate autem scolarium in posterum Parisius ... ordinavimus, quod omnes cives Parisienses jurare faciemus, quod si alicui scolari ab aliquo laico injuriam fieri aliquis viderit, quod super eo testimonium perhibebit veritati, nec se subtrahet aliquis ne videat ... Wer einen Scholaren mit Waffen u. s. w. verletzt hat, dem soll es nicht helfen, quod dicet se paratum esse defendere se per monomachiam, vel purgare per judicium aque. Preterea prepositus noster vel justicie nostre pro nullo forisfacto in scolarem manum mittent, nec in captionem nostram mittent, nisi forisfactum scolaris tale visum fuerit, ut debeat arrestari; et tunc arrestabit eum justicia nostra in eodem loco sine omni percussione, nisi se defenderit, et reddet eum justicie ecclesiastice ... Ad hec, in capitale Parisiensium scolarium pro nullo forisfacto justicia nostra manum mittet: sed si visum fuerit illud esse arrestandum, per justiciam ecclesiasticam arrestabitur et arrestatum custodietur, ut de illo capitali fiat quod per ecclesiam fuerit legitime judicatum ...

wurden von den Magiſtern geführt[1]), aber dieſe bildeten damals allem Anſchein nach noch keine Korporation und hatten keine eigene Behörde[2]).

Der Biſchof hatte durch dieſen Erlaß des Königs eine ſchwere Aufgabe erhalten, und um für dieſelbe in dem Kanzler einen ſtändigen Vertreter zu gewinnen, veranlaßte er einen Beſchluß des Kapitels, welcher dem Kanzler die Reſidenzpflicht auflegte[3]); ferner erließ er,

[1]) Bericht Rogers von Hoveden. Chronica, ed. Stubbs IV, 120.

[2]) Der Schluß aus dem Fehlen von Zeugniſſen iſt immer ſehr bedenklich, indeſſen kann man ihn hier doch wohl wagen, weil die Erzählung bei Roger von Hoveden ſehr genau und aus ſicherſter Kenntnis geſchrieben iſt, und vor allem, weil das Privileg des Königs mehrfach Gelegenheit hatte, ſolche Organiſation und Vorſteher zu erwähnen, wenn es deren gab. So gehen ſeine Beſtimmungen über die Verhaftung von Scholaren ins einzelne, aber niemals wird dabei der Mit: wirkung einer beſonderen Scholarenbehörde gedacht, und ebenſowenig des Kanzlers. Dies iſt um ſo auffallender, als das Privileg von dem Verhältnis des Kapitels zu den Scholaren ſpricht; es beſtimmt nämlich: nolumus, ut canonici Parisienses et eorum servientes in hoc privilegio contineantur, ſie ſollten ihre alte Stellung behalten (eandem libertatem habeant quam eis predecessores nostri observare debuerunt). [Ueber dieſe Stelle und den Fehler im Druck des Bulaeus ſiehe Jourdain p. 66, Note 2, und Denifle S. 90]. Zweifel herrſcht über die Deutung des capitale scholarium, für deſſen Sicherung beſondere Vorſchriften erfolgen. Man hatte ihn früher als rector universitatis erklärt, aber da man von einer rechtlich geſchloſſenen Korporation der Scholaren in dieſer Zeit keine Spur findet, ſo hat man dieſe Deutung verworfen und verſteht jetzt gewöhnlich die Lehrer darunter. Thurot S. 16 N. 2. Jourdain S. 66 N. 2. Allein mir ſcheint es bedenklich, anzunehmen, daß den zahlloſen, ohne Prüfung und Diplom auftretenden Magiſtern eine ſo außerordentliche Fürſorge und Ehrfurcht gewidmet ſein ſollte, wie ſie hier dem capitale scholarium zu teil wird; auch iſt es etwas erſchwert, scolares hier mit Schüler zu überſetzen, weil es in dieſer Urkunde noch 17mal und immer = „Lehrer und Schüler" vorkommt. Richtiger deutet Rashdall. Engl. Histor. Review. 1887, S. 662, Note, capitale = Vermögen. Auch für Jourdain 274 p. 47 paßt dieſe Deutung am beſten.

[3]) Jourdain 5. Bulaeus III, 36: Odo Dei gratia Parisiensis episcopus, Hugo decanus et universum capitulum Parisiense omnibus . . . quod nos residentiam cancellarii Parisiensis attendentes necessariam esse nostrae Parisiensi ecclesiae et communitati scholarium . . . statuimus in capitulo Parisiensi, ut quicunque de caetero cancellarius Par. fuerit, teneatur in propria persona bona fide in ecclesia Par. residere, quamdiu cancellariam tenuerit . . . Postquam autem M. Praepositivus factus est cancellarius, rogavimus eum, ut dictum faceret capitulo juramentum et ad necessitatem residentine faciendae se adstringeret, qui libenter et benigne suum ad hoc inclinavit assensum . . . Es war alſo bis 1207 ein Gewohnheits: recht des Kanzlers, daß er nicht zur Reſidenz verpflichtet war, und darin liegt ein

wohl um die Unruhen zu dämpfen, die nach jenen Kämpfen stärker als sonst gären mochten, ein Verbot gegen jede eidliche Verbindung der Scholaren untereinander, wie gegen alle Beschlüsse, durch welche sie sich ein bestimmtes Verhalten zur Pflicht machten und durch Eid oder durch Geldstrafen erzwangen, es sei denn, daß er selbst oder der päpstliche Legat oder das Pariser Kapitel dieselben genehmigt hätten. Nach dem Tode des Bischofs milderte eine Synode der Diözese diesen Erlaß[1]) durch den Zusatz, daß Magister und Scholaren nicht exkommuniziert werden dürften, ohne vorher zweimal in besonders vorgeschriebener Weise gewarnt zu sein. Die Exkommunikation habe der Kanzler auszusprechen, die Absolution stehe dem Bischof und in dessen Abwesenheit dem Abt von S. Victor zu. Der Kanzler erscheint hier statt des Offizials als der besondere Träger der dem Bischof über die Scholaren zustehenden Gerichtsgewalt und darin liegt der Anfang seiner amtlichen Gewalt über die Universität und zugleich ein Beitrag zu der Bildung derselben. Der wichtigste Schritt in dieser Entwicklung war jedoch die Vereinigung der Magister und ihrer Scholaren zu einer Korporation, und diese kam ebenfalls in diesen ersten Jahren des 13. Jahrhunderts zustande. Das Privileg König Philipps von 1200 kennt sie noch nicht, aber jene Verordnung des Bischofs über die Residenzpflicht des Kanzlers von 1207 erwähnt die communitas scholarium[2]), d. i. der Hörenden wie der Lehrenden, der Magister und der Scholaren im heutigen Sinne.

---

neuer Beweis für die Thatsache, daß er bis dahin keine amtlichen Befugnisse hatte, die sich der Kanzlergewalt vergleichen ließen, welche sich Anfang des 13. Jahrhunderts entwickelte.

[1]) Die Synode nennt ihn rigorem nostrae constitutionis (Bulaeus III. 44), also handelte es sich um die Milderung eines Synodalbeschlusses, und jener Erlaß des Bischofs wäre dann auf einer Diözesansynode beschlossen gewesen, was auch an und für sich nahe liegt. Jourdain p. 2, Note 1, vermutet mit Bulaeus III. 37, jenes Verbot des Bischofs, das wir nur aus der Wiederholung von 1219 (Bulaeus III. 93) kennen, sei nicht erlassen worden, sei also eine Fiktion des Bischofs, der 1219 seinen strengen Erlaß lieber als Wiederholung eines älteren verkünden wollte: allein dann würden die Scholaren in ihrem Protest gegen die Erneuerung diese Beschuldigung der Fälschung nachdrücklich erhoben haben. Wenn übrigens Jourdain recht hätte, und also mit dem rigor nostrae constitutionis der 1219 erneuerte Erlaß nicht gemeint sein würde, so müßte doch jedenfalls ein ähnlicher Erlaß des Bischofs und der Synode vorhanden gewesen sein.

[2]) Daß scholares hier wie nicht selten in dem umfassenden Sinne steht,

Die erste Nachricht über eine Thätigkeit dieser Korporation fällt in dasselbe oder in das folgende Jahr. Da ernannte die universitas magistrorum einen Ausschuß von acht Genossen, um gewisse herkömmliche Regeln über Tracht der Magister, Vorlesungen, Beteiligung bei den Leichenbegängnissen der Magister (und Scholaren) in ein förmliches Statut zu fassen und so zu sichern[1]). Diese Aufzeichnung, der Eid auf dieselbe und der Ausschluß eines sich dem widersetzenden Genossen waren die ersten Akte ihres rechtlichen Daseins, sie entwickelte sich dann aber rasch weiter und zwar vorzugsweise durch den Kampf mit dem Kanzler, indem dieser sowohl wie die Korporation den alsbald in mannigfaltiger Form auftauchenden Bedürfnissen zu genügen und, was damit verbunden ist, ihre Befugnisse zu erweitern suchten.

Nach mehrjährigem Kampfe[2]) wurde zuerst 1213 ein Vertrag geschlossen, in welchem der Kanzler sich verpflichtete, keinen Scholaren zu verhaften, außer bei großen Verbrechen, welche vermuten ließen,

---

ergibt sich schon aus der Thatsache, daß eine communitas der Hörer mit Ausschluß der Magister in Paris nicht bestanden hat. Sodann zeigt die nächste Notiz für dieselbe Korporation den Namen universitas magistrorum.

[1]) Um 1208. Jourdain 10. Bulaeus III. 45.

[2]) Schon im Jahre 1209 wandten sich die Scholaren an den Papst mit der Klage, daß der Kanzler seine Gewalt mißbrauche, daß er 1t von denjenigen, die als Lehrer auftreten wollten und welche das Urteil der Magister als „geeignet" bezeichnet hatte, einen Treueid (juramentum fidelitatis vel obedientiae) fordere und oftmals auch Geldzahlungen. 2) Daß er Scholaren in das Gefängnis werfe, auch wenn das Vergehen nicht so groß sei, daß man vermuten müsse, der Angeklagte werde sich dem Richter durch die Flucht entziehen. Sie fanden bereitwilliges Gehör. Honorius erklärte (Jourdain 13 u. 15, 1211 u. 1213), er habe doch auch einst in Paris studiert, aber nie gesehen, daß Scholaren so behandelt würden, der Kanzler scheine mehr seiner Habsucht zu frönen, als die Gerechtigkeit zu schützen, und beauftragte den Bischof von Troyes sowie den Dekan und Archidiakon des dortigen Kapitels, den Kanzler von Paris in seinem Namen und nötigenfalls durch Verhängung kirchlicher Zensur zu zwingen, von seinen Gewaltthaten abzustehen. So weit ließ es der Kanzler nicht kommen, sondern vereinigte sich 1213 mit der Universität der Magister zu einem von sechs Schiedsmännern aufgestellten Vertrage. Dieser bezeichnet sich selbst als eine concordia, der päpstliche Legat nennt ihn 1215 pax confirmata inter cancellarium et scholares (Bulaeus III. 82), die Dorsalnotiz, welche wenig jünger ist als die Urkunde selbst, nennt sie concordamentum inter universitatem et cancellarium (Jourdain 15, Zusatz). Der Bischof erklärte seine Zustimmung als Vorgesetzter des Kanzlers, und des Kanzlers schriftliche, mit seinem Siegel bekräftigte Zustimmung wurde in die Akte aufgenommen.

der Schuldige werde sich dem Richter durch die Flucht entziehen, und diese Verhaftung wie auch die Vorladung nicht durch die weltliche Polizei vornehmen zu lassen, solange seine Diener ausreichten. Gegen die Verhaftung sollte der Scholar außerdem die Entscheidung des Bischofs und seines Offizials anrufen können. Sodann verpflichtete er sich, Geldstrafen nur unter gewissen Beschränkungen zu verhängen, welche verhinderten, daß er sich aus diesen Strafen eine Einnahmequelle mache. Weiter regelte der Vertrag die Verleihung der Lizenz, indem sie zwar dem Kanzler die Befugnis ließ, die Lizenz auch ohne vorgängige Prüfung und Empfehlung der Magister zu erteilen, andererseits ihm aber verbot, einem von den Magistern als geeignet empfohlenen Bewerber die Lizenz zu versagen. Wenn er es doch that, so sollte sich der Zurückgewiesene an den Bischof wenden und von ihm die Lizenz empfangen[1]. Zwei Jahre später gab der Papst seinem Legaten Robert de Courçon den Auftrag, die Ordnung der Pariser Schulen zu untersuchen, und dieser erließ dann ein Statut, das die Bestimmungen von 1207 mit der Konkordia von 1213 zusammenfaßte, aber den Kanzler strenger an die Vorschrift band, die Lizenz nur an solche zu verleihen, welche vorschriftsmäßig geprüft seien; und zwar solle er die Lizenz in artibus keinem vor dem 21.[2], die theologische nicht vor dem 35. Jahre verleihen[2]. Ferner wurde jeder vom Lehramt ausgeschlossen, der dem Kanzler, oder wer ihm sonst die Lizenz verliehen habe[3], Geld gezahlt, oder einen Eid geleistet

---

[1] Diese Bestimmungen über die Lizenz wurden für die Amtsdauer des gegenwärtigen Kanzlers erlassen, es geschah dies gemäß der für das Mittelalter charakteristischen Anschauung, welche derartige öffentlich rechtliche Befugnisse wie ein Privatrecht des jeweiligen Inhabers behandelt. Die Tendenz war offenbar, die Verleihung der Lizenz an den Beschluß der Magister zu binden, aber weil der gegenwärtige Kanzler die freie Verfügung geübt hatte, so ließ man sie ihm noch neben der ordentlichen Verleihung. Für die drei Fakultäten Theologie, Recht und Medizin wurde allgemein das Votum der Magister gefordert, die Artisten waren zu zahlreich, und für die Erteilung der Lizenz in artibus wurde deshalb eine Prüfungskommission von sechs Mitgliedern gebildet. Drei davon ernannte der Kanzler, drei wählten die Magister, und alle sechs Monate wurden andere gewählt.

[2] Bulaeus III, 82. Jourdain 17. Wer die Lizenz als magister in artibus erhielt, mußte geloben, wenigstens zwei Jahre lang in Paris als Magister zu lesen, für die theologischen Magister wurde ein Studium von mindestens acht Jahren gefordert, wovon fünf auf Theologie verwendet sein mußten.

[3] Nullus incipiat (darf zu lesen beginnen) licentiatus a cancellario vel ab alio data ei pecunia vel fide praestita vel alia conventione habita.

habe, oder eine andere Verpflichtung eingegangen sei. Das Statut bestätigte ferner den Magistern und Scholaren ihre Ansprüche auf die dem Kloster St. Germain gehörende Wiese und das Recht, sich untereinander und mit anderen unter Eid und Festsetzung von Strafen zu verbinden, um bei schweren Beleidigungen, Verletzungen oder dem Morde von Scholaren Genugthuung zu erhalten, falls ihnen nicht gleich Recht gewährt werde; sodann das Recht, Statuten zu machen über die Taxation von Wohnungen und Hörsälen, über Tracht, Begräbnis, Lehrordnung¹).

Es konnte auf die Wirksamkeit dieser Statuten nicht ohne Einfluß bleiben, daß ihr Urheber durch seine sonstige Thätigkeit als Legat einen Sturm der Entrüstung gegen sich heraufbeschwor, so daß der König selbst ihn beim Papst Innocenz verklagte. Es ging damals eine mächtige Bewegung durch die Welt, welche die päpstliche Gewalt auf den Höhepunkt ihres Einflusses erhob, brachte doch gerade in jenen Jahren der Papst den König von England durch Bann und Kreuzpredigt in solche Not, daß er keine andere Rettung sah, als sein Reich dem Papste zu übergeben und als Lehen gegen jährlichen Zins zurück zu empfangen. Aber gleichzeitig regte sich in den Kreisen der weltlichen Ordnung das Bedürfnis, sich dem gegenüber zu behaupten. Jener Legat war nun ein rücksichtsloser Vertreter der geistlichen Gewalt, namentlich bezüglich der Gerichtsbarkeit, und es ist möglich, daß die Klagen über seine Habsucht und den Mißbrauch seiner Gewalt²) durch den Parteihaß verschärft wurden. Wie dem aber sei, die Stellung in diesen Kämpfen konnte leicht Einfluß haben auf die Stellung zu den von ihm gegebenen Statuten, und wenn wir nichts wissen von der Art, wie sein Auftreten und Wesen den Kanzler und die anderen maßgebenden Personen etwa verletzte und zu dieser oder jener Parteistellung drängte, so muß man sich doch erinnern, daß die Ausbildung der Universität sich in so bewegter Zeit vollzog und nicht aus der ungestörten Enthaltung der in ihr ruhenden Keime.

Man sieht, welche Bedeutung darauf gelegt wurde. Die Selbständigkeit der universitas schien gefährdet, wenn sich der Kanzler die einzelnen Magister verpflichtete. Auf diesen Satz bezieht sich die Denkschrift der Magister 1283. Jourdain 274, S. 46: juramenta illicita et a facultate non ordinata.

¹) Die Bestimmungen folgen ohne Ordnung. Dabei begegnet auch der an die Habita erinnernde Satz: Quilibet magister forum sui scholaris habeat.

²) Bulaeus III, 83.

Schon in den nächsten Jahren machten der Bischof und sein Kanzler den Scholaren das ihnen ausdrücklich gewährte Recht, Beschlüsse zu fassen und sich durch Eid und Strafsätze zur Befolgung derselben zu verpflichten, aufs neue streitig und bedrohten mit dem Banne alle, welche sich an dergleichen beteiligen würden. Auf Bitte der Scholaren schritt der Papst ein[1]), aber da der Bischof die Quälereien fortsetzte und eine Anzahl der aufs neue an den Papst appellierenden Scholaren und Magister exkommunizierte, so stellten alle Magister die Vorlesungen ein. „In allen Fakultäten schweigt zu Paris das Wort der Gelehrten," schrieb Papst Honorius in dem Erlaß, welcher den Bischof, den Dekan und den Kantor von Troyes beauftragte, im Namen des apostolischen Stuhles jene Exkommunikation für nichtig zu erklären und zugleich zu verkünden, daß fortan niemand wieder wage, dergleichen Sentenzen gegen die Pariser Universität ohne besondere Erlaubnis des heiligen Stuhles zu verkünden. Endlich sollten sie den Pariser Kanzler nach Rom laden, um sich zu verantworten[2]). Schon 1222 mußte der Papst den Scholaren wiederum zu Hilfe kommen, weil der Bischof trotz jenes Verbots von 1219 über verschiedene Magister und Scholaren den Bann verhängt hatte, und um die Quelle des Streits zu verstopfen, erließ er wieder ein Statut, das die Rechte des Bischofs, Kanzlers und Kapitels einerseits und der Universität andererseits in ähnlicher Weise wie das Statut von 1215 abgrenzte[3]), das aber den neu aufgetauchten Streitpunkt über das Siegel der Korporation unerledigt ließ.

---

[1]) Der Papst beauftragte den Erzbischof von Rouen, die bezüglichen Erlasse aufzuheben. Jourdain 19, 1219, 30. März.

[2]) Jourdain 20. Bulaeus III, 93. 1219, 11. Mai. Die Universität ward in dieser Bulle als doctorum ac discipulorum universitas bezeichnet, später als doctorum universitas. Beachtenswert ist auch die Bezeichnung doctorum statt des sonst üblichen magistrorum. Endlich mag es für manche kritische Kombination als Warnung bemerkt werden, daß in diesem Schreiben der dem gleichen Zwecke dienende Auftrag, den der Papst (Jourdain 19) dem Erzbischof von Rouen erteilt hatte, nicht erwähnt wird.

[3]) Jourdain 24. Bouquet, Rer. francic. script. XIX, 724. Der Bischof behielt die Gerichtsbarkeit, die er durch den Offizial oder den Kanzler ausüben konnte, der Kanzler das Recht, die Lizenz zu erteilen, aber das Gefängnis wurde zerstört, welches der Kanzler für die Scholaren aufgerichtet hatte, und nachdrücklich eingeschärft, daß die Scholaren nur im Notfall und nur auf Befehl des Bischofs — nicht des Kanzlers — verhaftet werden dürften und dann in anständiger Haft

Der Streit um das Siegel.

Bis 1221 hatte die Korporation kein eigenes Siegel besessen, und bei ihrer Stellung zu dem Kanzler, der das Siegel des Kapitels führte, hätte es nahe gelegen, die Urkunden so lange von dem Kanzler besiegeln zu lassen, aber sie that dies wenigstens nicht regelmäßig [1]), es war ihr lästig, die Urkunden über ihre Beschlüsse dem Kanzler zur Besiegelung zu unterbreiten, mit dem sie so vielfach im Streite lag [2]). Als sie sich aber nun ein eigenes Siegel beilegte, erhob der Kanzler Einsprache und forderte das Recht der Besiegelung. Honorius verschob die Entscheidung, verordnete jedoch, daß bis zu derselben die Korporation ihr Siegel nicht gebrauchen sollte, zugleich verbot er ihnen, gegen den Bischof, den Kanzler und die sich ihnen anschließenden Magister und Scholaren Zwangsmaßregeln zu beschließen, vor allem aber, daß sie nicht nach ihren Nationen Führer erwählten, um den Genossen zugefügtes Unrecht mit Gewalt zu rächen [3]). Die Magister

(honeste) gehalten werden sollten. Andere Verbote wendeten sich gegen die Ansprüche des Kanzlers auf einen Treueid der Magister, auf Beschlagnahme der Hinterlassenschaft verstorbener Scholaren und gegen den Mißbrauch des Rechts, die Lizenz zu erteilen. Der Kanzler belästigte die von dem Abt von S. Genovefa lizentiierten Magister, um den Scholaren die Lust zu nehmen, sich dort die Lizenz zu holen, und zugleich muß er versucht haben, die 1215 eingeführte Ordnung zu umgehen und ohne Mitwirkung der Magister nach seinem Belieben die Lizenz zu erteilen. Der Papst erneuerte nachdrücklich jene Vorschriften und endlich verbot er dem Bischof und seinem Anhange, Generalexkommunikationen gegen die Universität zu verhängen und irgend jemand wegen einer mit diesem Streit zusammenhängenden Handlung mit kirchlicher Zensur zu treffen. Jourdain 24.

[1]) Die Schenkung an die Dominikaner 1222 wurde mit den Siegeln von drei Professoren der Theologie besiegelt. Jourdain 23. Bulaeus III. 106. Dies ist einmal ein Beweis dafür, daß die Universität damals noch kein eigenes Siegel hatte, und zugleich dafür, daß der Kanzler damals noch nicht den Anspruch erhob, daß die Urkunden der Universität von ihm gesiegelt werden müßten.

[2]) Sie fürchtete, daß er ihren Gegnern aus diesen Akten vorzeitige Mitteilung mache, weßhalb dies in der Bulle Parens scientiarum, die der Papst auf Grund eingehender Verhandlungen mit den Parteien erließ, ausdrücklich verboten wurde. Bulaeus III. 140: Cancellarius quoque jurabit, quod consilia magistrorum in malum eorum nullatenus revelabit, Parisiensibus canonicis libertate ac jure in incipiendo habitis in sua manentibus libertate. Bul. III, 140 hat das Komma nach canonicis gesetzt, dann muß dieser Begriff zu dem Abl. abs. ergänzt werden. Dieser Satz sichert den Kanonikern das Recht, unabhängig von den über die Lizenz bestehenden Vorschriften zu lesen. (Vgl. Denifle S. 90, Note.)

[3]) Jourdain 24. Bouquet XIX, 724: magistris etiam a magistro vel scholari poenam pecuniarum per tempus (bis zur endgültigen Regelung)

nahmen aber ihr Siegel trotz des päpstlichen Verbots wieder in Gebrauch, und als es dann der päpstliche Legat zerbrach, da erhoben die Scholaren einen Aufstand, zu dessen Bewältigung erst die königlichen Truppen aufgeboten werden mußten[1]). 1228 wurde die Ruhe zwar durch Erneuerung der Bestimmungen von 1222 wieder hergestellt[2]), aber im folgenden Jahre führte ein anderer Anlaß einen Kampf herbei, der alle früheren an Bedeutung übertreffen sollte.

Die Auswanderung der Universität.

An einem der lustigen Tage vor Aschermittwoch des Jahres 1229[3]) war eine Schar übermütiger Scholaren in die Vorstadt S. Marzellen hinausgezogen, hatte den Wein trefflich gefunden, aber die Rechnung zu hoch; sie konnten oder wollten nicht zahlen, es gab Streit, die Scholaren prügelten den Wirt, die Nachbarn kamen ihm zu Hilfe, und die Scholaren mußten übel zugerichtet flüchten. Aber anderen Tags kamen sie in Haufen zurück, stürmten die Schenke, verwüsteten das Haus und mißhandelten die Männer und die Weiber, die ihnen auf der Straße begegneten. Da das Dorf zum Kloster S. Marzellen gehörte, so erhob der Prior desselben Klage bei der Königin Blanche, die damals für den jungen König Ludwig das Regiment führte, und als diese dann dem Prevot von Paris scharfe Befehle gab, fielen die Häscher über eine an den Tumulten gar nicht beteiligte Schar her und mißhandelten die Waffenlosen so, daß einige tot blieben. Alsbald versammelten sich die Magister und forderten von der Königin und dem anwesenden päpstlichen Legaten Sühne für diese Unthat, und als diese Verhandlungen scheiterten, verkündete der

---

non exigent supradictum, nec scholares interim secundum nationes suas sibi quemquam praeficient ad injurias ulciscendas, qui (scholares) etiam arma non portent, nisi ad tutelam sui ex causa necessaria compellantur.

[1]) Bulaeus III, 118 f. Der Legat belegte die Scholaren und Magister, die ihn bedrängt hatten, mit dem Banne, und das waren so viele, daß allein auf dem Konzil von Bourges achtzig von ihnen auf einmal absolviert werden konnten. Chronicon Turonense bei Martene, Collectio V, 1067.

[2]) Jourdain 27. Bulaeus III, 130. In dem Schreiben bezeichnet Papst Gregor die Universität durch „magistri et universitas scholarium".

[3]) Frankreich zählte damals von Ostern zu Ostern, der Aschermittwoch gehörte also damals noch zu 1228.

von der Universitas mit der Führung der Sache betraute Ausschuß[1]) von 21 Provisoren am 27. März, daß, wenn vier Wochen nach Ostern (das Fest fiel auf den 15. April), also in rund sechs Wochen, der Universität nicht die volle Sühne geworden sei, daß dann alle Vorlesungen und sonstigen Akte auf sechs Jahre unterbrochen werden sollten. Niemand dürfe sich während dieser sechs Jahre studienhalber, sei es als Lehrer oder Hörer, in der Stadt oder in der Diözese Paris aufhalten, und auch nach Ablauf dieser Frist nur dann, wenn unterdessen die Sühne geleistet werde[2]). Da der Termin verstrich, so löste sich die Universität thatsächlich auf, nur wenige blieben zurück, und die Bettelmönche benutzten die Gelegenheit, an dieser einflußreichen Stätte der Wissenschaft Fuß zu fassen. Viele zerstreuten sich in die Heimat, andere versuchten in Reims, Angers, Orleans ihre Studien wieder aufzunehmen und also neue Universitäten zu gründen oder die vorhandenen Anfänge zu verstärken, namentlich aber sollen viele nach Oxford gewandert sein. „Der große Strom des wissenschaftlichen Lebens ist aus seinem Bette in kleine Bäche abgeleitet, und diese vertrocknen," schrieb Papst Gregor IX. an den König Ludwig im November des Jahres[3]) und ermahnte ihn, den Scholaren Genugthuung zu verschaffen und ihnen die von seinem

---

[1]) Jourdain 30, p. 5: Nos dicti provisores ab universitate communi assensu et voluntate ita ordinamus et ordinando decernimus: quod nisi infra mensem a die Pasche (also 15. April bis 15. Mai) competenter fuerit satisfactum universitati magistrorum et scholarium secundum nostrum arbitrium super atrocissimis injuriis, a preposito Parisiensi et complicibus suis et quibusdam aliis eis illatis: ex tunc nulli liceat morari in civitate vel dioecesi Parisiensi causa studii, scilicet audiendi vel docendi, infra sex annos a fine predicti mensis numerandos et pendente termino emende nullus legat publice vel privatim. Nec etiam post sex annos poterit quisquam reverti, nisi super predictis injuriis competenter fuerit satisfactum. Et ut istud firmum permaneat, presentem chartam sigillorum nostrorum appositione fecimus communiri. Actum a. D. 1228, mense martio die Martis post annuntiationem domini (27. März).

[2]) König Heinrich III. lud die Auswandernden förmlich ein und stellte ihnen alle Städte seines Gebiets zur Verfügung, um das Pariser Studium dorthin zu verlegen, sie sollten omnimoda sicut decet libertate et tranquillitate . . . genießen. Bulaeus III, 133 f. Er redet sie an: magistris et universitati scholarium Parisius studentium. Dieser Titel bezeichnet aber wohl nicht die Scholaren als Träger der universitas, sondern ist „und alle Scholaren" zu übersetzen.

[3]) Jourdain 33. Bulaeus III, 135.

königlichen Vorgänger Philipp gewährten Privilegien zurückzugeben. Die Angelegenheit hatte offenbar ein ungeheures Aufsehen erregt. Die Scholaren hatten die Nachricht in alle Lande getragen, hatten natürlich die Farben nicht gespart und die Grausamkeit der Pariser wie die Leiden der Genossen in Geschichten und Versen beleuchtet. Sie ergingen sich bald in boshaften Angriffen[1]), bald schlugen sie den tragischen Ton an, und in jedem Kloster wie in jeder Burg, wo sich ein Kanoniker, ein Prälat oder sonst ein geistlicher oder weltlicher Herr fand, der einst in Paris studiert, in S. Marzellen getrunken und mit der Polizei gerauft hatte, da bildete dieser Gegenstand für die Zunge des vagierenden Scholaren einen unerschöpflichen Stoff, gleichviel, ob der freche Gesell dabei gewesen war oder nicht. Das war seine Empfehlung und seine Gegengabe, dafür gab man ihm gern reichlich Kleider und Verpflegung.

Der König hatte schon im August den Scholaren das Privileg König Philipps erneuert, ohne aber eine Sühne für die Gewaltthat zu versprechen, seine Räte waren offenbar noch nicht gewillt, nachzugeben. Vielmehr verhängte der Bischof über Magister und Scholaren, welche geschworen hatten, Paris zu verlassen, sowie über die, welche in Angers und Orleans ohne Mitwirkung des Kanzlers die Lizenz nehmen würden, die Exkommunikation und veranlaßte einen Beschluß des Provinzialkonzils zu Sens, daß die nach Angers und Orleans gewanderten Scholaren des ihnen für die Studien bewilligten Residenzprivilegs verlustig gehen sollten[2]). Der Streit dauerte so noch das ganze folgende Jahr hindurch, aber die Vertreter der Scholaren in Rom wußten den Papst endlich so zu gewinnen, daß er am 13. April 1231 die Bulle Parens scientiarum erließ[3]), welche im

---

[1]) Selbst die böse Wendung fehlte nicht, die Königin trage die Schuld, und der Legat sei ihr zu Willen gewesen, weil sie ihm zu Willen gewesen:

En morimur strati, caesi, mersi, spoliati:
Mentula legati nos facit ista pati.

Chron. Joh. de Oxenedes, ed. Ellis (Chronicles and Memorials) 1859 p. 1229. Das ist natürlich Klatsch, aber er charakterisiert die Scholaren und die Stimmung. Die Königin scheint jedoch kaum imstande gewesen zu sein, die Forderung der Scholaren zu bewilligen, denn erst wenige Jahre vorher hatten die Bürger von Paris sie und ihren jungen Sohn vor den Baronen gerettet, und nun sollte sie um einer solchen Rauferei willen die Bürger verletzen, die ihre Stütze waren!

[2]) Bulaeus III, 136.
[3]) Jourdain 34. Bulaeus III, 140: Dilectis filiis universis magistris

wesentlichen die bisher in Paris geltenden Ordnungen wiederholte, dabei aber die zwischen Kanzler und Universität streitigen Punkte näher begrenzte. Zum Schluß erkannte Papst Gregor in derselben noch einmal ausdrücklich an, daß die Magister und Scholaren, welche sich nach jenen Gewaltthaten eidlich verpflichteten, Paris zu verlassen, dabei kein eigenes, sondern ein allgemeines Interesse verfolgt hätten, entband sie aber von diesem Eide für den Fall, daß der König ihnen die alten Privilegien wieder bestätige und diejenigen bestrafe, die ihnen Gewalt gethan. Die Bulle setzte die Mitwirkung des Königs voraus, und Papst Gregor sandte demselben deshalb auch gleichzeitig ein Schreiben gleichen Inhalts und ermahnte ihn, das Privileg des Königs Philipp zu erneuern[1]) und den Scholaren Sühne zu verschaffen. Aehnliche Schreiben richtete er an das Kapitel von S. Marzellen, an den Abt von S. Germain und den Bischof von Paris, um den Scholaren jede Schwierigkeit aus dem Wege zu räumen. Endlich empfahl er noch die beiden Magister, welche die Sache der Scholaren mit solchem Erfolg bei ihm durchgeführt hatten, der besonderen Gnade des Königs und wieder in einem besonderen Schreiben der Königin Mutter, indem er die Verdienste und die reinen Absichten derselben pries und versicherte, sie hätten nichts gesagt oder gethan, was gegen die Ehre des Königs und des Königtums ginge.

---

et scholaribus Parisiensibus ... Parens scientiarum ... Die Gerichtsbarkeit behielt der Bischof, es wurde aber eingeschärft, daß er niemals einen Scholaren bei Schuldklagen verhafte, und auch bei anderen Vergehen nur, wenn keine Kaution gestellt werde, und nur auf Befehl des Bischofs, der Kanzler allein hatte keine Gewalt dazu. Der Scholar solle ferner stets in anständiger Haft gehalten werden, und ganz untersagt wurde, bei Lösung von Kirchenstrafen dem Scholaren eine Geldbuße aufzulegen. Sonst ist noch hervorzuheben: 1) Der Kanzler mußte bei Antritt seines Amtes vor dem Bischof oder dem Kapitel und in Gegenwart von zwei dazu bestimmten Magistern, als Vertretern der Universität, schwören, keinem die Lizenz zu verleihen ohne vorausgehende Prüfung. 2) Die Universität erhielt kein Siegel, der Kanzler drang vorläufig mit seinem Anspruch durch, mußte aber geloben, die ihm so bekannt werdenden Beschlüsse der Universität nicht zu verraten. 3) Vacationes aestivae non extendantur de caetero ultra mensem.

[1]) Hier ignoriert der Papst wieder wie in dem Schreiben von 1229, Nov., daß der König schon im August 1229 das Privileg erneuert hatte (Jourdain 32), und es ist unmöglich, dies damit zu erklären, daß ihm jener Erlaß noch nicht bekannt geworden sei, wie Jourdain S. 6, Note 3 meiner Ansicht nach nicht mit hinreichendem Grunde die Nichterwähnung in dem früheren Briefe des Papstes vom 26. Nov. 1229 zu erklären sucht. Was aber auch der Grund sein mag, die That-

Die Anordnungen des Papstes kamen zur rechten Zeit, der Widerstand der Gegner war gebrochen, und die Scholaren strömten wieder nach Paris zurück. Bald muß ihre Zahl größer gewesen sein als je, denn trotz der Größe der Stadt¹) steigerten sich die Klagen der Scholaren, wie schwer es sei, eine Wohnung zu finden. Der König bewilligte der Universität deshalb das Recht²), die Wohnungen zu tarieren und die Bürger zu nötigen, die von den Taxatoren bezeichneten Wohnungen herzugeben, auch wenn sie dieselben lieber behalten hätten. Die Bürger fügten sich, murrten aber laut darüber, daß Ordensleute und Weltgeistliche sich den Befehlen der Taxatoren zu entziehen wüßten, und da die Taxatoren die geistlichen Herren, welche ihre materiellen Ansprüche mit geistlichen Zensuren zu verteidigen pflegten, nicht zwingen konnten, so mußte wieder der Papst einschreiten. Der rüstete denn auch eine Kommission mit seiner Autorität aus³),

---

sache ist eine nachdrückliche Warnung gegen allzu große Sicherheit bei Schlüssen aus solchem Schweigen. Jourdain 36. Bulaeus III, 143.

¹) In dem Verzeichnis der Feuerstellen, welches 1328 angelegt wurde, um von je 100 feux 10 sols tägliche Steuer zu erheben, heißt es: En la prevosté de Paris 203 paroisses et 21460 feux.... En la villa de Paris et de Sainct Marcel 35 paroisses et 61098 feux. Bibl. de l'École des chartes II (1840). p. 174. Vgl. Dureau de la Malle, Mémoire sur la population de la France aux XIVᵉ et XVᵉ s. in den Mém. de l'Acad. des Inscr. XIV, 2, p. 36–53. Wenn Paris nun auch um 1230–50 nur zwei Drittel so viel Feuerstellen gehabt haben sollte, so muß der Zudrang doch sehr groß gewesen sein, um eine Wohnungsnot hervorzurufen, die so harte Maßregeln nötig machte, zumal die meisten Scholaren keinen Anspruch auf je ein besonderes Zimmer erhoben, sondern zu mehreren zusammen wohnten. Leichter würde sich die Not erklären, wenn die Scholaren damals ausschließlich in einem Stadtteil gewohnt hätten, aber das läßt sich nicht erweisen; und es spricht schon dagegen, daß die Universität 1229 sogar die Eröffnung von Schulen in den Vorstädten erwähnt. Erst durch die Kollegien und Pädagogien der nächsten Periode scheint mir die Vereinigung der Scholaren in einem Stadtteil herbeigeführt zu sein. Doch können dergleichen Fragen nur in der Geschichte von Paris näher untersucht werden.

²) In der Bulle vom 14. April 1231 (Jourdain 36, Bulaeus III, 143) hat der Papst dem König: Hospitiorum quoque taxationem per duos magistros et duos burgenses ad hoc de consensu magistrorum electos juramento praestito fideliter faciendam: sive si burgenses non curaverint interesse per duos magistros sicut fieri consuevit, eis sine difficultate concedas cum alias nimis chara hospitia conducere cogerentur. Vgl. Jourdain 50: de ... voluntate ... regis ... taxatores ... deputarunt.

³) Jourdain 50. Bulaeus III, 160. 1237.

Der Wohnungsmangel.

sagte der frommen Habsucht, daß ihr Benehmen unwürdig sei, und ließ auch diejenigen mit kirchlicher Zensur bedrohen, die aus Furcht vor den geistlichen Herren oder aus Liebedienerei den Kommissären die nötige Auskunft verweigerten. Der Wohnungsmangel wurde trotzdem nicht gehoben, denn zwei Jahre später klagte der päpstliche Legat[1]), daß die Scholaren sich trotz der Taxationen gegenseitig überböten, und 1244 erneuerte Papst Innocenz die Bulle von 1237[2]), und die Universität gab ein Statut, welches das Mieten der Wohnungen und der Hörsäle (scholae) zu regeln suchte. Es gab keine öffentlichen Hörsäle[3]), sondern jeder Magister suchte passende Räume zu mieten oder einrichten zu lassen, und die Universität beschloß nun, daß niemand einen solchen Saal mieten dürfe, der nicht wirklich lese (actu legens) und kein Magister mehrere Säle[4]). Wenn aber ein Bürger sich weigere, seine Räumlichkeiten zu der Taxe zu vermieten, so solle das Haus auf fünf Jahre mit Verruf belegt werden, und der Scholar, der darin miete, solle aus der Universität ausgeschlossen werden[5]).

Die Verfassung.

Das Studium von Paris hatte sich durch diesen zwanzigjährigen Kampf neben dem Bischof und seinem Kanzler, sowie neben den königlichen Behörden und der Stadt eine eigenartige Selbständigkeit errungen, und umgekehrt gewann der Kanzler durch die Beziehung

---

[1]) Jourdain 55.
[2]) Jourdain 64. Bulaeus III, 195.
[3]) Die Nationen haben später mehr und mehr dafür gesorgt.
[4]) Jourdain 63. Bulaeus III, 195. Doch durfte er für einen Baccalar, Lizentiaten oder Magister, der in demselben lesen wollte, mieten. Bei Buläus ist eine sinnstörende Interpunktion, es ist so zu lesen: quod nullus magister per se vel per alium retineat plures scholas: pro bachelario, aut qui de novo est incepturus. sive pro alio magistro retinere poterit. Damit dies aber nicht zum Vorwande diene, mehrere Säle zu mieten, um sie dann an andere zu höheren Preisen abzulassen, wurde bestimmt: si opus fuerit, fidem suam pro hoc faciat juramento.
[5]) Bulaeus III, 195: domus interdicatur per quinque annos; ille autem vel illi scholares, qui domum interdictam receperint, vel moram ibi fecerint et recedere noluerint, quam cito moniti fuerint per rectorem vel servientem ab eo missum, vel procuratores similiter vel nuncium ab eis missum beneficiis scholarum et universitatis priventur.

zur Universität eine Stellung, die weit hinausging über die Bedeutung, die sonst ein Kanonikat erlangen konnte. Der Kanzler stand der Korporation in jenem Kampfe als Partei gegenüber, aber andererseits gehörte er ihr doch an und wirkte auch oft als ein Professor[1]), und die Entwicklung führte dahin, daß um 1400 seine Beziehung zur Universität die Beziehung zum Domkapitel sogar überwog, daß also das Kanzleramt mehr als ein Amt der Universität erschien, mit dem ein Kanonikat verbunden war.

Gleichzeitig mit diesem Kampfe gegen die Korporation hatte der Kanzler mit dem Abt von S. Genovefa zu streiten. Wie im 12. Jahrhundert viele Magister im Gebiete von S. Genovefa gelehrt und dazu die Erlaubnis von dem Abt erbeten hatten, so geschah es auch im 13. Jahrhundert; aber nachdem seine Befugnis durch das Statut von 1213 rechtlich begründet worden war, glaubte der Kanzler die nur gewohnheitsmäßige Uebung dieses Rechts durch den Abt beseitigen zu können. Der Streit kam vor den Papst[2]), und der Abt (später der von ihm ernannte Kanzler) behauptete sein Recht mit Erfolg. So hatte Paris zwei Kanzler; die Prüfung vor dem Kanzler

---

[1]) Jourdain 274, p. 48 f.: cancellarium ... ut unum de magistris regentibus.

[2]) Im Jahre 1227 gab er zwar zu, daß der Abt den Artisten die Lizenz erteilen könne, nicht aber den Theologen und Dekretisten. Jourdain 25. Bulaeus III, 124: Gregorius ... cancellario Par. ... abbas et conventus S. Genovefae Paris. nobis insinuare curarunt: quod cum ad jus eorum pertineat, ut doctores theologiae ac decretorum ac liberalium artium de ipsorum licentia libere regere valeant in parochia et terra eorum infra Paris. murorum ambitum constituta, theologiae decretorumque doctores ad regendum „inter duos pontes" adstringis vinculo juramenti: propter quod etsi doctores artium de licentia ipsorum regant in praedicta parochia, theologiae tamen et decretorum doctores non audent regere in eadem: unde non solum honori sed etiam utilitati monasterii sui plurimum derogatus. Man sieht, daß noch immer die Vorstellung nachwirkte, der Grundherr habe die Lizenz zu erteilen, denn um seinen Anspruch durchzusetzen, daß er allein den Theologen und Dekretisten die Lizenz erteilen dürfe, behauptete der Kanzler, diese Fakultäten dürften nur in seinem Gebiete „inter duos pontes" gelesen werden. Der Streit ist ein Zeichen, daß die Ausbildung der Universität und im besonderen der oberen Fakultäten den früheren Zustand der getrennten Schulgebiete noch nicht ganz beseitigt hatte. Daß der Abt siegte, zeigt z. B. das Schreiben Alexanders IV. von 1255. Jourdain 123. Bulaeus III, 293 f. Aber noch im 14. Jahrhundert verpflichtet die Fakultät der Artisten ihre Baccalare bei der Prüfung: observabitis et defendetis libertatem solitam examinis S. Genovefae. Bulaeus IV, 274.

des Bischofs hieß die „untere", die von S. Genovefa die „obere" und die eine war der anderen gleichwertig, bezüglich der Verwaltung hatte jedoch der Abt von S. Genovefa und sein Kanzler keine Bedeutung und in den Kämpfen der Universität spielte er keine Rolle¹).

In diesen Kämpfen zwischen Kanzler und Korporation hatte schließlich immer der Papst die Entscheidung geben müssen, die königliche Regierung griff nur selten ein, der Papst aber entschied meistens für die Korporation und gegen den Bischof und Kanzler, er beschuldigte sie sogar, aus Ehrgeiz und Habsucht die Scholaren zu bedrängen. Aber diese günstige Beurteilung von so hoher Stelle darf uns nicht hindern, zu erwägen, daß viel rohe Gesellen unter den Scholaren waren, und daß wer den Dingen so nahe stand, wie Bischof und Kanzler von Paris, sich oft versucht fühlen mochte, kurzer Hand dazwischen zu fahren.

Die Korporation bestand aus den Magistern und Scholaren aller Fakultäten und wurde deshalb regelmäßig auch universitas magistrorum et scholarium genannt²), aber Stimmrecht hatten in den Versammlungen nur die Magister. Die Scholaren nahmen sogar an den Privilegien der Universität nur teil, wenn sie Schüler eines Magisters waren; wurden sie verhaftet, so hatte der Magister sie los zu fordern und die gerichtlichen Privilegien für sie in Anspruch zu nehmen. Es gab keine Universitätsmatrikel, sondern die Magister hatten Matrikeln ihrer Scholaren zu führen, und die Summe dieser

---

¹) Wenigstens tritt er nicht hervor; daß seine Geltung im einzelnen oft von Bedeutung gewesen sein mag, ist deshalb natürlich nicht zu bezweifeln. Einen Hinweis bietet das in der vorigen Note erwähnte Schreiben Alexanders IV.

²) So bezeichnet sich die Universität selbst (Jourdain 23 [1221], Bul. III, 105) und daneben kommen verschiedene Anreden und Bezeichnungen vor. Gregor IX. schreibt 1237: Dilectis filiis universis scolaribus Parisius commorantibus. Jourdain 52. Derselbe 1231 in der Bulle Parens scientiarum: universis magistris et scholaribus Parisiensibus, ebenso auch Jourdain 49, Bul. III, 159, und Jourdain 51, Bul. III. 160. In diesem Schreiben begegnet auch die Wendung: ab magistris et scholaribus ... cautione recepta, welche zeigt, daß Papst Gregor die Magister nicht als die alleinigen Träger der Korporationsrechte ansah. Heinrich III. schrieb 1229, Bulaeus III, 133: magistris et universitati scholarium Parisius studentium (s. o.), und der Beschluß des Pariser Kapitels von 1207 nennt die Korporation communitas scholarium (Jourdain 5, Bul. III, 36), Innocenz III. dagegen universitas magistrorum. Jourdain 11. Bulaeus III, 60.

Einzelmatrikeln ersetzte die Universitätsmatrikel [1]). Die Universität gliederte sich in Fakultäten und Nationen, und zwar schoben sich diese Abteilungen auf eigentümliche Weise ineinander. Die Prüfungsordnung von 1213 faßte die Dekretisten mit den Legisten zusammen, unterschied also 4 Fakultäten: Theologie, Recht, Medizin, Philosophie (artes). Das römische Recht fiel seit 1219 weg, und es erhielten sich dann in Paris diese vier Fakultäten [2]), von denen Theologie, Recht und Medizin als die oberen Fakultäten den Artes oder der Philosophie als der unteren Fakultät gegenübergestellt wurden, weil man nicht in einer der oberen Fakultäten studieren konnte, ohne vorher einige Jahre die Artes getrieben zu haben und viele sogar erst die Magisterprüfung in den Artes bestanden. Wenn man dazu nimmt, daß der Magister in den Artes mit 21 Jahren erworben werden konnte, der unterste Grad in der Theologie aber erst mit 25, und die Magisterwürde nicht vor dem 30. Jahre [3]), so könnte es scheinen, als habe die Fakultät der Artisten zu den anderen Fakultäten nur die Stellung unserer Gymnasien zu der Universität gehabt. Allein

---

[1]) Jourdain 260. 1279. Daß die Scholaren trotzdem an den Geschäften Anteil haben konnten, zeigt die Mitteilung des Papstes, daß 1222 neben einigen Magistern auch zahlreiche Scholaren nach Rom gekommen waren und vor dem Papste die Rechte der Korporation verteidigten. Bouquet, Rer. franc. script. XIX. 724.

[2]) 1281 wurden die Fakultäten durch Beschluß der Magister förmlich zu berechtigten Organen der Universität erklärt, Fakultätsbeschlüsse sollten als Universitätsbeschlüsse angesehen werden. Jourdain 268. Bulaeus III, 456: Universitas magistrorum Parisius in quacunque facultate regentium... ad ora malignorum claudenda dicentium, quod facta facultatum non sunt facta universitatis ... congregati apud S. Julianum Parisius prout moris est, vocatis omnibus qui debuerunt evocari, hac edictali constitutione ... declaramus: facta facultatum theologiae, decretorum, medicinae, et artium, in quantum illa facta respiciunt privilegia universitatis seu negotia, esse facta universitatis et per universitatem et nomine universitatis debere fieri prosecutionem canonicam et debitum sortiri effectum. Daß man bereits im 12. Jahrhundert diese vier Fakultäten unterschied, sowie daß die Medizin bisweilen mit den Artes zusammengefaßt, daß bisweilen aber die Grammatik als besondere Fakultät angesehen wurde, ist oben bereits erwähnt worden. Auch diese Anschauungen waren in Frankreich und England wie in Italien, sie waren international.

[3]) Nach dem Statut von 1215 nicht vor 35 Jahren. Bul. III, 82. Wie weit diese Vorschrift eingehalten worden ist, muß in einer Geschichte von Paris untersucht werden.

dem war nicht so. Zunächst liegt in dem jugendlichen Alter von 21 Jahren keine Herabsetzung, denn in Bologna konnte man mit noch jüngeren Jahren Doktor der Rechte werden. Sodann ist zu beachten, daß die Erwerbung der Magisterwürde die Studien der Artisten nicht abschloß. Beim Empfang des Magistertitels mußte man geloben, einige Jahre zu lesen, und erst nach Erfüllung dieser Pflicht gewann man die politischen Rechte der Magister vollständig, denn zu den Prüfungskommissionen und den politischen Aemtern[1]) wurde der Magister erst nach einer Lehrthätigkeit von drei, beziehungsweise sechs Jahren wählbar. Die Magisterwürde der theologischen wie der kanonistischen Fakultät eröffnete dagegen die Lehrthätigkeit nicht, sondern galt als eine Ehre, welche eine mehrjährige Lehrthätigkeit krönte, ja es kam im 14. und 15. Jahrhundert dahin, daß in diesen Fakultäten fast die ganze Lehrthätigkeit den Nichtmagistern überlassen wurde, daß die Magister regelmäßig nur Prüfungen abhielten und sich an gewissen feierlichen Akten des Studiums beteiligten[2]). Die Vergleichung des in den Fakultäten für die Magisterprüfung vorgeschriebenen Alters eignet sich also nicht zu einer Vergleichung der Stellung der Fakultäten zu einander, und ebensowenig die Würde des Gegenstandes; denn der Theologie gegenüber erschien wohl das Gebiet der Artes als ein niedrigeres, und das kanonische Recht genoß einen gewissen Abglanz der Theologie, aber die Medizin, welche mit ihnen zusammen die oberen Fakultäten bildete, hatte in dieser Beziehung nichts vor den Artes voraus. Die Artes hießen also nur deshalb die untere Fakultät, weil sie den Vorbereitungskursus für alle mitumfaßten. Aber damit erschöpfte sich die Aufgabe dieser Fakultät nicht, sie hatte außerdem ein weites Gebiet[3]) wissenschaftlicher Forschung, und dies

---

[1]) Drei Jahre für die Prüfungskommission der Baccalare, sechs Jahre für die Lizentiaten und für die Wahlfähigkeit zum Rektorat. Nur das Stimmrecht in den Versammlungen erwarb man mit der Lizenz, vorausgesetzt, daß man pflichtmäßig zu lesen begann.

[2]) Schon die reformatio von 1452 (Bulaeus V, 565) bietet den Beleg — und es genügt, auf die Schilderung von Thurot p. 158 f. zu verweisen.

[3]) Eine ungefähre Vorstellung gewähren die Forderungen, welche für die verschiedenen Prüfungen gestellt wurden. Die Statuten von 1366 (Bul. IV, 388 f.) sind darin wenig verschieden von der reformatio von 1452 (Bul. V, 574). Den Vorbereitungskursus schloß die Determination ab, zu ihr sollte nur zugelassen werden, wer außer der Grammatik und der Metrik eine Reihe von aristotelischen Schriften (veterem artem totam, librum topicorum quoad quatuor libros et libros

Gebiet war von wesentlicher Bedeutung für die Entwicklung des wissenschaftlichen Lebens der Universität. Die Artistenfakultät war es, in welcher die Kämpfe zwischen der älteren, mehr humanistischen Richtung und dem Uebergewicht der Dialektik zunächst ausgefochten wurden, ferner die Kämpfe um die Berechtigung der aristotelischen Studien und die zwischen der nominalistischen und der realistischen Anschauung; — und so wirkte sie auch auf die Richtung und Methode der anderen Fakultäten bestimmend ein. Es kam hinzu, daß auf dem Gebiete der Artes die größte Freiheit der wissenschaftlichen Bewegung herrschte, und daß sie keinem materiellen Zwecke dienten. Papst Innocenz IV. nannte deshalb die Artes geradezu, indem er sie mit dem römischen Rechte verglich, die wahre Wissenschaft, denn sie würden um ihrer selbst willen gepflegt. Diese wissenschaftliche Bedeutung der philosophischen Studien erklärt es denn auch, daß Männer, die im Besitze der akademischen Grade anderer Fakultäten waren, in der Artistenfakultät als Magister lasen. Manche thaten es außerdem auch deshalb, weil die Artisten für sich allein den Rektor der Universität wählten und zwar aus ihrer Mitte. Wer Lust und Kraft zu solcher Würde fühlte, der mußte in der Artistenfakultät bleiben. — Die Artistenfakultät gliederte sich nach vier Nationen, Gallier (Franzosen), Engländer (später Deutsche genannt), Pikarden und Normannen, über deren Alter und Ursprung vielfach gestritten worden ist. Schon im 12. Jahrhundert bestanden Vereinigungen von Magistern und Scholaren der gleichen Heimat[1]), aber erst

---

elenchorum priorum aut posteriorum complete, etiam librum de anima in toto vel in parte) gehört habe. Bul. IV, 390. Die Grammatik konnte er an beliebigem Orte erlernen, aber zwei Jahre mindestens mußte er danach in Paris studiert haben. Für die Lizenz wurde dann weiter das Studium folgender Schriften gefordert: librum physicorum, de generatione et corruptione, de caelo et mundo, parva naturalia, videlicet libros de sensu et sensato, de somno et vigilia, de memoria et reminiscentia, de longitudine et brevitate vitae, librum metaphysicae vel quod actu audiat eundem et quod aliquos mathematicales audiverit quodve audiverit libros morales, specialiter librum ethicorum quantum ad majorem partem. Bul. V, 574. Man wende nicht ein, daß diese Forderungen nur auf dem Papier standen, das gilt in gleicher Weise von allen Fakultäten; hier handelt es sich um den gesetzlichen Umfang des Gebiets.

[1]) So erwähnt Roger von Hoveden IV, 120 bei dem Tumult von 1200 in Paris ein hospitium clericorum Teutonicorum. Man kann freilich nicht erkennen, ob dies Haus im Besitz einer Genossenschaft deutscher Scholaren war, oder ob es

zwischen 1222¹) und 1244 gewannen jene vier Nationen rechtliche Organisation, welche fortan die Scholaren aller Fakultäten und die Magister der Artisten vereinigten. Die Magister der drei oberen Fakultäten gehörten den Nationen dagegen nicht an. Das war schon deshalb nicht möglich, weil die Nationen zugleich zur Gliederung der zahlreichen Magister der Artisten in den Versammlungen der Universität dienten. Die Magister übten ihr Stimmrecht in der allgemeinen Versammlung der Universität, also in sieben Gruppen aus²), drei davon bildeten die Magister

---

nur so genannt wurde, weil eine Anzahl deutscher Scholaren dort wohnte. Nichts Bestimmtes folgt ferner daraus, daß nach Rad. de Diceto I, 337 König Heinrich von England seinen Streit mit dem Erzbischof von Canterbury in Paris der Entscheidung von scholares diversarum nationum vorlegen wollte.

¹) Die Vierzahl der Nationen wird in den bisher bekannten Urkunden zuerst 1249 erwähnt (Jourdain 83), aber die Nationen ohne diese nähere Bestimmung schon 1245 (Jourdain 70) und bereits als Träger der Verwaltung, so daß kein Zweifel besteht, daß es schon damals jene vier Nationen waren. Sicher ist ferner, daß sie nicht 1245 erst entstanden, denn sie werden (Jourdain 70) nicht als eine neue Schöpfung, sondern wie eine bestehende Einrichtung erwähnt. Schon 1244 werden endlich Prokuratoren als Organe der Universität neben dem Rektor genannt, die nur als die Vorstände der vier Nationen aufzufassen sind, und deshalb haben wir in dieser Erwähnung ihrer Prokuratoren (Jourdain 63, Bulaeus III, 195) eine indirekte, aber zuverlässige Nachricht von dem Vorhandensein der Nationen, und zwar erscheinen ihre Vorsteher in der gleichen Thätigkeit als wichtigste Beamte der Universität neben dem Rektor, welche sie in der Folgezeit charakterisiert. Die vier Nationen sind also vor 1244 ausgebildet worden. Man könnte versucht sein, in der Bulle Parens scientiarum, also 1231, eine Erwähnung der Nationen zu finden, allein sie begegnet in einer formelhaften Wendung, welche keinen sicheren Schluß gestattet, und da in den Verhandlungen dieser schweren Zeit die Nationen oder ihre Prokuratoren nicht erwähnt werden, so kann man sogar mit ziemlicher Bestimmtheit sagen, daß die Nationen damals noch nicht bestanden oder doch nicht diejenige Ausbildung und Bedeutung für die Verwaltung hatten, welche in der Zeit seit 1244, wo wir bestimmtere Nachrichten von ihnen haben, ihr Wesen ausmacht. 1222 werden Pariser Nationen in einem päpstlichen Schreiben erwähnt (Jourdain 24; Bouquet, Rer. franc. script. XIX, 724): Nec scolares interim secundum nationes suas sibi quemquam praeficient ad injurias ulciscendas, aber die Art, wie sie hier erwähnt werden, scheint mir zu beweisen, daß sie damals noch keine regelmäßige und keine rechtlich anerkannte Organisation hatten. Deshalb ist die Entstehung der Nationen zwischen 1222—1244, vielleicht auch zwischen 1231—1244 zu setzen.

²) Wann und wie diese Ordnung entstand, darüber lassen sich nur Vermutungen hegen, die Entscheidung wird wesentlich davon abhängen, ob die vier

der brei oberen Fakultäten, vier bildeten die Magister der nach Nationen stimmenden Artisten¹). Bei den Beschlüssen der Universität verfügten die Artisten also über vier Stimmen, die drei oberen Fakultäten zusammen nur über drei, doch muß man sich die Sache nicht so vorstellen, als seien diese anderen Fakultäten nun einfach überstimmt worden. Einmal stimmten die Artisten keineswegs immer geschlossen, mehrfach widersetzte sich eine Nation hartnäckig der anderen, noch weniger aber bildeten die anderen Fakultäten eine Partei gegen die Artisten. Es fehlte natürlich nicht an Konflikten der Fakultäten, aber die Entwicklung von Paris wurde in keiner Weise durch den Gegensatz der oberen Fakultäten gegen die Artisten beherrscht. Oftmals hielt sich auch die eine und andere Fakultät von dem Beschluß der Artisten oder der anderen Fakultäten zurück, und andererseits nahmen die Artisten auf sie besondere Rücksicht. Es erhielt sich durchaus die Ehrfurcht vor der Würde eines Magisters der Theologie, und für ihre wichtigsten Kämpfe war es für die Artisten auch von großer Bedeutung, namentlich die Dekretisten und Theologen zu Bundesgenossen zu haben.

Jede Nation hatte besondere Statuten²), besondere Feste und besondere Einnahmen, und bezüglich der Wahl des Rektors der Examenskommission, der Auswahl der 48 Kandidaten³), welche in jedem Monat zu dem Magisterexamen zugelassen werden durften, war einer jeden Nation ein bestimmter Anteil und ein bestimmtes Recht

---

Nationen früher zu einer festen Organisation unter regelmäßigen Vorstehern gelangten als die Gesamtkorporation, oder umgekehrt. Dazu fehlt es aber bisher an sicheren Urkunden.

¹) Den Geschäftsgang zeigt die Urkunde Jourdain 580, Bulaeus IV, 267 f. Dazu Bulaeus IV, 171.

²) Bulaeus III, 577 hebt hervor, daß die Wahl der Vorsteher (procuratores) der Nationen in verschiedener Weise erfolgte.

³) Jourdain 286, Bulaeus III, 483 f. Die von Bulaeus ib. und Jourdain 287 hier angefügten Artikel, welche die Examinatoren beschwören mußten, kennen schon die spätere Bestimmung, daß nur 16 in einem Monat geprüft werden durften, sie gehören also zu dem Statut der Fakultät von 1367 (Jourdain 374, Bulaeus IV. 112). Thurot 55, Note 7 urteilt ebenso. Aus jener Vorschrift, welche die Examinatoren beschwören mußten, verdient eine für alle Zeit empfohlen zu werden: Item jurabitis, quod nullum ponetis in manu cancellarii, sed expeditis vel impeditis simpliciter vel ad tempus. d. h. euer Urteil laute: bestanden oder nicht bestanden oder auf gewisse Zeit zurückgewiesen, aber ihr dürft nicht dem Kanzler die Entscheidung zuschieben.

verbrieft. Es kam unter den Nationen über die Ausübung dieser
Rechte zu oft sehr lebhaften Streitigkeiten, und diese Kämpfe und die
die sich aus der Sorge für Rechte und Privilegien dieser verschiedenen
Korporationen ergebenden Arbeiten verbrauchten einen erheblichen
Teil der in der Universität vereinigten Kräfte. Jede dieser Nationen
zerfiel ferner wieder in Provinzen (provinciae seu regna), die unter‌
einander kaum weniger eifersüchtig darüber wachten, daß sich kein
Scholar ihres Gebiets einer anderen Provinz anschließe, wie die
Nationen selbst[1]). Die Vorsteher der Nationen hießen Prokuratoren
und wurden, wie der Rektor, von den Magistern und aus den Ma‌
gistern gewählt, denn Stimmrecht hatten in den Versammlungen der
Nationen wie in den Versammlungen der Universität nur die Ma‌
gister, und zwar regelmäßig nur die als Professoren wirklich thätigen
Magister, die actu legentes[2]).

Der Rektor.

In den beiden ersten Jahrzehnten hatte die Universität kein Haupt,
auch keinen geschäftsführenden Vorstand, und noch in dem Kampfe
von 1229 wurden die entscheidenden Maßregeln einer zu diesem Zweck
gewählten Kommission übertragen; ein Rektor der Universität wird
dagegen weder bei diesen noch bei den früheren Kämpfen erwähnt.
Die älteste Erwähnung ist 1237, die nächste 1244[3]), aber beide Male

---

[1]) Ebenso eifersüchtig waren sie in allen Stücken. Jourdain 526, p. 117
bietet ein Aktenstück aus einem Streit, der 1333 in der Natio Anglicana zwischen
der Provincia anglicana et undecim regna ipsius nationis que vocabatur
provincia non-anglicana ausgebrochen war.

[2]) Die nicht lesenden Magister wurden nur bei besonderen Fällen zugezogen.

[3]) Jourdain 49. Bulaeus III, 159. Bulle Gregors IX. von 1237 Non
decet. Die Bulle gewährt der Universität das Privileg, daß weder gegen die
Universität noch gegen ihre Geschäftsträger in Anlaß einer für die Universität
vorgenommenen Handlung eine kirchliche Zensur verhängt werden dürfe, absque
mandato sedis apostolicae speciali. Die Formel, welche diese Geschäftsträger
aufzählt, lautet: ut nullus in universitatem magistrorum vel scolarium seu
rectorem vel procuratorem eorum aut quemquam alium pro facto vel
occasione universitatis ... Daß in dieser Formel procurator einen Geschäftsträger
bezeichnet, ist zweifellos, es ist der außerordentliche, der für irgend eine bestimmte
Angelegenheit bevollmächtigte Vertreter der Scholaren. Da nun 1244 der Rektor in
zwei verschiedenen Statuten (der Artisten und der Universität, Jourdain 68, Bul.
III, 195) als der ordentliche Vertreter so erwähnt wird, daß man sieht, daß er nicht
erst 1244 entstand, sondern früher, so wird man in dem hier 1237 vor dem außer‌

wird nicht die Entstehung des Amtes gemeldet, sondern sein Dasein vorausgesetzt. 1249 wird sein Amt als officium rectoriae universi-

---

ordentlichen Vertreter, dem procurator, erwähnten rector den ordentlichen Vertreter erkennen. Der Genitiv eorum gehört zu beiden Begriffen. Denifle 112 will dagegen wohl procurator als den Geschäftsträger anerkennen, aber rector mit Professor übersetzen. Daß rector für doctor oder magister stehen kann, ist bekannt, aber die andere Deutung ist die näherliegende. Um seine Deutung hiergegen zu sichern, legt deshalb Denifle den Text der in den päpstlichen Regesten erhaltenen Kopie zu Grunde, welcher rectorum liest, und ereifert sich dabei über Buläus, der einen verderbten Text biete. Buläus hat auch, wie Jourdain p. 8, 2, Note 2 zeigt, das Wort procuratorem in procuratores geändert, weil er annahm, daß neben dem Rektor die Prokuratoren der Nationen genannt werden müßten, aber seine Lesart rectorem ist die Lesart des Originals, das konnte Denifle schon daraus sehen, daß Jourdain die Form rectorem wiederholte, während er procuratores änderte. Die Lesart rectorum ist ferner sinnwidrig, denn der Genitiv könnte nur von universitatem abhängen und als Synonym zu magistrorum stehen, aber dann würde er nicht durch scolarium von magistrorum getrennt werden dürfen. Selbst wenn wir keinen anderen Text hätten als den vatikanischen mit rectorum, so müßten wir vermuten, daß hier ein Fehler vorliege; aber Denifle unterdrückt diese Schwierigkeit, versichert, dies „rectorum" sei der echte Text, und erwähnt nicht einmal, daß Jourdain ebenso wie Buläus rectorem liest. Da Denifle selbst lange in Paris gearbeitet und sogar Documents relatifs à la fondation et aux premiers temps de l'université de Paris herausgegeben hat, so war es ihm ein Leichtes, sich zu überzeugen, ob Jourdain richtig gelesen habe; aber er hat vorgezogen, es nicht zu thun. Auf meine Anfrage hat Gabriel Monod die Handschrift verglichen und bestätigt, daß sie rectorem hat, und so ist denn kein Grund vorhanden, den Satz anders zu übersetzen als so: daß niemand wage, über die Korporation der Magister und Scholaren oder über ihren Rektor oder ihren Prokurator oder über irgend jemand sonst aus Anlaß einer von ihm für die Korporation vorgenommenen Handlung eine kirchliche Zensur zu verhängen. Im Jahre 1246 wiederholte Papst Innocenz IV. dieses Privileg, aber mit einer Aenderung der bezüglichen Formel. Sie lautet: ut nullus in universitatem vestram magistrorum aut scholarium aut procuratorem eorum vel rectorem cujuscunque facultatis aut quemcunque alium ... Hier kann man zweifeln, wie rectorem zu deuten sei, Denifle übersetzt „den magister regens in irgend einer Fakultät". Das ist möglich, aber ein ungewöhnlicher Ausdruck wäre es jedenfalls, und wenigstens ebenso nahe läge es, rectorem cujuscunque facultatis „den Vorsteher irgend einer Fakultät" zu übersetzen. Die Vorsteher der oberen Fakultäten wurden in Paris allerdings Dekane genannt, und nur der Vorsteher der Artisten hieß rector; da dieser aber am häufigsten Geschäfte der Korporation zu erledigen hatte und also für diese Frage zunächst in Betracht kam, so konnte der Papst, wenn er nur eine generelle Bezeichnung dieser Vorstände geben wollte, a potiori den Titel des Vorstandes der Artisten dazu nehmen. Das war um so

tatis bezeichnet ¹), aber er war zugleich Vorstand der Artistenfakultät. Die anderen Fakultäten hatten, obwohl die Zahl ihrer Magister nur klein war, besondere Vorstände, die Dekane; die weitaus zahlreichste Fakultät der Artisten hatte keinen besonderen Vorstand, sondern der Vorstand der Universität war zugleich der Vorstand dieser Fakultät. Schon diese Thatsache spricht dafür, daß die Stellung an der Spitze der Artisten der Ursprung des Amtes war. Der Rektor der Artisten ist Rektor der Universität geworden²), nicht umgekehrt. Diese Entwicklung erklärt auch die an sich so auffallende Erscheinung, daß die Magister der oberen Fakultäten trotz ihres großen Ansehens und Einflusses bei der Wahl des Rektors der Universität kein Wahlrecht hatten, und die andere, daß der Rektor lange Zeit den Dekanen der oberen Fakultäten an Rang nachstand ³). Er galt eben noch lange zunächst als Vorstand der Artisten, obschon er die Geschäfte der Gesamtkorporation besorgte⁴). Aber nachdem er so längere Zeit that-

---

leichter möglich, wenn, wie zu vermuten ist, die oberen Fakultäten damals noch keine Beamten mit festem Titel hatten. Diese Deutung des rectorem cujuscunque facultatis wird nun zweifellos durch die Bulle von 1252, in welcher Papst Innocenz IV. der Universität sein Privileg von 1246 wiederholte, denn hier findet sich jene Formel in folgender Fassung: ut nullus in universitatem vestram magistrorum et scolarium aut rectorem vel procuratores vestros cujuscunque aut quaruncunque facultatum, und abgekürzt in der Mitteilung an den zum Konservator des Privilegs bestellten Bischof von Senlis: quatenus prefatos magistros et scolares eorumque rectorem vel procuratores non permittas molestari. Diese von Bulaeus III, 242 mitgeteilten und von Denifle 114 als korrekt bestätigten Fassungen erläutern die Formel von 1246 und bestätigen, daß Innocenz die Vorsteher und Bevollmächtigten der Fakultäten sicherstellen wollte, daß also auch in der Bulle von 1246 diese Vorsteher und Bevollmächtigten zu suchen und in dem rectorem cujuscunque facultatis zu finden sind. Sie machen es ferner auch so gut wie gewiß, daß die oberen Fakultäten noch keine regelmäßigen Vorsteher unter dem Namen Dekane hatten, sondern ihre Geschäfte durch besondere Geschäftsträger, procuratores, erledigen ließen. 1267 werden Dekane genannt.

¹) Jourdain 83. Bulaeus III, 222.
²) Ein Fakultätsbeschluß der Artisten von 1272 (Jourdain 228, Bulaeus III, 399) nennt z. B. den Rektor geradezu rector nostrae facultatis, und noch 1414 heißt es rector est specialiter caput facultatis artium. Bulaeus IV, 272.
³) So steht in der Urkunde Jourdain 216 von 1267, in welcher die Dekane der Kanonisten und der Mediziner nebst dem Rektor erwähnt werden, der rector universitatis Parisiensis an dritter Stelle.
⁴) Wie es aber kam, daß der Vorstand der unteren Fakultät die Leitung der Universität gewann, nicht einer der oberen, das läßt sich etwa so erklären:

sächlich geschäftsführender Vorstand der Universität gewesen war, wurde er auch allmählich rechtlich als das Haupt der Universität angesehen. Das geschah um 1240, aber noch bis in die zweite Hälfte

Unter der damals auf acht bis zwölf beschränkten Zahl der Magister der Theologie waren regelmäßig mehrere Mitglieder des Kapitels, und da die Universität ihre Verfassung im Kampfe mit dem Kapitel und seinem Kanzler ausbildete, so war schon deshalb die Fakultät der Theologen wenig geeignet, der Universität den Rektor zu stellen. Zwischen 1230 und 1250, also in der Entwicklungsperiode des Rektorats, gewannen ferner verschiedene Orden theologische Professuren, und da diese nie aufhörten, Glieder ihrer Orden, also anderer Korporationen zu sein, so gelangte die theologische Fakultät auch nicht zu der nötigen Einheit. Mit den Dekretisten stand es ähnlich, und die Mediziner kamen nicht in Frage, da sie damals wenigstens in Paris keine Bedeutung hatten. Der Kanzler erwähnte sie gar nicht, als er seine Ansprüche auf die Lizenz geltend machte. Jourdain 25. So blieb nur der Vorstand der Artisten übrig; und zu diesem inneren Grunde kam noch der äußere hinzu, daß die Artisten allem Anschein nach zuerst zu einer förmlichen Organisation gelangt sind. Schon das Statut von 1213 nötigte dazu, welches forderte, daß sie alljährlich eine Prüfungskommission wählten, während die kleine Zahl der Magister in den oberen Fakultäten die Geschäfte leichter noch eine Zeitlang ohne rechtlich gesicherte Form und ohne einen regelmäßigen Vorstand erledigen konnte. In dem Kampfe mit dem Kanzler 1219 zeigten sich denn auch die Artisten als der am meisten gefestigte Bestandteil der Universität; sie gaben dem nach Rom gesandten Vertreter der Universität die Sicherheit, daß seine Abmachungen von der Universität anerkannt würden, und sie waren es, welche das Geld zusammenbrachten, damit er überhaupt abreisen konnte. Bulaeus III. 94. Bulle Honorius' III: Porro cum ad prosecutionem appellationis praedictae foret nuncius ad sedem Apostolicam destinandus et sine collecta universitas non haberet expensas, magistri liberalium artium fide interposita se ac suos discipulos adstrinxerunt ad servandum, quod super hoc a suis procuratoribus contingeret ordinari. Cumque dicti procuratores injunxissent eisdem, ut ad impensas nuncii destinandi contingentem tribuerent portionem. et ipsis quod injunctum fuerat adimplentibus universus ipse iter ad nos veniendi jam dudum esset aggressus. . . . Sie sicherten sich ferner die nötige Einheit, indem sie keinen Ordensmann in die Fakultät aufnahmen. Beim Empfang der Magisterwürde mußte der Bewerber sich eidlich verpflichten, niemals Mitglieder irgend eines Ordens für die Determination oder die Lizenz zu prüfen, noch auch jemals ihrer etwa versuchten Determination oder Antrittsfeierlichkeit beizuwohnen, und im Fall eines (Universitäts-) Streites zwischen Weltgeistlichen und Ordensleuten stets auf seiten der Weltgeistlichen zu stehen. Bulaeus IV. 274: Item stabitis cum magistris secularibus et defendetis statum et statuta et privilegia eorum toto tempore vitae vestrae, ad quemcunque statum deveneritis. Item nullum religiosum, cujuscunque fuerit professionis, recipietis in aliqua examinatione videlicet determinandorum et licentiandorum, nec intereritis suo principio nec suae determinationi.

hinein waren seine Befugnisse weniger die der Leitung als der Ausführung, sonst hätte er nicht trotz jenes Titels bei Rangfragen statt als Vorstand der Universität, als Vorstand der unteren Fakultät behandelt und den Dekanen der oberen Fakultäten nachgestellt werden können: aber je länger die Universität bestand, desto bedeutender wurde die Aufgabe des Rektors, und desto mehr trat die Vorstellung zurück, daß er zunächst nur Vorstand der Artisten war. Infolge davon wurde aber die alte Rangordnung unhaltbar, und es entstanden Streitigkeiten über die Form, in welcher der Rektor die Dekane der Dekretisten und Mediziner zu den Versammlungen der Universität[1]) einzuladen habe. Die eigentliche Entscheidung über die Stellung des Rektors wurde jedoch schon früher herbeigeführt, und zwar durch einen Kampf mit dem Kanzler. Der Rektor hatte den Kanzler, der zugleich als Magister der Universität wirkte, wie alle anderen Magister zu den Generalversammlungen der Universität berufen und nahm das Recht in Anspruch, ihn wie die anderen Magister zu strafen, falls er den Anordnungen nicht Folge leistete. Dem widersetzte sich der Kanzler, rief die Entscheidung des Papstes an und erklärte in seiner Berufungsschrift, er sei das Haupt der Universität und unterstehe nicht dem Rektor. Die Universität aber führte in ihrer Entgegnung aus, ihr Haupt sei der Rektor, und deshalb könne der Kanzler nicht auch noch ihr Haupt sein, sonst würde ja die Universität ein zweiköpfiges Ungeheuer sein. Mit ihrem Rektor stehe die Universität direkt unter dem Papste, es dürfe sich keine Instanz dazwischenschieben. „Außer dem Rektor haben wir kein anderes Haupt, als den Papst[2]).''

---

[1]) Die Dekane behaupteten, der Rektor müsse selbst kommen oder einen stellvertretenden Magister schicken; der Rektor nahm dagegen das Recht in Anspruch, sie durch den Pedellen laden zu lassen. Es sei sein guter Wille, wenn er persönlich komme. Der Streit, den 1279 der päpstliche Legat zu schlichten suchte (Jourdain 258. 261), endete damit, daß der Vorrang des Rektors anerkannt wurde, aber nun mußte noch der gleiche Kampf mit den Theologen ausgefochten werden. Deren Widerstand war hartnäckiger, und erst 1341 kam es zu einer Regelung. Jourdain 580. Bulaeus IV, 267 f. Der Dekan der Dekretisten verweigerte 1365 wieder den Gehorsam, wurde aber rasch gedemütigt. Bulaeus IV, 387.

[2]) Jourdain 274, p. 42—51. Der Streit fiel in das Jahr 1283. Die entscheidende Stelle lautet p. 49: Quum dicat idem cancellarius ... quod ipse, tanquam cancellarius est caput universitatis, una negatione illud caput destruendo dicimus, quod ipse non est caput universitatis: quoniam sicut manifestum est omnibus, qui statum universitatis noverunt, universitas

In diesen Kämpfen wurde sich die Universität ihrer Organisation und der Stellung des Rektors in derselben bestimmter bewußt. Man gelangte dazu, das Hergebrachte grundsätzlich aufzufassen und, was damit verbunden ist, dem als entscheidend betrachteten Merkmal fortan erhöhte Bedeutung und gestaltenden Einfluß zu gewähren, dagegen aber das zu beseitigen, was von der früheren Entwicklung her dem Amte noch anhaftete und mit diesem schärfer gefaßten Begriff in Widerspruch stand. Nach diesem letzten Kampfe mit dem Kanzler überwog in der Stellung des Rektors die Beziehung zur Universität, die Be-

---

habet aliud capud a cancellario Parisiensis ecclesiae; et ideo, si cancellarius predictus vellet se sicut capud corpori universitatis, quod nobile est, cum vero universitatis capite alligare, deturparetur corpus universitatis, nam per hoc universitas in formam monstri bicipitis redigeretur.... Item si cancellarius vellet esse cum vero universitatis capite adhuc capud, jam vellet per hoc, ut videtur, universitatem regi per duo capita.... Item universitas sicut ipsa tota confitetur, nullo medio pertinet ad romanam ecclesiam; pro quanto ... Parisiensis universitas non credit nec confitetur secundum suum rectorem habere capud aliud a vestra sanctitate; ad quod sequitur quod cancellarius in dicendo se universitatis capud esse. locutus est contra vestram sanctitatem. Die Universität sagt also: neben dem Rektor habe sie kein anderes Oberhaupt als den Papst. Der Kanzler könne sich nicht als eine Instanz zwischen den Rektor und den Papst schieben. Daß der Papst nicht als der Vorstand im geschäftlichen Sinn bezeichnet wird, sondern nur als die oberste Instanz, wie er sie damals in allen Angelegenheiten der Staaten und Korporationen bildete, ist an sich klar. Der Kanzler hatte nicht dem Papste, sondern dem Rektor Stellung und Befugnisse bestritten. Die Denkschrift spielt aber mit dem Begriff capud, um dem Kanzler vorwerfen zu können, er streite gegen die Rechte des Papstes. Den Papst bezeichnet die Universität als ihren Vorstand im höheren Sinne neben dem Rektor als ihrem Vorstand im eigentlichen Sinne. Ich habe diese Interpretation schon an zwei Orten gegeben, in den Gött. Gelehrt. Anzeigen 1886 Nro. 3, S. 108, und in der Zeitschrift der Savignystiftung für Rechtsgeschichte VII, Germ. Abt. S. 124 f., in dem Aufsatz „Savigny und sein Kritiker", aber Denifle beharrt (Archiv II, 347) auf der Deutung, daß hier die Universität den Rektor nicht als ihren Vorstand bezeichne, sondern nur den Papst. Die unzweideutigen Worte secundum suum rectorem ignoriert er. Ein Nachklang dieser Kämpfe war es, daß der König 1365 befahl, die bisher nur von dem Rektor ausgestellten Weinzettel der Scholaren (damit sie ihren Wein zollfrei einführen konnten) sollten auch noch von dem Kanzler unterzeichnet werden, um Mißbräuche zu erschweren. Die anderen Fakultäten wollten sich fügen, die Artisten aber setzten es durch, daß sich alle vier Fakultäten an den König wandten, und so erreichten sie, daß es bei der alten Ordnung blieb. Bulaeus IV, 385 teilt den Abschnitt des Liber Rectoris mit.

ziehung zu der Artistenfakultät. Die Entwicklung, welche den Vorstand der Artisten zum Vorstand der Universität machte, war damit vollendet und damit zugleich die Verfassung der Universität selbst.

Kampf der Universität mit den Bettelorden.

Mitten in dieser Entwicklung wurde die Universität in einen Kampf mit den Bettelorden verwickelt, der ihre Existenz noch einmal in Frage stellte, und der die eigentümlichen Verhältnisse, unter und aus denen sie sich herausgebildet hat, scharf beleuchtet. Seitdem die Kirche durch den Sieg der gregorianischen Ideen nicht nur die Freiheit vom Staat errungen hatte, sondern in vielen Beziehungen die Herrschaft über die staatlichen Gewalten, steigerte sich die Korruption des Priesterstandes so, daß sich alle Welt mit Klagen und Anklagen erfüllte[1]). Gleichzeitig erhob die Ketzerei ihr Haupt, kaum war die eine besiegt, so erstand eine andere, und große Kreise erfüllten sich damit. Zum Kampf gegen die von der Sonne der Macht gezeitigte innere Fäulnis der Kirche, zum Ersatz für den durch Liederlichkeit, Faulheit und Nepotismus zur Erfüllung seiner Aufgabe unfähig gewordenen ordentlichen Priesterstand vereinigten sich Anfang des 13. Jahrhunderts eifrige und hingebende Männer in den Bettelorden. Ihr Auftreten ist die schärfste Kritik des Klerus durch seine besten Glieder und die Bestätigung der Orden durch die Päpste, die Verleihung des Rechts, an Stelle der ordentlichen Geistlichen zu predigen und Seelsorge zu üben, ist eine Bestätigung dieses Urteils durch Rom. Die Stifter der Dominikaner und Franziskaner waren verschiedenartige Naturen, und die Orden wurden im Laufe der Zeit mehrfach zu Gegnern[2]), aber sie waren das Produkt der gleichen Strömung und stellten sich die gleiche Auf-

---

[1]) Aus dem 12. Jahrhundert vergleiche des heil. Bernhard libri de consideratione, namentlich was er über die päpstlichen Legaten sagt, Migne 182, 785; für das 13. Jahrhundert den liber apologeticus des heil. Bonaventura, opera (Lugdini 1668), Tom. VII, 346: tam enormia et aperta . . . clericorum scelera . . . p. 347: Quomodo vero tota ecclesia per mala exempla clericorum et avaritiam corrumpatur et negligentiam deformetur et a statu debito elongetur . . . vix aliquis sufficit aestimare.

[2]) Das erregte bereits im 13. Jahrhundert den Spott der Menschen. Vgl. die von Bulaeus III, 466 aus Godefridus de Fontanis abgedruckte Stelle.

gabe. Gemeinsam war ihnen auch ein demokratischer Zug im Gegensatz zu den reich gewordenen alten Orden, welche gern Prinzen und Herren zu Aebten erwählten, und gemeinsam war ihnen die Pflege der Wissenschaft. Gern spielten die Freunde der Dominikaner mit diesem Namen, domini canes wollten sie sein, treue Wächter im Dienste des Herrn, und Wächter mit scharfem Gebiß, aber ihr eigentlicher Name war der Orden der Prediger, denn vor allem durch die Predigt wollten sie wirken und daneben durch die Wissenschaft. Viele Klöster sind Stätten der Wissenschaft gewesen, aber die Dominikaner und ähnlich die Franziskaner stellten die Pflege der Wissenschaft und die Predigt in den Mittelpunkt ihrer Pflichten. Sie waren der Orden des Jahrhunderts der Universitäten, der zeitgemäße Orden in dieser von wissenschaftlichem Eifer erfüllten Welt. Per praedicationem et doctrinam von der Kanzel und von dem Katheder wollten sie die Welt erschüttern und belehren.

Die Dominikaner waren nicht gewöhnliche Mönche, sondern eine Kongregation von Priestern, ein Zweig der regulierten Chorherren, wie die Kanoniker von S. Viktor in Paris. Die Viktoriner waren auch in der Pflege der Wissenschaft ihre Vorläufer, aber an Umfang und Energie übertraf der Predigerorden diese und ähnliche Versuche weit. Diese Energie offenbarte sich schon in dem Bruch mit der Tradition, welche den Mönch an den Ort fesselte, mit dem alten Grundsatz der stabilitas loci. Sie gehörten nicht einem Kloster, sondern dem Orden, standen zur Disposition des Generals, nicht des Klosterpriors, wenigstens nicht länger, als der General gestattete. In dieser einheitlichen Organisation und in der Entschiedenheit, mit der sie diese Organisation für die Wissenschaft verwerteten, liegt zum guten Teile das Geheimnis ihrer an das Wunderbare grenzenden Erfolge. Das Jahrhundert konnte nicht leben ohne Wissenschaft, aber die Liederlichkeit der Scholaren und die Ketzereien der Magister hatten schon manchem tiefer schauenden und ernster erwägenden Manne Seufzer abgepreßt. Da unternahm es dieser Orden, die Gelehrten wieder zu Mönchen und die Wissenschaft wieder zu der „Magd der Theologie" zu machen[1]). Jedes Kloster mußte für eine Anzahl Hand-

---

[1]) Ueber die Anfänge der Dominikaner s. Danzas, Etudes sur les temps primitives de l'ordre de S. Dom. Bernard, Les Dominicains dans l'université de Paris. Douais, Organisation des études chez les frères Prêcheurs 1884.

schriften sorgen und neben dem Prior einen Lektor haben, einen Ge=
lehrten zur Leitung der Studien. Handarbeit war verboten; die Zeit,
die nicht dem Gebete und der Predigt geweiht werde, sollte dem
Studium geweiht sein, und die Regel ermahnte, die Horen nicht
unnötig zu verlängern, damit dem Studium keine Zeit verloren gehe[1]).
Gegenstand dieses Studiums war die Theologie, und daran hatten
alle teilzunehmen, nicht etwa bloß die Studierenden. Aber diese
Maßregeln hätten schwerlich einen dauernden Einfluß geübt; nicht
sowohl in ihnen ist die Bedeutung des Ordens für die Wissenschaft
und die Universitäten zu suchen, sondern einmal darin, daß es ihm
gelang, an dem großen Mittelpunkte des Studiums Fuß zu fassen,
und sodann in der Ausbildung eines Systems von Schulen und
Universitäten innerhalb des Ordens.

Die Franziskaner errangen die größte Bedeutung in Oxford, die
Dominikaner in Paris.

Die Missionare des Ordens waren in Paris freundlich aufge=
nommen worden. Die Universität schenkte[2]) ihnen die erste Heim=
stätte zu S. Jakob, nach der sie dann Jakobiten oder Jakobiner genannt
wurden, und als sich im Mai 1228 das Generalkapitel in Paris
versammelte, da konnten die Jakobiten die Versammlung schon in
einem stattlichen Neubau empfangen. Nur zehn Jahre waren ver=
gangen, seit der heilige Dominikus hier in einer kleinen Kapelle von
den ersten Brüdern begrüßt wurde, und jetzt war der Orden eine
Macht. Zu den acht alten Provinzen wurden vier neue, Polen,
Dacien, Griechenland und das heilige Land, hinzugefügt; aus Kiew
und Danzig, wie aus Bologna, Rom, Oxford u. s. w. wurde Bericht
erstattet, prüfte der Meister die Berichte, strafte, ermahnte, ordnete.

Was der verehrte Gründer des Ordens begonnen hatte, wurde von seinem großen
Nachfolger Jordan von Sachsen in der glücklichsten Weise fortgesetzt. Durch ihn
wurde namentlich der wissenschaftliche Zug verstärkt, und sein Versuch, an den
Universitäten für den Orden zu werben, hatte glänzenden Erfolg. In Padua, in
Bologna, vor allem in Paris strömten ihm junge und alte Gelehrte zu, und wo
er auftrat, war er mit seinen Freunden der Gegenstand der Bewunderung.

[1]) Consuetudines fratrum praedicatorum von 1228. Distinctio I, 4.
Archiv I, 197: Hore omnes in ecclesia breviter et succincte taliter dicantur,
ne fratres devotionem amittant et eorum studium minime impediatur.

[2]) Schreiben Honorius III. von 1219 bei Bernard p. 45. Dazu Jour=
dain 23. 1222.

Es war hier eine Fülle von großen Talenten, von Glaube und Hingebung vereinigt; in der Vereinigung steigerte sich der Eifer zum Enthusiasmus und die großen Redner des Ordens gaben den Gefühlen gewaltigen, alles andere beherrschenden Ausdruck. Zu den schwersten Aufgaben und gefährlichsten Missionen drängten sich die Brüder mit solchem Eifer, daß die Oberen abmahnen mußten. Vor der Entfaltung dieser neuen kirchlichen Macht trat der Bischof von Paris zurück, drohte auch die Universität zurückzutreten. Die Zeit war vorbei, wo die bestehenden Mächte den werbenden Orden freundlich beschützen konnten, sie gerieten notwendig in Konflikt mit ihm.

Mit dem Kapitel der Pariser Kirche war er schon früher ausgebrochen, weil der Gottesdienst, den die Jakobiten in ihrer Kapelle hielten, die Einnahmen der Pfarrei des Bezirkes schädigte[1]); mit der Universität erhielt sich noch drei Jahrzehnte hindurch ein friedliches Verhältnis. Bis 1230 bestand überhaupt keine rechtliche Verbindung zwischen der Ordensschule und der Universität, an den Kämpfen um das Siegel, und an dem Konflikt von 1229 haben die Ordensleute nicht teilgenommen. Als nun die Masse der Professoren in diesem Kampfe Paris verlassen hatte, da wurde ein Dominikaner von dem Kanzler als Magister der theologischen Fakultät der Universität Paris anerkannt. Die Magister hatten bei dieser Aufnahme nicht mitgewirkt, sie war also nicht legal, aber sie wurde nicht angefochten, als die Universität 1231 ihre Ordnung wieder aufrichtete, und in den folgenden Jahren gelang es noch einem zweiten Dominikanermagister thatsächlich als Mitglied der theologischen Fakultät anerkannt zu

---

[1]) Der Vorgang ist typisch für die Kämpfe, die der Orden überhaupt mit dem Ortsklerus hatte, darum ist er hier zu erwähnen. Als sich die Kirche S. Benoit, in deren Parochie das Kloster S. Jakob lag, durch den Kirchendienst des Klosters geschädigt sah, vertrat das Kapitel von Notre-Dame ihre Interessen mit Nachdruck, obschon der Papst mehrere Schreiben zu Gunsten der Dominikaner erließ. Der Streit wurde denn auch erst (1220) durch einen Vertrag beendet, in welchem sich die Jakobiten verpflichteten, an den fünf Festtagen, Ostern, Pfingsten, S. Benoit, La Toussaint und Weihnachten, an denen die Pfarrkinder vorzugsweise ihre Opfer darzubringen pflegten, die Pfarrgemeinde nicht in der Klosterkirche zuzulassen und etwaige Opfer der doch Kommenden an die Pfarrei zurückzugeben, ferner von den Pfarrkindern, die bei den Mönchen Begräbnis suchen würden, eine entsprechende Abgabe zu leisten, und endlich in Erwägung, daß der Pfarre trotz alledem durch das Vorhandensein der Klosterkirche viele Opfer verloren gehen würden, jährlich eine bestimmte Summe als Entschädigung zu zahlen. Bernard p. 52 f.

werden¹). Als nun aber auch andere Orden theologische Schulen eröffneten und den Anspruch erhoben, daß diese der theologischen Fakultät zugehören sollten, da sah sich diese Fakultät in Gefahr, von den Ordensschulen erstickt zu werden, und faßte den Beschluß, daß kein Ordensmann in ihre Genossenschaft zugelassen werden solle, außer wenn sein Orden in Paris ein Kloster habe, daß aber keiner dieser in Paris ansässigen Orden mehr als einen theologischen Lehrstuhl einrichten dürfe. Ferner, daß kein Scholar die Lizenz in der Theologie erhalten solle, der nicht den Vorschriften gemäß eine Zeitlang als Baccalar in der Schule und unter der Aufsicht eines anerkannten Magisters der Pariser Fakultät Vorlesungen gehalten hätte²). Die Bettelmönche wollten den Beschluß nicht anerkennen, und in demselben Jahre brach ein noch schärferer Konflikt aus. Wieder einmal waren einige Scholaren von den Bürgern erschlagen, und da die weltliche Gewalt der Universität zunächst keine Sühne verschaffte, so beschlossen die Magister, die Vorlesungen einzustellen. Alle gehorchten, nur die beiden Dominikaner und der Franziskaner weigerten sich. Infolgedessen hatte der Beschluß nicht die schnelle Wirkung, der Zwiespalt in der Universität machte ihre Gegner hartnäckiger, und

---

¹) So sagt die Universität in ihrer Darstellung bei Gelegenheit des Kampfes gegen die Dominikaner, Bulaeus III, 255: translata majori parte studii Parisiensis Andegavis, in illa paucitate scholarium, quae remansit Parisius, desiderio suo potiti, convenientibus episcopo et cancellario Paris., qui tunc erat, in absentia magistrorum solemne magisterium et unam magistralem cathedram sunt adepti. Deinde studio nostro apostolica provisione Parisius reformato per eandem cathedram multiplicatis sibi doctoribus successive praeter voluntatem cancellarii, qui tunc erat, majoribus nostris qui nondum aliis regularium scholasticorum conventibus arctabantur, dissimulantibus, per se ipsos secundam cathedram erexerunt et eas ambas titulis talibus acquisitas aliquandiu tenuerunt. Nach der Darstellung eines Ordensbruders bei D'Achery, Spicilegium III, 188 hätten dagegen die Dominikaner die zweite Professur dadurch gewonnen, daß Magister Joannes de S. Aegidio in den Orden eintrat und seine Thätigkeit als magister actu regens fortsetzte. Die Anerkennung als solcher konnte auf mannigfaltige Weise geschehen. Der Kanzler konnte z. B. den betreffenden Magister bei Prüfungen fragen, oder die hier gehaltenen Vorlesungen und Disputationen einem Scholaren bei der Erteilung der Lizenz als Vorlesungen und Disputationen der Universität anrechnen, ohne daß die Magister der offenbar noch sehr lose gefügten Fakultät Veranlassung nahmen, dagegen zu protestieren.

²) Jourdain 89. 1252.

wenn die Universität endlich auch die geforderte Sühne erhielt, so wollte sie sich doch gegen die Wiederkehr solchen Ungehorsams sichern und bestimmte, daß niemand unter die Magister aufgenommen werden dürfe, der nicht vorher schwöre, den Statuten der Korporation Folge zu leisten, und daß jeder aus der Korporation auszuschließen sei, der in Paris lese oder zu lesen beginne, wenn die Korporation den Stillstand des Studiums beschlossen habe[1]). Die Magister der Bettelorden hatten an dem Beschluß nicht teilgenommen und da er ihnen amtlich zugestellt wurde, so weigerten die Dominikaner die Annahme, wenn ihnen nicht die Universität in förmlicher Urkunde das Recht verbriefe, aus ihrem Orden zwei von den theologischen Lehrstühlen zu besetzen. Nun galt in Paris damals die Regel, daß nicht mehr als zwölf Magister über Theologie lesen sollten, und daß drei von diesen Stellen mit Kanonikern des Pariser Kapitels besetzt würden. Da nun die sechs in Paris ansässigen Orden je einen Lehrstuhl besetzen durften, so standen den Weltgeistlichen überhaupt nur drei Lehrstühle offen, und die Forderung der Dominikaner bedrohte auch diese. Gegenüber der Macht des Ordens suchte die Universität Hilfe bei dem Weltklerus, indem sie an die Prälaten, die Kapitel und die Gelehrten der ganzen Christenheit eine Denkschrift richtete[2]), um ihre Beschlüsse zu rechtfertigen. Wenn die Forderung der Dominikaner erfüllt würde, so könnten die fünf anderen Orden die gleiche Forderung erheben, und mit den drei Professuren des Kapitels würden dann 15 „unsterbliche Professuren" der Theologie in Paris sein, und Gelehrte, die den Orden nicht angehörten, würden damit von jeder Hoffnung auf diese Lehrstühle ausgeschlossen sein. Würde dies zum Gesetz, so bliebe ihnen nichts übrig, als Paris zu verlassen und an anderen Orten eine Universität zu gründen, oder die Theologie den Orden allein zu überlassen.

Die Dominikaner wandten sich dagegen nach Rom und gewannen zunächst eine günstige Entscheidung[3]), aber als nun die Universität, die erst Mühe hatte, das nötige Geld zusammenzubringen, ihre Handlungen in Rom verteidigte, erreichte sie nicht nur eine neue Bestäti-

---

[1]) Jourdain 103. Abgedruckt bei Bulaeus III, 252. 1253.
[2]) Jourdain 107. Bulaeus III, 255.
[3]) Jourdain 104. 1253 Juli u. 105. 1253 August. In Paris widersetzten sie sich unterdessen den Pedellen und selbst dem Rektor in ärgerlichen Scenen.

gung ihrer Statuten[1]), sondern der Papst erließ auch die Bulle Etsi animarum affectantes[2]), welche den Orden Vorhaltungen machte über den Mißbrauch, den sie mit ihrem Predigtprivileg getrieben hatten, und ihnen Schranken zog.

Gleichzeitig traf die Orden ein anderer, nicht weniger harter Schlag. Im Jahre 1254 erregte der Franziskaner Gerhard großes Aergernis durch eine mystische Schrift mit dem Titel Introductorius in evangelium aeternum. Der Begriff des ewigen Evangelium war durch den Cistercienser Abt Joachim von Paris, der 1202 starb, berühmt geworden, dessen Mystik sich zwar innerhalb der Kirchenlehre zu bleiben bemühte, aber diese Grenze im Grunde doch durchbrach. Er lehrte, daß auch von den Worten Christi der Buchstabe vergehen und nur der Geist bleiben werde, ein neues Zeitalter werde anbrechen und ein neuer Orden werde sich bilden, um eine Kirche des Geistes zu gründen, in welcher auch der Gegensatz der griechischen und lateinischen Kirche aufgehoben sei. Diese Gedanken hatten seither manch sinnenden Geist zu verwegeneren Betrachtungen veranlaßt und so auch jenen Gerhard. Er bezeichnete drei von Joachims Schriften mit Vergröberung des Begriffs geradezu als das evangelium aeternum, und sein Introductorius hatte den Zweck: die Welt zu überzeugen, daß die Zeit dieses Evangeliums des Geistes gekommen sei, daß jene drei Schriften des Abtes Joachim die kanonischen Schriften dieser neuen Kirche, und daß der heilige Franziskus der Gründer des von Joachim verheißenen Ordens sei[3]). Wie das Buch in Paris (1254) auf dem Kirchplatz zum Verkauf ausgeboten wurde[4]), schritten Universität und Bischof dagegen ein, und auf ihre Klage befahl der Papst, den Introduktorius zu vernichten. Auch der Orden selbst begann ein Strafverfahren gegen die Joachimiten unter seinen Genossen, obschon der hochverehrte General des Ordens, Johann von Parma, selbst zu dieser mystischen Richtung zählte. Mochte jedoch der Orden alles thun, um

---

[1]) Jourdain 110. 1254 Juli.
[2]) Jourdain 112. 1254 November. Bulaeus III, 270.
[3]) Gieseler, Kirchengeschichte, Bd. II, § 70. Engelhardt, Kirchengesch. Abhdl. 1832. Reuter, Gesch. der relig. Aufklärung im Mittelalter. Döllinger in Raumers Taschenbuch 1871, S. 325 f. Die neuesten Bearbeitungen von Denifle, Archiv I, 49 f., und Haupt in Zeitschr. f. Kirchengesch. VII, S. 372 f. bieten die ältere Litteratur.
[4]) Bulaeus III, 299 f. Die Stelle ist dem Rosenroman entnommen.

ben Zusammenhang mit dem Introduktorius abzuweisen, die öffentliche Meinung machte die Bettelorden im ganzen für das Buch verantwortlich, und ihre Gegner brauchten die mystischen Sätze desselben nur ohne die für solche Sprache erforderliche Vorsicht aufzufassen und gröber zu formulieren, so ergaben sich die bedenklichsten Behauptungen. Der Hauptangriff derart erfolgte durch das Buch des Magisters Wilhelm von S. Amour, der zugleich der Wortführer der Universität in dem Streit mit den Orden war, De periculis novissimorum temporum, „Von den Gefahren der letzten Tage" [1]. Das Ende der Dinge stehe bevor, denn die Lehre von dem ewigen Evangelium, welches besser sein wolle, als das Evangelium Christi, sei die Verkündigung des Antichrists. „Mögen die Bischöfe sorgen, daß diese Prediger und Lügenpropheten nicht ihre Macht untergraben." Da diese Angriffe in Predigten und populären Schriften von verschiedenen Seiten fortgesetzt wurden und den Haß entfesselten, den sich die Bettelorden damals bereits zugezogen hatten [2], so mußte die Verurteilung des Introduktorius die Bettelorden schwer treffen und im besonderen ihre Stellung im Kampfe mit der Universität schwächen, während diese als Hüterin des Glaubens erschien. Deshalb war es für die Bettelorden ein unschätzbarer Glücksfall, daß die Entscheidung über den Introduktorius nicht mehr von Innocenz IV. gefällt wurde [3],

---

[1] Opera Guilelmi, ed. Constantiae (Paris) 1632, p. 17 f., auch abgedruckt in der von Edw. Brown besorgten zweiten Auflage (London 1690) des Fasciculus rerum expetendarum et fugiendarum.

[2] Namentlich durch die Art und Weise, wie sie den Einfluß und die Einnahmen des ordentlichen Klerus an sich brachten und durch den dem einfachen Sinne der Laien unerträglichen Widerspruch zwischen dem Gelübde der Armut und dem Streben nach Besitz und Macht. Als Zeichen der Stimmung ist wieder der Poet Rutebeuf zu nennen, dann die Verhandlung an der Pariser Synode von 1283. Bulaeus III, 465 f.

[3] Bulaeus III, 273 weist darauf hin, daß sich diese Mönche beim Tode Innocenz IV. durch keine Ehrfurcht vor dem päpstlichen Stuhl abhalten ließen, ihrem Haß Luft zu machen gegen den Papst, der ihnen nicht zu Willen gewesen war. Der Dominikaner Thomas Cantipatranus erzählte sogar de apibus II, 10 (ed. 1627 p. 173 f.) von einer Vision, in der offenbart wurde, daß der tote Papst dem h. Dominikus und Franziskus zum Gericht übergeben worden sei. Der neue Papst Alexander IV. trat ganz für die Orden ein. Schon in den ersten Tagen seiner Verwaltung nahm er die Bulle seines Vorgängers Etsi animarum affectantes zurück und der Verurteilung des Introduktorius fügte er hinzu, daß auch die Excerpte zu vernichten seien, welche angeblich in dem Introduktorius enthaltenen Ketzereien

Die Sorge des Papstes. 283

sondern von seinem Nachfolger, der ganz für sie eingenommen war. Er konnte zwar nicht umhin, den Introduktorius zu verurteilen, aber er beunruhigte sich über diese seine eigene Entscheidung so, daß er seiner Bulle, welche den Bischof von Paris beauftragte, die Exkommunikation über alle zu verhängen, die den Introduktorius besäßen und nicht bis zu einem bestimmten Termine vernichteten, eine andere nachsandte, die ihm dringend empfahl, dieses Urteil so zu vollziehen, daß dadurch kein böser Tadel auf die Minoriten falle[1]. Immerhin aber hatte der Papst die Bettelorden in dieser Sache nicht ganz schützen können, um so nachdrücklicher ging er in dem Universitätsstreit gegen ihre Feinde vor. Er befahl aufs neue der Universität, die beiden ausgeschlossenen Dominikaner wieder aufzunehmen, erklärte ihren Beschluß, daß kein Orden mehr als einen Magister in der theologischen Fakultät

---

zusammenstellten, welche aber vieles enthielten, was nicht in dem Buche stehe. Dieses Verzeichnis war ohne Zweifel von den den Mönchen feindlichen Magistern zusammengestellt worden, und sie hatten die Gelegenheit benutzt, die Worte des Franziskaners so zu deuten und zu drehen, daß die Ketzerei möglichst grob erschien. Bei Inquisitionsprozessen war es sonst nicht üblich, auch die Anklageschrift zu verurteilen, wenn sie über die ketzerische Schrift nicht objektiv berichtete, der Papst that es hier offenbar, um den Triumph der Pariser zu dämpfen. Sie sollten gleichzeitig eine Verurteilung erfahren. Denifle verwirrt das Verhältnis, indem er annimmt, daß die beiden Excerpte ausschließlich unmittelbar aus Sätzen des Abtes Joachim entstellt worden seien. Der Introduktorius hatte Sätze dieser Schriften so weitergebildet, daß er der päpstlichen Kommission ketzerisch erschien, und die Anklage der Professoren und des Bischofs richtete sich nicht gegen die längst bekannten Schriften Joachims, sondern gegen die Zusätze und Umbildungen seiner Sätze im Introduktorius. Papst Alexander hatte denn auch diese scedulae mit dem libellus qui Introductorius dicebatur vergleichen lassen und sagte, daß in einigen dieser Sätze vieles stehe, was sich in dem Introduktorius nicht finde. Er sagt dies dreimal, in der ersten Bulle, Oktober 1255, Jourdain 122, Bulaeus III, 292: in quarum (sc. scedularum) nonnullis multa, quae in libello (d. i. qui Introductorius dicebatur) non continebantur eodem... fuisse dicuntur und mit denselben Worten in der zweiten Bulle Novbr. 1255 Bulaeus III. 293, und in der dritten Bulaeus III, 302, Jourdain 132. Mai 1256.

[1]) Jourdain 122. Oktober 1255. Bulaeus III, 293: Verum quia... ordinis minorum nomen et famam illaesa semper et integra cupimus observari... sic prudenter, sic provide in Apostolici super hoc mandati executione procedas, quod dicti fratres nullum ex hoc opprobrium nullamque infamiam incurrere valeant sive notam, et obloquutores et aemuli non possint exinde sumere contra ipsos materiam detrahendi.

haben solle, für nichtig, und ebenso die Bestimmung, daß niemand zur Lizenz zugelassen werde, der nicht in Paris unter einem anerkannten Magister der Universität studiert und gewisse Vorlesungen und Disputationen gehalten habe; es solle genügen, daß der Bewerber an irgend einer anständigen und zugänglichen Schule zu Paris diese Proben abgelegt habe, und bei bekannten Gelehrten sollte auch diese Forderung nicht unbedingt sein¹). Damit wurde allen Ordensschulen in Paris das wesentlichste Recht der zur Universität gehörenden Schulen verliehen, ohne daß die Universität irgend ein Recht der Aufsicht über diese Schulen hatte. Endlich erkannte die Bulle zwar an, daß die Universität das Recht habe, ihre Thätigkeit einzustellen, fügte aber hinzu, daß ein solcher Beschluß die Magister nur dann binde, wenn er mit zwei Drittel der Stimmen aller Fakultäten gefaßt worden sei. Das war scheinbar eine berechtigte Einschränkung, aber die Universität erklärte diese Bedingung für unannehmbar²), da ein großer Teil der Theologen aus Mitgliedern des Kapitels und aus Angehörigen verschiedener in Paris ansässiger Orden bestehe, die erfahrungsmäßig niemals für eine Sistierung oder Verlegung des Studiums stimmen würden. Diese Bedingung war also eine verschleierte Aufhebung desjenigen Rechtsmittels, das nicht nur von der Universität, sondern auch von den Päpsten und von der öffentlichen Meinung als das schützende Siegel ihrer Privilegien und als ihre unentbehrliche Waffe betrachtet wurde und anerkannt worden war.

Die Universität befand sich schon längst in einem Zustande ungewöhnlicher Erregung, und diese Bulle steigerte nun das Gefühl des Gegensatzes so, daß die Magister³), um nicht, dem Befehle des Papstes gemäß, die ungehorsamen Dominikaner wieder aufnehmen zu müssen,

---

¹) Durch die Bulle Quasi lignum vitae. Jourdain 117. Bulaeus III, 282.

²) In dem gleich zu erörternden Schreiben Radix amaritudinis.

³) Da die Ferien bevorstanden, so kam es zunächst nur zur Annahme einiger Erklärungen, welche den Beschluß rechtfertigten, die Dominikaner nicht wieder aufzunehmen. Bulaeus III, 287: 1) Primo dicimus eos non esse admittendos ad societatem nostram scholasticam, nisi de voluntate nostra, quia societas non debet esse coacta sed voluntaria ... 2) Secundo dicimus eos admittendos non esse, quia eorum societatem experti sumus multipliciter nobis fuisse damnosam et periculosam. 3) Tertio cum ipsi sint diversae professionis a

die Genossenschaft auflösten, indem sie jeder einzeln von ihr zurück=
traten. Diesen Beschluß zeigten sie dem Papste in einer Denkschrift¹)
an, die noch einmal alle ihre Gründe zusammenfaßte; aber mit der
Auflösung war ihren Gegnern nicht gedient, und sie setzten die An=
griffe auf die Magister fort, bis der König im März 1256 zwischen

nobis, quia ipsi regulares nos seculares, in uno officio scholastico conjungi
vel commisceri non debemus; cum dicat concilium Hispanicum: non arabis
cum bove et asino simul ... 4) Quarto ... quia ipsi dissensiones et offendi-
cula faciunt. 5) ... quia timemus ne ipsi sint Pseudo-Prophetae, quia
cum ipsi non sint Episcopi ... praedicant non missi. 6) ... quoniam in
domos singulorum se ingerunt, conscientias et proprietates hominum
rimantur et quos seductibiles ad modum mulierum inveniunt, seducunt
et a consiliis praelatorum ad sua seducunt consilia ...

¹) Sie war in aller Ehrfurcht gehalten und in tiefer Trauer. Jourdain
121, Bulaeus III. 288: Radix amaritudinis. „Dem Heiligen Vater und ihrem
Herrn, Alexander, nach Gottes Ratschluß oberstem Bischof, die einzelnen Magister
und Scholaren aller Fakultäten, die Ueberbleibsel der aufgelösten Schule von Paris,
die sich ohne kollegiale Gemeinschaft noch in Paris aufhalten, den demütigen Fuß=
kuß: — Die Wurzel des bitteren Hasses hat in den Herzen unserer Verfolger bittere
Früchte gezeigt. Unsere Schule, durch welche sie die Ehre vor der Welt, nach
der sie begierig sind, erlangen, haben sie undankbarer Weise durch leidenschaftlichen
Streit und dadurch, daß sie den Schrecken der weltlichen Gewalt gegen sie in
Bewegung setzten, fast drei Jahre hindurch gestört und viele Gewissen beunruhigt.
Kürzlich aber haben sie mit ihrer Zudringlichkeit, der man kaum Widerstand leisten
kann, unter dem Vorwande einer Neuordnung der Schule von Eurer Gnade einen
Brief erschlichen, welcher zwar mit den Worten ‚Gleichwie das Holz des Lebens'
beginnt, der aber, wie wir glauben, gegen Eueren und Euerer Brüder (Kardinäle)
Willen uns zu einem Holz des Todes geworden ist." Nach diesem Eingang zeigen
sie, daß jene Bestimmung der Zweidrittelmajorität in der theologischen Fakultät
die Universität den Orden unterwerfe, und daß die Aufnahme der Rebellen ihre
Erniedrigung und ihren Untergang bedeute. Da indessen der heilige Vater die Auf=
nahme befehle und sie sich ihm nicht widersetzen wollten, so hätten sie ihre Genossen=
schaft aufgelöst. Einzeln seien sie, jeder für sich, von der Genossenschaft zurückgetreten
und hätten auf ihre Privilegien und Rechte Verzicht geleistet. Dies sei doch ihr
unbestreitbares Recht, es könne niemand gezwungen werden, in eine Genossenschaft
einzutreten. Die Orden hätten also freie Hand, soviel Schulen und Lehrstühle zu
eröffnen, als ihnen beliebe, sie, die ehemaligen Professoren, hätten nichts verlangt,
als daß man ihnen gestatte, als Privatleute ungestört zu leben und zu lehren.
Aber die Mönche hätten ihren Einfluß auf den König und auf die päpstlichen
Kommissare mißbraucht und hätten sie auch ferner mit Gewaltthaten und falschen
Angaben bedrängt. (Besonders hatte Wilhelm v. S. Amour unter solchen Angriffen
zu leiden. S. die Erzählung bei Bulaeus III. 294 f. Dazu Haupt a. a. O.
S. 407 ff.)

den Parteien einen Vertrag vermittelte, wonach die Orden aus der Universität ausscheiden, aber neben derselben eine von ihr anerkannte Lehranstalt bilden sollten, in der Weise, daß die Scholaren der einen berechtigt sein sollten, auch Vorlesungen der anderen zu hören. Auf Grund dieser Vereinbarung erneuerten die Magister ihre Genossenschaft wieder, der Papst aber verwarf den Vertrag und forderte Unterwerfung unter seine Bulle Quasi lignum vitae[1]). Durch die Schrecken der Exkommunikation und der weltlichen Gewalt bedrängte er sie, aber die meisten widerstanden noch mehrere Jahre; sie hatten offenbar in dem hohen Klerus und in der Teilnahme des Volkes einen starken Rückhalt. Im Sommer 1259 beschloß endlich die Majorität[2]), jene Bulle auszuführen und nahm die ausgeschlossenen Dominikaner wieder auf, einige Monate später aber fügte sie hinzu, daß die Magister derselben bei allen actus scholastici stets den letzten Platz einnehmen sollten[3]) nach allen Weltgeistlichen und allen anderen Ordensgliedern, nach den Minoriten[4]), Karmelitern, Augustinern, Cisterciensern u. s. w.

Die Folgen des Kampfes.

Nach einem Siege haben sich Sieger wie Besiegte oft nicht wenig zu verwundern, daß nichts von dem eintritt, was sie erwarteten. Auch während der leidenschaftlichen Erregung ihres Kampfes ist die Zeit wie immer fortgegangen, und mit ihr hat sich der Boden verschoben, von dem aus der Kampf unternommen wurde. Kräfte wecken Gegenkräfte, die Not erzeugt Heilmittel, es ändern sich die Ansichten und Stimmungen der Parteien, der Gruppen in den Parteien und die Meinung der anderen Menschen über die Parteien. Die Meinung aber ist es, welche vorzugsweise den Dingen ihren Wert und ihre Schrecken leiht.

Sieben Jahre hindurch hatte die Universität sich der Bettelmönche

---

[1]) Jourdain 137, Bulaeus III, 307.

[2]) Jourdain 181 u. 182 zeigen, daß der Papst im August 1259 befriedigt war, Nro. 174 zeigt, daß die Universität im Juni 1259 noch widerstand.

[3]) Dieser Beschluß (Jourdain 183, Februar 1260) sieht sehr kleinlich aus, wenn auch die Universität versichert, sie habe ihn aus bestimmten und vernünftigen Gründen, welche in anderen Akten ausführlicher angegeben seien, fassen müssen.

[4]) Die Minoriten müssen im Laufe des Kampfes zurückgetreten sein.

zu erwehren versucht, sie hatte nachgeben müssen, aber die Bettel=
mönche gewannen nun doch nicht den vorherrschenden Einfluß, und
die Universität war auch später noch imstande, durch Einstellen der
Lehrthätigkeit kirchliche und staatliche Gewalten zur Sühne eines
wirklichen oder angeblichen Unrechts zu zwingen. Da die Bulle Quasi
lignum vitae zwar nicht ausdrücklich, aber doch indirekt die Be=
schränkung der Zahl der Magister der theologischen Fakultät beseitigt
hatte, so wurden auch bei Vermehrung der Ordensprofessuren die
Weltgeistlichen nicht ausgeschlossen. Sodann schwächte sich die Strö=
mung der öffentlichen Meinung, welche die Orden und ihre Ansprüche
in der ersten Hälfte des 13. Jahrhunderts begünstigt hatte[1]), und

---

[1]) Die weitesten Kreise waren dem Kampfe mit Teilnahme gefolgt und wurden durch denselben aufmerksam auf die Gefahr, welche in diesen Bettelorden für alle regelmäßigen Behörden lag. Es mehrten sich ferner in jener Zeit die Zeichen, daß die Bettelorden von der idealen Höhe ihrer begeisterten Gründer herabsinken würden. Einen besonders merkwürdigen Ausdruck gewann diese An= schauung in dem Gedichte Disput. Mundi et Religionis, das vermutlich von einem Ordensbruder, jedenfalls einem warmen Freunde der Orden, herrührt. Hauréau hat es Bibl. de l'école de chartes 1884 p. s. ff. herausgegeben. Die Welt (die Nichtmönche) erhebt die dem Universitätsstreit entnommene Klage:

Quod si Christi cupiunt esse sectatores,
Cur cathedras ambiunt et quaerunt honores?
Jam se ipsos faciunt fieri doctores
Et Rabi recipiunt et scribarum mores.

Dem stellt dann die Religio (das Mönchtum) die Verteidigung gegenüber, aber zum Schluß antwortet die Welt mit der traurigen Prophezeiung, die Dominikaner und Franziskaner würden wohl denselben Weg des Verfalls gehen, auf dem die älteren Orden herabgekommen seien:

Minores similiter atque Jacobitae.
Quamquam discant jugiter, quamquam bonae vitae,
Et inserti firmiter sint in Christi vite,
Tenebunt communiter modum viae tritae.

Zu den Vorgängen, welche das Ansehen der Bettelorden schwächten, ist ferner der Prozeß zu rechnen, der damals gegen den General der Franziskaner, Johann von Parma, wegen seiner mystischen Ansichten geführt wurde. Die nun zur Herrschaft gekommene Richtung ging mit dem ehrwürdigen Manne böse um und war schon im Begriff, ihn zu verurteilen, wie sie bereits zwei seiner Anhänger zu ewigem Kerker verurteilt hatte, da wurde das Gericht umgestimmt durch den Brief eines Kardinals, der im Anhang folgen wird. Dieser Brief zerreißt den Schleier, in den die fromme Scheu vor dem Orden des heiligen Franziskus und vor dem Namen des damaligen Ordensgenerals, des heil. Bonaventura, die Berichterstattung

es milderte sich andererseits der Gegensatz zwischen der Universität und den Orden. Noch nicht zwei Jahrzehnte waren seit dem bemütigenden Ende jenes Kampfes vergangen, da wandte sich die Universität beim Tode des Thomas von Aquino an das Generalkapitel der Dominikaner mit der Bitte um den Leichnam des „großen Lehrers", denn „wie die Kirche die Gebeine ihrer Heiligen ehre, so zieme es sich auch, daß der Körper des Professors da ruhe und geehrt werde, wo er seine glänzenden Gaben entfaltet habe". Die Universität gewann ferner neuen Glanz und neue Kraft durch die Fülle von jungen Talenten, welche die Dominikaner aus allen Provinzen nach Paris sendeten, um dort lernend und lehrend ihre letzte Ausbildung zu empfangen. Es waren das Männer von meistens dreißig Jahren und darüber, welche acht und mehr Jahre hindurch philosophische und theologische Studien getrieben hatten; denn Paris bildete die Spitze des großartigen Schulsystems der Dominikaner.

Keiner durfte in den Orden aufgenommen werden, der nicht 18 Jahre alt war und die elementaren Kenntnisse der lateinischen Sprache besaß; diese gehörten regelmäßig nicht zum Gegenstand des Unterrichts in den Dominikanerklöstern, der sich in drei Stufen gliederte: 1) die studia artium[1]) oder logicae, 2) die studia naturalium, 3) die studia solemnia und generalia. Das Studium war eine Gnade; zugelassen wurden nur diejenigen, welche von den Oberen dazu ausersehen wurden. Der Kursus des studium artium umfaßte zwei, später drei Jahre. Die Begabtesten wurden dann ausgewählt zum Besuch der studia naturalium. Die Zahl derselben war kleiner, zeitweise auf

---

über die Konflikte und Intriguen der Heiligen gegeneinander einhüllte. Er sprach es geradezu aus, daß die Anklage von der Eifersucht der Nebenbuhler (aemulatorie) erhoben worden sei. Der Orden hatte schon ähnliche Kämpfe durchgemacht und noch heftigere standen ihm bevor. Aus ihnen ist uns in der Epistola excusatoria de falsa impositis et fratrum calumniis des Frater Angelus (herausg. von Ehrle, Archiv I, 521 ff.) ein Aktenstück erhalten, das noch genaueren Einblick gewährt in die Rücksichtslosigkeit, mit der sich die verschiedenen Richtungen des Ordens untereinander mit falschen Anklagen und böswilligen Deutungen verfolgten. Aehnlich ist der Eindruck, den die historia tribulationum macht (Archiv III, 249 f. von Ehrle herausgegeben). Wenn diese Mönche gegeneinander so unsaubere Waffen gebrauchten, so wird man geneigt, den Klagen der Universität über die Kampfesweise mehr Glauben zu schenken.

[1]) Die Klöster einer Provinz hatten diese Anstalten gemeinsam und zwar bestimmten die Provinzialkonzile Zahl und Ort dieser Schulen. Die Provence

zehn Klöster eines, und zwar so, daß es Jahr um Jahr unter den Klöstern wechselte¹).

Diese beiden Arten wurden als Partikularstudien (studia particularia) zu einer Unterstufe zusammengefaßt und nur eine Auswahl der tüchtigsten unter denen, welche diesen sechsjährigen Kursus durchgemacht hatten, wurden in die obere Stufe, die Generalstudien (studia generalia und solemnia) gesandt, welche dem Orden vorzugsweise zur Ausbildung seiner Lehrer und Schriftsteller dienten. Die Lektoren und eigens dazu ernannte Visitatoren hatten die Studierenden zu beobachten und zu prüfen und alle zurückzuschicken, die zu geringe Fortschritte machten, deren Gesundheit die Anstrengung oder deren Charakter die größere Freiheit nicht ertrug. In dieser Stufenfolge des Unterrichts, in der gleichmäßigen Vorbereitung der Schüler jeder höheren Stufe, sodann in dem Zurückweisen der unbefähigten Massen, welche sich zum Studium drängten, und in der durch regelmäßige Prüfungen unterstützten Aufsicht lag der große Fortschritt dieser Dominikanerschulen über das Schulwesen der Universitäten.

Die Generalkapitel beschäftigten sich wiederholt mit der Ordnung des Schulwesens, und seit der Mitte des 13. Jahrhunderts war das System im wesentlichen vollendet²). Die Studierenden genossen be-

---

z. B. zerfiel in zwei Ordensprovinzen, die erste derselben zählte 1262 27 Klöster, welche drei studia artium unterhielten, in den folgenden Jahren stieg die Zahl auf vier, auf sechs, bis 1292 je drei oder vier Klöster ein gemeinsames Studium hatten. So war bald ein Kloster Sitz eines Studiums, bald ein anderes, und es war vorgeschrieben, was die von einem Kloster zum Studium geschickten Jünglinge mitzubringen hatten und was für sie zu zahlen war. Vgl. Douais, Essai sur l'organisation, p. 70. Ueber die studia solemnia und generalia ib. p. 126 f.

¹) Jedes Kloster hatte das Recht, einen, zeitweise zwei Scholaren zu dem Studium zu senden, es war also ein großer Vorzug, dazu auserlesen zu werden, und eben deßhalb sollte auch nicht der Prior allein die Wahl haben, sondern das ganze Kapitel. Der Wechsel des Studiums unter den Klöstern war eine einfache Form der Verteilung der Lasten und diente zugleich der Kräftigung des wissenschaftlichen Lebens in den Klöstern. Der indirekte Segen, der von dem Studium ausgeht, wurde allen Klöstern zu teil.

²) Die Konstitutionen des Ordens von 1228 (herausg. von Denifle, Archiv I, 165 f.) zeigen nur erst die Grundzüge, aber mit aller Schärfe bereits den Satz: quod si aliquis infructuosus inveniatur in studio, cella ejus detur alteri, et ipse in aliis officiis occupatur. Distinctio II, Archiv I, 223. Lehrreich sind die Ordinationes diverse circa promotionem studii aus den Jahren 1255, 1259 und 1261 (mitgeteilt von Douais aus Tolosaner Hdschr. im

deutende Erleichterungen von den Ordenspflichten, und wenn sie bei dem Studium beaufsichtigt und an feste Ordnung gebunden wurden, so sollte die Aufsicht doch nicht die zum Studium nötige Freiheit einschränken. Die Dominikanerscholaren ahmten sogar (und schon im 13. Jahrhundert) das Treiben der freien Scholaren nach, und die Kapitel mußten gegen ihre studentischen Gelage, das Singen von Studentenliedern u. s. w. einschreiten¹).

Eine bedeutende Förderung der Studien erfuhren diese Scholaren vor allem auch dadurch, daß sie von dem sozialen Elend befreit waren, unter dem so viele Scholaren und Magister zu Grunde gingen. Der Orden gab dem Scholaren die Bücher, die Wohnung, die Nahrung und Kleidung, der Orden sicherte dem jungen Dozenten eine Zuhörerschar und gab ihm das Gefühl, daß er nicht allein stehen werde bei Angriffen wissenschaftlicher Gegner. Alles das macht keinen großen Gelehrten — aber es hilft dem, der sonst dazu beanlagt ist, über die größten Schwierigkeiten hinweg, es befreit die Seele von demjenigen Druck, dem nicht selten gerade die tiefer angelegten Naturen erliegen, weil sie neben dem treibenden Gefühl ihrer Gaben und ihrer Kraft auch die Unruhe empfinden, welche die unlösbaren Rätsel erwecken, an welche die Forschung hinführt. Andere Orden entwickelten ähnliche Einrichtungen, so die Benediktiner und Cistercienser²), und nicht zum geringsten Teile ist es diesen Einrichtungen

---

Appendice VII, p. 172 ff. Die Ordinationes von 1259 wurden in Valence de mandato magistri et diffinitorum durch eine Kommission von fünf Magistri Theologiae Parisiis aufgestellt, unter denen Albertus Theutonicus (d. i. Albertus Magnus) und Thomas von Aquino, sowie der nächst ihnen berühmteste Petrus de Tharantasia waren. Den Lehrplan zeigt der Beschluß eines Provinzialkonzils von 1327 bei Douais p. 71. Reiches Material ist außer von Douais in den Noten und Anhängen seines Essai in Martene, Thesaurus IV, 1670 ff. mitgeteilt. Die eingehendste Darstellung, obwohl noch nicht allseitig befriedigend, bietet Douais. Bernard, Les Dominicains dans l'université de Paris, 1883 ist nicht bestimmt genug. Eine knappe, aber recht brauchbare Schilderung gab Thurot p. 115 ff. auf Grund des bei Martene, Thesaurus IV, 1670 ff. gesammelten Materials.

¹) Beschluß des Kapitels von Narbonne 1280 und von Auvillars 1314. Vgl. Douais p. 30, Note 1.

²) So bestimmte schon 1247 die große Benediktinerabtei Fleury, daß immer zehn zum Studium geeignete (docibiles) fratres in dem der Abtei gehörigen Priorate unter einem Studiendirektor (consilio studentibus fratribus presidentis) Theologie studieren sollten. Einige derselben, die sich besonders auszeichneten, sollten dann auf Grund der Empfehlung des Studienvorstandes nach Paris

zuzuschreiben, daß in Paris die Orden weitaus die größte Zahl von Magistern der Theologie ausbildeten ¹).

Die Kollegien.

Die Vorteile, welche die Magister und Scholaren dieser Ordenshäuser vor den übrigen hatten, traten zu deutlich hervor, als daß man sich dem hätte verschließen können, und während bis dahin nur einzelne Stiftungen für arme Scholaren entstanden waren, wurden seit der Mitte des 13. Jahrhunderts zahlreiche Kollegien gegründet, d. h. Stiftungen, welche einer bestimmten Anzahl von Magistern und Scholaren, die nicht einem Orden angehörten, Wohnung, Unterhalt und Bücher gewährten, und sie zu einem regelmäßigen Leben anhielten. Der erste, der dies Werk in großem Stile angriff, war Robert von Sorbon, ein bei dem Könige in hoher Gunst stehender Kanonikus von Cambrai²) und dann von Paris, und zwar gerade in der Zeit, da der Streit zwischen der Universität und den Bettelmönchen entbrannt war (1257). Er stiftete eine Genossenschaft von Scholaren, gleichviel welcher Nation³), welche das Studium der Artes mit der Magister-

---

geschickt werden, wo sie aus den von der Abtei bewilligten Mitteln und seit 1258 in einem eigenen Hause und mit fester Hausordnung lebten. Decretum abbatis Johannis, im Archiv I, 580 f. von Denifle herausgegeben und erläutert. 1337 regelte Papst Benedikt XII. das Schulwesen der Benediktiner (Jourdain 546), und die Provinzialkapitel sorgten in ähnlicher Weise dafür wie bei den Dominikanern. Vgl. das 1355 zu S. Albans gehaltene Kapitel Gesta abbatum mon. S. Albani ed. Riley II, 459. Cap. IV u. V. Die Cistercienser hatten ebenfalls bereits im 13. Jahrhundert statutarische Bestimmungen derart, wie das Dekret Jourdain 74 von 1245 zeigt. Aehnlich wie bei den Dominikanern hatten mehrere Klöster die Schulen gemeinsam, aber die Kosten wurden nicht durch Wechsel des Orts aufgebracht, sondern die kleineren Klöster, welche Zöglinge in ein Kloster mit Schule sandten, hatten dafür ein bestimmtes Kostgeld zu zahlen. Beschluß des Kapitels von 1331 in den Studien u. Mitteilungen a. d. Ben.- u. Cist.-Ord. 1885 I, 2, S. 249. Die Stellung dieser Pensionshäuser zu der Universität war sehr verschieden.

¹) Von den 192 Theologen, welche in den 25 Jahren 1373—98 die Lizenz empfingen, waren 102 Bettelmönche, 17 Cistercienser und nur 47 Weltgeistliche. Thurot 112.

²) Jourdain 150. 1257. Dazu die Note. Diese Urkunde ist nach dem Original in den Mémoires de la Société de l'histoire de Paris, T. X (1884), p. 252 f. von Denifle herausgegeben. Vgl. ib. p. 244. Sie enthält die Schenkung und den Tausch von Grundstücken zum Zweck der Stiftung.

³) In den Büchern des Hauses heißt es: hic liber est pauperum magi-

prüfung vollendet, oder auch schon die vorgeschriebene Zeit als Magister bei den Artisten gelesen hatten und sich dem Studium der Theologie widmen wollten. Die Genossenschaft band die Magister an eine Hausordnung, welche gemeinsame Mahlzeiten und die Teilnahme an gewissen kirchlichen und wissenschaftlichen Feierlichkeiten und Uebungen forderte, im übrigen aber genügende Freiheit ließ. Die reichen Genossen zahlten an das Kollegium die gleiche Summe, welche für die Armen aus den Mitteln desselben aufgewendet wurde. Die Magister zerfielen in hospites und socii, letztere waren an Zahl 36 und hatten allein die Verwaltung. Unter die Socii konnte nur aufgenommen werden, wer einen theologischen Grad erworben hatte. Diejenigen Hospites, welche nach sieben Jahren nicht fähig waren, den Grad eines Baccalar der theologischen Fakultät zu erwerben, mußten ausscheiden und Begabteren Platz machen. Während der 6—7 Jahre, welche man als Baccalar lehren und lernen mußte, ehe man die Lizenz und die Magister=(Doktor=)würde erwerben konnte, konnte man sowohl Socius wie Hospes sein. Die Magister der Theologie konnten dem Hause nur als Socii angehören. War kein Platz frei, oder wurde man nach dem Erwerb des Magisters nicht gewählt, so schied man aus dem Hause. Die Socii wählten jährlich aus sich einen Prior, der zusammen mit den vier ältesten Socii die Leitung des Hauses hatte, über ihm hatte die Oberaufsicht der Provisor, der von dem Rektor der Universität, den Dekanen und Prokuratoren unter Mitwirkung des Archidiakonus des Kapitels, des Kanzlers und der Mitglieder der theologischen Fakultät ernannt wurde und, wenn er sich unfähig zeigte, von ihnen auch abgesetzt werden konnte. Bei wichtigen Entscheidungen hatte er die Zustimmung dieser Würdenträger einzuholen[1]). Diese Einrichtung trug dazu bei, daß „die Sorbonne" nicht wie so manches andere Kollegium in genossen-

---

strorum domus Sorbonicae, und in den Urkunden wird die Stiftung bezeichnet als congregatio pauperum magistrorum Parisius in theologia studentium oder ähnlich. Beispiele: Bulaeus III, 223 f. Jourdain 222 und 235. Als sich 1464 die normännische Nation ein Vorrecht anmaßte, wurde dagegen kräftig protestiert. Bulaeus V, 665.

[1]) Franklin, La Sorbonne, p. 18, über die hospites und socii. Siehe die Urkunde Bulaeus III, 235, und die Nachricht IV, 262 über den Rechenschaftsbericht, den der Provisor 1340 vor dem Vertreter des Rektors u. s. w. über die letzten fünf Jahre abstattete.

schaftlichen Interessen unterging, denn sie gewährte eine diesen Interessen entrückte Aufsicht und gab dem Kollegium einen Rückhalt, wie ihn die Ordenshäuser an ihrem Generalkapitel und Ordensmeister hatten[1]). Die Stiftung nahm einen großartigen Aufschwung, die wissenschaftlichen Uebungen der Sorbonne hatten das größte Ansehen und die Räume des Hauses dienten auch allgemeineren Aufgaben der Fakultät[2]), ja mehr und mehr galt die Sorbonne geradezu als der hauptsächlichste Schauplatz der Thätigkeit, gewissermaßen als der Kern der theologischen Fakultät. Die Magister (Doktoren) des Hauses bildeten ein Spruchkollegium, dessen Entscheidung aus allen Landen schwierige Fragen der Theologie unterbreitet wurden, es erneuerte sich der Weltruf der Pariser Universität in dem Weltruf der Sorbonne, und der Zusatz Collegii Sorbonici gab dem Titel Magister (Doctor) facultatis theologiae Parisius erhöhten Glanz. Große Bedeutung gewann die Sorbonne weiter durch ihre Bibliothek, welche rasch wuchs, alle anderen übertraf und von dem Konvent der Socii sorgfältig gepflegt wurde[3]). Die Genossen mußten ihre Bücher in die Bücherei

---

[1]) Bulaeus III, 235 hebt dies nachdrücklich hervor, ebenso Thurot 130 f., aber er geht zu weit, wenn er behauptet, nur die Sorbonne und das Kollegium Navarra hätten diese Einrichtung gehabt. Der Provisor des Kollegium Harcurianum wurde in ähnlicher Weise ernannt.

[2]) Eine der Disputationen, welche die theologischen Baccalare halten mußten, ehe sie die Lizenz empfingen, wurde regelmäßig im Saale der Sorbonne gehalten und hieß davon Sorbonica. Thurot 149 f.

[3]) Franklin, Les anciennes bibliothèques de Paris I, 221 f. und La Sorbonne. Der Abschnitt über die Bibliothek ist der Kern auch dieses Buchs. Schon der Stifter selbst, der 1274 starb, hatte zahlreiche Bücher für die Benutzung der Socii zusammengebracht; aus einer einzigen Schenkung, die der Sorbonne 1270 gemacht wurde, sind heute noch 118 Nummern in der Bibliothèque nationale nachzuweisen, aus einer anderen 38 Nummern. Delisle, Le cabinet des manuscrits II, 149. Franklin, La Sorb. p. 30 u. 36. 1289 wurde ein Bibliotheksaal eingerichtet, in welchem die wichtigsten und meistgebrauchten Bücher angekettet wurden, um von den Socii oder von anderen unter Aufsicht eines Socius benutzt zu werden. Ib. p. 22. In einem Statut von 1321 hieß es, daß de omni scientia et de libris omnibus in domo existentibus saltem unum volumen (Exemplar), quod melius est, ponatur ad cathenas in libraria communi, ut omnes possint videre, etiam si unum tantum sit volumen (auch wenn der Genosse, der das Buch besitzt, nur dies eine Exemplar hat), quia bonum commune divinius est quam bonum unius, et ad hoc astringatur quilibet habens hujusmodi librum ponendum in libraria, quod sine contradictione eum tradat. Ib. p. 23, Note 2. Daneben bestand noch die parva libraria

des Hauses zur gemeinsamen Benutzung einliefern, falls sie ihr noch fehlten. Schlüssel zur Bibliothek, und damit die freie Benutzung derselben hatten nur die Socii, aber die Hospites des Hauses und andere Gelehrte konnten sie unter Aufsicht eines Socius benutzen[1]). Die Entwicklung des Hauses führte bald dahin, daß eine Art Vorbildungsanstalt eingerichtet wurde, das Kollegium Calvi, in welchem Knaben und Jünglinge — meistens unter 21 Jahren — vorbereitet wurden, die Licenz in artibus zu erwerben; und auch diese Einrichtung war nicht ohne Nachwirkung.

Neben der Sorbonne hatte den größten Ruf das Kollegium von Navarra (auch von Champagne genannt), welches durch das Testament der Königin Johanna, der Gemahlin Philipps des Schönen, 1305 gegründet wurde und 1315 genauere Statuten erhielt[2]). Abweichend von der Sorbonne war bestimmt, daß die Scholaren nur aus dem Gebiete des Königreichs Frankreich gewählt werden dürften, und daß die Mitglieder nach dem Erwerb der Würde eines Magisters der Theologie auszuscheiden hatten. Das Kollegium hatte drei Abteilungen, eine untere für 20 Anfänger (Grammatiker), sodann die Abteilung für 30 Artisten, und die obere für 20 Theologen. Für den Grammatikschüler wurden 4, für den Artisten 6, für den Theologen 8 Pariser Solidi wöchentlich ausgesetzt, und in ähnlicher Weise stufte sich die Disziplin ab. Die Grammatiker wurden als Knaben gehalten, und auch die Artisten durften erst nach der Determination ohne Erlaubnis der Magister in die Stadt gehen, "damit dem Hause

---

für die Werke, die in mehreren Exemplaren vorhanden waren und unter gewissen Bedingungen verliehen wurden.

[1]) Diese Bedeutung der Bibliothek war es auch wohl, was dem Prior und dem Bibliothekar der Sorbonne die Veranlassung gab, den Schwierigkeiten zu trotzen, welche das Heer der im Schutz der Universität stehenden Schreiber der neu auftretenden Buchdruckerkunst entgegenstellte. Sie beriefen 1469 drei Drucker aus Mainz, ließen sie in einem Gebäude der Sorbonne die erste Druckerei einrichten, die Paris sah, und hier erschien 1470 das erste in Paris gedruckte Buch, ein Werk des Priors der Sorbonne, des Schwaben Heynlin von Stein (Johannis de Lapide oder Lapidarius). Franklin, La Sorb. p. 107. Der Titel des Buches ist Gasparini Bergamensis epistolarum opus per Joannem Lapidarium, Sorbonensis scholae priorem, multis vigiliis ex corrupto integrum effectum, ingeniosa arte impressoria in lucem redactum.

[2]) Bulaeus IV, 87 ff. Der Bischof von Meaux und der Abt von S. Denis gaben sie als Exekutoren des Testaments.

Die Disziplin des Kollegiums.

kein böser Ruf erstehe". Für jede Abteilung wurden Lehrer bestellt zur Leitung der Studien, aber Artisten[1]) und Theologen besuchten außerdem die Vorlesungen anderer Magister. Die Artisten durften sich erst nach vier Jahren zur Determination melden, aber auch dann erst, nachdem der Magister der Abteilung sie für fähig erklärt hatte; wer aber nach sieben Jahren nicht fähig war, die Lizenz zu erwerben, der mußte das Haus verlassen. Ebenso wurden die Theologen zu der Bewerbung um die Grade und den dazu gehörigen Akten nur zugelassen, wenn sie von den bereits anerkannten Gelehrten des Hauses für fähig erklärt worden waren[2]), und diejenigen, die nicht nach sieben Jahren die Bibelkurse, nach zehn Jahren nicht über die Sentenzen lesen konnten, wurden ausgewiesen. Die Genossen mußten angeben, wieviel Einnahmen sie aus Renten oder Pfründen hatten, und nur diejenigen, welche einen Mindestbetrag nicht erreichten, erhielten die Kosten des Unterhalts aus den Mitteln des Kollegs. Die Bibliothek des Hauses wurde in bescheidenen Grenzen gehalten, mehr nur wie es das Bedürfnis des Unterrichts forderte, aber die Räume des Hauses dienten ähnlich wie die der Sorbonne auch allgemeinen Zwecken der Universität[3]). Die Leitung des Kollegiums unterstand einem Provisor, der von einer Kommission von Gubernatoren ernannt wurde und derselben jährlich Rechenschaft zu geben hatte. Diese Kommission setzte sich zusammen aus dem Bischof von Meaux, dem Abt von S. Denis, dem Kanzler und dem Dekan der theologischen Fakultät, wozu aus dem Kollegium selbst noch der den theologischen Scholaren vorgesetzte Magister der Theologie kam.

Neben diesen beiden Kollegien traten die anderen zurück, ihre Einrichtung war ähnlich, jedoch waren sie regelmäßig für Scholaren einzelner Landschaften bestimmt und standen deshalb in näherer Beziehung zu einer der vier Nationen. Als Beispiel diene das Collegium Harcurianum, das der Bischof von Coutances 1311 für 40 Scholaren (28 Artisten und 12 Theologen) gründete, wovon je vier Ar-

---

[1]) Diejenigen, welche eine Lektion gemeinsam gehört hatten, sollten nach der Stunde zusammenkommen und sie gemeinsam wiederholen. Wer sie am besten aufgefaßt habe, den sollten die anderen hören.

[2]) Bulaeus IV, 93: Ebenfalls propter vitandum domus scandalum.

[3]) Die Truhe, welche die Privilegien der Universität enthielt, wurde im 14. Jahrhundert in der Kapelle des Kollegiums Navarra niedergelegt. Bulaeus IV, 893 f.

tisten und je 2 Theologen aus 4 bestimmten Diözesen der Normandie, die übrigen 12 Artisten und 4 Theologen ohne Unterschied aus jeder Nation stammen sollten[1]). Die Artisten erhielten wöchentlich 3, die Theologen 5 Pariser Solidi und zwar vom Oktober bis zum Juli. War dann noch Geld da, so konnte den Scholaren, welche während der Ferien blieben, davon weiter gezahlt werden. Von diesem Gelde hatten die Scholaren die Beiträge zu liefern für den gemeinsamen Haushalt, Unterhaltung des Materials, Bücher u. s. w. Die Leitung des Haushalts hatten die dazu erwählten Vorsteher, denen für die Hausarbeit Diener zur Verfügung standen, die aber auch die Genossen in die Stadt schickten um Einkäufe zu machen. Die Bestimmungen über diese Dinge, über das Recht, Fremde mitzubringen, ob derjenige zu zahlen habe, der an einem Tage auswärts esse, wann man auf seinem Zimmer speisen könne u. s. w., wurden in den Statuten ausführlich behandelt, und hierin, wie in der Art der Aufsicht herrschte in allen Kollegien ähnlicher Brauch[2]). Die Scholaren waren Mitglieder der Nationen, nahmen auch an deren Festen teil, nur war es ihnen verboten, zu nächtlichen Aufzügen das Haus zu verlassen, wie dies auch allen Scholaren untersagt war. Die Hausdisziplin ergänzte die allgemeine[3]). Einige Insassen dieser Kollegien hielten Vorlesungen, und zwar in allen Stufen der akademischen Hierarchie, andere waren Studenten in unserem Sinne, aber die einen wie die anderen waren Insassen des Kollegiums, lebten von der Stiftung, oder zahlten von ihren Pfründen und Renten; und zwar galt für die Lesenden wie für die Hörenden die gleiche Vorschrift: es zahlte, wer die Mittel besaß. Professoren und Studenten, nach unserer Ausdrucksweise, hatten die gleiche Lebensstellung. Solcher Kollegien

---

[1]) Die Statuten sind abgedruckt Bulaeus IV, 153 f. Die Gründungsurkunde ib. IV, 152.

[2]) Kap. 6 der Statuten (Bulaeus IV, 154) verweist geradezu auf den gemeinen Brauch: secundum quod in aliis scholaribus Parisiensibus ejusdem conditionis extitit consuetum. Dieser Brauch wird großenteils aus den freien Hausgenossenschaften übernommen sein, in denen die Scholaren im 12. und 13. Jahrhundert lebten.

[3]) Wirtshausbesuch wurde mit Geldstrafen, bei hartnäckiger Fortsetzung mit Ausschluß bestraft. Die Theologen hatten dabei immer das Doppelte zu zahlen wie die Artisten (cap. 28). Item quod nullus de domo bibat in taberna tabernarie. Wer ein Lupanar besuchte oder eine Dirne in seine Wohnung brachte, wurde ausgeschlossen (cap. 29).

wurden von 1200—1500 in Paris fünfzig gegründet, von 35 sind die Zahlen der Bursen b. h. der Plätze bekannt und zwar konnten sie zusammen 680 Scholaren aufnehmen. Einige wenige zählten über 30 (bis 100) Plätze, die meisten nur eine geringe Zahl. Im 13. Jahrhundert wurden nur 64 Bursen gestiftet, von 1300—1339 kamen 375 hinzu und 130 von 1348—1400, im 15. Jahrhundert noch 24. Das Interesse an diesen Gründungen war also am stärksten in der ersten Hälfte des 14. Jahrhunderts, und die Stifter waren vorwiegend vornehme Würdenträger des Weltklerus [1]). Die Bursen waren nach Fakultäten verteilt, aber während das Kollegium Navarra drei Abteilungen hatte, Grammatiker, Artisten, Theologen, und seine Insassen bis zum dreißigsten Jahre und darüber behielt, nahm z. B. das Kollegium Ave-Maria stiftungsgemäß nur Knaben von 8 oder 9 Jahren auf und entließ sie mit dem 16. Jahre [2]).

Diese mit Freistellen ausgestatteten Kollegien konnten aber nicht alle Scholaren aufnehmen, welche im 14. und 15. Jahrhundert in solchen Häusern zu leben verlangten, und deshalb entstanden zahlreiche paedagogia, Privatschulen mit Pension, unseren Alumnaten vergleichbar, in denen Scholaren Unterhalt und Unterricht fanden. Es war eine Schulindustrie, wie sie in Bologna und Oxford schon im 13. Jahrhundert blühte, die in Paris aber erst im 14. und 15. Jahrhundert in größerem Maße hervortrat. Der Unternehmer war ein Magister, der noch einen oder einige Lehrer anstellte und dann seine Pensionäre in ähnlicher Weise beaufsichtigte und unterrichtete, wie dies in den Kollegien geschah [3]). Die Insassen dieser Häuser beteiligten sich an den öffentlichen Akten und Festen der Nationen und der Universität wie die anderen Scholaren und waren

---

[1]) Von 396 Bursen weiß man, daß sie von 27 Kanonikern, Bischöfen und Kardinälen gegründet wurden, und 101 Stellen wurden von fünf Laien gestiftet. Thurot p. 127.

[2]) Gegründet 1339. Die Statuten stehen Bulaeus IV, 261.

[3]) Eine Schilderung des Lebens in diesen Kollegien, die Unterschiede der Verfassung u. s. w. müssen einer Geschichte der Universität Paris überlassen werden; und Thurot hat auch bereits mit geschickter Hand und ausreichendem Material eine anschauliche Darstellung gegeben. Aus ihm p. 127 und aus Budinsky, Die Universität Paris und die Fremden an derselben im Mittelalter, Berlin 1876, sind auch die statistischen Daten des Textes gegeben. Von geringer Bedeutung waren die Kollegien für fremde Nationen (für Dänen, Schweden, Schotten, Engländer und Deutsche), die meisten sind früh verfallen.

nicht oder doch nicht für alle Vorlesungen auf die Lehrer ihres Hauses beschränkt¹). Diese Anstalten entstanden zunächst, ohne daß eine allgemeine Vorschrift über ihre Einrichtung erlassen worden wäre, aber so oft es nötig schien, schritt die Fakultät oder die Universität ein, und wer ihren Anordnungen nicht nachkam, dessen Anstalt wurde nicht weiter als eine Anstalt der Universität angesehen. Den Scholaren wurde dann eröffnet, daß ihnen die Zeit, die sie in derselben verbringen würden, nicht angerechnet werde²). Nach den Statuten von 1452 durfte niemand eine derartige Anstalt gründen ohne Erlaubnis des Rektors und der Prokuratoren, und die Vorsteher durften keinen Lehrer anstellen, der bereit war, ohne Gehalt zu unterrichten: „denn es ist nicht leicht zu glauben, daß ein leistungsfähiger Mann für seine Arbeit keinen Lohn verlange"³).

Da diese Anstalten einträglich waren, so richteten auch Magister der oberen Fakultäten dergleichen ein, das verbot dann aber die Artistenfakultät und sicherte ihren Magistern und zwar den actu regentes diesen Erwerb⁴). Viele von den Kollegien gerieten in Verfall, vor allem durch Mißbrauch der Renten des Hauses. Statt an

---

¹) Ob und welche Lektionen die Insassen eines Kollegiums oder Pädagogiums außerhalb der Häuser hören konnten, das bestimmten die Statuten oder die Vorsteher des Hauses. Selbst das von der Abtei Clugny für die Ordensgenossen gegründete Collegium Cluniacense, das klösterliche Einrichtungen zeigt, forderte doch nur, daß die Anfängervorlesung über die summulae des Petrus Hispanus im Hause gehört werde, die Lekturen über die alte und neue Logik, die beide noch vor der Determination, also vielfach vor dem 14. Jahre gehört wurden (Statuten von 1366, Bulaeus IV, 390), durften in domo vel extra besucht werden. Bulaeus IV, 122. Als sich im 15. und 16. Jahrhundert der Unterricht aus den öffentlichen Hörsälen mehr und mehr in diese Kollegien und Privatanstalten zog, wird auch wohl von diesen Anstalten mehr darauf gehalten sein, daß die Insassen die Lehrer des Hauses hörten. Doch habe ich darauf keine weitere Untersuchung gerichtet.

²) Bulaeus V, 571. Reformatio von 1452: Quod si monitione praedicta non corrigatur, significetur suis scholaribus, quod tempus non acquirent in facultate quamdiu sub illo erunt, qui a sua turpitudine non desistit monitus et requisitus. Dies ist allerdings einer einzelnen Bestimmung hinzugefügt, aber es ist kein Zweifel, daß der gleiche Weg immer beschritten wurde, wenn die Mahnungen keine Wirkung hatten.

³) Reformation der Statuten von 1452; Bulaeus V, 572: Nec enim facile est putandus idoneus, qui non suae industriae mercedem expetit.

⁴) Statut von 1486. Bulaeus V, 770 f.

arme Scholaren von Begabung wurden die Bursen von den Verwaltern an Freunde und Vettern verschwendet, gleichviel ob diese auch noch so reich waren. Die Inhaber beharrten ferner oft Jahrzehnte lang in dem Hause ohne zu studieren, betrachteten die Burse als eine Rente, die nur mit einigen lästigen Verpflichtungen verknüpft sei, und um bequemer davon leben zu können, wurde auch wohl die Zahl der Bursen verkleinert und die Rente der einzelnen erhöht. Anderer Mißbrauch herrschte in den Pädagogien. Der leitende Magister hatte zwar ein Interesse daran, daß die Scholaren des Hauses gute Fortschritte machten, denn mit dem Ruhm stieg der Zudrang; aber leichter war es, die Scholaren werben zu lassen oder durch Nachgiebigkeit gegen Unfug anzulocken und durch den Ruf, die Wege zu kennen, auf denen auch Unreife durch die Prüfungen hindurchgebracht wurden. Da sind Abmachungen und Bestechungen aller Art vorgekommen, und im 15. Jahrhundert hatte es sich eingeschlichen, daß die Examinatoren ihr Amt dauernd behielten, und daß sie gegen die Vorschrift der Statuten große Pensionate hielten, deren Zöglinge dann gegen Recht und Gesetz vor den Schülern anderer Magister begünstigt wurden [1]).

Solcher Mißbrauch darf jedoch nicht hindern, die große Bedeutung zu würdigen, welche diese Kollegien und Pädagogien für die Universität gewannen und zwar in der kritischen Zeit, da das freie Studium durch die Ordensschulen überflügelt und zurückgedrängt zu werden drohte. Sie halfen in etwas dem sozialen Elend und dem wüsten Treiben ab, und was von der Sorbonne im besonderen gerühmt wurde, daß sie es einer größeren Anzahl von Weltgeistlichen

---

[1]) Die Reformation der Statuten von 1452 (Bulaeus V, 575) hat diese Anklagen amtlich festgestellt und deshalb verordnet, daß die Examinatoren jährlich wechseln sollten und keine Pensionäre halten: Multae ad nos querimoniae factae sunt ... vicibus iteratis, tam verbo quam scripto, per viros etiam graves in theologia magistros et alios de omni facultate et praesertim ex parte venerabilium collegiorum hujus universitatis ... quod antedicti tentatores (die seit langer Zeit im Amt befindlichen Examinatoren) ... multos abusus commiserunt ... Nam cum praedicti paedagogi suos baccalarios habentes domesticos et commensales ad id officium (eines Examinators) praeficerentur, immoderato favore et inordinato affectu suos etiam indignos attollebant dignis et bene meritis praeferentes. Collegiorum vero baccalarios et alios qui de suo grege non erant, quantumcunque dignos et doctos per injuriam repellebant. ...

möglich machte, sich dem auf zehn und mehr Jahre verlängerten Studium der Theologie ohne Sorge widmen zu können, das gilt auch von den Kollegien im ganzen, und es war doch für die Entwicklung der Kirche von Wichtigkeit, daß sich die Weltgeistlichen auch auf dem Gebiete der Wissenschaft den Orden gegenüber behaupteten. Bis in die Mitte des 13. Jahrhunderts war das allerdings ohne solche Kollegien geschehen, aber das Studium hatte einen ausgedehnteren Apparat nötig und dauerte länger, dagegen waren die Aussichten, durch gelehrte Kenntnis zu Pfründen zu gelangen, wesentlich geringer geworden. Die Zahl derer, die theologische Studien trieben, war weit größer, die Orden allein stellten ganze Scharen, und neben Paris waren zahlreiche Universitäten gegründet worden, welche Einkünfte und Pfründen verbrauchten; die kirchlichen Zustände dagegen gestalteten sich so, daß viele Kräfte und Mittel, die sonst wohl für die Studien und ihre Vertreter verfügbar gewesen waren, in der Finanzwirtschaft von Avignon, den Kämpfen des Schisma und dem üppig wuchernden Nepotismus der Päpste und Prälaten[1]) verbraucht wurden. Mochten manche Päpste große Summen für die eine und andere Universität aufwenden, die Not blieb[2]), während anderseits die Ansprüche und Ehren sich steigerten. Der Weltruf der Universität Paris hatte ihr auch im Königreich erhöhtes Ansehen verschafft, im 14. Jahrhundert trat selbst der Bischof hinter ihr zurück[3]), unter dessen Hut und Gewalt sie im 13. Jahrhundert herangewachsen war, der König ehrte sie auf jede Weise, und in der langen Zeit des Schisma,

---

[1]) Hinreichende Belege für den Mißbrauch, den Päpste und Prälaten mit der geistlichen Gewalt und den Gütern der Kirche trieben, bietet schon die Geschichte der Päpste von Pastor, obwohl sie in ausgesprochen klerikalem Sinne zusammengestellt ist. Viel Material bietet ferner das von Pastor als stützende Vorarbeit benutzte Leben Gersons von Schwab.

[2]) Für Paris genügen die oben mitgeteilten Äußerungen Gersons, eine Ergänzung dazu ist der Kampf des Kanzlers von 1385 um seine Einnahmen aus den Prüfungen. Bulaeus IV, 606.

[3]) Der Prevot von Paris mußte sich im 14. Jahrhundert wiederholt tief demütigen vor der Universität (Bulaeus IV, 73 u. IV, 386), ja der Bischof selbst mußte dem Rektor den Vortritt lassen, als er mit demselben zusammen für die Stadt Paris um Gnade bat, und dies geschah in feierlicher Audienz vor versammeltem Hof und obschon der Bischof in pontificalibus existens war. Bulaeus IV, 586: Rector obtinuit locum dextrum et propositionem primam. 1381.

als man zweifelte, wer der rechte Papst sei und also päpstliche Entscheidung nicht mit Sicherheit erhalten konnte, da sah die Welt in den Universitäten und vor allem in der Pariser Universität die erhabenste Beraterin in kirchlichen Fragen. Dieser Glanz machte die Not noch unerträglicher, und wenn den Kollegien auch die großartige Ausstattung fehlte, um wie später die englischen Kollegien den Magistern die ihrer Bedeutung und Stellung angemessenen Mittel zu gewähren, und wenn die Einnahmen der Magister in den Pensionen ärmlich blieben, so halfen sie doch über das Schlimmste hinweg und ermöglichten manchem tüchtigen Manne die Fortsetzung seiner Studien. Der Einfluß der Sorbonne und die Bedeutung, welche die Zöglinge des Kollegiums Navarra Peter d'Ailly und Johannes Gerson für die Theologie gewonnen haben, sind allein schon glänzende Beweise dafür, wie viel Paris den Kollegien verdankt.

Die Kollegien und die Verwaltung der Universität.

Im Jahre 1382 stritten der Abt und Kanzler von S. Genovefa, unterstützt von der gallischen Nation, gegen den Magister Jordanus, der Vizekanzler von S. Genovefa zu sein behauptete und von den drei anderen Nationen unterstützt wurde, über die Befugnis, die Prüfungen abzuhalten [1]). Die Universität stritt mit dem Domkapitel über das Recht an die Erbschaft eines Kanonikus, der zugleich Mitglied der Universität war [2]), und die Fakultät der Dekretisten stritt mit dem Kapitel über den Anspruch desselben, daß ein Kanonikus, welcher Doktor des kanonischen Rechts sei, nicht gezwungen werden könne, in den von der Fakultät bestimmten Räumen und unter ihrer Aufsicht zu lesen. Die Fakultät wollte die Vorlesungen, welche ein Kanonikus auf Grund dieses Anspruchs gehalten hatte, nicht als Vorlesungen der Universität im Rechtssinne gelten lassen [3]). Von der

---

[1]) Bulaeus IV, 587.
[2]) Jourdain 484—488.
[3]) Jourdain 805. Bulle Papst Clemens VII. August 1384. Bulaeus IV, 601 f. Das Kapitel behauptete, quod unus canonicus ipsius ecclesiae, hujusmodi decretorum doctor, qui hujusmodi doctoratus insignia in studio praedicto susceperit, potest absque licentia doctorum, decani facultatis et collegii in scholis claustri ejusdem ecclesiae decreta ipsa legere, et quod ipse sic legens reputatur regens in facultate praedicta et omnibus privilegiis

Abtei S. Victor endlich wußte man mehrfach nicht recht, ob sie zur Universität gehöre[1]) oder nicht. Dergleichen lose und widerspruchsvolle Verhältnisse fanden sich noch vielfach, und diese verwickelten Verhältnisse unterstanden einer nicht weniger verwickelten Gruppe von Behörden. Abgesehen von dem Papst und seinen Legaten, dem Könige, seinen Beamten und seinem Parlamente, den Bischöfen von Paris und Senlis u. a. außerhalb der Universität stehenden Gewalten, welche oft in einschneidender Weise und unter sich auch bisweilen im Streit[2]) die Universität beeinflußten, bestand das Regiment aus einer Fülle von konkurrierenden Behörden. Der Rektor und der Kanzler, der Abt von S. Genovefa und sein Kanzler, die Fakultäten und ihre Dekane, die Nationen und ihre Prokuratoren, das Kapitel der Domkirche, Abt, Kanzler und Konvent von S. Genovefa, die Versamm-

et libertatibus et immunitatibus utitur atque gaudet, quibus doctores decretorum ipsorum eadem decreta in vico clauso Brunelli (hier lagen die scholae der Dekretisten) Parisius legentes utuntur et gaudent. Mehrere Jahre habe der Dekan des Kapitels in scholis praefatis, b. i. Claustri Ecclesiae gelesen, bis dann die Fakultät ihn daran gehindert habe, und erklärt, er halte seine Vorlesungen nicht tanquam regens.

[1]) Die Schule von S. Victor z. B. hatte im 12. Jahrhundert einen der wichtigsten Mittelpunkte des wissenschaftlichen Lebens gebildet, aus dem die Bildung der Universität hervorging, auch hatte der Abt von S. Victor im 13. Jahrhundert mannigfaltige Befugnisse und Pflichten bezüglich der Universität gehabt, aber an dem Schulleben hatte S. Victor später keinen oder doch keinen irgendwie hervortretenden Einfluß. Man wußte deshalb um 1300 nicht recht, ob S. Victor als Glied der Universität zu betrachten sei oder nicht, und um die Privilegien der Universität zu genießen, erbat S. Victor 1309 von der Universität eine Urkunde, in welcher Abt und Konvent von S. Victor als Glieder der Universität, als boni et etiam legitimi scholares Parisienses anerkannt wurden. Jourdain 379. Bulaeus V, 207 f. Im Anfang des 15. Jahrhunderts mußte S. Victor dann wiederum um diese Bescheinigung bitten, sich gewissermaßen eine scedula scolaritatis ausstellen lassen.

[2]) Der im 13. Jahrhundert überwiegende Einfluß des Papstes trat im 14. und 15. Jahrhundert vor dem Einfluß des Königs und seines Parlaments zurück, aber dieser Wechsel vollzog sich nun nicht grundsätzlich, sondern gelegentlich, und lehrreich ist es, wie Papst Clemens VII. den eben erwähnten Streit der Dekretisten und des Kapitels entschied, während er vor dem Parlamente schwebte. Auch behauptete die Universität dieser steigenden Gewalt des Königs gegenüber ihre Selbständigkeit, so abhängig sie auch namentlich zur Zeit der englischen Kriege und in manchen Momenten des schismatischen Streites erscheint. Ein bezeichnendes Beispiel ist, wie die energische Forderung des Königs, einen Günstling zum Magister theologiae zu promovieren, 1476 abgelehnt wurde. Bulaeus V, 724.

Jede Fakultät eine Gruppe von Korporationen.

lung aller Magister, die Kommissionen für die Prüfungen: alle diese Behörden wirkten nebeneinander und vielfach ohne sichere Grenzen ihrer Befugnisse und deshalb oft gegeneinander. Zu diesem Verwaltungslabyrinth traten nun die großen und kleinen Kollegien und Pädagogien (Pensionsanstalten) hinzu, und wenn sie teilweise zu einer der Fakultäten und Nationen[1]) in näherer Beziehung standen, so wurden sie ihnen doch nicht einfach eingefügt oder untergeordnet. Neben den Dekanen der Fakultäten und den Prokuratoren der Nationen berief der Rektor fortan auch die Vorstände dieser Anstalten zu seinem Rate oder benützte sie als seine Organe, und den Nationen und Fakultäten wurde eine Reihe von Geschäften durch die Kollegien abgenommen oder erleichtert, ja man kann sagen, daß nur durch die Einrichtung der Kollegien und Pädagogien die Fortdauer der Universität oder wenigstens der aus dem 13. Jahrhundert überkommenen Einrichtungen ermöglicht worden ist[2]).

Die theologische Fakultät bestand aus Gruppen von Magistern, Baccalaren und Scholaren, die außerdem noch als Mitglieder des Kapitels, als Insassen eines Kollegiums oder eines Ordens eine andere Stellung und andere Pflichten hatten. Man hat die theologische Fakultät deshalb eine Föderativrepublik von Korporationen genannt, aber dasselbe gilt auch von den anderen Fakultäten, namentlich auch von den Artisten und von der Universität im ganzen.

Es ist hier nicht der Ort, die Zustände in den Kollegien und Pensionen (Pädagogien) und ihre Wirkung auf die Universität und das Leben der Scholaren näher zu schildern, nur ein Punkt ist noch hervorzuheben. Der Einfluß dieser Anstalten wurde im Laufe des 15. Jahrhunderts immer vorwaltender, und 1463 befahl die Fakultät der Artisten, daß alle Scholaren, welche nicht bei Verwandten wohnten,

---

[1]) So bat das collegium Boissiacum 1418 die gallische Nation, eine Angelegenheit des Kollegs als propria et sua causa zu unterstützen. Bulaeus IV, 457.

[2]) Ob man dies für einen Gewinn zu halten hat oder wünschen sollte, die kläglichen Zustände der öffentlichen Gebäude und der Bibliothek, der Mangel einer besoldeten Professur, die Unfähigkeit der akademischen Behörden, die Scholaren und Magister von pöbelhaften Exzessen zurückzuhalten, diese und andere jetzt durch die Kollegien teils gemilderten, teils verhüllten Uebelstände wären nicht gemildert und nicht verhüllt worden, in der Hoffnung, daß sie dann zu einer gründlichen Reform geführt hätten, das ist eine andere Frage, die aber keineswegs so einfach zu beantworten ist, als es scheinen möchte.

ober im Hause eines angesehenen Mitgliedes der Universität, in einem Kollegium oder einem Pädagogium wohnen müßten[1]. Wenn diese Anwendung nun auch nicht streng durchgeführt werden konnte, und immer noch einige Scholaren für sich wohnten — man nannte sie Martinets — so war doch das Leben der Scholaren in diesen Kollegien und Pensionen im ganzen entscheidend für das Leben der Scholaren überhaupt, zumal sich im 15. (und noch mehr im 16.) Jahrhundert der Unterricht mehr und mehr aus den öffentlichen Hörsälen in die Kollegien und Pensionen zog[2]. Diese Verhältnisse erwecken aber die Vorstellung, als hätten die Artisten damals die libertas scholastica verloren und mehr in der Weise unserer Schüler gelebt, und diese Vorstellung wird verstärkt durch manche Bestimmungen der Universitätsstatuten von 1452, sowie der Statuten der Kollegien. So wenn die Statuten von 1452 verbieten, in den Hörsälen Bänke aufzuschlagen, die Scholaren sollten auf dem Boden sitzen, damit die Jünglinge von Hochmut frei blieben[3]. Allein diese Bestimmung findet sich auch schon in dem Statut von 1366 und war nichts als der Versuch, eine Gewohnheit aus der Zeit der Gründung der Universität festzuhalten. Der Boden wurde bisweilen mit Stroh bestreut und davon hieß die Straße, in der die Hörsäle der Artisten lagen,

---

[1] Bulaeus V, 658.
[2] Thurot 98.
[3] Die Maßregel wurde gerechtfertigt mit einer sachlichen Erwägung (sedeant in terra coram magistris, non in scamnis vel sedibus elevatis a terra, sicut hactenus tempore, quo dictae facultatis studium magis florebat, servabatur. ut occasio superbiae a juvenibus secludatur. Bulaeus IV, 390 u. V. 573), aber der eigentliche Grund war wohl, abgesehen davon, daß es Herkommen war, der, daß es den Nationen, welche im 14. und 15. Jahrhundert die Hörsäle besaßen und den Magistern zuteilen, am Gelde fehlte, um sie mit Bänken auszustatten und weiter im stande zu erhalten. Die Einnahmen der Nationen waren gering, und das Meiste wurde vertrunken. Man vergleiche die Klage der Fakultät, Bulaeus III, 347 (1258): nostram facultatem propter defectum pecuniae frequenter subjacere periculis, und den Beschluß der normännischen Nation, worin es heißt, daß einige Magister, die in den Sommerferien in Paris geblieben waren, während der größere Teil in die Heimat gegangen war, um Lebensmittel zu holen, das Geld der Nation teils verschwendet, teils vertrunken hätten (Jourdain 590. 1343: per aliquos a festo Ascensionis usque ad festum beati Dionysii (9 Oct.) predicta pecunia nationis fuerit dispensata minus juste, aut indebite potabatur, dum major pars verorum regentium contingebat ad partes pro victualibus procurandis remeasse).

die Strohstraße, vicus straminum (straminis), rue du Fouarre[1]). Hatte aber diese Sitte die Entwicklung der libertas scholastica nicht gehindert, so kann sie auch nicht als Beweis für ihr Schwinden gelten. Andere Bestimmungen derart sind, daß die Vorsteher der Pensionen die Scholaren zu den öffentlichen Disputationen begleiten sollten, um sie zu überwachen und Unfug zu hindern, oder die, daß ein Scholar, der aus einem Kollegium oder Pädagogium austrete, um sich einer Strafe zu entziehen, von keiner anderen Anstalt aufgenommen werden dürfe[2]). Diese letzte Bestimmung war die notwendige Folge davon, daß die Universität die Kollegien und Pädagogien als ihre Organe überwachte und benutzte. Wenn aber die Ueberwachung bei den Disputationen sehr an Schüleraufsicht erinnert und mit dem Wesen der akademischen Freiheit nicht vereinbar erscheint, so hat man sich einmal zu erinnern, daß auch die Professoren einer Aufsicht unterstellt wurden, die mit heutigen Verhältnissen nicht zu vereinen ist, sodann daß derartige Vorschriften wohl in erster Linie auf die Grammatikschüler berechnet waren, welche unter den Artisten mitbegriffen wurden, aber in all diesen Jahrhunderten als Knaben behandelt und wie in den Klosterschulen für ihre Vergehungen regelmäßig mit der Rute oder Geißel bestraft wurden[3]). Auch die reiferen Scholaren konnten mit Schlägen bestraft werden, aber das wurde ebenfalls nicht erst in diesen letzten Jahrhunderten eingeführt, sondern war auch schon im 13. Jahrhundert möglich — aber wie im 13. Jahrhundert, so hatte auch im 14. und 15. Jahrhundert diese Züchtigung regelmäßig nicht den Charakter einer Schulstrafe, sondern den einer gerichtlichen Erekution. Es war eine Folge des privilegierten Gerichtsstandes der Scholaren, daß „sie gegeißelt wurden, wenn sie nach bürgerlichem Recht den Strick verdient hatten"[4]). Vergehen gegen die Ordnung des Kollegs, auch so schwere, wie das Ausbleiben über Nacht, wurden in dem Kollegium Navarra, wie in dem Harcurianum mit Geldstrafen gebüßt, oder schließlich mit Ent-

---

[1]) 1358 rue du Feurre. Jourdain 666. Vgl. Thurot p. 69. Die Kandidaten hatten bei der Prüfung 4 solidos pro straminibus vel herbis zu zahlen. Bulaeus IV, 251.
[2]) Statuten von 1452. Bulaeus V, 572.
[3]) Gerson, Opera IV, 718, angeführt bei Thurot p. 95.
[4]) Thurot p. 40: Ils ne recevaient que le fouet, quand ils avaient mérité la corde.

ziehung der Burse¹), und die auf Privatspekulation gegründeten Pädagogien waren sicher nicht strenger, es wurde vielmehr geklagt, daß sie den Scholaren die Zügel schießen ließen.

Besonders aber ist zu beachten, daß in den Bezeichnungen der Universität, in ihren Privilegien und bei den feierlichen Akten die Scholaren die gleiche Stellung hatten wie früher, daß ferner ihre Kämpfe mit den Bürgern ebenso wie im 13. Jahrhundert keine Schülerstreiche waren, sondern Studententumulte²), und daß sie

¹) Statuten des Harcurianum Bulaeus IV, 153 f., des Navarricum Bulaeus IV, 88 f. Ob von den Vorständen dieser Kollegien, abgesehen natürlich von den Grammatikschülern, körperliche Züchtigung verhängt werden konnte, möchte ich bezweifeln. Zwar das Kollegium Cluniacense, das klösterliche Ordnung bewahrte, hatte das Statut: (baccalarii quam alii studentes) inobedientes ... per superiores ... regulari disciplina puniri. Bul. IV, 124. In den Statuten des Kollegium von Navarra und des Harcurianum habe ich dagegen keine Androhung der Prügelstrafe gefunden, denn die Drohung Bulaeus IV, 93: si quis verba opprobriosa ... alii dixerit, punietur in bursa et si assuefetus fuerit in talibus. gravius puniatur ist doch wohl auf Erhöhung der Geldstrafe zu deuten. Ein Beispiel der Prügelstrafe ist die 1477 nach dem großen Tumulte unter den die Vorlesung über Ethik in der Sorbonne besuchenden Scholaren vollzogene Exekution, aber sie wurde von den Kommissären der Universität angeordnet und erregte trotzdem furchtbaren Tumult. Bulaeus V, 727. Im Jahre 1404 setzte ein Scholar des Kollegium Boissiacum lange Zeit hindurch das Kollegium und weiter den Rektor und die Universität durch bodenlose Frechheit und Gewaltthätigkeit in Aufregung. Bei Tisch zerschlug er den anderen Scholaren die Teller, in der Kirche hemmte er den Gottesdienst und zu dem Gericht des Rektors zog er mit einer bewaffneten Schar, so daß der Rektor und die Beisitzer die Untersuchung nicht vorzunehmen wagten. Erst in einer zweiten Sitzung unterwarf er sich und wurde aus dem Kollegium ausgeschlossen. Dies Urteil wurde dann in einer Generalversammlung der Magister aller Fakultäten, zu der auch die non-regentes geladen waren, bestätigt. Der dem Urteilsspruch vorausgeschickte Bericht der Universität über diesen Sünder (Bulaeus V, 93 f.) macht einen tragikomischen Eindruck und zeigt einmal die Unbehilflichkeit der Organisation der Universität, sodann aber auch, wie sehr man irren würde, wenn man sich durch einzelne Züge wollte bestimmen lassen, diese Scholaren in den Kollegien unseren Schülern zu vergleichen. Weiteres siehe im Anhang.

²) Im Jahre 1412 hatte z. B. ein Wirt aus der Harfengasse, der mit den Scholaren des Harcurianum Streit haben mochte, den Kadaver eines Pferdes nächtlicherweile vor das Kollegium gefahren; die Scholaren aber schleppten es ihm zurück, zerschlugen ihm alles und verführten sonstigen Unfug, bis auf Bitten des Wirts die Polizei einschritt. Es kam zum Kampf, die Scholaren unterlagen, wandten sich aber an den König und erreichten, daß der Wirt bestraft und der Prevot von Paris seines Amtes entsetzt wurde. Bulaeus V, 235

Stellung der Scholaren zu den Magistern.

endlich im ganzen dem Professor nicht in der Abhängigkeit gegenüberstanden, welche den Standpunkt des Schülers charakterisiert, sondern in ähnlicher Freiheit und Kamerabschaft, wie sie im 13. Jahrhundert geherrscht hatte. Denn es erhielten sich diejenigen Verhältnisse, auf denen diese Stellung vorzugsweise beruhte. Auch im 14. und 15. Jahrhundert waren viele Magister nicht älter als viele Scholaren, auch im 14. und 15. Jahrhundert waren ferner unter den Scholaren der einen Fakultät solche, die in einer anderen Magister waren, und die Baccalare der Theologie, welche thatsächlich die Dozenten der Theologie waren, galten rechtlich in den wichtigsten Beziehungen als Scholaren, falls sie nicht vorher die Würde des magister artium erworben hatten. Schon diese Thatsachen ließen die Kluft zwischen Magistern und Scholaren nicht tiefer werden, und außerdem erhielt sich auch die gleichartige Lebensweise und ähnliche wirtschaftliche Not bei den Magistern. Sie lebten wie die Studenten und vielfach in Gemeinschaft mit den Studenten, und von den Pfründen, die sie wie die Scholaren auf Grund von Residenzprivilegien genießen durften, oder in Freistellen; und wie die Studenten, so eilten auch die Magister in den Ferien in die Heimat, um sich einmal wieder eines ordentlichen Haushaltes zu erfreuen und um Vorräte mitzubringen für den Scholarenhaushalt der Studienzeit. Die kleinen Geschenke bei den Prüfungen erschienen ihnen als etwas Wesentliches, und ein Gelage auf fremde Kosten als ein Freudentag. Auch an dem Unfug, den verbotenen Umzügen, Schlägereien und Gewaltthaten beteiligten sich neben den Scholaren nicht selten Magister[1]). Vor allen Dingen

---

[1]) Das Statut von 1275, welches den Scholaren lärmende Umzüge verbot, wandte sich mit der gleichen Ermahnung an die Magister cum talia clericos non deceant nec magistros praecipue. Bulaeus III, 421; V, 704. 1417 beschloß die englische Nation, „weil zu den Sitzungen der Nation nur vier oder fünf Magister erscheinen, sobald aber auf Kosten der Nation getrunken wird, wohl dreißig oder mehr, so solle auch zu den Gelagen niemand kommen dürfen, der die Sitzungen versäumt habe". Im Jahre 1429 wurde in Montpellier ein Prozeß gegen sieben Scholaren geführt, welche nachts die Thüre eines Hauses erbrochen, ein junges Weib aus dem Bette geholt, in die Wohnung eines Scholaren geschleppt und mißbraucht hatten: und der Hauptthäter unter ihnen war ein Magister. Germain III, 406. Das war ferner ebenso in Oxford, wo das System der Kollegien noch größere Ausdehnung hatte. Munimenta acad. I, 94. Ja, in Paris wurde die Klage erhoben, daß die Disziplin deshalb so locker sei, weil viele Magister den Scholaren mit bösem Beispiel vorangingen und infolge dessen auch die ernsten und pflichttreuen Lehrer keinen

aber ist daran zu erinnern, daß die Form des Unterrichts auch im 14. und 15. Jahrhundert der Disputation großen Spielraum gewährte und damit den Scholaren die Möglichkeit gab, dem Magister so gegenüberzutreten, daß nur die Gewandtheit und die Kenntnisse über den Vorzug entschieden. Wenn man trotz dieser Erwägungen die Vorstellung nicht abweisen kann, daß mit den Kollegien und Pädagogien ein gut Teil der alten libertas scholastica verschwunden sei, so liegt der Grund darin, daß im 15. Jahrhundert aus der Universität der frische Geist der Forschung gewichen war, der sie im 13. Jahrhundert hatte entstehen lassen. Mochten Männer wie Gerson und Nikolaus von Clemanges das heilige Feuer der Wissenschaft in sich und ihrem Kreise nähren, in den Massen derer, welche die Universität besuchten, war es erloschen. Die Privilegien, die Prüfungen und Ehren, welche einstmals den Schulen verliehen worden waren, um die Studien zu fördern, bildeten jetzt das Ziel, um deswillen man sich als Scholar aufnehmen ließ. Die Kollegien und Pädagogien, und der ganze künstliche Apparat der Universitäten schützte diese scheinbaren Scholaren, weil ihre Inhaber und Leiter ihre Stellung und ihre Einnahmen nicht aufgeben wollten. Die mittelalterliche Form des Studiums hatte sich überlebt, es war an der Zeit, daß auch die Träger desselben, die mittelalterlichen Universitäten, den Schulen der Neuzeit Platz machten.

Die englischen Universitäten.

Im 12. Jahrhundert sah Oxford[1]) zwar schon ein wissenschaftliches Treiben von Magistern und Scholaren der gleichen Art, wie es in Paris herrschte, aber es war von geringerer Kraft und Ausdehnung; im 12. Jahrhundert bildete Paris auch für die Engländer den eigentlichen Hochsitz der Wissenschaft. Im 13. Jahrhundert und namentlich in der für die Verfassungsentwicklung beider Universitäten entscheidenden ersten Hälfte war Oxford dagegen an wissenschaftlicher Kraft der Pariser Universität ebenbürtiger und entwickelte die Korporation der Magister ebenso früh, wenn nicht noch etwas früher wie

---

Einfluß auf sie hätten. (Gerson op. I, 110 f., abgedruckt bei Schwab, Gerson S. 63 Note 4.)

[1]) Das wichtigste Zeugnis ist die oft benutzte Schilderung des Giraldus Cambrensis, opera ed. Brewer I. 72 f. Vgl. Lyte p. 13.

Paris und in selbständiger Weise. Zwar die Urkunde[1]) von 1201, in welcher sogar schon das Siegel der Korporation erwähnt wird, ist eine Fälschung, aber unzweifelhaft hatte die Oxforder Korporation bereits in dem ersten Jahrzehnt eine gewisse Festigkeit und besaß in der Ordnung, wonach die Bürger den Scholaren die Wohnung zu dem durch Schätzung festgestellten Preise überlassen mußten, ein Bindemittel, wie es Paris damals noch nicht besaß, und vermutlich auch schon Organe, welche diese Schätzung vornahmen[2]). Die Entwicklung

---

[1]) Denifle benutzt sie S. 244 noch als echt. Die Fälschung war bereits früher nachgewiesen und kürzlich ist es durch Lyte p. 248 und Rashdall in Church Quarterly Review 1887 p. 444 f. geschehen.

[2]) Im Jahre 1209 beschlossen die Magister und Scholaren, die Vorlesungen einzustellen und Oxford zu verlassen, weil die Bürger einige Scholaren gehängt hatten. Es sollen damals 3000 fortgezogen sein (Roger de Wendower, Flores historiarum, ed. Coxe III, 227 [in den Publikationen der English historical Society 1841]. auch in Mathaeus Parisiensis, Chronica majora, ed. Luard II, 526), aber einige Magister blieben zurück und setzten die Vorlesungen fort. Als sich nun die Bürger 1214 zur Sühne bereit erklärten, bestimmte der päpstliche Legat, dem sie sich ergeben hatten, in der noch vorliegenden Urkunde (Munim. acad. I, 1 f.), daß die Magister, welche „ohne Scheu" nach dem Abzug der Majorität zu lesen fortgefahren hätten, von dem Amt, d. h. von dem Recht zu lehren, auf drei Jahre sollten ausgeschlossen sein. Ferner: die Bürger sollten während der nächsten zehn Jahre für die vermieteten Räume nur die Hälfte des Preises erhalten, der für dieselben vor dem Auszuge comuni consilio clericorum et nostro festgesetzt gewesen sei. Die neu zu beziehenden Räume sollten von einer Kommission von vier Bürgern und vier Magistern taxiert werden. Vermutlich hatte eine solche Kommission auch schon die Schätzungen vor 1209 vorgenommen, denn ohne eine Kommission ist die Durchführung einer solchen Schätzung nicht wohl zu denken. Auch die Bestrafung der Bürger durch Herabsetzung des Mietpreises auf die Hälfte, die Trennung der alten und neuen Wohnungen, sowie die Entziehung der venia legendi auf drei Jahre -- all das weist darauf hin, daß bereits recht feste Ordnungen ausgebildet waren. In Paris begann dagegen die Korporationsbildung doch erst in diesem Jahrzehnt des 13. Jahrhunderts einige Festigkeit zu gewinnen. Dieses Urteil des Legaten ist die älteste Urkunde der Oxforder Universität und gewährt in viele Seiten und Verhältnisse ihres Bildungsprozesses Einblick: N ... apostolicae sedis legatus, dilectis in Christo filiis Burgensibus Oxoniae ... Cum propter suspendium clericorum a vobis commissum mandatis ecclesiae per omnia stare jurassetis ... statuimus, quod a festo S. Michaelis anno ... 1214 usque in decem annos sequentes, scholaribus Oxoniae studentibus condonetur medietas mercedis hospitiorum omnium locandorum clericis in eadem villa, mercedis inquam taxatae communi consilio clericorum et nostro ante recessum scholarium propter

scheint denn wohl in Orford langsamer weiterzugehen, weil der Kanzler oder der Bischof und der Legat für die Korporation eintraten und teils selbst, teils unter Zuziehung von Scholaren für ihre Bedürfnisse sorgten, während in Paris die Korporation in den folgenden Jahren beständig mit dem Kanzler zu kämpfen hatte; indessen fehlt es an Nachrichten, um eine solche Vergleichung mit einiger Sicherheit anstellen zu können. Man hat auch vermutet, daß bei der Auflösung von Paris 1229 zahlreiche Scholaren von dort nach Orford gekommen seien und die Pariser Statuten übertragen hätten; allein über diese Zuwanderung, geschweige denn über diesen Einfluß ist wiederum nichts Bestimmtes bekannt; vor allem aber darf man nicht vergessen, daß im Jahre 1229 die Pariser Verfassung selbst noch zu keiner Festigkeit gekommen war, daß wir damals weder für die Nationen, noch für die Fakultäten, noch für die Gesamtuniversität Vorsteher und feste Organisation nachweisen können.

Aus Orford haben wir Nachrichten und Urkunden über die Verfassung erst um die Mitte des Jahrhunderts, aber von 1252 ist auch ein Beschluß der Universität erhalten [1]), welcher die Korporation in

suspendium praedictum clericorum. Finitis vero praedictis decem annis aliis decem annis proximo sequentibus locabuntur hospitia sub mercede cleri, ut praedictum est, taxata ... constructa vero postmodum vel construenda aliaque prius constructa sed non taxata arbitratu quatuor magistrorum et quatuor burgensium taxabuntur et praedicto modo per utriumque decennium locabuntur. Communia quoque ejusdem villae annuatim dabit 50 solidos dispensandos in usus pauperum scholarium ... Praeter hoc etiam eadem Communia pascet centum pauperes scholares in pane, cerevisia, potagio et uno ferculo piscium vel carnium singulis annis in perpetuum die S. Nicholai, quos Episcopus Lincolniae vel archidiaconus loci seu ejus officialis aut ipse cancellarius vel alius ab hoc episcopo Lincolniae deputatus providerit. Jurabitis etiam, quod victualia et alia scholaribus necessaria justo et rationabili pretio vendetis et ab aliis vendi fideliter procurabitis, et quod in fraudem hujus provisionis graves non facietis constitutiones vel onerosas, per quos conditio clericorum deterioretur. Si vero contingat amodo clericum capi a vobis, statim, cum fueritis super eo requisiti ab episcopo Lincolniae seu archidiacono loci vel ejus officiali vel a cancellario seu ab eo, quem episcopus Lincolniae huic officio deputaverit, captum ei reddetis ...

[1]) Dieser Beschluß der Universität handelt von den Kämpfen der beiden Nationen, der Nordleute, Boreales, und Südleute (statt ihrer wird der beteiligte Bruchteil, die Hibernienses, genannt) und bestellt ein Schiedsgericht, das aus

voller Ausbildung zeigt und zugleich den Beweis erbringt, daß sie so schon länger bestand. Wenn es trotzdem jetzt selbst in England die herrschende Vorstellung ist, daß die Oxforder Verfassung aus der Pariser abgeleitet sei, so erklärt sich das einmal aus dem natürlichen Rückschlag gegen die frühere Ueberschätzung des Alters der Oxforder Universität. Man fürchtet, unkritisch zu werden, dem alten Fehler der Nationaleitelkeit zu verfallen, wenn man trotz der Aehnlichkeit mit den Pariser Einrichtungen die Selbständigkeit der Oxforder Verfassung verteidigen wollte. Dazu kommt, daß man in England die durch ihren Reichtum an Urkunden und durch viele sonstige Vorzüge imponierende Darstellung des Buläus, welche die wichtigsten Aemter und Einrichtungen der Pariser Verfassung bereits im 12. Jahrhundert nachweist, nicht mit derselben Schärfe prüfte, mit der man das System der Oxfordfabeln zerstört hat. Man hielt sogar den Glauben daran noch fest, nachdem französische Forscher die Unrichtigkeit dieser Vorstellung nachgewiesen hatten[1]). Wem aber Paris als so viel früher

---

30 oder 40 Magistern jeder Nation zusammengesetzt werden sollte. Also 60—80 Magister bildeten den Ausschuß, sie konnten regentes oder non-regentes sein, Mun. acad. I, 20, De concordia facienda inter Boreales et Hibernienses; Bedingung aber war, daß sie divites waren, d. h. also, daß sie nicht auf die Hilfskassen, Stiftungen und auf Verdienst in den Pensionen angewiesen waren. (Diese Zahl der Schiedsrichter läßt annehmen, daß die Zahl der Magister und Scholaren sehr groß war, und bestätigt die Nachrichten, welche von mehreren Tausend sprechen. Die Angabe des Richard of Armagh (30000) bezeichnet Ansten als übertrieben, er meint, wenn man ein Fünftel annehme, so treffe man eher das Richtige. (Munim. acad. 1 p. XLVIII. Diese Einleitung zu den Urkunden ist übrigens ein vortrefflicher Beitrag zu ihrem Verständnis, und gleichen Dank ist man für den Index schuldig.) Kurz vorher p. 18 bieten die Mun. acad. ein Statut de modo interdicendi festa nationum, welches beginnt: Auctoritate domini cancellarii et magistrorum regentium cum unanimi consensu non-regentium, decretum est et statutum, welches zeigt, daß damals die Stellung der non-regentes zu den regentes bereits im wesentlichen so war, wie sie im 14. und 15. Jahrhundert erscheint.

[1]) Unzweideutig ist dies der Fall bei Ansten, dem um Oxford so hochverdienten Herausgeber der Munimenta academica, obschon ihm die Arbeiten von Thurot und Jourdain bereits vorausgingen. Er schreibt p. XXIX der Einleitung: That the earliest statutes of the university of Oxford were derived from those of Paris the editor has himself little doubt, but the means of forming an opinion on this subject are as easy available to others as they are to him, he would howewer venture to refer them to the work of Bulaeus. Anstens Meinung mußte aber in dieser Frage von besonderem Gewicht sein, Mullinger

ausgebildet galt, dem lag es allerdings nahe, die Aehnlichkeit der beiden Universitäten aus Ableitung zu erklären und den etwaigen Einfluß von Paris zu überschätzen und zu verallgemeinern.

Die Aehnlichkeit der beiden Universitäten bezieht sich allerdings auf wesentliche Verhältnisse und fällt sofort ins Auge. Sie besteht vor allem darin, daß sich auch in Oxford die Universität in Anlehnung an eine kirchliche Behörde und auf der Grundlage der geistlichen Gerichtsbarkeit entwickelte, nicht wie in Italien in der Form einer Ausnahmegesetzgebung für eine bestimmte Klasse von Fremden [1]). Sodann glichen sie sich darin, daß in beiden Universitäten die Korporation der Magister die Verwaltung hatte, im Gegensatz zu der Scholarenverfassung von Bologna. Ferner darin, daß sie wieder im gemeinsamen Gegensatz gegen die italienischen Universitäten keine Besoldung der Magister kannten, und daß die Magister wie die Scholaren von Pfründen, Privilegien und Freistellen leben und einen Junggesellenhaushalt führen mußten. In Oxford hatten endlich ebenso wie in Paris die Kollegien darin ihre größte Bedeutung, daß sie den Studien der Weltgeistlichkeit einen Rückhalt verliehen, wie ihn die Mönche in ihren Orden hatten. Allein diese Uebereinstimmung beweist nur, daß Oxford sich unter wesentlich den gleichen Verhältnissen entwickelte wie Paris, daß es zu der Gruppe der Kanzleruniversitäten gehört, nicht aber, daß es die Pariser Statuten zum Vorbilde nahm; auch zeigen sich bei näherer Betrachtung erhebliche Unterschiede. Verschieden war einmal der Anteil, den die einzelnen Faktoren an der Bildung der Universität hatten. Der Papst griff in die Entwicklung von Paris viel häufiger ein als in die von

---

ist ihr in seiner university of Cambridge I, 83 beigetreten und kürzlich sogar Rashdall, obschon er durch Buläus nicht mehr getäuscht wird. Er bezeichnet in der Church Quarterly Review 1887 p. 449 f. sowohl die Prokuratoren wie die Nationen als Nachahmungen von Paris, jedoch ohne dies näher zu rechtfertigen.

[1]) Oxford und Paris glichen sich auch darin, daß an beiden Orten Theologie und Philosophie durchaus das Uebergewicht hatten, und da die Juristen und Mediziner eine andere Rolle im Leben spielten, so wirkte es auch auf die Verfassung der Universität zurück, welches Studium vorwaltete. Indessen ist dieser Einfluß weitaus nicht so bedeutend gewesen, als man meistens glaubt. Das Beispiel von Orleans und Angers erbringt den Beweis, daß auch Rechtsschulen blühen konnten, ohne daß sich ein Regiment der Scholaren entwickelte. Ich habe deshalb geglaubt, diesen Punkt im Text ganz übergehen zu sollen.

Oxford¹), der König²) und die Stadt waren dagegen in Oxford stärker beteiligt als in Paris. Oxford war kein unbedeutender Ort, war auch im 13. Jahrhundert wiederholt der Mittelpunkt wichtiger politischer Ereignisse, war aber doch keine Großstadt wie Paris, und da die Zahl der Scholaren in Oxford ebenfalls mehrere tausend betrug, so wurde die Stadt durch die Ansprüche der Universität und die übermächtigen Bundesgenossen, welche dieselbe in dem Könige und den kirchlichen Gewalten zu gewinnen wußte, wiederholt schwer gedemütigt und in ihren Lebensinteressen bedroht³). Oxford und seine Schwesteruniversität Cambridge bemühten sich ferner mit Erfolg, das Aufkommen anderer Universitäten in England zu verhindern. Der König half ihnen dazu, und Oxford verpflichtete seine Magister durch feierlichen Eid, an keinem anderen Orte Englands als in Oxford oder Cambridge Vorlesungen zu eröffnen⁴). Paris hatte zeitweise wohl

---

¹) Der Legat des Papstes war dagegen bei den ersten Schritten der Entwicklung der Universität stark beteiligt. Ein Beispiel, daß Rom selbst eingriff, ist das auf die Bitten des Robert Grosseteste erlassene Dekret Innocenz IV., daß in Oxford niemand lesen dürfe, der nicht von dem Bischof oder seinem Vertreter geprüft worden sei. In den Munim. acad. fehlt dieser Erlaß. Siehe Lyte p. 40 Note 1.

²) Erst Philipp der Schöne machte seinen Einfluß in Universitätsangelegenheiten stärker geltend.

³) Munim. acad. I, 224. Im Februar 1364 kämpften die Scholaren vier Tage mit den Bürgern, wurden aber geschlagen, und als dann das Interdikt auf die Stadt gelegt wurde, ertrug diese es zwei Monate lang. Wie in diesem Kampfe, so haben sich die Bürger oftmals kräftig gewehrt.

⁴) Munim. acad. II, 375: Jurabis etiam, quod in ista facultate alibi in Anglia quam hic et Cantabrigiae, lectiones tuas solemniter tanquam in universitate non resumes (er durfte also anderenorts Vorlesungen halten und auch einen Kreis von Vorlesungen, aber nicht in der Form und mit dem Anspruch von Universitätsvorlesungen) nec in aliqua facultate sicut in universitate solemniter incipies: nec consenties, quod aliquis alibi in Anglia incipiens hic pro magistro in illa facultate habeatur.

Munim. academ. I, 93 (1313): Statutum est, quod quilibet principalis inhabitator seu ejus vicem gerens tam aularum quam camerarum, in principio cujuslibet anni infra quindecim dies aut citius prout cancellario et procuratoribus videbitur expedire, veniant et sacramentum praestent corporale: quod si noverint aliquem de societate sua conventiculas tales facientem seu facientibus assensum praebentem vel ad conventiculas accedentem seu communiter et saepe malo zelo diversas nationes nominantem seu pacem universitatis perturbantem vel artem „Bokelariae" exercentem

ein ähnliches Bestreben, aber Frankreich füllte sich mit Universitäten. So beachtenswert diese Unterschiede aber an sich sind, so hängt von ihnen doch nicht die Entscheidung jener Frage, sondern von einer Vergleichung der Verfassung selbst ab. Diese gibt aber auch eine unzweideutige Antwort, denn die wesentlichsten Einrichtungen und Aemter der Oxforder Verfassung, und zwar auch diejenigen, welche die gleichen Namen tragen wie die der Pariser, sind so eigenartig, daß sie unmöglich einfach als Ableitungen oder Nachbildungen der Pariser Verfassung begriffen werden können. In Oxford war der Kanzler zwar auch ursprünglich Vertreter des Bischofs, aber er hatte umfassendere Rechte und Pflichten, und die ersten Jahrzehnte wurden in keiner Weise beherrscht durch den Kampf zwischen Korporation und Kanzler wie in Paris. In Oxford entwickelte sich ferner der Kanzler zu einem von der Korporation gewählten Beamten[1]), während es dagegen nicht zu der Ausbildung eines dem Pariser Rektorat entsprechenden Amtes kam. Der Kanzler von Oxford war in gewisser Beziehung dem Kanzler von Paris, in gewisser Beziehung aber dem Rektor von Paris zu vergleichen. Diese Thatsache genügt allein schon, um die Selbständigkeit der Entwicklung von Oxford zu erweisen.

In der Versammlung der Universität wurde nicht nach Fakultäten und Nationen[2]) abgestimmt wie in Paris, und damit war die Stellung

---

vel meretricem in domo sua tenentem vel arma portantem vel discordiam inter Australes et Boreales qualitercunque procurantem, cancellario vel alteri procuratorum ... denuncient. Quod quidem juramentum mancipia praestare eodem tempore teneantur. Eine kurze, aber durch reiche Sammlung des Materials unterstützte Darstellung bietet Lyte, Chapter VIII p. 195 f. Ueber die Bedeutung der Namen hall und college ib. p. 87. Mun. acad. I, 320 werden die Scholaren, welche nicht einer Pension und auch nicht in einem fundierten Kolleg wohnten, kurz als extra aulas ac sine principalibus lebend bezeichnet. Es wurde damals verordnet: quod singuli scholares universitatis in aula vel collegio universitatis, ubi communae ponuntur, sive in aulis eisdem annexis ac cum eisdem communas ponentibus sive batellantibus commorentur sub poena carceris ipsis pro prima vice infligenda. — Im Wiederholungsfall erfolgte Ausstoßung. Auch die auf Stiftungen beruhenden Kollegien vermieteten Räume. So wurden 1452 einigen Benediktinern die Sachen versteigert, weil sie dem Balliol college die für ihre Zimmer u. s. w. schuldige Summe nicht gezahlt hatten. Mun. acad. II, 627 f.

[1]) Statut über die Wahl von 1322 Mun. acad. I, 106 f. Dazu die Bulle Urbans V. von 1368 ib. I, 228 f.

[2]) Mun. acad. I, 323. 1433 wurde durch authentische Interpretation der

Die Fakultäten. Die Pensionen.

dieser Teilkorporationen eine wesentlich andere wie in Paris, ebenso hatten die Prokuratoren wohl den gleichen Namen wie die Vorsteher der Nationen in Paris, aber ihre Wahl fand auf eine längere Zeit statt als in Paris, und ihr Wirkungskreis war ein wesentlich anderer. Aehnlich ist dann wieder, daß die Artisten einen größeren Anteil an der Verwaltung hatten als die anderen Fakultäten, aber die Art, wie sich dies geltend machte, war wieder ganz eigenartig[1]), und dasselbe gilt von den Bestimmungen über die Teilnahme der non-regentes. In Oxford hatte ferner von früh an die Schulindustrie eine maßgebende Bedeutung. Ein großer Teil der Scholaren wohnte in Pensionen, deren Unternehmer und Vorsteher (principales) Gelehrte zu gewinnen suchten, welche in den Räumen ihrer Pension[2]) Vorlesungen hielten. Auch die Minoriten, welche rasch in Oxford eine hervorragende Bedeutung gewannen, verfuhren in dieser Weise. Nicht bloß Ordensleute lasen in ihrer Schule, sondern sie bemühten sich, unter den Oxforder Gelehrten einen Lehrer zu finden, der in ihrer Schule lese, und es gelang ihnen, Robert Grosseteste zu gewinnen, der durch die Kraft seines Charakters und die Vielseitigkeit seiner Begabung die hervorragendste Stellung unter dem damaligen Klerus Englands einnahm, auch eine Zeitlang Kanzler von Oxford war. Modern zu sprechen, war er also Professor der Universität, indem er an der von den Minoriten eingerichteten Schule Vorlesungen hielt.

---

bestehenden Ordnung festgesetzt: (quod isti termini „major pars" intelligantur de majori parte numerali scilicet personarum eligentium et non facultatum.

[1]) Die Artisten hielten Vorversammlungen für die allgemeinen ab. Statut von 1304. Mun. acad. I, 81: Quin frequenter altero procuratorum... contradicente congregationibus artistarum praeviis ad congregationem regentium et non-regentium apud S. Mildredam faciendam negotia summe expedientia universitati et honesta remanent non expedita: statutum est, quod de caetero alter procuratorum cum consensu cancellarii posset apud S. Mildredam regentes in facultate artium congregare et omnia proponere et proposita expedire, contradictione alterius procuratoris non obstante.

[2]) Es begegnen dafür die Namen aulae und camerae, der Unterschied ist wohl in der Größe zu suchen, ganze Häuser bildeten aulae; camerae waren wohl solche Pensionen, für welche der Unternehmer nur den Teil eines Hauses gemietet hatte. Ein Beispiel ist Mun. acad. I, 93 (1313): Statutum est, quod quilibet principalis... tam aularum quam camerarum... sacramentum praestent corporale... Für principales steht capita collegiorum Mun. acad. I, 258. Auf ihnen ruhte schon früh ein großer Teil der Disziplin. Mun. acad. I, 93.

Diese auf Privatunternehmung beruhenden Schulen und Pensionen hatten für die Entwicklung von Oxford und zwar gerade für die ersten Anfänge derselben eine Bedeutung, für welche die Pariser Zustände des 13. Jahrhunderts nicht einmal eine annähernde Analogie bieten. Als sie dann namentlich im 14. Jahrhundert durch die auf Stiftungen beruhenden Kollegien mehr und mehr ersetzt wurden, gewannen diese Kollegien wiederum eine andere Stellung innerhalb der Universität, als sie in Paris hatten. Erwarben doch einige derselben selbst das Promotionsrecht, als wären sie selbständige Universitäten, und wollten nicht einmal eine Ueberwachung durch die Universität zulassen[1]). Ein wesentlicher Unterschied lag endlich darin, daß Paris eine internationale Bedeutung hatte, Oxford dagegen eine nationale. Damit hängt zusammen, daß die Scholaren nicht in viele Nationen zerfielen, sondern in zwei: Nordleute und Südleute, und daß diese Korporationen vielfach die Träger der das Land zerreißenden Parteien waren[2]). Die Kämpfe unter diesen Nationen hatten mehrfach geradezu politische Bedeutung und steigerten sich deshalb auch zu einer Heftigkeit, wie sie weder Paris noch Bologna kannten. Im Jahre 1313 wurden die Nationen deshalb ermahnt, zu erwägen, daß sie doch den Teilen desselben Volkes angehörten, und schon im 13. Jahrhundert hatte das Volk den Spruch:

> Kämpft man in Oxford,
> So fliegt der Mord
> In kurzer Zeit
> Durch England weit[3]).

---

[1]) Mit diesen Einrichtungen hängt auch die eigentümliche Stellung der mancipia oder Diener zusammen. Sie waren teils Scholaren, teils Bürger, und wie heute die Stiefelputzer der Studenten Häuser erwerben und an Studenten Zimmer vermieten, so versuchten in Oxford solche Diener sogar als Prinzipale Pensionen zu übernehmen. Die Universität verbot es. Mun. acad. II, 468. Vgl. dazu II, 665 den Vertrag, welchen ein solcher Diener vor dem Richter mit einem Scholaren abschloß, und in welchem neben dem Lohne auch die Hosen und die Schuhe bestimmt werden, welche er zu empfangen hatte.

[2]) Ueber die großen Kämpfe von 1252 und 1258 siehe Lyte p. 48 f. Mun. acad. I, 92 ermahnt die Korporation: cum separatio nationum Australium et Borealium, cum nationes diversae non sint, tam clericis quam laicis sit summo opere detestanda. Vgl. die S. 310 Note 1 angeführte Stelle. Der Trent bildete die Grenzlinie. Wenn die Südleute bisweilen Hibernier genannt werden, o rührt das daher, daß die Iren zu den Südleuten gingen.

[3])
> Chronica si penses,
> Cum pugnant Oxonienses,

Cambridge ist entstanden wie Oxford, nicht durch Gründung oder Uebertragung von Statuten, sondern wie Oxford durch Ausbildung der hier vermutlich schon länger blühenden Schulen und Pensionen. Auf diesen Entwicklungsprozeß werfen einige Urkunden von 1231 Licht, aus denen sich ergibt, daß damals große Massen von Scholaren auch von dem Festlande in Cambridge zusammenströmten, daß sie Gerichtsprivilegien genossen[1]), und daß gewisse Gewohnheiten und Formen ausgebildet waren, welche das Wichtigste regelten. In einer dieser Urkunden erhebt der König Klage darüber, daß sich in Cambridge viel böse Gesellen aufhielten und sich durch die Behauptung, Scholaren zu sein, der Verfolgung der Behörden zu entziehen wüßten. Der Sheriff solle daher bekannt machen, daß nur derjenige als Scholar anerkannt werde, der unter der Zucht und Aufsicht eines Magisters stehe. Alle anderen hätten binnen vierzehn Tagen die Stadt zu verlassen, widrigenfalls sie in Haft genommen werden sollten. Die Universität wurde also damals nicht erst gegründet, sondern der Mißbrauch ihrer Privilegien wurde abgestellt, mochten diese nun auf Gewohnheit oder Urkunde beruhen[2]). Ein anderes Schreiben des Königs aus demselben Jahre ermahnt die Bürger und ihre Vorsteher, die Scholaren in der Miete nicht zu überfordern, und bestimmt, daß sie die Wohnungen gemäß der Gewohnheit der Universität durch zwei Magister und zwei Bürger schätzen lassen sollten. Besonders ist hier zu beachten, daß der König die weltlichen Ortsbehörden beauftragt, diese Ordnung wieder einzurichten und ihre Vollziehung

---

Post paucos menses
Volat ira per Angligenenses.

[1]) Die älteste Erwähnung ist wohl der Befehl, durch den König Heinrich 1218 die Scholaren, die der ihm feindlichen Partei angehangen hatten, aus Cambridge auswies. Fuller, History of the university of Cambridge, 1840, p. 20. Note. Aber diese Urkunde gewährt keinen näheren Einblick.

[2]) Fuller, History, p. 22: Rex Vicecom. Cantabrigiensi salutem. Quoniam ut audivimus plures nominantur clerici apud Cantabr., qui sub nullius magistri scholarium sunt disciplina et tuitione, sed potius mentiuntur se esse scholares cum non sint, ut tutius ... queant malignari: tibi praecipimus, quod assumptis tecum probis et legalibus hominibus de comitatu tuo, accedas ad villam nostram Cantabr. et per totam villam illam clamari facias ex parte nostra, quod nullus clericus moretur in villa, qui non sit sub disciplina vel tuitione alicujus magistri scholarium.

zu überwachen ¹). Das war weder in Paris so, noch in Oxford; es hat für die weitere Ausbildung der Verfassung keinen Gegensatz gegen Oxford herbeigeführt, aber es ist beachtenswert, daß Cambridge doch nicht ganz den gleichen Weg der Entwicklung nahm wie Oxford. Von Pariser Zuständen zeigt sich Cambridge dann wieder ganz verschieden dadurch, daß bei Gelegenheit einer großen Rauferei unter den Scholaren (1261) der König die Untersuchung seinen Richtern ²) übertrug, und daß ferner die Scholaren, welche damals Cambridge verließen, bei dem Könige die Erlaubnis nachsuchten, in Northampton eine Universität zu bilden. Der König bewilligte es „in der Erwägung, daß die Stadt dadurch an Bedeutung gewinne und daß dies ihm Nutzen bringen werde". Aber 1265 nahm er die Erlaubnis zurück, vorzugsweise auf das Anbrängen der Bischöfe des Landes und „weil

---

¹) Fuller, History, p. 23 f.: Rex Majori et Ballivis Cantabr. salutem. Satis constat vobis, quod apud villam nostram Cantabr. studendi causa e diversis partibus tam cismarinis quam transmarinis scholarium confluit multitudo, quod valde gratum habemus et acceptamus, cum exemplum toti regno nostro commodum non modicum et honor nobis accrescat, et vos specialiter, inter quos fideliter conversantur studentes, non mediocriter gaudere debetis et laetari. Audivimus autem, quod in hospitiis vestris locandis tam graves et onerosi estis scholaribus inter vos commorantibus, quod, nisi mensurabilius et modestius vos habueretis erga ipsos in hac parte, exactione vestra faciente oportebit ipsos villam vestram exire et studio suo relicto a terra nostra recedere, quod nullatenus vellemus. Et ideo vobis mandamus firmiter injungentes, quatenus super praedictis hospitiis locandis, vos mensurantes secundum consuetudinem universitatis per duos magistros et duos probos et legales homines de villa nostra, ad hoc assignandos, hospitia praedicta taxari et secundum eorum taxationem ea locari permittatis: taliter vos gerentes in hac parte, ne si secus egeritis propter quod ad nos debeat clamor pervenire, ad hoc manum opponere debeamus. Teste me ipso apud Oxon. tertio die Maji anno regni nostri XV. Nebenbei ist noch zu bemerken, daß allein schon diese Urkunde die von Denifle S. 372 vertretene Ansicht widerlegt, daß Cambridge vor dem Empfang des päpstlichen Privilegs eigentlich zu keiner rechten Entwicklung akademischen Lebens gekommen sei. „In Cambridge dagegen waren die Unruhen an der Tagesordnung, und was sonst noch vorfiel, ist bald referiert." Allein wenn wir meist nur von Unruhen hören, so liegt das an der anekdotenhaften Natur der Ueberlieferung, die wenigen anderen Nachrichten aber beweisen doch, daß auch im 13. Jahrhundert zeitweise die Studien in Cambridge blühten und daß eine gewisse Verfassung ausgebildet war. Der König sah im 13. Jahrhundert Cambridge als Generalstudium an, als die rechtmäßige Schwesteranstalt von Oxford.

²) Fuller p. 29 f.

Oxford dadurch zu sehr leide", und befahl der Stadt, daß sie den Scholaren den Aufenthalt nicht länger gestatte [1]). Scharf unterscheidet der König hier zwischen dem Studium von Scholaren an einem Orte und der Einrichtung einer Universität, d. i. einer Korporation und einer durch dieselbe geleiteten Lehranstalt. Die auswandernden Scholaren konnten sich nach Northampton begeben und dort ihre Lekturen und Disputationen aufnehmen, ohne dazu besonderer Erlaubnis zu bedürfen, aber als sie sich und ihren Studien eine Organisation geben wollten, da mußten sie beim Könige anfragen. Der König aber gewährte und versagte die Erlaubnis dazu, je nachdem es ihm und seinen Großen für die Städte des Landes und für sein Land angemessen erschien. Die Verfassung von Cambridge war im wesentlichen der Verfassung von Oxford gleich, und da Oxford im ganzen als die ältere und im 13. Jahrhundert als die berühmtere erscheint, so ist zu vermuten, daß Oxford die wichtigsten Institute früher entwickelte und so die Ausbildung von Cambridge beeinflußte [2]). Uebereinstimmend ist die Stellung des Kanzlers, die Einteilung in zwei Nationen, die Bedeutung derselben u. s. w.; auch nahm der Gründer des ersten Kollegs ausdrücklich Bezug auf das Statut des ältesten

---

[1]) Fuller p. 31 f.: Rex Majori et civibus suis Northampton. Salutem. Occasione cujusdam magnae contentionis in villa Cantabrigiensi triennio jam elapso subortae nonnulli clericorum tunc ibidem studentium unanimiter ab ipsa villa recessissent, se usque ad villam nostram praedictam Northam. transferentes et ibidem studiis inhaerendo novam construere universitatem cupientes, Nos illo tempore credentes villam illam ex hoc posse meliorari et nobis utilitatem non modicam inde provenire, votis dictorum clericorum ad eorum requisitionem annuebamus in hac parte. Nunc autem cum ex relatu multorum fide dignorum veraciter intelleximus, quod ex hujusmodi universitate, si permaneret ibidem, municipium nostrum Oxon., quod ab antiquo creatum est et a progenitoribus nostris regibus Angliae confirmatum, ac ad commoditatem studentium communiter approbatum, non mediocriter laederetur, quod nulla ratione vellemus, maxime cum universis episcopis terrae nostrae ad honorem dei et utilitatem ecclesiae anglicanae et profectum studentium videatur expedire, quod universitas amoveatur a villa praedicta, sicut per litteras suas patentes accepimus: vobis de consilio magnatum nostrorum firmiter inhibemus, ne in villa nostra de cetero aliquam universitatem esse nec aliquos studentes ibidem manere permittatis aliter, quam ante creationem dictae universitatis fieri consuevit. Teste Rege apud Westmon. primo die Febr. anno Regni 49.

[2]) Mullinger I, 230. Baker-Major, College of St. John I, 24.

Oxforder Kollegs, aber mit Sicherheit läßt sich der Oxforder Einfluß nicht nachweisen. Auf keinen Fall aber darf man Cambridge einfach als Nachbildung ansehen. Schon die Thatsache, daß in Cambridge die Fakultät der Grammatik abweichend von Oxford einen besonderen Vorstand¹) und einen besonderen Pedellen hatte, der ähnliche Rechte beanspruchte wie die beiden Pedellen der Universitäten, macht dies unmöglich. Statuten der Universität werden zuerst 1276 erwähnt, doch sind sie nicht erhalten, und das wichtigste Aktenstück über die Verfassung von Cambridge ist deshalb die Urkunde, durch welche der Bischof von Ely 1276 die Gerichtsbarkeit über die Scholaren neu regelte²), und daneben ein Statut über das Mieten der Pensionshäuser, das zwar nicht datiert und erst in einer Handschrift des 14. Jahrhunderts erhalten ist, das aber noch aus dem 13. Jahrhundert zu stammen scheint und jedenfalls in allen Hauptsachen die Ordnung des 13. Jahrhunderts bewahrt³). Nachdem die

---

¹) Auch in Oxford galt die Grammatik als eigene Fakultät und hatte besondere Statuten. Munim. acad. II, 436 f. Oxford und Cambridge stimmen darin überein im Gegensatz zu Paris, aber in Cambridge war diese Selbständigkeit noch weiter ausgebildet. Der Vorstand führte den Namen magister glomeriae. er hatte dem Archidiakon Gehorsam zu schwören (aus dem 15. Jahrhundert ist der Eid erhalten, bei Fuller p. 52 Note 9), und das ist wohl ein Zeugnis dafür, daß er bereits vorhanden war, ehe der Bischof dem Archidiakon die Gerichtsbarkeit über die Kleriker, welche studierten, entzog und dem Kanzler gab. Der Pedell hieß bedellus glomeriae. Die Universität wollte nicht dulden, daß er in den Versammlungen der Universität neben den beiden Universitätspedellen den Stab trage. Die Grammatiker wurden fast wie eine Universität für sich betrachtet, die der Gesamtuniversität untergeordnet war. Der magister glomeriae hatte die Gerichtsbarkeit über die glomerelli (Grammatikschüler), aber nur in den Angelegenheiten. in denen sie die Lehrer der anderen Fakultäten über ihre Schüler hatten. In anderen Sachen hatte sie der Kanzler und an diesen gingen auch die Appellationen: Urkunde von 1276. Fuller p. 47. Siehe auch Baker-Major I, 28 f.

²) Für alle kleineren Sachen sollte in erster Instanz bei dem Lehrer Klage erhoben werden, bei dem Kanzler erst, wenn sich eine Partei bei dem Urteil nicht beruhigte. In erster Instanz entschied der Kanzler nur in Streitsachen, die aus den Mietverträgen entsprangen, und bei schweren Verbrechen. Eigentümlich ist die Rivalität zwischen Kanzler und Archidiakon, die in diesem Erlaß hervortritt.

³) Es ist von Bradshaw in der Cambridge Antiquarian Society 1863 bekannt gemacht worden und bei Mullinger als Anhang C. p. 639 f. gedruckt worden. Mir ist nur der letztere Abdruck zugänglich. Jeder Scholar hatte das Recht, als principalis einer Pension aufzutreten, kein Magister hatte ein Vorrecht, derjenige erhielt sie, der dem Hausbesitzer zuerst erklärte, daß er die Pension über-

Der Stiftungsbrief. 321

Univerſität Cambridge etwa ein Jahrhundert beſtanden hatte, gab ihr Papſt Johann XXII. 1318 eine Bulle[1]), durch welche er beſtimmte, daß fortan in Cambridge ein Generalſtudium ſein und daß die daſelbſt beſtehende Genoſſenſchaft von Magiſtern und Scholaren für eine Univerſität gehalten werden und alle Rechte genießen ſollte, deren ſich eine rechtmäßig geordnete Univerſität erfreue. Er that es auf Bitten des Königs; jedoch hatte der König den Papſt nur gebeten, das in Cambridge beſtehende Studium und die ihm von Päpſten und Königen verliehenen Privilegien zu beſtätigen; aber der Papſt verfuhr, als ob das in Cambridge beſtehende Studium bis dahin ein Studium niederern Ranges, keine rechte Univerſität geweſen ſei[2]). Da es aber keinem Zweifel unterliegt, daß Cambridge von dem Könige und dem Volke wie von Oxford längſt als eine rechte Univerſität angeſehen wurde, ſo iſt die Bulle nur eines der Beiſpiele, in denen die Form des Stiftungsbriefes gewählt wurde, wo es ſich nur um feierliche Anerkennung handelte[3]). Es iſt dies nicht immer ohne die

---

nehmen wolle, ſobald der gegenwärtige Inhaber ſie freigebe. Streitfälle entſchied der Kanzler, maßgebend war die amtliche Schätzung. Auch in Oxford wurde erſt 1432 verboten, daß ein einfacher Scholar (non-graduatus) als principalis eine Penſion leite. Mun. acad. I, 307.

[1]) Fuller p. 80 ſetzt die Bulle irrig 1315, Dyer, Privileges I, 13 und Mullinger p. 145 richtig 1318: Edwardus rex Angliae ... apud Cantabrigiam ... desiderat vigere studium generale et quod a doctoribus et docendis in posterum frequentetur, humiliter postulavit a nobis, ut studium ab olim ibi ordinatum et privilegia a romanis pontificibus ... vel regibus ... eidem concessa apostolico curemus munimine roborare.

[2]) Fuller p. 80: Nos igitur ... ejusque supplicationibus inclinati, apostolica authoritate statuimus, ut in praedicto loco Cantabrigiae sit de caetero studium generale. Volentes autoritate praedicta et etiam decernentes, quod collegium magistrorum et scholarium ejusdem studii universitas sit censenda et omnibus juribus gaudeat, quibus gaudere potest et debet universitas quaecunque legitime ordinata. Caeterum omnia privilegia et indulta praedicto studio, rationabiliter a pontificibus et regibus praedictis concessa autoritate praedicta confirmamus. Zu beachten iſt noch, daß das Promotionsrecht nicht beſonders erwähnt wird, während Johann XXII. in der noch in demſelben Jahre erlaſſenen Bulle für Perugia (Bull. Roman., ed. Taurin. IV, 273; Rossi Nro. 28) dieſes Recht als ein beſonders zu verleihendes behandelte. Vgl. oben S. 221 f.

[3]) Beſonders auffallend iſt die Wendung der Bulle, welche dem collegium magistrorum et scholarium vollſtändigere Korporationsrechte zu verleihen ſcheint.

Absicht geschehen, den Gedanken zur Anerkennung zu bringen, daß eine Universität einen solchen Stiftungsbrief vom Kaiser oder Papst haben müsse, um als rechtmäßig zu gelten; aber in England herrschte diese Anschauung nicht, und vor allem ist durch diese Bulle die rechtliche Stellung der Universität zu der königlichen Gewalt nicht geändert worden. Cambridge stand nicht anders als Oxford, das keine derartige Bulle empfing, und auch nicht anders als es vorher gestanden hatte.

Der königliche Brief von 1231 und der bischöfliche Erlaß von 1276 genügen schon, zu erweisen, daß Cambridge von den englischen Behörden durchaus als eine universitas im Rechtssinn angesehen wurde, nicht anders wie Oxford. Auch hier wählt der Papst nur die Form, als habe er erst zu gewähren, was längst bestand.

Fünftes Kapitel.

Die Staatsuniversitäten und die spanischen Universitäten.

Die Staatsuniversitäten.

Neben den Stadtuniversitäten, wie Bologna, Modena, Padua u. s. w., und den Kanzleruniversitäten, wie Paris, Orleans, Oxford u. s. w., entwickelte sich gleichzeitig noch eine dritte Form der Universität, die Staatsuniversität. Der Name klingt modern; es scheint mit der ganzen Art des mittelalterlichen Staats im Widerspruch zu stehen, eine derartige Anstalt von sich aus zu gründen und zu leiten; aber inmitten der Feudalstaaten regten sich im 13. Jahrhundert die Anfänge des modernen Beamtenstaats, und am sichtbarsten in dem sizilischen Königreiche Friedrichs II. Das zeigte sich bei der Gründung der Universität in ähnlicher Weise wie in der Behandlung der Zoll- und Handelsverhältnisse[1]. Auch die Könige von Kastilien und von Aragonien haben im 13. Jahrhundert Universitäten gegründet, und Palencia noch wenigstens zehn Jahre früher als Friedrich II. Neapel; aber bei Palencia[2] hatte neben dem Könige

---

[1] Ueber diese siehe Winkelmann in den Forschungen z. deutsch. Geschichte Bd. XII, 532 f. Vgl. auch die Urkunde König Karls I. von 1272 bei Del Giudice I, 258 Note, durch welche der König einer Nichte des Thomas von Aquino, welche ein im Königreich gelegenes Bad besuchen will, gestattet, mit ihrer Dienerschaft und ihren Pferden die Grenze zu überschreiten. Es solle dabei die Zahl der Personen und Pferde aufgeschrieben werden, ut cum aliis exire nequeat regnum.

[2] König Alfons VIII. gründete Palencia auf Betreiben des Bischofs Tello, der nach La Fuente I, 81 1208 das Bistum übernahm. Da Alfons 1214 starb, so fällt

auch die Kirche einen erheblichen Anteil an der Gründung und allem Anschein nach auch an der Leitung der Anstalt; deshalb wird doch Neapel als die erste Staatsuniversität bezeichnet werden müssen, und sie war auch diejenige, in welcher dieser Charakter am schärfsten ausgeprägt wurde[1]). In der Gründungsurkunde[2]) verkündete Kaiser

---

die Gründung zwischen diese Jahre. Es war dies derselbe König, der durch die siegreiche Schlacht bei Navas de Tolosa 1212 die gefährlich vordringenden Mauren zurückwarf, die christlichen Staaten der Halbinsel sicherte und die Periode des Uebergewichts der Christen einleitete; und es ist ein naheliegender Gedanke, daß man sich in der gehobenen Stimmung des Sieges zu der Gründung der Universität entschloß. (La Fuente I, 81 läßt Tello 1208 succebieren, setzt aber den terminus a quo bestimmt 1212, weil Tello erst 1212 bestätigt wurde; allein da Lucas Tudensis, der die Mitwirkung des Bischofs erwähnt, mehrere Jahre später schrieb und sehr zusammenfassend ist, so könnte es auch sein, daß er die Wendung procurante reverendissimo et nobilissimo viro Tellione ejusdem civitatis Episcopo von Handlungen des Bischofs aus der Zeit 1208—1212 gebraucht hätte.) Der König berief und besoldete die Professoren; aber es liegt nichts vor, was vermuten ließe, die Universität sei auch sonst in engere Beziehung zu den politischen Behörden gestellt gewesen. Anzunehmen ist vielmehr, daß der Bischof, der einen erheblichen Anteil an der Gründung der Universität hatte, auch an ihrer Leitung Anteil gewann, wie denn auch König Ferdinand 1220 zusammen mit dem Bischof die Genehmigung des Papstes nachsuchte, um der Universität aus den Gütern der in der Diözese belegenen Kirchen Einnahmen zuzuwenden. (Die Antwort des Papstes bei Denifle 475, Note 1038.) Dazu stimmt, daß die Synode von Valladolid 1228 für die Magister aller Fakultäten in Palencia, sowie für die Scholaren der Theologie daselbst ein Residenzprivileg auf fünf Jahre bewilligte und diesen Beschluß einfach mit der Erwägung begründete, porque queremos tornar en so estado el studio de Palencia, ohne einen Antrag oder eine Bitte des Königs zu erwähnen. España sagrada, tom. 36, p. 216.

[1]) Salerno wurde in dieser Periode ebenfalls Staatsuniversität; ob sich daneben noch Einrichtungen aus der Zeit seiner unabhängigen Entwicklung erhielten, ist nicht bekannt. Neapel ist auch zeitweise nach Salerno verlegt worden. Man kann sagen: Neapel und Salerno bildeten die Universität des Königreichs. Wenn aber der Sitz in Neapel war, so erhielt sich in Salerno wenigstens die alte Medizinschule, und Salerno bildete dann eine Ergänzung von Neapel.

[2]) Böhmer-Ficker 1537. Huillard-Bréholles, Historia diplomatica Friderici II., Bd. II, p. 450: Fredericus Dei gratia Romanorum Imperator... archiepiscopis, ... comitibus, ... judicibus ... Disponimus autem apud Neapolim, amenissimam civitatem, doceri artes cujuscunque professionis et vigere studia: ut jejuni et famelici doctrinarum in ipso regno inveniant unde ipsorum aviditati satisfiat, neque compellantur ad investigandas scientias peregrinas nationes expetere, nec in alienis regionibus mendicare ... Hilares igitur ... ad professiones quas scholares desiderant animentur,

Friedrich II. 1224 ben geiftlichen wie ben weltlichen Behörden, fowie allen getreuen Unterthanen bes Königreichs Sizilien, baß er beschlossen habe, in Neapel eine hohe Schule für alle Fakultäten zu errichten,

quibus ad inhabitandum eum locum concedimus, ubi rerum copia, ubi ample domus et spatiose satis, et ubi mores civium sunt benigni; ubi etiam necessaria vite homiuum per terras et maritimas facile transvehuntur, quibus per nos ipsos utilitates querimus, conditiones disponimus, magistros investigamus, bona promittimus, et eis quos dignos viderimus donaria conferemus. Illos siquidem in conspectu parentum suorum ponimus, a multis laboribus liberamus, a longis itineribus et quasi peregrinis absolvimus: illos tutos facimus ab insidiis predatorum; et qui spoliabantur fortunis suis et rebus, longa terrarum spacia peragrantes, scholas suas levioribus sumptibus et brevioribus cursibus a liberalitate nostra se gaudeant assecutos. De numero autem doctorum, quos ibi duximus destinandos, mittimus magistrum R. de Benevento judicem et magistrum Petrum de Ysernia, fideles nostros, civilis scientie professores, ... Mittimus quoque ...

Volumus igitur et mandamus vobis omnibus, qui provincias regitis, quique administrationibus presidetis, ut hec omnia passim et publice proponatis et injungatis sub pena personarum et rerum, ut nullus scholaris legendi caussa exire audeat extra regnum, nec infra regnum aliquis addiscere audeat alibi vel docere; et qui de regno sunt extra regnum in scholis, sub pena predicta eorum parentibus injungatis, ut usque ad festum S. Michaelis nunc proximo revertantur. Conditiones autem quas scholaribus concedimus erunt iste:

1) In primis, quod in civitate predicta doctores et magistri erunt in qualibet facultate.
2) Scholares autem, undecunque venerint, secure veniant morando, stando et redeundo, tam in personis quam in rebus nullam sentientes in aliquo lesionem.
3) Hospitium, quod melius in civitate fuerit, scholaribus locabitur pro duarum unciarum auri annua pensione, nec ultra extimatio ejus ascendet. Infra predictam autem summam et usque ad illam, omnia hospitia extimatione duorum civium et duorum scholarium locabuntur.
4) Mutuum fiet scholaribus ab illis qui ad hoc fuerint ordinati, secundum quod eis necesse fuerit, datis libris in pignore et precario restitutis, receptis a scholaribus fideijussoribus pro eisdem. Scholaris vero qui mutuum recipiet, jurabit quod de terra aliquatenus non recedet, donec precaria restituet, vel mutuum ab eo fuerit exsolutum, vel. alias satisfactum fuerit creditori. Predicta autem precaria a creditoribus non revocabuntur, quam diu scholares voluerint in studio permanere.
5) Item omnes scholares in civilibus sub eisdem doctoribus et magistris debeant conveniri.

damit diejenigen seiner Unterthanen, welche wissensdurstig seien, nicht in fremde Lande zu pilgern brauchten, sondern in der Heimat Befriedigung ihres Strebens finden könnten. Er habe ihnen eine herrlich gelegene Stadt ausgesucht, welche an Lebensmitteln reich und von allen Seiten zugänglich sei, er sorge für alles, was nötig, suche die Lehrer, regle die Bedingungen und werde die Würdigen belohnen. Unter den Augen ihrer Eltern könnten die Scholaren fortan studieren, frei von der Mühsal langer Wanderfahrten und sicher vor den Gefahren, die ihnen dabei drohten. Durch seine Freigebigkeit sollten sie sich einer leichteren und billigeren Gelegenheit des Studiums erfreuen. Das alles wurde in dem schwülstigen Stile der Zeit gesagt; aber so lästig der Redeschwall auch ist, klar kommt zum Ausdruck, daß Friedrich die Universität im Landesinteresse und als eine Staatsanstalt gründete. Derselbe Gedanke ist denn von ihm und seinen Nachfolgern[1] noch häufig wiederholt worden und blieb maßgebend für Neapel.

Davon zu unterscheiden ist noch die Stellung der Anstalt zur Verwaltung des Staates; Cambridge und Oxford wurden auch als Landesuniversitäten des Königreichs England angesehen, hatten aber ihre selbständige Verwaltung. Friedrich II. faßte den Gedanken der Landesuniversität dagegen gleich so, daß er die Universität nicht bloß als eine Anstalt für den Staat, sondern als eine Anstalt des Staates ordnete. Er berief nicht nur die Lehrer und besoldete sie, sondern er betrachtete sie als seine Beamten[2] und forderte von ihnen

---

(Rekapitulierender Schluß.) Omnes igitur amodo, qui studere voluerint in aliqua facultate, vadant Neapolim ad studendum, et nullus ausus sit pro scholis extra regnum exire, vel infra regnum in aliis scholis addiscere vel docere: et qui sunt de regno extra regnum in scholis, usque ad festum S. Michaelis revertantur.

6) De frumento autem, vino, carnibus, piscibus, et aliis que ad victum pertinent, modum nullum statuimus, cum in his omnibus abundet provincia; quae vendantur scholaribus secundum quod venduntur civibus et etiam per contradam, etc.

[1] Vgl. im besonderen Karls I. Urkunde von 1266 bei Del Giudice I, 251: per ... fructum ejusdem studii Regni nostri decus extollitur, subjectorum procuratur utilitas et gloria nostri nominis propagata diffunditur ad remotas partes et externas nationes.

[2] Einen Professor, den er der Stadt Vercelli überließ, bestellte er zugleich als seinen politischen Agenten in Vercelli. Böhmer-Ficker 2314.

auch, die Zuhörer in Treue gegen ihn zu lehren [1]), also wohl namentlich auch die Bestimmungen des kanonischen Rechts nicht in dem hierarchischen Sinne, sondern in der kaiserlichen Auffassung vorzutragen. Er erteilte ferner den Scholaren am Ende ihrer Studien selbst die Lizenz, nachdem er eine Prüfung angeordnet und über den Erfolg Bericht empfangen hatte. Keiner seiner Unterthanen durfte eine ausländische Universität besuchen, und alle, welche zur Zeit auswärts studierten, sollten zum Herbst nach Neapel zurückkommen, widrigenfalls ihre Eltern in schwere Strafe verfielen. Niemand durfte endlich an irgend einem anderen Orte des Landes Vorlesungen halten oder besuchen [2]). In diesen Bestimmungen der Gründungsurkunde kommt die Vorstellung zum Ausdruck, daß die Universität nicht nur von dem Staate, sondern als ein Teil und ein Werkzeug seiner Verwaltung gegründet worden ist.

König Friedrich erließ nicht förmliche Statuten der Universität, regelte aber doch eine Reihe von wichtigen Verhältnissen [3]) und zwar

---

[1]) Huill.-Bréh. V, 1, 496. Böhmer-Ficker 2559. Friedrich erteilt die Lizenz einem Dekretisten mit folgendem Schluß: mandamus, quatenus in profesione ipsa scientiae . . . de cetero regere studeas et diligenter ac fideliter doceas auditores ad honorem et fidelitatem nostram.

[2]) Bologna verbot in gleicher Weise seinen Bürgern, die in Modena, Padua, Arezzo u. s. w. gegründeten Universitäten zu besuchen und befahl seinem Bürger Jakob de Belvisio, nicht länger in Perugia Vorlesungen zu halten, sondern nach Bologna zurückzukehren; ebenso rief Perugia den Baldus zurück, und auch allgemeine Anordnungen derart sind von Städten erlassen worden. Auch darf man daran erinnern, daß diese Städte die Universität als eine städtische Angelegenheit betrachteten und die Oberleitung beanspruchten. Wie in anderen Dingen, so zeigt auch hierin sich die Aehnlichkeit der politischen und sozialen Entwicklung in all diesen italienischen Staatsbildungen — aber es blieb doch immer ein wesentlicher Unterschied zwischen dem Königreich und der Stadt. Schon die Größenverhältnisse veränderten auch das Wesen. Haben die Staatsuniversitäten Neapel und Salerno vieles mit den übrigen Universitäten Italiens gemein, so sind sie doch durch den entscheidenden Zug von ihnen getrennt, daß ihnen die rechte Autonomie fehlte, welche die Stadtuniversitäten wie die Kanzleruniversitäten auszeichnete. Sie standen dadurch im Gegensatz zu den Hauptvertretern der mittelalterlichen Universität und näherten sich modernen Verhältnissen. Um dies recht deutlich hervortreten zu lassen, empfahl es sich, die Darstellung nicht so anzuordnen, daß sie auf die Stadtuniversitäten folgten. Sie sollten nicht als eine Unterart derselben erscheinen.

[3]) Der König versprach einmal, Professoren für alle Fakultäten zu berufen, und sicherte allen Scholaren, gleichviel aus welchen Orten und Landen, Schutz auf

so, daß man sieht, wie das Leben und Treiben der Scholaren in Neapel, abgesehen von der politischen Bedeutung der Korporation, nicht wesentlich anders war wie in Bologna, Vercelli u. s. w. Als Friedrich 1234 die durch die Erschütterungen der letzten Jahre aufgelöste Universität aufs neue gründete, konnte er deshalb die Scholaren von Bologna wie zu einer gleichartigen Anstalt einladen[1]). Bezeichnend ist, daß er am Schluß versichert, die Bürger hätten sich bereits an das Treiben der Scholaren gewöhnt und würden sich deshalb in jeder Beziehung freundlich und entgegenkommend zeigen.

Im Jahre 1239 hob Friedrich unter dem Druck der politischen

---

der Reise wie bei dem Aufenthalt in Neapel zu. Er bestimmte ferner, daß die Räume, welche die Scholaren für ihre Zwecke mieten würden, von einer aus zwei Bürgern und zwei Scholaren zusammengesetzten Kommission geschätzt werden sollten, und setzte als äußersten Preis zwei Unzen Gold (gegen 180 Mark) fest. Ferner regelte er das Geldleihen auf Pfänder und gewährte den Scholaren, daß ihnen die als Pfand versetzten Bücher zur Benutzung zurückgegeben werden sollten, wenn sie sich eidlich verpflichteten, das Land nicht zu verlassen, ohne die verpfändeten Bücher dem Darleiher zu übergeben oder auszulösen. Fünftens gewährte er den Scholaren den Gerichtsstand vor ihren Lehrern, den die Habita allen Scholaren bestimmt hatte. Zum Schluß spricht der Kaiser von den Marktverhältnissen, aber ohne Vorschriften über den Verkehr zu erlassen — es sei nicht nötig, das Land sei überreich an Produkten aller Art, und die Scholaren könnten kaufen wie die anderen Bewohner.

Dieser Schlußsatz spielt offenbar darauf an, daß in anderen Orten Vorschriften erlassen wurden, um die Scholaren vor der Uebervorteilung durch Vorkäufer u. dgl. zu sichern, und er bestätigt damit die sich aus den anderen Bestimmungen ergebende Beobachtung, daß Kaiser Friedrich zwar die Befugnisse des Staates über die Universität in eigentümlicher Weise zur Geltung brachte, im übrigen aber die im Fluß befindliche Entwicklung nicht störte, sondern ihr folgte und auf Grund der Habita und unter dem Zwang des Bedürfnisses erwachsenen Anschauungen und Interessen der Scholaren in gleicher Weise ehrte und sicherte, wie dies damals in anderen Orten geschah. Die oben (Kap. 3) erörterten Bedingungen des Vertrags, den Vercelli 1228 mit den Scholaren abschloß, erinnern lebhaft an diesen Erlaß Friedrichs, ohne daß notwendig anzunehmen wäre, daß Vercelli sich nach demselben gerichtet hätte.

[1]) Böhmer-Ficker 2044 zeigt, daß dies Schreiben nicht wie bei Huill.-Bréh. in den Herbst zu setzen sei, sondern früher. Die Auflösung des Studiums war durch den Einfall des Papstes in Neapel herbeigeführt worden. Dieser Einfall wurde von dem Papste durch den Angriff eines Vasallen des Kaisers gerechtfertigt, und Friedrich selbst hat diese Entschuldigung später gelten lassen; indessen er suchte Frieden mit der Kirche und war froh, etwas zu finden, was die Angelegenheit mit Vergessenheit bedecken könnte. Die Thatsache, daß der Papst in das Land

Lage[1]) die Privilegien auf, welche den fremden Scholaren Schutz zusicherten, so daß in Neapel nur noch Landeskinder lehren und studieren konnten; auf Bitten der Magister und Scholaren gestattete er dann noch in demselben Jahre (14. November 1239) allen Fremden den Zugang und Aufenthalt unter den alten Privilegien, mit Ausnahme der Bürger von acht rebellischen Städten (Mailand, Brescia, Piacenza, Alexandria, Bologna, Faenza, Ravenna und Treviso) und der Unterthanen des Papstes. Sein Sohn Konrad verlegte dann das in der Kriegszeit offenbar nicht zur Blüte gekommene Studium durch einfachen Erlaß von Neapel nach Salerno und verfügte auch sonst in gleicher Weise wie Friedrich II. über die Angelegenheiten der Universität. Ebenso Manfred, der die Universität wieder nach Neapel verlegte und dabei das Verbot aller anderen Schulen im Königreich wiederholte; nur sollte in Salerno die medizinische Universität fortbestehen und der grammatische Elementarunterricht der Privatunternehmung freigegeben sein. In gleicher Weise behandelte Karl von Anjou die Universität als eine Anstalt für das Land und als einen Teil der staatlichen Verwaltung. Unter seiner Regierung kam das Land wieder zu größerer Ruhe, und damit erst war die Vorbedingung zu einer mehr stetigen Entwicklung der Universität gegeben.

Im Jahre 1266 hatte Karl von Anjou über Manfred gesiegt

---

des Kreuzfahrers einfiel, wird dadurch nicht beseitigt, und ebensowenig die, daß durch diesen Einfall Friedrichs Kraft im Heiligen Lande gelähmt, seine Rückkehr beschleunigt wurde. Erst vor dem aus Palästina zurückeilenden Kaiser wichen die päpstlichen Scharen. Friedrich II. ist keine sympathische Erscheinung und ein Urteil über ihn ist schwer zu gewinnen (s. die Abhandlung von Ficker, welche die Regesten einleitet), aber in dieser Angelegenheit sieht man, wie sehr Friedrich dem Papste gegenüber an sich hielt und wie sehr er sich bemühte, in Palästina für die Christen zu erreichen, was erreichbar war. Uebermut war ihm hier gewiß nicht vorzuwerfen.

[1]) Man gewinnt in diese Verhältnisse den besten Einblick, wenn man die Regesten der aus diesem Jahre erhaltenen Erlasse Friedrichs durchgeht. Böhmer-Ficker bietet 270 Nummern. Friedrich nannte seinen Erlaß selbst eine Auflösung des Stubiums — Cum scolas in urbe nostra Neapolis dudum indixerimus easdemque dissolvi mandaverimus ... ut omnibus fidelibus nostris ... ad scolas predictas dicitur sit accessus —, aber die Fortsetzung des Schreibens zeigt, daß die Auflösung nur ein Verbot der Fremden war. Dasselbe zeigt die Thatsache, daß nach jenem Verbot magistri et scolares von Neapel ein Schreiben erlassen konnten.

und noch im Oktober desselben Jahres erließ er die Urkunde¹), durch welche er die durch den Krieg aufgelöste Universität Neapel von neuem gründete. Sie zeigt denselben Geist, in welchem Friedrich II. diese Universität vierzig Jahre vorher gegründet hatte, und es ist nicht möglich, zu sagen, welche von den Einrichtungen geändert oder neu getroffen wurden, denn von vielen hören wir jetzt erst, was sicher schon von Friedrich so geordnet war.

Nach dieser Urkunde waren die Scholaren für alle Klagen, Strafsachen wie Zivilsachen, mochten sie Kläger oder Verklagte sein, dem ordentlichen Richter entzogen und einem besonderen Universitätsrichter, Justitiarius scholarium, unterstellt. Dieser Universitätsrichter war ein hochbesoldeter²) königlicher Beamter, der neben diesem Amte auch noch ein anderes hohes Amt verwalten konnte³). Wie die Scholaren in Oxford, Cambridge und Paris dem ordentlichen Richter des geistlichen Gerichts entzogen und einem besonderen geistlichen Richter unterstellt wurden, so wurden sie hier dem ordentlichen Richter des weltlichen Gerichts entzogen und einem besonderen weltlichen Richter unterstellt. Es fehlte der Gerichtsstand des von den Scholaren oder Magistern gewählten Rektors, der in Paris und Bologna erscheint; Neapel zeigt darin eine Analogie zu Oxford und Cambridge, aber eine Analogie, die nicht auf innerer Verwandtschaft beruht oder gar auf Nachahmung, sondern die Verhältnisse, welche an diesen Orten die Entwicklung des Rektorats verhinderten, waren ganz anderer Natur. Die Scholaren bildeten eine Korporation, welche in drei Nationen zerfiel und bewahrten das durch die Habita üblich ge-

---

¹) Del Giudice, Codice diplomatico I, 250—269 druckt diese Urkunde ab und gibt dazu in den Noten zahlreiche andere Urkunden zur Geschichte der Universität, unter denen die Verordnung von 1278 (p. 265 f. Note), welche beginnt: Etsi ad essaltationem studii generalis, quod in civitate nostra Neapolis de nostro regitur beneplacito voluptatis..., besonders reichhaltig ist. Aus dieser Verordnung zusammen mit der Urkunde von 1266 und mit dem Stiftungsbriefe Friedrichs II. von 1224 lassen sich allerdings immer noch fragmentarische Statuten der Universität zusammenstellen.

²) Er empfing 20 Unzen, wenn er Neapolitaner, 30 Unzen, wenn er Ausländer war. Die Ernennung erfolgte auf ein Jahr, aber Karl ernannte immer denselben wieder.

³) Der Justitiar war 1270 zugleich syndicus universitatis militum von Neapel. Schreiben des Königs 1270, 30. März, bei Del Giudice I, 253 Note.

worbene Privileg¹), ben Bischof ober ihren Lehrer als Richter zu
wählen. Der Justitiar sollte sein Gericht mit drei Assessoren bilden,
die von den Scholaren gewählt wurden, und zwar je einer von den
drei Nationen, den Ultramontanen oder Nicht-Italienern und den
beiden italischen Nationen (Scholaren aus dem Königreich und Scholaren aus dem übrigen Italien). Die stadtbürtigen Scholaren hatten
in Neapel keine Sonderstellung, wie in Bologna, Padua u. s. w., und
die Korporationsbildung war auch nicht notwendig, um das Bürgerrecht
zu ersehen, das ersetzte der königliche Schutz; aber andere Bedürfnisse,
welche in Bologna und den übrigen Städten die Korporationen der
Scholaren ins Leben gerufen hatten, waren auch in Neapel vorhanden und ließen sie entstehen, vor allem die auf Grund der Habita
zu allgemeiner Anerkennung gekommene Gewöhnung der Scholaren
an eine besondere Gerichtsbarkeit, an deren Rechtsprechung sie selbst
Anteil hatten. Dabei zeigt Neapel wieder einen eigentümlichen Gegensatz gegen die beiden anderen Gruppen. Hatten in Paris nur die
Magister an der Verwaltung teil, in Bologna nur die Scholaren,
so waren in Neapel sowohl die Professoren wie die Scholaren daran
beteiligt. Die Beisitzer²) im Gericht des Justitiars wurden nur von
den Scholaren und aus ihrer Mitte gewählt, der Mietsausschuß³)

---

¹) Del Giudice I, p. 253: quod in omnibus questionibus tam civilibus quam criminalibus coram Justitiario suo sive conveniantur sive conveniant alios, vel scolares vel cives, tam doctores et scolares quam
scriptores eorum et apothecarii ac ceteri qui ibidem ratione scolarium
morantur, audiri et trahi debeant et eorum cause quaelibet coram eo
secundum quod justum fuerit terminentur: reservata tamen optione scolaribus ipsis juxta legitimas sanctiones, si causam ipsam maluerint coram
Archiepiscopo civitatis ipsius vel suo doctore potius ventilari. Qui quidem
Justitiarius creandus et statuendus per nos ...

²) Erlaß Karls I. von Anjou von 1266. Del Giudice I, 255: Qui
siquidem Justitiarius creandus et statuendus per nos, si Neapolitanus
civis fuerit 20, si vero extraneus 30 unciarum auri salarium de officii
sui proventibus annuatim habebit, tribus sibi in ministranda justitia
comiter assessoribus adhibendis, uno ultramontano videlicet quem scolares illarum partium eligent, altero ytalico, eligendo per scolares
ytalie, et tertio Regnicola per scolares adhibendo regnicolas, qui de tribus
in tribus mensibus jugiter mutabuntur.

³) Ibid. p. 258 f.: constituantur etiam per eundem Justitiarium et
doctores cum assensu scolarium probi viri ad taxandum hospitiorum
loeria scolaribus conducenda, ad quam taxationem faciendam tres scolares

nur von den Professoren, aber aus den Scholaren, und bei dem Marktgericht wirkten Professoren[1]) und Scholaren zusammen. Indessen dieser Gegensatz ist doch nur gering und verschwindet ganz vor der Erwägung des andern grundsätzlichen Unterschiedes, daß diese Universität in jenen Befugnissen nur einige kleine Reste der in Paris wie in Bologna ausgebildeten Selbständigkeit der Universität besaß. Die Korporation der Pariser Magister erkannte niemand über sich als den Papst, der Bischof und sein Kanzler hatten gewisse Rechte, und der König war der Schutzherr und hatte die Gewalt, jederzeit einzugreifen, aber verfassungsmäßig stand sie für sich. In Bologna, Perugia u. s. w. hatte die Stadt die Oberleitung, aber der Rechtszustand ruhte auf Ordnungen, die durch Kämpfe und Verträge zwischen der Stadt und der Scholarenkorporation festgestellt worden waren, und die Machtstellung der Korporation offenbarte sich darin, daß die Professoren, weil sie entweder Bürger der Stadt waren oder sei es im Solde der Stadt standen, sei es ihr vereidigt waren, den Statuten und den Beamten der Scholarenkorporation zu gehorchen hatten, ohne die Statuten mitzubeschließen und ohne die Beamten mitzuwählen. Der Bestand der Universität hing von dem Zusammenwirken der Korporation und der Stadt ab — in Neapel

---

et tres cives ad id ydonei ordinentur, qui taxent hospitia quelibet que scolares voluerint, mansione ipsorum dominis (den Hauseigentümern) congrua reservata. Ita quod nullum hospitium ultra duas uncias taxetur per annum, sed citra quantitatem ipsam, prout uniuscujusque qualitati et conditioni conveniet, extimetur. Der Maximalpreis von 2 Unzen (gegen 180 Mark) war bereits von Friedrich II. bestimmt, auch die Schätzung durch eine aus Bürgern und Scholaren gemischte Kommission; verschieden ist nur, daß die Kommission aus nur vier Mitgliedern bestehen sollte und daß über die Wahl der bezüglichen Scholaren keine Vorschrift erhalten ist.

[1]) Ibid. p. 257: quod per eundem Justitiarium cum assessorum consilio et doctorum ac magnorum scolarium in rebus victualibus certa constituatur assisia ... Den Marktverhältnissen, die Friedrich II. 1224 glaubte sich selbst überlassen zu können, legte König Karl das größte Gewicht bei, auf ihnen beruhe vorzugsweise die Erhaltung der Universität: quia circa forum venalium studentium status et studii conservatio in magna parte subsistit sagt er ibid. p. 256 f. Die Strafen waren Geldstrafen, und man erwartete, daß aus ihnen der Gehalt des Justitiars könne bestritten werden und dann noch ein Ueberschuß an die königliche Kasse falle. Ob Friedrich II. selbst schon, oder wer zuerst sich genötigt sah, die Scholaren durch ein solches Marktgericht zu schützen, darüber habe ich keine Nachricht gefunden. Unbestimmt ist der Begriff magni scolares.

war der König und sein Wille alles in allem. Die Scholaren waren seine Schützlinge und die Professoren seine Diener, sein Wille schloß deshalb auch gelegentlich die fremden Scholaren ganz oder teilweise aus und verlegte die Lehranstalt von Neapel weg.

Der Justitiar war der regelmäßige Träger dieser königlichen Gewalt, und außer den bereits erwähnten Geschäften hatte er auch sonst nicht bloß die Oberaufsicht, sondern die eigentliche Entscheidung in allen wichtigen Punkten. So hatte er zu sorgen, daß sich nicht Händler oder sonstige Laien für Scholaren ausgaben, um die Steuerfreiheit, die Zollprivilegien u. s. w. zu genießen, und jeden als Nichtscholar zu behandeln, der nicht wenigstens drei Vorlesungen eines vom Staate anerkannten Professors besuchte[1]). Ebenso hatte er denjenigen, die nicht von dem Könige die Lizenz empfangen hatten, das Lesen zu untersagen[2]).

[1]) Das Verfahren Karls bei Erteilung der Lizenz war dem Verfahren Friedrichs gleichartig. Der Kandidat richtete sein Gesuch an den König, dieser veranlaßte die Professoren, denselben zu prüfen, und zwar nach den von der Regierung erlassenen Vorschriften, die mit den an anderen Universitäten üblichen Vorschriften in der Hauptsache übereinstimmten. Jeder Professor hatte sein Gutachten einzeln abzugeben und in einem verschlossenen Schreiben an den Kanzler des Königs zu senden. Nach der Verordnung von 1278 für die Mediziner wurde der Kandidat dann durch die königlichen Aerzte in dem Regierungsgebäude noch einmal geprüft und auch deren Gutachten dem Kanzler übergeben. Danach erfolgte die Verleihung durch den König und, wenn der Kandidat es wünschte, die feierliche Promotion zum Doktor in der üblichen Weise. Diese Promotion war jedoch nicht notwendig, es konnte auch der nicht Promovierte als ordentlicher Professor lesen und bei den Prüfungen wie die förmlich promovierten (conventuati) Doktoren sein Urteil abgeben. Siehe die Prüfungsordnung von 1278 bei Del Giudice I, 266 Note: Item nullus deponet pro baccalario conventando seu licentiando nisi magister conventatus seu licentiatus, qui legerit in medicina. Ehe der Kandidat die Lizenz empfing, hatte er dem Könige einen Treueid zu leisten und ferner sich zu verpflichten, zwei Jahre (16 Monate) in Neapel fleißig zu lesen und bei den Prüfungen sein Urteil gewissenhaft abzugeben. Der Treueid wird an zwei Stellen der Prüfungsordnung betont. Zuerst heißt es: jurabit primitus fidelitatem nobis nostrisque liberis perpetuo observare, und dann am Schluß: in predicto quoque juramento fidelitatis intelligi volumus omnia, quae ad honorem et fidelitatem nostram et heredum nostrorum spectare noscuntur et ad artis ejusdem pertinent onestatem.

[2]) Del Giudice I, 260 Note. Urkunde von 1274: Scriptum est Justitiario et universis doctoribus et scolaribus . . . Intelleximus quod in Neapolitano studio quidam docere presumunt, qui nec docendi adhuc acceperunt licentiam nec a nobis in hoc auctoritatem aliquam habuerunt . . .

Zur Ausführung seiner Befehle hielt der Justitiar eine Anzahl von Dienern, und da diese gleichfalls die den Scholaren zustehende Befreiung von Zöllen und Abgaben genossen, so scheinen sich übermäßig viele Bürger zu diesem Dienste gedrängt zu haben, und der Justitiar mochte sie gern annehmen, weil sie vielleicht ohne Vergütung dienten und es sein Ansehen erhöhte, über eine zahlreichere Schar zu gebieten. Im Jahre 1274 führte die Stadt Klage bei dem Könige, daß sich auf diesem Wege viele Bürger den Abgaben und Lasten entzögen, und Karl bestimmte deshalb, daß der Justitiar nur diejenige Zahl von Dienern annehmen dürfe, welche er zu Kaiser Friedrichs Zeit [1]) gehabt habe [2]). Der König hatte sich die Erteilung der Lizenz vorbehalten und erteilte sie bisweilen auch, ohne eine Prüfung anstellen zu lassen, indem er sich auf anderem Wege von der Tüchtigkeit des Bewerbers überzeugt hatte. Der Justitiar erhielt dann nur den Befehl [3]), den Betreffenden als Professor ordentliche

---

mandamus, quatenus aliquem non licentiam et auctoritatem docendi non habentem a nobis nec tu Justitiare ordinare doctorem permictas, nec vos scolares sicut doctorem ordinatum aliquatenus adeatis.

[1]) Del Giudice I, 260 Note. Diese Bestimmung zeigt, daß der Justitiar bereits in Friedrichs Zeit die Leitung der Universität hatte. Vermutlich hatte er auch damals schon die Assessoren neben sich; der Wohnungsausschuß wenigstens wird schon in der Urkunde von 1224 erwähnt, und den von Karl 1266 bezeichneten Höchstpreis der Wohnungen hatte Friedrich ebenfalls schon so bestimmt.

[2]) Del Giudice I, 260 Note.

[3]) So verfuhr er 1278 bei dem Gesuch eines in Bologna promovierten Juristen, indem er dem Justitiar folgenden Auftrag erteilte, Del Giudice I, 267: Volumus ac celsitudini nostre placet, quod idem Magister Matheus, si predictas licteras testimoniales de ipsius licentia et pronunciatione ab eodem (dem Kanzler von Bologna) in eodem jure civili obtinet, de quibus licteris constare volumus prius vobis, in jure ipso in predicta Neapolitana regat ordinarie civitate. Einem anderen Bewerber erteilte er in demselben Jahre die Lizenz auf Grund der bei Sachkennern angestellten Erkundigungen. Del Giudice I, 266 Note: Ecce nos, qui a peritis pluribus te dignum et sufficientem ad hoc fore accipimus, supplicationes tuas benigne exaudire volentes regendi in eodem Neap. studio in decretis ordinarie et decretalibus similiter sicut volueritis tibi tenore presentium licentiam concedimus et liberam potestatem; et ne aliquis te possit in hac parte turbare, Justiciario scolarium ... nostris injungimus licteris, ut te ordinarie regere in utroque libro sine contradictione aliqua patiatur et non permictat, quod aliquis te in hoc offendere debeat vel turbare.

Vorlesungen halten zu lassen und ihn gegen etwaige Anfeindung in diesem Rechte zu schützen. Auch sonst griff der König in die Verwaltung persönlich ein¹); es machte sich der Charakter der Staatsanstalt und zwar der Anstalt eines seinem Wesen nach unumschränkten Staates in allen Beziehungen fühlbar.

Die spanischen Universitäten.

Die spanischen Universitäten trugen in vieler Beziehung ebenfalls den Charakter von Staatsuniversitäten, wie denn die Urkunde, durch welche König Jakob von Aragonien die Universität Leriba gründete, selbst wörtliche Anklänge an den Stiftungsbrief Friedrichs II. für Neapel zeigt. Sie wiederholt auch das für die Staatsuniversität bezeichnende Verbot, daß an keinem anderen Orte des Gebiets Vorlesungen gehalten oder gehört werden dürften²). Wenn man aber Leriba einer der drei Gruppen zuweisen müßte, so würde sie trotzdem am besten den Stadtuniversitäten zuzuweisen sein. Die Korpo-

---

¹) 1283 beschied er das Gesuch zweier Bewerber dahin, daß die Professoren des Examens wegen die Vorlesungen nicht unterbrechen sollten, daß sie aber nach dem Osterfeste, also wohl bei oder vor Beginn der Sommerferien (1. Oktober bis Ende Mai dauerte das Studienjahr — Ordnung von 1278 bei Del Giudice I, 266 Note), mit den Richtern des Obergerichts (magne regie curie) und anderen Rechtsgelehrten zusammentreten und die Prüfung vornehmen sollten. Del Giudice I, 268 f. Note: Nos, quamquam eorum supplicationibus benignius inclinati nolentes tamen hujus anni studium interrumpi, devocioni vestrae (dem Justitiar) mandamus, quatenus resurrectionis instantis dominice festo transacto doctores facultatis hujusmodi in Neapolitano studio commorantes una cum judicibus Magne Regie Curie aliisque consultis facultatum hujusmodi congregetis in unum et in ipsorum presentia dictum ... examinare ... faciatis et si sufficientes eos ... inveniri contigerit aliasque mores et vita laudabiles suffragantur eisdem: vos eorum cuilibet in facultate sua per Magistrum aliquem ipsius doctoris scientie Magistratum et Conventum concedi auctoritate presentium faciatis.

²) Villanueva XVI, p. 199, Nro. IV: Statuerimus firmiter et districte, ne in aliquo loco terrae aut dominationis nostrae habitae vel habendae praeterquam in studio Ilerdensi aliquis audeat jura, medicinam vel philosophiam legere seu docere, neve quis a quocumque lectionis causa praesumat audire sub pena mille morabatinorum. Die Fassung dieses Verbotes lehnt sich jedoch nicht an Friedrichs Erlaß an. Vgl. die dem Inhalt nach gleiche Bestimmung in dem Stiftungsbrief des Königs Pedro IV. für Huesca von 1354 bei La Fuente I, 318.

ration der Scholaren wurde nur aus den fremden Scholaren gebildet, die stadtbürtigen Scholaren (scholares cives) gehörten ihr nicht an[1]), waren aber den von der Korporation beschlossenen Statuten und dem von ihr gewählten Rektor unterworfen. Auf Betreiben der Stadt hatte der König die Universität gegründet, und die Stadt gewährte ihr dann Privilegien[2]), die Stadt sorgte für die Gebäude bis zu dem Stroh[3]), mit dem im Winter der Boden bestreut wurde, und berief und besoldete die Professoren[4]). Die Stadt war es ferner, welche die Erlaubnis zu geben hatte, wenn ein Professor in einem anderen Saale oder über ein anderes Buch lesen wollte, als wozu er berufen war, oder eine Nacht außerhalb der Stadt zubringen wollte[5]). Bei der Ausarbeitung der Statuten wurden denn auch

---

[1]) Villanueva XVI, 226 f. Liber constitutionum, Cap. De judiciis et foro competenti: Quamvis scolares cives civitatis istius necnon phisici et artistae et alii multi non sint de stricto corpore studii nostri quantum ad ordinationes sive statuta condenda, debent tamen rectoris subesse judicio et universitatis statuta servare …

[2]) Liber constitutionum, Einleitung. Villanueva XVI, 207: paciariis seu rectoribus civitatis Ilerdae … de comuni consilio procurantibus et prosequentibus … rex auctoritate apostolica … in hac parte sibi comissa nec minus sua in utroque jure, canonico et civili, medicina, philosophia et artibus ac aliis approbatis scientiis quibuscumque studium in dicta civitate Ilerdensi instituit generale, quod diversis graciis et privilegiis insignivit. Quibus etiam graciis dicti paciarii de comuni assensu totius consilii civitatis praedictae … aliquas postmodum liberaliter addiderunt …

[3]) Villanueva XVI, 224: Ad bedelli cujusque spetiale(s) officium pertinet, scolas quibus deservit, tenere mundas in aestate, in hieme quoque paratas et per solum fulcitas paleis vel sparto, expensis tamen civitatis haec fieri debent. Die Stadt ernannte auch die bancarii, welche das Bankgeld von den Scholaren einforderten. Villanueva XVI, 215, De electione bancariorum: Paciarii civitatis ponunt bancarios annuatim ad colligenda bancagia civitatis usibus aplicanda, nisi gratiam super eo poterimus a civibus obtinere. Das Bankgeld fiel an die Stadt, sie konnte es auch nachlassen.

[4]) Ibid. p. 214, De electione doctorum et magistrorum. Auch an anderen Stellen wird die Besoldung durch die Stadt erwähnt. Im Jahre 1319 schrieb die Stadt eine Weinsteuer aus pro satisfaciendo doctoribus et magistris actu legentibus in generali studio Ilerdensi und geriet darüber in Streit mit dem Könige, weil die Steuer ausgeschrieben war licencia seu auctoritate regia minime postulata. Siehe die Urkunde España sagrada Bd. 47 (1850) S. 353, durch welche der König 1347 die Erhebung gestattete.

[5]) Liber constitut. De translatione. Villanueva XVI, 216.

zumeist die Statuten von Bologna zum Vorbild genommen, die Stellung des Rektors, der Konsiliare, der Petiare¹), der Buch-

¹) Villanueva XVI, 225, De offio stacionarii studii, Absatz 4 u. 5: Nullus alius stacionarius in hoc studio esse potest, qui vendat libros vel teneat petias sine licentia et voluntate stacionarii generalis. Nihil est quod studio vel studentibus magis officiat quam falsarum corruptio petiarum. Quapropter de comuni consilio provide constituimus ac etiam ordinamus, quod de triennio in triennium duo periti scolares in legibus duoque similiter in canonibus, per rectorem ... eligantur, qui petias corrigant et emendent et emendari ac corrigi faciant tam in ordinariis quam extra-ordinariis.... In Bologna ernannten die Rektoren sechs Scholaren zu diesem Amt, und zwar jährlich, auch waren die Bestimmungen der Statuten § 19 (Archiv III, 279) und 33 (ib. 296) weit ausführlicher. Hier entnahm Leriba nur das Amt und formte das Statut nach seinen Bedürfnissen.

Wörtliche Anklänge sind nicht so häufig, denn die Statuten von Leriba bieten eine selbständige Verarbeitung der benutzten Statuten, aber sie fehlen doch nicht. So heißt es in der Rubrik De judiciis et foro competenti, Villa-nueva XVI, 226: (Scolares) inter se vero ... rectoria sui judicium ... declinare non possunt, nisi manifesta vel evidens suspicionis aut alia subsit causa. In den Statuten von Bologna von 1347 § X, Archiv III, 265: Nec possint scolares eciam exempti rectorum judicium declinare. Si tamen juret scolaris, se rectorem ex certa causa ... habere suspectum, rector alius adjungatur, vel qui rectori, causam persone non suspecte deleget. Ein anderes Beispiel bietet die Bestimmung über die Wahl der consi-liarii. Wenn von einer Nation, welche an der Reihe ist, einen Konsiliar zu stellen, nur ein Scholar vorhanden ist, so soll er sich dem Rektor selbst anbieten und der Rektor soll gehalten sein, ihn anzunehmen. Im Liber constitutionum a.a.O. p. 215 steht hier trotz einer veränderten Anlage des Satzes der gleiche Ausdruck se offerre. Vgl. non vetaris te ipsum ... offerre debesque admitti und die Statuten von Bologna § 14, Archiv III, 273: ille se possit offerre et rector teneatur accipere. Sachlich ist in diesem Paragraph verschiedenes anders, aber um so deutlicher ist der Anklang in dem Wort „offerre" und in der Verbindung mit der Wendung: der Rektor muß ihn annehmen, denn dieser Gedanke hätte sich gar mannigfaltig ausdrücken lassen. Auch der Abschnitt über die Wahl des Rektors und der vorletzte Absatz der Rubrik de officio et potestate rectoris, welcher p. 218 mit den Worten beginnt: rectoris officium, quod gesisti, zeigt Anklänge an § 9 der Statuten von Bologna de immunitate rectorum (Archiv III, 264). Ein solcher ist wohl auch in der Rubrik De jure jurando, Villanueva XVI, 229 an Stat. Bon. Rubr. 76 De juramento scolarium et Bononiensium an-zunehmen. Dort heißt es: rectori se parituros eidem in licitis et honestis et universitatis statuta facta vel facienda servare; hier: jurent ... rectoribus, quod eis obedient in licitis et honestis ... et universitatis statuta facta et fienda servabunt. In der Rubrik De oflcio cancellarii p. 220 werden die Statuten von Bologna in einer so allgemein gehaltenen Wendung erwähnt (non sine causa

händler, der Generalpedelle, die Prüfungsordnung u. f. w. zeigen unzweideutige Anlehnungen an die Einrichtungen und die Statuten von Bologna, aber neben denselben wurde auch auf die Gewohnheiten anderer Generalstudien Rücksicht genommmen, insbesondere auf die Statuten von Toulouse¹), und die Universität trug auch außerdem manche Züge, welche zu dem Bilde einer Stadtuniversität nicht passen. Zunächst den, daß die Gründung nicht von der Stadt vollzogen wurde, sondern von dem Könige, und daß der Kanzler als ein Beamter des Königs angesehen wurde²). Der König bestimmte zwar, daß der Kanzler immer aus den Mitgliedern des Domkapitels genommen werden sollte, fügte aber hinzu, daß er dies anordne, um sowohl die Kirche wie die Universität zu ehren, daß aber dies Amt deshalb in keiner Weise als ein kirchliches Amt anzusehen sei³). Da die Kanzler an den berühmten Universitäten Paris, Toulouse, Montpellier u. s. w. ihr Amt von der Kirche empfingen und das Mittel darstellten, durch

Bononiae, quam legum nutricem recte vocamus, statutum esse comperimus), daß es scheinen könnte, man hätte damals in Lerida kein Exemplar der Bologneser Statuten gehabt, allein das war sicher der Fall.

¹) Vgl. die Rubrik De feriis am Schluß a. a. O. p. 229 prout in aliis generalibus studiis, und über Toulouse spricht die Einleitung p. 209.

²) Liber constitutionum, Rubrica De electione cancellarii studii (Villanueva XVI, 214): Cumque vaccaverit ejus officium, non est ad idem universitatis electio, set ipsius pocius Domini Regis provisio expectanda. In der Rubrik De officio cancellarii, ib. p. 219 heißt es allerdings: officium cancellarii ... cum sit de praecipuis officialibus studii, aber er war eben ein vom König ernannter Beamter der Universität, ein Beamter des Königs an der Universität.

³) Carta ordinationis et immunitatis studii generalis Ilerdensis. Villanueva XVI, p. 201: Item quod doctores et magistri in utroque jure quam in aliis quibuscumque scientiis creandi vel assumendi ad magistratus honorem, priusquam assumantur, in praesentia rectoris ipsius studii, sint diligenter private ac publice doctorum vel magistrorum et aliorum in illa scientia ... peritorum examinatione subjecta, prout in dictis generalibus studiis observatur. Ita tamen, quod librum et auctoritatem legendi et magistralem dignitatem suscipiant a cancellario nostro vel ejus vicario praefato studio praesidenti, quem semper esse volumus et ordinamus, propter honorem ecclesiae et ipsius studii canonicum Ilerdensem. Quod quidem cancellariae officium volumus esse perpetuum. Nec propterea quia canonico Ilerdensi debemus (vel volumus) ipsum committere sive concedere, dignitas, personatus, officium vel beneficum ecclesiasticum ullatenus censeatur.

welches die Kirche Einfluß auf die Universität übte, so fürchtete der König offenbar, das Kanzleramt von Leriba würde bald in diesem Sinne aufgefaßt und ausgebildet werden. Dem sollte jene scharfe Erklärung, die in derartigen Urkunden wohl nur wenig Analogien hat, entgegentreten. Der König hatte auch noch besondere Veranlassung die weltliche Natur des Amtes zu betonen, weil er die Gründung der Universität selbst nicht ausschließlich kraft eigener Autorität vollzog, sondern sich dazu von dem Papste eine Vollmacht hatte erteilen lassen[1]).

Aber dieses Bestreben, den weltlichen Charakter der Universität zu wahren, hinderte den König nicht, dem Bischof und dem Domkapitel einen sehr bedeutenden Anteil an der Gründung wie an der Pflege und Verwaltung der Universität zu gewähren[2]). Zeitweise

---

[1]) Villanueva XVI, 196, Nro. 3: Cum ... Bonifatius Papa octavus per speciale privilegium (—ia im Druck) nobis hoc scientibus duxerit concedendum ut in aliqua civitate vel loco terrae nostrae insigni fundare vel ordinare possemus studium generale, et quod idem studium postquam per nos existeret ordinatum eisdem privilegiis et indulgentiis gauderet, quae a sede Apostolica Tholosano studio sunt concessae ... auctoritate Apostolica qua fungimur in hac parte ac etiam nostra ... ordinamus. Diese Formel kehrt wieder in seiner Prohibitio de erectione scolarum. Villanueva XVI, 199 und in der Carta ordinationis ib. p. 200 und in dem Liber constitutionum ib. p. 207.

[2]) España sagrada 47, 351 Nro. 73. Die Urkunde ist ein Schiedsspruch des Königs zwischen der Stadt und dem Bischof über die Pflichten und Rechte bezüglich der Universität. Danach hatte die Stadt versprochen, an Bischof und Kapitel jährlich eine bestimmte Summe zu zahlen, wogegen Bischof und Kapitel die Professoren zu berufen und zu besolden übernehmen sollten (ut iidem Episcopus et capitulum haberent doctores et magistros in dicto studio, qui legerent ibidem jura et alias scientias aprobatas). An diesen Vertrag wollten Bischof und Kapitel nicht weiter gebunden sein und nun entschied der König, quod ordinatio studii et doctorum provisio de cetero competat Paciariis et dicte universitati non autem episcopo et capitulo prelibatis, salva jurisdictione ecclesiastica eidem episcopo ubi alias ei de jure competit: et quod dicti episcopus et capitulum per octo annos continue subsequentes solvant et solvere teneantur anno quolibet dicte universitati (d. h. der Stadt) tria mille solidos jaccenses ... et dare per istos annos canonicam porcionem integriter uni magistro medicine, quem eadem universitas (die Stadt) duxerit eligendum: et quod ipsa universitas suis propriis missionibus teneatur procurare et habere doctores sive magistros, qui legant in studio prelibato necessarios ac suficientes. Et si forte super numero doctorum habendorum vel suficientiam seu idoneitatem eorundem inter episcopum et capitulum et

stand ihnen sogar die geschäftliche Leitung zu, welche die Statuten der Stadt zuwiesen, bis der König 1313 aufs neue bestimmte, daß die Aufsicht und Leitung des Studiums und die Berufung der Professoren Sache der Stadt sei und nicht des Bischofs und des Kapitels, aber das Kapitel sollte jährlich der Stadt eine bedeutende Summe zahlen (⅕ mehr als die Stadt bisher dem Kapitel gezahlt hatte) zu den Kosten der Universität und auch eine Pfründe freihalten, welche einem von der Stadt gewählten Mediziner als Besoldung diene. Wenn die Stadt aber nicht die gehörige Zahl oder nicht geeignete Lehrer berufe, dann sollten Bischof und Kapitel dem Könige davon Anzeige machen, der dann entscheiden werde. Stadt und Bischof stritten also nicht um den größeren Einfluß auf die Leitung der Universität, sondern sie wollten diese Leitung von sich abwälzen, um die Verantwortung und die Kosten nicht tragen zu müssen, und sie waren beide bereit, demjenigen, der die Sorge und Leitung übernahm, jährlich eine bestimmte Summe zu zahlen. Der König entschied dann, wer die Sorge übernehmen und wer nur den Zuschuß zahlen sollte: Die Universität erscheint als eine von dem Könige für das Land gegründete Anstalt, aber der Staat übernahm die Leitung und die Beschaffung der Geldmittel nicht in eigene Verwaltung, sondern zog die Stadt und das Bistum heran. In ähnlicher Weise zeigen auch die anderen spanischen Universitäten Züge von allen drei Gruppen der in den übrigen Ländern ausgebildeten Universitäten. In Valencia bemühten sich teils nach, teils nebeneinander König, Bischof und Stadtrat um die Gründung einer Universität, in Salamanca gründete der König die Universität, ließ aber seine Anordnungen vom Papste bestätigen[1]) und gab dem Bischof einen erheblichen Anteil an der Leitung der Anstalt. So bestimmte er, daß die Scholarenkorporation kein eigenes Siegel führen dürfe, außer wenn es der Bischof gestatte[2]). Diese

universitatem omnium predictorum controversia aliqua oriretur, quod estent et estare habeant nostre noticie et declaracioni, quam inde duxerimus faciendam: nec universitati (der Stadt) teneantur ad aliud dicti episcopus et capitulum nisi ad tria mille solidos jaccenses et canonicam porcionem. 1313.

[1]) Bulle Alexanders IV. 1255. Bull. Rom. III, 601. La Fuente I, 290 falsch zu 1254.

[2]) Otrosi mando que los escolares de la universidat, non ayan sello

Beteiligung des Bischofs an der von König Alfons dem Weisen gegründeten Universität Salamanca erläutert die Bestimmung des unter demselben Könige vollendeten Gesetzbuches, daß die weltlichen oder geistlichen Ortsbehörden kein Generalstudium errichten dürften, daß dies nur der König (oder Kaiser und Papst) vermöge. Der Sinn dieses Gesetzes[1]) kann danach nur sein, daß die Lokalgewalten nicht für sich allein ein Generalstudium errichten dürften, es forderte aber nicht, daß der Staat allein auch die Ausführung in die Hand nehmen müsse.

Die spanischen Universitäten sind erst in der zweiten Hälfte des 13. Jahrhunderts zu größerer Entwicklung gekommen und auch da nicht ohne mancherlei Schwankungen, sie entwickelten sich deshalb unter dem Einfluß der berühmten Universitäten von Frankreich und Italien, bewahrten dabei aber hinreichende Selbständigkeit und erzeugten sowohl in der Stellung der Universitäten zu den staatlichen und kirchlichen Behörden, in der Art der Besoldung, in der Behandlung der päpstlichen Privilegien, in der Ausbildung der maßgebenden Begriffe eigentümliche Formen und Erscheinungen. Sie standen durchaus nicht

---

comunal de la universidat sinon por mandado et por conplaser del obispo de Salamanca (Privileg des Königs Alfons von 1254, abgedruckt bei La Fuente I, 295). Ob bei den früheren Versuchen, in Salamanca eine Universität zu gründen, die Könige anders verfuhren, ist nicht zu sagen, doch scheint es nach dem Stiftungsbriefe von 1243 (La Fuente I, 89) nicht. Anfang des 14. Jahrhunderts wurde Salamanca vollends nur durch den Bischof und durch die Hilfe des Papstes erhalten. Siehe über diese Schicksale Denifle 488 f. Aehnlich war die Stellung des Königs bei der Gründung von Alcala, wo der König dem Bischof die Vollmacht erteilte, eine Universität zu gründen (Coleccion de documentos ineditos para la historia de España XX, 75 f. ist der königliche Brief abgedruckt) und bei der von Huesca. Die Gründung von Huesca wurde von dem Könige der Stadt überlassen, und die Urkunde des Königs bezeichnet sich als eine der Stadt erwiesene Gnade. Huesca war nach der Gründungsurkunde eine Stadtuniversität gleichwie die italienischen, nur daß die Stadt vorher die Vollmacht des Königs erhalten hatte, wie das in Italien auch vorkam, nachdem die Städte unter die Herrschaft größerer Territorialherren gekommen waren. Siehe die Gründungsurkunde bei La Fuente I, 318. Der König gewährt Juratis et probis hominibus ac (ante) dictae universitatis Oscensis ... concedimus et donamus ... ad vestrae civitatis commodum et vestrorum (non obstantibus quibusvis privilegiis et gratiis studio Ilerdensi concessis) dictum generale studium per nos ... concessum in ipsa civitate habeant et etiam ordinent ...

[1]) Los codigos españoles concordados y anotados. Codigo de las Siete Partidas Madrid 1848. Tomo II, 535. Partida II, tit. 31, ley 1.

in derjenigen Abhängigkeit von den französischen und italienischen Vorbildern wie die deutschen Universitäten von Paris[1]), schon deshalb, weil diese erst hundert Jahre später entstanden, als die Formen und Einrichtungen der Universitäten viel fester geworden waren, während die Entwicklung der spanischen Universitäten schon in den Jahrzehnten begann, da sie auch in Italien und Frankreich noch im Fluß war. Dazu kam, daß die spanischen Staaten im 13. Jahrhundert in kraftvoller Entwicklung begriffen waren, große Aufgaben ins Auge faßten und lösten. Es ist natürlich, daß sie sich an der Universitätsbildung nicht beteiligen konnten, ohne sie eigentümlich zu gestalten. Ein Zeichen dafür ist, daß sie in dem ebengenannten Gesetzbuch der siete partidas[2]), welches selbst ein bewunderungswürdiges Denkmal der lebendigen Kraft dieses aufstrebenden Königtums darstellt, eine grundsätzliche Regelung des Universitätsrechts versuchten. Das Gesetz unterscheidet zwei Arten von Studien, Generalstudien und Partikularstudien. Unter letzteren versteht es Schulen einzelner Lehrer ohne weitere Organisation, regelmäßig auch beschränkt[3]) auf die Elemente der Grammatik und Logik. Als Generalstudien bezeichnet es Schulen, in denen die verschiedenen Zweige der Artes oder kanonisches und römisches Recht gelehrt wird. Partikularstudien können von den Bischöfen oder Magistraten der Städte eröffnet werden, Generalstudien dagegen nur von dem Könige, dem Papste oder dem Kaiser[4]). Unerörtert ließ das Gesetz das Verhältnis dieser drei zur Gründung von Generalstudien berechtigten Gewalten, aber sachlich besteht kein Zweifel darüber. Der Kaiser

---

[1]) Wir werden später sehen, daß auch die deutschen Universitäten das Pariser Muster nicht schlechtweg nachbildeten, das wäre ganz unmöglich gewesen, aber ihre Abhängigkeit ist doch ungleich größer als die der spanischen Universitäten.
[2]) Vgl. dazu La Fuente I, 107 f.
[3]) Ausdrücklich geschah dies z. B. nach der Gründung von Lerida.
[4]) Partida II, tit. 31, ley 1: Estudio es ayuntamiento de maestros e de escolares que es fecho en algun lugar con voluntad e entendimiento de aprender los saberes. E son dos maneras del. La una es a que dicen estudio general, en que ay maestros de las artes, assi como de gramatica e de la logica, e de retorica, e de arismetica, e de geometria, e de astrologia. E otrosi en que ay maestros de decretos e señores de leyes. E este studio deve ser establescido por mandado del Papa o del Emperador o del Rey.

Das zweite Gesetz gewährt dann noch den Scholaren, was in den Stiftungsbriefen an Rechten und Befreiungen gewährt zu werden pflegte.

Einfluß der universalen Gewalten.

hat thatsächlich nicht in die spanischen Verhältnisse eingegriffen, seine Erwähnung ist mehr nur theoretisch und vorzugsweise veranlaßt durch die Konstitution Omnem und die oben erwähnten Erörterungen der Glossatoren über dieselbe, wie denn auch ein anderes Gesetz desselben Titels den Doktoren des Rechts diejenigen Ehren zuweist, welche ihnen die Gesetze Justinians gewährten [1]). Kaiser und Papst waren die beiden Vertreter der universalen Gewalt, thatsächlich aber hatte damals von ihnen nur der Papst in Spanien Einfluß [2]). Mehrfach haben nun die spanischen Könige die Mitwirkung des Papstes veranlaßt, wie das im folgenden Kapitel noch erörtert werden wird, hier ist nur festzustellen, daß der Papst nicht ohne den König ein Generalstudium in Spanien gegründet hat und daß ihm dies Gesetz auch nicht das Recht dazu gewähren wollte. Der Grundgedanke in der spanischen Auffassung der Generalstudien war der, daß es Landesschulen waren, und daß sie deshalb nur auf Grund eines königlichen Erlasses ins Leben treten könnten. Näherten sie sich damit der Auffassung der neapolitanischen Staatsuniversität, so sehen wir doch, daß sie einmal in der Ausführung den Lokalgewalten maßgebenden Anteil und Einfluß gestatteten, und ebenso zeigt dieses Gesetz, daß die spanischen Könige das Recht, Universitäten zu gründen, auch nicht theoretisch für sich allein in Anspruch nahmen.]

---

[1]) Las siete Partidas II, tit. 31, ley 8: E porende tenemos por bien, que los maestros sobredichos hayan en todo nuestro señorio las honrras que de suso diximos, assi como la ley antigua lo manda.

[2]) Ein Einfluß der Kaiserwahl Alfons X. auf diese Gesetzgebung ist kaum anzunehmen. Die Kaiserurkunden von Alfons gibt Böhmer-Ficker von Nro. 5484 bis 5528.

Sechstes Kapitel.

Die Gleichartigkeit in der Entwicklung der Universitäten, im besonderen die akademischen Grade und die Stiftungsbriefe.

Die meisten Universitäten Italiens stimmen unter sich in einem Hauptpunkt der Verfassung überein und stehen dadurch in einem gemeinsamen Gegensatze gegen die Universitäten Englands und Frankreichs. Diese Thatsache ist so auffallend, daß man geglaubt hat, die Universitäten nach diesem Gesichtspunkt einteilen[1]) und danach zwei Gruppen unterscheiden zu müssen: 1) Universitäten mit einer Scholarenverfassung wie Bologna; 2) Universitäten mit dem Regiment der Magister wie Paris. Wir haben gesehen, daß Paris und Bologna auch wirklich die wichtigsten Gegensätze darstellen, welche in der Entwicklung der Universitäten hervortreten, wenn man von der nur in Neapel rein ausgebildeten Staatsuniversität absieht: aber die Gleichartigkeit der Verfassung ist es nicht, welche diese Einteilung zunächst bestimmt. Sie erweist sich auch bei näherer Betrachtung keineswegs so groß als es scheint, wenn man sagt: in der einen Gruppe durfte nur ein Scholar, in der anderen nur ein Magister, oder modern gesprochen: hier durfte nur ein Professor, dort nur ein Student Rektor werden. Einmal fanden sich doch auch in Italien und verbunden mit eigentümlichen Zügen italienischer Verfassung Beispiele von dem Regiment der Magister, und auch außerdem zeigten sich unter den Verfassungen dieser italienischen Universitäten manche

---

[1]) Thurot 205 f. im Anschluß an Savigny III, 157 f.

tiefgreifende Verschiedenheiten; aber noch bunter ist das Bild der Verfassungen der Universitäten, welche man zu der anderen Gruppe rechnete. Auch die gleichbenannten Aemter und Einrichtungen in Paris, Oxford, Toulouse, Angers, Orleans und Montpellier erweisen sich vielfach als wesentlich verschieden¹). Für Paris, Oxford, Angers und Orleans ist dies bereits oben angedeutet worden und für Montpellier und Toulouse tritt es nicht weniger deutlich hervor²). Je eingehender man die Verfassungen der italienischen und andererseits die der französischen und englischen Universitäten vergleicht, desto mehr zeigt sich, daß sie sich nicht ohne Anstoß gruppieren lassen, wenn man die Formen der Verfassung als Hauptgesichtspunkt ins Auge faßt. Der Unterschied, ob die Scholaren oder die Magister in der Korporation die politischen Rechte übten, ist zwar sehr wichtig, kommt aber doch erst in zweiter Linie in Betracht und ist wohl überwiegend als eine Folge der Verhältnisse zu betrachten, welche mit dem Gegensatz der Stadt- und der Kanzleruniversitäten gegeben waren. Um dies zu beurteilen, ist es nötig, jene Verhältnisse noch einmal scharf hervorzuheben. Bologna, Padua u. s. w. entwickelten sich als städtische Anstalten und auf Grund einer Reihe von Privilegien, welche die Scholaren als eine besondere Klasse von Fremden behandelten; in Paris und Oxford bildeten die Scholaren ihre Genossenschaft in Anlehnung an und, was davon untrennbar ist, im Kampfe mit den kirchlichen Lokalgewalten, Bischof und Kapitel oder Abt und Konvent, und auf Grund der geistlichen Gerichtsbarkeit aus. In Bologna und Vercelli waren die Scholaren bevorrechtigte Fremde, in Paris und Oxford bevorrechtigte Kleriker. In Bologna waren ferner die Professoren Großbürger der Stadt, und ihre Kollegien bildeten hervorragende Glieder der städtischen Genossenschaften; deshalb bildeten sie nicht mit den fremden Scholaren die Korporation, sondern standen mit der Bürgergemeinde der Scholarengemeinde gegenüber. In Paris, Oxford u. s. w. gehörten dagegen die Magister ebensowenig zu der universitas civium wie die Scholaren, sie bildeten mit den Scholaren zusammen die der Stadtgemeinde gegenüberstehende Scholarengemeinde und lebten

---

[1] Man erinnere sich an das Wesen der Scholarenkorporation in Florenz, die Stellung des Doktorenkollegiums in Bologna, die getrennten Universitäten der Fakultäten in Bologna und Padua, ihre Vereinigung in Perugia und Florenz u. s. w.

[2] S. den Anhang, Beilage 3.

wie sie ohne Besoldung, ohne Haus und Familie. Hätten die Professoren in Bologna der Scholarengemeinde angehört, so würden sie bei ihrer sonstigen Stellung den Scholaren gegenüber auch die Leitung derselben gehabt haben oder doch einen hervorragenden Anteil an derselben. Sie hatten in Bologna die Leitung der Scholarengemeinde nicht, weil sie der Scholarengemeinde nicht angehörten[1].

Die durch diesen Gegensatz der Stadt- und Kanzleruniversität gebildeten Gruppen erweisen sich zugleich als nationale Gruppen. Die Stadtuniversitäten entstanden in Italien, die Kanzleruniversitäten in Frankreich und England[2]), und jener Unterschied der Entwicklung hängt offenbar zusammen mit den Gesamtverhältnissen dieser Länder. In Italien nahmen die Laien in größerem Umfang an der wissenschaftlichen Bewegung teil und, was noch wichtiger ist, sie widmeten sich den juristischen Studien, welche ihrem Jünger eine glänzende Position in der Gesellschaft sicherten, während die Laien, welche in Frankreich und England studierten, sich mehr den Artes widmeten, die ihnen meistens nichts gewährten als Ruhm und die Möglichkeit, zu einer Pfründe empfohlen zu werden. So blieb ihnen auch wohl regelmäßig nichts übrig, als schließlich Kleriker zu werden, nachdem sie lange Jahre Namen und Privilegien der Kleriker geführt hatten, ohne es zu sein.

Die Gleichartigkeit der Entwicklung.

Verfassungsformen können helfen, Leben zu erwecken und gute wie böse Keime zu entwickeln oder zurückzudrängen; bedeutender noch ist die Wirkung von gesellschaftlichen Unterschieden, wie sie die italienischen von den französischen Gelehrten schieden: aber ein kräftiges

---

[1]) Wenn in Arezzo Professoren die Leitung hatten, so war das vielleicht dadurch veranlaßt, daß die Zahl der fremden Scholaren zu klein war, um Bedeutung zu gewinnen.

[2]) Die südfranzösischen Universitäten und besonders die juristischen Fakultäten zeigen Einflüsse der italienischen Organisation, am stärksten Alais. Der von der Stadt mit dem doctor decretorum Armandus de Jeco abgeschlossene Vertrag ist völlig in der Art der von den italienischen Städten für ihre Generalstudien abgeschlossenen Verträge. Rozière, L'école de droit d'Alais in der Bibl. de l'éc. des Chartes XXXI p. 61. Es ist daran zu erinnern, daß sich auch die spanischen Universitäten unter dem doppelten Vorbilde von Paris (Toulouse) und Bologna entwickelten.

Leben behauptet sich doch unter allen Formen und Verhältnissen in seinem Wesen. So vollzog sich auch trotz jener Unterschiede an allen diesen Universitäten eine gleichartige Entwicklung. Vor allem erhielt sich in den italienischen ebenso wie in den französischen Universitäten der Geist der Kameradschaft zwischen Schülern und Lehrern, der die formlosen Schulen des 12. Jahrhunderts ausgezeichnet hatte. In Italien trug dazu bei, daß die Scholaren durch ihren Einfluß auf die Wahl der Professoren und ihre sonstigen politischen Vorrechte ein Gegengewicht gegen die gesellschaftliche Bedeutung der Professoren besaßen, in Paris dagegen wurde das in der Verfassung begründete Uebergewicht der Magister durch die Gleichartigkeit der Lebensverhältnisse und durch die Benutzung gemeinsamer Privilegien gemildert. Ihre Hauptstütze aber fand jener Geist der Kameradschaft in der Art des Studiums. Viele hielten Vorlesungen, die rechtlich Scholaren waren, und in den zahlreichen Disputationen kam die freie Stellung der Scholaren zu den Professoren immer aufs neue zur Geltung. Da konnte auch der Scholar den Magister widerlegen, wenn er größere Gewandtheit hatte, oder wenn der Magister eine der Tagesströmung widerstreitende Ansicht vertrat.

Die Disputation hatte an allen Universitäten eine vorherrschende Bedeutung in der Methode des Studiums, und wie nach dieser Seite, so entwickelte sich überhaupt der Studiengang in der Hauptsache gleichmäßig, und das ist der zweite Punkt, in welchem die Gemeinschaft des Wesens sich stärker erwies als die Verschiedenheit der Verhältnisse. Alle hatten unter ihren Scholaren Knaben, Jünglinge und Männer, litten unter dem Uebelstand der ungleichen Vorbildung und suchten ihm durch Repetitoren und durch allerlei Einrichtungen abzuhelfen, ohne aber zu einer gründlichen Reform zu gelangen. Alle Universitäten unterschieden ferner ordentliche und außerordentliche Vorlesungen[1])

---

[1]) Wie in Bologna (s. o. S. 213 f.), so ruhte auch in Paris u. s. w. die Unterscheidung dieser Begriffe auf der Unterscheidung der im Studiengang gelesenen Bücher. Diejenigen Bücher, welche man als die Grundlage des Studiums betrachtete, welche jeder Scholar hören mußte, nannte man ordentliche, diejenigen, welche weiter gingen oder welche man auch dem Selbststudium überlassen zu können glaubte, nannte man außerordentliche. Die weitere Entwicklung führte dann aber, und zwar wiederum in ähnlicher Weise in Paris wie in Bologna dahin, daß die Scholaren auch Vorlesungen über gewisse außerordentliche Bücher gehört haben mußten, ehe sie zur Prüfung zugelassen wurden.

und eine ordentliche und eine außerordentliche Methode[1]), sowie eine ordentliche und eine außerordentliche Stunde und Zeit, und auch in diesen Bedeutungen herrschte in Paris und Oxford dieselbe Grundanschauung wie in Bologna. Es wurde deshalb in Universitäten beider Gruppen verboten, eine ordentliche Vorlesung außerordentlich

---

[1]) Wie es in Bologna in den außerordentlichen Vorlesungen erlaubt war, Fragen zu stellen, so war es in Paris dem Magister gestattet, die außerordentlichen Vorlesungen ohne die für die ordentlichen vorgeschriebene Tracht zu lesen. Das eine wie das andere weist darauf hin, daß in den außerordentlichen Vorlesungen eine größere Freiheit der Bewegung herrschte, wie denn auch für „außerordentlich" lesen „kursorisch" (cursorie, ad cursum) gesetzt wurde. Indessen darf man sich nicht verführen lassen, deshalb die Freiheit bei den außerordentlichen Vorlesungen für vollständig zu halten oder unseren Gewohnheiten zu vergleichen. Das Pariser Statut von 1254 (Bulaeus III, 280) schrieb auch für außerordentliche Bücher eine gewisse Zeit vor, in der sie beendigt werden mußten, und in Bologna wurden auch die außerordentlichen Bücher in Abschnitte (puncta) für etwa je 12—14 Tage zerlegt. Statuten von 1347, § 44, Archiv III, 314. Verwandt mit dem methodischen Unterschiede der beiden Begriffe ist es, wenn man im allgemeinen daran festhielt, daß Scholaren, die noch nicht die Lizenz erworben hatten, nur außerordentlich lesen durften. Diese Auffassung findet sich an den verschiedensten Universitäten, wenn auch mit mancherlei Abweichungen, und auch an derselben Universität haben die Vorschriften darüber geschwankt. So konnten in Bologna im 13. Jahrhundert auch Scholaren ordentlich lesen, und Lerida übernahm die Vorschrift von dort (Statuten von 1300 bei Villanueva XVI, 220); als aber später in Bologna die ordentlichen Vorlesungen für ein Vorrecht der Doktoren, welche aus altbologneser Familien stammten, erklärt wurden, wird doch auch den Scholaren die ordentliche Vorlesung nicht mehr gestattet sein. Die Ausnahme, daß unter den lecturae universitatis, die Scholaren aufgetragen wurden, eine ordinaria war, würde den Grundsatz nicht aufheben. In Perugia, Florenz u. a. O. wurden bestimmte Doktoren für die einzelnen Vorlesungen berufen und dann meist auch die Konkurrenz geregelt, so daß niemand eine ordentliche Vorlesung halten durfte, als wer dazu berufen war; in der Artistenfakultät in Paris mußte dagegen jeder Magister ordentlich lesen, um für das Studienjahr die Rechte eines wirklichen Magisters (actu regens) zu genießen, konnte daneben aber auch außerordentlich lesen. In Montpellier verboten dies die Statuten von 1240: Germain III, 425 (achte Vorschrift): Item nullus magister legat in scolis aliquo tempore cursorie, sed soli baccalarii. Als die Vorlesungen durch die sich häufenden Glossen so weitläufig wurden, daß die ursprünglich für ein einziges Schuljahr bestimmten Bücher nicht beendet werden konnten, teilte man sie und nannte dann vielfach den in dem laufenden Schuljahr zu lesenden Teil das ordinarium. Da dies auch bei außerordentlichen Büchern geschah, so konnte nun von dem ordinarium eines liber extraordinarius gesprochen werden. Vgl. die Statuten von Montpellier bei Savigny III, 685.

zu lesen. Die ordentlichen Stunden waren in Paris wie in Bologna die Morgenstunden[1]) und die ordentliche Zeit bildeten an beiden Orten die Monate vom Oktober bis zum Frühjahr[2]). So zeigt also die Anwendung dieser die Studienordnung gewissermaßen beherrschenden Begriffe die gleichen Anschauungen und ebenso stimmen die Universitäten beider Gruppen darin überein, daß die Magister bei ihren Vorlesungen an eine Reihe von Vorschriften gebunden waren, die mit heutigen Begriffen von der Lehrfreiheit eines akademischen Lehrers völlig unvereinbar sind[3]), und man darf wohl daran erinnern, daß

---

[1]) In Paris sollten in den ersten drei Morgenstunden, die von Tagesanbruch an gerechnet wurden, also bis gegen 9 oder 10 Uhr, nur ordentliche Vorlesungen gehalten werden, die außerordentlichen fielen erst nach dem Frühessen (prandium), das um 10—11 Uhr anzusetzen ist; dies entspricht dem oben erwähnten Gebrauch Italiens für den ordentlichen Professor doctor de mane und für den außerordentlichen doctor de sero zu sagen. Bestellte man zwei Professoren für die gleiche ordentliche Vorlesung, dann konnte auch eine ordentliche Vorlesung nachmittags gehalten werden. Rossi Nro. 242 (a. 1389) p. 369: In jure civili eligi debent duo doctores ad ordinaria concurrentes, et concurrere ambo simul de mane seu alter eorum de mane et alter de sero secundum voluntatem et electionem scolarium.

[2]) In Paris hieß die Zeit von Anfang Oktober bis zu den Fasten das magnum ordinarium. Statut von 1355, Bulaeus IV, 333. Dazu kamen dann noch einige kürzere Abschnitte, in denen ordentlich gelesen werden durfte. Der Kalender (Jourdain p. 201 f.) gibt das Einzelne. In den Sommermonaten, d. h. also in den Ferien, konnten ordentliche Vorlesungen nicht gehalten werden, wohl aber außerordentliche. Vgl. die Statuten von Toulouse (1366 und 1389) Kap. 7: De baccalariis estivalibus (Hist. de Lang. VII, 2, 561), über die Baccalare, welche ihre Vorlesung über die Sentenzen in den Sommerferien halten wollten, um rascher fertig zu werden mit den für die Lizenz vorgeschriebenen Vorlesungen. In Toulouse mußten die im Ort zurückbleibenden Graduierten in den Ferien gewisse Uebungen halten. H. de Lang. VII, 2, 569, c. 30.

[3]) Aus den Statuten der italienischen Universitäten wurden Kap. 3 einige Vorschriften derart mitgeteilt, aber Montpellier, Toulouse, Lerida u. s. w. haben ähnliche (für Lerida s. Villanueva XVI, 220 f., für Montpellier die Statuten von 1339 Kap. 11 bei Savigny III, 686). In Paris herrschte die Sitte des Punktierens der Vorlesungen in Abschnitte von etwa 14 Tagen nicht, aber in demselben Geiste sind die Vorschriften des Statuts von 1254 erlassen, welche bestimmen, in wie viel Wochen die einzelnen Bücher zu vollenden seien, denn jede Woche hatte nur bestimmte Lesetage, und wie in Bologna, so war auch in Paris vorgeschrieben, daß man weder später anfangen, noch über den Glockenschlag hinaus lesen dürfe. Da heißt es z. B.: das Buch de causis ist in 7 Wochen, das Buch de sensu et sensato in 6 Wochen, de memoria et reminiscentia in 2 Wochen zu beendigen.

diese peinliche, selbst durch ein Spionierspstem unterstützte Aufsicht schließlich kein anderes Ergebnis hatte, als daß die Vorlesungen in eine Weitschweifigkeit ausarteten, von der doch unsere ohne jede derartige

Bulaeus III, 280. Für Toulouse vgl. die Statuten von 1314, Kap. 13 u. 14, in Hist. de Lang. VII, 2, 490 u. 491. In Oxford waren diese Vorschriften allgemeiner gehalten (Munim. academ. II, 419; dazu I, 285 f.; II, 392; II, 423; terminus bezeichnet hierbei den für einen Gegenstand bestimmten Zeitraum oder die für denselben bestimmte Zahl von Vorlesungen, das Schuljahr galt gewöhnlich = 3 termini), dagegen bestanden genauere Regeln, welche den Magister in der Wahl des Gegenstandes beschränkten. Am Schluß jedes Schuljahres und innerhalb desselben nach Beendigung des übernommenen Buches meldeten sich die Magister, welche in dem nächsten Termine als magistri actu regentes lesen wollten, bei den Prokuratoren, diese teilten sie nach dem Alter in 10 Abteilungen entsprechend den 10 Gegenständen des Lehrplans der „forma", welche die Scholaren gehört haben mußten, ehe sie zu der Magisterprüfung zugelassen wurden. Kein Magister durfte den ihm gewordenen Gegenstand ändern und hatte sich dabei an diejenigen Teile des Buchs zu halten, welche von den Statuten vorgeschrieben waren. Mun. acad. I, 287: prope finem cujuslibet termini Procuratores inquisito . . . per omnes Regentes in facultate qui et quot de ipsis proximo termino sequente legere volverint dictas artes et philosophias pro forma inceptorum (der Prüfungsordnung entsprechend) tunc omnes illos regentes in decem partes vel portiones aequales aut in quantum vicinius potest fieri, separent et partiantur: in prima portione magistris supervisoribus grammaticorum cum junioribus magistris connumeratis, in secundaque portione illis proximo junioribus contentis et sic in residuis portionibus usque ad seniores procedendo: sic tunc quod magistri primae portionis lecturam grammaticae ordinariam in scholis ad hoc limitatis, pro proximo sequente termino, observent, ac sic reliquarum sex artium et trium philosophiarum ordinarias lecturas, pro eodem termino, residuae magistrorum portiones conformiter impleant et perficiant; proviso insuper quod uniuscujusque portionis quilibet magister, unus post alium illos solum modo libros . . . per se vel per alium legat . . . Oxford übertraf damit alle anderen Universitäten in der Vereinigung und dem Zusammenwirken der Lehrkräfte, aber die alte Freiheit zeigte sich auch hier, indem jeder Magister es in seiner Hand hatte, ob er sich an dem neuen Termin beteiligen wollte. Munim. academ. I, 285 f. Das Statut ist von 1431, aber die Einrichtung war unzweifelhaft älter. Die zehn Gegenstände werden bezeichnet als septem artes liberales et tres philosophias. Der Scholar hatte sie per octo annorum terminos, termino quolibet ad minus continente triginta dies legibiles secundam formam sequentem ascendendo gradatim zu hören.

Weiter erinnere man sich an die Vorschriften über das Diktieren, Bulaeus IV, 332 u. V, 572 de non legendo ad pennam, über Ablesen und frei Sprechen u. s. w. Interessant ist das Statut von 1474, durch welches Padua die Juristen nötigte, eine bei den Artisten übliche Methode einzuführen. Statuta Bl. 79 lib. II zwischen cap. 11 u. 12.

Gleiche Einteilung des Studienjahres.

Schranke herrschende Lehrfreiheit der Universitäten keine Vorstellung hat[1]). Gleichartig war ferner die äußere Einteilung des Studienjahres; es begann in Italien wie in Frankreich, England und Spanien im Herbst (Anfang Oktober) und währte bis gegen Pfingsten[2]). Die Sommermonate galten als Ferien. Jede Universität hatte ihre besonderen Vorschriften[3]), aber im ganzen kamen sie darin überein. Innerhalb dieser Studienzeiten waren wieder eine Reihe von Tagen, an denen nicht oder nicht „ordentlich" gelesen werden durfte, sondern nur außerordentlich oder nur Disputationen gehalten werden sollten. Diese Tage waren sehr zahlreich, und da die Bestimmungen hierüber streng gehalten, Verletzungen bestraft wurden, so hatte jede Universität einen eigenen Kalender[4]), der diese Studienordnung enthielt. Man rechnete endlich ebenfalls in beiden Gruppen die Studienzeit nach

---

[1]) Belege oben S. 76 Note 2 und Savigny III, 547 f.

[2]) Pfingsten als Endtermin in Lerida. Statuten von 1300. Villanueva XVI, 216. § De translacione. Die Bulle Parens scientiarum 1231 hatte nur einen Monat Sommerferien gestattet, und diese Bestimmung wurde 1245 für Toulouse mit den anderen Bestimmungen jener Bulle wiederholt. Bulaeus III, 140. Hist. de L. VIII, 1186. Diese Vorschrift hielt die Entwicklung nicht auf.

[3]) In Oxford zerfiel das Studienjahr z. B. in vier Abschnitte: vom 10. Oktober bis 17. Dezember, vom 14. Januar bis Sonnabend vor Palmsonntag, vom Mittwoch nach Ostern bis Donnerstag vor Pfingsten und dann nach vierzehntägigen Pfingstferien ein letzter Abschnitt bis zum Beginn der großen Ferien, die an einem unbestimmten Tage vor dem 8. Juli begannen und bis zum 10. Oktober, also mindestens drei Monate dauerten.

[4]) In Oxford waren diese Bestimmungen für alle Fakultäten gleich geordnet. Der Kalender (Mun. acad. p. CXXXVII f.) zeigt deshalb nur die einfachen Noten:

Non le. = non legibilis, d. h. es wird überhaupt nicht gelesen.

Le. fe. = Dies legibilis festinanter, d. h. die Vorlesungen sind abzukürzen.

Dis. = Dies disputabilis, d. h. an diesem Tage können Disputationen gehalten werden.

Non dis. = Dies non disputabilis, d. h. es dürfen keine Disputationen gehalten werden.

In Paris waren diese Vorschriften für die einzelnen Fakultäten verschieden und der Kalender sagte daher: heute lesen die Artisten nicht (non legitur in vico straminis), aber die anderen Fakultäten lesen, oder: heute wird bei den Kanonisten (in vico Branelli) nicht gelesen u. s. w. Siehe den Kalender bei Jourdain, Index p. 201 f. In Bologna (§ 43), Perugia (II, 5), Lerida (Villanueva XVI, 227) u. s. w. bildete der Kalender ein Kapitel der Statuten.

Jahren, in Frankreich auch nach Monaten, und zwar war es üblich, das Studienjahr dann zu acht Monaten zu rechnen[1]).

Auf die Besonderheiten der einzelnen Universitäten und Fakultäten kann diese vergleichende Darstellung nicht eingehen, auch nicht auf die mancherlei Kunstausdrücke, ohne Gefahr zu laufen, die Grundzüge des Bildes zu verdunkeln; zwei Punkte fordern indes noch eine besondere Erörterung: 1) die Entwicklung der akademischen Grade und die Anerkennung der Grade der einen Universität auf den anderen; 2) die Bedeutung der kaiserlichen und päpstlichen Privilegien, im besonderen der sogenannten Stiftungsbriefe.

Die akademischen Grade.

Man erinnere sich, welche Bedürfnisse eine förmliche Verleihung des Rechts zu lesen notwendig gemacht hatten. Die formlose Lehrfreiheit des 12. Jahrhunderts hatte unerträgliche Zustände geschaffen, und es gehörte in Paris z. B. zu den ersten Akten der sich aus den ordnungslos nebeneinander wirkenden Magistern bildenden Universität, diesen Punkt zu regeln. Das ging nicht ohne mannigfaltigen Widerstand und an den verschiedenen Orten unter Einwirkung sehr verschiedener Gewalten und Einflüsse: überall aber ergab sich schließlich eine Ordnung, nach welcher die Korporationen der Magister und Scholaren mit außerhalb stehenden Behörden zusammenwirkten, welche in beiden Gruppen regelmäßig den Namen Kanzler (Scholastikus) führte und durch den Bischof oder ein Mitglied seines Kapitels gebildet wurde. Auch die weitere Entwicklung dieser Prüfungen und der auf Grund derselben verliehenen Grade

---

[1]) Siehe die Statuten der Pariser Kanonisten von 1390. Jourdain 867 p. 191 f.: nullus in forma canonistarum admittatur ad examen pro licencia in jure canonico Parisius optinenda, nisi prius per quadraginta menses completos ad minus in 5 annis quatuor libros juris canonici integre bene et debite legerit in studio generali. In der Bulle Clemens V., welche die Erteilung der Grade in der medizinischen Fakultät zu Montpellier regelte, heißt es: pro quolibet anno octo duntaxat mensibus computatis. Germain III, 430. Die Statuten von Toulouse teilten die Lehrpensa zunächst nach Jahren, wie die oben erwähnte Vorschrift zeigt, daß, was in dem einen Jahre als „ordentliche Vorlesung" von den Magistern vorgetragen war, im zweiten Jahre den Anfängern zur „außerordentlichen" überlassen wurde.

Die Abstufung der Grade.

vollzog sich in der gleichen Richtung zu einer Art von Adels- und Ehrentiteln, aber abgesehen von Besonderheiten der einzelnen Universitäten tritt dabei doch ein Unterschied hervor, der wieder die Kanzleruniversitäten im ganzen den Stadtuniversitäten gegenüberstellt. In der Entwicklung der akademischen Grade sind hauptsächlich zwei Gesichtspunkte zu beachten: 1) der Uebergang vom Schüler zum Lehrer wurde in Stufen zerlegt. Die Magisterlizenz blieb nicht die einzige, sondern wurde zu der umfassendsten Lizenz, und der Magister- oder Doktortitel blieb nicht der einzige, sondern wurde der höchste akademische Grad. 2) Die zunächst für die einzelne Universität erteilte Lizenz erweiterte sich zu dem Recht, allerorten, also auch und vornehmlich an allen Generalstudien lehren zu dürfen (jus ubique docendi). Die Abstufung des Doktorgrades und der Lizenz geschah vollständig nur an den Kanzleruniversitäten. Nach dem Herkommen des 12. Jahrhunderts hatten die Scholaren, welche sich für hinreichend ausgebildet hielten, um als Lehrer aufzutreten, zunächst unter einer gewissen Aufsicht ihrer Lehrer Vorlesungen gehalten und disputiert. Schon vor 1215 waren für den Beginn dieser Versuche gewisse Formen ausgebildet gewesen[1]) und nicht viel später als die Erteilung der Lizenz regelten die Artisten von Paris auch diesen ersten Schritt zu derselben und gestalteten ihn zu einem förmlichen Examen[2]), das gegen Weihnachten stattfand und das mit der Erlaubnis schloß und zugleich die Verpflichtung auferlegte, in der folgenden Fastenzeit öffentliche Disputationen zu halten, zu determinieren, wie der Ausdruck war. Dadurch erwarben die

---

[1]) Man erkennt dies daraus, daß die jungen Leute zu Ehren einer solchen ersten Disputation Festlichkeiten veranstalteten, was bereits in dem Statut von 1215 untersagt werden mußte. Bulaeus III, 82: In responsionibus vel oppositionibus puerorum vel juvenum nulla fiant convivia. Auch Thurot p. 42 bezieht dies auf die Determinationen.

[2]) Examen determinantium Bul. III, 420. Thurot p. 42 f. gibt das Nähere und die Abänderungen im Laufe der Zeit. Wenn er p. 43 sagt: Cette épreuve prit en 1275 une forme régulière qu'elle conserva jusque vers la fin du XIVe siècle, so ist das nicht so zu verstehen, als sei 1275 zuerst une forme régulière eingeführt. Das Statut von 1275 (Bul. III, 420) gibt sich als eine Reform einer alten Ordnung. Thurot sagt zwar dann noch bestimmt, daß das Weihnachtsexamen vor der Determination erst 1275 eingeführt sei, aber die Bestimmung lautet: ut nullus de caetero nisi prius in scholis publice magistro regenti actu de quaestione responderit ante Natale ad examen Determinantium admittatur. Das examen ante Natale bestand also bereits.

Scholaren den Titel eines Baccalars und hatten als solche noch mehrere Jahre Vorlesungen zu hören und zu disputieren, ehe sie zu der Prüfung für die Lizenz zugelassen wurden¹). Diesen Pariser Ordnungen entsprachen die Oxforder von 1267²), und in der Hauptsache hatten die Artisten aller Kanzleruniversitäten hierüber ähnliche Bestimmungen. Das Baccalariat war, wie ein Pariser Statut sagt, „die erste Thüre zum Empfang der anderen Grade"³), aber nicht nur dies, sondern selbst ein Grad⁴), der bestimmte Vorrechte und einen Anteil an dem Lehramt gewährte. Der Baccalar konnte gewisse Vorlesungen halten, und die Universitäten rechneten teilweise auch auf dieselben⁵): aber diese Lehrthätigkeit blieb in der Artistenfakultät immer eine untergeordnete, die Vorlesungen blieben im wesentlichen Sache der Magister. Es bewahrte die Magisterprüfung und die Erhebung zur Magisterwürde den ursprünglichen Sinn einer Ein-

---

¹) Statuten von 1366. Bulaeus IV, 390.
²) Munim. acad. I, 34.
³) Statuten von 1452, Bulaeus V, 573: Item quia baccalariatus in artibus videtur esse janua prima pro ceteris gradibus suscipiendis ... Es scheint möglich gewesen zu sein, zur Prüfung für die Lizenz zugelassen zu werden, ohne Baccalar geworden zu sein; wenigstens fordern die Prüfungsordnungen von 1366 (Bulaeus IV, 390 f.) und von 1452 (Bulaeus V, 574) nur gewisse Bücher, Vorlesungen und Disputationen, ohne die vorgängige Baccalariatsprüfung zu erwähnen. Ebenso die Vorschriften von Oxford. Munim. acad. I, 285, II, 413 f. Oxford forderte übrigens vor der Lizenz eine größere Reihe kursorischer Vorlesungen (Mun. acad. I, 142 f.), Paris nicht.
⁴) Statut von 1355: ad gradum baccalarii vel magistri. Bulaeus IV, 332.
⁵) In Oxford stellten die Baccalare auch Zeugnisse aus über die von den Scholaren bei ihnen gehörten Vorlesungen, und diese hatten bei den Prüfungen rechtliche Gültigkeit. Mun. acad. I, 34. In Toulouse wurden gewisse Baccalare von den Magistern bestimmt, diejenigen Bücher der Logik zu lesen, welche in dem betreffenden Jahre von dem Magister nicht gelesen wurden; von den Scholaren, welche die Vorlesung hörten, sollten sie ein allerdings niedrig bemessenes Honorar erhalten, aber auch dann lesen, wenn die Scholaren nicht zahlen wollten. Histoire de Languedoc VII. 443. Statuten der Artisten von Toulouse von 1309 § V: Item baccalarii, qui per magistros singulis annis ad hoc deputentur, teneantur quolibet anno complete legere illos libros de nova Logica, qui pro anno non spectant ad ordinarium magistrorum (d. h. zu der durch den Lehrplan festgestellten Aufgabe, dem Pensum der Magister), scilicet uno anno librum topicorum Aristotelis et librum elencorum, alio vero anno librum priorum et posteriorum, ut proficere ac studere cogantur ...

führung in das Lehramt; der neugeschaffene Magister galt als Anfänger im Lehramt und erwarb in Paris erst nach einer mehrjährigen Lehrthätigkeit die vollen Rechte unter den Magistern. Dem entspricht es, daß die Studienzeit, welche für den Erwerb dieser Würde gefordert wurde, nicht verlängert wurde, auch im 14. und 15. Jahrhundert konnte man in Paris mit 21 Jahren Magister werden.

Bedeutender gestaltete sich das Baccalariat in den oberen Fakultäten der Pariser Universität. In der Theologie wurde es erst nach 6—7jährigen Studien verliehen, und da diese erst begonnen werden konnten, nachdem man einige Jahre bei den Artisten studiert, womöglich erst den Magistergrad erworben hatte, so wurde man erst mit dem 27.—30. Jahre Baccalar der Theologie[1]). Ein solcher mußte dann wieder 6—7 Jahre einen stufenmäßig geordneten Kreis von Vorlesungen halten, ehe er zur Lizenz zugelassen wurde, und manche blieben Baccalare, weil sie die Kosten nicht aufbringen konnten, welche mit der Bewerbung um die Magisterprüfung verbunden waren. Da nun die Magister der Theologie nur alle vierzehn Tage oder gar nur alle drei Wochen eine Vorlesung zu halten verpflichtet waren und meist auch thatsächlich nicht mehr lasen[2]), sondern nur den Vorsitz bei Disputationen führten und sich an Formalakten und Prüfungen beteiligten, so wurde das Lehramt der Fakultät thatsächlich von den Baccalaren verwaltet. Die Erteilung der Lizenz und des Magistertitels war nicht der Beginn der Lehrthätigkeit, sondern die mit großen Kosten zu erkaufende Anerkennung einer bereits mehrere Jahre verwalteten Lehrthätigkeit, und in vielen Fällen der thatsächliche

---

[1]) Die Bestimmungen über die Länge der Studien haben geschwankt. Die älteste Vorschrift ist von 1215. Bulaeus III, 82: Nullus Parisius legat citra 35 aetatis annum, et nisi studuerit per octo annos ad minus et libros fideliter et in scholis audiverit, et quinque annis audiat Theologiam, antequam privatas lectiones legat publice, et illorum nullus legat ante tertiam in diebus, quando magistri legunt. Nach dem Statut von 1366 mußte man mindestens 25 Jahre alt sein, um als Baccalar zugelassen zu werden. Bulaeus IV, 389, und ein Statut, das Bulaeus IV, 426 zum Jahre 1370 stellt, fordert: studentes in theologia si sint seculares habent ibi audire per 7 annos, antequam admittantur ad lecturam bibliae, sed regulares admittantur in sexto anno. Nach den Statuten von 1452 (Bulaeus V, 564) war diese Forderung wieder auf 5—6 Jahre herabgesetzt.

[2]) Das bezügliche Statut von 1452 (Bulaeus V, 565) sieht es offenbar als einen guten Erfolg an, wenn nur dieses geringe Maß erfüllt wird.

Abschied von der Lehrthätigkeit, der Uebertritt in eine Art Aufsichtsbehörde über die Lehrthätigkeit der Baccalare¹). Die Baccalare der

---

¹) Thurot führt aus, das Baccalariat sei kein Grad, sondern ein état, eine Art Lehrlingsstand, in dem man sich vorbereite auf die Meisterschaft: L'organisation p. 137: Les réglements de la faculté de théologie montrent clairement que le baccalauréat n'était pas un grade, mais un état. En réalité ce terme signifiait apprentissage, l'apprentissage de la maitrise. Das bezeichnet die eine Seite des Baccalariats ganz scharf, und es begegnet auch für dasselbe die Bezeichnung status, aber diese begegnet ebenso für das magisterium Statut von Toulouse 1329; H. de Lang. VII, 2, 528: honorem et statum magisterii. Vgl. Nikolaus von Clemanges. Liber de studio theologiae bei d'Achery, Spicilegium I, 477 Abs. 3: crescit cum statu et gradu (nämlich magistri). Das Baccalariat war ein status, aber es war außerdem auch ein gradus oder honor, der förmlich verliehen wurde und mit dem bestimmte Rechte und Ehrenrechte verknüpft waren. In Paris blieb nur bei den Medizinern die Ausbildung des Baccalariats zu einem Grade lange Zeit zurück, aber 1436 (Bulaeus V, 441) wurde unter Hinweis auf die anderen Fakultäten ein förmlicher Beschluß gefaßt: declarare gradum baccalariatus in medicina esse gradum quemadmodum in aliis facultatibus. Für Angers verweise ich auf die Statuten von 1373, Rangeard II, 218: teneatur audire ... antequam ad gradum baccalariatus admittatur. Ebenso die Statuten von Toulouse, Histoire de Lang. VII, 2, 522: cum assumitur ad honorem doctoratus vel magisterii vel licencie vel baccalariatus. Dem entsprechend kennt die Tolosaner Prüfungsordnung von 1328 auch eine Entziehung dieses Grades. H. de Languedoc VII, 2, 521 f. cap. 12 (p. 524) wird den Baccalaren gedroht: aliter ad privationem gradus ... procedatur. Die Statuten von Montpellier sprechen gleicherweise von dem gradus baccalariatus und dem honor baccalariatus. Stat. von 1360 (Savigny III, 689): Quod nulli assumantur ad gradum baccalariatus nisi cum solemnitate principii. Cum nonnulli scolares nostrae universitatis studii Montispessulani velint baccalariatus honorem assumere non principiando in scolis publice ut est moris et de hoc instrumentum signatum sigillo nostrae universitatis habere cupiant et multi consueverint ... statuimus ... quod nulli instrumentum de cetero concedatur, nisi publice principium fecerit in scolis. Vgl. die Tolosaner Statuten von 1329 a. a. O. p. 537. Die Stiftungsbriefe und päpstlichen Privilegien für Avignon, Bordeaux u. a., sowie die Statuten von Bordeaux (Barkhausen p. 36) geben weitere Belege. Für Oxford ergibt sich diese Auffassung des Baccalars als eines wirklichen Grades zur Genüge schon aus der Rangordnung, die für dieselben festgesetzt war. Mun. acad. I, 233. Die Ordnung stammt ungefähr von 1370, aber es war nur eine Neuordnung. Der Schluß heißt: Bachilarii in theologia quam opponentes ac etiam magistri in artibus praeferendi sunt Bachilariis in decretis in processionibus et aliis locis quibuscunque propter suos gradus magis venerabiles. Eine ähnliche Rangordnung haben die Tolosaner Statuten von 1366 (1389) Kap. 22, De sedibus, Histoire de Lang. VII, 2, 564.

Theologie waren also, obschon ihnen noch nicht die volle Lehrbefugnis zustand und obschon sie rechtlich nur unter Aufsicht der Magister lasen, einflußreiche Lehrer der Universität. Aehnlich war es in der Fakultät der Dekretisten; auch hier mußten sich die Statuten begnügen, die Magister (Doktoren) zu verpflichten, wenigstens alle vierzehn Tage eine Vorlesung zu halten, und die Lehrthätigkeit war also thatsächlich den Baccalaren überlassen. Das war in Montpellier, Toulouse, Angers, Oxford nicht in gleichem Maße der Fall, aber an allen diesen Universitäten wurde die Erwerbung des Magistertitels weit hinausgeschoben [1]), und bei wichtigen Angelegenheiten führten angesehene Gelehrte und hochstehende Männer [2]) die Titel eines Baccalars der Theologie oder des Rechts. Nicht wenige verließen auch die Universität mit diesem Titel, um Aemter im Dienst der Kirche oder des Staats zu übernehmen [3]). Die Verleihung des Baccalariats wurde deshalb auch mit mancherlei Feierlichkeiten umkleidet, und in Montpellier forderten die Juristen, welche unter dem Einfluß von Bologna diesen Versuch einer Lehrthätigkeit nicht an eine Prüfung knüpften, doch einen öffentlichen Akt, der mit demselben Namen bezeichnet wurde (principium) wie der Akt, durch den die Magister ihr Amt antraten, und über seine Würde wurde hier dem Baccalar eine mit dem Siegel der Universität versehene Urkunde ausgestellt [4]).

[1]) In Oxford durfte niemand als Magister der Medizin zugelassen werden, der nicht 1) in der Artistenfakultät gelesen, 2) sechs Jahre medizinische Vorlesungen gehört, 3) zwei außerordentliche medizinische Vorlesungen gehalten und während zweier Jahre in den scholae medicinales disputiert hatte. Mun. acad. II, 407 und 406.

[2]) So nennt sich der Generalvikar des Erzbischofs von Toulouse, welcher die Aufsicht und Leitung der Universität hatte, in einem Erlaß von 1414 baccallarius in decretis, Hist. de Lang. VII, 2, 599 Nro. VII; in einem Erlaß von 1416 ib. p. 600 f. Nro. VIII licentiatus in decretis.

[3]) In einem Tolosaner Statut von 1413 heißt es H. d. Lang. VII, 2, 597 f.: sunt etiam nonnulli (baccallarii) qui non intendunt ad altiorem gradum ascendere, sed post gradum receptum recipiunt officia interdum ecclesiastica interdum secularia et sepissime est, eis publica examinacio ex multis considerationibus rationabilibus onerosa, obque (id) multi valentes viri retrahuntur a predicti gradus licencie perceptione ... Aus diesem Grunde und wegen lästiger Häufung der Prüfungen soll der Kanzler von Toulouse befugt sein, die publica (i. e. examinatio) zu erlassen.

[4]) Statut von 1360, eingefügt als Kap. 16 in die Statuten von 1339 (Savigny III, 689), aber es wurde diese S. 356 Note 1 mitgeteilte Vorschrift

Eine weitere Abstufung entwickelte sich in Paris aus der Form der Verleihung des Magistertitels in zwei Akten, die als Verleihung der Lizenz und des Magisteriums unterschieden wurden. Der zweite Akt wurde inceptio (principium) genannt und bildete die feierliche Aufnahme in die Korporation und den feierlichen, in Gegenwart der Korporation vollzogenen Antritt des Lehramts. Diese hatte bei den Artisten in Paris eine besondere Wichtigkeit dadurch, daß diese Aufnahme dem Kandidaten Zugang zu den politischen Rechten der Korporation gewährte und daß die Artistenfakultät in eigentümlicher Weise den Hauptträger der Autonomie der Universität bildete. Diese Stellung war errungen in Kämpfen mit dem Kanzler und war um die Mitte des Jahrhunderts verteidigt worden im Kampfe mit den Dominikanern. Nun hatte die Korporation schon an der Verleihung der Lizenz einen erheblichen Anteil, der Kanzler durfte sie nur verleihen auf Grund der von den Examinatoren der Korporation abgehaltenen Prüfung, aber trotzdem bildete sie unter dem Einfluß jener Kämpfe die Aufnahmefeierlichkeit zu einem Akt von selbständiger Bedeutung aus[1]). Die Erteilung der Lizenz hatte deshalb thatsächlich nicht die Folge, daß der Empfänger fortan in Paris vollberechtigt lesen konnte, obschon dies der Inhalt der Lizenz war, die Bedeutung der Inceptio raubte der Lizenz einen wesentlichen Teil dieses Inhalts, machte sie zu einer Vorstufe für die eigentliche, praktisch vollgültige Lizenz, für die durch die Inceptio zu gewinnende Magisterstellung. Da nun manche zwischen dem Empfang der Lizenz durch den Kanzler und der Aufnahme in die Korporation längere Zeit verstreichen ließen oder sich überhaupt nicht zu der Inceptio meldeten, sei es, weil sie die Kosten scheuten, oder die Verpflichtung, zwei Jahre in Paris zu

---

damals nur erneuert, wie die Worte zeigen: Cum nonnulli scolares nostrae universitatis studii Montispessulani velint baccalariatus honorem assumere non principiando in scolis publice ut est moris et de hoc instrumentum signatum sigillo nostrae universitatis habere cupiant ...

[1]) Nach dem Statut von 1366 wurde für den Magister auch eine Erweiterung der wissenschaftlichen Studien über das Maß der für die Lizenz gestellten Vorschriften gefordert, aber das war nur eine Folge der Unterscheidung des Lizentiaten als eines besonderen Grades, ursprünglich war die Vorstellung die, daß die Lizenz erteilt werde, nachdem der Beweis der wissenschaftlichen und moralischen Befähigung voll erbracht worden sei, und die Statuten von 1452 haben denn auch die wissenschaftliche Forderung wieder ganz bei der Lizenz vereinigt. Bulaeus IV, 390 und die Statuten von 1452, Bulaeus V, 552 f., im besonderen p. 574.

bleiben und als Magister zu lesen, nicht übernehmen konnten, so gab es Gelehrte, die wohl die Lizenz besaßen, aber nicht den Magistertitel führten. Indessen waren doch die Bedingungen an Geld und Zeit, welche die Erwerbung des Magisters bei den Artisten auferlegte, nicht so bedeutend, und vielleicht erwarben bei den Artisten die meisten, welche die Lizenz erworben hatten, auch das Magisterium.

In den oberen Fakultäten wurde die Lizenz ebenfalls in zwei Akten verliehen, und der zweite hatte hier gleicherweise die Bedeutung einer feierlichen Aufnahme in die Korporation, sie wurde auch benutzt, um die Selbständigkeit der Korporation zu sichern[1]), aber vorzugsweise diente die doppelte Zeremonie als ein Mittel, den Weg zu dem Grade des Magisters in diesen Fakultäten zu verlängern und damit zu erschweren. Unter einer Reihe von feierlichen Formen und Aufsichtsmaßregeln durchlief der Baccalar der Theologie in Paris die ihm vorgeschriebene Bahn[2]), und nachdem er die Vorlesung über die Sentenzen beendet und damit die letzte wissenschaftliche Forderung erfüllt hatte[3]), mußte er noch drei Jahre in Paris unter den Augen der Fakultät leben und an gewissen Disputationen und sonstigen Akten teilnehmen, ehe er von der Fakultät dem Kanzler zur Lizenz vorgeschlagen wurde. Die Erteilung derselben wurde nur in jedem zweiten Jahre, das deshalb Jubiläumsjahr genannt wurde, vorgenommen[4]),

---

[1]) So weigerten die Dekretisten von Paris 1272 dem Magister G. die Aufnahme, obschon ihm der Kanzler die Lizenz verliehen hatte. Sie leisteten einander das eidliche Versprechen: ad collegium suum tanquam unum ex se non admitterent sine juramento suorum statutorum prout moris est inceptarorum in decretis nec facerent ei in principio comitivam. Jourdain 229.

[2]) Namentlich war der Beginn jeder neuen Reihe von Vorlesungen durch eine Antrittsvorlesung (ein principium) unter dem verantwortlichen Vorsitz eines Magisters zu feiern, und als die Statuten von 1452 dem Baccalar gestatteten, sein principium und seine Vorlesung über die Sentenzen aus einem Heft (quaternio) vorzutragen, bestimmten sie auch, daß der Dekan und ein besonders dazu ernannter Magister sich vergewissern sollten, daß dies Heft eine eigene Ausarbeitung enthalte, wenigstens nicht de verbo ad verbum von einem anderen abgeschrieben sei. Bul. V, 565. Thurot 139 f. schildert diese Formen und Vorlesungen in Paris.

[3]) Die Universität erkannte dies an durch die Benennung baccalarius formatus, d. i. ein Baccalar, der das Maß der für die Lizenz gestellten Forderungen (forma) erfüllt hat.

[4]) Die gleiche Vorschrift hatten die Statuten von Toulouse. Stat. von 1380, H. de Lang. VII, 2, 580 cap. 7: Quod expeditiones (expedire = zulassen) fiant de biennio in biennium.

wieder in der Absicht, die Häufigkeit der Zeremonie zu vermeiden und ihren Wert zu erhöhen. Der Kanzler erteilte die Lizenz auf Grund einer Prüfung, die wenig mehr als eine Form war; die wesentliche Bedingung bildete der Nachweis, daß man die dem Baccalar vorgeschriebene Laufbahn vollständig beendet habe. Nach der Prüfung wurden die Baccalare zu einem feierlichen Akte eingeladen, in welchem sie dem Kanzler einen Eid leisteten und von ihm die Lizenz empfingen. Sie wurde mit einer Formel verliehen, die keinerlei Beschränkung zuließ[1]), aber zur Ausübung dieser Lizenz gelangte der Kandidat doch erst nach einer neuen Reihe von Feierlichkeiten, durch welche er seinen Eintritt in das Doktorenkolleg vollzog, und welche wieder ein ganzes Jahr erforderten und mit einer Menge von Ausgaben belastet waren. Im 13. Jahrhundert war anfangs die Zahl der Magister der Theologie von Paris auf acht, dann auf zwölf beschränkt gewesen, diese Beschränkung war im Kampf mit den Bettelorden weggefallen, aber die Verlängerung der Studienzeit und die damit verbundenen Unkosten, vor allem aber die Ehrenausgaben, welche mit den Zeremonien der Lizenz und der Inceptio verknüpft waren, wirkten notwendig als Schranke. Die amtlichen Kosten waren mäßig, aber die Geschenke, welche man an die Magister und Pedelle wie an seine Freunde geben mußte, und die Gastereien, zu denen man bald kleinere bald größere Kreise einzuladen hatte, verschlangen ganze Vermögen[2]). Es kam so weit, daß hochstehende Gelehrte diejenigen als Narren behandelten, welche nach dieser Würde verlangten, und wiederholt sind Versuche gemacht worden, dem Unwesen zu steuern. Namentlich erließ Papst Clemens V. auf dem Konzil von Vienne 1311 das Verbot, bei Gelegenheit des Doktorats oder des Magisteriums mehr als etwa 8000 Mark nach heutigem Geldwert aufzuwenden. Diese Maßregeln haben wenig geholfen, und da weitaus die größten Ausgaben mit den letzten Akten, mit der Aufnahme in die Fakultät als Magister (Doktor) verbunden waren, so begnügte sich mancher mit der Lizenz, der noch Geld und Zeit genug gehabt hatte, um über den Baccalar hinauszugehen.

---

[1]) Der Kanzler sprach: Ego auctoritate apostolica do tibi licentiam legendi, regendi, disputandi, docendi in sacra theologiae facultate hic et ubique terrarum. Thurot p. 154 Note 3.

[2]) Nikolaus von Clemanges warnte in sehr bringender Weise vor der Eitelkeit, die nach solcher Würde begehre. Liber de studio theol. bei D'Achery, Spic. I, 477.

Ähnlich war es bei den Dekretisten und ebenso an den anderen Kanzleruniversitäten, und zwar auch in den Fakultäten des römischen Rechts und der Medizin. Die Zahl derjenigen, welche wohl die Lizenz empfangen hatten, aber mit der Aufnahme in das Kollegium und der Verleihung des Titels und der Abzeichen des Doktorats oder Magisteriums im Rückstand waren, war so bedeutend[1]), daß die Gruppe der Lizentiaten als ein eigener Grad abgeschieden wurde[2]). Es gibt Stellen in den

---

[1]) Die Fakultät der Artisten in Paris klagt in ihrer Denkschrift von 1283 ganz allgemein, daß viele tüchtige Gelehrte durch den Mangel an Geld behindert würden, zu den anderen Fakultäten überzutreten, d. h. die Magisterwürde in denselben zu erwerben. Jourdain 274 p. 44: Et si aliqui provecti (gelehrte Magister der Artistenfakultät), qui non habent bona patrimonialia tanta, quod possint se ad alias facultates transferre sicut vellent multi boni, qui sunt in facultate artistarum.

[2]) Belege bieten z. B. für Toulouse die Statuten von 1329 Kap. 4. Hist. de Languedoc VII, 2, 537: ad honorem licentie admittatur; ib. p. 522, Statut von 1328: quod nullus, cum assumitur ad honorem doctoratus, vel magisterii vel licencie, vel baccallariatus ... Für Avignon: Laval p. 48 Nro. 16, Bulle Johanns XXII: ac etiam baccallariatus et licentiatus gradus et doctoratus ac magisterii insignia recipere ... Für Bordeaux: Barkhausen p. 7, Bulle Eugens IV.: quae circa hujusmodi baccalaureatus, licentine magisterii seu doctoratus honorem requiruntur. In Angers wurde die Lizenz in einem doppelten Akte verliehen, welche wie bei der Verleihung des Doktors in Bologna als privata und publica unterschieden wurden, aber wer in der publica die Lizenz empfangen hatte, war noch nicht Doktor und durfte in Angers nicht ordinarie lesen. So heißt es in den Statuten von 1400 Kap. 19, Rangeard II, 247: statuitur quod nullus admittatur ad legendum ordinarie et regendum nisi doctor fuerit und Kap. 20: Item in licentiato doctorari volente et postea ad regentiam admitti ... In Angers und ähnlich in Montpellier und Toulouse zeigt sich auch in diesen Prüfungen der Einfluß der italienischen Ordnungen, aber sie haben dabei die Abstufung der Grade. Für Angers ist sehr lehrreich Kap. 10 der 1494 erneuerten Statuten. Statuts, ed. Port. p. 5. In der Juristenuniversität zu Montpellier wurde die Ausbildung der Lizentiaten zu einem von dem Baccalariat getrennten Grade nicht so vollständig entwickelt. In den Statuten von 1339 werden bei Aufzählungen die Lizentiaten bisweilen besonders genannt, so Kap. 12, an den meisten Stellen aber unter den Baccalaren mitverstanden und nicht besonders genannt. Nach Kap. 18 scheint es, als ob die Bezeichnung licentiatus nicht amtlich gewesen sei, denn es heißt hier: quod aliquis baccalarius ad publicam examinationem et faciendum solemne principium jam admissus propter paupertatem vel aliam causam non posset vel etiam nollet simul doctorari ... aber Kap. 36 p. 709 (es ist ein Edikt von 1450) hat die ausdrückliche Bezeichnung: baccalariis ad gradum licentiae examinatis. Montpellier zeigt hier eine Mischung der Vorstellungen und Bezeichnungen

Statuten, in denen nur Magister, Baccalare und Scholaren unterschieden werden und in denen die Lizentiaten unter den Baccalaren mitverstanden sind, aber das ist nur eine Folge davon, daß diese Einrichtungen nicht künstlich und systematisch getroffen worden sind, sondern daß sie sich auseinander entwickelten. Andere Stellen der Statuten, sowie die Stiftungsbriefe der Päpste und andere Urkunden unterscheiden mit Bestimmtheit die drei Grade, und die Bezeichnung Lizentiat wurde als Titel geführt wie die des Baccalar. Oxford machte jedoch eine Ausnahme. Der Baccalar war hier ein besonderer Grad, der Lizentiat konnte es nicht werden, weil die Vorschrift galt, daß der Lizenz binnen Jahresfrist die Inceptio folgen und durch sie das Magisterium erworben werden müsse, sonst erlösche die Lizenz[1]). Darin aber stimmte Oxford mit Paris überein, daß die Inceptio, welche das Recht des Magisters verlieh, die Aufnahme in das Kollegium der Magister bildete[2]).

Im Gegensatz zu dieser Abstufung der Prüfungen und Grade erhielt sich in der Gruppe Bologna die Prüfung für das Doktorat als einzige Prüfung und die Verleihung der Doktorwürde[3]) als einzige

---

der Kanzleruniversitäten mit solchen, die den italienischen Universitäten angehören, welche die Grade nicht in der Weise entwickelten. Auch der § 18 selbst zeigt diese Mischung, admissus ad publicam gehört zu dem Sprachgebrauch von Bologna, solemne principium zu dem von Paris. Jedenfalls aber zeigt § 18, daß auch in Montpellier gar manche wohl die Lizenz erwarben, aber nicht den Doktor, und 1390 erhoben die Baccalare und Scholaren die Klage, daß viele tüchtige Leute auch durch den bösen Willen und die Geldgier der Professoren daran gehindert würden. (Siehe über die merkwürdige Urkunde im Anhang.)

[1]) Munim. acad. II, 377: qui prius licentiatus fuerit et infra annum non inceperit, toties quoties sic per suam importunitatem universitatem pulsaverit fatigandam, antequam incipiat iterum licentietur. In Montpellier bestand zeitweise eine der Wirkung nach ähnliche Bestimmung.

[2]) Daher war auch der wichtigste Akt der feierlichen Handlung die Beeidigung des neuen Magisters, und dieser Eid enthielt außer einem allgemeinen Gelübde, die Statuten der Universität Oxford zu halten und ihre Freiheiten zu verteidigen, zehn Artikel, welche sich ähnlich wie in dem Pariser Eide auf besondere Verhältnisse und Bedürfnisse der Universität bezogen. Mun. acad. II, 374 f. Ein Abschnitt bezog sich auf den Versuch einer Abteilung von Magistern und Scholaren, in Stamford eine Universität zu gründen: Item jurabis, quod non leges nec audies Stamfordiae tanquam in universitate, studio aut collegio generali. Ein Abschnitt verpflichtete zur schonenden Behandlung der Bücher der libraria universitatis communis u. s. w.

[3]) Der Sprachgebrauch war mannigfaltig. Doctoratus id est adprobatus

Verleihung eines Grades. Die Würde des Doktors wurde in Bologna in zwei Akten verliehen, die man als privata und publica (oder privatus und publicus conventus) unterschied[1]). Die privata war

in publica sagen die Florentiner Statuten rubr. 53 p. 67 und zwar in wörtlicher Uebereinstimmung mit den Bologneser Statuten (Druck p. 37 Rubr. Qui et quando debeant disputare). Statt doctoratus steht auch conventatus (conventuatus), und statt publica auch publicus conventus (Paduaner Statuten II, 90ᵇ) oder bloß conventus, oder es stehen beide Ausdrücke nebeneinander. Oefter steht auch im Wechsel mit gradum doctoratus suscipere oder conventum publicum assumere (Pad. Stat. II, 31 Blatt 95ᵇ), honorem magistralem suscipere, ad cathedram magistralem pervenire (Paduaner Statuten II, 23 Blatt 87). Also selbst noch in dem Sprachgebrauch des 15. und 16. Jahrhunderts erhielt sich auch bei den Juristen Italiens die Erinnerung an die ursprünglich gleiche Bedeutung der beiden Titel. Im ganzen überwog jedoch in Frankreich und England die Bezeichnung Magister, in Italien die Bezeichnung Doktor. Dem entsprach der Unterschied der Fakultäten. Bei den Artisten war magister die regelmäßige Benennung, bei den Juristen Doktor. In Paris war doctor auch bei den Dekretisten die regelmäßige Bezeichnung, doch geht Thurot p. 180 Note 3 zu weit, wenn er behauptet: les membres de la faculté de décret sont toujours appelés doctores et jamais magistri. Den Gegenbeweis erbringt schon der Fakultätsbeschluß von 1272 (Jourdain 229), in welchem sich die Mitglieder dieser Fakultät wiederholt und ausschließlich magistri nennen. Die Promotionen in den beiden Rechten wurden vielfach miteinander verbunden und man sprach von den doctores utriusque juris; in ähnlicher Weise faßten die Statuten von Perugia die Artes und die Medizin zusammen und sprachen lib. III, 20 bei Padelletti p. 128 von dem doctor utriusque scilicet artium et medicinae. Die Artes bildeten hier die Vorstufe für die Medizin, in gleicher Weise behandelte Oxford das römische Recht als die Vorstufe für das kanonische Recht. S. das merkwürdige Statut über die Abstimmung bei der Prüfung der Baccalare. Mun. academ. II, 425. Der Professor des kanonischen Rechts durfte über den Baccalar des römischen Rechts ein volles Votum abgeben, der Professor des römischen Rechts über den Baccalar des kanonischen Rechts nur ein beschränktes. Das gleiche Verhältniß setzt dies Statut für Artes und Medizin; diese Fakultäten galten auch in Oxford als scientiae conjunctae. II, 425: Cum in conjunctis scientiis superior de inferiore poterit ... judicare ... In Italien stand das römische Recht nicht so zurück. Der Titel Doktor hat dann die Entwicklung, welche den akademischen Grad zu einer Art Adel werden ließ, vollständiger durchgemacht und so wurde er im ganzen der glänzendere; allein der höchste Rang war doch immer bei den Magistern der Theologie und bei ihnen blieb der Titel Magister neben dem Titel Doktor in Gebrauch. Die Pariser Statuten von 1452 sagen regelmäßig Magister in der theologischen Fakultät. Bulaeus V, 563 f. Siehe den Anhang.

[1]) Gherardi und Morelli bieten p. 446 Pars II Nro. 189 aus dem Jahre 1444 ein Protokoll über den Gang einer solchen Prüfung, welches für die ganze Gruppe lehrreich ist.

die eigentliche Prüfung, die publica bildete einen feierlichen Akt, der mehr eine öffentliche Anerkennung und Verkündigung als eine Erweiterung und Verstärkung der Prüfung darstellte. Insofern gleicht die publica von Bologna der Pariser inceptio, allein nach ihrer rechtlichen Bedeutung gleicht sie ihr nicht. In der publica wurde die licentia docendi verliehen, die der bereits besaß, der in Paris zur inceptio kam; und diese bedeutete die Aufnahme in das Doktorenkollegium, während solche Aufnahme in Bologna nicht durch die publica erfolgte, sondern durch einen rechtlich und zeitlich davon geschiedenen Akt, und in den meisten Fällen überhaupt nicht erfolgte. Der Doktorgrad war nur eine der Vorbedingungen für die Aufnahme in das Doktorenkollegium.

Noch ein anderer Unterschied tritt hervor. In Paris kam fast die ganze Lehrthätigkeit der oberen Fakultäten in die Hand der Baccalare, welche nur gewisse vorläufige Grade und Berechtigungen erworben hatten, in Bologna, Perugia u. s. w. blieb der Doktorgrad die Vorbedingung für eine wirksame Lehrthätigkeit, und es kam nicht zu Erscheinungen, wie sie in Paris die Fakultäten der Theologie und des kanonischen Rechts zeigten, schon deshalb nicht, weil die Professoren Besoldung bezogen und durch den Vertrag über dieselbe zu regelmäßiger Thätigkeit verpflichtet waren.

In Bologna wurde ferner die Studienzeit für das Doktorat nicht in der Weise verlängert, wie dies in den oberen Fakultäten zu Paris, Toulouse u. s. w. geschah. Wer in Bologna 6 Jahre kanonisches Recht studiert und dabei in den letzten beiden Jahren eine Reihe von Vorlesungen gehalten hatte, wurde zur Promotion zugelassen, im römischen Recht wurden 7—8 Jahre gefordert und ebenfalls so, daß in den letzten dieser Jahre einige Vorlesungen gehalten wurden. Da man nun mit 14 Jahren und selbst früher das Studium beginnen konnte, so blieb die Möglichkeit mit 20 Jahren zu promovieren. In Toulouse wurde dagegen der Zivilist nach 7 Studienjahren erst zum Baccalariat befördert und mußte dann als Baccalar 6 Jahre gelesen haben, ehe er zur Lizenz und weiter zum Doktorat zugelassen wurde [1]). In Bologna nannte man wohl die Scholaren, welche Vorlesungen hielten, um die Bedingung der Promotionsordnung zu erfüllen, Baccalare, aber es war das mehr ein Ausdruck der gewöhn-

---

[1]) H. de Lang. VII, 2, 538: nec ad licentiam in legibus admittatur, nisi per sex annos legerit cursus suos.

lichen, als der amtlichen Sprache, und erst im 15. Jahrhundert wurde ihr Recht zu lesen etwas näher so bestimmt, daß sie diese Vorlesungen erst im sechsten und im siebenten Jahre halten durften¹). Dies ist ein Zeichen, daß sich im 15. Jahrhundert das Baccalariat zu einem bestimmten Grade zu entwickeln begann, aber auch die Statuten des 16. Jahrhunderts zeigen nur erst diese Anfänge²). Die durch die Prüfungsordnungen geforderten Vorlesungen der Scholaren fielen auch da noch in die Studienzeit, und diese war nicht länger als die in Toulouse, Orford, Paris u. s. w. für die Baccalariatsprüfung geforderte Studienzeit, diese Vorlesungen bildeten nicht eine besondere auf jene Studienzeit folgende Baccalariatsperiode. Die Erlaubnis zum Lesen wurde ferner nicht von den Doktoren erteilt und nicht auf Grund einer Prüfung, sondern von dem Rektor und auf Grund der einfachen Anmeldung³) und Zahlung einer Abgabe. So hatte also Bologna kein Baccalariat, weder im Rechtssinn noch in der praktischen Bedeutung der Kanzleruniversitäten, und ebensowenig Perugia, Padua oder Florenz. Dasselbe gilt vom Grad des Lizentiaten. Auch in Bologna u. s. w. war die Vorbedingung zu seiner Ausbildung gegeben, denn viele bestanden nur die privata, weil sie die Kosten der publica nicht aufbringen konnten. Dies drängte dahin, diese Scholaren als eine besondere Gruppe, als Graduierte anzusehen, und in den Statuten von Bologna, Perugia u. s. w. findet sich für dieselben auch an mehreren Stellen der Name licentiati; allein an vielen Stellen, wo man ihn nach dem Muster von Toulouse u. s. w. erwarten sollte, findet er sich nicht. Dagegen findet sich ein anderer, der Pariser Gruppe fremder

---

¹) Druck von 1561 p. 39, Archiv III, 326, Zeile 19 f., Rubrik 52: Addentes quod nullus possit aliquem tractatum juris civilis legere sive titulum, nisi audiverit per quinque annos ad minus nec librum aliquem nisi sex annis audiverit ... Die im 15. Jahrhundert aus ihnen abgeleiteten Peruginer Statuten sowie die Paduaner (Druck von 1551 lib. II, 17) haben die gleiche Bestimmung, doch setzen sie die Forderung um ein Jahr herab, ebenso in der entsprechenden Bestimmung über die Kanonisten. Beide haben wie die Bologneser Statuten diese Bestimmung als Zusatz; die Florentiner, die aus den Bologneser Statuten des 14. Jahrhunderts abgeleitet sind, haben diese nähere Bestimmung noch nicht. Vgl. Rubr. 69.

²) Weiter geht noch die Stelle der Rubrik 53 (Archiv III, 327) und Rubr. 46, über diese siehe den Anhang.

³) Statuten, Druck von 1561 p. 39, Archiv III, 326 Rubr. 52 Anfang: quam licentiam rectores teneantur concedere, nisi justa causa imminente.

Sprachgebrauch, indem man scholares privatum habentes oder non habentes, oder ad publicam admissi unterschied. Die licentiati der Statuten von Bologna waren ad publicam admissi und erst in der publica sollten sie die licentia docendi erhalten, sie waren nicht Lizentiaten im Sinne von Paris. Die Lizentiaten von Paris hießen so, weil sie die licentia docendi empfangen hatten, die Lizentiaten von Bologna hatten sie noch nicht empfangen, sondern nur die Lizenz zum Eintritt in diejenige Prüfung, durch welche die licentia docendi und zwar zugleich mit den Abzeichen und der Würde des Doktorats erworben wurde. Die Bezeichnung Lizentiat begann sich wohl in Bologna zu einem Grade zu entwickeln[1]), aber diese Entwicklung war auch in den Statuten des 16. Jahrhunderts noch nicht ganz vollendet[2]).

Die Anerkennung der akademischen Grade der einen Universität durch die andere.

Da die Prüfung der Scholaren, welche als Magister auftreten wollten, und die feierliche Erteilung der Lizenz eingeführt wurde, um den Lehrkörper der Universität von ungeeigneten Mitgliedern frei zu halten, so bestand zunächst keine Absicht, mit dieser Prüfung und Lizenz ein allgemeines Recht zu verleihen. Das zeigen die ältesten Prüfungsordnungen von Paris, und Bologna beabsichtigte anfangs sogar seine Magister zu hindern, an anderen Orten zu lesen, geschweige, daß man die Absicht gehabt hätte, ihnen dazu ein besonderes

---

[1]) Der Druck der Statuten von 1561 spricht p. 38 Z. 19 von den Graden des Baccalars und Lizentiaten, aber diese Stelle ist später Zusatz. Siehe den Anhang Beilage 5.

[2]) Die Florentiner, Peruginer und Paduaner Statuten zeigen noch weniger Spuren davon, und auch in den Statuten der Artisten von Bologna von 1609 (Druck von 1612) finden sich nicht diejenigen Anfänge, welche die Statuten der Juristen zeigen. Dagegen haben sich in Padua die Artisten den Pariser Formen stark genähert. Sie haben eine förmliche Prüfung und Erhebung zum Grade des Baccalars. Der Rektor, der die Erlaubnis erteilte, Vorlesungen zu halten, erteilte sie auf Grund eines von zwei Doktoren, die er dazu erwählte, abgehaltenen Examens und erteilte sie dann in der Form des gradus baccalariatus. Diese Statuten bilden im Kreise der zu Bologna gehörenden Gruppe eine Ausnahme, an der erst recht deutlich wird, wie weit diese Gruppe sonst entfernt war von der bei den Kanzleruniversitäten durchgeführten Abstufung der Grade. Statuta dominorum Artistarum II, 30. Im Anhang Beil. 6 gebe ich dies überaus interessante Kapitel.

Recht zu erteilen. Ebensowenig aber wollte man Prüfungen anderer Orte anerkennen. So bestimmten die Statuten von Montpellier vom Jahre 1220¹), keiner dürfe in Montpellier als Lehrer auftreten, der nicht von dem Bischof und den Magistern geprüft worden sei und die Berechtigung erhalten habe. Prüfungen anderer Orte hatten also in Montpellier keine Bedeutung.

Im Laufe der folgenden Jahrzehnte festigten sich die Vorstellungen über das Wesen der Universitäten und die Gleichartigkeit der Verhältnisse an denselben schnell, und die Gründung der Universität Toulouse gab Anlaß, daß auch die Frage nach der Gültigkeit der von einer Universität erteilten Lizenz für andere Universitäten näher bestimmt wurde. Unter den Privilegien, welche Gregor IX. Toulouse 1233 gewährte, war auch dies, daß wer in Toulouse für irgend eine Fakultät geprüft und als Magister anerkannt worden sei, allerorten ohne neues Examen als Lehrer auftreten könne²). Es ist das erste Mal, daß dem Doktorexamen einer Universität eine solche Bedeutung beigelegt wurde, und es blieb auch nicht ohne Widerspruch. Die Pariser Universität erhob ihn, und der Papst erklärte deshalb bereits im folgenden Jahre, daß jenes Privileg „den in Paris geltenden Gewohnheiten und Statuten" keinen Abbruch thun solle³). Für Paris galt also die Prüfung von Toulouse nicht, aber auch andere Universitäten erkannten sie nicht an. Ein Statut der Artisten in Montpellier von 1242⁴) und der Juristen daselbst von 1268⁵) erkannte nur die in Mont=

---

¹) Diese Statuten wurden aber von dem päpstlichen Legaten im Verein mit mehreren Bischöfen und unter Zustimmung der Universität aufgestellt. Die fremden, nicht aus der Universität hervorgegangenen Personen erscheinen als die leitenden, und durch sie mußten die allgemeinen Anschauungen, die sich bis dahin über die Generalstudien und die von ihnen erteilten Grade herausgebildet hatten, zur Geltung kommen. Dieses Statut kann deshalb als ein Beweis gelten, daß damals mit der Lizenz die Vorstellung des jus ubique docendi gewöhnlich noch nicht verbunden wurde. Montpellier erkannte damals statutenmäßig nicht einmal die Prüfungen von Paris und Bologna an.

²) Bulaeus III, 150: ut quicunque magister ibi examinatus et approbatus fuerit in qualibet facultate, ubique sine alia examinatione regendi liberam habeat potestatem.

³) Valois, Guill. d'Auvergne p. 363 n. 49 druckt das Schreiben Gregors ab.

⁴) D'Aigrefeuille III, 564 bietet nur eine französische Uebersetzung, den lateinischen Text s. Germain III, p. 449, cap. 1.

⁵) Delisle hat in Notices et Extraits XXVII, 2 p. 115 f. einen Brief Clemens IV. vom Juli 1268 abgedruckt, der dies erwähnt.

pellier bestandene Prüfung an, und daneben noch als besondere Ausnahme in der Juristenfakultät die von Bologna, in der Artistenfakultät die von Paris. Diese Ausnahmen zeigen, daß Montpellier damals ein jus ubique docendi der Doktoren nicht kennen wollte, und daß man hier im besonderen auch das der Universität Toulouse verliehene Privileg nicht beachtete.

Aber die Vorstellung von der Allgemeingültigkeit der akademischen Grade hatte in jener Zeit schon große Verbreitung und mitten hinein in ihren Entwicklungsprozeß führt eine Klage des Königs von Kastilien, daß die in Salamanca Graduierten an den anderen Universitäten einer neuen Prüfung unterworfen würden, wenn sie als Lehrer auftreten wollten[1]). Auf diese Klage hin sprach ihnen Alexander IV. 1255 das Recht zu, daß die in Salamanca geprüften Magister an allen Universitäten zu lehren befugt seien, außer in Paris und Bologna. Jenes Statut von Montpellier von 1268 zeigt, daß dieser päpstliche Erlaß keinen allgemeinen Erfolg hatte, aber jedenfalls diente er dazu, die Vorstellung von der Allgemeingültigkeit der akademischen Prüfungen zu verstärken[2]). In Spanien galt sie offenbar als ein selbstverständliches Recht, und die italienischen Städte (abgesehen von Bologna) scheinen damals ebenfalls diese Ansicht geteilt zu haben. Schon in dem einzigen Doktordiplom[3]), das von einer Stadtuniversität aus dem

---

[1]) La Fuente I, 188 geht kurz darüber hinweg und hat die merkwürdige Bulle auch nicht in den Appendices abgedruckt. Denifle I, 485 gibt den Wortlaut nur, soweit er die Klage des Königs enthält, qui semel examinati et approbati in Salamantino studio in quacunque facultate, quamquam sint inventi idonei ad regendum, nisi iteratum examen in eadem facultate subeant, alibi legere minime permittatur. 1255.

[2]) In den Entwicklungsprozeß dieser Vorstellung gehört es ferner hinein, daß 1285 der Legat des Papstes die Bestimmung erließ, daß die von dem Bischof Geprüften ubilibet infra legationis nostrae terminos das jus docendi hätten. Der Legat sah sich und sein Amt als die Quelle an, aus der das ursprünglich nur für die Diözese geltende Recht des Bischofs licentiam dandi erweitert werden müsse, aber nur innerhalb dieses Amtes erweitert werden könne. Diese Anschauung ist aber nicht zur Herrschaft gelangt. Germain III, 395.

[3]) Tacoli III, 215 f.: licentiam etiam hic et ubique in jure civili regendi et tenendi cathedram magistralem. Dies Doktordiplom wurde 1276 in Reggio ausgestellt, also an einer Universität, die erst zwischen 1270 und 1276 gebildet worden war und kein päpstliches Privileg hatte. Auf päpstliches Privileg ist deshalb die Formel nicht zurückzuführen, sondern auf die in den italienischen Städten herrschende Vorstellung, daß dem so sein müsse.

Die Anerkennung der Grade im 14. Jahrhundert.

13. Jahrhundert erhalten ist, wird das Recht ubique regendi verliehen, und thatsächlich beriefen die Städte für ihre Universitäten Lehrer aus allen Orten. Ferner machten sie in den Statuten des 14. und 15. Jahrhunderts keinen Unterschied, ob der Dozent hier oder dort geprüft worden sei[1]). In Uebereinstimmung mit diesen Anschauungen der italienischen Städte entwickelte sich im 14. Jahrhundert immer bestimmter die Ansicht zur herrschenden, daß der Doktor- und Magistertitel der einen Universität von der anderen anzuerkennen sei. Daher denn auch in den Formeln der Diplome die Wendung, es werde die licentia ubique legendi verliehen, und in den Stiftungsbriefen häufig die Wendung, daß diesem Studium das Recht „allerorten zu lehren" verliehen werden solle. Auch wo es nicht ausdrücklich gesagt wurde, wie in dem Privileg für Avignon, war es doch zweifellos so gemeint. Wie sehr sich im 14. Jahrhundert diese Vorstellung stärkte, zeigen im besonderen die Statuten von Montpellier. Im Gegensatz zu den Statuten des 13. Jahrhunderts, welche nur die in Montpellier selbst verliehene Lizenz anerkannten mit jener Ausnahme für Paris oder für Bologna, welche die Regel nur um so bestimmter erkennen läßt, sprechen die Statuten von 1339[2]) die Anerkennung der fremden Promotionen

---

[1]) So die städtischen Statuten von Perugia 1366, Rubr. 276, Rossi, Doc. 148 und die von 1389, Rubr. 118. Ebenso bestimmten die Statuten der Scholaren von Perugia lib. II, 2 nur, daß doctoratu carentes nicht zu einer besoldeten Professur gewählt werden könnten, aber ohne Beschränkung, an welchem Orte sie promoviert hätten. Zu beachten ist jedoch, daß hinzugefügt wird, der Gewählte solle in utroque examine tam privato quam publico approbatus existens sein. Damit wurden indirekt die „Gnadendoktoren" ausgeschlossen. Die Florentiner Statuten haben Rubrik 73 eine ähnliche Bestimmung: non admittatur, nisi habeat publicam et privatam. Die Statuten der Juristen von Padua (Druck von 1551 Bd. 60*) sagen dies II, 4 noch deutlicher: es sei ein Doktor zu wählen dummodo non sit doctoratus per privilegium sed in gymnasio publico, dummodo non sint doctorati in fraudem collegii Patavini. (Die letzte Beschränkung bezieht sich darauf, daß die Universitäten von ihren Schülern erwarteten, daß sie nicht an einer fremden Universität promovierten, und dies in gewissen Fällen verboten.) Also Padua sah alle Promotionen als vollgültig an, die an irgend einem gymnasio publico, hier synonym mit studio generali, vollzogen waren. Vgl. das Statut der Artisten von Padua II, 30.

[2]) Abgedruckt bei Savigny III, 673 f. cap. 11 p. 685: inhibemus quod nulli in studio Montisp. vel in aliis studiis generalibus quibuslibet doctorati prohiberi possint legere decretum, decretale et leges ordinarie et extraordinarie.

ohne Einschränkung aus. Zur allgemeinen Anerkennung und zur praktischen Durchführung gelangte diese Ansicht jedoch nicht, auch nicht im 14. und 15. Jahrhundert.

Vor allem beharrten Paris und Bologna[1]) auf ihrem exklusiven Standpunkt und aus anderen Gründen, die in der Auffassung der Professur als eines staatlichen Amtes lagen, stellte sich die Universität der Staufer und der Anjou in Neapel dagegen. Auch hier hatten sich Doktoren anderer Universitäten noch eine Prüfung gefallen zu lassen, die allerdings wohl meist nur der Form nach vorgenommen sein wird, aber dem Rechte nach durfte niemand in Neapel lesen, der nicht von dem Könige die Lizenz empfangen hatte[2]). Oxford erkannte die Promotion anderer Universitäten an und ließ fremde Doktoren zum Lesen zu, ohne die Promotion zu wiederholen[3]), jedoch mit Ausschluß derjenigen, welche die Oxforder Promotion nicht anerkannte, und als solche bezeichnet sie die Pariser Doktoren. Die Magister begründeten diesen Beschluß mit der Notwehr[4]) gegen das Verfahren von Paris, das den Oxforder Doktor „aus bösem Willen" nicht anerkenne.

---

[1]) Auch in Angers finden sich Spuren solchen Widerstandes, Angers erkannte die fremden Doktoren nicht ohne weiteres an, sondern unterwarf sie einer, wenn auch verkürzten Prüfung und forderte außerdem eine Art Doktorschmaus. Rangeard II, 221. Stat. v. 1373 § 24: Item quia ut dictum Andegavense studium professores quandoque veniunt etiam ex longinquis partibus volentes aggredi lecturam, statutum est quod antequam legere incipiant, per scholasticum et doctores examinentur diligenter; et si repetant alia examinatione non indigent. Baccalarii vero, qui in aliquo studio aliqua volumina legerint, per solum scholasticum examinentur et viginti solidos currentis monetae dicto decano persolvant in arcam publicam ut praedicitur reponendos. Dazu § 41 p. 224: Item si aliquis doctor de extra studium velit repetere seu disputare ad comedendum illa die doctoribus et bidellis omnibus dare debet. Die Statuten von 1398 wiederholten in § 7 (Rangeard II, 233) jenen Artikel 24.

[2]) Del Giudice I, 262 Note gibt eine Urkunde von 1275, wo es heißt: quod olim nostras tibi (Justitiario) et scolaribus licteras — sub certa forma direximus, ut tu aliquem nisi a Majestate nostra docendi haberet licentiam docere non permitteres ...

[3]) Nur mußten sie vorher in drei Schulen beterminieren. Mun. acad. II, 446.

[4]) Mun. acad. II, 446: Quia ex mutua vicissitudine obligamur ad antidota, eos(ii) qui Oxonienses receperunt ad determinandum (nichts weiter forderten als einige Determinationen), et ipsi Oxoniae ad determinandum admitti poterunt, et qui Parisiis, vel alibi ubi Oxonienses a resumptione (Aufnahme

Leichter als die Anerkennung des Doktor- oder Magistergrades setzte sich die Anerkennung der Vorstufen durch und der actus scholastici. Die Universitäten rechneten den Aufenthalt, die Vorlesungen und Disputationen an anderen Universitäten auf die Zeit, welche sie für das Studium forderten, ehe sie einen Scholaren zu den Prüfungen zuließen [1]).

Die Stiftungsbriefe der Kaiser und Päpste.

In Deutschland herrschte im 14. und 15. Jahrhundert die Vorstellung, als sei nur diejenige Hochschule ein Generalstudium im Rechtssinn, welche durch ein Privileg des Kaisers oder des Papstes dazu erhoben oder gegründet worden sei. Der Besitz eines solchen Privilegs galt als das charakteristische Merkmal einer legitimen Universität. Aber diese Vorstellung war nicht ursprünglich mit den Universitäten verbunden und ist auch in den verschiedenen Landen nie zu gleichmäßiger Anerkennung gelangt; sie war ein Produkt einerseits gewisser Theorien und andererseits der Bedürfnisse und Ansprüche, welche erwachten, sobald die Universitäten mächtige Korporationen und die von ihnen verliehenen Grade einflußreiche Ehrentitel geworden waren. Kaiser Friedrich I. und seine juristischen Ratgeber dachten beim Erlaß der Habita an keine Beschränkung derart, auch Papst Honorius III. noch nicht, der um 1220 von den Scholaren in Bologna erwartete, daß sie lieber Bologna verlassen und ihr Studium an einen anderen Ort verlegen würden, als sich den Bedingungen der Stadt fügen [2]). Indessen mit den Einrichtungen gewann auch

---

des Lehramts) malitiose excluduntur, nec ipsi Oxoniae admittantur. Die Worte vel alibi zeigen, daß auch noch andere Universitäten den Doktoren von Oxford die volle Anerkennung versagten.

[1]) Statuten von Montpellier 1339, Kap. 17: Baccallarius ... 5 annos in dicto studio vel alibi legerit. Statuten von Perugia II, 22. Padelletti p. 104: audierint in aliquo studio generali u. s. w. Selbst Paris war darin entgegenkommender und erkannte bereits in dem Statut von 1278 die Baccalariatsprüfung anderer Universitäten an. Bulaeus III, 447. Indessen findet sich noch in den Statuten von 1452 (Bulaeus V, 573) die beschränkende Vorschrift: duo anni in omni facultate pro uno Parisius solent computari. Das Statut von 1442 (Bul. V, 523) begründete dies propter reverentiam Parisiensis studii.

[2]) Die gleiche Auffassung lag noch dem Pariser Statut von 1278 zu Grunde (Jourdain 254, Bulaeus III, 447), welches bestimmte, daß die Studienjahre

der Begriff Generalstudium mehr und mehr rechtliche Bestimmtheit, jedoch in England und Frankreich weniger und später als in Italien und Spanien. Um die Mitte des 13. Jahrhunderts kam es in Spanien sogar zu einer gesetzlichen Vorschrift und zwar in der Weise, daß die Gründung durch den König oder mit Erlaubnis des Königs in erster Linie als Merkmal aufgestellt wurde. Den Gegensatz bildeten die von den Städten oder Bischöfen allein gegründeten Schulen; für diese gebrauchte das Gesetz den Namen Partikularstudien[1]). In Neapel war diese Auffassung noch früher und zugleich in der schärferen Form ausgebildet, daß das Generalstudium nicht nur eine Landesschule, sondern eine Staatsanstalt sei. Die Auffassung der italienischen Städte war dem verwandt, ein Generalstudium war ihnen nur ein solches Studium, das unter Mitwirkung der Regierung gebildet war; aber der Umstand, daß es die Regierung einer Stadt und nicht eines Landes war, brachte hierbei doch auch in dieser Beziehung eine sachliche Verschiedenheit. Den Gegensatz bildeten nicht Partikularstudien in anderen Orten[2]), sondern die Schulen einzelner Lehrer, die vor der Organisation

an einer Schule als Studienjahre an einem studium generale gelten sollten, wenn an derselben wenigstens zwölf Magister zusammenwirkten. Ebenso forderten die Statuten der Mediziner von Montpellier aus dem Jahre 1239/40, daß der Kandidat 3½ Jahre studiert habe in Montepessulano vel in alio loco famoso. Germain III, 425. Vgl. ib. p. 430 die gleiche Wendung ac in locis famosis. Die italienischen Städte verfuhren der gleichen Auffassung gemäß. Wenn sie z. B. einen Professor beriefen, der an einem Orte ohne Generalstudium eine Schule hielt, so haben sie den Schülern desselben, die mit ihm kamen, ohne Zweifel die Jahre als rechte Schuljahre angerechnet, welche sie in seiner Schule zugebracht hatten. Wahrscheinlich geschah dies auch ohne solche Veranlassung, wenn Scholaren allein von einem angesehenen Lehrer kamen, der so für sich las.

[1]) Indem die Könige bei der Gründung eines Generalstudiums für ihr Land diesem das ausschließliche Recht des Unterrichts in den oberen Fakultäten sowie in dem wissenschaftlichen Teile der Artes zu geben pflegten und den Partikularstudien nur den Unterricht in der Grammatik und den Anfängen der Logik gestatteten, so ergab sich in Spanien auch ein Unterschied im Gegenstand, der die Generalstudien auszeichnete; indessen war dieser Unterschied nicht der maßgebende. Wenn in einem Lande kein Generalstudium bestand, so konnten Rechtsschulen u. s. w. bestehen, ohne daß sie unter königlicher Autorität organisiert und damit zu einem Generalstudium im Rechtssinn erhoben waren. In dem Schulwesen der Dominikaner wurde der Name Partikularstudien ebenfalls für die untere Stufe gebraucht.

[2]) Als Venedig, Mailand u. s. w. große Territorien hatten, zeigten sie die Auffassung der spanischen Staaten. Padua wurde Landesschule des venetianischen Staates.

durch die Stadt in derselben bestanden hatten, und zwar wurden solche Schulen auch dann nicht als ein Generalstudium angesehen, wenn die Stadt ihnen Privilegien oder Besoldung gewährte. Das waren nur vorbereitende Schritte zur Gründung eines Generalstudiums[1]), aber als Generalstudium betrachteten die italienischen Städte regelmäßig nur diejenige Schule, an denen mehrere Lehrer unter einer gemeinsamen Ordnung und auf Grund einer Zulassung, oder auf Veranlassung, oder, wie es meistens hieß, im Dienste der Stadt (in servitio civitatis) lehrten. Das Generalstudium war nach der Auffassung dieser Städte die Stadtschule, wie es nach der Auffassung der spanischen Könige Landesschule und nach der von Neapel eine Staatsschule war. Aber einen päpstlichen oder kaiserlichen Stiftungsbrief rechneten weder die spanischen und neapolitanischen Könige noch die italienischen Städte im 13. Jahrhundert zu den Voraussetzungen eines Generalstudiums. Es sind im 13. Jahrhundert zahlreiche Universitäten in italienischen Städten entstanden, aber abgesehen von der päpstlichen Hofschule und der Staatsuniversität des Königs von Neapel, der zugleich Kaiser war, ist keine einzige derselben durch den Stiftungsbrief eines Kaisers oder Papstes begründet worden. Nicht einmal das Studium der Stadt Rom selbst, das vielmehr von dem durch das Volk gewählten Stadtoberhaupt (Senator) gegründet wurde[2]). Piacenza erbat und erhielt allerdings

---

[1]) Tobi scheint nach der kurzen Notiz, die Denifle S. 227 aus den mir nicht zugänglichen Schriften Garampis mitteilt, 1290 die Schule eines Lehrers, für den sie Einladungen verschickt hatte, Generalstudium genannt zu haben. Das ist eine freiere Anwendung des Namens, und kenne ich kein zweites Beispiel.

[2]) 1265. Senator von Rom war König Karl I. von Neapel. Die Urkunde ist abgedruckt von Del Giudice, Codice diplomatico p. 68 Nro. 24: Karolus ... Universis etc. A Domino procul dubio factum esse cognoscimus ... quod Senatus populusque Romanus ad regimen urbis, ut in ea bella plusquam civilia intestineque discordie, quibus hactenus fluctuabat, nostro sedarentur ministerio, de tam remotis partibus nos vocarent. Et ... sperantes urbem ipsam, siquidem caput et dominam gentium, non solum in statum justicie ac pacis erigere verum etiam scientiarum studiis ... decorare ... generale in ipsa studium tam utriusque juris quam artium duximus statuendum. Universitatem vestram (d. h. jeden, dem dies Schreiben zu Gesicht kommt) ad illud tamquam ad fontem et riguum, unde quilibet juxta votum poterit irrigari leto animo invitantes ac concedentes tenore presentium scolaribus et magistris in veniendo, morando et redeundo securitatem plenariam aliaque privilegia que a jure accedentibus ad generale studium conceduntur.

bei Errichtung desselben (1248) ein päpstliches Privileg, aber dies Privileg war kein Stiftungsbrief, sondern unterstützte die beabsichtigte Gründung der Stadt durch Erteilung der Privilegien und Freiheiten, welche Paris, Bologna und die anderen Generalstudien besaßen[1]). Eine solche Gründung und feierliche Anerkennung durch den Papst ließ auch die Gewährung dieser und anderer besonderer nutzbarer Privilegien erhoffen, und es könnte nicht auffallen, wenn die Städte schon aus dieser Erwägung die päpstliche Autorisation erbeten hätten, sobald sie sich entschlossen, ein Studium zu gründen. Die oft beklagte Konkurrenz der vielen, nahe bei einander liegenden Universitäten mußte ebenfalls dahin drängen und könnte es begreiflich machen, wenn man solche Unterstützung gesucht hätte, obschon man sie nicht für notwendig hielt: aber trotzdem haben alle italienischen Städte, welche im 13. Jahrhundert ein Generalstudium gründeten, dies aus eigener Machtvollkommenheit gethan, ohne vorher von Kaiser und Papst eine Erlaubnis oder Privileg einzuholen. Diese Thatsache ist aber für die Erkenntnis der über diesen Punkt herrschenden Auffassung um so entscheidender, weil im Laufe des Jahrhunderts nicht

---

Datum Rome, 14 Oct. Ind. 9 regni nostri an. 1. Datum Rome per manum Roberti de Baro magne regie curie nostre prothonotarii. Bonifaz VIII. erließ 1303 ebenfalls eine Stiftungsurkunde für Rom, ohne diese zu erwähnen. Denifle behauptet (310) deshalb, die Gründung von 1265 sei nicht ausgeführt worden. Allein das ist nicht mit Sicherheit zu sagen. Die Päpste ignorierten mehrfach frühere Stiftungen. Man kann nur sagen, daß bisher keine Zeugnisse dafür aufgefunden worden sind, daß die Stiftung von 1265 ausgeführt wurde, aber von vielen Schulen fehlen uns lange Zeit hindurch Nachrichten. Für die Frage, ob die Lokalbehörden Italiens sich im 13. Jahrhundert befugt erachteten, ohne Autorisation ein Generalstudium einzurichten, ist diese Urkunde übrigens von gleicher Beweiskraft, gleichviel, ob sie praktische Folgen hatte.

[1]) Die Urkunde ist abgedruckt im Bullarium Romanum III, 536: Innocentius ... episcopo et dilectis filiis clero et populo Placentino ... Nach der Einleitung heißt es: Credimus enim ... quod ex hoc (dem studium literarum) ipsi civitati Placentiae non modicum honoris accederet ... propter quod non tam consideratione tui, frater Alberte, nobis super hoc instanter supplicantis quam etiam ob ipsius civitatis augmentum generale ibi fieri studium cupientes ... omnibus doctoribus et scholaribus in quacunque facultate in praedicta civitate studentibus, quod eisdem privilegiis, indulgentiis, libertatibus et immunitatibus gaudeant, quibus Parisiis seu Bononiae vel aliis studiis generalibus laetantur, auctoritate praesentium indulgemus.

Nachweis im einzelnen. 375

wenige Städte eine solche Gründung unternahmen, und einige wieder=
holt. Denn in Zeiten der Not ließen sie die kostspielige und nur bei
rechter Blüte auch wirtschaftlich nutzbare Anstalt wieder eingehen,
um sie später wieder aufzurichten.

Die Gründung vollzog sich bald durch Vertrag oder eine Reihe
von Verträgen der Stadt mit einer Scholarenkorporation, die sich am
Orte befand oder bildete, wie in Bologna und Perugia, oder wie in
Vercelli, Treviso und anderen Orten aus einem anderen General=
studium zuzog. Bologna, Modena, Vicenza, Padua, Vercelli, Arezzo
und Piacenza hatten schon in der ersten Hälfte des 13. Jahrhunderts
ein Generalstudium, wenn auch die meisten nur zeitweise, und in der
zweiten Hälfte faßten die Behörden von Treviso um 1260[1]), Padua
1260[2]), Vicenza 1261[3]), Rom 1265[4]), Reggio 1270—1276[5]), Siena
1275 derartige Beschlüsse. Besonders lehrreiche Nachrichten sind über die

---

[1]) Verci II, 2 p. 49 f. bietet unter Nro. 112 ein kurzes Protokoll über
einen Beschluß des Rats, zur Erneuerung des Studiums Lehrer zu gewinnen.
Auch der Bischof wirkte mit. Es wurden dann vier Professoren mit Gehalt be=
rufen, deren Kontrakte mitgeteilt werden. 1261. August.

[2]) Nach der den Statuten vorausgeschickten Entwicklungsgeschichte gewann
die Scholarenkorporation in Padua zuerst 1260 eine gesetzliche Organisation der
universitas civium gegenüber. Druck der Statuten von 1551, Kap. 1: De origine
et progressu juris scholastici paduani: constat a. Chr. n. 1260 universitatem nostram in unum corpus redactam jus universitatis ab reliquis
civibus separatum habere incepisse. Der Vertrag, den Vercelli 1228 mit der
Scholarenkorporation in Padua abschloß, zeigt, daß diese damals jus a civibus
separatum hatte. Es muß dann eine lange Zeit gefolgt sein, in der eine solche
Organisation nicht bestand, offenbar wegen der Gewaltherrschaft Ezzelins (starb
1259). Einige Lehrer sind wohl aufgetreten (Nachweis bei Gloria, Monumenti
a. a. O.), aber etwas anderes ist die Fortdauer der Organisation.

[3]) Verci I, 107 Anm. 2: Ordinamus, quod potestas ... debeat consilium
facere generale ad utramque campanam coadunatum super studio scholarium
in civitate Tarvisii reducendo et perseverando in ea quantitate facultatum
prout melius per ipsum consilium super eo fixerit firmatum. Mit aller
Bestimmtheit tritt hervor, daß die Stadt die Errichtung eines Generalstudiums als
eine städtische Angelegenheit ansah, welche ohne Mitwirkung einer anderen Gewalt
erledigt werden könne. Dasselbe zeigt der entsprechende Beschluß von Vicenza
von 1261, über den ebenfalls bei Verci II, 49 Nro. 112 eine Nachricht
erhalten ist.

[4]) S. o. S. 373.

[5]) Siehe S. 238 Note 2 und die Beilage im Anhang.

bezüglichen Verhandlungen des Rates von Siena erhalten¹). Noch in den vierziger Jahren des 13. Jahrhunderts begnügte sich die Stadt, einzelne Lehrer zu besolden oder Boten für sie auszusenden, welche die Scholaren von auswärts einluden und ihnen Sicherheit versprachen; im Jahre 1252 waren die Scholaren und Professoren als Korporation organisiert²) und es wird deshalb das Studium auch von seiten der Stadt gesetzlich geordnet gewesen sein. Doch muß es die Stadt wieder aufgegeben haben, denn 1275 stellten die Prioren eine Beratung an, „wie die Stadt eine Universität haben und neu begründen könne". Es wurden dabei zwei Anträge gestellt, die darin übereinstimmten, daß die Stadt die Sorge für die Berufung der Professoren, die Regelung der Gehalte und sonstigen Ausgaben übernehmen und die Leitung einer „Universitätskommission" übergeben solle, welche hier wie in Perugia Sapientes (Savi) genannt wird. Der zweite dieser beiden Anträge war ausführlicher und gelangte zur Annahme. Er forderte auch, daß dieser Antrag, damit er bei der Bürgerschaft das zur Durchführung notwendige Entgegenkommen finde, dem Großen Rat vorgelegt werde, und ferner, daß, wenn ein solcher Beschluß zur Gründung der Universität gefaßt werde, daß dann eine Klausel hinzugefügt werde, welche das Studium sichere gegen die Folgerungen aus den kaiserlichen Konstitutionen über Universitäten. Gemeint waren die Konstitution Omnem Kaiser Justinians und die falsche Urkunde Theodosius II., aus denen damals die Bologneser Juristen ein ausschließliches Recht der Stadt Bologna auf eine Rechtsschule abzuleiten suchten. Dieser Zusatzantrag ist ein deutliches Zeichen, daß man sich dessen völlig bewußt war, mit diesem Beschluß ein studium generale im Rechtssinn der damaligen Universitäten zu errichten. Die Städte übten dieses Recht aber nicht nur, ohne ein Bedenken in ihre Berechtigung zu setzen, sondern sie übten es auch unwidersprochen. Der Papst ist oft als Schiedsrichter angerufen worden, in Streitigkeiten oder um Bestätigung von Maßregeln, und hat auch ohne Aufforderung in die Verhältnisse der Universitäten eingegriffen — aber selbst bei diesen Gelegenheiten hat er nicht das Recht in Anspruch genommen, daß ohne sein Zuthun keine Universität gegründet werden könne.

---

¹) Siehe den Anhang.
²) Siehe das Schreiben Innocenz IV., welches Denifle S. 430 Note 868 mitgeteilt hat.

Ebensowenig hat der Kaiser Einsprache gegen diese Bildungen erhoben[1]).

In Spanien sind im 13. Jahrhundert fünf Universitäten gegründet worden: Palencia, Salamanca, Sevilla, Valladolid[2]) und Alcala, und alle durch die Könige, keine durch einen päpstlichen Stiftungsbrief. Allerdings ließ König Alfons X. seine Neugründung von Salamanca[3]) durch den Papst bestätigen, aber man darf nicht daraus schließen, daß er gezweifelt hätte, ob er zu der Gründung für sich allein berechtigt sei. Das beweist schon sein Gesetzbuch, und derselbe König gründete denn auch in Sevilla ein Generalstudium ohne Mitwirkung des Papstes. „Ich befehle," heißt es in dem Erlaß, „daß in Sevilla ein Generalstudium für die lateinische und die arabische Sprache sein soll"[4]). Aehnlich drückte sich König Sancho IV. bei der Gründung von Alcala aus: „Wir halten für gut, in der Stadt Alcala ein Generalstudium zu haben und befehlen, daß die Lehrer und Scholaren daselbst alle die Freiheiten genießen, welche sie am Studium zu Valladolid haben." Da nun auch Lissabon, die einzige Universität Portugals (1288), nicht durch einen päpstlichen Stiftungsbrief, sondern durch den König gegründet wurde[5]), so bietet also die spanische

---

[1]) Papst Innocenz IV. schrieb z. B. 1252 an die Korporation der Magister und Scholaren (universitati magistrorum et doctorum Senis regentium ac ipsorum scolarium ibidem degentium) in gleicher Weise wie an die Universität Paris. Eine Anerkennung seitens jener Gewalten liegt auch darin, daß sie in Zeiten des Kampfes mit einer Stadt ihr Studium aufzuheben drohten. So verfuhr Kaiser Friedrich II. gegen Bologna, Papst Gregor IX. gegen Vercelli 1238 und Nikolaus IV. 1288 gegen Padua (Colle I, 70 druckt die Bulle ab, über das Jahr siehe Denifle S. 287).

[2]) Im Jahre 1346 war das Studium zu Valladolid nur noch ein Partikularstudium, wie König Alfons XI. damals dem Papste schrieb (bei Denifle 377), aber 1293 bestand dort ein Studium, das von dem Könige Sancho IV. als Generalstudium anerkannt wurde; des Königs Wille war aber rechtlich maßgebend. Siehe das Schreiben Sanchos IV. bei Florânes in der Coleccion de Documentos ineditos XX (1852) p. 75: Nos, D. Sancho por la gracia de Dios Rey de Castilla ... tenemos por bien de hacer estudio de escuelas generales en la villa de Alcalá, e porque los maestros e los escholares hayan voluntad al estudio otargamosles, que hayan todas aquellas franquezas, que ha el estudio de Valladolid.

[3]) La Fuente I, 290 gibt die Bestätigungsbulle Alexanders IV.

[4]) Mem. hist. esp. I, 54 Nro. 25: estudios é escuelas generales.

[5]) Siehe die Gründungsgeschichte bei Denifle 522 f.

Halbinsel im 13. Jahrhundert kein einziges Beispiel von der Gründung einer Universität durch den Papst oder auf Grund eines vom Papste erbetenen Stiftungsbriefes, obschon der Papst in anderer Form bei der Gründung dieser Universitäten vielfach mitwirkte. Von dem Kaiser dagegen, dem die siete partidas ebenfalls das Recht gaben, Generalstudien in Spanien zu errichten, ist daselbst weder ein Stiftungsbrief erlassen, noch sonst ein Einfluß auf die Entwicklung der Universitäten geübt worden.

In England sind im 13. Jahrhundert zwei Universitäten, Oxford und Cambridge, entstanden, und eine dritte, Northampton, ist zu bilden versucht worden, und alle ohne einen Stiftungsbrief von Kaiser oder Papst [1]).

In Frankreich und den durch Sprache und spätere Entwicklung ihm verbundenen Nachbargebieten sind im 13. Jahrhundert nachweislich an folgenden Orten Universitäten entstanden oder zu gründen versucht worden: Paris, Montpellier [2]), Toulouse [3]), Orleans, Angers,

---

[1]) Northampton entstand durch eine Auswanderung von Scholaren aus Cambridge und Oxford und mit Erlaubnis des Königs. Die Aufhebung erfolgte wieder durch einen Befehl des Königs, und zwar durch den Befehl an die Ortsbehörde, die Scholaren auszuweisen. Fuller S. 31 bietet den königlichen Erlaß.

[2]) Montpellier erhielt allerdings 1289 eine Bulle des Papstes Nikolaus IV., durch welche er an diesem Orte eine Universität errichtete, als hätte bis dahin in Montpellier noch keine bestanden. Darüber s. S. 381 Note 1.

[3]) Toulouse wird von Denifle S. 809 als eine Universität bezeichnet, welche durch einen päpstlichen Stiftungsbrief gegründet worden sei, allein im Text S. 330 sagt er auch selbst, daß das Schreiben Papst Gregors IX. von 1233, welches er S. 809 als Stiftungsbrief auffaßt, „keine eigentliche Stiftungsurkunde" sei. Die Universität wurde bereits 1229 gegründet worden und zwar auf Grund eines Artikels in dem Friedensvertrag zwischen dem Könige von Frankreich und dem Grafen von Toulouse durch die universitas magistrorum et scholarium. Diese Korporation versandte bereits 1229 ein Einladungsschreiben und darin bezeichnet sie sich als die Gründerin des studium. „Wir, die Genossenschaft der Magister und Scholaren, welche in Toulouse eine Universität (studium) auf neuer Grundlage errichten, senden allen gläubigen und hervorragenden Magistern und Scholaren, wo immer sie auch studieren mögen, gegenwärtigen Brief." (Joannes de Garlandia, De triumphis ecclesiae, ed. Wright p. 96.) Die Magister rühmen dann weiter, daß der päpstliche Legat ihr Führer bei dem Werk gewesen sei, und thatsächlich wird er die meisten Schwierigkeiten durch seine Autorität beseitigt haben, aber die Rechtsanschauung war nicht die, daß er den Magistern die Befugnis zur Bildung der Universitas und Errichtung des Studium erteilte, sondern das Recht dazu galt als ein Recht der Magister und Scholaren. Von der gleichen

Avignon, Orange, Lyon ¹) und Alais ²), und zwar in allen diesen Orten ohne kaiserlichen oder päpstlichen Stiftungsbrief. Dagegen

Anschauung geht jener Brief des Papstes von 1233 aus, denn er gibt sich als eine Bestätigung und Erweiterung der 1229 durch den Kardinal gewährten Privilegien und getroffenen Bestimmungen. Solche Briefe empfing Paris auch, so die Bulle Parens scientiarum, aber niemand sieht darin die Gründung.

¹) Nach Hüffer, Die Stadt Lyon S. 93, hätte Papst Innocenz 1245, als er in Lyon seinen Sitz hatte, daselbst ein Generalstudium errichtet. Allein die Worte der Vita Innocentii, auf welche sich Hüffer stützt, sagen unzweideutig, daß Innocenz damals ein Studium an seiner Kurie errichtet habe. Baluzius Miscellan. VII, 368. Nicolaus de Corbolio, Vita Innocentii IV, cap. 16: secundo anno sui pontificatus apud Lugdunum in sua curia generale studium ordinavit tam de theologia quam de decretis, decretalibus pariter et legibus. Im Laufe des 13. Jahrhunderts ist allerdings auch ein Generalstudium in Lyon entstanden, aber nicht durch eine päpstliche Stiftung. Im Jahre 1302 hatte die Stadt ihr Recht auf diese Anstalt vor König Philipp gegen Ansprüche des Erzbischofs und des Kapitels zu verteidigen und berief sich dabei nur darauf, daß sie ab antiquis temporibus fuerint in quasi possessione juris . . . habendi insuper in dicta civitate, utpote egregia, studium scolarium et regentium in jure civili et canonico ad docendumque artes alias liberales. Cartulaire de Lyon, ed. Guigue p. 29. Eine Urkunde von 1328, Cartulaire p. 87, erwähnt neben den Doktoren auch Baccalare, welche lesen, und klagt, daß der Erzbischof an sie Forderungen stelle, die gegen das Herkommen seien (novitates facere). Beides verstärkt den schon aus der ersten Urkunde zu entnehmenden Schluß, daß dies Studium eine geordnete Lehranstalt für die genannten Fakultäten (Artes, kanonisches und römisches Recht) war und also ein Generalstudium in diesen Fakultäten. Dem Anschein nach hatte die Stadt die Leitung der Anstalt, ähnlich wie in Avignon. Die Stadt bezeichnet die Anstalt als ihre Anstalt und es weist das auf eine den italienischen Verhältnissen sich nähernde Stellung hin.

²) Die Stadt Alais entschloß sich 1290, ein Stubium zu errichten, beauftragte einen Syndikus, Gelehrte zu berufen und Verträge mit ihnen abzuschließen. Es handelte sich nicht um die Berufung einzelner Lehrer, sondern um eine Lehranstalt pro utilitate dicte ville et studii ibi noviter faciendi, wie es in der Bestallung des Syndikus (mitgeteilt von Rozière in Bibl. de l'école des chartes XXXI p. 60) heißt; und in dem Vertrag mit Raymundus, einem regens in legibus in civitate Avenionensi, ib. p. 64 f. erklärten die Vertreter der Stadt Alais, daß sie tractarent et procurarent de studio faciendo et habendo in villa de Alesto. Die Urkunden erinnern durchaus an das Vorgehen der italienischen Städte und ihre Verträge mit den Gelehrten. Unzweifelhaft ergibt sich, daß die Stadt keine Erlaubnis von Kaiser und Papst nötig zu haben glaubte, zugleich aber, daß sie nicht sicher war, ob nicht die königliche Regierung, oder der Bischof von Nîmes, oder der Territorialherr, der die Hoheitsrechte in einer eigentümlichen Teilung mit der Krone Frankreich besaß (s. Rozière a. a. O. p. 54) gegen

sind päpstliche Stiftungsbriefe erlassen worden für zwei Orte, an denen aber keine Universität zustandekam. Den einen soll Nikolaus IV. für Gray erlassen haben¹) auf Bitte Othlons IV. von Burgund, den anderen erließ Bonifacius VIII. aus eigenem Antrieb für Pamiers²).

Dazu kommt noch der Stiftungsbrief Nikolaus IV. für Montpellier 1289, der aber nur der Form nach ein Stiftungsbrief ist, da Montpellier längst bestand. Gray und Pamiers sind also die einzigen Generalstudien, welche im 13. Jahrhundert durch päpstliche Stiftungsbriefe gegründet worden sind, während wir die Entstehung von mehr als dreißig Generalstudien kennen. Daß sie nicht zustandekamen, ist gleichgültig für die Frage, die uns hier interessiert; aber das ist hervorzuheben, daß sie beide im letzten Jahrzehnt des Jahrhunderts

---

das Unternehmen Einspruch erheben würde. Die Stadt war sich dessen bewußt, daß die Gründung des Studium ein wichtiger Akt ihrer Selbstverwaltung sei und fürchtete Einsprache von den Mächten, welche diese Selbständigkeit einschränkten.

¹) Nach Labbey de Billy, Histoire du Comté de Bourgogne I, 22 erbat Graf Othlon IV. von Nikolaus IV. ein Privileg zur Gründung einer Universität in Gray um 1290. Dieses Privileg wird erwähnt in einer Bulle Martins V. von 1421, durch welche Martin V. auf Bitten des Herzogs Philipp von Burgund dies Privileg auf Dole übertrug. Billy citiert diese Bulle, ohne sie jedoch abzudrucken.

²) Pamiers war ein kleiner Ort in der Grafschaft Foix, die in der zweiten Hälfte des 13. Jahrhunderts bald in engerem, bald in loserem Lehensverbande zu Frankreich stand. Vgl. Castillon, Histoire du comté de Foix. So entschied 1280 das Parlament zu Toulouse im Namen des Königs eine die Juden in Pamiers betreffende Frage ib. I, 349, und 1285 erließ König Philipp mehrere Urkunden, welche die Rechte des Grafen erweiterten. Ueber den Ort Pamiers stritt der Graf von Foix mit dem Abt des Klosters Fredelas, der König unterstützte den Grafen, der Papst den Abt, und der Papst sprach dabei sogar die Exkommunikation über den Grafen aus. In Verbindung mit diesen Verhältnissen geschah es nun, daß der Papst den Ort Pamiers zur Stadt erhob, dann daselbst 1295 eine Universität und weiter ein Bistum gründete, zu dessen Bischof er eben jenen Abt bestellte, der dann der eifrige Parteigänger Bonifacius VIII. im Kampfe gegen König Philipp war. In dem Stiftungsbrief (bei Thomas, Les Registres de Boniface VIII. Nro. 658 p. 227 und Denifle 639) sagt Bonifazius: cum igitur Appamiarum civitas, quam nuper suadentibus rationabilibus causis inducti de fratrum nostrorum consilio et assensu ac apostolice potestatis plenitudine in civitatem eremximus et decoravimus vocabulo civitatis ... Es ist jedenfalls eine seltene, aber sehr bedeutsame Anwendung der päpstlichen Allgewalt, daß Bonifacius einen Ort im Gebiete des Königs von Frankreich zur Stadt erhebt, ohne den König zu fragen oder zu erwähnen.

Bulle für Montpellier.

erlassen worden sind, an der Schwelle des 14. Jahrhunderts, in welchem wir diese umfassendste Form päpstlicher Universitätsprivilegien eine bedeutende Rolle werden spielen sehen[1]). Ferner ist zu beachten, daß beide Orte, für welche die Päpste diese Stiftungsbriefe erließen, in kleinen Gebieten von schwankenden und unklaren Souveränitäts= verhältnissen lagen, und dasselbe gilt von Montpellier, das damals zu dem kleinen Königreich Majorka gehörte, welches von Aragonien abhängig war und sich dem durch Anlehnen an Frankreich zu ent= ziehen suchte.

Dieser Praxis entsprach auch die Theorie des 13. Jahrhunderts. Thomas von Aquino, auch in solchen Fragen der hervorragendste Vertreter der kirchlichen Auffassung, erklärte: dem Staatsoberhaupte komme das Recht zu, über Universitäten Bestimmungen zu treffen, und besonders dem Apostolischen Stuhle, „welcher das Regiment über die allgemeine Kirche hat, deren Interessen die Universitäten dienen sollen"[2]). Da Thomas von Aquino dem Papste Gewalt über alle

---

[1]) Unter diesem Gesichtspunkt gewinnt nun auch der 1289 von Nikolaus IV. für Montpellier erlassene Stiftungsbrief näheres Verständnis. Montpellier bestand seit mehr als hundert Jahren als Generalstudium, anerkannt von der Welt wie von seinen Territorialherren und von der Kurie; die Statuten von 1220 waren sogar von einem päpstlichen Legaten erlassen worden: es wäre nicht billig, dem Papste Nikolaus die Absicht unterzuschieben, er habe diese ganze Entwicklung als illegitim bezeichnen und durch diese Bulle erklären wollen, von Rechts wegen beginne die Existenz der Universität Montpellier erst mit dem päpstlichen Stiftungsbrief, wenn derselbe auch dem Wortlaut nach das Studium erst zu errichten scheint. Gariel p. 410; D'Aigrefeuille III, 510: Nicolaus — doctoribus et scolaribus universitatis apud Montempessulanum commorantibus ... Die Ein= leitung handelt vom Lob der Weisheit, sodann cum autem locus Montipessulani celebris plurimum ... aptus valde pro studio dignoscatur, nos utilitati publice, expedire credentes ... authoritate presentium indulgemus, ut in dicto loco sit deinceps studium generale, in quo magistri doceant et scolares libere studeant ... praecipimus, ut in jure canonico et civili necnon et in medicina et artibus examinare possint ibidem etc. ... titulo magisterii decorari. Erinnern wir uns aber jener aus der Konstitution Omnem abgeleiteten Theorie von der Notwendigkeit eines kaiserlichen oder päpst= lichen Privilegs, so ist zu vermuten, daß man damals in Montpellier durch diese Theorie irgendwie beunruhigt wurde oder es doch angemessen fand, sich ein päpst= liches Privileg zu erbitten, um jede Einrede abzuschneiden.

[2]) Opera XV, 12. Contra impugnantes, cap. 3: patet quod ordinare de studio pertinet ad eum, qui praeest rei publicae et praecipue ad auctoritatem apostolicae sedis, qua universalis ecclesia guber-

Herrscher und Staaten zuschreibt, so wird er auch diesen Satz in dem Sinne verstanden haben, daß im Falle eines Streits die Ansicht des Papstes maßgebend sein müsse, aber doch sagt er nicht, daß die Staaten zur Gründung einer Universität erst der Erlaubnis des Papstes bedürften. Mittelbar, aber unzweideutig, sprach Papst Innocenz IV. den gleichen Grundsatz aus, indem er die Fürsten von Frankreich, England, Wales, Schottland, Spanien und Ungarn bat, das Studium des für ihre Staaten praktisch unnötigen römischen Rechts nicht zu dulden, aber hinzufügte, „falls die Könige und Fürsten dies wollten"¹). Die juristischen Theoretiker warfen die Frage, ob die Städte und Staaten das Recht hätten, Schulen in der Form der Universitäten zu errichten, gar nicht auf; dies Recht galt ihnen für selbstverständlich, und nur darüber wurde gestritten, ob in den von den Städten errichteten Schulen das „Kaiserrecht" gelehrt werden dürfe, oder nur in den Städten, welche durch ihren Ursprung oder durch ein Privileg dazu einen besonderen Rechtstitel besäßen. Diese Zweifel beruhten, wie sich oben ergab, auf der tendenziösen Erklärung eines Satzes der Konstitution Omnem, durch welche die Bologneser Juristen den Rechtsschulen in Modena, Reggio u. s. w. die Rechtmäßigkeit abzusprechen versuchten. Obgleich aber die Nichtigkeit dieser Auslegung alsbald nachgewiesen wurde und diese Ansicht nicht zur Herrschaft kam, so erhielt sie sich doch. Noch im 14. und 15. Jahrhundert nannten sich manche Städte, die ein Generalstudium gründen wollten, Kaiserstädte, civitates regiae, und der andere Teil jenes Satzes, daß ein Privileg des Kaisers das Recht dazu verleihe, gewann Einfluß in der Form, daß neben dem Kaiser der Papst als der bezeichnet wurde, der ein solches Privileg zu verleihen habe. Jacobus de Arena, der im letzten Drittel des 13. Jahrhunderts als Rechtslehrer an mehreren Universitäten großes Ansehen genoß, erklärte, das römische Recht dürfe nur gelesen werden an Orten, welche durch

---

natur, cui per generale studium providetur. An einer anderen Stelle äußert er sich in gleichem Sinne.

¹) Mathaeus Paris. Chron. Maj. VI, 293 f., daraus Bulaeus III, 265 f. Diese Bulle Super specula ... Dolentes ist in vieler Beziehung merkwürdig. Der Zusatz lautet: Si tamen hoc de regum et principum processerit voluntate. Innocenz IV. wollte das Studium des römischen Rechts einschränken, weil die Kleriker durch dasselbe 1) von dem Studium der Theologie und der Philosophie abgezogen und 2) von weltlicher Hoffart erfüllt würden. 1254.

Streit der Meinnungen im 14. Jahrhundert.

ein Privileg dazu Erlaubnis hätten, oder durch lange Gewohnheit, welche an Stelle des Gesetzes gelte. Er setzte jedoch auch hinzu: oder auf Grund der Erlaubnis oder Zulassung des Fürsten oder dessen, der die fürstliche Gewalt in einem Gebiete habe, in seinem Gebiete. Den Einzelstaaten und zwar auch den Stadtstaaten sprach Jacobus de Arena also das Recht zu, Universitäten zu gründen, auch hat er selbst es nicht verschmäht, an solchen durch die Stadt gegründeten Universitäten, wie Reggio und Siena, zu lehren[1]). Sein Schüler Richardus Malumbra, der in der ersten Hälfte des 14. Jahrhunderts blühte, vertrat ebenfalls mit Nachdruck die Ansicht, daß die Schulen zu Modena, Reggio, Parma, Vercelli u. s. w. so legitim seien wie Padua und Bologna. Er stand mit dieser Lehre im 14. Jahrhundert nicht allein, aber die beiden berühmtesten Autoritäten der Zeit, Bartolus[2]) und Baldus, traten ihr entgegen und wollten, mit

---

[1]) Angeführt von Bartolus zur Konstit. Omnem, Opp. ed. 1589 p. 13: Hoc sentit Jac. de Ar. dicens quod jura possunt doceri in locis permissis ex privilegio vel consuetudine antiqua quae pro lege servatur, vel ex permissione ejus, tacita vel expressa, qui est princeps, vel loco principis in territorio suo et hi qui in talibus locis docent et docentur, debent habere privilegia, quae tribuit Auth. Habita C. ne filius pro patre. Unter princeps ist nicht der Kaiser zu verstehen, oder doch nicht bloß der Kaiser, denn dessen Erlaubnis ist bereits mit privilegio an erster Stelle bezeichnet. Der Ausdruck qui loco principis est scheint vorzugsweise im Hinblick auf das thatsächlich selbständige Regiment gewählt zu sein, das viele italienischen Städte übten. Für unrechtmäßig würde hiernach die Bildung einer Universität anzusehen sein, wenn sie bloß durch eine Scholarenkorporation, etwa eine Auswanderung, erfolgte, ohne Mitwirkung der Stadt. Bartolus beruft sich demnach nicht mit Recht für seine weitergehende Ansicht auf diese Stelle.

[2]) Bartolus entschied bei Erläuterung der Habita (C. IV, 13, Opera 1588 IV, 399), daß andere Wissenschaften allerorten gelehrt werden dürften, die Rechte aber non possunt legi nisi in civitatibus privilegiatis. Nicht privilegierte Rechtsschulen nannte er studia adulterina und für Scholaren an solchen Orten hätte die Habita Kaiser Friedrichs keine Geltung. Ausführlicher und vorsichtiger äußerte sich Bartolus in seinen eben angeführten Glossen zu der Konstitution Omnem. § Haec autem tria p. 13. Er erörtert zunächst die Frage, ob in Bologna mit Recht über die leges gelesen werden dürfe, und geht dabei von der Voraussetzung aus, daß jene Konstitution damals noch maßgebend sei. Danach führt er jene Stelle des Jakobus de Arena an, als wenn sie dasselbe sage, und wendet sich dann gegen die freiere Auffassung: Plus dicunt quidam moderni et Richard Malum, quod possint haec jura hodie doceri in qualibet civitate vel castro ut Mutinae, Rhegii, Parmae, Versellis et in castris ut vidimus maxime in

Ausnahme von den durch alten Ruhm geschützten Bologna und Padua, nur diejenigen Rechtsschulen als legitim anerkennen, welche ein Privileg des Kaisers oder des Papstes hatten. Ihre Erklärungen[1]) sind nicht

provincia Marchiae Anchonitanae. Die Stelle zeigt, daß Bartolus die Studien in Modena, Reggio, Parma, Vercelli nicht als legitim ansah. Er führt ferner aus, Bologna sei eine civitas regia, denn sie sei von Kaiser Theodosius gegründet, aber dieser Ursprung genüge nicht, um ihr den Vorzug einer Rechtsschule zu sichern, denn der Kaiser habe in der von Alexander gegründeten Stadt Alexandria ebenfalls keine Rechtsschule erlaubt. Das Recht auf eine Rechtsschule erhalte eine Stadt nur durch privilegium oder durch Herkommen. Bartolus beruft sich für Bolognas Ursprung nur auf die Legende, nicht auf die falsche Urkunde, obwohl sie ihm ohne Zweifel bekannt war, die Fälschung war ihm doch wohl zu plump. Auch Baldus ignorierte sie. An der anderen Stelle IV, 399 verweist er ebenfalls nicht auf das privilegium Theodosii, wohl aber auf das ebenfalls unechte privilegium Lotharii, jedoch so, daß in seinen Worten keine unzweideutige Anerkennung liegt.

[1]) Hervorzuheben ist noch, daß Baldus das Recht der Promotion nur durch Privileg des Kaisers oder des Papstes erwachsen lassen will, nicht durch noch so alte Gewohnheit. Ferner übertrug Baldus die von ihm wie von den Vorgängern zunächst auf die Rechtsschulen bezogene Theorie auf alle Fakultäten. Baldus de Ubaldis, Commentaria, Lugduni 1585. Folio. In IV et V Codicis, Blatt 30[b]. Ne filius pro patre (4, 13): Die Habita gelte nur für die scholares ad legitima studia procedentes und § 10: hoc habet locum in pergentibus et stantibus ubi exercentur studia, hoc est ubi legitime docentur jura et aliae scientiae, quia civitas habet hoc ex privilegio vel ex consuetudine longissima, sicut est illustris civitas Bononiensis. In dem Kommentar zu den Digesten, gleiche Ausgabe Bl. 6 bei Erläuterung der Konstitution Omnem, scheidet er das Recht, den Doktortitel zu verleihen, ab: quamvis ex consuetudine inducatur privilegium, quod ibi possint jura doceri tamen nemo ibi potest doctorari, nisi quatenus privilegia studii dicant, quia sine auctoritate imperiali vel apostolica nemo ad hanc dignitatem promovetur. Item clerici in absentia non habent beneficiorum fructus nisi student in studiis privilegiatis. Die Habita war gegeben worden, ehe es rechtlich organisierte, von anderen Rechtsschulen zu unterscheidende Generalstudien gab, ihre Privilegien waren schlechtweg für alle Fremden bestimmt, die ihre Heimat verlassen hatten, um Studien zu treiben. Die Habita hatte ferner regelmäßig nur den Wert einer Theorie, praktisch genossen die Scholaren nur diejenigen Privilegien, die ihnen von der Stadt oder dem Fürsten des Landes besonders gewährt waren. Diese Privilegien wurden meist im Anschluß an die Habita gegeben, aber nicht immer in gleichem Umfang. Thatsächlich hingen diese Privilegien der Scholaren nicht davon ab, ob das Studium im Sinne des Baldus legitim war, sondern davon, welche Steuer-, Zoll- und Gerichtsprivilegien ihnen die Stadt gewährt hatte, gleichviel, ob sie für die Gründung des Studiums ein kaiserliches Privileg hatten oder nicht. Aehnlich steht es mit den Residenzprivilegien. Sie wurden den einzelnen Universitäten besonders verliehen, und keineswegs nur solchen, die durch päpstliches oder kaiserliches Privileg gegründet

ganz gleich, aber in der Hauptsache stimmten sie zusammen, und ihr ungemeines Ansehen mußte der Lehre, daß neue Universitäten nur durch kaiserliches oder päpstliches Privileg gestiftet werden könnten, daß die Promotionen von nicht privilegierten Universitäten nicht rechtskräftig seien, bedeutenden Vorschub leisten, und auch wo diese Lehre nicht geradezu angenommen wurde, da hielt man es doch für nützlich, päpstliche und kaiserliche Stiftungsbriefe zu erwerben. Während im 13. Jahrhundert keine einzige Stadt in Italien für ihr Studium einen Stiftungsbrief erbat, thaten es im 14. und 15. Jahrhundert sehr viele, und zwar erbaten sie dieselben teils für bereits bestehende Anstalten, teils bei der Gründung [1]).

In Italien waren im 14. und 15. Jahrhundert einige größere Staaten entstanden, und in diesen Staaten ging die Entscheidung der wichtigsten städtischen Angelegenheiten, und dazu gehörte vor allem auch das Generalstudium, an den Landesherrn oder die regierende Stadt über. So standen Vicenza und Padua unter Venedig. Für die

---

waren. Die Lehre des Balbus nahm ferner keine Rücksicht auf die in Spanien von den Königen gegründeten Generalstudien, noch darauf, daß Oxford den Doktorgrad erteilte und daß sich in Montpellier (nach 1289) selbständig ein Generalstudium der Theologie entwickelte, daß in demselben promoviert wurde und daß diese Promotionen von dem König von Frankreich 1351 und von dem Papst Urban V. 1364 als legal behandelt wurden, wie sich indirekt aber unzweideutig aus den bei Denifle 354 zusammengestellten Daten ergibt. Endlich hat Papst Benedikt XII. von Universitäten gesprochen, an denen auf Grund der Gewohnheit theologische Promotionen vorgenommen würden. Bulle von 1349. (Bul. IV, 253.) Balbus' Lehre paßt vortrefflich für die Verhältnisse seiner Vaterstadt Perugia, welche kaiserliche und päpstliche Privilegien besaß, und dieser Umstand war wohl nicht ohne Einfluß darauf, daß Balbus diese Ansicht verfocht, sodann aber drängte auch in Italien die Notwendigkeit, dem plötzlichen Entstehen ungenügend eingerichteter Rechtsschulen einen Riegel vorzuschieben, um den Doktorgrad nicht zu gewöhnlich werden zu lassen.

[1]) Die Fälle sind so zahlreich, daß es nicht nötig ist, näher darauf einzugehen, und ich gebe hier nur eine Zusammenstellung der Beispiele aus dem 14. Jahrhundert, für die ich im allgemeinen auf Denifle verweisen kann. Päpstliche erhielten: Rom 1303, Perugia 1308, Verona 1339, Pisa 1343, Florenz 1349, Orvieto 1378, Lucca 1387, Pavia 1389, Ferrara 1391, Fermo 1398, außerdem noch Bologna 1360, Padua 1363 und Perugia 1371 für das ihnen bis dahin fehlende Generalstudium der Theologie. Kaiserliche Stiftungsbriefe erwarben: Treviso 1318, Arezzo und Perugia 1355, Siena 1357, Pavia 1361, Florenz 1364, Lucca 1369, Piacenza 1398. Dazu am Anfang des 15. Jahrhunderts Turin 1405 ein päpstliches (abgedr. in den Statuta collegii Jurisconsultorum. Turin. 1614 p. 57) und 1412 noch ein kaiserliches (ib. p. 59). Vgl. Cenni stor. p. 9.

Frage nach der Bedeutung der kaiserlichen oder päpstlichen Privilegien in Italien sind aber die Territorien den Stadtstaaten gleich zu stellen, denn die Frage ist lediglich, ob die Einzelstaaten sich selbst für befugt erachteten, Generalstudien zu errichten, oder ob und in welchem Sinne sie dabei die Erlaubnis (ein privilegium studii generalis) einer der beiden Universalgewalten für nötig hielten. Als Vicenza die Regierung von Venedig 1410 um die Erlaubnis bat[1]), sich bei dem Papste um das Privileg eines Generalstudiums zu bewerben, hielt man doch in Vicenza dafür, daß eine Erlaubnis der venetianischen Regierung nicht in gleicher Weise genüge. Ferner hat der Herzog von Mailand 1398[2]) in Piacenza zwar aus eigener, aber aus der kaiserlichen abgeleiteter Autorität ein Studium errichtet, und ebenso verfuhren die Grafen von Savoyen bei der Gründung von Turin und Genf, das damals dem Grafen von Savoyen unterstand, nicht selbständig[3]). Aber gegenüber diesen Erscheinungen, welche das Wachsen jener Vorstellungen von der notwendigen Mitwirkung der universalen Gewalt verraten, finden sich in diesen beiden Jahrhunderten andere, in denen offenbar wird, daß die Staaten und sich selbst regierenden Städte an ihrer Befugnis, ein Generalstudium zu errichten, festhielten. Wir sahen schon, daß Perugia wie Florenz ihre Generalstudien errichteten, ehe sie einen päpstlichen Stiftungsbrief empfingen, und in der Art, wie sie dann diese Stiftungsbriefe häuften, zeigte sich ebenfalls, daß sie dieselben mehr als eine Unterstützung betrachteten. Gleicherweise faßte Treviso[4]) 1314 selbständig den Beschluß, wieder ein Generalstudium zu errichten, ebenso Modena[5]) 1328, Vercelli 1341[6]) und im Laufe des 14. Jahrhunderts, wenn

---

[1]) Denifle S. 300.
[2]) Murat. SS. XX, 936.
[3]) Vuy. Not. hist. p. 43 in Mém. de l'inst. Genevois XII. (1365.)
[4]) Verci VII, 2 p. 39 Nro. 687.
[5]) Monumenti di storia patria delle provinc. Mod. I, 163. Man wende nicht ein, Modena sei von jeher ein berühmter Studiensitz gewesen. Modena war eine von den Städten, denen die Vertreter der Lehre von der Notwendigkeit der päpstlichen und kaiserlichen Privilegien, wie Bartolus, das Recht auf ein studium generale abzusprechen pflegten. Dazu kam, daß in Modena thatsächlich längere Zeit kein organisiertes studium gewesen war. Unter diesen Umständen ist der Beschluß der Stadt von 1328 ein deutliches Zeichen dafür, daß hier die Ansichten des Bartolus noch nicht geteilt wurden, daß man hier dachte wie im 13. Jahrhundert und wie Richard Malumbra und die anderen, welche Bartolus bekämpfte.
[6]) Aus den Stat. Comm. Vercell. (Verc. 1541) bei Denifle 293 N. 283:

Italien.   387

sich auch das Jahr nicht bestimmen läßt, auch noch Parma und Pavia[1]) und im 15. Jahrhundert Florenz[2]) 1412 und Ferrara[3]) 1442. Florenz ging damit ganz selbständig vor. Ferrara mußte erst die Erlaubnis seines Territorialherrn erbitten, aber ein kaiserliches oder päpstliches Privileg glaubten die Bürger nicht nötig zu haben[4]), und ebenso erteilte der kleine Markgraf von Este die Er-

Statutum est ... quod in civitate Vercellarum ... in qua etiam ab antiquo studium esse consuevit, sit et esse debeat semper et in perpetuum studium generale. Vielleicht geschah es im Hinblick auf die Ansicht, Promotionen könnten nur an Orten vorgenommen werden, welche ein Privileg dazu besäßen, daß die Stadt hinzufügte, in Vercelli könnte jeder den Doktorgrad erwerben.

[1]) Die von Denifle S. 577 aus Petrus de Ancharano angeführte Stelle macht es unzweifelhaft, daß Pavia vor 1348 ein studium besaß, welches Petrus de Ancharano mit den Generalstudien Italiens zu Bologna, Padua und Perugia in eine Reihe stellte. Er sagt nämlich, daß zur Zeit des Johannes Andreae († 1348) studia Italie facundissimis et clarissimis doctoribus floruerunt, nam hoc Bononiense studium tunc habuit Ja. Butrigarium († 1348) in legibus ... etiam alia studia sc. Paduanum, Papiens. et Perusinum facundissimis doctoribus claruerunt. Denifle will (S. 576) trotzdem Pavia vor 1361 nicht als Generalstudium anerkennen. Ueber Parma siehe S. 235.

[2]) Siehe Seite 230 und den Beschluß des Rates in Statuti della università e studio Fiorentino p. 185. Docum. 90: quod in futurum sit et vigere debeat et continue manuteneri in civitate Florentie studium generale.

[3]) Borsetti teilt 47 ff. den Beschluß der städtischen Behörde mit. Ihre Bitte an den Markgrafen war dahin gegangen: ut reformare in ea (civitate) velit studium generale. Nachdem der Markgraf die Erlaubnis gegeben und der städtischen Behörde das weitere überlassen hatte, wurde im Rat die Frage gestellt, an generale studium hac in civitate fieri debeat? und alsbann einstimmig beschlossen: ut generale studium hac in civitate fiat: Quod felix, faustum ac fortunatum sit.

[4]) Ueber diesen Beschluß der städtischen Behörde von Ferrara ist ein längeres Protokoll erhalten, welches auch die Erwägungen mitteilt, die in der Beratung angestellt worden sind, und da zeigt sich denn, daß keiner für nötig erachtete, ein kaiserliches oder päpstliches Privileg zu der Gründung einzuholen oder aus dem früher empfangenen Privilegium Bonifaz IX. diese Berechtigung abzuleiten. Dies Privileg wurde in der Verhandlung gar nicht erwähnt. Man dachte über die Befugnis der Lokalgewalt noch ebenso wie im 13. Jahrhundert. Die Einrichtung des Studiums wird der Stadt Geld und Ruhm bringen und anderweitigen Nutzen, und die Gelegenheit ist günstig, weil die anderen Städte, in denen Generalstudien sind, durch Kriege bedrängt sind. Das waren die Gedanken, welche den Beschluß veranlaßten. Das Studium umfaßte Legisten und Artisten, wie der Rotulus von 1450 (Borsetti p. 56) zeigt, und die Stadt erstreckte ihre Aufsicht auch auf die Grammatikschulen.

laubnis von sich aus. Die Herzöge von Mailand endlich, welche 1361 bei der Neugründung von Pavia ein kaiserliches und später noch ein päpstliches Gründungsprivileg erbaten und für Piacenza ein kaiserliches, vollzogen die Verlegung des Generalstudiums von Pavia nach Piacenza und die Neugründung des Studiums von Pavia 1412 durch eigene Autorität¹).

Die gleiche Erscheinung zeigt sich in den übrigen Ländern. Der König von England hat²) den Papst 1318 um eine Bestätigung und Stärkung des Studiums in Cambridge, und dieser erteilte sie in der Form eines Stiftungsbriefes, als ob in Cambridge bisher kein Generalstudium gewesen sei³). In Frankreich und den Grenzlanden

---

In deren Verwaltung offenbarte sich dann der humanistische Zug, der damals Ferrara beherrschte. Borsetti p. 50 teilt einen in dieser Beziehung überaus merkwürdigen Beschluß des Rats von 1443 mit.

Nach Coppi p. 90 hat der Senat von Mailand 1447 eine Universität aus eigener Autorität errichtet und nach den von ihm p. 95 mitgeteilten, dem 15. Jahrhundert angehörigen Statuten von Cremona war daselbst ebenfalls ein Generalstudium, dessen rechtliche Grundlage darauf ruhte, daß die Stadt beschlossen hatte, die von den Scholaren gewählten Professoren zu ehren und ihnen sowie den Scholaren der Universitas die üblichen Privilegien zu gewähren. Im 15. Jahrhundert scheint sogar noch eine Universität durch Auswanderung entstanden zu sein, indem Professoren und Scholaren von Turin nach Chieri zogen und die dort gegründete Anstalt einige Jahre nachher vom dem Herzog von Savoyen als legales Generalstudium anerkannt wurde. Coppi p. 89. Auf die Untersuchung dieser Fälle bin ich nicht weiter eingegangen, die obigen Beispiele genügten für die Feststellung der bezüglichen Anschauung. Ebensowenig durfte ich das Schwanken der Postglossatoren weiter verfolgen. Aber von großem Interesse wäre es, dieser Aufgabe eine besondere Untersuchung zu widmen. Auch auf die Fortdauer der Lehre von den civitates regine wäre das Augenmerk zu richten. Pavia nannte sich noch so bei der Wiederaufrichtung seines Studiums 1412. Memorie II p. 10.

¹) Memorie e Documenti per la storia dell' università di Pavia Bd. II (1877) enthält die Documenti. Daselbst p. 8 f. Nro. 8 der Erlaß von 1412. Merkwürdig ist die Verkündigung, welche die Stadt ausgehen ließ, ib. p. 10. Darin beruft sich die Stadt auf die Studien in Pavia zur Zeit der Langobarden und auf die im 9. Jahrhundert, auf den Bestand des Studiums im 14. Jahrhundert und die Privilegien dagegen nicht.

²) Rymer II, 1, 147. Die Bulle Johanns XXII. steht bei Fuller p. 80.

³) In Irland und Schottland wurden bei der Gründung von Dublin (1312) und St. Andrews ebenfalls päpstliche Stiftungsbriefe erbeten, und es macht sich die Vorstellung von der Notwendigkeit eines solchen in eigentümlicher Weise geltend, doch lassen sich die Vorgänge nicht beurteilen, ohne auf die politischen Verhältnisse dieser Länder einzugehen.

erhielten Avignon 1303, Cahors 1332, Grenoble 1339, Orange 1379 päpstliche Stiftungsbriefe, dazu kommt noch die Neugründung der theologischen Fakultät zu Toulouse durch den Papst 1360. Von diesen Orten lagen Toulouse und Cahors im Gebiet der Krone Frankreichs, und die Verhältnisse Frankreichs fordern eine nähere Untersuchung.

In Frankreich war die Stellung der königlichen Gewalt zu den Universitäten insofern eine andere wie in Spanien, als die Könige das Recht, Universitäten zu gründen, nicht ausschließlich für sich in Anspruch nahmen. Im 13. und im 14. Jahrhundert ist in Frankreich keine einzige Universität durch den König förmlich gegründet worden. Die Könige gewährten den entstehenden Universitäten Privilegien, griffen auch ordnend ein, aber während des 13. Jahrhunderts überließen sie die Bildung dem Zusammenwirken der kirchlichen Ortsgewalten und der Korporationen, und wenn in dieser Entwicklung Störungen eintraten, so war es meistens der Papst, der um Entscheidung angerufen wurde. Man kann nicht sagen, daß die Könige ihre Obergewalt hier aus der Hand gegeben hätten, aber sie machten sie nicht in gleicher Weise und nicht so grundsätzlich geltend wie die spanischen oder auch die englischen Könige. Dies bildet wohl die Veranlassung, daß die Päpste in Frankreich auch im 14. Jahrhundert in Universitätsangelegenheiten selbständiger auftraten, und darüber kam es zum Konflikt mit der königlichen Gewalt[1]. Den Anlaß gab,

---

[1] Durch die Bulle Sedes Apostolica vom August 1303 verbot Bonifacius VIII. allen, welche in Frankreich das Recht, die Lizenz zu verleihen, besaßen, irgend einem die Lizenz in der Theologie oder den beiden Rechten zu verleihen, bis sich der König dem heiligen Stuhle unterworfen habe. Bul. IV, 54. Jourd. 354. Ich glaube dies aber nicht in den obigen Zusammenhang behandeln zu sollen, weil der Papst hier nicht eine besondere Befugnis über die Universität geltend macht, sondern kraft jener Allgewalt handelte, mit der er auch die Könige absetzen zu können glaubte. Er forderte die Magister nach Rom, aber so wie er andere hervorragende Männer entbot, und die Kardinäle ermahnten die Magister, exsurgant... stent in acie cum Domino, aber nicht, weil die Universitäten dem Papste unterständen, sondern weil der Papst ihnen Benefizien verliehen habe, während sich die Prälaten ihrer Armut nicht erbarmten. Bulaeus IV, 27: Quis unquam praedecessorum suorum formas providendi pauperibus clericis plus extendit... Die Thatsache, daß die Universität in diesem Kampfe auf seiten des Königs stand, ist wichtig zur Beurteilung der Auffassung der Zeit von der Stellung der königlichen Gewalt zu den Universitäten, aber es ist besser, über die mit diesem Kampf ver-

daß Papst Clemens V. der bereits im 13. Jahrhundert blühenden Universität Orleans auf ihre Bitte mehrere Privilegien verlieh, welche ihre Verfassung und namentlich ihre Rechtsverhältnisse gegenüber der Bürgerschaft änderten. Er hatte zwar erklärt, daß er die Bestimmungen, welche die königliche Gerichtsbarkeit berührten, nur vorbehaltlich der königlichen Genehmigung erlasse; aber König Philipp sah in dem Vorgehen des Papstes einen Eingriff in seine Rechte und erklärte die päpstlichen Privilegien für ungültig und aufgehoben. Es war das im Jahre 1312, aber mit seinem Tode brach über Frankreich eine Reihe von Verwirrungen herein, in denen die königliche Gewalt schwere Einbußen erlitt. Die Großen suchten wieder zu gewinnen, was sie unter Philipps starkem Regiment an Rechten eingebüßt hatten, und nahmen Rache an Philipps Räten. Noch gefährlicher wurde die Lage des Königtums, als nach dem Tode des ältesten Sohnes der zweite den Thron bestieg, und zwar erst auf Grund einer Aenderung der geltenden Erbfolge, durch Einführung des sogenannten salischen Gesetzes. Das geschah im Jahre 1316, und da nun in diesen Wirren die Scholaren und Doktoren den königlichen Befehlen dauernd Widerstand leisteten und die Gültigkeit der päpstlichen Privilegien behaupteten, so gab Philipp V. den Standpunkt seines Vaters auf, vereinbarte mit Johann XXII. einige Veränderungen des von Papst Clemens erlassenen Privilegs und erließ dann ein entsprechendes Statut, das als eine Neugründung der Universität anzusehen ist.

Rechtlich vollzog sich diese Neugründung von Orleans durch königlichen Erlaß[1]), aber der Papst hatte in der Sache seinen Willen durchgesetzt. In Frankreich war eine große Universität dem päpstlichen Willen entsprechend und im Gegensatz zu den ursprünglichen Absichten der Regierung geordnet worden.

Noch selbständiger verfuhr Papst Johann XXII., indem er in

---

bundenen Vorgänge hier ganz hinwegzugehen, da sie durch den Parteistreit verdunkelt worden sind und deshalb mit Nutzen nur in eingehender Untersuchung verwertet werden können.

[1]) Le Maire II, 19—37 gibt die wichtigsten Aktenstücke. Ueber die Verhandlungen, welche dem Erlaß des neuen Statuts Philipps V. von 1320 vorangingen, berichtet das Rescriptum Papae ib. p. 30 f. In dem Edikt Philipps V. heißt es Le Maire II, 35 ganz scharf: Placet nobis et volumus, quod Aurelianis sit studium generale.

Cahors 1332 ohne Mitwirkung des Königs eine Universität errichtete. Cahors gehörte allerdings zu den Grenzgebieten Frankreichs, und es war zweifelhaft, ob die Stadt zu dem unmittelbaren Gebiet der Krone gerechnet werden könne[1]), aber die Errichtung der Universität daselbst durch den Papst ohne den König war ein Schritt, der noch hinausging über das, was Philipp V. dem Papste in Orleans zugestanden hatte. Der König ließ es trotzdem geschehen. Ein drittes Beispiel bietet vielleicht die Gründung eines Generalstudiums der Theologie[2]) in Toulouse durch den Papst im Oktober 1360, ohne daß der König, soviel die bekannten Akten erkennen lassen, auch nur mitwirkte. Allein es ist zu erwägen, daß Toulouse von der Gründung her besonders nahe Beziehungen zum römischen Stuhle hatte, daß ferner in Toulouse auch schon eine theologische Fakultät gewesen war, und endlich, daß sich die Gründung einige Monate nach dem Frieden von Bretigny vollzog, der Frankreich tief gedemütigt und Toulouse zu einer Grenzstadt gemacht hatte[3]). Im 15. Jahrhundert

[1]) Im Jahre 1333 kam es zu einem solchen Streit zwischen der Stadt und den königlichen Beamten gelegentlich einer für das unmittelbare Gebiet der Krone ausgeschriebenen Steuer. Der König befahl seinen Beamten, der Ansicht der Stadt nachzugeben; aber der Streit zeigt doch, daß die Stellung der Stadt zur Krone im ganzen nicht so locker war, wie in vielen Grenzgebieten. Lacoste, Histoire de la province de Quercy III, 68.

[2]) Unrichtig wäre es, das Beispiel deshalb zurückzuweisen, weil der Papst bezüglich der theologischen Fakultät die allgemeine Entscheidung gehabt habe. Freilich war die Theologie die Wissenschaft der Kirche und in dieser Fakultät mußte der Papst seinen Einfluß am leichtesten zur Geltung bringen, aber es war keineswegs die herrschende Meinung dieser Jahrhunderte, daß der Papst Generalstudien der Theologie gründen könne, wo er wolle, oder daß nur der Papst hierzu berechtigt sei. In England würde der König dies ebensowenig geduldet haben, wie König Jakob von Aragonien, der jede Gründung eines Generalstudiums neben Lerida untersagte, und als der Papst auf Ansuchen des Herzogs von Anjou u. s. w. in Angers ein Generalstudium der Theologie errichtete, gewann diese Gründung erst Rechtskraft durch des Königs spätere Urkunde. Ferner haben spanische Könige und die Kaiser mehrfach Generalstudien in allen Fakultäten einschließlich der Theologie errichtet, und in Montpellier und Lissabon entstanden im Laufe des 14. Jahrhunderts theologische Fakultäten nicht nur ohne, sondern sogar im Gegensatz zu den sie ausschließenden päpstlichen Stiftungsbriefen dieser Universitäten, und beide wurden trotzdem von der Kurie als legitime Generalstudien behandelt.

[3]) Eine nähere Untersuchung der Universitätspolitik der französischen Könige in diesen und anderen Fällen würde ein interessantes Kapitel der französischen Geschichte bilden. Bisher ist kaum darauf geachtet worden.

sind in Caen, Dôle, Poitiers, Bordeaux, Bourges, Besançon, Valence und Nantes Generalstudien und in Angers und Montpellier theologische Fakultäten errichtet und für alle sind päpstliche Stiftungsbriefe erbeten worden. Die Bittsteller waren die Stadt Bordeaux, die Stände der Bretagne, der Herzog von Anjou und andere Lehnsfürsten der Krone Frankreich oder England; aber besonderes Interesse erregen Poitiers und Bourges, weil hier die Könige von Frankreich, Karl VII. und Ludwig XI., selbst um die päpstlichen Stiftungsbriefe nachsuchten. Allein man darf daraus nicht schließen, daß die Könige sich nicht für berechtigt gehalten hätten, selbständig Universitäten zu gründen; es gab Rücksichten genug, die damals den anderen Weg empfahlen[1]). Karl VII. bezeichnete vielmehr in der Urkunde für Angers[2]) die Universitäten Frankreichs allgemein als Stiftungen der Könige, und wenn dies sachlich unrichtig war, so zeugt diese Aeußerung um so schärfer dafür, daß Karl VII. die Gründung von Universitäten für ein Recht des Landesherrn hielt. Ferner hat derselbe König Karl, der den Papst um die Errichtung eines Generalstudiums in Poitiers bat, nach dem Stiftungsbrief ein Edikt erlassen, durch welches er die Annahme desselben erklärte und ihn aus seiner königlichen Vollgewalt gut hieß und bestätigte[3]). Die gleiche Auf-

---

[1]) Nur auf einen Punkt will ich hinweisen. Es war die Zeit der englisch-französischen Kriege und die Zeit des Basler Konzils; die Universität Paris war in beide Kämpfe stark verwickelt, die Bedeutung der Universitäten als einflußreicher Korporationen war wiederholt hervorgetreten: so knüpften sich denn auch an die Errichtung neuer Universitäten in Frankreich lebhafte Interessenkämpfe. Die alten Universitäten wollten die Errichtung neuer Universitäten möglichst hindern (Bulaeus V, passim), und die neuen Universitäten Poitiers, Bourges, Caen u. s. w. hatten die Rivalität der alten zu fürchten. Namentlich bei der Gründung von Poitiers 1431 kam dies in Betracht, denn damals stand Paris und die Universität Paris auf seiten Englands, nannte den König Heinrich von England Roy de France et d'Angleterre, nostre très-redouté et souverain seigneur und unterstützte ihn durch ihr Gutachten bei der Verurteilung der Jungfrau von Orleans. Bulaeus V, 402 f. Die Gründung von Valence (1452 u. 1459) verdiente in dieser Beziehung eine ausführliche Untersuchung. Vgl. Ordonn. d. Roys XVII, 75 f. u. Nadal.

[2]) Bei Lens p. 18 Note. Qua moti consideratione nostri incliti progenitores universitates studiorum ... et inter alias de facultatibus juris canonici pariter et civilis universitatem Andegavensem erigi fecerant. Die Aeußerung behielte die gleiche Schlußkraft, wenn der König nicht alle, sondern nur einige gemeint haben sollte.

[3]) Bulaeus V, 844 f. Nos igitur dictam ipsius Smi. Patris nostri

faſſung zeigte der König, als Papſt Eugen IV. auf Bitten des Herzogs von Anjou, des Bruders des Königs, in Angers auch in den bisher fehlenden Fakultäten Theologie, Philoſophie und Medizin ein Generalſtudium aufrichtete. Der Herzog von Anjou legte das päpſtliche Privileg dem König zur Beſtätigung vor, der dann dieſe Beſtätigung in einer feierlichen Urkunde erteilte und die oberſten Verwaltungsbeamten der Provinz zu Konſervatoren der Univerſität[1]) ernannte. Die königliche Urkunde gab der päpſtlichen Rechtskraft. Im ganzen zeigt Frankreich im 14. und 15. Jahrhundert eine ſteigende Bedeutung der königlichen Verwaltung auf dem Gebiete der Univerſitäten; Fragen, die im 13. Jahrhundert durch den Papſt oder ſeinen Legaten entſchieden wurden, kamen im 14. und 15. Jahrhundert meiſtens vor den König und ſein Parlament. Mehren ſich im 15. Jahrhundert die päpſtlichen Stiftungsbriefe für franzöſiſche Univerſitäten, haben ſie ſelbſt die Könige erbeten, ſo nahm doch der päpſtliche Einfluß[2]) thatſächlich ab.

In Spanien bietet gleich das erſte Jahr des 14. Jahrhunderts ein ſprechendes Zeugnis für den ſteigenden Einfluß der Privilegientheorie. König Jakob II. richtete ſich bei der Gründung ſeiner Univerſität Leriba, wie wir ſahen, teilweiſe nach dem Muſter der Staatsuniverſität Neapel, aber ehe er die Gründung vollzog, erbat er ſich von dem Papſte das Privileg, daß er „an einem Orte ſeines Reiches ein Generalſtudium gründen könne", und gründete es dann „kraft der päpſtlichen Autorität, welche wir in dieſem Punkte ausüben und kraft unſerer eigenen"[3]). Ferner ſind bei der Erhebung

---

dispositionem, voluntatem et ordinationem sic nostro proposito nostroque desiderio conformem ... cognoscentes, ipsam grato animo excepimus et acceptavimus ac eam in quantum melius ... possumus de nostra certa scientia, plenaria potestate ac auhoritate Regia juxta plenarium ipsius Sanctissimi Patris nostri literarum effectum laudavimus, ratificavimus et approbavimus, laudamusque, ratificamus et approbamus per praesentes: ipsum studium generale sic in dicta nostra civitate P. authoritate apostolica erectum, institutum et ordinatum nostra etiam ex parte nostraque authoritate in quantum in nobis est firmando, instituendo et ordinando.

[1]) Die Urkunde des Papſtes bei Lens p. 16 f., die des Königs ib. p. 18 f.
[2]) Daß er immer noch ſehr groß war, zeigt z. B. die reformatio der Statuten von Paris durch den päpſtlichen Legaten 1452, Bulaeus V, 564 f. Vgl. ſein Auftreten in Angers. Lens p. 26 Note 3.
[3]) Villanueva XVI. 196 f. Nro. 3.

der Partikularstudien Lissabon 1377¹), Valladolid 1346²) und Saragossa 1474³) zu Generalstudien von den Königen und (in Saragossa) von dem Prinzen Ferdinand päpstliche Stiftungsbriefe erbeten worden, und ebenso verfuhr König Johann II. bei der Neugründung des Generalstudiums von Huesca 1464⁴) und König Alfons bei der von Barcelona 1450⁵).

Aber König Peter von Aragonien gründete 1349 in Perpignan⁶) und 1354 in Huesca⁷) ein Generalstudium in allen Fakul-

---

¹) Ueber Lissabon-Coimbra s. Denifle S. 519 f.
²) La Fuente I, 104 gibt die Bulle Clemens VI.: Dignum igitur existimantes, ut in villa Vallisoletana, quae sicut pro parte ... Alfonsi regis ... nobis fuit expositum ... et in ea studium licet particulare ab antiquo viguit ... regis supplicationibus inclinati ... auctoritate apostolica statuimus, ut in villa V. perpetuis temporibus generale studium vigeat in qualibet licita, praeterquam theologica facultate.
³) La Fuente I. 340 f. Bulle Sixtus IV.
⁴) Die Bulle Pauls II. bei La Fuente I, 338 f.
⁵) Die Bulle Nikolaus V. bei La Fuente I, 336 f.
⁶) Die Urkunde für Perpignan ist mitgeteilt von J. Massot Reynier, Les Coutumes de Perpignan als Publikation de la société archéologique de Montpellier. 1848. p. 79 f. Perpignan ist damals nicht zustande gekommen und wurde 1379 durch einen päpstlichen Stiftungsbrief von neuem gegründet. Siehe über diesen Punkt die scharfsinnige Auseinandersetzung von Denifle p. 515 f.
⁷) Die Stiftungsurkunde für Huesca (La Fuente I, 317) ist zum großen Teile eine wörtliche Wiederholung derjenigen, durch welche König Jakob im Jahre 1300 Lerida gründete. Aber König Peter ließ die Abschnitte der Vorlage weg, in welchen König Jakob hervorhob, daß er von dem heiligen Vater ein Privileg zur Gründung eines Generalstudiums erhalten habe, und man sieht also, daß sich König Peter mit vollster Bestimmtheit und im Hinblick auf die abweichende Haltung seines Vorgängers dafür entschied, die Gründung der Universität lediglich aus königlicher Vollmacht zu vollziehen. Sodann fügte König Peter zu den für Lerida aufgezählten Fakultäten noch die Theologie hinzu. Es ist dies besonders zu beachten, weil die Theorie, welche den universalen Gewalten ein Sonderrecht in Sachen der Universitäten zuschrieb, auch in der Form auftrat, daß wenigstens die theologische Fakultät einer Genehmigung des Heiligen Stuhles bedürfe (S. 391 Anm. 2). Diesem Studium verlieh König Peter denn auch alle Freiheiten und Rechte, welche der Heilige Stuhl den Universitäten Toulouse, Montpellier und Lerida verliehen hatten. Ib. p. 318: quae a sede Apostolica Tolosano, Montispelerii et Ilerdensi studiis sunt concessa, ipsi eidem studio ... auctoritate nostra de regiae liberalitatis beneficio concedimus et donamus ac etiam confirmamus ... Der bezügliche Abschnitt in der Urkunde für Lerida lautete dagegen: quae a S. Apostolica Tolosano sunt concessae ipsi eidem studio ... auctoritate Apostolica atque nostra de regiae etc.

täten, ohne ein päpstliches Privileg zu erbitten. In derselben Weise gewährte König Alfons V. von Aragonien 1446 der Stadt Gerona die Befugnis, ein Generalstubium in allen Fakultäten einzurichten[1]), und auch von dem Könige Johann II., der 1464 den Papst um die Errichtung eines Generalstubiums in Huesca bat, liegt eine Urkunde von 1477 vor, welche zeigt, daß dieser König dergleichen päpstliche Bullen nur als vorläufige Akte ansah, die erst durch eine königliche Verordnung Rechtskraft gewinnen könnten[2]), und eben dies sagt auch eine Urkunde seines Sohnes, des Königs Ferdinand[3]).

So erscheint die Gründung, Neugründung oder Verlegung von Universitäten im 14. und 15. Jahrhundert als ein Gebiet, auf dem die Einzelstaaten mit den universalen Gewalten zusammenwirkten, aber auch

---

[1]) Er verlieh den Doktoren und Scholaren desselben alle Privilegien und Freiheiten, welche andere Universitäten in seinen Staaten de jure, usu seu consuetudine vel alias quoquomodo genössen. La Fuente I, 330 f. Damit wurden ihnen also auch die Privilegien erteilt, welche diese anderen Universitäten von Rom empfangen hatten, wie denn König Peter in der Urkunde für Huesca dies unmittelbar aussprach.

[2]) Die Urkunde bezieht sich darauf, daß Papst Sixtus IV. auf Bitten des Prinzen Ferdinand das Stubium zu Saragossa zu einem Generalstubium erhoben und ihm die Privilegien von Paris und Jlerda verliehen hatte. La Fuente I, 346 f. Nro. 37: Et quoniam erectio dicti studii in generale cadit in decorem et ornamentum ejusdem civitatis ... nam ita ad studium ipsum multo plures confluent et incendentur ad lectionem cum scient posse gradum ... in facultatibus ipsis consequi, atque his et aliis bonis ... inducentibus animum nostre Majestatis, erectio predicta sit grata et accepta Majestati nostre et velimus literas (d. h. die Bullen des Papstes) suum sortiri effectum et executionem ... 1477.

[3]) Die Stadt Valencia hatte sich an den Papst gewandt, um ein Generalstubium zu erhalten. Papst Alexander VI. hatte es durch Bulle vom Januar 1500 (La Fuente I, 347 f.) errichtet und mit den Privilegien von Rom, Bologna und Salamanca ausgestattet. Die Bulle gehört zu den ausführlichsten Stiftungsbriefen, die überhaupt erlassen worden sind. Aber die Stadt wandte sich danach erst noch an den König Ferdinand mit der gleichen Bitte, und dieser betonte in einem Erlaß von 1502, daß sie ohne seine Genehmigung ein Generalstubium nicht errichten könnte, und gab dann seine Einwilligung zur Errichtung des Generalstubiums und gewährte demselben alle Privilegien von Salamanca und anderer ähnlicher Studien. Zum Schluß wendet sich sein Edikt zu der Bulle Alexanders VI. und behandelt sie so, als hätte der Papst durch dieselbe nicht das Stubium errichten, sondern nur einige Punkte regeln wollen, die zu seiner Befugnis gehörten (in quantum ad eum spectabant). Nach dieser Bemerkung erst folgt die Verfügung, daß die Bulle zur Ausführung kommen solle. La Fuente I, 551.

bisweilen mit ihnen um den größeren Einfluß rangen und Sorge trugen, ihre Rechte zu wahren. Beide universale Gewalten haben Stiftungsbriefe verliehen, aber die Kaiser weit seltener und nur in Italien und im Königreich Arelat, selbst in Deutschland während des 14. Jahrhunderts niemals, sondern erst im 15. Jahrhundert. Die Päpste haben solche Briefe dagegen in allen Landen verliehen, in England, Spanien Schottland, Irland, Polen, Ungarn, in Deutschland und Frankreich wie in Italien. Auch auf diesem Gebiet hatte das Kaisertum den besten Teil seines Ansehens und seiner Befugnisse an das Papsttum verloren, obschon die Theorie, welche die Notwendigkeit eines solchen Privilegs für die Errichtung von Generalstudien behauptete, von dem Satze ausging, daß das römische Recht als das Kaiserrecht nur an den von dem Kaiser dazu privilegierten Orten gelesen werden dürfe. Aber die meisten Kaiser haben sich um die Universitäten nicht gekümmert, und bis in die zweite Hälfte des 15. Jahrhunderts war Karl IV. der einzige, der in dieser Beziehung, wie in so mancher anderen die Rechte des Kaisers mehrfach ausübte und dadurch wieder in Erinnerung und Geltung brachte. So fordern denn zunächst auch nur die päpstlichen Privilegien und die von den Päpsten erhobenen Ansprüche nähere Untersuchung[1]). In Deutschland und seinen östlichen und nördlichen Nachbarlanden, wo keine Erinnerung an selbständig erwachsene Generalstudien hindernd im Wege stand, werden wir die Lehre des Baldus von der Notwendigkeit solcher Privilegien und die Ansprüche der Päpste zu voller Herrschaft gelangen sehen[2]), in den bisher behandelten Staaten dagegen, welche im 13. Jahrhundert die selbständige Entwicklung der Universitäten erlebt hatten, breitete sich zwar auch die Regel, bei der Gründung von Universitäten kaiserliche oder päpstliche Stiftungsbriefe zu erbitten, mehr und mehr aus: aber nur in Gebieten mit unsicheren und verwickelten Rechtsverhältnissen oder in Zeiten der Schwäche der Regierung gelangte dieser Einfluß der Päpste zum Uebergewicht[3]), in den Staaten

---

[1]) Das Verhältnis der kaiserlichen Privilegien zu den päpstlichen zu behandeln, wird sich bei den deutschen Universitäten Gelegenheit bieten.

[2]) Man lese z. B. das Schreiben Urbans V. an den König von Polen: Codex Cracoviensis I, p. 6 f., namentlich p. 8, oder die Bulle Martins V. für Löwen, besonders § 10. Bull. Rom. IV, 725.

[3]) Hierher ist doch wohl auch zu rechnen, daß Bonifaz VIII. für die in Avignon entstandene Universität auf Bitten der Bürgerschaft einen Stiftungsbrief

Italiens und Spaniens, in England und in Frankreich hatte der päpstliche Stiftungsbrief auch im 14. und 15. Jahrhundert regelmäßig nicht die Bedeutung einer notwendigen Vorbedingung zur Gründung einer Universität, sondern den einer unterstützenden Anerkennung. Die Stiftungsbriefe erscheinen mehr als die allgemeinste Form der Privilegien, welche die Universitäten mehr noch als andere Korporationen von den Päpsten zu erbitten hatten. Mit diesen anderen Privilegien sind sie denn auch noch einmal zusammen zu betrachten.

Vorher aber ist noch auf einen anderen Punkt hinzuweisen. Das wichtigste Recht, das die Universitäten übten, war die Verleihung der akademischen Grade, besonders des höchsten Grades, der Magister- oder Doktorwürde, weil mit dieser Würde allgemein gültige Rechtsvorteile und Ehrenvorzüge verknüpft waren[1]). Eben deshalb konnte es auch theoretisch für notwendig erscheinen, die Befugnis, solche Titel zu verleihen, an die Genehmigung der universalen Gewalten zu binden. Allein einmal ist diese Lehre doch nicht zu völliger Anerkennung gekommen, und dann zeigte sich bald, daß diese Maßregel keinen Schutz gewährte gegen Mißbrauch. Kaiser und Päpste haben Stiftungsbriefe auch solchen Orten verliehen, denen die Bedingungen fehlten, um ein Generalstudium blühend zu erhalten, und in vielen dieser Orte ist denn überhaupt kein Studium entstanden oder es ging bald wieder ein, aber in manchen Fällen erhielt sich dann eine Scheinbehörde zur Verleihung des Doktorats[2]). Noch schlimmer war, daß Kaiser und Päpste einzelnen Personen aus Gnade den Doktor verliehen und anderen sogar das Recht, den Doktor zu verleihen[3]). Es

---

erließ, ohne des Landesherrn, des Grafen von Provence, zu gedenken. Man versteht den Unterschied erst recht, wenn man erwägt, daß dieser Graf von Provence zugleich König von Sicilien und in diesem Königreich die Universität lediglich als Angelegenheit des Staates zu betrachten gewohnt war. Auch bei den in Irland und Schottland entstehenden Universitäten läßt sich dieses Uebergewicht des Papstes beobachten.

[1]) Ueber den Doktorenadel siehe Fitting, Das Castrense Peculium, § 81 und 82 p. 580 ff.

[2]) Papst Sixtus IV. klagte 1475 über dergleichen, wie es scheint, sich auf päpstliche Privilegien stützende Doktorfabriken in Arelat und hob sie auf. Laval Nro. 28. Ebenso klagte Pavia 1471 über Piacenza. Murat. SS. XX, 932 f.

[3]) Näher wird Bd. II darüber gehandelt werden, vorläufig verweise ich nur auf das merkwürdige Zeugnis, welches hierfür in den Statuten der Artisten von Padua II, 30 (Bl. XXVIII), sowie in einer Bulle Innocenz VIII. liegt. Der Gesandte

hat dies erheblich dazu beigetragen, den Doktortitel und die Universitätseinrichtungen, sowie die darauf bezüglichen Privilegien in Verachtung zu bringen. Unter den besonderen Privilegien, welche die Päpste den Universitäten verliehen, sind vor allem die Residenzprivilegien zu nennen. Schon im 12. Jahrhundert war es üblich gewesen, daß die Kapitel und Oberen den Klerikern, welche den Ort ihrer Pfründe verließen, um ein Studium zu besuchen, den Genuß der Pfründe auf eine Reihe von Jahren ohne Erfüllung der Residenzpflicht gestatteten, und Honorius III. erhob diese Sitte 1219 in der Weise zum kirchlichen Gesetz, daß er allen, welche an einem Studium theologische Vorlesungen hielten, für die Dauer ihrer Wirksamkeit, und allen, welche Theologie studierten, für die Dauer von fünf Jahren das Residenzprivilegium gewährte [1]). Dies allgemeine Privileg wurde von Gregor IX. 1233 der Universität Toulouse[2]) mit der Ausdehnung auf die Lehrer aller Fakultäten noch besonders verliehen, und in ähnlicher Weise ist es dann 1246 Valencia und im Laufe des 13., 14. und

---

des Königs Ferdinand von Kastilien hatte in Rom Klage erhoben, daß in seinen Staaten viele Personen auf Grund päpstlicher Schreiben für das Doktorat und die anderen akademischen Grade außerhalb der Universitäten des Landes examiniert würden, und daß viele unfähige und ungelehrte Leute, zum Teil selbst Leute geringen Standes, die Grade erlangten und dann die gleichen Rechte beanspruchten wie die, welche die vorgeschriebenen Prüfungen bestanden hätten. Der Papst erließ gegen diesen Mißbrauch eine Bulle, die dann Alexander VI. 1493 wiederholte. La Fuente II, 545 f. Nro. 8. Der bezügliche Abschnitt lautet: (der Gesandte des Königs) nobis nuper exposuit, quod in regnis predictis sunt plures persone, que pretextu litterarum, etiam in forma brevis ab apostolica sede emanatarum, per quas eorum examina aliquibus etiam extra universitates studiorum generalium dictorum regnorum committebantur, qui tales ut conveniebat non examinabant, et si recte examinassent etiam eos idoneos non invenissent ad magistratus et doctoratus aliosque gradus tam in theologia quam in jure assumpte fuerunt. Quo fit ut plures insufficientes et indocti ac etiam infime conditionis viri, sic ad gradus hujusmodi promoti se illis, qui in aliqua dictarum universitatum previo debito examine ... gradus receperunt ..., equiparare conantur et honores illis debitos indebite usurpare.

[1]) C. 5. X. De magistris V, 5. Super specula etc. Docentes vero in theologica facultate dum in scholis docuerint et studentes in ipsa integre per annos quinque percipiant de licentia sedis Apostolicae proventus Praebendarum et Beneficiorum suorum. non obstante aliqua contraria consuetudine vel statuto ... Ueber die Residenzpflicht vgl. Philipps Kirchenrecht VII. 1, § 387 und Hinschius III p. 221 ff.

[2]) Bulaeus III, 149.

Residenzprivilegien. 399

15. Jahrhunderts den verschiedensten Universitäten[1]) bald mit, bald ohne Beschränkungen nach Zeit, wie nach Personen und Fakultäten gewährt worden.

[1]) So erhielt Avignon das Residenzprivileg 1366 von Urban V. auf fünf Jahre für alle Scholaren und Dozenten, auch wenn sie hohe geistliche Stellen bekleidet, und solche, mit denen Seelsorge verbunden war, vorausgesetzt, daß für die Geschäfte durch Vertretung gesorgt sei; 1371 wurde dies Privileg auf fünf Jahre erneuert, aber mit Ausschluß der dem Bischof nächststehenden Aemter an Kathedralen und der Hauptämter an Kollegiatkirchen, 1387 auf zwölf Jahre und zwar mit der Bestimmung, daß die Einzelnen je sieben Jahre innerhalb dieser zwölf Jahre diese Freiheit benutzen durften, 1404 wieder auf zwölf Jahre (Laval Nro. 3 p. 13, 1366; Nro. 6 p. 20, 1371; Nro. 9 p. 29, 1387; Nro. 11 p. 35, 1404) und 1413 erhielt Avignon ein dauerndes und allgemeines Privileg, ohne Beschränkung weder der Geltung des Privilegs noch der dem einzelnen Kleriker verstatteten Zeit, und zwar wieder wie in dem Privileg von 1366 für alle Kleriker, auch für die in den Privilegien ausgenommenen Kategorien. Laval Nro. 19 p. 61 f.: auctoritate apostolica ... indulgemus, ut primicerius, magistri, doctores, licentiati, baccallarii et stadentes praedicti eorumque singuli, qui sunt et erunt pro tempore tam seculares quam regulares in praedicto litterarum studio in sistendo fructus redditus et proventus omnium et singulorum beneficiorum ecclesiasticorum cum cura et sine cura etiamsi ... prioratus conventuales dignitates, personatus administrationes vel officia in metropolitanis aut cathedralibus seu collegiatis ecclesiis et dignitates ipsae in eisdem metropolitanis vel cathedralibus post pontificales majores, seu in collegiatis ecclesiis hujusmodi principales fuerint. In ähnlicher Weise erhielt Leriba 1322 und später wiederholt dies Privileg auf je fünf Jahre (Denifle p. 505 Note 1131 citiert die betreffenden Urkunden), Angers dagegen 1363 neu auf drei Jahre, 1367 wieder auf drei, 1403 aber von Benedikt XIII. auf zwanzig Jahre und zwar so, daß die augenblicklich in Angers studierenden Kleriker es zwanzig Jahre genießen konnten (Rangeard II. 208 f., 214, 267 f.), und endlich 1413 für alle Zeit. Martin V. und Eugen IV. gewährten Padua umfassende Residenzprivilegien, den Bischöfen auf zwei, allen übrigen Klerikern auf sieben Jahre (abgedruckt in den Statuta Juristarum 1551 Blatt 116ᵇ u. folgende). Florenz bat 1349, 1359 bis 1360 und 1365 um solche Residenzprivilegien, aber, wie es scheint, ohne Erfolg. Die Stadt wandte sich auch an den Sekretär des Papstes und an einige Kardinäle um Verwendung für ihr Gesuch, versicherten, daß sie sich unauflöslich zu dankbarem Gehorsam verpflichtet fühlen würden. 1365 baten sie wieder darum, aber, wie es scheint, wieder vergebens, und erst 1392 gewährte ihnen Bonifacius IX. ihren Wunsch, nun aber gleich in ganz umfassender Weise. (Documenti Nro. 7, 22, 25 u. 74.) In ähnlicher Weise erhielt 1310 Bologna ein Privileg auf zehn Jahre, daß die Kleriker daselbst römisches Recht und Medizin studieren und dabei ihre Pfründen beziehen könnten, und dann noch oftmals, aber als sie 1343 baten, der Papst möge es ein für allemal gewähren, wurden sie ganz abgewiesen, um dann 1344 ein Residenzprivileg auf fünf Jahre zu erhalten und 1360 wieder auf zehn

Eng verbunden mit den Residenzprivilegien waren die über die personae prohibitae. Im 12. Jahrhundert hatte Alexander III. allen Ordensleuten das Studium der Medizin und des römischen Rechts verboten, damit sie sich desto eifriger dem Studium der Theologie widmen sollten. Papst Honorius III. dehnte dies Verbot durch die Bulle Super specula 1219 (c. 10 X ne clerici III, 50) auf die Priester aus und verbot zugleich für Paris, als den Hauptsitz der theologischen Studien, das Studium des römischen Rechts überhaupt. Dieser Teil der Bulle hatte dauernde Wirkung, mit dem allgemeinen Verbot des römischen Rechts und der Medizin für Priester und Mönche ging es dagegen wie mit dem Verbot der aristotelischen Schriften: in der starken wissenschaftlichen Bewegung, welche das 13. Jahrhundert auf diesen Gebieten erfüllte, ließen sich die Kleriker nicht davon zurückhalten, und Innocenz IV. behandelte das Verbot bereits 1254 als veraltet¹). Thatsächlich studierten denn auch Priester aller Grade namentlich römisches Recht an allen Universitäten mit solcher Fakultät, allein die Universitäten hatten trotz dieser an Stelle des Gesetzes anerkannten Gewohnheit guten Grund, um besondere Privilegien zu bitten, welche dies gestatteten. Denn die Kapitel und die Oberen derjenigen Kleriker, welche Pfründen besaßen, ohne die Residenz zu

---

Jahre. (Siehe die Belege bei Denifle 210.) Natürlich studierten in den Zwischenjahren die Kleriker doch in Bologna. Perugia erhielt es 1322 auf zehn Jahre (Rossi Nro. 36) und dann noch öfter auf zehn und fünf Jahre.

¹) Im Jahre 1254 erhob Papst Innocenz IV. die Klage, daß die Prälaten nur denjenigen Klerikern größere Benefizien zuwendeten, welche Rechtslehrer oder Advokaten seien, auch wenn dieselben in Theologie und Philosophie nur unzureichende Studien gemacht hätten. Er verbot dies. Kenntnisse im römischen Recht sollten keine Empfehlung bilden, wenn sie nicht mit Kenntnissen in den Artes verbunden seien: also Papst Innocenz unternahm es gar nicht mehr, jenes Verbot des Studiums des römischen Rechts aufrecht zu erhalten, er behandelte es als veraltet und suchte nur das Studium der Artes demgegenüber zu stützen. Er schlug dazu noch den anderen Weg ein, daß er die Könige und Fürsten von England, Frankreich, Schottland, Wales, Spanien und Ungarn bat, das Studium des römischen Rechts in ihren Landen zu verbieten, da es in ihren Landen keine praktische Bedeutung habe. Für Italien machte Innocenz IV. auch nicht einmal diesen zaghaften Versuch, den Geistlichen jenes Studium unmöglich zu machen. Siehe die merkwürdige Bulle bei Math. Paris. Chron. maj. IV, 293. Bezeichnend ist ferner, daß sein Nachfolger Alexander IV. schon im folgenden Jahre (1255) der Universität Salamanca das Privileg erteilte, daß dort die Kleriker, jedoch mit Ausnahme der Regularen, römisches Recht studieren dürften. Siehe S. 405 Anm. 2.

erfüllen, und von diesen Pfründen an einer Universität lebten, entzogen ihnen den Genuß um so leichter, wenn diese Kleriker die dem Buchstaben nach verbotenen Studien trieben.

Auch wer ein unzweideutiges Residenzprivileg besaß, hatte oft große Schwierigkeit, den Ertrag seiner Pfründe zu erhalten, die Bulle Super specula lieferte den an einer Universität ohne solches Privileg das Recht oder Medizin studierenden Inhaber ganz der Gnade der Kapitel und der Oberen aus[1]). Andere Privilegien verliehen den Universitäten und ihren Zugehörigen besonderen Schutz gegen den Mißbrauch, der mit kirchlichen Zensuren getrieben wurde, oder neben dem privilegierten Gerichtsstande noch das besondere Recht, nicht vor ein auswärtiges Gericht geladen zu werden, dagegen Auswärtige vor ihr Korporationsgericht laden zu dürfen, sodann Freiheiten von Zöllen, Steuern und bürgerlichen Lasten aller Art. Einige dieser Privilegien waren ursprünglich von dem Papste, andere von der weltlichen Obrigkeit, der Stadt oder dem Landesherrn gewährt worden, und zwar teils bei der Gründung der Universitäten, teils später durch besondere Gnadenakte. Aber als es mit dem Ende des 13. Jahrhunderts üblich wurde, Universitäten durch Stiftungsbriefe zu errichten, da wurden in denselben häufig[2]) gleich durch eine umfassende Formel die Privilegien von einzelnen genannten oder auch noch allgemeiner von allen Generalstudien gewährt. Päpste haben so die von Kaisern und Königen herrührenden Privilegien, auch solche, welche das Zollwesen und die weltliche Gerichtsbarkeit betrafen, auf andere Universitäten übertragen, und umgekehrt haben Kaiser und Könige[3])

---

[1]) Dies betonte Florenz in seinen Gesuchen um Residenzprivilegien und bat und erhielt sie nach dreißigjährigen vergeblichen Versuchen auch endlich in der Form, daß alle Kleriker, gleichviel welchen Ranges oder welcher Stellung, in Florenz römisches Recht studieren und in dieser Fakultät als Lehrer wirken könnten, trotz der Bestimmung Honorius III. und etwaiger Bestimmungen derjenigen Kirchen, zu denen ihre Benefizien gehörten. Gherardi und Morelli Nro. 74 p. 173.

[2]) So schon in dem Stiftungsbriefe Bonifacius VIII. für Avignon. Laval I, 7 f.

[3]) So in ausführlicher und ganz umfassender Formel Pedro IV. in dem Privileg für Huesca bei La Fuente I, 318: libertates, gratias et indulgentias qualescunque, quae a sede apostolica Tolosano, Montispelerii et Illerdensi studiis sunt concessa, ipsi eidem studio Oscensi, doctoribus, magistris et scholaribus ibidem studentibus et studere volentibus auctoritate nostra de regiae liberalitatis beneficio concedimus. Kurz, aber nicht weniger umfassend

auch die von Päpsten verliehenen und also meist kirchliche Verhältnisse betreffenden Privilegien auf die von ihnen gestifteten Universitäten übertragen. Die Universitätsprivilegien wurden in diesen Fällen wie eine Art gemeines Recht der Universitäten behandelt, das von denen, welche überhaupt berechtigt waren, Universitäten zu gründen, mit verliehen werden könnte. Es ist begreiflich, daß im Fall des Streits über die Anwendung eines Privilegs aus solchem Ursprung mancherlei Einwände erhoben werden konnten — aber diese allgemeinen Uebertragungen von Privilegien hatten überhaupt geringere Kraft[1]) als die besonders verliehenen Privilegien, und in manchen Stiftungsbriefen wurde denn auch die in der Gründung als Generalstudium gegebene Anwartschaft auf die allgemein üblichen Privilegien nicht bloß durch dergleichen allgemeine Zuwendungen verstärkt, sondern gleich durch ausdrückliche Gewährung bestimmter einzelner dieser Rechte und Freiheiten[2]). Kaum war es aber üblich geworden, dergleichen Stiftungsbriefe zu erbitten, so verfielen dieselben zusammen mit den einzelnen Privilegien dem allgemeinen Schicksal des Privilegienwesens; sie wurden Mittel der kaiserlichen und päpstlichen Politik, wurden aus Gunst und Gnade dem einen verliehen und dem anderen nicht, wurden auch in politischen Kämpfen entzogen[3]) wie irgend ein anderes nutzbares Recht.

---

ist die Formel Bonifacius VIII. für Avignon. Laval I, 7 f. Dagegen beschränkt sich derselbe in der Bulle für Oxford (Munim. academ. I, 78) sorgfältig auf das Gebiet der geistlichen Gerichtsbarkeit. Merkwürdig ist ferner die Formel, welche Karl IV. in dem Privileg für Perugia wählte (Rossi Nro. 96), und so bietet die Vergleichung der von den Päpsten und den verschiedenen weltlichen Gewalten ausgestellten Privilegien reichen Stoff zur Beurteilung ihres Machtbewußtseins und ihrer Ansprüche.

[1]) Die Stadt Florenz hatte in ihrem Stiftungsbrief auch die Zusicherung aller Privilegien, welche die Scholaren in Bologna, Paris und anderen berühmten Generalstudien genossen. Diese Universitäten hatten Residenzprivilegien, aber diese Zuwendung hatte so wenig Bedeutung, daß sich die Florentiner nicht einmal darauf beriefen, als sie sich um das Residenzprivilegium für die personae prohibitae bewarben (s. o. S. 399 Anm. 1). Diese Stiftungsbriefe konnten den Generalstudien helfen, leichter Anerkennung zu gewinnen, indessen sind viele solche Schulen zu keiner Blüte und zu keiner Anerkennung gekommen, trotz ihrer päpstlichen Stiftungsbriefe.

[2]) Recht deutlich zeigt sich darin, daß die Stiftungsbriefe mehr als der Anfang der Reihe von Einzelprivilegien aufgefaßt und geschätzt wurden. Vgl. S. 221 Note 3.

[3]) Beispiele oben S. 377 Anm. 1 und S. 389 Anm. 1.

Die Rechtsverwirrung.

Zahlreiche Päpste haben in diesen Jahrhunderten warmes Interesse für die Pflege der Wissenschaft gehegt, sie waren meist auch selbst hervorragende Vertreter derselben; aber die Universitäten waren im 14. und 15. Jahrhundert nicht bloß Stätten der Wissenschaft, sondern einflußreiche Korporationen, und ihre Privilegien berührten und schädigten oft weite Kreise der Stadt und des Landes in empfindlicher Weise. Die Verwirrung im Rechtsgang[1]), die durch diese Masse von privilegierten Personen geschaffen wurde, die Mißbräuche, die sich mit den Zoll= und Steuerprivilegien verbanden, haben in Paris, Angers, Orleans, Neapel, Orford u. s. w. zu Klagen und Aufständen geführt, und wie unvermeidlich die Konflikte waren, das zeigen die Versicherungen, welche den Schluß der päpstlichen Residenz=privilegien zu bilden pflegten. Die Kapitel erhielten Privilegien, daß sie den Klerikern, welche die Residenzpflicht nicht erfüllten, die Erträgnisse ihrer Pfründen nicht auszuzahlen brauchten, und daß sie auch durch päpstliche Erlasse hierzu nicht gezwungen werden könnten, es sei denn, daß in dem päpstlichen Schreiben das ihnen gewährte Privileg dem Wortlaut nach angeführt worden sei. Die Universitäten erhielten das Privileg, daß dergleichen Privilegien der Kapitel für sie keine Gültigkeit haben sollten, ja daß das Residenzprivileg auch dann gelten sollte, wenn die Magister oder Scholaren beim Empfang der Pfründe genötigt sein sollten, mit dem Eide zu versichern, daß sie von einem etwaigen Residenzprivileg keinen Gebrauch machen wollten[2]). Diese Universitätsprivi=

---

[1]) Besonders gefährlich war das Recht, alle Gegner, auch ganz fern wohnende, vor das Gericht der Universität zu laden. In Frankreich wurde es deshalb von den Königen teilweise nur mit Einschränkung verliehen. Lebhafte Klage führte Clemens IV. 1266 in einem Schreiben an die Universität Toulouse (Hist. de Lang. VII, 2, 440 Nro. IX). Ad nostrum ... pervenit auditum, quod rectores scolarum civitatis Tholosane, asserentes universitatem ... nonnullis privilegiis ... apostolicis fore munitam, hujusmodi privilegiis multipliciter abutuntur, dum eorum pretextu de remotis partibus ad civitatem eandem clericos et laicos ... coram se ... citari procurant. Diese Privilegien de non trahi extra (z. B. Laval Nro. 18 p. 59) schufen namentlich bei Streit=fällen zwischen Angehörigen verschiedener privilegierter Universitäten Verwirrung.

[2]) Beispiele sind häufig, so die Bulle Urbans V. von 1366 für Avignon. Laval Nro. 3 p. 13 f.: non obstantibus ... aliis quibuscunque statutis et consuetudinibus ecclesiarum ipsarum, in quibus beneficia hujusmodi forsan fuerint, contrariis juramento, confirmatione apostolica vel quacunque firmi-

legien waren also keineswegs einfach ein Akt zur Hebung der Wissenschaft, sondern in der Hauptsache eine persönliche Begünstigung einer Gruppe gegenüber einer anderen. So wurden denn auch, um die Privilegien zu erlangen, persönliche Verhältnisse geltend gemacht oder Beziehungen in Bewegung gesetzt und alle die oft geschilderten Wege betreten, die an der Kurie, in der ungeheueren und unübersehbaren, sowie trotz der größten Einnahmen immer neue Massen von Gold verbrauchenden Verwaltung zum Ziele führten.

Die Päpste sagen auch in den Urkunden vielfach ausdrücklich, daß sie diese Privilegien als eine Gunst verleihen. Gregor XI. gewährte Orvieto die Errichtung des Stubiums, damit die Treue der Stadt auf dem Felsen unerschütterlicher Beständigkeit wurzele[1]); Nikolaus V. der Universität Barcelona die Privilegien von Toulouse in Erwägung der ausgezeichneten und unverfälschten Treue und Ergebenheit, welche König Alfons von Aragonien und seine Räte ihm, dem Papste, und der römischen Kirche erwiesen haben[2]); und Bonifacius IX. fügte in seinem Privileg für Ferrara (1391) zu dieser Erwägung noch die Erwartung hinzu, daß die Stadt diese Ergebenheit fortan um so eifriger bethätigen werde[3]). Da es sich um

tate alia roboratis, etiam si de illis servandis et non impetrandis litteris apostolicis et ipsis litteris non utendo, etiam ab alio vel aliis impetratis, prefati magistri, doctores seu scolares prestiterint vel eos prestare contigerit in posterum forsitan juramentum: seu si locorum ordinariis ab eadem sit sede concessum vel in posterum concedi contingat, quod canonicos et personas ecclesiarum suarum civitatum et dioecesum, etiam dignitates, personatus vel alia quaecunque beneficia ecclesiastica in eis obtinentes, per substractionem suorum ... proventuum vel alias compellere valeant ad residendum in personaliter in eisdem etc.

[1]) Fumi, Codice diplom. p. 567.
[2]) La Fuente I, 336 Nro. 32 (1450): Nos praemissa (die Lage der Stadt u. s. w.) et eximium fidei et devotionis sinceritatem, quam ipse rex et consiliarii ad nos et romanam ecclesiam gerere comprobantur, attente considerantes.
[3]) Borsetti p. 18 f. Bulle Bonifacius IX. 1391: Nos praemissa ... wie Note 2 für Barcelona mit nur stilistischen Abweichungen, dann: et quod illas ad eandem ecclesiam eo amplius debeant augmentari, quo per nos et sedem apostolicam se prospexerint gratiis et privilegiis apostolicis honorari ... (Im Bull. Rom. IV, 610 mit unwesentlichen Abweichungen.) Vgl. auch Sixtus IV. Bulle für Avignon 1479. Laval Nro. 29 p. 123. Diese Formel begegnet noch nicht in den päpstlichen Gnadenbriefen für Universitäten im 13 Jahrhundert. Vgl. die Bullen Innocenz IV. für Piacenza 1248 (Bull. Rom. III, 536), Alexanders IV.

Städte und Staaten handelte, so ist zunächst die Ergebenheit in kirchenpolitischen[1]), finanziellen und politischen Angelegenheiten der Kurie gemeint, in denen die Päpste des 14. Jahrhunderts ihre beste Kraft und ein gut Teil der durch das Mittelalter hindurch erworbenen Autorität über die Gemüter verzehrte.

Mit dieser Entwicklung der Universitätsprivilegien zu einem weiteren Kapital des päpstlichen Gnadenschatzes hängt es ferner zusammen, daß die Päpste die Residenzprivilegien u. s. w. meist nur auf einige Jahre bewilligten und sich dann von neuem bitten ließen, während die Päpste des 13. Jahrhunderts und noch Bonifacius VIII. Residenzprivilegien auf alle Zeit zu bewilligen pflegten[2]), sowie ferner,

---

für Salamanca (Bull. Rom. III, 601), Nikolaus IV. für Montpellier und Lissabon (Bull. Rom. IV, 103 f.), Bonifacius VIII. für Pamiers, Avignon und Rom. In dieser letzten (Bull. Rom. IV, 166) wird nur die Bedeutung der Stadt hervorgehoben und der Wunsch, Nutzen zu schaffen. Jene Formel habe ich zuerst aus dem Stiftungsbriefe Clemens V. für Perugia (1308) (Rossi Nro. 4) angemerkt, und wenn damit keineswegs gesagt ist, daß damals eine schroffe Aenderung in den Motiven bei der Verleihung solcher Privilegien eintrat, oder daß, wo diese Formel gebraucht sei, sachliche Gründe gefehlt hätten, so ist es doch bezeichnend, daß dergleichen Formeln auftauchten in der Zeit von Avignon, in welcher politische und finanzielle Motive bei der Verwaltung des päpstlichen Gnadenschatzes stärker als zuvor mitzuwirken begannen. Ebenso bezeichnend ist, daß die Florentiner ihre Bitte mit der Versicherung unterstützten, sie würden sich für immer zur Dankbarkeit verpflichtet fühlen (Gherardi und Morelli Nro. 22 p. 132).

[1]) In dem Streite Bonifacius VIII. mit König Philipp dem Schönen wandten sich die Kardinäle mit einem Schreiben an die Großen des Königreichs, um zu beweisen, daß die von der Partei des Königs gegen die Verwaltung des Bonifacius erhobenen Vorwürfe unbegründet seien. Namentlich habe er die Pfründen der französischen Kirchen nur in seltenen Fällen an Ausländer gegeben, und die französischen Geistlichen hätten besonderen Grund, ihm dankbar zu sein. In diesem Zusammenhang steht dann folgender Abschnitt: Quis unquam praedecessorum suorum formas providendi pauperibus clericis plus extendit, quibus per nonnullos (nullos?) ex praelatis fiebat provisio, et mendicare quodammodo cogebantur in opprobrium clericale. Exsurgant cum ipso Domino magistri in theologia, quibus ipse in Parisiensi ecclesia canonicatus contulit et praebendas. Exsurgant, magistri et alii litterati et in acie estent cum ipso, qui paupertate gravati multis sudoribus, multis vigiliis, multis laboribus adepti sunt scientiae margaritam et dicant quomodo illorum pietas ad quos beneficiorum collatio pertinebat, respexit eosdem. Vgl. oben S. 389 Anm. 1.

[2]) So Gregor IX. für Toulouse 1233, Bulaeus III, 149; Innocenz IV. 1246 für Valencia, La Fuente I, 293; Bonifacius VIII. für Rom (Bull. Rom. IV,

daß sie das Gründungsprivileg zerlegten. Einmal wurde das Promotionsrecht abgetrennt, und sodann wurden auch einzelne Fakultäten, namentlich die theologische, in dem Gründungsprivileg ausgeschlossen und erst nachträglich, oft erst nach Jahrzehnten, bewilligt. Diese Fälle lassen sich erst im folgenden Bande bei den deutschen Universitäten untersuchen, und nur darauf will ich hinweisen, daß nicht jedes Gründungsprivileg ohne theologische Fakultät als bewußte Versagung derselben anzusehen ist; es wurde bisweilen auch nur die Gründung eines Generalstudiums in anderen Fakultäten gewünscht, oder es konnte das Auslassen dieser Fakultät auch durch die Vorlage veranlaßt werden, welche bei Ausstellung der Urkunde benutzt wurde.

Die Abtrennung des Promotionsrechts begegnet zuerst in der Bulle Johanns XXII. für Perugia 1318. Die Einrichtung der förmlichen und an eine Prüfung gebundenen Uebertragung des Lehramts bildete einen wesentlichen Bestandteil der Einrichtung der Generalstudien[1]), und in dem Stiftungsbrief Bonifacius VIII. für Avignon erscheint deshalb auch die Promotion unter den ausführenden Sätzen, welche das Wesen der begründeten Anstalt erläutern. Die Stiftungsbriefe wurden nicht immer so ausführlich gefaßt, und der Brief Clemens V. für Perugia sprach nur die Gründung aus[2]); aber es besteht auch nicht der geringste Zweifel, daß Clemens V. an ein den anderen gleichwertiges Generalstudium dachte, nicht an ein Studium, dem die wesentliche Einrichtung der Promotion fehlte. Eine solche Art von Generalstudien war rechtlich nicht bekannt; es gab Städte, in denen Vorlesungen gehalten wurden, ohne daß sie Generalstudien hatten, aber man kannte vor Johann XXII. nicht zwei Arten von Generalstudien mit und ohne Promotion. Auch Johann XXII. selbst hatte noch wenige Wochen vorher (Juni 1318) der Universität Cambridge einen Stiftungsbrief ausgestellt, der das Promotionsrecht

---

166). Alexander IV. verlieh allerdings das Privileg über die personae prohibitae für Salamanca 1255 (bei Denifle 485) nur für drei Jahre, aber dies sollte auch als eine Ausnahme von einem noch festgehaltenen Grundsatz angesehen werden.

[1]) Deutlich tritt dies z. B. in der Entstehungsgeschichte von Paris oder Montpellier hervor. Concordamentum von 1213, Jourdain 15. Statuten von Montpellier von 1220, d'Algrefeuille III, 515.

[2]) Rossi Nro. 4: statuimus ut in civitate predicta sit generale studium, illudque ibidem perpetuis futuris temporibus vigeat in qualibet facultate.

nicht besonders erwähnte¹), aber es doch mit verleihen sollte, und später hat er den Stiftungsbrief von Cahors in derselben kurzen Form und umfassenden Bedeutung ausgefertigt. Um so auffallender ist es, daß er dem Stiftungsbriefe Clemens V. den bisher unerhörten engeren Sinn unterschob. Er that dies, indem er in seiner Bulle zunächst das Privileg Clemens V. wiederholte und dann erklärte, daß er die Stadt durch ein umfassenderes Gnadengeschenk für ihre Devotion belohnen wolle und deshalb ihren Bischof ermächtige, die an der Universität genügend ausgebildeten Scholaren zu prüfen und ihnen den Magistertitel und die Lizenz zu verleihen²). Mit dieser einen Zerlegung des Universitätsprivilegs war es ihm noch nicht genug, er zerlegte nun das Promotionsrecht noch einmal, indem er es zunächst nur für die beiden Rechte bewilligte. Dieses Privileg Johanns XXII. war also in Wahrheit eine Verkleinerung oder besser eine teilweise Beseitigung des von Clemens V. verliehenen Privilegs. Freilich hatte Papst Clemens denjenigen, der sein der Stadt verliehenes Privileg zu schwächen oder gegen seinen Sinn anzugehen wagte, mit dem Zorne Gottes und der seligen Apostel Paulus und Petrus bedroht; aber Johann XXII. scheint diese Formel nicht gefürchtet zu haben, und die Peruginer zogen es vor, nicht mit dieser Waffe für ihr Recht zu streiten, sondern mit neuen Bitten. Sie werden dieselben auch wohl mit wirksamen Mitteln unterstützt haben, denn sie gelangten bereits 1321 wieder in den Besitz eines Teiles des Verlorenen, indem ihnen Johann XXII. das Promotionsrecht auch für die Artes und Medizin gewährte³). An demselben Tage, an dem er das erste Privileg für Perugia ausfertigte, erließ Johann XXII. ein gleiches Privileg für die Stadt Rom, in welchem er ebenfalls den der Stadt für ihre Universität von Bonifacius VIII. verliehenen Stiftungsbrief durch ein Geschenk „noch reicherer Gnade" zu erweitern erklärte und damit das Promotionsrecht in den beiden Rechten verlieh. Da aber Papst Bonifacius VIII. das Generalstudium in allen Fakultäten und ohne derartige Beschränkung des Promotionsrechts gegründet hatte, so war auch hier die weitere Gnade Johanns XXII. thatsächlich eine Einschränkung des alten Besitzstandes der Universität wie in Perugia.

---

¹) Fuller p. 80.
²) Bulle vom 1. Aug. 1318. Rossi Nro. 28.
³) Rossi Nro. 33.

Man erinnere sich nur an die Verhandlungen der Peruginer über die Frage, ob sie für ihr Studium auch noch von Johann XXII. ein Privileg erwerben sollten. Ein Makler bot es ihnen an für eine Summe, die er erst dann ausbezahlt haben wollte, wenn die päpstliche Kanzlei die Urkunde ausgefertigt und ausgehändigt habe. Der rein geschäftliche Charakter tritt unzweideutig hervor. Die Verleihung des Privilegs bildete den Gegenstand eines Handels.

Man sieht sich naturgemäß nach sachlichen Gründen um, die Johanns XXII. Verfahren erklären könnten, und möchte etwa vermuten, daß der ungenügende Zustand der Universitäten Perugia und Rom den Papst veranlaßt hätte, ihnen das Promotionsrecht zu nehmen: allein er erklärte ja nicht, daß er es ihnen nehmen müsse, sondern daß sie es noch nicht besessen hätten. Jeden derartigen Erklärungsversuch macht weiter die Thatsache unmöglich, daß Johann XXII. seiner Vaterstadt Cahors das Generalstudium in allen Fakultäten gewährte, ohne ihr Promotionsrecht einzuschränken. Also den bestehenden Universitäten Perugia und Rom entzog er das Promotionsrecht in mehreren Fakultäten, seiner Neugründung in Cahors[1] gewährte er alle Fakultäten einschließlich des Promotionsrechts. Im besonderen muß es auffallen, daß er Rom die Promotionen in der Theologie entzog und sie Cahors gewährte.

Bei den Nachfolgern Johanns XXII. begegnet diese Bezeichnung des Promotionsrechts als einer weiteren Gnade nur vereinzelt[2], und der Versuch, Generalstudien mit und Generalstudien ohne Promotionsrecht zu unterscheiden, ist nicht oder doch nur in geringem Umfange durchgeführt worden. Das Recht, die Grade zu erteilen, blieb das bezeichnende Merkmal der Generalstudien: in der Mehrzahl der päpstlichen Stiftungsbriefe wird auch später dies Recht nur so erwähnt, wie es schon Bonifacius VIII. gethan hatte, nämlich als

---

[1] Bull. Rom. IV, 324. 1332.
[2] Als weitere Gnade bezeichnet es Clemens VI. 1349 in dem Privileg für Florenz. Gherardi und Morelli, Doc. Nro. 6 p. 117: Insuper civitatem et studium prefata ... amplioribus honoribus prosequi intendentes, auctoritate ordinamus eadem, ut siqui ... possint examinari diligenter ibidem et in eisdem facultatibus titulo doctoratus seu magisterii decorari. Dies Privileg ist übrigens teilweise nach dem Muster der Privilegien Johanns XXII. für Perugia ausgearbeitet. Ebenso in dem nach dem Muster der Florentiner Urkunde gearbeiteten Privileg Urbans VI. für Orvieto 1378 bei Fumi p. 573.

Die späteren Päpste.

ein erläuternder und beschreibender Zusatz zu dem Begriff General=studium¹), und in einigen wird es gar nicht erwähnt²), sondern wie in dem Briefe Clemens V. für Perugia als ein Bestandteil des Begriffs Generalstudium behandelt.

¹) So in den Stiftungsbriefen Benedikts XII. für Verona, Bull. Rom. IV, 459; Eugens IV. für Angers, Lens p. 16; Pauls II. für Bourges, Bulaeus V, 674. In dem letzterwähnten schließt sich der Satz an die Bestellung des Kanzlers an. In der Bulle Pius II. für Nantes steht das Promotionsrecht in einem erläuternden Relativsatz. Bulaeus V, 662.

²) In dem Stiftungsbriefe Eugens IV. für Bordeaux 1441 (Barthausen p. 5 f.) wird nicht erwähnt, daß man in Bordeaux solle die Grade erlangen können, sondern es werden gleich Vorschriften für die Prüfungen gegeben und über die Rechte derer, welche hier promoviert werden würden. Quodque illi ... qui baccalaureatus, licentiae, magisterii aut doctoratus honorem sibi petierint elargiri, per magistrum ... archiepiscopo Burdigalensi ... praesententur etc. Ebenso in der Bulle Nikolaus V. für Barcelona 1450. La Fuente I, 336 f.: statuimus et ordinamus, ut ibidem de cetero studium generale ... vigeat in quo in theologia, jure canonico et civili, artibus ac medicina ac qualibet alia licita facultate legatur. Quodque legentes, studentes, audientes, docentes et gradum assumentes ... omnibus et singulis privilegiis ... per sedem apostolicam vel alias quomodolibet concessis et in ante a forsan concedendis, quibus magistri, bacallarii ... in praefato studio Tholosano utuntur ... uti et gaudere possint et valeant. Aehnlich in der Bulle Pius II. für Basel 1459, Vischer S. 268 f.; Sixtus IV. für Saragossa 1474, La Fuente I, 340 f. und Eugens IV. für Poitiers 1431, Bulaeus V, 842 f.

Anhang.

Beilage 1. Zu Seite 217.
Die Statuten von Bologna.

Die Untersuchung über die Statuten von Bologna[1]), welche uns, abgesehen von einem kürzlich aufgefundenen Bruchstück der Redaktion von 1317/1347 (Archiv III, 196 f.), in der Redaktion von 1432 vorliegen (Druck von 1561), und über ihren Zusammenhang mit den Statuten von Padua, Perugia und Florenz bildet die wichtigste Vorarbeit für die Forschung über die Entwicklung und die Einrichtung der italienischen Universitäten. Ihre Aufgabe ist einmal, nachzuweisen, inwieweit sich diese anderen Universitäten nach dem Muster von Bologna richteten, und sodann, welche Veränderungen die Verfassung von Bologna erfuhr. Da die Florentiner Statuten in einer Redaktion von 1388 vorliegen, so stellen sie uns eine und, wie die Vergleichung mit den Bologneser Statuten zeigt, vielfach die Worte der Vorlage wiederholende Ableitung aus den Statuten Bolognas in der zweiten Hälfte des 14. Jahrhunderts dar. Neben den Statuten von Bologna benutzte Florenz auch und, wie mir scheint, vorzugsweise die Statuten von Perugia. Diese liegen uns allerdings nur in einer Redaktion von 1457 vor (ed. Padelletti, Bologna 1872); aber der enge Zusammenhang, der sich trotzdem zwischen diesen und den Florentiner Statuten zeigt, beweist, daß diese Peruginer Statuten von 1457 ihrem weitaus größten Bestande nach so lauten, wie sie schon im 14. Jahrh. lauteten, als sie von den Florentinern benutzt wurden. Auch die Paduaner haben bei der Redaktion ihrer Statuten die von Bologna benutzt und vielfach wörtlich übernommen. Indessen läßt sich die Vergleichung der Paduaner Statuten mit der Gruppe wirksam erst durchführen, wenn die in der Handschrift Nro. 1381 der bibliotheca civica von Padua erhaltene Redaktion der Paduaner Statuten von 1463 veröffentlicht und ihr Verhältnis zu dem Druck von 1551 festgestellt ist[2]). Ich habe den Zusammen-

---

[1]) Der Druck von 1561 bezeichnet dies Kapitel als rubricae, oder capitula, oder durch eine Art §-Zeichen. Dies steht auch vor vielen Abschnitten der Kapitel; da aber die Unterabteilung weder hier noch in den anderen Statuten durchgeführt ist, so ist für Teile der Kapitel die unbestimmtere Bezeichnung Abschnitt vorzuziehen und § nur wie Rubrik zu verwerten.

[2]) Denifles Vergleichung läßt wohl erkennen, daß nicht unwesentliche Unterschiede stattfinden, aber er gibt keine Vorstellung von denselben. Als Beispiel folge hier der Text des § 11 des zweiten Buches nach der Handschrift Nro. 1381, damit die Benutzer des Druckes den Unterschied zu erkennen vermögen. Die Abschrift danke ich der Liebenswürdigkeit von Andrea Gloria.

Quot et quando debeant disputare vel repetere.

Experte scientes quod in disputacionibus scolarium audatia informatur et dubia producuntur in noticiam veritatis ducimus statuendum quod quilibet doctor tam in iure canonico legens quam civili, ordinarie sive extraordinarie, teneatur post festum dominice

hang der Gruppe näher untersucht, nachdem Pabelletti a. a. O. die Peruginer Statuten mit den Bolognesern, aber nur ganz allgemein, verglichen hatte. Meine Untersuchung ging aus von einer Vergleichung der Peruginer und Florentiner Statuten, weil sich bald ergab, daß in dem, was beiden gemeinsam ist, der Grundstock der Bologneser Statuten der zweiten Hälfte des 14. Jahrhunderts zu vermuten ist; danach zog sie die Bologneser Redaktion von 1432 (Druck von 1561) und die Paduaner Statuten heran, und zwar neben den Statuten der Juristen (Druck von 1551) auch die der Artisten von Padua. Anfangs hatte ich den Druck von 1648, dann auch den ohne Jahr, aber wohl 1496 entstandenen Druck mit dem Titel Statuta dominorum Artistarum Achademine Patavinae. Von einem Teil meiner Ergebnisse machte ich Gebrauch in dem Aufsatz "Savigny und sein Kritiker" in der Zeitschrift der Savigny-Stiftung für Rechtsgeschichte, Germanist. Abt. VII, 124 f., ohne sie aber im ganzen Zusammenhange zu entwickeln oder in das Einzelne einzugehen, weil das in einem Anhang dieses ersten Bandes geschehen sollte, den ich damals noch im Laufe desselben Jahres 1886 herauszugeben hoffte. Während sich aber diese Ausgabe verzögerte, ist nun das oben erwähnte Bruchstück der Statuten von Bologna durch Denifle aufgefunden und herausgegeben worden, und zwar so, daß dabei die Statuten von Perugia, Florenz und Padua Abschnitt

---

nativitatis et ante festum resuretionis saltem semel annis singulis disputare seu repetere hoc ordine scilicet, quod ultimo doctoratus primo sabato post epiphaniam suam disputet questionem vel faciat repeticionem et proxima sequens ebdomata sit et penultimi (sic). Et sic de singulis ascensive et disputent semper in sabato et nullo alio die. In una vero septimana due disputaciones seu due repeticiones non fiant, possint tamen doctores si voluerint septimanam in vicem permutare. Et licet doctor aliquis in una non disputaverit septimana nihilominus illum sequens disputet in sequenti et doctor repetens capitulum vel legem repetendam cum conclusionibus et correlariis quot voluerint (sic). Et disputans questionem disputandam cum dubiis per decem dies antequam repeti vel disputari debeat, bidello generali tradere teneatur in scriptis ut (in) ipsas scolas tam ordinarie quam extraordinarie legentium legat et publicet easque patenter in stacione teneat ut quicunque voluerit ipsas respiciat et transcribat. Et cum disputantur libros omnes illius sentenție in scolis habeat doctor.

Suos autem libros possint si voluerint defferre (in?) scolas. Adicientes quod aliquis, qui non sit doctoratus per publicam, non audeat disputare, nec aliquis scolaris sub eo substinere. Et quoniam sepissime hii qui disputaciones aut repeticiones publicari fecerint, publicationem ipsam in tam longum tempus protrahunt, quod alios impediunt, qui actus suos expedire volunt et non differre pretendentes quod eo quia per prius publicari actus suos fecerunt debeant expectari et nullus preferri infaciendo (sic).

Preterea addendum duximus, quod nullus expectetur nisi per mensem qui actum suum publicari fecerit, ut si infra mensem actum suum publicatum non expediverit impedire non possit alium volentem disputare aut repetere. Volumus insuper quod hora disputacionis seu repeticionis vel post illas (sic) si post nonam disputator nullus canonici vel civilis juris doctor extraordinarie legens possit intrare et prius intrans teneatur exire. Et quod omnes doctores et baccalarii actu legentes in scolis vel ad privatam admissi disputacionibus debeant interesse. Et quando quis arguens surrexerit doctor repetens vel scolaris sub eo substinens (sic) opponentem sine fraude et calumnia, quam cito post (sic) sub pena perjurii teneatur et debeat illum audire pacifice et benigne nec eum terrere aut reprendere et argumenta pro et contra proposita pro ut melius poterit repetat et in contrarium allegata aperte solvat.

Adicientes quod quilibet doctor legens, (qui) non repecierit vel disputaverit secundum formam ut supra, incidat in penam vigintiquinque librarum parvorum, quarum medietas applicetur universitati et ali (alia) medietas rectori.

für Abschnitt verglichen, Uebereinstimmungen und Abweichungen angemerkt worden sind. Das ist also nicht mehr zu zeigen, wohl aber ist einmal zu bemerken, daß die Vergleichung nicht ganz ohne Fehler ist. So steht z. B. S. 284 in der Rote zu Ipsi Zeile 1: der Satz Ipsi autem mercatores libros, quos voluntate debitorum vel ex pacto vendere poterunt, in stacionibus librorum approbatis libros venales exponant nec alibi vendere possint fehle in B (so bezeichnet Denifle den Druck von 1561 der Redaktion der Bologneser Statuten von 1432); allein er steht hier p. 9 Zeile 15 v. u. f. wörtlich so, nur daß in und approbatis ausgefallen sind und potuerunt gelesen wird. Auf derselben Seite Zeile 24 ist ferner nicht angemerkt, daß B vier Worte einschiebt, S. 267 nicht die Aenderung Z. 6 u. Z. 9, S. 279 Zeile 18 nicht, daß B p. 18 Zeile 4 statt electores liest syndici und dann den Satz einschiebt: Et electi ante omnia jurent in manibus utriusque Rectoris, quod ... statuti. Ferner ist von Denifle nicht beachtet, daß auch die Statuten der Artisten von Padua zu der Gruppe gehören, wenn sie auch sowohl in dem Druck von 1496 wie in dem von 1648 weit geringere Verwandtschaft mit Bologna zeigen als die übrigen Glieder der Gruppe. Die §§ 20 und 21 des lib. I (Druck von 1496) entsprechen z. B. den §§ I, 13 und 14 der Juristenstatuten von Padua (Druck von 1551 Blatt 12) und Bologna I, 8 und I, 11; Perugia I, 7 und I, 10; Florenz § 11 p. 18 f. und § 14 p. 23 f. Die beiden Paduaner bilden zunächst dadurch einen gemeinsamen Gegensatz gegen die anderen, daß die beiden Paragraphen unmittelbar aufeinander folgen, während sie in Bologna, Perugia und Florenz durch zwei andere Paragraphen de immunitate rectorum und de jurisdictione rectorum getrennt sind, und auch sonst haben sich, besonders die Statuten der Artisten, weit mehr von der Fassung der Bologneser entfernt als die Peruginer und Florentiner. Allein auch die Statuten der Artisten bewahren Teile des Abschnitts caveant — expedit (Bologna I, 11 im Archiv III, 267 Zeile 7—11), welchen die Peruginer nicht haben. Dies Beispiel mag zeigen, daß man die Artistenstatuten von Padua ebenfalls zur Vergleichung heranziehen muß, um ein Bild von dem direkten oder indirekten Einfluß der Bologneser Statuten in dieser italienischen Gruppe zu gewinnen. Die Artistenstatuten von Bologna liegen mir in einer Redaktion von 1609 (Druck von 1612) vor[1]), die sich von der Fassung jener Gruppe zu weit entfernt, als daß sie bei dieser Vergleichung noch berücksichtigt werden könnte. Bei einer neuen Ausgabe dieser Statuten der Artisten von Bologna würde man jedoch immer noch verpflichtet sein, nach etwaigen Spuren des Zusammenhangs zu suchen.

Die von Denifle gewählte Form der Vergleichung ist ferner ungeeignet, das Verhältnis der beiden Redaktionen der Bologneser Statuten von 1347 und 1432 klarzustellen. Wer die Redaktion von 1432 (Druck von 1561) nicht aus eigener Anschauung und Benutzung kennt, kann sich aus Denifles Noten kein Bild machen von dem Verhältnis derselben zu der älteren Redaktion. Einmal deshalb, weil die Abweichungen der Statuten von Perugia, Florenz und Padua gleichzeitig und in gleicher Weise berücksichtigt und weil deshalb zu verschiedenartige Abweichungen nebeneinander gestellt werden. Sodann deshalb, weil die abweichende Fassung der Redaktion von 1432 in den meisten Fällen nur angedeutet und nicht mitgeteilt wird.

---

[1]) Ueber die bisher nicht gedruckte Redaktion von 1405 siehe **Malagola** in den **Atti e Memorie di Romagna** 1887 p. 253; vgl. Denifle im Archiv III. 322 zu Z. 8. Ihr Verhältnis zu den Juristenstatuten festzustellen, wäre von höchstem Interesse.

Anhang.

Meist heißt es nur: „B (Druck von 1561) enthält einen längeren oben fehlenden Absatz", „B schiebt nach legere seriatim einen großen Paragraphen ein" (S. 282), „in B folgen zwei Bestimmungen" (S. 281) u. s. w., während es für die Beurteilung der Veränderung gerade darauf ankommt, zu wissen, worin diese Veränderungen bestehen. Die Vergleichung von Denifle ist eine wertvolle Vorarbeit für die zu lösende Aufgabe, bringt aber das Verhältnis der Redaktionen und Ableitungen zu einander nicht mit wissenschaftlicher Bestimmtheit zur Anschauung. Dazu bedarf es einer genaueren Vergleichung und einer solchen, welche die abweichenden Fassungen, die Zusätze und Aenderungen selbst mitteilt. Wie das am besten einzurichten ist, um übersichtlich zu bleiben; ob man nur die beiden Redaktionen von Bologna nebeneinander drucken und die Abweichungen der anderen Glieder teils in der Weise Denifles andeuten, teils in einer nach bestimmten Grundsätzen zu treffenden Auswahl mitteilen, und ob und wie man hierbei die Peruginer und Florentiner und dann wieder die Paduaner Redaktionen als besondere Gruppe zusammenfassen soll — darüber will ich hier keine Untersuchung anstellen und nur betonen, daß der Leser jetzt auf Denifles Urteil angewiesen ist, wie er es in der seiner Ausgabe beigegebenen Abhandlung ausgesprochen hat. Ueber die Bologneser Statuten sagt er daselbst S. 216, die Verschiedenheit beider Redaktionen sei größer als ihre Uebereinstimmung, und da dies eine falsche Vorstellung erweckt, so muß ich noch einmal auf die Sache eingehen.

Im Druck von 1561 stehen p. 14—16 Verordnungen des Jahres 1514, die sich aber durch die Jahreszahl und ihre Fassung als Einschiebsel ankündigen und sich selbst genügend von den Statuten von 1432 abheben; außerdem ist durch ein Versehen beim Druck § 21 an Stelle von § 12 gesetzt (vgl. darüber Denifle Archiv III, 208 Anm. und S. 269 zu 25). Bringt man dies in Ordnung, wie es bei einer kritischen Ausgabe der Statuten von 1432 geschehen müßte, so bietet der Druck alle 44 Paragraphen, welche außer der Einleitung in der Red. von 1347 erhalten sind, in gleicher Zahl und Reihenfolge. Auch darin stimmen sie überein, daß sie aus den §§ 2—39 das erste Buch bilden und mit § 40 das zweite beginnen. Es finden sich nur zwei Abweichungen. Die Redaktion von 1432 hatte einen Paragraphen über einen Eid, den der Podesta der Stadt zu leisten hatte und der 1347 nicht üblich war, er fehlt in dem Druck von 1561, wird aber vorausgesetzt und stand in der Handschrift (Archiv III, 269 Note zu 25); sodann hat die Redaktion von 1347 für die Bestimmungen über die doctores salariati, welche die Redaktion von 1432 in einem Paragraphen behandelt, zwei (40, 41), und umgekehrt machte die Redaktion von 1432 den Schluß von § 2 (Kleidung des Rektors und seiner Diener) zu einem eigenen Paragraphen, der im Druck p. 5 steht. Einige dieser 44 Paragraphen haben in der Redaktion von 1432 noch genau den gleichen Wortlaut wie die Redaktion von 1347 oder doch nur stilistische Aenderungen. Andere zeigen in der späteren Redaktion auch Zusätze, Auslassungen und andere sachliche Aenderungen; aber alle Aemter und Einrichtungen erscheinen in den Statuten von 1317/1347 wesentlich schon so wie in den Statuten von 1432. Die Bedingungen, welche an die Person des Rektors gestellt wurden, die Zeit seines Amtes, die Befugnisse, die Gehilfen, die Rechenschaftsablage u. s. w. sind in B (Red. von 1432) dieselben wie in A (1317/1347). Der Abschnitt über die Kleidung des Rektors bildet in B einen besonderen Paragraphen, aber der maßgebende Satz von A:

nec publice aliam pellem quam variam defferat in capite und ebenſo der bezüglich ſeiner Begleiter: Item duos domicellos una veste indutos habere teneatur- ſind darin noch erhalten. Verändert iſt dagegen z. B. die Vorſchrift über das Recht, Waffen zu tragen, und die über den Wahltag: 1347 wurde der citra- montane Rektor Ende April, der ultramontane den 1. Mai gewählt; nach B fand die Wahl des citramontanen erſt am 3. Mai ſtatt. Aehnliche Aenderungen zeigen die anderen Aemter, aber in der Hauptſache erſcheint Stellung, Amt und Befugnis der Konſiliare, der Syndiken, der Pedelle, des Notars, der Buchhändler und der mit Ueberwachung der von ihnen ausgebotenen Abſchriften beauftragten Petiare in beiden Abteilungen gleich. Geändert wurde das Amt des Kaſſenverwalters (Massarius); nach A (Archiv III, 276 f.) wurden Scholaren, nach B (Druck von 1561 p. 16 f.) Bürger von Bologna dazu ernannt, aber in der Geſchäftsordnung des Amtes begegnet trotzdem vielfach noch wörtliche Uebereinſtimmung. Gleich iſt ferner in beiden Redaktionen Stellung und Bedeutung der Nationen, und damit iſt die Grundlage der ganzen Verfaſſung gleich. Nur in der Gruppierung der Provinzen (auch ebenfalls Nationen genannt) zeigen ſich einige Aenderungen, wie denn der Zuzug aus manchen Ländern in einigen Jahrzehnten wuchs, in anderen abnahm oder ganz aufhörte; aber für den Wechſel unter den Gruppen jeder dieſer Nationen hat B noch wörtlich den gleichen Grundſatz, den A aufſtellte: Quod si de nacione vel nacionibus, quae debent habere rectorem, non fuerit repertus idoneus et (vel) acceptans, tunc de toto corpore universitatis illius, cui tunc providendum est, possit eligi rector. Die größte ſachliche Veränderung zeigt § 44, der in A einen in B fehlenden Abſchnitt über die puncta hat, d. h. über die geſetzlich beſtimmten Abſchnitte des Stoffes, welche der Profeſſor je in einer beſtimmten Reihe von Stunden (Tagen) erledigen mußte, in B dagegen eine der Redaktion A fremde Verteilung des Stoffes eines Buches unter zwei nebeneinander leſende Profeſſoren.

Die Unterſuchung über dieſes Verhältnis iſt erſchwert worden durch die Angriffe, welche Deniſle gegen Savignys Benutzung der Statuten gerichtet hat, und da die Bücher von Savigny und Deniſle die wichtigſten Hilfsmittel auf dieſem Forſchungsgebiete bilden, ſo iſt es notwendig, auf dieſen Streit hier einzugehen. Deniſle hatte (Univerſ. des Mittelalters S. X) Savigny vorgeworfen, bei ſeiner Darſtellung von Bologna und Padua komme „im Grunde nicht das 13. und 14. Jahrhundert zur Darſtellung, ſondern, von manchen Einzelheiten abgerechnet, eine ſpätere Epoche". „Savignys Quellen waren hierin großenteils die gedruckten Statuten des 16. Jahrhunderts." Er wiederholte dieſen Vorwurf für Bologna S. 181, indem er ſchrieb: „In der That hat Savigny auch hier (bei Schilderung des Rektorats), wie auch ſonſt zumeiſt, nur die gedruckten Statuten zur Hand genommen." In der Zeitſchr. der Savigny-Stiftung für Rechtsgeſch., Germ. Abt. Bd. VII S. 124 f. hatte ich dann die bezüglichen Abſchnitte bei Savigny zuſammengeſtellt und mit Nachweis der Seitenzahlen gezeigt, daß dieſe Behauptung Deniſles eine falſche Beſchuldigung ſei. Es genügt ein Blick in Savignys Buch, um zu erkennen, daß er mit bekannter Sorgfalt aus den Gloſſatoren des 13. und 14. Jahrhunderts, ſowie aus Sarti, Savioli und Ghirardazzi die Nachrichten zuſammengetragen hat, welche einen Einblick in die geſchichtliche Entwicklung des Rektorats gewähren. Und wie bei dem Rektorat, ſo iſt dies bei der ganzen Behandlung von Bologna sein Streben, wie denn seine Art, die Dinge zu betrachten, durch diesen geschichtlichen Zug charakterisiert wird. Die Beschuldigung Denifles ist eine Erfindung, die ein trauriges Gegenstück bildet zu der Beschuldigung des Plagiats, welche Denifle (Archiv I, 51 Anm. 1) gegen Döllinger erhoben hat und an welche hier erinnert werden muß, um das Vorgehen Denifles gegen Savigny zu beleuchten. Es bedarf auch da nur des Nachschlagens, so sieht der Leser, daß die Beschuldigung grundlos ist, wie ich das in den Göttinger Gelehrten Anzeigen 1886 S. 115 gezeigt habe; aber die wenigsten Leser schlagen ja nach.

Die gegen Savigny erhobene Beschuldigung hüllt Denifle dadurch in eine Wolke gelehrten Staubes, daß er zugleich zu beweisen sucht, Savigny habe eine irrige Ansicht von der Unveränderlichkeit der Statuten gehabt; aber Denifle entstellt erst Savignys Ansicht, um sie dann als falsch nachzuweisen. Savigny begründet III, 162 f. die durch die Auffindung der Redaktion von 1317/1347 (A) nun als richtig erwiesene Vermutung, daß der Redaktion von 1432 (Druck von 1561) eine ältere aus der ersten Hälfte des 14. Jahrhunderts zu Grunde liege, und fährt dann fort: „Sogar lassen sich einigermaßen die älteren und neueren Stücke voneinander unterscheiden, indem der erste Verfasser die Anfangsworte der einzelnen Kapitel augenscheinlich so gewählt hat, daß ihre ersten Buchstaben die Ordnung des Alphabets befolgen; da sich nun von dieser Regel zuweilen Ausnahmen finden, so können solche Kapitel nur zu einer späteren Bearbeitung gehören. Allein auch jenes Zeitalter (erste Hälfte des 14. Jahrhunderts) betrifft nur die schriftliche Abfassung, nicht den Inhalt; denn ohne Zweifel ist dieser größtenteils aus noch früheren Zeiten herübergenommen, so daß wohl das meiste und wichtigste, was sich jetzt in den Statuten findet, aus der Zeit der ersten bestimmteren Einrichtung der Universität herrühren mag. Folgende Gründe machen diese Annahme sehr wahrscheinlich: erstlich die bestimmte Nachricht, daß wenigstens im Jahre 1253 schon Statuten der Universität wirklich vorhanden waren ..." Dagegen wendet sich Denifle S. 182 mit den Worten: „Savigny macht sich hier einer petitio principii schuldig. Sind denn die von 1253 von Innocenz IV. bestätigten Statuten identisch mit denen von 1432?" Von einer solchen Identität hat Savigny nicht nur kein Wort gesagt, sondern seine Worte schließen diesen Gedanken geradezu aus. Nachdem ich Denifle diese Entstellung in der Zeitschrift für Rechtsgeschichte a. a. O. nachgewiesen habe[1]), drückt er sich in seiner Antwort (Archiv III, 399 f.)

---

[1]) Nach seiner Gewohnheit überschüttet Denifle meine Person deshalb mit den gröbsten Beschuldigungen, die ich ignoriere; nur einen Punkt hebe ich heraus, der einen sachlichen Anschein trägt. Weil er den von mir erbrachten Nachweis, daß der Leser nur Savignys Buch III § 65 f. und § 72 f. aufzuschlagen brauche, um sich von der Grundlosigkeit der gegen ihn von Denifle erhobenen Beschuldigung zu überzeugen, nicht beseitigen konnte, so lenkte er die Aufmerksamkeit durch die Behauptung ab, daß ich die Untersuchung führe, ohne die Statuten von Bologna gesehen zu haben, und nur die wenigen Rubriken kenne, welche Savigny abdruckt. Es ist das ein beliebtes Mittel seiner Methode. Als ich in den Göttinger Gelehrten Anzeigen 1886 S. 108 eine falsche Interpretation Denifles einer bei Bulaeus gedruckten Urkunde richtig stellte, erwiderte er mit der für jeden Kenner der Frage sinnlosen Anschuldigung, ich hätte den Bulaeus nicht benutzt, sondern nur den Index Chartarum von Jourdain. Und nun soll ich die Statuten von Bologna nicht benutzt haben! Er hat zur Krönung seines Beweises sogar ausfindig gemacht, daß die Straßburger Bibliothek erst seit dem Dezember 1886 ein Exemplar jener Statuten besitzt, und hält mir vor, weshalb ich mir das Münchener Exemplar nicht habe kommen lassen. Die Paduaner Statuten will er mir großmütig erlassen. Ganze Seiten hindurch (Archiv III, 401—403) verwertet er dies Motiv zu den häßlichsten Verleumdungen; aber er liefert damit nur neue Belege für

über diesen Punkt allgemeiner aus, erhebt aber nun einen Angriff gegen die Worte Savignys über die alphabetische Ordnung, indem er (Archiv III, 400) sagt: „Savigny hat auch nicht bedacht, daß der Anfang einzelner Rubriken, wie dies oft thatsächlich der Fall ist, alt sein kann, während die Rubrik selbst später überarbeitet wurde," d. h. er unterstellt ihm die Ansicht, alle Rubriken der Redaktion von 1432, welche das der alphabetischen Ordnung entsprechende Anfangswort hätten, seien unverändert aus der Redaktion des 14. Jahrhunderts übernommen, und nur die wenigen Rubriken seien verändert worden, welche ein falsches Anfangswort zeigten. Vor der Unterstellung einer so absurden Ansicht sollte den großen Gelehrten schon sein vorsichtiges „einigermaßen" schützen. Zudem aber liefert Savigny einen unmittelbaren Beweis, daß er nicht so thöricht urteilte. S. 187 handelt Savigny nämlich auf Grund der Rubriken Dudum S. 2 und Numerum S. 11 f. über die Zahl der Nationen, und obschon beide Rubriken (Paragraphen) das richtige, von dem Alphabet geforderte Anfangswort haben, sagt er, daß die in diesen Rubriken gegebene Einteilung der Nationen im Laufe der Zeit geändert worden sei, „je nachdem mehr oder weniger Scholaren aus einzelnen Gegenden vorhanden waren". Ebenso führt er S. 543 aus, daß die Verteilung des Stoffes, welche die mit dem richtigen Buchstaben beginnende Rubrik Cum expediat (Druck p. 3 mit der Ueberschrift Quem modum etc.) bietet, „nicht früher als in der zweiten Hälfte des 14. Jahrhunderts entstanden sein" könne. Abgesehen davon, daß jene ihm von Denifle unterstellte Absurdität damit dem Untersteller zugeschoben wird, ist dieser Satz wieder ein Beleg für den glücklichen Erfolg, mit dem Savigny der geschichtlichen Entwicklung der Einrichtungen von Bologna nachspürte. Die Redaktion von 1347 hat an Stelle dieser Rubrik eine andere, die wohl das gleiche Anfangswort, aber andere Bestimmungen zeigte. Als Savignys Ansicht ergibt sich für jeden unbefangenen Leser folgendes: 1) Die Redaktion von 1432 geht auf eine Redaktion aus der ersten Hälfte des 14. Jahrhunderts zurück, welche bereits die alphabetische Ordnung der Rubriken hatte. Beides ist durch das neugefundene Bruchstück der Redaktion von 1317/1347 unmittelbar bewiesen. 2) Die Redaktion des 14. Jahrhunderts hat „wohl das meiste und wichtigste" ihres Inhalts nicht neu geschaffen, sondern hat dies aus der bisher geltenden Ordnung herübergenommen, die Redaktion hat mehr nur die Fassung der Statuten, aber nicht den wesentlichen Bestandteil des Inhalts geändert, und dieser ist auch in der Redaktion von 1432 bewahrt worden.

Wie Savigny den von ihm S. 163 gebrauchten Ausdruck „wohl das meiste und wichtigste" verstand, darüber gibt seine weitere Darstellung Aufschluß, indem sie zeigt, daß Zahl und Benennung der Nationen (Provinzen), Umfang der Gerichtsbarkeit des Rektors, Stellung der Doktoren zu der Stadt wie zu der Korporation, ihr Eid, ihre Besoldung, die Verfügung des Doktorenkollegiums über die Promotion, die Vorschriften über die Vorlesungen, Zeit und Zahl der Disputationen, daß diese und manche andere Punkte der Verfassung und Gewohnheiten im Laufe der Jahrhunderte allerlei Aenderungen erfuhren. Jener Ausdruck wollte also nicht sagen, daß die Statuten unverändert geblieben seien, sondern nur, daß die Stellung und die Befugnis der Beamten und das Wesentliche der Einrichtungen bereits im Laufe

---

die Willkür, mit welcher er Behauptungen für Beweise ausgibt; München und Göttingen haben mir Bologneser und Paduaner Statuten geliefert, solange sie in Straßburg fehlten.

des 13. Jahrhunderts so geordnet gewesen sei wie in der Redaktion von 1432. Für das 13. Jahrhundert läßt sich diese Annahme Savignys auch heute nicht nach allen Seiten beweisen, weil wir keine Statuten des 13. Jahrhunderts haben. Für die ersten Jahrzehnte des 14. Jahrhunderts ergab dagegen bereits die oben angestellte Vergleichung, daß Savigny recht vermutet hat. Die Unterschiede der Redaktion B (von 1432) von der Redaktion A (1317/1347) sind nicht größer als die Veränderungen, welche Savigny teils nachweisen, teils vermuten konnte. Die stärkste Veränderung fand sich in der Lehrordnung, indem die Redaktion von 1432 die Einteilung in puncta nicht kennt, sondern in dem entsprechenden Paragraphen andere Bestimmungen hat. Aber wir sahen auch, daß Savigny der Ansicht war, daß dieser Paragraph nicht so in der Redaktion der ersten Hälfte des 14. Jahrhunderts gestanden habe.

Zum Schluß ist noch auf die merkwürdige Thatsache hinzuweisen, daß Denifle zwar Savignys Ansicht mit Worten heftig bekämpft, daß er ihr aber thatsächlich beigetreten ist, indem er das Bruchstück der Redaktion von 1317/1347 aus der Redaktion von 1432 ergänzt. Und zwar thut er dies so, daß er alle Paragraphen, welche das zweite Buch der Statuten in der Redaktion von 1432 noch hat, als Fortsetzung des Bruchstücks von 1317/1347 der Reihe nach abdruckt und ebenso sämtliche Paragraphen des dritten und letzten Buches der von den Scholaren 1432 beschlossenen Statuten, mit Ausnahme einer Gruppe von 18 Paragraphen am Schluß desselben, welche ihm im ganzen späteren Ursprungs zu sein scheinen. Er nimmt also aus der Redaktion von 1432 das in dem Bruchstück von 1347 fehlende Stück — und dies ist die größere Hälfte — und gibt es als Fortsetzung der Redaktion von 1347 und zwar so, daß er in die der Reihe nach übernommenen Paragraphen nur zwei (7* und 10¹) aus den übrigen Gliedern der Gruppe einschiebt und noch zwei als Appendix mitteilt. Er gibt dazu in den Noten die Abweichungen der übrigen Glieder der Gruppe von der als Text der Rekonstruktion des fehlenden Teiles der Redaktion 1317/1347 mitgeteilten Fassung der Redaktion von 1432 in gleicher Weise, wie diese Abweichungen zusammen mit denjenigen von B (Handschrift von 1507, Druck von 1561) in den §§ 2—45 zu dem Text des Bruchstücks mitgeteilt hatte. Er legt dabei die Handschrift von 1507 zu Grunde und benutzt diese Vergleichung, um spätere Bestandteile nachzuweisen. Hier und da wird auch die Lesart eines der anderen Glieder in den Text aufgenommen, aber nur vereinzelt; im ganzen stellt diese Rekonstruktion der fehlenden Hälfte der Redaktion von 1317/1347 eine verbesserte Ausgabe dieses Teils der im Druck von 1561 erhaltenen Statuten dar. Da nun Denifle doch nicht ein Bild der Statuten von 1317/1347 geben wollte, in dem er selbst „das meiste und wichtigste" für unrichtig hielt, so zeigt seine Ausgabe thatsächlich, daß auch er zu der Ueberzeugung gelangt ist, daß die von Savigny benutzten Statuten mit Ausschluß jener 18 Paragraphen ein in den meisten und wichtigsten Punkten auch der Zeit von 1317/1347 entsprechendes Bild geben. Wo bleibt da Denifles wiederholte Beschuldigung, daß bei Savigny nicht das 13. und 14. Jahrhundert, sondern „eine spätere Epoche" zur Darstellung komme, mit der Erläuterung, daß seine Quellen großenteils die gedruckten Statuten des 16. Jahrhunderts waren, wenn nun Denifle diese gedruckten Statuten mit wenig Aenderungen abdruckt, um das

Bruchstück der Statuten von 1317/1347 zu vervollständigen! Ob die Redaktion von 1317 den Statuten aus der zweiten Hälfte des 13. Jahrhunderts in ähnlicher Weise glich, wie ihr die Redaktion von 1432, darüber lassen sich nur Vermutungen hegen. Denifle meint, die Aenderung von 1317 sei einschneidender gewesen, und kann sich dafür auf die Worte der historischen Einleitung stützen, allein die historische Einleitung der Redaktion von 1432 klingt noch entschiedener. Daraus ist also kein Beweis zu entnehmen. Ende des 13. und Anfang des 14. Jahrhunderts vollzog sich eine wichtige Umgestaltung, indem sich die Mediziner und Artisten zu einer eigenen Universität vereinigten und einen besonderen Rektor wählten, aber diese Veränderung hat Savigny III, 179 selbst in Rechnung gestellt und auch bereits erwähnt, daß 1316 der Anspruch der Artisten durch einen Vergleich förmlich anerkannt wurde. (Vgl. darüber jetzt Malagola, I rettori in den Atti e memorie di Romagna 1887 p. 249 und p. 255.) Es war dies vielleicht die Veranlassung, daß die Juristen 1317 ihre Statuten einer Revision unterwarfen. Einen wichtigen Beitrag gewährt das von Ricci im Annuario di Bologna 1886/1887 p. 327 f. mitgeteilte Protokoll von 1321.

Beilage 2. Zu Seite 239 und 376.
Reggio und Siena.

Der von Tacoli, Memorie I, 373 mitgeteilte Vertrag, durch den die Stadt Reggio 1270 den Guido de Suzaria verpflichtete, in Reggio Vorlesungen über römisches Recht zu halten, enthält nichts, was darauf schließen ließe, daß in der Stadt ein Generalstudium bestand, vielmehr gewinnt man durchaus den Eindruck, daß Guido für sich allein zu lesen hatte, an keine gemeinsame Ordnung gebunden war. Er wird verpflichtet, ordinarie et continue sicut moris est zu lesen, aber damit wurde er nur auf die allgemeine, an allen Generalstudien übliche Methode verwiesen. Das argumentum ex silentio hat zwar immer seine Bedenken, aber in diesem Falle ist es von großer Kraft, denn der Vertrag ist sehr ausführlich und geht vielfach in das Einzelnste hinein. Ich hebe einiges heraus. Der Vertrag bestimmt, daß Guido de Suzaria fieret civis, rector et doctor juris civilis in civitate Regii prout in ipsis capitulis continetur, quae capitula sunt haec: in primis, quod ipse D. Guido sit et esse debeat civis et habitator continuus, sicut moris est a festo S. Michaelis proxime venturi in antea. Item quod ipse Guido teneatur non regere sive scholas non tenere in legalibus in alia civitate vel loco praeterquam in civitate Regii et non praestar patrocinium seu avocare inter illos de parte intrinseca Reginorum nec contra aliquem eorum pro aliquo forense vel cive Regii nec contra communem. Als Lohn werden ihm Grundstücke zur Nutznießung überwiesen, darunter auch eine Mühle. Diese sollen sein Eigentum werden und auch auf seine Kinder übergehen, wenn er fünf Jahre gelesen habe. Nach einem städtischen Statut von 1268 bei Tacoli III, 756: doctores legum et scholares non tenea(n)tur venire ad consilium ... cum erunt in scholis hielten 1268 mehrere Rechtslehrer in Reggio Vorlesungen und wurden von der Stadt privilegiert — aber eine Vereinigung derselben zu einer geordneten Lehranstalt ist darum noch nicht notwendig anzunehmen, es spricht dagegen, daß 1270 eine solche nicht bestand; diese

Thatsache darf man sich vor allem nicht durch Hinweise auf jenes Statut verdunkeln. 1276 bestand dagegen in Reggio ein geordnetes Generalstudium, wie das über die Prüfung des Petrus Amadeus Riginsolius bei Tacoli III, 215 und 216 (danach auch bei Savigny III, 712 f.) mitgeteilte Protokoll und das ihm auf Grund der Prüfung von dem Bischof erteilte Diplom (ebenfalls a. a. O.) beweisen. Guido be Suzaria präsentiert den Bewerber dem Bischof, dieser läßt ihn in seiner Gegenwart von verschiedenen Rechtslehrern prüfen und verkündet dann de consilio praedictorum praedictum ... Dominum Petrum in privata examinatione ... esse idoneum ac ipsum ad publicam admittendum. Die publica fand danach statt in Gegenwart mehrerer Rechtslehrer und der Scholarenkorporation (universitate etiam scholarium civitatis Regii posita coram eo). Die Lizenz wurde im Namen des Bischofs verliehen de consilio magistrorum und unter den Zeugen wird an erster Stelle der Podesta der Stadt genannt. Die Lizenz wurde bezeichnet als licentiam hic et ubique in Jure civili regendi et tenendi cathedram magistralem. Also hat Reggio zwischen 1270 und 1276 ein Generalstudium eingerichtet und dabei die Promotion nach Analogie der anderen Generalstudien so geregelt, daß der Bischof die Befugnis eines Kanzlers übernahm. Die Formel hic et ubique — regendi licentiam ist dabei ein unmittelbares Zeugnis dafür, daß man nicht der Meinung war, diese Promotionen hätten nur für die Stadt selbst Bedeutung. In Reggio hatte man damals nicht die Ansicht, daß Generalstudien und insbesondere daß das jus doctorandi den Städten nur von den universalen Gewalten verliehen werden könne. Im besonderen ergibt sich, daß Guido be Suzaria damals solche Theorie nicht anerkannte. Das Generalstudium ist dann bald wieder eingegangen. Die von Tacoli III, 225 und 226 mitgeteilten Gesuche mehrerer Bürger an die städtische Regierung 1313 und 1315, sie möge einen Rechtslehrer berufen, geben ein anschauliches Bild von dem Verhalten der Städte in diesen Dingen und zeigen deutlich, daß man damals einen scharfen Unterschied machte zwischen dem Besolden einzelner Lehrer und dem Errichten eines Generalstudiums. Ueber die Bedeutung einer solchen Gründung war man sich durchaus klar.

In denselben Jahren machte Siena den gleichen Uebergang durch. In Siena hatte früher (1252) ein Generalstudium bestanden, aber es war wieder eingegangen, wenn auch einzelne Lehrer auf eigene Hand Vorlesungen halten mochten und dabei von der Stadt unterstützt wurden. — 1275 faßte die Stadt den Beschluß, quod in civitate Senensi habeatur und reducatur studium generale, ernannte eine Kommission, welche Vollmacht erhielt de facto studii et super predictis debeant ordinare et videre securitates, privilegia et immunitates concedancia magistris et rectoribus legum et aliarum professionum et scolaribus universis. Es sind über diesen Beschluß ausführlichere Protokolle erhalten als über ähnliche Beschlüsse anderer Städte, aber Denifle, der sie in den Noten 871 und 872 S. 431 f. aufs neue und aus den Originalakten mitgeteilt hat, will nicht anerkennen, daß die Stadt hierzu berechtigt gewesen sei. Er sagt S. 433: „Diese Beschlüsse der Kommune von Siena bilden ein einzigartiges Faktum in der Geschichte der mittelalterlichen Universitäten. Es kam wohl anderwärts vor, daß sich in einer Stadt ein Generalstudium ex consuetudine entwickelte, auch ließen es sich die Kommunen fast überall angelegen sein, in den Besitz einer Hochschule zu gelangen, wie die von ihnen darüber gefaßten Beschlüsse beweisen, allein man findet sonst nirgends, daß sich eine Stadtobrigkeit für mächtig genug gehalten hätte, dieselben mit Umgehung der päpstlichen oder kaiserlichen Autorität ins Werk zu setzen." Schon das Beispiel von Reggio genügt, um diese Erörterung zu beseitigen, aber wir haben oben gesehen, daß Arezzo, Vicenza, Treviso und andere Städte, für die man keineswegs den Ausweg der anerkannten consuetudo suchen kann, im 13. und 14. Jahrhundert in ähnlicher Weise Generalstudien errichteten; ja Siena selbst hatte bereits früher ein Generalstudium und dies war ebenfalls ohne päpstliche Autorität errichtet worden. Siehe das Schreiben Innocenz IV., in dem es erwähnt wird, bei Denifle S. 430 selbst. Das Beispiel von Reggio zeigt noch im besonderen, daß die Städte auch die Einrichtung der Promotionen ohne Papst und Kaiser vollzogen. Es hat ferner keinen Sinn, zu sagen, Siena habe bei der Errichtung des Generalstudiums 1275 die kaiserliche und päpstliche Autorität umgangen, denn es galt damals nicht für nötig und war nicht üblich, sie einzuholen. Denifle gesteht dies in dem folgenden Satze selbst zu, indem er fortfährt: „Wenn dies in Siena geschah, so ist der Grund darin zu suchen, daß das Faktum in eine Periode fällt, in welcher der Usus, sich beim Papste oder beim Kaiser um ein Universitätsprivileg zu bewerben, noch nicht ausgebildet war." Hätte Denifle diesen richtigen Gesichtspunkt im Auge behalten, so hätte er uns die ganze Erörterung erspart, die nur dazu dient, die Thatsache zu verdunkeln, daß Siena 1275 aus eigener Machtvollkommenheit ein Generalstudium errichtete und keinerlei Zweifel in seine Befugnis setzte. Darauf aber wird es doch ankommen, die Auffassung der Italiener des 13. Jahrhunderts über diese Sache klarzustellen, nicht sie nach unseren Ansichten zu meistern. Denifle behauptet dann weiter S. 434, daß dies von Siena 1275 errichtete Generalstudium „nicht als solches betrachtet wurde", d. h. doch, von den Zeitgenossen. Aber das ist eine Behauptung, für welche er keinerlei Beweise zu erbringen im stande ist. Er suchte ihn gewissermaßen in der Thatsache, „daß Siena mit seinem Studium kein besonderes Glück hatte," indem er dies als eine Folge der mangelnden Autorisation durch Kaiser oder Papst auffaßt — aber wie viele durch kaiserliche oder päpstliche Stiftungsbriefe gegründete Generalstudien sind nicht zur Blüte gekommen! Es gibt doch Gründe genug, die solche Erscheinung erklären. Die gleiche Auffassung zeigt Siena in den Verhandlungen mit den Scholaren 1321 (mitgeteilt von Banchi in Giorn. storico T. V [T. XIV des Archiv. stor. ital. 1861] p. 309 f.).

Beilage 3. Zu Seite 345.
Toulouse, Montpellier und Orleans.

Wesentlich verschieden von Paris und den übrigen französischen Universitäten erweist sich Montpellier zunächst dadurch, daß daselbst mehrere Universitäten nebeneinander standen, daß die Fakultäten sich teilweise getrennt organisiert hatten. Es war das also ähnlich wie in Bologna und Padua, aber andererseits glich ihre Entwicklung doch den Kanzleruniversitäten. Die Statuten der Mediziner von 1220 (D'Aigrefeuille III, 515) und von 1240 (Germain III, 424), sowie die der Artisten von 1242 (Germain III, 449 f.) zeigen, daß sich diese Universitäten unter der Leitung des Bischofs entwickelten; und auch was von ihrer inneren

Organisation erkennbar ist, weist auf den Typus von Paris. Aber ihre Statuten sind keine Nachbildung von Paris. Die Befugnis des Bischofs erscheint z. B. in den Statuten der Mediziner so ausgedehnt, wie sie in Paris niemals war, und der Kanzler von Montpellier hatte mit dem Pariser noch weniger gemein. Der Kanzler war nicht der Kanzler der Kirche, sondern einer von den Magistern; wenn man ihn aber deshalb eher dem Rektor von Paris vergleichen könnte, so unterscheidet er sich von diesem schon dadurch, daß er von dem Bischof ernannt wurde[1]). Die Juristen hatten dagegen ihre Verfassung dem Muster von Bologna nachgebildet. Die Korporation bestand streng genommen nur aus den Scholaren, die Doktoren bildeten ein Doktorenkollegium[2]) neben der Scholarenkorporation, hatten aber die durch Verletzung der Statuten verwirkten Geldstrafen an die Kasse der Korporation zu zahlen[3]). Sie hatten ferner dem Rektor einen Eid zu leisten, der Rektor aber seinerseits wieder dem Bischof von Maguelone. Durch denselben verpflichtete er sich, ihm treu und gehorsam zu sein, die Rechte des Bischofs nicht zu mindern, ihn und keinen anderen als den Oberen (superior) der Universität anzuerkennen oder anzurufen, das Studium nicht ohne Wissen und Willen des Bischofs zu verlegen oder länger als acht Tage zu schließen. Ferner wurde der Generalpedell, welcher die wichtigsten Befugnisse hatte, zwar vom Rektor ernannt, konnte aber keinen Akt rechtskräftig vollziehen, ehe er nicht vom Bischof bestätigt worden war[4]). In diesen und ähnlichen Bestimmungen tritt deutlich hervor, daß auch die Juristenfakultät von Montpellier unter der Oberleitung des Bischofs stand, und in ähnlicher Weise wie die der Mediziner. Sie machte den Versuch, diese Rechte des Bischofs zu beschränken, aber die Statuten von 1339 stellten sie wieder sicher.

Zu Toulouse hatten der Kanzler und die Korporation der Magister durch Bulle Innocenz IV. von 1245 (Hist. de Lang. VIII, 1184 f.) diejenigen Rechte erhalten, wie sie die Bulle Parens scientiarum für Paris geregelt hatte, allein thatsächlich übte der Kanzler von Toulouse eine sehr viel größere Befugnis. Er ernannte einen der beiden Generalpebelle und empfing wie in Montpellier von dem Rektor alsbald nach der Wahl einen Treueid, ebenso von den anderen Beamten. Zu der Wahlversammlung dieser Beamten wurde er eingeladen und führte, wenn er erschien, den Ehrenvorsitz. Bei Feierlichkeiten der Universität hatte er den Ehrenplatz, und als ihm die Rektoren im 15. Jahrhundert diesen Vorrang nicht weiter zugestehen wollten, kam es zu einem Vergleich, in welchem die Plätze in der Weise bestimmt wurden, daß Kanzler und Rektor im allgemeinen gleich geehrt

---

[1]) D'Aigrefeuille III, 515. Statuten von 1220 Kap. 3 und Kap. 7. 1308 gewannen die Magister ein Wohlrecht. Germain III, 433.

[2]) Die Statuten von 1339 wurden (nach der historischen Einleitung und der in dieselbe eingefügten Bulle Benedikts XII. bei Savigny III, 674) gegeben orta pridem circa regimen et statum praefati studii Montispessulani ... inter rectorem et consiliarios et universitatem predictam ex parte una et doctores tam juris canonici quam civilis actu legentes et non legentes ... ex altera quadam discordia. Vgl. auch ib. p. 678. In einem weiteren Sinne wurden allerdings die Doktoren auch zur universitas gerechnet und in demselben Aktenstück S. 678 Z. 3 begegnet auch der Ausdruck universitatis doctorum et scolarium. Ich citiere hier wie oben den zugänglicheren Abdruck bei Savigny, weil der sonst bessere von Germain in den Mém. de l'acad. de Montp. VI, 261 f keine Abweichung zeigt.

[3]) Statuten von 1339 Kap. 35.

[4]) Ib. Kap. 26 p. 702.

erschienen, dem Kanzler aber doch immer noch ein Uebergewicht blieb[1]). Neben und über ihm bewahrte ferner der Bischof eine kräftige Obergewalt über die Universität, er wurde geradezu als ihr „Oberer" bezeichnet[2]) und hatte neben dem Kanzler noch einen besonderen Vertreter[3]) zur Ausübung dieser Befugnisse.

Die Verfassung zeigt zwar die Aemter des Rektors und der Prokuratoren wie in Paris, aber die Bedeutung derselben war wesentlich verschieden. Der Rektor wurde abwechselnd aus den verschiedenen Fakultäten gewählt, nicht wie in Paris aus den Artisten allein, und innerhalb der Fakultät kamen die Magister nach dem Alter an die Reihe[4]). Die Prokuratoren ferner waren nicht wie in Paris die Vorstände der Nationen, sondern ein dem Rektor gegebener Beirat von zwei Baccalaren und zwei Scholaren[5]), sie bildeten also eine Vertretung der Scholaren gegenüber dem aus den Magistern gewählten Rektor, die der Pariser Verfassung fremd war. Die Prokuratoren begegnen übrigens nur in den Statuten von 1313, in denjenigen von 1311 und schon wieder in denjenigen von 1314 stehen an ihrer Stelle zehn Konsiliare, von denen je einen der Bischof und der Kanzler und acht die Universität ernannte, und zwar vier aus den Magistern und vier aus den Baccalaren und Scholaren[6]). Der Name der Konsiliare und der Anteil der Scholaren[7]) an der Verwaltung weisen auf italienischen Einfluß, der vielleicht durch Montpellier vermittelt war, und hierin sowie in anderen Zügen, unter denen namentlich das Fehlen der Einteilung in Nationen hervorzuheben ist[8]), zeigt Toulouse wesentliche Unterschiede von Paris.

Orleans.

1) Zu Seite 245 Note 1. Das Programm, durch das Magister Poncius 1259 in Orleans seine Vorlesungen ankündigte, bildet einen Bestandteil seines Grundriß (Summa) und ist mitgeteilt von Delisle in dem Annuaire-Bulletin de la Société de l'histoire de France, Tom. VII. Année 1869 p. 150, vgl. dazu ib. p. 142: Ma-

---

[1]) Der Schiedsspruch findet sich Hist. de Lang. VII, 2, 604 f. Vgl. auch die Statuten von 1311 Kap. 24 ib. p. 457.

[2]) H. de Lang. VII, 2, 458. Statuten von 1311 Kap. 26: interdicatur eis per superiorem (der Bischof ist gemeint) vel ejus officialem.

[3]) Der Kanzler war zu selbständig, um die Rechte des Bischofs genügend zu vertreten. Gewöhnlich war der Offizial dieser Vertreter.

[4]) H. de Lang. VII, 2 p. 451. Statuten von 1311 Kap. 5.

[5]) Ib. p. 467. Statuten von 1313 Kap. 7.

[6]) Statuten von 1311 Kap. 1. Hist. de Lang. VII, 2, p. 449. Statuten von 1314 Einleitung ib. p. 479 und an mehreren anderen Stellen.

[7]) Sie hatten auch Stimmrecht bei manchen Verwaltungsangelegenheiten. Siehe z. B. die Abstimmung über eine Bittschrift der Pedelle wegen Erhöhung ihrer Einkünfte 1828, Juli; der Beschluß wurde sogar von Scholaren mit unterschrieben und untersiegelt. Vermutlich nur von solchen, die gelegentlich als magni scolares bezeichnet werden. Hist. de Lang. VII, 2, 518 f.

[8]) Der Name ist mir nur einmal aufgestoßen, nämlich in den Statuten von 1313 Kap. 4 (H. de Lang. VII, 2 p. 466) heißt es, daß beim Begräbnis eines Scholaren der Pedell Namen und Herkunft verkünde: talis de tali nacione. Allein in dieser Verbindung ist das Wort kein Beweis für das Vorhandensein von rechtlich organisierten Abteilungen der Universität mit dieser Bezeichnung, und dieses Statut erbringt auch weiter den Beweis, daß es eine derartige Einteilung der Universität in Toulouse nicht gab. Es bestimmt nämlich, daß man die Universität in zwei Abteilungen scheiden solle, von denen immer die eine einen verstorbenen Scholaren zur Ruhe geleiten solle. Die Abteilung, welche an der Reihe war, hieß pars pietatis. Hätte die Nationeneinteilung bestanden, so würde doch zunächst die Nation des Verstorbenen das Geleite gebildet haben.

gister Poncius, scolaribus, quod rhetorica sibi tradidit claves dictaminis et paratus est aperire volentibus intrare ydoneis quibuscunque. Universis doctoribus et scolaribus Aurelianis studio commorantibus, P. magister in dictamine salutem et audire mirabilia que secuntur. Cum ego Poncius irem sollicitus per montes et planicies et convalles, inveni quamdam virginem, in amore cujus fui statim medullitus sauciatus, nec fuit mirum quoniam ipsius virginis decoro capiti flava cesaries, auro multo splendidior, inherebat. Generosa frontis planities non calcata, nive candidior ... so noch weiter. Diese Dame ist die Rhetorik und sie zeigt ihm eine große Stadt mit sieben durch sieben Thore geschiedenen Abteilungen und sagt dann auf seine Frage: „Ego vocor Rhetorica, ista civitas apellatur Practica dictatoria (d. i. das Fach des Poncius). Et quamvis soror mea Gramatica se dicat fore meam proporcionariam (Genossin), ego tamen optineo principatum. Et quoniam paucos bonos habitatores habeo, tibi claves accommodo, tali federe quod predictas VII portas, per quas tota doctrina epistolaris dictaminis figuratur, aperias fideliter et benigne volentibus." Ad me veniant igitur qui esse desiderant in brevi tempore optimi dictatores. Ego enim sum qui claves habeo et sum paratus quibuscunque ydoneis aperire. Valete. Man erinnere sich an die S. 20 erwähnten Versicherungen des Raimundus Lullus.

2) Zu den Erlassen Philipps des Schönen über Orleans. Vgl. S. 389 f. Denifle erhebt heftige Anklagen gegen König Philipp den Schönen, weil er die Doktoren und Scholaren hinderte, die Verfassung ihres Generalstudiums nach Wunsch auszugestalten, während er kein Wort des Tadels hat, als Papst Alexander IV. die Pariser Magister in einer inneren Angelegenheit ihrer Korporation auf das heftigste verfolgte, und sogar dann noch, als sie durch Ausscheiden aus der Korporation und weiter durch einen Vertrag mit den Gegnern den Streitpunkt aus der Welt zu schaffen suchten. Aber abgesehen von diesem verschiedenen Maße der Beurteilung bedarf seine Darstellung auch der sachlichen Berichtigung. Weil der König beim Prevot von Orleans befahl, gegen die Doktoren und Scholaren einzuschreiten, wenn sie die verbotene Form der Organisation trotzdem erneuerten, sagt Denifle S. 262, er habe sie „unter Polizeiaufsicht" gestellt, und S. 263 drückt er sich noch heftiger aus. Dieser Befehl Philipps ist nichts als eine durch das Verbot der von den Scholaren angestrebten Verfassung notwendig gewordene Ausführungsbestimmung, wie sie z. B. Papst Benedikt XII. den in seinem Auftrag zur Schlichtung des Streits zwischen dem Bischof und den Scholaren in Montpellier erlassenen Statuten anfügte. Savigny III, 679 f. Das Urteil wird also jenes Verbot selbst ins Auge fassen, und dabei sind folgende Thatsachen festzuhalten. Der König beseitigte die neue Verfassung aus drei Gründen: 1) Weil die Stadt sich durch die von den Scholaren in Anspruch genommenen Privilegien geschädigt fühlte und die Neuerung nicht dulden wollte. 2) Weil die Neuerung eingeführt worden war auf Grund einer päpstlichen Bulle und ohne die Einwilligung des Königs zu erbitten (universitatem hujusmodi, que causam huic prestabat scandalo nec fuerat auctoritate nostra subnixa, tolli decrevimus). 3) Weil die neue Verfassung zu unruhigen Bewegungen unter den Doktoren und Scholaren selbst Anlaß gegeben hatte. Ordonn. des roys de France I, 502. Der König fügte hinzu, daß manches berühmte Generalstudium durch solche Kämpfe zu

Grunde gegangen sei. Man gewinnt aus des Königs Erlassen den Eindruck, daß die Klagen der Stadt und die in Anlaß der Verfassung entstandenen Unruhen den vorzüglichsten Beweggrund für ihn bildeten, und wir haben keinen Grund, anzunehmen, daß diese Thatsachen nicht richtig gewesen seien. Von dem Widerstande der Stadt namentlich wissen wir auch aus anderen Zeugnissen, und in Oxford, Paris, Neapel, Angers u. s. w. haben die Privilegien der Scholaren in gleicher Weise zu Klagen und Kämpfen Anlaß gegeben. Auch scheinen die Scholaren noch über die in der päpstlichen Bulle verliehenen Privilegien hinausgegangen zu sein, denn diese gewährte: habeant universitatem et collegium regendum et gubernandum ad modum universitatis et collegii generalis studii Tholosani (Le Maire I, 2 p. 20), aber in Toulouse fehlte die Einteilung nach Nationen, und gerade diese verbot König Philipp, „weil sie eine Quelle der Unruhen sei". Wenn ich nicht irre, so sind übrigens diese Versuche der Scholaren von Orleans als die Äußerung einer im 14. Jahrhundert allgemeiner verbreiteten Strömung zu betrachten; in Montpellier suchten sie die Rechte des Bischofs einzuschränken, in Angers trat der Scholaster hinter den Rektor zurück, und in Avignon mußten die Scholaren durch den Papst (Bulle von 1367, Laval p. 18 Nro. 5) gehindert werden, eine Scholarenverfassung mit einem Rektor an der Spitze einzurichten. Namentlich dies letzte Beispiel ist herbeizuziehen. So viel über die Motive der Erlasse. Sodann ist hervorzuheben, daß die Erlasse sowohl in der Form wie durch verschiedene Stellen ihres Inhalts entschiedenes Wohlwollen des Königs bekunden (vgl. z. B. Kap. 14, Ordonn. 1, 504, wo der König selbst für sich und seine Nachkommen das Amt eines Konservators der Privilegien der Scholaren und Doktoren übernimmt), und daß der König eine Neuerung verbot, daß er also im ganzen den Zustand wiederherstellen wollte, in welchem die Universität ihren Ruhm gewonnen hatte, und daß er sogar eine darüber hinausgehende Entwicklung gewährte. Ob wir größere Freiheit für wünschenswert erachten, ist gleichgültig, es gilt, den Standpunkt des Königs zu verstehen. Der König verbot nämlich zwar universitatem hujusmodi, d. h. die bestimmte Form der Korporation, welche damals in Orleans von Doktoren und Scholaren gefordert wurde, als deren Charakteristikum er die Gliederung in Nationen und die Generalversammlungen von Doktoren und Scholaren anführt, und im besonderen verbot er, daß die Scholaren und Doktoren als Korporation oder ihre Konservatoren für sie das Recht in Anspruch nähmen, Leute aus allen Landen vor ihr Gericht zu citieren. Diesen Mißbrauch dulde er nirgends in seinem Reiche. Der König gebraucht auch einmal eine Wendung, als ob er jede korporative Vereinigung untersage, allein ausdrücklich gestattet er, daß die Doktoren Statuten über die Lehrordnung und die Disziplin machen, Dekane haben und auch, im Fall einem Genossen Gewalt geschehen sei, Versammlungen berufen könnten, zu denen sie nicht nur die Doktoren, sondern auch Baccalare und andere geeignete Personen (offenbar sind nichtgraduierte Scholaren von Ansehen gemeint) zuziehen dürften. Außerdem gewährte er Gerichts-, Zoll- und Steuerprivilegien. Nach diesen Privilegien hätten die Magister eine Ordnung aufrichten können, welche ihnen im wesentlichen diejenigen Rechte gewährte, die in Toulouse von den Magistern geübt wurden. Toulouse hatte zwar einen Rektor mit einem Beirat von Konfiliaren und Generalversammlungen der Doktoren und Scholaren, allein ihre Befugnisse wurden in Kap. 25 der Statuten von 1311 so eng

umschrieben: Item quod rector, magistri, professores habeant facultatem ordinandi de leccionibus modoque legendi et de ceteris minutis, que sunt ad bonam ordinationem studii. In ceteris, que latiorem requirunt indaginem vel cognicionem aliquam, facultate(m) sui (sibi) penitus interdictam nisi de licentia domini episcopi ... Hist. de Lang. VII, 2, 457 f.

Beilage 4. Zu Seite 306 Note 1.

Tholuck entnimmt S. 32 Savigny III, 357 f. die Vorstellung, daß Rutenstreiche eine sehr gewöhnliche Strafe für die Pariser Scholaren gewesen seien. Savigny beruft sich auf das S. 306 Note 1 angeführte Beispiel, aber es ergab sich, daß hier die Strafe als richterliche Exekution erscheint. Er beruft sich ferner auf Bulaeus V, 704 und V, 783. Bulaeus V, 703 f. enthält eine Verhandlung der Artistenfakultät aus dem Jahre 1472 über Mittel und Wege, wie dem groben Unfug und den wüsten Schlägereien der Scholaren unter sich und mit den Bürgern ein Ende gemacht werden könne. Da wurde denn beschlossen, diejenigen Frevler, deren Namen man kenne, und diejenigen, die bereits im Gefängnis gehalten würden, zu bestrafen. Illi autem, qui delinquere assueti reperti essent, sive per inquisitionem, sive per virorum fide dignorum depositiones, sive per registrum dicti castelli (das Gefängnis), quia saepe de dictarum insolentiarum cessatione praemoniti fuerant, secundum statum cujuslibet punirentur. Hoc est si magistri essent, quod absit, gradus honore, franchisiis, emolumentis ac libertatibus usque ad vitae emendationem apparentem privarentur. Si autem scholares essent et licentiandi sive magistrandi, a promotione ad dictos gradus pro illo anno simpliciter et quoad annos sequentes usque ad rectoris et rectoriae beneplacitum repellerentur. Si autem baccalarii illo anno effecti essent, sive simplices scholares grammaticae vel artibus insistentes, in suis collegiis coram dd. procuratoribus virgis acriter afficiantur. Si autem graduati non essent et studentes in aliqua aliarum facultatum, illud decano suae facultatis notificarentur, ut poena condigna puniantur. Also selbst in diesem Falle wurde die Prügelstrafe durch ein gerichtliches Verfahren verhängt und nur über diejenigen Scholaren, welche noch nicht determiniert hatten oder im Laufe desselben Jahres determiniert hatten und Baccalare geworden waren. Man konnte im fünfzehnten Jahre determinieren und war dann also bereits im sechzehnten frei von dieser Strafe. Wer allerdings erst im achtzehnten und neunzehnten determiniert hatte, wurde wie die jüngeren behandelt. — Bulaeus V, 783 f. gibt ein Statut der Fakultät von 1488 gegen Unfug der Scholaren an den Festtagen: puniatur delinquens juvenis scholasticus in aula collegii, cujus se profitetur scholasticum a 4 regentibus, et a singulis eorum verberetur virgis in dorso nudus, praesentibus omnibus scholasticis de suo collegio ad pulsum campanae, ac praesente d. rectore cum dd. procuratoribus, si illis placet hic adesse, si opus est, saltem praesente aliqua gravi persona, quam magister paedagogus appellare decreverit ad majorem delinquentis juvenis erubescentiam. Also auch hier die Form einer richterlichen Exekution und die Beschränkung auf die jüngeren Scholaren. Aber auch diese konnten sich weigern, sich der Strafe zu unterwerfen —

dann wurden sie aus der Universität ausgestoßen. Quod si hanc poenam subire delinquens ille noluerit, aut per fugam aut alia via, ne puniatur, impedimento sit: privabitur omnino ac perpetuis temporibus et in libro procuratoris suae nationis hujusmodi privatio ad memoriam ac terrorem aliorum inscribetur. Dasselbe gilt von einem Beispiel aus dem Jahre 1469, das Jourdain Nro. 1369 p. 294 bietet. — Den gleichen Charakter trug die Disziplin in Oxford. Anften gibt Mun. acad. p. LXXX ein anschauliches Bild, aus dem ich einige Züge heraushebe. Der Pedell tritt in eine Vorlesung to summon a scholar before the chancellor, for last night he was discovered in the act of violently carrying off beer from a taverner ... he has frequently been fined to the extreme limit allowed by the statute for wearing a dagger, more than once he has been excommunicated for violence and now he has shot at the proctor walking the streets by night. He ... accompanies the bedel to the lodge of the chancellors commissary ... a large number of scholars accompany him, not a few seem inclined to attempt a rescue, but the idea is abandoned and only two companions enter the lodgings with him. The chancellors commissary and proctors are all armed ... and the offence being grave and aggravated by previous delinquences, the culprit is instantly banished from Oxford for ever.

Beilage 5. Zu Seite 365 und 366.

In dem Druck der Statuten von 1561 findet sich p. 40 (Archiv III, 327 Rubr. 53) ein Satz, der als Anfang einer förmlichen und amtlichen Anerkennung des Titels Baccalare angesehen werden kann. Illos volumus baccalarios nuncupari et pro baccalariis haberi etiam, non aliter, qui legendo prosecuti fuerint lectiones alicujus libri canonici vel civilis vel legem aliquam seu decretalem repetierint publice cum oppositis et quaesitis forma et tempore in praecedenti proximo statuto particulariter declaratis. In diesem vorausgehenden Statut (§ 52) heißt es, daß kein Scholar solche Vorlesungen halten dürfe, der nicht im kanonischen Recht fünf Jahre oder im Zivilrecht sechs Jahre studiert habe, ohne daß die Benennung Baccalar gebraucht wird. Der Zusatz § 53 ergänzt also die frühere Bestimmung, indem er den für diese Scholaren außeramtlich üblichen Namen Baccalare in die Amtssprache erhebt und ihn dabei so näher bestimmt, daß er ihn nicht auf alle lesenden Scholaren, sondern nur auf diejenigen angewendet haben will, die bereits gewisse Vorlesungen gelesen haben. Die Statuten von Perugia (Redaktion von 1457, lib. II, 20 bei Padelletti p. 103) haben jene Rubrik 53 mit der gleichen Ueberschrift und bis auf kleine Aenderungen wörtlich übernommen, aber jenen Zusatz haben sie nicht. Statt dessen haben sie zu Anfang die Wendung bachalarii vel alii scholares extraordinarie legentes, während die Statuten von Bologna nur allgemein extraordinarie legentes schreiben und dann jenen Nachsatz bringen. Die Auffassung war in Perugia ohne Zweifel dem Brauche von Bologna entsprechend, baccalarii nannte man die Scholaren, die bereits einmal gelesen hatten. Die Florentiner Statuten haben diese Rubrik nicht, indessen ist damit noch kein sicherer Beweis erbracht, daß sie erst nach 1388 in die Bologneser Statuten Aufnahme fand. Das Bruchstück der

Redaktion von 1347 reicht nicht so weit, gestattet also keine Vergleichung. Licentiatus gebrauchen die Bologneser Statuten öfter, und § 46 Qui et quando debeant disputare . . . (Archiv III, 321, Druck von 1561 p. 38) werden Baccalar und und Lizentiat ausdrücklich als zwei Grade unterschieden: scolares non habentes aliquem ex praedictis gradibus. Diese Wendung fehlt in den entsprechenden Paragraphen der Statuten von Florenz, Perugia und Padua II, 11 sowohl in dem Druck als auch in dem vielfach abweichenden Text der Handschrift Nro. 1381. Allem Anschein nach ist dieser Abschnitt der Bologneser Statuten sehr jung und bietet eine Spur, wie in Bologna im 15. und 16. Jahrhundert die den Kanzleruniversitäten eigentümliche Abstufung der Grade Boden gewann¹). Indessen vollendet war sie auch zur Zeit des Drucks der Statuten (1561) noch nicht. An anderen Stellen begegnet noch die alte Bezeichnung privatam habentes, ad publicam (privatam) admissus, und sehr charakteristisch steht diese Bezeichnung und nicht licentiatus da, wo von der durch den Notar geführten Liste über die in der privata Geprüften die Rede ist. Es heißt p. 44 (Rubr. 59 Archiv III, 341¹⁵): der Notar solle approbationes et juramenta ad publicas admissorum scribere in libro quodam. Also auch damals wurde nicht eigentlich der Grad des Lizentiaten verliehen, sondern es wurden die Lizentiaten noch als admissi ad publicam betrachtet, und wenn man ihre Stellung als Grad behandelte, so geschah das noch 1561 mehr nach Analogie. In den Statuten der Juristen von Padua (Druck von 1551) habe ich die Bezeichnung baccalarius gar nicht gefunden, und licentiatus nur lib. III, 13, wo es heißt, daß der Notar nomina omnium licentiatiorum et doctoratorum in sein Buch eintragen solle. Wenn aber die Ausdrücke auch einige Male vorkommen sollten, so stehen sie doch nicht, wo man sie erwarten müßte, wenn sie regelmäßig im amtlichen Gebrauch gewesen wären, auch nicht II, 11, wo die Handschrift Nro. 1381 baccalarius hat.

Beilage 6. Zu Seite 366 Note 2.

Statuta dominorum Artistarum Achademiae Patavinae XL (nicht XXXVIII Blatt, klein Quart, ohne Jahr; offenbar 1496 oder bald danach, da von diesem Jahre die letzte Bestimmung. Die Redaktion der Statuten ist von 1465). Lib. II, 30 Blatt XXVIII: De baccalariis (et) doctoribus artium vel medicinae, qui non examinantur in collegio studii Patavini. Plerique vel paupertate coacti vel alia causa inducti, quum non possint vel nolint ex aliqua causa se subjicere examini clarissimi collegii in artibus medicinae, baccalariatus vel doctoratus gradum sumunt ab aliquibus, qui ex apostolica, vel imperatoria auctoritate facultate(m) et privilegium habent, hujusmodi baccalarios vel doctores creandi. Quare statuimus, quod de caetero nullus Paduae vel in Paduano districtu aliquem de praedictis gradibus assumere a quopiam possit, nisi in presentia nostri rectoris vel ejus substituti et notarii nostri, quibus sine ulla exceptione solvere eam pecuniam teneatur, quam rectori et universitati et notario nostro solvisset, si in collegio doctorum conventuatus et examinatus fuisset. Nec de predictis pecuniis universitati et rectori et notario spectantibus ulla relaxatio vel gratia fieri cuipiam possit:

---

¹) Eine andere bietet das Statut der german. Nation von 1516. Acta p 11.

sub paena perjurii et dupli et insuper privilegium seu instrumentum, quo sic gradum baccalariatus seu doctoratus in artibus vel medicina obtinuerit, per nullum alium quam per notarium nostrum fieri possit, pro cujus mercede solvat ei ducatum medium; et si fieret ab alio notario, tamen noster idem exigat ac si ipse fecisset; recusans vero solvere predictas pecunias non solum ad solvendum quibusvis modis cogatur sed etiam perjurus ac infamis, priuatusque omni universitatis commodo publicetur. Rector autem in baccalariis ab ipso creandis ex auctoritate, qua fungitur, antequam illi gradum baccalariatus conferat, in ejus presentia super duobus punctis sibi assignatis, per duos idoneos doctores legentes, quos ipse rector elegerit, diligenter examinari faciat. A quibus si approbatus fuerit, illi gradum baccalariatus conferat, et privilegium per notarium nostrum fieri mandet, subsignatum sigillo pendenti nostrae universitatis. Pro tali autem examine et gradu solvat rectori ducatos duos, universitati duc. medium, doctoribus eum examinantibus unum par cyrothecarum, seu sol. sex, bidello, sol. XX. Notario vero pro ejus salario et mercede ducatum unum. Nec de praedictis pecuniis a quopiam aliquid remitti possit sub paena praedicta.

Neapel zeigt schon im 13. Jahrhundert häufigen Gebrauch der Bezeichnungen baccalarius und licentiatus, vgl. z. B. die Prüfungsordnung von 1278 (Del Giudice I, 265 f. Note), aber eine Baccalariatsperiode hat es in Neapel nicht gegeben, und wenn die Stellen, an denen magister seu licentiatus oder conventari (promovieren) seu licentiari gesagt wird, zwei verschiedene Formen der Verleihung der Lizenz meinen, so vertrat doch jedenfalls der magister licentiatus nicht eine untere Stufe zu dem magister conventatus, sondern erscheint im Vollbesitz der Rechte. Auf eine Prüfung der einzelnen Stellen kann ich hier nicht eingehen, aber die Frage verdiente eine besondere Untersuchung.

Beilage 7. Zu Seite 287.

Der Note 1 erwähnte Brief lautet bei Wadding, Annales Minorum IV, 5: Dolenter audivi processum contra Joannem de Parma, ordinis generalem, eumque aemulatorie de haeresi accussari. Ego ejus fidem pariter cum sanctitate jamdudum expertus sum, etiam antequam assumerer ad cardinalatum, neque sanctiorem aut fideliorem cognovi alium: quare non dubitaverim dicere, quod fides ejus mea fides est. Rogaverim ergo affectuosissime, ne temere aut ex partium studio procedatur contra hominem sanctum ... in quibuscunque eum condemnaveritis, me etiam condemnabitis et cum eo esse volo.

Beilage 8. Zu Seite 362.

Die Beschwerde, welche die Baccalare und Scholaren von Montpellier 1390 über die Faulheit und Habsucht der Professoren bei den königlichen Behörden und gleichzeitig in Abschrift bei der Stadt einreichten, steht Germain III, 444 f. Darin heißt es nach anderen Kraftstellen geradezu: Sic studentes promovendi

non scientie examina dubitant, sed bursarum, nec magistri promovendos querunt scientificos sed opibus refertos et peccuniosos. Hoc turpis lucri medio appothacarios et barbitunsores ignaros et quasi mere laycos (b. i. nicht schulmäßig gebildet) sine temporis requesta in universitatis verecuudiam et vilipendium promovent, ut ceteri viri notabiles et scientiffici hoc prospicientes in eadem universitate quasi dedignantur de cetero graduari ... scolares igitur, studentes et bacallarii hujus alme universitatis sentientes gravamen ... recurrunt ad vos, metuendissimi domini, auctoritate regia lingue hoccitane consillarii et rectores bene meriti, humillime suplicantes, ut ... universatem dictam medicorum ruituram ... aliquatenus reformetis. Es folgen dann bestimmte Vorschläge.

Nachträge zu den Anmerkungen.

Zu Seite 26.

Ein Gegenstück zu der Erklärung von ethicus bietet eine Glosse zu Sallust, Jug. Cod. Monac. 14748 f°. 37ʳ· Histrionem est ioculatorem ab histria regione aut a canendo historias, welche mir mein Kollege Dr. Mollweibe mitteilte.

Zu Seite 28 Note 2.

Wrobel hat dem während des Druckes dieses Buches erschienenen ersten Bande seines Corpus grammaticorum medii aevi, welcher Eberhardi Bethuniensis Graecismus enthält, als Motto Worte aus Haase, De medii aevi studiis philologicis vorgesetzt, welche zeigen, daß er im ganzen Haases günstiges Urteil teilt.

Zu Seite 60.

Man vergleiche die Schilderung bei Landsberg, Die Glosse des Accursius S. 27: Die formale Logik ... fängt nun an, sich bloßer Endzweck zu sein und zu einer Reihe von Spielereien zu verlocken. Hierher gehören die consequentia, die Lehre von der suppositio und den exponibilia, später treten auf die insolubilia, d. h. die Erörterung schwer zu lösender logischer Probleme, ihren höchsten Triumph aber feiert die Dialektik in der Theorie der Obligatoria, d. h. förmlicher, weit ausgebildeter und ausgesponnener Regeln über den Disputierkampf, z. B. darüber, was man sich gegenseitig einräumen müsse und was nicht, wie man eine Zeitlang unter irgend einer Voraussetzung vorgehen könne, um den Gegner zu widerlegen, dem aber das Recht zusteht, im geeigneten Moment diese Voraussetzung wieder aufzuheben, wofür er dann den technischen Ausdruck „cedit tempus" zu gebrauchen hat u. s. w. Schon zur Zeit des Hollot († 1349) scheint all dies ganz ausgebildet gewesen zu sein. (Vgl. Prantl IV, 53.)

Zu Seite 177 Note 1.

Ueber den Zinsfuß bestimmte z. B. die Stadt Padua durch Statut von 1285 (Statuti del comune di Padova, ed. Andrea Gloria 1873. Padova Nro. 864 p. 292 vorgeschrieben, civis terrerius quam forensis ... accipere possit pro libra alle Monate (in ratione mensis)

den. 6 supra cartam (gegen Schuldschein) = 30% für das Jahr
den. 4 supra pignus (gegen Pfand) = 20%. . . .
In ähnlicher Weise erlaubte Parma 20% Zinsen. Statuta communis Parmae anni 1347 p. XVIII Note 4 in den Monumenta historica ad provincias Parmensem et Placentinam pertinentia. Parmae 1869. 4. Ueber Münzen und Geldwert handelt Savigny im Anhang I von Bd. III (S. 611—630), in den seither herausgegebenen Statuten und Chroniken findet sich viel neues Material. So in den Cronache e statuti della citta de Viterbo (Docum. di stor. ital.), ed. J. Ciampi 1872, vgl. die Stellen im Register unter monete und in den Statuta civitatis Mutinae reformata (Monum. di storia patria). Nach p. LXXXVII der Einleitung war bis 1336 die lira imperiali = 24 frcs. (also 1 soldo = 1.20 und 1 denaro = 0.10; die lira di Modena = ⅓ lira imper. = 8 frcs. Für Padua hat Andrea Gloria in den Monumenti della università di Padova 1884 (Estratto aus den Memorie del Reale Istituto Veneto Bd. XXII, 2, 1885) eine die Auffstellungen Savignys ändernde Tabelle der Paduaner Münzen gegeben. Für Spanien siehe die Untersuchung über die Münzen Alfons X. in Bd. VIII der Memorias de la Real Academia de la historia. Für Oxford hat Anstey, Mun. acad. p. XCV f. eine Untersuchung über die Kosten des Studiums und den Geldwert angestellt. Kap. 40 der Tolosaner Statuten von 1314 (Histoire de Languedoc VII. 2, 508) enthält Angaben über Preise von Kleidern.

Zu Seite 217 Note 1.

Als Parallele diene die Bestimmung der Statuten von Toulouse (Stat. von 1311 Kap. 17) Histoire de Languedoc VII, 2. 456: quilibet ... scolaris, dum tamen major X annis extiterit, juret in manibus rectoris secundum formam juramenti generalis.

Zu Seite 238.

Die Bulle für Kulm ist danach wiederholt in Arnold, Historie der Königsbergischen Universität Bd. I (1746) VII als Beilage 3 und jetzt nach dem Original und mit dem richtigen Jahre 1386 bei Woelky, Urkundenbuch des Bistums Kulm Bd. I (1885) p. 289 f. Nro. 369 gedruckt.

Zu Seite 352.

Allgemeine Sommerferien scheinen in den Stadtuniversitäten erst spät eingeführt zu sein. Die Statuten von Bologna von 1317/1347, sowie die von Florenz und Perugia erwähnen sie nicht, obschon in Perugia nach II, 13 und in Florenz nach Rubr. 57 (= II, 13) viele Vorlesungen schon im Juni oder Juli geschlossen werden mußten. In der Redaktion von 1432 setzen die Bologneser Statuten (Druck von 1561 p. 35) generales vacationes vom 7. September bis 19. Oktober, die Statuten von Padua (Druck von 1551 Bl. 98) II, 33 vom 15. August bis 8. Oktober, die der Artisten (Druck von 1496 Bl. XXX) II, 42 vom 15. August bis 19. Oktober.

Zu Seite 360.

An einzelnen Kanzleruniversitäten entwickelte sich auch die Besoldung. So mußte in Toulouse der Graf gleich bei der Gründung eine bestimmte Summe für die Gehälter zusichern, aber später war die Zahl der besoldeten Stellen nur gering. In Avignon bestimmte Papst Sixtus IV. 1475 600 Dukaten zu Besoldungen, weil die Einnahmen aus den Vorlesungen und Promotionen zu gering geworden seien. Laval Nro. 27 p. 109 f.

In Spanien war die Besoldung Regel. In Leriba z. B. wurde das Gehalt auf die Stadtkasse angewiesen, in Huesca auf Abgaben der Juden und der Mauren und auf eine Fleischsteuer. In Krakau, das überhaupt italienische Einflüsse zeigt, führte der König Besoldung ein, die von den Einnahmen des Salzwerks von Wieliczka gedeckt werden sollte. Bei Gründung der deutschen Universitäten suchte man namentlich der Universität bestimmte Pfarreien in der Weise zu überweisen, daß sie dauernd von geringer besoldeten Vikaren verwaltet wurden, damit die Ueberschüsse als Gehälter u. s. w. dienen könnten, oder es wurden gewisse Kanonikate eines Stifts nur an solche Kleriker gegeben, die ad regendas ... cathedras in eadem universitate ydonei waren (Bulle für Tübingen in den „Urkunden" 1877 S. 13). Dies ist gewissermaßen die Umkehrung des in Paris bestehenden Zustandes, wo die Mitglieder des Kapitels das Recht in Anspruch nahmen, als Professoren der Universität lesen zu dürfen, auch wenn sie sich der Magisterkorporation nicht völlig anschlossen. Wo Universitäten „gegründet" wurden, mußte eben für eine Art Besoldung oder einen Ersatz gesorgt werden. Näheres im zweiten Bande.

Zu Seite 362 f. Note 3.

Eine besonders reichhaltige Quelle von Beispielen, daß magister und doctor und die davon abgeleiteten Begriffe gleichbedeutend gebraucht wurden, bieten die Bullen Johanns XXII. für Perugia. Die Bulle von 1318 (Rossi Nro. 28) bezeichnet zunächst das dem Bischof für die beiden Rechte verliehene Promotionsrecht als facultatem impertiendi docendi licentiam, ebenso das Gesuch durch qui sibi in eodem studio docendi licentiam, ut alios licentius erudire valeant petierint impertiri in jure canonico et civili, und die Verleihung der juristischen Doktorwürde erst durch titulo magisterii decorari, dann promoveri ad doctoratus seu magistratus officium, dann durch impertiri licentiam oder largiri licentiam, dem auch entsprechend obtinere licentiam steht. Die Mitglieder der Fakultät, also die doctores juris, werden in dem weitaus größten Teile der ausführlichen Bulle nur (und zwar an vier Stellen) magistri, am Schluß dagegen (und zwar an zwei Stellen) doctores genannt, und ebenso heißen die Kandidaten abwechselnd magistrandi, doctorandi und licentiandi. Denselben Wechsel des Sprachgebrauchs zwischen doctor, magister, doctoratus seu magistratus officium, doctorandus und licentiandus zeigt die Bulle von 1321, durch welche Johann XXII. das Recht verlieh, in der Medizin und den Artes Promotionen vorzunehmen (Rossi Nro. 33). Johann XXII. machte keinen Unterschied im Gebrauch der Titel Doktor und Magister; er gebrauchte sie abwechselnd, und zwar sowohl in der Fakultät der Juristen wie in der Fakultät der Mediziner und Artisten, und er stand mit diesem Sprachgebrauch nicht allein. Vgl. auch oben S. 100 Anm. 2.

Alphabetisches Register der citierten Werke.

Abaelardus, Opera, citiert nach Migne 178 und ed. Cousin 1869.
Abhandlungen der königl. Gesellschaft der Wissenschaften zu Göttingen, siehe Jordanus.
Acta nationis Germanicae Universitatis Bononiensis, ed. Friedlaender et Malagola. Berolini 1887.
Acta S. Sedis. Jahrgang 1879. Romae.
D'Achery, L., Spicilegium veterum aliquot scriptorum. Paris 1723. 3 Bde.
Aegidius, Liber de virtutibus et laudibus medicaminum, s. Leyser.
Affo, Memorie degli scrittori e letterati Parmigiani. Parma 1789 f.
Agricola, Rud., Lucubrationes. Coloniae 1491.
D'Aigrefeuille, Histoire de Montpellier. 2. Aufl. 4 Bde. 1875—1883.
Alexander III., Opera. Migne 200.
Allgemeine deutsche Biographie.
Allgemeine Zeitung. Jahrgang 1884 Nro. 342.
Alphanus. Migne 147.
Annuaire-Bulletin de la Société de l'histoire de France. Tome VII. 1869. p. 139 f. Delisle, Leopold, Les écoles d'Orléans.
Annuario di Bologna. 1886/1887. Bol. 1886.
S. Anselmus, Opera. Migne 158. 159.
Archiv der Gesellschaft für ältere deutsche Geschichtskunde. Bd. I. 1820.
Archiv für Litteratur und Kirchengeschichte des Mittelalters. Herausgeg. von H. Denifle O. P. und Franz Ehrle S. J. Berlin. Weidmann. I—III. 1885—1887 (citiert als „Archiv").
Archivio giuridico. Bol. 1867—1887. 38 Tom.
Archivio storico italiano. Firenze 1842 f.
Baker, Th., History of the College of St. John, ed. by John Mayor. 2 Bde. Cambridge 1869 (citiert Baker-Major).
Baldricus, archiepiscopus Dolensis. Migne 166.
Balliano, Della università degli studi di Vercelli. Vercelli 1868.
Baldus de Ubaldis, Commentaria. Venetiis 1616.
Baluzius, St., Miscellaneorum libri VII. Paris 1678. 7 vol. 8.
Barkhausen, H., Statuts et Règlements de l'ancienne Université de Bordeaux. Bordeaux 1886.

Alphabetisches Register der citierten Werke.

Bartolus, Opera. Basileae 1588 und 1589.
Baumann, J. J., Die Staatslehre des Thomas von Aquino. Leipzig 1873.
Bernard, Eug., Les Dominicains dans l'université de Paris. Paris 1883.
S. Bernardus Claraevallensis, Opera. Migne 182.
Bernheim, E., Der Charakter Ottos von Freising und seiner Werke, s. Mitteilungen des Instituts für österreichische Geschichtsforschung VI, 1—59 (1885).
Bezold, von, Die Lehre von der Volkssouveränität im Mittelalter. Historische Zeitschrift. Bd. 36. 1876.
Bimbenet, E., Histoire de l'université d. lois d'Orleans. 1851.
Böhmer, J. F., Regesta Imperii. T. V. Die Regesten des Kaiserreichs 1198 bis 1272, neu herausgegeben und ergänzt von J. Ficker. Innsb. 1881. Citiert Böhmer-Ficker. Die beigefügte Zahl bedeutet die Nummer des Regests.
S. Bonaventura, Opera. Lugduni 1668 und Moguntiae 1611.
(Bongars, J.) Gesta Dei per Francos. 2 Bde. Hanoviae 1611.
Borsetti, Ferrante, Historia almi Ferrariae Gymnasii. 2 tom. Ferrariae 1735.
Bouquet, Recueil des historiens des Gaules et de la France (Rerum francicarum Scriptores). Paris 1738 f.
Bourguard, L'Encyclique Aeterni Patris. Strasbourg 1883.
Brockhaus, H., Spezielle Erörterung der in Hegels Einleitung enthaltenen Principien. Königsberg 1846.
Brown, Edward, Appendix ad Fasciculum rerum expetendarum et fugiendarum. London 1690.
Brunner, H., Holtzendorffs Encyklopädie der Rechtswissenschaft. Erster, systematischer Teil. 3 A. Leipzig 1877 S. 229 f.
Buddensieg, R., Joh. Wiclif und seine Zeit. Halle 1885.
Bulaeus (Du Boulay), Historia Universitatis Parisiensis. 6 Tom. Paris 1666 bis 1670.
Bullarium Romanum. Augustae Taurinorum 1857 f.
Bury, Richardus de, Philobiblion, ed. H. Cocheris. Paris 1856.
Cacheux, N., La philosophie de S. Thomas. Paris 1858.
Carmina burana, herausgegeben von Schmeller in der Bibliothek des Litterarischen Vereins. Bd. XVI. 1847. Neudruck: Breslau 1887.
Cartulaire municipale de la ville de Lyon, ed. Guigue. Lyon 1876.
Cenni storici sulla università di Torino. Tor. 1872.
Codex diplomaticus Lubecensis. Lübeck 1843—1868.
Codice diplomatico del regno di Carlo I. u. II., s. Del Giudice.
Los codigos españoles concordados y anotados. Madrid 1847—1851.
Coleccion de documentos ineditos para la historia de España. Madr. 1842 f.
Colle, Fr., Storia scientifico-letteraria dello studio di Padova. 4 Vol. 1824.
Coppi, Ettore, Le università italiane nel medio evo, 2. ed. Firenze 1880.
Corpus juris civilis. Editio stereotypa. Institutiones recens. P. Krüger. Digesta recens. Th. Mommsen. Berolini 1872. Codex Justinianus rec. P. Krüger. Berol. 1877. Novellae rec. R. Schoell (noch unvollendet).
Corpus juris canonici, ed. J. H. Böhmer. 1747; ed. Friedberg. 1879 f.

Dante Alighieri, Opere minori, ed. Fraticelli. 4. Aufl. Firenze 1882.
Danzas, A., Etudes sur les temps primitives de l'ordre de S. Dominique. Poitiers 1873—1877.
Delisle, L., Le cabinet des manuscrits de la Bibliothèque Impériale, s. Histoire générale de Paris.
Denifle, H., Die Universitäten des Mittelalters bis 1400. Bd. I. 1885. Berlin.
— Im Archiv für Litteratur und Kirchengeschichte des Mittelalters I, 49 f. (1885), Das Evangelium aeternum und die Kommission zu Anagni. I, 165 f. Die Konstitutionen des Predigerordens vom Jahre 1228. III, 196—397 (1887), Die Statuten der Juristenuniversität Bologna vom Jahre 1317—1347 und deren Verhältnis zu jenen Paduas, Perugias, Florenz'.
Deutsch, S. M., Peter Abälard. Leipzig 1883.
Disputatio Mundi et Religionis, s. Hauréau in der Bibliothèque de l'école des chartes. 1884.
Documenti di storia italiana per le provincie di Toscana, dell Umbria e delle Marche. 4. Tomo V: Cronache e Statuti della citta di Viterbo, ed. J. Ciampi 1872. Tomo VII: s. Statuti della università e studio Fiorentino. Tomo VIII: Codice diplomatico della citta d'Orvieto, ed. L. Fumi 1884.
Döllinger, J. v., Der Weissagungsglaube und das Prophetentum in der christlichen Zeit, in dem Historischen Taschenbuch. Jahrg. 1871.
Douais, C., Essai sur l'organisation des études chez les frères Prêcheurs. Paris und Toulouse 1884.
Du Boulay, s. Bulaeus.
Dühring, Eug., Geschichte der Philosophie. 3. Aufl. Leipzig 1878.
Du Méril, Edélestand, Poésies populaires lat. du moyen-âge. Paris 1847.
Dümmler, E., Anselm der Peripatetiker. Halle 1872.
Duns Scotus, Opera (ed. Wadding). Lugd. 1639.
Dureau de la Malle, Mémoire sur la population de la France in den Mémoires de l'académie des Inscriptions et Belles Lettres XIV, 2.
— Document statistique inédit in der Bibliothèque de l'école des chartes II, 169 f.
Ehrle, Fr., Die Spiritualen, ihr Verhältnis zum Franziskanerorden und zu den Fraticellen im Archiv f. L. u. K. des Mittelalters I, 509.
— Bibliotheca theologiae et philosophiae. Parisiis 1885.
Engelhardt, J. G. V., Kirchengeschichtliche Abhandlungen. Erlangen 1832.
Erdmann, J. Ed., Grundriss der Geschichte der Philosophie 1866. Berlin.
— Scholastik, Mystik und Dante, im Jahrbuch der deutschen Dante-Gesellschaft. Bd. 3. 1871.
Espana sagrada. Madrid 1747 f.
Fabroni, A., Historia Academiae Pisanae. 3 Bde. Pisis 1791—1795.
Fantuzzi, Giov., Notizie degli Scrittori Bolognesi. Bologna 1781—1794.
Ferry, C., De Marbodi Rhedonensis episcopi vita et carminibus. Nem. 1877.
Ficker, Jul., Forschungen zur Reichs- und Rechtsgeschichte Italiens. 4 Bde. Innsbruck 1868—1874.

Ficker, Jul., Ueber die Entstehungsverhältnisse der Exceptiones Legum Romanorum. (Zweiter Ergänzungsband der Mitteilungen des Instituts für österr. Geschichtsforschung. 1886.)
Fitting, Hermann, Das Castrense Peculium. Halle 1871.
— Zur Geschichte der Rechtswissenschaft im Mittelalter in der Zeitschrift der Savigny-Stiftung. Rom. Abt. Bd. VI 1885. Bd. VII 1886.
Forschungen zur deutschen Geschichte. Göttingen 1862 ff.
Franklin, A., La Sorbonne. Paris 1875.
Fuller, Th., History of the University of Cambridge, edited by Prickett and Th. Wright. Cambridge u. London 1840.
Gaggins, Angelus, Collegii Bononiensis origo. Bon. 1710.
Gariel, Petrus, Series praesulum Magalonensium et Monspeliensium, 2. ed. Tolosae 1665.
Gaudeamus! Carmina vagorum selecta (ed. Peiper), ed. 2. Leipzig 1879.
Gaullieur, Ernest, Histoire du Collége de Guyenne. Paris 1874.
Gelahrte Preussen, Das. Thorn 1723—1725.
Germain, A., Histoire de la commune de Montpellier. 1851.
Gersonius, J., Opera. Parisiis 1606.
Gervasius, epistolae, s. Hugo Sacrae Antiquitatis Monumenta.
Gesta abbatum S. Albany, ed. Riley 1867. (Rer. Brit. m. aevi SS.)
Ghirardacci, Della historia di Bologna. Bol. Bd. I 1596. Bd. II 1657.
Gierke, O., Das deutsche Genossenschaftsrecht. 3 Bde. Berl. 1868-1881. Johannes Althusius (Untersuchungen zur deutschen Staats- und Rechtsgeschichte. Bd. VII. 1880.)
Giesebrecht, W. v., Geschichte der deutschen Kaiserzeit. 3. A. Brschw. 1869.
— Neue Gedichte auf Kaiser Friedrich I. (Sitzungsberichte d. königl. bayer. Akademie d. Wissenschaften. Phil. Phil. Histor. Klasse. 1879 II, 269 f.)
— Die Vaganten oder Goliarden und ihre Lieder. Allgemeine Monatsschrift für Wissenschaft und Litteratur. 1853.
Gieseler, J., Lehrbuch der Kirchengeschichte. 4. Aufl. Bonn 1844 f.
Giraldus Cambrensis, Opera, ed. Brewer 1861 f. (Rerum Britannicarum medii aevi scriptores.)
Gloria, A., Monumenti della università di Padova. Venezia 1884. (Estr. dal V. XXII delle Memorie d. R. Istituto Veneto.)
Goldast, M., Monarchia Imperii Romani. 3 P. Han. u. Francof. 1611-1614.
Gonzalez (übersetzt von Nolte), Die Philosophie des heil. Thomas. 3 Bde. 1885.
Goudin (Bruchard), Philosophie suivant les principes de S. Thomas. 4 Bde. Paris 1864.
Grimm, Jakob, Deutsche Rechtsaltertümer. Göttingen 1828.
Grohmann, J., Annalen der Universität zu Wittenberg. Meissen 1801.
Gudenus, V. F. de, Codex diplomaticus exhibens anecdota res Moguntinas illustrantia. 5 Tom. Göttingen 1743. 1747—1768.
Guido von Arezzo. Migne 141.
Guillelmus abbas, disputatio adversus Abaelardum. Migne 180.
— — De erroribus Guillelmi de Conchis. Migne 180.
Guilelmus de S. Amore, Opera. Const. 1632.

Haase, Fr., De medii aevi studiis philologicis. Breslau 1856.
Hagelgans, J. G., Orbis literatus academicus. Francofurti 1735.
Hartwig, O., Leben und Schriften Heinrichs von Langenstein. Zwei Untersuchungen. Marburg 1858.
Hasse, F. R., Anselm von Canterbury. 2 Bde. Leipzig 1843 und 1852.
Hauréau, B., Histoire de la philosophie scolastique. 2 A. Paris I 1872. II 1882.
— Les mélanges poétiques d'Hildebert de Lavardin. Paris 1882.
— s. Notices et Extraits. Tom. 31. 1886.
Helinandus monachus. Migne 212.
Hertz, M., Spielmannsbuch. Stuttgart 1886.
Heumann, s. Chr. A. Conringius, H., De antiquitatibus academicis. Gött. 1739.
Hildegardis Revelationes. Migne 197.
Hinschius, Paul, Das Kirchenrecht der Katholiken und Protestanten in Deutschland. 4 Bde. Berlin 1878—1886.
Histoire générale de Languedoc par Devic et Vaissette. Edition accompagnée de dissertations et notes nouvelles. Toulouse 1873 f.
Histoire générale de Paris. Daraus: Franklin, Les anciennes bibliothèques de Paris 1867; Delisle, Le cabinet des manuscrits. 2 T. 1868 u. 1874.
Holstenius, L., Codex regularum monasticarum et canonicarum. Aug. Vind. 1759. 6 Tomi.
Hubatsch, O., Die lateinischen Vagantenlieder des Mittelalters. Görl. 1870.
Huber, A., Die englischen Universitäten. Kassel 1839.
Hümer, Joh., Zur Geschichte der mittellat. Dichtung. (Hugo Ambian.) 1880.
Hugo, C., Sacrae antiquitatis monumenta. Stivagii 1725. Fol.
Huillard-Bréholles, A., Historia diplomatica Friderici II. 6 T. in 12 Vol. Par. 1852—1861.
Huttler, M., Die Religionsphilosophie d. Raymund v. Sabunde. Augsb. 1851.
Jaffé, Monumenta Corbejensia (Bd. I der Bibliotheca Rerum Germanicarum). Berol. 1864.
— Die Cambridger Lieder. Berlin 1869. Auch in d. Ztschr. f. D. Altert. XV.
Jeafferson, J. C., Annals of Oxford. 2 Bde. Lond. 1871.
Johannes de Garlandia, De triumphis ecclesiae, ed. Wright 1856. (Roxb. Club.)
Johannes Parisiensis, De potestate regia et papali, s. Goldast.
Jocelinus de Brakelonda, Chronica, ed. Rokewode. (Camden Society Nro. 13.)
Joannes de Oxenedes, Chronicon, ed. Ellis 1859. (Chronicles and Memorials.)
Joannes Saresberiensis, Opera. Migne 199.
Des Jordanus von Osnabrück Buch über das Römische Reich. Herausgeg. von G. Waitz. Göttingen 1869. (Abh. der Ges. der Wiss. zu Göttingen XIV. 1869.)
Jourdain, Car. Index chronologicus chartarum pertinentium ad historiam Universitatis Parisiensis. 1862. Parisiis. [Die Zahl des Citats mit oder ohne Nro. bezeichnet die Nummer, die Seite ist stets mit p. citiert.]
Jung, Joh. H., Tabula academica. London 1749.
Kämpf, S. J., Nichtandalusische Poesie andalusischer Dichter (11.—13. Jahrh.). Prag 1858.

Kaufmann, G., Die Werke des C. Sollius Apollinaris Sidonius. Göttingen 1864.
— Leben und Charakter des C. Sollius Apollinaris Sidonius. (Neues Schweizer Museum 1865.)
— Rhetorenschulen und Klosterschulen. (Historisches Taschenbuch 1869.)
— Deutsche Geschichte bis auf Karl den Grossen. 2 Bde. Leipzig 1880. 1881.
Kleutgen, J., Die Philosophie der Vorzeit. 2 Bde. 2 A. Innsbruck 1878.
Korn. G., Breslauer Urkundenbuch. Breslau 1870.
Krukenberg, H., Ueber die Radikaloperation der Leistenbrüche. Bonn 1886.
Lacoste, G., Histoire générale de la province de Quercy. 4 tom. Cah. 1883 f.
Laistner, L., Golias. Stuttgart 1879.
Landsberg, E., Die Glosse des Accursius u. ihre Lehre v. Eigentum. Leipz. 1883.
Launoius, J., Opera, Colon. Allobr. 1732. Fol.
Laval, Vict., Cartulaire de l'université d'Avignon. Avignon 1884.
Le Maire, Histoire et antiquitez de la ville et duché d'Orléans. 2 tom. Orléans 1645.
Lens, L. de, Facultés, colléges et professeurs de l'université d'Angers du 15e siècle à la révolution française. Angers 1876.
— s. Revue d'Anjou.
Leist, O., Der Anticlaudianus des Alanus ab Insulis. Stendal 1878 f.
Leitner, Fr. X., Der heilige Thomas und das unfehlbare Lehramt. Freib. 1872.
Leyser, Polycarp, Historia Poetarum medii aevi. Halae 1721.
S. Lietberti Vita bei d'Achery, Spic. II, 138.
Lotze, H., Mikrokosmus. 3 Bde. Leipzig 1856—1864.
Lyte, Maxwell, History of the university of Oxford. London 1886.
Maassen, Fr., Geschichte der Quellen und Litteratur des kanonischen Rechts im Abendlande. I. Gratz 1870.
Mansi, Sacrorum Conciliorum collectio amplissima. Florentiae 1759—1798. 31 Tom.
Maitre, Léon, Les écoles épiscopales et monasticales de l'occident depuis Charlemagne jusque à Philippe Auguste. Paris 1866.
Major, s. Baker.
Martene, E. et Durand, Thesaurus anecdotorum novus. Paris. 1717. 5 vol.
— Veterum scriptorum et monumentorum collectio amplissima. Paris. 1724. 9 vol.
Meiners, Chr., Geschichte der Entstehung und Entwicklung der hohen Schulen. 4 Bde. Göttingen 1802—1805.
Mélanges d'Archéologie et d'histoire (École française de Rome). 1885. Ve année.
Mémoires de la Société de l'histoire de Paris. T. X. 1884.
Mémoires de l'Institut national Genevois. Tome XII. 1867 und 1868.
Mémoires des Antiquaires de Normandie. T. XXV 1863. T. XXVI 1869.
Memorial historico español. Madrid 1851 f.
Memorie e documenti per la storia dell' università di Pavia. Pavia I 1876. II 1877. III 1878.
Migne, J. P., Patrologiae cursus completus. Paris 1839 seq. 257 vol. Lex. 8. Die angeführten Bände gehören sämtlich der Abteilung Patres latini an.

Migratio Germanorum, ex academia Bononiensi. 1562.
Mittarelli et Costadoni, Annales Camaldulenses Ordinis S. Benedicti. 9 Tomi. Venet. 1755—1773.
Mone, F. J., Das Schulwesen im 13.—16. Jahrhundert in der Zeitschrift für die Geschichte des Oberrheins I, 257 ff.
Monumenta Germaniae historica. Hannov. 1826 f.
Monumenta historiae patriae. Aug. Taurin. 1836 f.
Monumenta historica ad provincias Parmensem et Placentinam pertinentia. Parmae. Tom. I u. II. Statuta communis Parmae. 1856. 1857.
Monumenti di storia patria delle provincie Modenesi. Serie degli Statuti. Tomo I. Statuta civitatis Mutine. Parmae 1864.
Monumenti istorici pertinenti alle provincie della Romagna. Serie I. Statuti. Tom. I—III. Statuti di Bologna, ed. L. Frati. Bologna 1869. 1877.
Morgott, Franz, Die Mariologie des heil. Thomas von Aquino. Freiburg 1879.
Müldener, W., Die zehn Gedichte des Walther von Lille, genannt von Châtillon. Hannover 1859.
Müller, Joh., Quellenschriften des deutschsprachlichen Unterrichts. Gotha 1882.
Müller, Karl, Somnium Viridarii in der Zeitschrift f. Kirchenrecht XIV.
Munimenta Academica or documents illustrative of academical life and studies at Oxford, ed. H. Anstey. London 1868. 2 Bde. (Rerum Britannicarum medii aevi scriptores.) Ich citiere Mun. Oxon. oder Mun. acad.
Munk, S., Mélanges de philosophie juive et arabe. Paris 1857.
Muratori, Lud., Scriptores rerum Italicarum. Mediol. 1723—1751. 25 tom.
— Antiquitates Italicae. Mediol. 1738—1742. 6 vol.
Nadal, Histoire de l'université de Valence. Val. 1861.
Nicolaus de Bibera, Carmen satiricum in den Geschichtsquellen der Provinz Sachsen. Bd. 1. Halle 1870.
Nicolaus de Clemangii, Liber de studio theologiae in d'Achery, Spicileg. I.
Notices et extraits des manuscrits de la Bibliothèque Nationale et autres bibliothèques.
Occam, Dialogus, s. Goldast.
Ordonnances des Roys de France. Paris 1723—1849. 21 Tom. Fol.
Othlonus, Dialogus de tribus quaestionibus. Migne 146.
Padelletti, Documenti inediti per servire alla storia delle università Italiane. (Contributo alla storia di Perugia nel secoli XIV e XV.) Bologna 1872.
Pannenborg, A., Der Verfasser des Ligurinus. 4. 1883. Programm des Göttinger Gymnasiums.
Papon, J. P., Histoire générale de Provence. 4 Bde. 1777—1786. Paris.
Pasquier, H., Baudri, un poète latin du XIe siècle. Paris und Angers, ohne Jahr, aber nach 1876.
Pauli, R., Ueber die kirchenpolitische Wirksamkeit des Johannes Saresberiensis. Zeitschr. f. Kirchenrecht. 1881.
Paulsen, Fr., Die Gründung der deutschen Universitäten im Mittelalter, in der Historischen Zeitschrift. Bd. 45 1881.
Pernwerth von Bärnstein. Carmina Burana selecta. Würzb. 1879.

Pernwerth von Bärnstein, Ubi sunt qui ante nos? Würzb. 1881.
Petrarca, Opera. Basileae 1554.
Petrus Damiani, Opera. Parisiis 1743.
Petrus Pictaviensis, Sententiarum libri quinque. Migne 211.
Philipps, G., Kirchenrecht. Regensburg. 7 Bde. 1845—1852.
Philosophiae ac Medicinae scholarum Bononiensis Gymnasii Statuta, instaurata 1609. Bononiae Apud Victorium Benatium. 1612.
Pigozzi, s. Archivio Giuridico IX.
Pouchet, Histoire des sciences naturelles au moyen-âge ou Albert le Grand et son époque considéré comme point de départ de l'école expérimentale. Paris 1853.
Prantl, C., Geschichte der Logik. 4 Bde. 1855—1870.
Publications of the Camden Society. London 1838 f.
Publications of the Englisch historical Society, s. Rogerus de Wendower.
Publications of the Roxburghe Society, s. Joh. de Garlandia, De triumphis ecclesiae.
Radulfus de Diceto, Opera, ed. Stubbs (Rerum Britannicarum medii aevi scriptores). 1876.
Rangeard, P., Histoire de l'université d'Angers. 2 Bde. Angers 1877.
Rashdall, H., The early history of Oxford in der Church Quarterly Review. Vol. XXIII, 430 f. 1887. London.
— The origines of the university of Paris in der English Historical Review. 1886 p. 689 f.
— [Nachricht über ungedruckte Pariser Urkunden in der] Academy 1887 Nro. 788 p. 415 f.
Récéjac, J., La resurrection de la chair devant la raison et la science selon la doctrine de S. Thomas d'Aquin. Bordeaux 1883.
Les Registres de Boniface VIII. (Bibliothèque des écoles françaises d'Athènes et de Rome. 2. Serie IV, 1 1884.)
Rehnisch, E., s. Zeitschrift für Philosophie und philosophische Kritik. Bd. 76.
Rerum Britannicarum medii aevi scriptores or Chronicles and Memorials of Great Britain and Irland. London 1858 f.
Reuter, H., Geschichte der religiösen Aufklärung im Mittelalter. 2 Bde. Berlin 1875. 1877.
Reusch, Fr., Der Index der verbotenen Bücher. 2 Bde. Bonn 1883 u. 1885.
Revue de L'Anjou. 1872. L. de Lens, Deux Hellénistes de l'université d'Anjers.
— — — 1873. L. de Lens, La philosophie en Anjou.
Richardus de Bury, s. Bury.
Riezler, S., Die litterarischen Widersacher der Päpste zur Zeit Ludwigs des Bayers. 1874.
Roman de la Rose. Orleans 1858.
Rossi, Ad., Documenti per la storia dell' università di Perugia. Perugia 1875. (Estratto dal Giornale di Erudizione artistica.)
Rogerus de Hovedene, Chronica, ed. Stubbs. London 1864—1871. (Chronicles and Memorials.)

Rogerus de Wendower, Chronica sive flores historiarum, ed. Coxe. 1841 f. (Publikationen der English historical society.)
Roth, Georg. Dissertatio politica de jure majestatis circa erigendas et confirmandas academias. Wittenberg 1695.
Rozière, L'école de droit d'Alais in der Bibl. de l'école des chartes. T. XXXI.
Ruteboeuf, Oeuvres complètes de R., trouvère du XIIIe sièle recueillies et mises au jour par Achille Jubinal. 2 Bde. Paris 1839.
Sanctorii Sanctorini Commentaria. Venetiis 1629.
Sarti, M., De claris Archigymnasii Professoribus (ed. Maurus Fattorini). Bonon. 1769.
Savigny, C. Fr. v., Geschichte des römischen Rechts im Mittelalter. 7 Bde. Heidelberg. 2. Aufl. 1834 f.
Savioli, Lud. Vitt., Annali Bolognesi. 3 Tom. in 6 vol. Bassano 1784—1795.
Schäffner, B., Geschichte der Rechtsverfassung Frankreichs. 2. Aufl. 1859.
Schäzler, C., Divus Thomas contra Liberalismum invictus assertor. Romae 1874.
Schannat, J. F., Historia episcopatus Wormatiensis. Francof. 1734.
Schaarschmidt, C., Johannes Saresberiensis. Leipzig 1862.
Scheffer-Boichorst, Paul, Aus Dantes Verbannung. Strassburg 1882.
Schopenhauer-Lexikon von J. Frauenstädt. 2 Bde. Leipzig 1871.
Schulte, Al., im Urkundenbuch der Stadt Strassburg. Bd. III. Strassb. 1884.
Schulte, J. F. v., Geschichte der Quellen und Litteratur des kanonischen Rechts von Gratian bis auf die Gegenwart. I 1875. II 1877. III 1880.
— Roberti Flamesburgiensis Summa de matrimonio et usuris. Giessne 1868. 4.
— Johannes Teutonicus in der Zeitschr. f. Kirchenrecht Bd. XVI.
Sitzungsberichte der k. Akademie der Wissenschaften zu Wien. Phil.-histor. Klasse. Daraus:
  1) Maassen, Glossen des kanonischen Rechts aus dem karolingischen Zeitalter. Bd. 84. 1876.
  2) Schulte, J. F. v., Die Kompilationen Gilberts und Alanus. Bd. 65. 1870.
  3) — Zur Geschichte der Litteratur über das Dekret Gratians. Bd. 65.
  4) — Litteraturgeschichte der compilationes antiquae. Bd. 66. 1870.
  5) — Die Summa Decreti Lipsiensis, ib. Bd. 68. 1871. Daran schliesst sich noch die weitere Abhandlung Schultes S. 37 f.: Beiträge zur Litteratur über die Dekretalen Gregors IX., Innocenz IV., Gregors X.
The political Songs of England, ed. Th. Wright. 1839. (Camden Society.)
Specht, F. A., Geschichte des Unterrichtswesens in Deutschland von den ältesten Zeiten bis zur Mitte des 13. Jahrhunderts. Stuttgart 1885.
Statuta collegii Hispanorum. Bononiae 1558.
Statuta dominorum Artistarum Achademiae (sic) Patavinae ohne Jahr, das letzte Statut ist von 1496 und stammt der Druck wohl aus diesem oder den nächstfolgenden Jahren.
Statuta et privilegia almae Universitatis Juristarum Gymnasii Bononiensis. Bononiae 1561.
Statuta spectabilis et almae Universitatis Juristarum Patavini Gymnasii. Paduae 1550, aber am Ende steht 1551.

Statuta venerandi collegii Jurisconsultorum Augustae Taurinorum. Taurini 1614.
Statuti del commune di Padova dal sec. XII all anno 1285, ed. A. Gloria. Padova 1873.
Statuti della università e studio Fiorentino publicati da Al. Gherardi con un discorso del Carlo Morelli. Firenze 1881 (bildet den Tom. VII der Documenti di storia italiana — per le provincie di Toscana, dell Umbria e delle Marche.
Statuti di Bologna, siehe Monumenti istorici pertinenti alle provincie della Romagna.
Steindorff, E., Jahrbücher des deutschen Reichs unter Heinrich III. Bd. I Leipzig 1874. Bd. II 1881.
(Port, Célestin), Statuts des Quatre facultés de l'université d'Angers. 1878.
Stephanus Tornacensis. Migne 211.
Stöckl, A., Geschichte der Philosophie des Mittelalters. Mainz 1866.
Studien und Mitteilungen aus dem Benediktiner- und Cistercienserorden. Bd. I 1885.
Schwab, Joh. Bapt., Johannes Gerson. Würzburg 1858.
Tacoli, Niccola, (Compendio etc.) Memorie storiche di Reggio. Tom. I Reggio 1742. II Parma 1748. III Carpi 1769. Fol.
Tennemann, W. G., Geschichte der Philosophie. Leipzig 1798—1819.
Thaner, Fr., Summa magistri Rolandi. Innsbruck 1874.
Tholuck, A., Vorgeschichte des Rationalismus. Erster Teil. Das akademische Leben des 17. Jahrhunderts in 2 Abteilungen. 1. Abt. Halle 1853. 2. Abt. Halle 1854.
S. Thomas Aquinas, Opera. Parmae 1852—1872. 25 Tomi.
Thomas, A., s. Les Registres de Boniface VIII.
Thurot, Charles, Extraits de divers manuscrits latins. Paris 1869.
-- De l'organisation de l'enseign. dans l'université de Paris. Par. 1850.
Udalricus, Antiquae consuetudines Cluniacensium bei d'Achery I, 641 f. (citiert als Udalrici consuetudines).
Usener, H., Anecdoton Holderi. Bonn. 1877.
Valois, Noël, Guillaume d'Auvergne, évêque de Paris. Paris 1880.
Verci, Giamb., Storia della Marca Trivigiana e Veronese. Venezia 1786 f.
Villanueva, J., Viage literario a las Iglesias de España. Madrid. T. XVI. 1851.
Vincentius Bellovacensis. Speculum majus. Venet. 1591.
Vives, De causis corruptarum artium. Brugis 1531.
Voigt, G., Wiederbelebung des klassischen Altertums. 2. Aufl. Berl. 1880 f.
Vuy, Jules, Notes historiques sur le collège de Versonnex et documents inédits in Mémoires de l'Institut national Génevois. T. XII. 1869.
Wadding, L., Annales Minorum. Romae etc. 1731—1886. 25 tom. Fol.
Walter Mapes, The latin poetries commonly attributed to Walter Mapes, ed. Th. Wright (Camden society Nro. 16). London 1841.
Wedde, Joh., Das Drama vom römischen Reich deutscher Nation. Hamburg 1878.

Werner, K., Der heilige Thomas von Aquino. 3 Bde. Reg. 1858—1859.
— Die Scholastik des späteren Mittelalters. 4 Bde. Wien, 1881—1887.
Wharton, Anglia sacra. Londini 1691.
Winkelmann, E., Acta imperii inedita. Innsbr. 1880. 1885.
— Ueber die ersten Staatsuniversitäten. Heidelb. 1880.
Wipo, Opera, ed. Pertz. Mon. Germ. SS. XI, 243—275.
Woelky, C. P., Urkundenbuch des Bistums Kulm. 2 Bde. Danzig 1885 f.
  (Neues Preussisches Urkundenbuch. Abt. II.)
Wright, Th., Anecdota literaria. London 1844.
Wrobel, Joh., Corpus grammaticorum medii aevi. Vol. I. Breslau 1887.
Ysengrimus, herausgegeben von E. Voigt. Halle 1884.
Zarncke, Fr., Die deutschen Universitäten im Mittelalter. I. Leipzig 1857.
Zeitschrift für deutsches Altertum.
— — die Geschichte des Oberrheins.
— — katholische Theologie.
— — Kirchengeschichte.
— - Kirchenrecht.
— — Philosophie und philosophische Kritik.
Zeller, E., Die Philosophie der Griechen in ihrer geschichtlichen Entwicklung.
  4. Aufl. Tübingen 1876.
Zezschwitz, G. v., Das Drama vom römischen Kaisertum. Leipzig 1877.
Ziegler, Theob., Geschichte der christlichen Ethik. Strassburg 1886.
— Abälards Ethica in den Strassburger Abhandlungen zur Philosophie.
  Strassburg 1884.

Printed in Poland
by Amazon Fulfillment
Poland Sp. z o.o., Wrocław

92271573R00260